Bohnsack/Loos/Schäffer/Städtler/Wild

Die Suche nach Gemeinsamkeit und die Gewalt der Gruppe

D1718408

Ralf Bohnsack
Peter Loos
Burkhard Schäffer
Klaus Städtler
Bodo Wild

Die Suche nach Gemeinsamkeit und die Gewalt der Gruppe

Hooligans, Musikgruppen und andere Jugendcliquen

Leske + Budrich, Opladen 1995

ISBN 3-8100-1437-0

© 1995 Leske + Budrich, Opladen

Druck: Druck Partner Rübelmann, Hemsbach
Printed in Germany

Vorwort

Die Suche nach Orientierungen während der Adoleszenzphase bei Lehrlingen steht im Zentrum unserer Untersuchung. Diese Suche ist eine handlungspraktische, aktionistische. Sie birgt gleichermaßen Potentiale der Kreativität und Entfaltung wie auch Risiken, Irrwege und Gewalttätigkeiten.

Die Lebenspraxis von Lehrlingen ist uns Akademikern und Akademikerinnen kaum vertraut. Dies gilt umso mehr bei jenen Jugendlichen, die im Zusammenhang mit Erfahrungen der Marginalisierung und Kriminalisierung aus ihren angestammten Milieus herausgefallen sind.

Unser Zugang ist ein verstehender; dies nicht in einem naiven Sinne, sondern im Sinne einer distanzierten Beobachtung, eines erklärenden Verstehens. Dabei ist der Schritt von der Sprache der Jugendlichen zu derjenigen unserer eigenen Interpretation ein für uns selbst immer wieder spannendes und zugleich mit Spannungen versehenes Unternehmen. Um dies dokumentieren zu können, haben wir uns entschieden, die Jugendlichen in ihren Originaltexten, den Transkripten relativ ausführlich zu Wort kommen zu lassen und damit den beachtlichen Umfang dieses Buches in Kauf zu nehmen.

Den Leserinnen und Lesern empfehlen wir zunächst die Lektüre der „Zusammenfassung der Ergebnisse" (Kap. 2), um auf diese Weise einen Überblick und auch einen roten Faden für die weitere Lektüre zu gewinnen.

Wir möchten der Deutschen Forschungsgemeinschaft für die großzügige Unterstützung bei der Finanzierung des Forschungsprojekts danken.

Für Anregung und Kritik danken wir Heide Appelsmeyer, Sabine Fach, Bruno Hildenbrand, Gerhard Riemann, Arnd-Michael Nohl, Aglaja Przyborski und Monika Wohlrab-Sahr. Vor allem haben wir Maria-Theresia Becker zu danken für ihre Umsicht und Geduld, mit der sie immer wieder Ordnung in unsere Forschungsunterlagen gebracht hat.

Berlin   Ralf Bohnsack, Peter Loos, Klaus Städtler,
im Juli 1995   Burkhard Schäffer, Bodo Wild

Inhalt

1. Einleitung

Seit die Soziologie abweichendes und gewaltbereites Handeln Jugendlicher zum ersten Mal in systematischer Weise zum Gegenstand empirischer Forschung gemacht hat (Thrasher 1927, Shaw 1930), ist auf zwei zentrale Merkmale immer wieder hingewiesen worden: Die *Episodenhaftigkeit* von Jugendkriminalität und die Bedeutung der *peer-group* in diesem Zusammenhang. Gleichwohl liegen - wie auch in den letzten Jahren angemerkt wurde - theoretische Modelle zur Erklärung von Episodenhaftigkeit bis heute nicht vor[1].

Wie in unserer Studie gezeigt werden kann, ist dies vor allem darauf zurückzuführen, daß die spezifische Problematik der Adoleszenzentwicklung derjenigen, die in der Kriminalstatistik vor allem in Erscheinung treten, nämlich der männlichen Lehrlingen, bisher kaum Berücksichtigung gefunden hat. Was die Kriminologie anbetrifft, so hängt dies auch damit zusammen, daß die paradigmatisch-theoretisch sehr fruchtbare Perspektive des labeling-approach sich in der gegenwärtigen Diskussion nahezu ausschließlich auf die Analyse von Kontrollinstanzen und -diskursen beschränkt[2]. Aber auch in der jugendsoziologischen Forschung zeigt sich eine bemerkenswerte Lücke im Bereich der Adoleszenzentwicklung bei Lehrlingen bzw. Jugendlichen aus

---

1 Männliche Jugendliche - vor allem berufstätige - sind in einer spezifischen Altersphase in der polizeilichen und gerichtlichen Kriminalstatistik überrepräsentiert („Heranwachsende", also 18-21jährige, werden zweieinhalbmal so häufig gerichtlich verurteilt wie der Durchschnitt der Bevölkerung). Wesentlich stärker noch sind Jugendliche aus Randmilieus betroffen (vgl. Lamnek 1982 u. Ludwig 1983). Dabei ist auf den „episodalen" oder „passageren", d. h. altersphasenbedingten Charakter von Jugendkriminalität immer wieder hingewiesen worden (so u. a. von Matza 1964 und von Kerner 1984), und dies auch mit Bezug auf die DDR-Gesellschaft (Lekschas et al. 1983) - Dennoch hat der „Erkenntnisstand zur Erklärung von Episodenhaftigkeit ... das Niveau von Alltagstheorien kaum verlassen", wie Mariak und Schumann (1992, S. 335) feststellen. Hierauf hat auch Peters (1985) hingewiesen.

2 So stellt Schumann (1994, S. 242) fest: „Wenn kritische Kriminologen sich mit Gewalt auseinandersetzen, dann lieber mit dem Diskurs darüber, als mit dem Geschehen selbst".

„bildungsfernen" Milieus[3]. Und dies gilt ebenfalls für jene Studien, die sich auf Phänomene der Jugendgewalt spezialisiert haben. Damit zusammenhängend ist auch die zentrale Bedeutung der peer-group für die Emergenz abweichenden und vor allem gewaltbereiten Verhaltens von Jugendlichen zwar empirisch belegt, theoretisch aber wenig durchleuchtet[4].

Derartige theoretische Schwächen sind vor allem darauf zurückzuführen, daß die Bedeutung der *Praxis* kollektiven Handelns für Prozesse der sozialisatorischen Interaktion bisher weitgehend unberücksichtigt geblieben ist. Howard S. Becker (1971; ursprünglich: 1963) hatte bereits in seiner Studie „Outsiders" die Praxis kollektiven Handelns ins Zentrum der empirischen Analyse gerückt und betont: „Nicht abweichende Motive führen zu abweichendem Verhalten, sondern genau umgekehrt: das abweichende Verhalten erzeugt mit der Zeit die abweichende Motivation" (S. 36).

Die *Praxis* alltäglichen Handelns jenseits und unterhalb zweckrationaler Motive und Intentionen hat in der gegenwärtigen Theoriediskussion in der Soziologie eine neue und zentrale Bedeutung gewonnen (vom „praxeologischen Erkenntnisinteresse" bei Bourdieu bis hin zur Kategorie des „praktischen Bewußtseins" bei Giddens 1988; siehe dazu auch: Joas 1988). Eine fruchtbare Aktualisierung dieser Konzeptionen setzt allerdings einen validen empirisch-methodischen Zugang zur Handlungspraxis voraus, wie dies auf der Grundlage methodologisch fundierter Verfahren der qualitativen bzw. rekonstruktiven Sozialforschung geleistet werden kann.

Mit den in unserer empirischen Analyse entwickelten Kategorien des „habituellen Handelns" und der „habituellen Übereinstimmung" werden Prozesse des sozialen Lernens und der Entstehung von Orientierungen und habituellen Stilelementen in peer-groups herausgearbeitet. Im Zentrum stehen Gruppen von Hooligans aus dem Ost- und Westteil der Stadt Berlin, die mit Musikgruppen, einer unauffälligen Gruppe und einer Gruppe „linker, gewaltbereiter" Jugendlicher aus dem Ostteil der Stadt verglichen werden[5]. Dies u. a.

---

3 Von Engel und Hurrelmann (1989, S. 28) werden Lehrlinge mit Hauptschulabschluß als „bildungsferne" Gruppen angesehen.

4 So wurden z. B. in der insgesamt sehr aufschlußreichen und reflektierten repräsentativen Studie von Willems u. a. (1993) 93,8 % fremdenfeindlicher Straf- und Gewalttaten als Gruppentaten eingestuft.

5 Cliquen weiblicher Lehrlinge stellen in unserer Berliner Untersuchung keinen eigenständigen Forschungsbereich dar. Die ganz anders gearteten Probleme der Ausgrenzung und Kriminalisierung bei jungen Frauen und Mädchen, die primär deren Sexual- und Geschlechtsrollenverhalten betreffen (vgl. 6. Jugendbericht 1990 sowie 8. Jugendbericht 1994) hätten die Komplexität unseres Projektes in einer

deshalb, um Besonderheiten der Orientierungen und Auffälligkeiten des Lebenslaufs bei Lehrlingen nicht vorschnell als konstitutive Merkmale einer „kriminellen Karriere" zu konstruieren, sondern diese in einem allgemeinen theoretischen Modell der Sozialisation verorten zu können. In komparativer Analyse können dann die besonderen Bedingungen der Lebensgeschichte herausgearbeitet werden, die in eine spezifische Handlungspraxis der Adoleszenzentwicklung - z. B. diejenige der Aktionismen körperlicher Gewalt - münden. Dabei wird auch die Bedeutung der „Wende"[6] beleuchtet, deren Analyse allerdings nicht im Zentrum steht. Es zeigt sich hier, daß die vielfach diskutierte These von einer milieuspezifischen „Desintegration" zwar nicht falsch, aber zu global bzw. eindimensional ist.

Wie unsere Ergebnisse zeigen, werden Erfahrungen der milieuspezifischen Desintegration oder der „habituellen Verunsicherung" in sehr unterschiedlicher Weise bewältigt. Von entscheidender Bedeutung ist hier unter anderem, inwieweit die familiale Kommunikation Möglichkeiten einer (meta-)kommunikativen Bewältigung von Orientierungsproblemen und der Ausbildung einer persönlichen Identität vermittelt.

Theoretische Grundlagen

Bei Becker, dem Mitbegründer des labeling-approach, war die Analyse der Definitionsprozesse der Kontrollinstanzen noch verbunden mit der Analyse der Alltagspraxis derjenigen, deren Handeln Gegenstand dieser Definitionen ist[7]. Gegenwärtig werden diese Bereiche zumeist isoliert, ohne ausreichenden

---

schwer integrierbaren Weise erhöht. Einbezogen wurde allerdings eine Clique von Freundinnen der Hooligans. - Zur Musikgruppe *Hiptext* und zur Gruppe mit familialer Bindung *Schau* gehört jeweils auch eine junge Frau.

6   Mit dem hier und im folgenden verwendeten Begriff „Wende" sind zusammenfassend die politisch-historischen Ereignisse des Mauerfalls, der Neukonstitution der DDR, der Währungsunion und des Zusammenschlusses der beiden deutschen Staaten gemeint - so, wie dieser Begriff überwiegend auch von den von uns untersuchten Jugendlichen verstanden wird.

7   Der Zugang zur Ebene der Handlungspraxis wurde von Becker zwar empirisch in überzeugender Weise geleistet, bei der theoretisch-kategorialen Erfassung geriet er jedoch in einige Verwirrungen, die er dann auch in den aus diesem Grunde verfaßten „Nachträglichen Bemerkungen ..." (Becker 1971, Kap. 10) nur unzureichend zu klären vermochte. Zur genauen Klärung bedarf es einer fundierten Unterscheidung von *kommunikativem* (intentionalem) und *habituellem* Handeln.

Bezug aufeinander bearbeitet: die Kriminologie befaßt sich - wie gesagt - derzeit schwerpunktmäßig mit der Analyse der Alltagspraxis von Kontrollinstanzen bzw. - Kontrolldiskursen. Andererseits erhalten innerhalb der prominenten Studien zur Jugendgewalt (Heitmeyer 1993 u. 1995) die durch den Eingriff der Kontrollinstanzen und den Ausgrenzungsdruck seitens der Öffentlichkeit mitproduzierten Abweichungs- und Gewaltpotentiale keinen ausreichenden systematischen Stellenwert.

Überwiegend findet sich dort ein „objektivistischer" Zugang zur gesellschaftlichen Realität. D. h. die „objektive" gesellschaftliche Realität wird als ein von deren „subjektiver" Erfahrung getrennt zu analysierendes Phänomen behandelt. So werden z. B. bei Heitmeyer (1992) „Desintegrationspotentiale" von „Desintegrationserfahrungen" unterschieden, wobei erstere als objektive gesetzt und der empirischen Überprüfung entzogen werden, die von vorneherein auf Desintegrations*erfahrungen* beschränkt bleibt. Auch in Studien, die sich wie diejenige von Heitmeyer als „qualitative" verstehen, wird „qualitativ" häufig mit einer Analyse des „Subjektiven" gleichgesetzt. Im empirischen Forschungsprozeß wird durch diese „Leitdifferenz" (vgl. Matthes 1992) zwischen „objektiver Realität" und „subjektiver Erfahrung" stillschweigend vorgegeben, was für die Erforschten überhaupt *erfahrbar* sein kann bzw. in welchem kategorialen Rahmen eine empirische Analyse dieser Erfahrungen stattzufinden hat. Dieser kategoriale Rahmen ist dann auch nicht durchgängig theoretisch expliziert; vielmehr gehen milieuspezifische Selbstverständlichkeiten (der Forscherinnen und Forscher) in seine Konzeptionierung ein. Auf diesem Wege kann ein privilegierter Zugang zur gesellschaftlichen Wirklichkeit in Anspruch genommen werden, ohne daß dieser methodologisch begründet würde.

In der von Mannheim u. a. auch in Auseinandersetzung mit Marx und Durkheim entfalteten Wissenssoziologie ist diese Leitdifferenz (und der mit ihr verbundene Objektivismus) dadurch obsolet geworden, daß gesellschaftliches „Sein", gesellschaftliche Lagerung nicht jenseits des Erlebens der Erforschten angesiedelt wird, sondern sich durch Gemeinsamkeiten des biographischen Erlebens der Handlungspraxis, der Sozialisationsgeschichte, des Schicksals überhaupt erst konstituiert und auf diese Weise auch empirisch greifbar wird. Insbesondere ging es Mannheim (1980, S. 231 ff.) darum, die Analyse des Kollektiven, der Kollektivvorstellungen nicht allein von ihrer „Dinghaftigkeit" im Durkheimschen Sinne her zu bestimmen. Zugehörigkeit zu demselben Milieu, z. B. zu derselben Generation, bedeutet dann Einbindung in gemeinsame Erlebniszusammenhänge, in „konjunktive Erfahrungsräume" (Mannheim 1922-1925; 1980). Milieuanalyse ist in diesem Sinne

immer auch Biographieanalyse, Analyse gemeinsamer biographischer Erleb
nisschichtung (vgl. zum Milieubegriff auch: Bohnsack 1993).

Für die Genese konjunktiver Erfahrung ist das *gruppenhafte* Zusammenleben derjenigen, die an ihr teilhaben, nicht Voraussetzung. Dies hat Mannheim (1964b) am Fall des „Generationszusammenhangs" als eines konjunktiven Erfahrungsraums, eines „Generationsmilieus" beispielhaft gezeigt: Aufgrund gemeinsamen Erlebens bestimmter historischer Ereignisse und Entwicklungen in ihrer Handlungspraxis konstituiert sich eine gemeinsame „Erlebnisschichtung". Dies auch, ohne daß diejenigen, die durch sie verbunden sind, die somit zur selben Generation gehören, in direkter Kommunikation miteinander stehen müßten. Allerdings werden diese generations- bzw. milieuspezifischen Erfahrungen und Orientierungen als *kollektive Orientierungen* dort am umfassendsten zur *Artikulation* gebracht, wo diejenigen sich zusammenfinden, denen diese konjunktiven Erfahrungen gemeinsam sind, also z. B. in den peer-groups.

Der empirisch-methodische Zugang zu Prozessen der Erlebnis- und Problemverarbeitung und der Sozialisation in der peer-group setzt eine genaue Rekonstruktion jener Diskurse voraus, in denen diese Artikulation geleistet wird. Wir bedienen uns daher neben den Methoden des narrativen Interviews und der Teilnehmenden Beobachtung vorrangig der Methode des Gruppendiskussionsverfahrens (zur Erläuterung der methodischen Verfahrensweise s. Kap. 7).

Peer-group und Milieu

Klassikern der Jugendsoziologie, der Entwicklungspsychologie und der Kriminalsoziologie erscheint die peer-group übereinstimmend als der soziale Ort jugendspezifischer Erfahrungsbildung und -artikulation par excellence. Unter kompetenztheoretischen Gesichtspunkten wird der peer-group in neuesten Untersuchungen eine nicht nur die familiale Sozialisation ergänzende, sondern in ausgeprägtem Maße eigenständige und unverzichtbare Bedeutung zugewiesen (vgl. Youniss 1994; dazu auch: Krappmann 1993 u. Städtler 1995).

Die Bearbeitung von Erfahrungen milieuspezifischer Desintegration bzw. der damit verbundenen „habituellen Verunsicherungen" findet in der peer-group statt. Der enorme Bedeutungszuwachs, der auch den Ergebnissen der Umfrageforschung zufolge der peer-group seit den sechziger Jahren zukommt (Allerbeck/Hoack 1985; Zinnecker 1987; Oswald 1992), ist auch vor diesem Hintergrund zu sehen. Die in unserer Untersuchung auf der Grundlage der

Wissenssoziologie und der phänomenologischen Soziologie (Gurwitsch 1977) entfaltete Milieukonzeption unterscheidet sich allerdings von Milieubegriffen im Bereich der Forschung zur sozialen Ungleichheit, denen ebenfalls die angesprochene „epistemologische Leitdifferenz" zugrundeliegt. So wird dort zwischen der Objektivität der sozialen Lage auf der einen und dem „Umgang mit sozialen Lagen durch 'subjektiv' intervenierende Faktoren" (Hradil 1987, S. 16) unterschieden. Die von Hradil (1992, S. 12) geforderte „Vermittlung zwischen dem „Objektiven" und dem 'Subjektiven' in der Sozialstruktur", wie sie mit Konzepten wie „Milieu", „Lebensstil" und „Lebenslauf" geleistet werden soll (vgl. auch Berger u. Hradil 1990), setzt die Aufspaltung des Gegenstandsbereichs empirischer Forschung im Sinne der Leitdifferenz bereits voraus. Somit kann eine methodologisch und metatheoretisch fundierte *Integration* dieser Bereiche nicht geleistet werden. Auch hier bleibt die geforderte qualitative Forschung auf den „subjektiven" Bereich beschränkt, und findet somit im Rahmen objektivistisch gesetzter theoretischer Vorannahmen statt.

Rekonstruktive Sozialforschung und Metatheorie

Im Unterschied zu Ansätzen quantitativer und qualitativer Forschung, denen diese Leitdifferenz zugrundeliegt, versteht sich der hier entfaltete Ansatz als grundlegend *rekonstruktiver*. Der Verzicht auf eine ex-ante, also *vor* der empirischen Analyse gesetzte gegenstandsbezogene theoretische Vorstrukturierung im Sinne objektivistischer Vorannahmen, bedeutet jedoch nicht den Verzicht auf eine theoretische Rahmung, innerhalb derer die Analyse sich vollzieht. Es gilt hier vielmehr: je weniger eine Analyse sich auf inhaltlich-gegenstandsbezogene Vorannahmen stützt, desto ausgeprägter muß der Forschungsprozeß durch formale oder *meta*horetische Kategorien vorstrukturiert sein. Demgegenüber geht eine starke Bindung an objektivierend unterstellte gegenstandsbezogene theoretische Vorannahmen oft einher mit einer ausgeprägten Schwäche im Bereich metatheoretischer Durchdringung des Gegenstandes. Hiermit ist einerseits eine Klärung von Grundbegriffen gemeint, die sich auf die Strukturierung der Kommunikation, der Diskurse und der Sachverhaltsdarstellungen im Alltag beziehen (erzähl-, diskurs- und konversationsanalytische Grundlagen). Auf der anderen Seite geht es aber auch um eine Klärung von soziologischen Grundkategorien wie z. B. Milieu, Kollektivität, Gruppe, die so komplex zu sein haben, daß mit ihnen in Rechnung gestellt wird, daß die Erfahrungen, (begrifflichen) Konstruktionen und Typenbildungen der Forschenden solche „zweiten Grades" darstellen, um einen Begriff von Alfred Schütz (1971) zu verwenden.

Schwächen oder Engführungen im Bereich der metatheoretischen Fundierung empirischer Forschung sind auch im Sinne einer Reduktion auf teleologische, zweckrationale und normorientierte Handlungsmodelle zu beobachten, wie diese auch noch der Konzeption des kommunikativen Handelns bei Habermas (1981) zugrundeliegt. Im Unterschied z. B. zur Abspaltung von *Handlungstheorie* (Theorie des kommunikativen Handelns) und *System*theorie bei Habermas (zur Kritik: Joas 1989) ist - wie dargelegt - neueren anspruchsvollen Theorieprogrammen in der Soziologie der Versuch gemeinsam, zwischen intentionalem Handeln einerseits und „Strukturen" andererseits auf dem Wege der empirischen Analyse der Handlungs*praxis* zu vermitteln. Auch die Kategorien des „Lebenslaufs" (vgl. Kohli 1985 u. 1992) sowie diejenige der „Prozeßstrukturen des Lebensablaufs" (vgl. Schütze 1981) verstehen sich, ebenso wie die hier entfaltete Konzeption des Milieus und des „habituellen Handelns", als eine Vermittlung von „Struktur und Handeln", von „Makro- und Mikroebene"[8].

Kommunikation und habituelles Handeln

Eine für unsere Untersuchung zentrale Unterscheidung ist diejenige zwischen *kommunikativem* und *habituellem* Handeln[9]. Das kommunikative Handeln (Mannheim verwendet den Begriff der „kommunikativen Erfahrung"; vgl. 1980) vollzieht sich auf dem Wege der wechselseitigen Abstimmung oder Verschränkung der Intentionen der Beteiligten auf der Grundlage einer Perspektivenreziprozität im Sinne von Schütz (1971) und geht von der für die phänomenologische Soziologie konstitutiven Annahme der Fremdheit der

---

8   Im Bereich der Lebenslaufanalyse wird die Anbindung an *makrostrukturelle* Zusammenhänge mittels der Konzeption der „institutionalisierten biographischen Ablaufmuster" bzw. genereller der Konzeption des Lebenslaufs als Institution ausgearbeitet (vgl. Kohli 1985 sowie Schütze 1981). Untersucht wird dann der *individuelle* Umgang mit diesen institutionalisierten Ablaufmustern. Demgegenüber ist in der Milieuanalyse der *milieuspezifische* Umgang mit institutionalisierten Ablaufmustern Gegenstand empirischer Analyse bzw. geht es überhaupt um die Frage nach der milieuspezifisch sehr unterschiedlichen Relevanz von Institutionen und ihren Ablaufmustern.

9   Siehe dazu auch die Unterscheidung von „gesellschaftlicher" und „gemeinschaftlicher" Kommunikation in: Bohnsack 1992b.

11

Perspektiven der Beteiligten aus. Dies stimmt in dieser Hinsicht überein mit dem Begriff des kommunikativen Handelns bei Habermas. Im Unterschied hierzu basiert die (ontogenetisch und phylogenetisch) fundamentalere Sozialität einer habituellen Übereinstimmung nicht auf einer reziproken Perspektivenübernahme im Sinne einer wechselseitigen Interpretation und darauf basierenden „Herstellung von Intersubjektivität" der Beteiligten. Vielmehr ist sie fundiert in einer gemeinsam *erlebten* Handlungspraxis und den daraus resultierenden Gemeinsamkeiten der Erlebnisschichtung, den konjunktiven Erfahrungen oder Gemeinsamkeiten des „Schicksals". Dort, wo diese Gemeinsamkeiten nicht mehr aufgrund milieuspezifischer Einbindung gegeben sind, können diese auch situativ hergestellt werden - auf dem Wege einer gemeinsam inszenierten Handlungspraxis. Dies vor allem in jenen Gruppen, deren milieuspezifische Einbindung und habituelle Sicherheit problematisch geworden ist. Die gemeinsam entfaltete Handlungspraxis vollzieht sich auf dem Wege des situativen Aktionismus, des Sich-Einlassens auf und Verstrickens in gemeinsame Aktionismen: vom gemeinsamen Musikmachen bis hin zu gemeinsam inszenierten Randale- und Gewaltaktivitäten (hierzu genauer: Kapitel 2). Sie folgen prinzipiell nicht dem Modell intentional und zweckrational geplanten Handelns und bergen somit in vielfältiger Hinsicht Abweichungs- und Kriminalisierungspotentiale.

Zu einem adäquaten Verständnis derartiger „ritueller" Handlungen, welches, wie Mary Douglas (1974) kritisiert hat, in der Soziologie weitgehend fehlt, vermögen neben den Analysen des kollektiven Handelns bei Mannheim vor allem auch die metatheoretischen Konzeptionen der „kollektiven Effervescenz" bei Durkheim sowie der „Zugehörigkeit" und „Verschmelzung" bei Gurwitsch (1977) wesentliches beizutragen[10].

Fallauswahl (Sampling) und komparative Analyse

Bei Gruppen und Milieus Jugendlicher, die von Ausgrenzungserfahrungen betroffen sind, haben wir als Forschende es in doppelter Hinsicht mit milieuspezifischer Fremdheit zu tun: Jene für uns fremden Erfahrungen der Ausgrenzung und Kriminalisierung sind eingebunden in die Fremdheit der sogenannten „bildungsfernen" Milieus, die von den biographischen Selbstver-

---

10 René König (1984) hat auf die - bisher zu wenig erkannte - Bedeutung des Mannheimschen Konzepts der „konjunktiven Gemeinschaft" und auf Übereinstimmungen mit Durkheim hingewiesen, ohne allerdings auf die gleichwohl vorhandenen erheblichen Unterschiede zwischen deren Konzeptionen einzugehen.

ständlichkeiten akademischer Milieus weit entfernt sind. Hinzu kommen jene kulturellen Andersartigkeiten, die wir als „Westler" in Rechnung stellen müssen, wenn wir uns mit Ost-Jugendlichen befassen. Um die eigenen milieuspezifischen Vorgehens- und Normalitätshorizonte nicht unkontrolliert an die empirische Analyse heranzutragen, erhält die komparative Analyse eine besondere Bedeutung.

Die hier dargestellten Ergebnisse basieren deshalb auf Vergleichen von Hooligans aus drei unterschiedlichen Berliner Stadtteilen (*Oststadt* und *Nordstadt* im Osten und *Weststadt* im Westen Berlins). Diese werden dann noch einmal mit unterschiedlichen nicht-kriminalisierten Gruppen aus *Oststadt* verglichen, jenem Berliner Stadtteil, dem die Kerngruppe der Hooligans (mit dem Codenamen *Kunde*) entstammt[11].

Einer der Gründe für die Wahl des Bezirks *Oststadt* war die Tatsache, daß es sich hierbei um eine der größten mitteleuropäischen Trabantensiedlungen mit Hochhausbebauung handelt und daß diese den Erkenntnissen der „Arbeitsgruppe Jugendgewalt" der Berliner Kriminalpolizei zufolge als einer der Brennpunkte örtlicher Jugendgewalt galt (vgl.: Der Polizeipräsident in Berlin 1991)[12]. Ausschlaggebend für die Wahl dieser Großwohnsiedlung war jedoch deren Entstehungs- und Besiedlungsgeschichte: *Oststadt* entstand im Rahmen eines umfassenden Aufbauprogramms der DDR und wurde ab 1975 in drei Ausbaustufen auf einer Fläche von knapp 60 km² errichtet[13]. Da die von uns

---

11 Weitere Vergleichsgruppen wurden in der Dissertation von Klaus Städtler (1995) über Entwicklungsstadien bei unauffälligen Jugendlichen aus dem Ostteil der Stadt Berlin untersucht, sowie in der Dissertation von Bodo Wild (1995) über Fußballfans und in der Dissertation von Burkhard Schäffer (1995) über Musikgruppen aus dem Ost- und Westteil der Stadt Berlin. Im Zuge maximaler Kontrastierung untersuchen wir derzeit Gruppen türkischer Jugendlicher aus dem Westteil der Stadt (vgl. die Magisterarbeit von Arnd-Michael Nohl 1995).

12 Vorsicht gegenüber den Daten der polizeilichen Kriminalstatistik ist allerdings nicht nur insofern geboten als diese primär etwas über die Arbeitsweise der Kontrollinstanzen und erst sekundär etwas über „tatsächliche" Abweichungspotentiale aussagen, sondern auch insofern als bei der Interpretation dieser Daten die Altersstruktur zu berücksichtigen ist: im Vergleich zur sonstigen Berliner Bevölkerung ist diejenige von Oststadt relativ jung: 31,7 % sind Kinder und Jugendliche unter 20 Jahren - im Vergleich zu 20,3 % in Gesamtberlin (vgl. Statistisches Landesamt 1992).

13 Großwohnsiedlungen stellen für die Bevölkerung Ostberlins keine ungewöhnliche Lebenssituation dar. Trifft diese doch auf beinahe jeden zweiten Bewohner zu (vgl. Hunger 1990). Zudem zeichnet sich die Bevölkerung in Oststadt, anders als die in den durch Segregationsprozesse gekennzeichneten Trabantenstädte im

untersuchten Jugendlichen im Zuge einer „innerstädtischen Wanderung" (innerhalb Ost-Berlins) oder einer „Binnenwanderung" (innerhalb der DDR) in ihrer Kindheit oder überwiegend der frühen Jugendphase nach *Oststadt* übergesiedelt sind, liegt die Vermutung nahe, daß sich - wenn überhaupt - so bei diesen Jugendlichen jene Probleme verdichten, die mit einer milieuspezifischen Desintegration verbunden sind. Wie dann die empirische Analyse zeigt, ist dies Voraussetzung dafür, den sehr unterschiedlichen Umgang mit Erfahrungen milieuspezifischer Desintegration herausarbeiten zu können - repräsentiert durch die Hooligans einerseits und die Musikgruppen andererseits. Unter den Bedingungen einer derartigen Trabantensiedlung entstehen dann aber auch neue Formen sozialräumlicher Integration - repräsentiert durch die Gruppe *Schau* (Kapitel 6). Zugleich zeigt der Vergleich mit Hooligans aus dem Altbauviertel *Nordstadt*, daß Erfahrungen milieuspezifischer Desintegration nicht an die sozialräumliche Situation der Trabantenstadt gebunden sind.

Neben dem Aspekt des methodisch kontrollierten Fremdverstehens erhält die komparative Analyse im Rahmen unserer Untersuchung noch eine andere methodologische Bedeutung - unter dem Aspekt der *Typenbildung* (vgl. auch Kapitel 7): Unsere empirische Analyse setzt an bei einer Rekonstruktion von Entwicklungsstadien der Adoleszenzentwicklung bei Lehrlingen (*Entwicklungstypik*). Diese Stadien werden im Zuge einer fortschreitenden komparativen Analyse unterschiedlicher Milieus als generelle herausgearbeitet. Auf dieser Grundlage werden zugleich milieuspezifische Bedingungen identifiziert, die zur Verschärfung von Adoleszenzkrisen beitragen (Milieutypik). Milieutypisches zeigt sich also dadurch, daß in anderen Gruppen (aus anderen Milieus) eine vergleichbare Phase (z. B. diejenige der Bewältigung erster beruflicher Erfahrungen) anders abgearbeitet wird bzw. gar nicht erst besonders problematisch erfahren wird. Indem also die Gruppen vor ein gemeinsames (entwicklungstypisches) Problem gestellt sind, treten in der unterschiedlichen Art der Bewältigung dieses Problems milieutypische Kontraste zwischen diesen Gruppen deutlich hervor. Die Typenbildung verfährt also nach dem Prinzip des *Kontrastes in der Gemeinsamkeit*. Entsprechend ist unser in Anlehnung an das „theoretische Sampling" bei Glaser/Strauss (1968) und Strauss/Corbin (1990) entwickeltes Auswahl- und Suchverfahren angelegt.

Westen, durch ein weit über dem Durchschnitt liegendes Ausbildungsniveau aus (vgl. Keim 1993).

Als weiteren milieuspezifischen Vergleichshorizont im Zuge eines maximalen Kontrasts können wir - auf der Grundlage eigener umfangreicher empirischer Vorarbeiten (Bohnsack 1989) - jugendliche Cliquen aus dem
Kleinstadt- und Dorfmilieu einbeziehen. Hier sind Cliquen männlicher Lehrlinge vor dem Vergleichshorizont weiblicher Lehrlinge sowie vor dem von
Gymnasiastinnen und Gymnasiasten analysiert worden (vgl. dazu auch die
Hinweise in Kapitel 2).

Rekonstruktive Sozialforschung und Ergebnisdarstellung

Für eine rekonstruktive Sozialforschung, die ihre Begriffs- und Typenbildung
als eine *zweiten Grades* versteht, mit der sie an die Sprache und das Erleben
der Erforschten als „Konstruktionen ersten Grades" anzuschließen hat, bleibt
dieser Anschluß notwendigerweise ein sowohl spannendes als auch mit
Spannungen und Brüchen versehenes Unternehmen.

Durch die neueren Verfahren der Textinterpretation, die den Prozeß der
„Rekonstruktion" (vgl. Soeffner 1992, Bohnsack 1993)[14], also die Generie-
rung von Interpretationen und Typen aus den „Daten" (Originaltexten, Transkripten) im hohen Maße haben durchschaubar und somit intersubjektiv über-
prüfbar werden lassen, wurden aber eben deshalb auch die Kontingenzen der
Interpretationen und der „Konstrukt"-Charakter der Re-Konstruktionen trans-
parent. Diese Transparenz und die damit verbundene intersubjektive Überprüfbarkeit in der Weise zu sichern, daß der Leser in die Lage versetzt wird,
auch eigene Interpretationen zu entwickeln, ist eines der Anliegen, welches
wir mit diesem Buch verbinden. Voraussetzung dafür ist eine relativ um-
fangreiche Präsentation der Originaltexte, also der Transkripte, sowie der
noch direkt darauf beziehbaren eigenen Interpretationen (vgl. auch Kapitel 7).
Dies schafft nicht nur Möglichkeiten für einen konstruktiven Diskurs mit der
Leserschaft, sondern eröffnet vielleicht auch jenen Lesern einen Zugang zu
den Ergebnissen, deren Interesse weniger im Bereich der soziologischen
Theorie als der Jugendarbeit liegt.

Dabei geht es uns mit dieser Art von rekonstruktiver Sozialforschung auch
darum, uns nicht fraglos in jene Diskurs- und Sprachgewohnheiten in der

---

14 Wir sind uns mit Soeffner (1992a) in der Abgrenzung einer „Rekonstruktion der
sozialen Konstruktion der Wirklichkeit" von einem „radikalen Konstruktivismus"
weitgehend einig. Allerdings kommt bei Soeffner jene *praxis*philosophisch
fundierte Dimension sozialen Handelns zu kurz, wie sie der Mannheimschen
Wissenssoziologie eigen ist.

15

soziologischen Literatur einzureihen, die den Charakter von Selbstverständigungstexten unter Kollegen angenommen haben. Derart sich entfaltende milieuspezifische Selbstverständlichkeiten werden gelegentlich auch noch für ein Merkmal von Professionalität gehalten. Selbstverständlich wird eine „Anschlußfähigkeit" an die Sprache der Kollegen von uns angestrebt - allerdings nicht auf Kosten der Anschlußfähigkeit an die „Sache" selbst: nämlich die Diskurse und Erfahrungszusammenhänge derjenigen, die Gegenstand der Forschung sind.

Die Zusammenfassung der Ergebnisse (Kapitel 2), die auf dem Niveau von aus dem empirischen Material generierten Begriffsbildungen, Idealtypen oder Theorieelementen angesiedelt sind, haben wir an den Anfang gestellt. Sie können den Leserinnen und Lesern helfen, den roten Faden zu finden durch die in den darauffolgenden Kapiteln dargestellten Fallanalysen (Kap. 3-6), in der unsere Typenbildung je fallbezogen im Prozeß ihrer Entstehung dargestellt wird.

2. Zusammenfassung der Ergebnisse

Mit dem Übergang von der Schule zur beruflichen Ausbildung werden die Lehrlinge zum ersten Mal mit den Erfahrungen eines Arbeitsalltages konfrontiert, durch dessen immergleiche Abläufe und Strapazen möglicherweise - wie sie nun erkennen - ihr gesamtes weiteres Leben geprägt sein wird. Hiermit stellen sich Orientierungs- und Sinnprobleme, durch die die Jugendlichen in eine mehr oder weniger ausgeprägte Krisenphase hineingeraten. Dies vor allem auch deshalb, weil sie nur wenig darauf vorbereitet sind. Um dies zu verstehen, bedarf es genauerer Einblicke in die spezifische Struktur und Zeitlichkeit der biographischen Orientierungen und Lebensperspektiven bei Lehrlingen. Diese sind nicht, wie bei den Gymnasiastinnen und Gymnasiasten (vgl. Bohnsack 1989), geprägt durch eine zweckrationale Orientierung an institutionalisierten Ablaufmustern der Ausbildungs- und Berufskarriere[1]. Vielmehr steht eine Orientierung an den nahweltlichen milieuspezifischen Lebenszusammenhängen der Nachbarschaft, des Viertels, der Verwandtschaft mit ihren Erfahrungsräumen einer gemeinsamen Lebenspraxis und ihren zyklischen Ereignisabläufen im Vordergrund.

Überall dort, wo eine Integration in derartige Gemeinsamkeiten, in habituelle Übereinstimmungen der milieuspezifischen Alltagspraxis nicht bruchlos gegeben ist, begegnet uns eine probehafte Suche nach habitueller Übereinstimmung. Diese Suche ist nicht primär eine theoretisch-reflexive, sondern vollzieht sich - und dies ist für deren Verständnis entscheidend - aus der Spontanität der Handlungspraxis heraus, d. h. auf dem Wege von Aktionismen. Dort, wo Gemeinsamkeiten sozialisationsgeschichtlich nur bruchstückhaft gegeben sind, werden diese also gleichsam inszeniert. Die derart inszenierte gemeinsame Praxis - sei es des Musik-Machens, sei es der körperlichen Auseinandersetzung, des Kampfes - verbindet allein schon deshalb, weil sie ihre eigene - wenn auch episodale - Sozialisationsgeschichte entfaltet. Dies aufgrund gemeinsamer Erfahrungen des Aufeinander-Angewiesen-Seins, der Euphorie, der Bewältigung von Gefahren auf dem Wege kollektiver Aktionismen. Der kollektive Aktionismus ist also das Medium, innerhalb

---

1 Zu einer derartigen „Verzeitlichung des Lebens", mit der es zu „einem chronologisch standardisierten 'Normallebenslauf' gekommen" ist siehe Kohli 1985 (S. 2).

dessen erprobt werden kann, inwieweit und in welcher Hinsicht die persönlichen Stilelemente sich zu kollektiven Stilen verdichten und steigern lassen. Eine derart entfaltete habituelle Übereinstimmung resultiert aus dem Prozeß des „Machens" selbst und führt - wenn ihre Emergenz nicht befriedigend gelingt - auch zu einer Neukonstellation der Clique oder zu einem Cliquenwechsel. Insofern ist auch dieser Cliquenwechsel nicht zufällig und chaotisch, sondern folgt der Eigengesetzlichkeit probehafter Entfaltung und Ausdifferenzierung des kollektiven Habitus. Dies schafft einen Orientierungsrahmen und damit eine Sicherheit der Wahl im Bereich von Lebensorientierungen - so z. B. bei der Partnersuche. Diese milieuspezifische Art der Bewältigung der Adoleszenzproblematik erscheint also - wenn auch rituell inszeniert und somit weit entfernt von jeder Zweckrationalität - als immanent rational und kann nicht grundsätzlich als „magische" Lösung charakterisiert werden[2]. Vielmehr zeichnet sich auf der Grundlage unserer empirischen Analyse ein eher produktives, auf die Entfaltung neuer, emergenter Orientierungen gerichtetes Verständnis und Konzept zeremoniellen und rituellen Handelns ab.

Die Musikgruppen

Habituelle Übereinstimmung und kollektive Stilentfaltung

Die Handlungspraxis des situativen Aktionismus begegnet uns bei den Musikgruppen im Modus des Zusammen-Spiels im ursprünglichen Sinne des Wortes: im zweckfreien spielerischen Erleben der gemeinsamen Praxis eines - zumindest am Anfang - gemeinsamen „Machens".

Daß diese Praxis primordial nicht sach- oder zweck- oder produktorientiert ist, zeigt sich auch darin, daß zu Anfang möglicherweise auch ein anderes Medium im Focus des gemeinsamen Aktionismus stand (z. B. das Tisch-

---

2   Stilproduktionen sind von einigen Vertretern der Birmingham-School dort als „magische Lösungen" charakterisiert worden, wo sie in funktionalistischer gesellschaftstheoretischer Betrachtung mit dem Vergleichshorizont einer historischen Lösung gesellschaftlicher Widersprüche kontrastiert worden sind (vgl. Clark 1979, S. 153 f.). Demgegenüber lesen sich die rekonstruktiven empirischen Studien von Willis (1979) als durchaus rationale Lösungen, wie auch Giddens (1988) in seiner Re-Interpretation der Studie von Willis gezeigt hat.

tennisspiel in der Gruppe *Hiptext*) und daß auch das Medium der kommunikativ-ästhetischen Stilentfaltung möglicherweise wechselt bzw. fließend ineinander übergeht (so z. B. vom „Break-Dance" zum „Rappen").

Dieser Aktionismus setzt - wie auch bei den Hooligans zu beobachten - in einer Phase der Adoleszenzentwicklung ein, in der erste Erfahrungen mit der Härte und der Monotonie des Arbeitsalltages (Ent-Täuschungsphase) die Jugendlichen vor das Problem stellen, daß sich diese Sphäre ihrer Alltagspraxis für eine übergreifende Sinnfindung und biographische Orientierung kaum als geeignet erweist. Im Unterschied zu den Hooligans kommt es hier jedoch nicht zu einer Negation der Alltagsexistenz, bei der diese insgesamt gleichsam abgespalten wird von der Freizeitexistenz in der peer-group. Zwar werden Probleme des Arbeitsalltages negiert, sonstige Probleme des Alltagslebens jedoch musikalisch-textlich bearbeitet - z. B. solche der Konfrontation mit der alltäglichen Gewalt oder auch Erfahrungen im Bereich der Geschlechtsrollenbeziehungen.

Die kollektive musikalisch-textliche Produktion, rudimentäre Bedingung der Konstitution einer Band, setzt eine Abstimmung untereinander voraus, die in der Anfangsphase der peer-group noch nicht erreicht ist. In der Anfangsphase hat „keener uff keenen jehört so, aber irgendwie ging et". Allmählich werden gemeinsam geteilte Regeln des Zuhörens und Miteinander-Spielens entfaltet. Dies stellt Anforderungen an eine kommunikative Reziprozität und bringt diese zugleich zur weiteren Entfaltung. Hier wird ein wesentlicher Unterschied zu den Gruppen der Hooligans erkennbar, bei denen die Gemeinsamkeit des Aktionismus nicht primär kooperativ konzertiert, sondern durch die Selbstverstrickung in eine nicht antizipierbare Dramaturgie des Kampfes erzwungen wird. Demgegenüber ist es in den Musikgruppen, die sich als Band konstituieren wollen, von Anfang an Voraussetzung, sich wechselseitig auf die je individuellen oder *persönlichen* Stile einlassend, diese aufeinander abzustimmen. Dabei wird es zwar notwendig, sich auch grundlegende Instrumentaltechniken anzueignen; aber diese Aneignung steht im Dienste fortschreitender habitueller Abstimmung und nicht umgekehrt. Der umgekehrte Fall wäre derjenige, bei dem - wie z. B. im Schulorchester - im Dienste einer spieltechnisch einwandfreien Performanz eine interaktive Abstimmung zweckrational gefordert ist. Hierin liegt einer der wesentlichen Unterschiede zwischen der Band als *peer-group*, d. h. als sozialem Ort der Suche nach habitueller Übereinstimmung und kollektiver biographischer Orientierung auf der einen und der Band als *Organisation* auf der anderen Seite.

Die Band als peer-group und als Organisation

Die Band als peer-group kann ihrer Funktion nur gerecht werden, wenn sie sich - zumindest zunächst - davon freihält, sich an stilistischen Vorgaben des Musikmarktes und an Fremdimitaten zu orientieren. Ja selbst die Verbegrifflichung der eigenen Stilelemente, also deren „Vergegenständlichung"[3], die „namentliche Einordnung", wie es in der Gruppe *Konkurrenz* heißt, beeinträchtigt die Funktion der Band als peer-group und wird abgelehnt.

Die Distanz gegenüber stilistischen Vorgaben des Musikmarktes und gegenüber der Verbegrifflichung der eigenen Stilelemente markiert das Spannungsverhältnis von *habituellen Stilelementen* auf der einen und *intendierten Ausdrucksstilen*[4], d. h. reflektierten Stilelementen auf der Ebene der Selbstpräsentation auf der anderen Seite. Der bewußte oder intentionale Umgang mit den eigenen Stilelementen, wodurch diese zu intendierten Ausdrucksstilen werden, rückt die (strategische) Selbstpräsentation gegenüber einem Publikum in den Vordergrund, welche der primären Funktion der peer-group widerspricht: der Suche nach habitueller Übereinstimmung, d. h. nach einer Gemeinsamkeit, derer ich mich jenseits einer Selbstpräsentation und zweckrationalen Abstimmung sicher sein kann und in die somit die „persönliche Identität"[5] bzw. der persönliche Habitus zwanglos integriert werden können.

---

3 Siehe dazu vor allem die Unterscheidung von „Versachlichung" und „Vergegenständlichung" bei Berger und Pullberg 1965.

4 Dahinter steht die von Mannheim (1964a) ausgearbeitete methodologische Differenz von immanentem Sinngehalt einer Äußerung, ihrem *dokumentarischen Sinngehalt* (der sich auf den Habitus bezieht) und dem *intendierten Ausdruckssinn*, zu dem auch die intendierten Stile gehören, z. B. auch die Rollendistanz im Sinne von Goffman. In der Äußerung von Goffman (1980, S. 290): „Stil kommt uns unecht ('fault') vor, wenn er absichtsvoll ist", ist die Unterscheidung von habituellen (nicht-absichtsvollen) Stilen und intendierten (absichtsvollen) Stilelementen und somit diejenige von habituellem und kommunikativem Handeln angesprochen. (Vgl. zu dieser Unterscheidung auch Hahn 1986, Schäffer 1995 u. Bohnsack 1994). Auch die Stilanalyse von Soeffner (1992b) am exemplarischen Fall des „Punk" bewegt sich auf der Ebene des intendierten Ausdrucksstils.

5 Der Begriff der „persönlichen Identität" bei Goffman (1967) ist, da er unter dem Gesichtspunkt der „Informationskontrolle" (S. 56 ff.), d. h. der (intendierten) Selbstpräsentation konzeptualisiert wurde, auf der Ebene der *intendierten Ausdrucksstile* und somit des *kommunikativen Handelns* angesiedelt (vgl. auch die vorherige Anmerkung). Auf der Ebene der *habitualisierten* Stilelemente, also des *habituellen* Handelns ist angemessener von „persönlichem Habitus" die Rede. Dies

Dies findet seinen homologen Ausdruck im Verständnis der Beziehung zwischen Band und Publikum. Auch dort geht es nicht - zumindest nicht primär - um die Inszenierung einer Selbstpräsentation („Show"), sondern um die Inszenierung einer habituellen Übereinstimmung. Das Konzert wird dann zu einer „gelungenen Party", wie es in der Gruppe *Hiptext* heißt, wenn das Publikum am Aktionismus in engagierter Weise beteiligt werden kann.

Das bedeutet, daß die musikalisch-textliche Stilentfaltung ihrerseits eingebettet ist in Aktionismen, durch die das Publikum in aktiver Weise eigene Stilelemente zu entfalten vermag. So z. B. im Medium des Tanzes: „Breakdance" oder „Pogo", an dem Mitglieder der Band beteiligt sind, oder in demjenigen des gemeinsamen Gesanges. Dabei werden einerseits den unterschiedlichen ethnischen, geschlechtsspezifischen und persönlichen stilistischen Eigenheiten der Publikumsgruppen (z. B. der türkischen Breakdancer) Entfaltungsmöglichkeiten eröffnet, andererseits wird zugleich versucht, diese Stilelemente auf dem Wege kollektiver Steigerung in einen übergreifenden Rahmen habitueller Übereinstimmung zu integrieren. Dies im Unterschied zu den Hooligans, bei denen persönliche Identität und individuelle Stilelemente hinter den kollektiven Aktionismus zurückzutreten haben. Pendant zum Publikum bei den Musikgruppen als erweiterter peer-group ist bei den Hooligans der „Mob". Die Beziehung zwischen der Kernclique und der erweiterten peer-group ist dort eine autoritär-hierarchische.

Während es der Gruppe *Hiptext* darum geht, ihren Auftritt nicht *vor*, sondern gemeinsam *mit* dem Publikum als erweiterter peer-group zu inszenieren in Form einer „gelungenen Party", ist das Verhältnis der Gruppe *Konkurrenz* ihrem Publikum gegenüber ambivalent: Zwar sorgt der „Fanclub", der sich im Kern aus Mitgliedern der Gruppe *Basis* rekrutiert, dafür, daß Fremdheitserfahrungen vermieden werden. Zugleich wird die Interaktion mit ihm aber als Behinderung erfahren bei der Weiterentwicklung ihres bisherigen Stils, welcher rückblickend als „teilweise n bißchen primitiv" charakterisiert wird. Demgegenüber ist die *technische* Perfektionierung in der Gruppe *Hiptext* überhaupt kein Thema. Eine Perfektionierung im Sinne einer Validierung des eigenen Stils ist, wie vor allem die Konzertbeobachtung zeigt, hier weniger auf die Aneignung professioneller Technik als auf die gelungene Integration der von Seiten des Publikums (z. B. durch den Breakdance-Aktionismus) präsentierten Stilelemente gerichtet. Auch wenn die Gruppe *Konkurrenz*,

---

entspricht auch der Ebene, auf der die „biographische Gesamtformung" im Sinne von Fritz Schütze (1981 u. 1983) angesiedelt ist (vgl. auch: 7.2.). Zu einer genaueren Ausdifferenzierung dieser Phasen der Stilentfaltung s. Schäffer 1995.

deren Erwartungen dahin gehen, die Beschäftigung mit Musik in irgendeiner Weise in eine spätere berufliche Tätigkeit zu integrieren, ihrer Bindung an den peer-group-Zusammenhang ambivalent gegenübersteht, diese gleichsam abspaltet von ihrem Selbstverständnis als Organisation, so wird sie durch den Auftritt doch immer wieder in diese Bindung hineingezogen. So z. B. während des von uns beobachteten Konzerts, bei dem nach Abschluß des Programms (im Punk-Stil) einiges aus dem in der DDR-Institutionen obligatorischen Liedgut intoniert und damit ein ästhetischer Bruch markiert wird. In derartigen peer-group-Aktionismen dokumentiert sich die Suche nach gemeinsamen Stilelementen auf dem Wege einer kollektiven Verarbeitung von Gemeinsamkeiten der DDR-Sozialisationsgeschichte jenseits partikularer Stile und Milieuzugehörigkeiten. Es ist der Versuch, die individuell und milieuspezifisch je unterschiedlichen Stilelemente in einen übergreifenden Rahmen habitueller Übereinstimmung zu integrieren, wie uns dies auch in der Gruppe *Hiptext* begegnet.

Phasen der Stilentfaltung: *Affizierung, Validierung, Konsolidierung*

Bei den Musikgruppen manifestiert sich im Spielen vor einem Publikum bereits ein voraussetzungsvoller entwicklungstypischer Schritt: Die in der Intimität des Übungsraums auf dem Wege des aktionistischen Experimentierens hergestellten stilistischen Gemeinsamkeiten werden nun einer Beobachtung und damit auch einer Beurteilung oder *Validierung* ausgesetzt. Mit der Übernahme der Perspektive Dritter ist eine Selbstbeobachtung und Selbstreflexion verbunden, die nicht allein durch das Spielen vor einem Publikum initiiert und gefördert wird, die aber hierin ihren deutlichsten Ausdruck findet. Indem die Selbstreflexion und die reflektierte Selbstpräsentation an Bedeutung gewinnen, kommt es *zunehmend* zu einer Überlagerung habitueller Stilelemente durch Elemente *intendierter Ausdrucksstile*: Vor allem im Zuge eines Bemühens um Perfektionierung und Weiterentwicklung werden Stilelemente angeeignet, die zunächst fremd sind. Dies setzt jedoch nicht nur technische Fertigkeiten voraus: „Jimi-Hendrix-mäßig" zu spielen ist nicht nur ein spieltechnisches Problem, sondern die zugleich mitangeeigneten fremden intendierten Ausdrucksstile müssen inkorporiert, d. h. in die habituellen Stilelemente integriert, also habitualisiert werden, damit sie nicht aufgesetzt, sondern authentisch, d. h. „cool" und „locker" wirken. *Dies ist die Phase der Konsolidierung*, mit der die gruppenspezifische Stilentfaltung zunächst zu einem Abschluß kommt.

Die Integration oder Inkorporation fremder und auch kommerzieller Stilelemente gelingt jedoch nur dann in authentischer Weise, wenn eine Basis habitualisierter Stilelemente vorhanden ist, wie sie bereits auf einer vorhergehenden Stufe in spontaner, d. h. aktionistisch-experimenteller Weise geschaffen wurden - im wesentlichen noch freigehalten von Selbstbeobachtung, Selbstreflexion und Selbstpräsentation gegenüber Dritten. Diese erste Stufe können wir als diejenige der *Affizierung* bezeichnen, da Stilentfaltung und Elemente habitueller Übereinstimmung im Affekt sich vollziehen bzw. die Jugendlichen von Erfahrungen des Berührtseins („Affizierung") berichten.

Die auf der nächsten Stufe, derjenigen der *Selbstbeobachtung* und *Validierung* angestrebte spieltechnische Perfektionierung und die damit verbundene Inkorporierung zunächst fremder und auf der Ebene intendierter Ausdruckstile angeeigneter Elemente gelingt wiederum nur in der Handlungspraxis, d. h. im Aktionismus - wesentlich auch vor Publikum und in Interaktion mit dem Publikum. Angestrebt wird hier letztlich die Herstellung einer habituellen Übereinstimmung auch mit dem Publikum. Gelingt diese *Konsolidierung*, so vollzieht sich gleichsam eine Integration in einen milieuspezifischen Zusammenhang, innerhalb dessen unterschiedliche persönlichkeits- und gruppenspezifische Stilelemente miteinander „verschmolzen" werden. Die Konsolidierung, die sich nicht notwendigerweise vor Publikum, sondern möglicherweise auch gruppenintern vollzieht[6], führt aus der „Negationsphase" als der Phase der eigentlichen Adoleszenzkrise heraus[7].

Perspektivenreziprozität, Universalmoral und familiale Sozialisation

Im Versuch der Integration unterschiedlicher gruppen-, milieu- und persönlichkeitsspezifischer Stilelemente in einen übergreifenden Rahmen habitueller Übereinstimmung dokumentiert sich auch zugleich eine „universalistische"

---

6 Vgl. dazu die Fallanalyse der Gruppe *Spaß* in der Dissertation von Burkhard Schäffer (1995), in der sich die Konsolidierung gruppenintern auf dem Wege eines extremen Rückzuges vollzieht.

7 In allen Gruppen lassen sich die entwicklungstypischen Phasen bzw. Stadien der Adoleszenzentwicklung der *Ent-Täuschung*, der *Negation*, der *Re-Orientierung* und der *Konsolidierung* unterscheiden. Siehe dazu die Dissertation von Klaus Städtler (1995) sowie Bohnsack 1989. Der gruppeninterne Zyklus von Affizierung und Validierung beginnt möglicherweise bereits in der Ent-Täuschungs-Phase und strukturiert entsprechend die krisenhafte Orientierungssuche in der Negationsphase.

Orientierung auf der Ebene der Handlungspraxis. Sie findet ihre Entsprechung auf der Ebene der von den Jugendlichen produzierten Musiktexte, in denen sie begrifflich expliziert wird. Die Jugendlichen (dies wird vor allem in der Gruppe *Hiptext* deutlich) sind auf der Suche nach Prinzipien der „Toleranz", die für „jeden Menschen" Gültigkeit haben: für „Linke", „Rechte" wie auch „irgendso ein Türke". D. h., der Umgang mit Andersartigkeit und Fremdheit soll hier auf dem Wege einer Orientierung an einem „universe of discourse", an einer Universalmoral[8], einer übergreifenden Perspektivenreziprozität metakommunikativ bewältigt werden. Dies im Gegensatz zu den Gruppen der Hooligans, bei denen der Umgang mit der Andersartigkeit und Fremdheit ein provokativer ist, der die vermeintliche Inauthentizität dieser Andersartigkeit zu entlarven trachtet.

Diese Bereitschaft zur Metakommunikation und Perspektivenübernahme gewinnt ihre Konturen vor dem Vergleichshorizont der Hooligans. Dies gilt auch für die Hintergründe der familialen Sozialisation, in denen diese Unterschiede kommunikativer Verständigung verankert sind. So sind in der Gruppe *Konkurrenz* die Perspektiven der Eltern und die familiale Kommunikation focussierter Gegenstand des Diskurses. Z. B. werden dort, wo die Familie als habitueller Lebenszusammenhang durch die Scheidung der Eltern zerbrochen ist, die daraus vor allem für den Vater sich ergebenden Probleme in enger Kommunikation zwischen Vater und Sohn bewältigt.

Wie die Analyse des biographischen Interviews (*Berthold*) zeigt, dokumentiert sich der kommunikativ-reziproke Charakter der Beziehung zu den Eltern hier darin, daß mit zunehmendem Alter der Sohn reziprok auch für sie

---

8 Im Sinne von Kohlberg und Habermas (1976), handelt es sich bei diesen Regeln um universalethische Prinzipien. In Auseinandersetzung mit Kohlberg versucht Habermas diese Ebene der Perspektivenreziprozität dann im Zusammenhang mit seiner „Theorie der kommunikativen Kompetenz" nach Art einer „universalen Sprachethik" zu fassen. Kohlberg und Habermas sind hier vor allem durch Piaget beeinflußt, der hier von „konstitutiven Regeln" spricht. Im Sinne von George Herbert Mead (1964) läßt sich hier von „universe of discourse" sprechen.
Bei Habermas bleibt in seiner Theorie des kommunikativen Handelns die Bedeutung der sprachlichen Verständigung rationalistisch auf den Bereich der begrifflich-theoretischen Explikation („Interpretation") eingegrenzt, die unmittelbare, „atheoretische" sprachliche Verständigung („Verstehen") gewinnt hier keine Relevanz. Die Theorie der kommunikativen Kompetenz bezieht sich somit allein auf den Bereich des *kommunikativen*, nicht aber auf denjenigen des *habituellen* Handelns.

Verantwortung übernimmt - dies z. B. für die Mutter nach dem Tod des Vaters.

Vor allem aber gewinnt dieses Biographische Interview paradigmatische Bedeutung für jene Art familialer Kommunikation, die Voraussetzung ist für die Ausdifferenzierung und Sicherung persönlicher Identität bzw. persönlichen Stils. Indem *Berthold* - im Kontrast zu den Hooligans - die Geschichte seiner Geburt und frühen Kindheit erzählt, übernimmt er vertrauensvoll die Perspektive der Eltern und Großeltern, durch die seine Lebensgeschichte in diejenige der Familie integriert, zugleich aber auch in ihrer Einzigartigkeit bestätigt wird. Dies als wesentliche Voraussetzung für die Konstitution persönlicher Identität bzw. eines persönlichen Habitus.

Die Hooligans

Episodale Schicksalsgemeinschaft

Der situative Aktionismus findet bei den Hooligans seine spezifische Funktion zunächst darin, die Jugendlichen aus ihrer Alltagsexistenz - so vor allem dem als monoton und vielfach auch sinnlos erfahrenen Arbeitsalltag - gleichsam herauszukatapultieren. Es geht darum, die Alltagsexistenz zu *negieren,* sich ihr vorübergehend in möglichst umfassender Weise zu entziehen. Die Negation einer berufsbiographischen Planung ist - als entwicklungstypisches Phänomen - keine Besonderheit der Hooligans, vielmehr ein allgemein zu beobachtendes Phänomen der Adoleszenzkrise bei Lehrlingen[9]. Besonders ist lediglich die Intensität, der spezifische Weg dieses Aktionismus, welcher in eine *episodale Negation der Alltagsexistenz* („vom Leben abschalten"; „aus dem Rhythmus rauskommen") mündet. Auf dem Wege der Selbstverstrickung in eine nicht-antizipierbare Dramaturgie des körperlichen Aktionismus des Kampfes katapultieren sich die Jugendlichen aus dem wöchentlichen Alltag heraus[10].

---

9   Vgl. dazu wiederum die Ausdifferenzierung entwicklungstypischer Phasen von Städtler 1995 sowie Bohnsack 1989.

10 Elemente einer derartigen episodalen Negation der Alltagsexistenz sind von Buford (1992, S. 234) mit der Metapher: „Momente, wo das Bewußtsein aufhört" in eindringlicher Weise beschrieben worden: „Momente von animalischer Intensität, der Gewalttätigkeit, Momente, wenn keine Vielzahl, keine Möglichkeiten verschiedener Denkebenen bestehen, sondern nur eine einzige - die Gegenwart in

Die Besonderheit der Hooligans - z. B. im Vergleich zu den Musikgruppen - kommt dabei auch in der marginalen Bedeutung zum Ausdruck, welche Biographie und persönliche Identität im kollektiven Handeln zukommt. Es geht nicht darum, an die persönliche Identität und Biographie des einzelnen anknüpfend, d. h. auf dieser Basis, Übereinstimmungen im kollektiven Handeln, also habituelle Übereinstimmungen herzustellen und somit zugleich kollektive wie auch persönliche Habituselemente auszubilden. Vielmehr treten die persönliche Identität und der persönliche Stil der Beteiligten (einschließlich ihrer Basis der Körperlichkeit und der körperlichen Unversehrtheit) hinter die Focussierung des situativen Aktionismus zurück. Eine (gruppenspezifische) persönliche Identität der einzelnen wird im kollektiven Aktionismus gleichsam neu konstituiert. Dies verweist auf den prekären Charakter bisheriger Biographie und Identität, auf den wir noch eingehen werden.

Der kollektive Aktionismus setzt somit gleichsam im biographisch Voraussetzungslosen an. Ausgangsbasis des Aktionismus ist der anonyme „Mob"[11], wie die Jugendlichen selbst dies nennen. Innerhalb dessen ist die persönliche Bekanntschaft und individuelle Identifizierbarkeit der Beteiligten zunächst bedeutungslos und z. T. auch unerwünscht. Um den „Mob" zu „mob"-ilisieren, d. h. für den körperlichen Aktionismus zu instrumentalisieren, gewinnt die Fußballrandale für die Hooligans paradigmatischen Charakter. Der Aktionismus findet innerhalb des (fremd-)organisierten Rahmens des Fußballereignisses statt. Dabei werden die Aktivitäten des Mob durch bekannte und „kampferprobte" Führercharaktere aus der Kernszene der Hooligans (zu der die Gruppe *Kunde* gehört) in rudimentärer und hierarchischer Weise organisiert bzw. raumzeitlich koordiniert - immer auf der Suche nach dem „fight", welcher vorzugsweise mit anderen Gruppen von Hooligans, aber auch mit anderen „Fußballfans" und mit den „Autonomen" gesucht wird. Der „fight" hat primär die Funktion einer Verstrickung in die Handlungszwänge eines *situativen Aktionismus*. Es ist gerade die verlaufskurvenförmig sich verselbständigende, nicht antizipierbare Dramaturgie in der Situation des Kampfes und der Randale und das daraus resultierende Aufeinander-Angewiesen-Sein, welche eine elementar ansetzende Kollektivität konstituieren - eine *episodale*

---

ihrer absoluten Form".

11 Die Bedeutung des „Mob" für den jugendlichen Aktionismus wurde in der Tradition der Chicagoer Schule bereits bei Park und Thrasher (1927) herausgearbeitet.

Schicksalsgemeinschaft[12].Unter anderen Vorzeichen finden wir dies im Sport oder in der (erzwungenen) Schicksalsgemeinschaft von Kriegsteilnehmern an der Front[13]. In dieser situativ inszenierten Schicksalsgemeinschaft mit ihren nicht-antizipierbaren Handlungsanforderungen werden Zusammenhalt und Übereinstimmung aktionistisch „erzwungen".

Hier lassen sich auch Parallelen ziehen zu jener Eigendynamik „absurder Prozesse", wie Neidhard (1981) sie am Beispiel einer terroristischen Gruppe durchleuchtet hat. Die Eigendynamik erzeugt „sekundäre Motive"[14]. Bei den Hooligans treten die „primären" Motive vollständig hinter die „sekundären" zurück. Howard S. Beckers (1971) zentrale These, daß nicht abweichende Motive zu abweichendem Verhalten führen, sondern umgekehrt, abweichendes Verhalten abweichende Motivationen erzeugt, findet hier eine markante Bestätigung.

Auf der Grundlage einer inszenierten episodalen Schicksalsgemeinschaft wird - wie gesagt - eine (gruppenspezifische) persönliche Identität quasi neu konstituiert. Voraussetzung für die Zugehörigkeit zu den auf dieser Basis sich konstituierenden Cliquen ist somit die Unterordnung der (bisherigen) persönlichen Identität unter den kollektiven Aktionismus. Unter denjenigen, die sich in dieser Hinsicht bewährt haben, entsteht „Kameradschaft". Sie gehören zu

---

12 Wir sind uns der Problematik des Begriffes der „Schicksalsgemeinschaft" aufgrund seiner Bedeutung in der Propaganda des Nationalsozialismus bewußt. Dieser Begriff erscheint hier jedoch durchaus treffend - vor allem vor dem Hintergrund seiner Bedeutung in der Mannheimschen Wissenssoziologie, innerhalb derer von einem Generationszusammenhang als einer „Partizipation an den *gemeinsamen Schicksalen* (1964 d, S. 542, urspr.: 1928) die Rede ist. Dies wiederum geht auf seine Bedeutung in der Praxisphilosophie Heideggers zurück (1986, S. 384).

13 Zur Analyse der „kleinen Solidargemeinschaft der Mitsoldaten ('Kumpels', 'Kameraden') an der Front" und deren „Funktionalisierung" durch die Armeeorganisation des Zweiten Weltkrieges vgl. Schütze (1989), S. 89 ff. Diese zentrale Funktion des Hooligan-Aktionismus, diejenige der Konstitution einer episodalen Schicksalsgemeinschaft ist bei Buford (1992, S. 132) nur am Rande erwähnt: „und jeder einzelne von uns weiß jetzt, wir haben etwas Wichtiges durchgemacht - etwas Handfestes. Nach so einem Erlebnis werden wir uns nicht mehr aufsplittern. Wir splittern uns nie mehr auf. Wir bleiben unser Leben lang Kumpels." (S. 132)

14 „Zu diesen sekundären Motiven gehört ... eine gruppendynamisch anwachsende Kohäsion der Verfolgten. Sie empfinden sich als Schicksalsgemeinschaft" (Neidhardt 1981, S. 253).

27

den „Kumpels", zur eigentlichen Clique der Hooligans, die somit als Produkt der Eigendynamik des „fight" sich überhaupt erst konstituiert.

Der prekäre Charakter von Regelhaftigkeit und Perspektivenreziprozität

Die Eigendynamik des Kampfes und die verlaufskurvenförmige Selbstverstrickung der Jugendlichen erhalten bei den Hooligans somit eine spezifische Funktion: Indem auf diesem Wege Zusammenhalt und Übereinstimmung hergestellt werden, erscheinen sie als Substitut für eine z. B. auf der Basis *kommunikativer Reziprozität* entfaltete Zusammengehörigkeit und wechselseitige Anerkennung, die wir bei den Musikgruppen finden. Die Kommunikation, das „Miteinander-Quatschen" ist bei den Hooligans lediglich das Medium, um die auf anderem Wege - demjenigen des „Miteinander-Kämpfens", des „Sich-Klatschens" - bereits erworbene Anerkennung und Zugehörigkeit zum Ausdruck zu bringen und zu bestätigen.

Auf dieser Basis werden dann Regeln der „Fairneß" (des „fairen fight"), also der Reziprozität allmählich konstituiert. Sie werden in Erzählungen und Beschreibungen ausgearbeitet und schließlich begrifflich formuliert. In der Initiierung derartiger Lernprozesse im Bereich von Regeln der Reziprozität liegt eine wesentliche Bedeutung dieser peer-group.

Neben der Kampferprobtheit und der cliqueninternen „Kameradschaft" sind es diese Regeln der Fairneß, mit denen sich die Mitglieder der Cliquen gegenüber dem „Mob" abgrenzen und ihren Führungsanspruch ihm gegenüber begründen. Damit der Kampf regelgerecht stattfinden kann, findet er idealerweise auf einer „Wiese" statt. Dies ist die Metapher für einen Freiraum, eine Enklave, eine Sonderwelt, innerhalb derer der Kampf analog zur Wiese des Fußballplatzes unabhängig von äußeren Eingriffen - vor allem seitens der Kontrollinstanzen - und ohne die Gefährdung Unbeteiligter stattfinden kann.

Indem der „fight" seine Funktion *primär* im Rahmen der Emergenz einer episodalen Schicksalsgemeinschaft erhält, ist er einem zweckrationalen Verstehen, einer Analyse in einem zweckrationalen Handlungsmodell nicht zugänglich[15]. Auch eine zweckrational fundierte Orientierung am Sieg über den Gegner oder gar an dessen Vernichtung tritt in den Hintergrund. Viel-

---

15 „Die Gewalttaten unterliegen einer Eigendynamik, die rationale Steuerung ausschließt. Dieser Sachverhalt ist Intellektuellen, die notorisch den rationalen Diskurs predigen und Gewalt verdammen, kaum nachvollziehbar", wie es bei Schumann (1993, S. 327) heißt.

mehr wird auch hier in der Auseinandersetzung der Hooligans untereinander - so paradox dies zunächst klingen mag - eine im „fight" mit einem respektablen Gegner sich allmählich konstituierende und bewährende „Freundschaftsbereitschaft" mit diesem angestrebt.

Damit der Kampf die dargelegten Funktionen erfüllen kann, ist es notwendig, ihm Respektabilität zu verleihen. Dies auch deshalb, weil das Respektiertwerden nicht nur auf die „Kameradschaft" innerhalb der Gruppe und auf das Verhältnis zum Gegner bezogen ist, sondern - und dies ist die andere, wenn auch weniger bedeutsame Funktion des „fight" - auch auf die gesellschaftliche Öffentlichkeit - auf die Resonanz in den Medien und in der Öffentlichkeit ganz allgemein: die Fußball*tribüne* als bevorzugter Kampfschauplatz wird zur *Bühne*.

Wenn Respekt und Anerkennung weder durch die milieuspezifisch fundierte gesellschaftliche Stellung noch durch beruflichen Aufstieg gesichert werden können, gewinnt dieser (wenn auch moralisch fragwürdige) Respekt seitens der Öffentlichkeit an Bedeutung.

Indem Solidarität und habituelle Übereinstimmung zugleich mit einem - wenn auch prekären - Respekt erworben werden können, erscheint diese im Cliquenaktionismus inszenierte episodale Schicksalsgemeinschaft als funktionales Äquivalent zum Vergleichshorizont einer in Gemeinsamkeiten der Sozialisationsgeschichte fundierten Schicksalsgemeinschaft. Hierfür steht paradigmatisch z. B. die (dörfliche) Nachbarschaft (vgl. Bohnsack 1989). Im Rahmen unserer Studie über Oststadt stellt die Gruppe *Schau* den Vergleichshorizont dar, die sich in die Solidarität der Nachbarschaft als einer „großen Familie" eingebunden weiß, deren Zugehörigkeit durch jahreszyklische Gemeinschaftsveranstaltungen(„Kinderfeste",„Herbstputz",„Frühjahrsputz") inszeniert wird. Demgegenüber wird seitens der Gruppe *Kunde* die soziale Kontrolle der Nachbarschaft als exterior, als „Druck" erfahren[16]. An die Stelle milieuspezifischer habitueller Übereinstimmungen von Schicksals-

---

16 „Soziale Kontrolle durch Institutionen und nachbarschaftliche Beziehungen erfahren die Jugendlichen als sehr stark einschränkend repressiv" heißt es in der Studie von Kühnel und Matuschek (1996, S. 199), die ebenfalls in einem Ostberliner Stadtteil mit Hochhausbebauung durchgeführt wurde, mit Bezug auf einen spezifischen Typus von Netzwerken Gleichaltriger, der sich durch eine „Normalität" devianten Verhaltens auszeichnet.

gemeinschaften treten hier bei den Hooligans die in der peer-group situativ inszenierten[17].

Den im Medium des Wettkampfspiels entfalteten Regeln ist eine spezifische Sozialität eigen. Im Sinne von George Herbert Mead (1964), der seine Identitäts- und Kompetenztheorie ja bekanntlich u. a. am Beispiel des Wettkampfspiels („game") entfaltet hat, wird das soziale Gegenüber in diesem Rahmen lediglich als „generalisierter Anderer" wahrgenommen, aber nicht als „universalisierter Anderer", d. h. als jemand, mit dem mich jenseits partikularer Spielregeln oder normativer Regeln universelle Prinzipien kommunikativer Verständigung („universe of discourse") verbinden und den ich dadurch in seiner Einzigartigkeit jenseits partikularer Normen zu identifizieren vermag. Die je individuellen Perspektiven der beteiligten Akteure, wie sie mit ihrer je unterschiedlichen Biographie und persönlichen Identität verbunden sind, bleiben irrelevant. Die Irrelevanz der Biographie und persönlichen Identität des Spielers ist ja bekanntlich konstitutiv für das Spiel als Sozialsystem (vgl. Goffman 1973). Die gruppenspezifische soziale Identität, für die die persönliche Biographie und die Identität bedeutungslos ist, ist diejenige des „Kumpels" oder „Kameraden"; wobei bezeichnenderweise der Begriff des „Freundes" kaum verwendet wird. Dies wiederum im Unterschied zu den Musikgruppen, deren Angehörige sich als „die besten Freunde" bezeichnen und damit die Vertrautheit mit der Biographie der anderen hervorheben[18].

Prinzipiell stehen auch die Auseinandersetzungen außerhalb der focussierten Aktivitäten der Fußballrandale - also der Auseinandersetzungen der Hooligans

---

17 Andere Wege der „Inszenierung" von Gemeinsamkeit werden in der Dissertation von Bodo Wild (1995) über „Fußballfans und Hooligans" unterschieden: Neben einer „Suche nach Zusammengehörigkeit" bei den Hooligans findet sich in anderen Milieus von Fußballfans die „Suche nach Zugehörigkeit" sowie die „Suche nach kommunikativer Eingebundenheit".

18 Auch im Rahmen sozialpsychologischer Entwicklungsmodelle findet sich der Begriff „Kameradschaft" (companionship), allerdings wird er dort nicht definitorisch abgegrenzt von dem der Freundschaft („friendship"; vgl. Damon 1984, S. 160 ff.). Bei genauerer Betrachtung zeigt sich jedoch, daß der Begriff der Kameradschaft im Rahmen der sozialpsychologischen Entwicklungsmodelle eher zur Kennzeichnung von solchen Beziehungen unter Kindern zur Verwendung kommt, bei denen das Teilen und Verteilen von Gütern (also symmetrische Reziprozität im Sinne von Youniss) im Mittelpunkt steht. Von daher läßt sich in entwicklungstypischer Perspektive das Entstehen von Kameradschaftsbeziehungen auch als Voraussetzung für die Entwicklung weitergehender Freundschaftsbeziehungen verstehen (vgl. Städtler 1995).

untereinander - unter dem Anspruch der Regeln eines fairen Kampfspiels. Außer Kraft gesetzt werden diese Regeln dann jedoch immer wieder mit dem Hinweis darauf, daß die anderen, die Gegner, sich auch nicht daran halten würden. Hier zeigt sich ein spezifisches Problem der reduzierten Perspektivenreziprozität dieser Gruppe: Sofern die auf der Ebene der Spielregeln, der Normen angesiedelte kooperative Reziprozität versagt[19], lösen die Jugendlichen dies Problem nicht auf der Ebene einer metakommunikativen Auseinandersetzung mit diesen Regeln oder Normen („universe of discourse")[20]. Vielmehr fallen sie gleichsam auf eine Stufe zurück, wie Youniss sie im Anschluß an Piaget und Mead sie als diejenige der symmetrischen Reziprozität" bezeichnet hat - nach dem Motto: „Wie Du mir, so ich Dir", also als „ganz strikt praktizierte Vergeltung" (Youniss 1984, S. 52 u. 1994, S. 91).

Die Perspektivenreziprozität auf einer Metaebene, derjenigen der Übernahme der Perspektive des Anderen in seiner Einzigartigkeit und Individualität ist prekär und damit auch die Herstellung von Intimität. Dies wird vor allem in den Beziehungen der Hooligans mit ihren Freundinnen erkennbar. So, wie sich dies aus deren Perspektive darstellt, ist ihnen die Sphäre der „Kerle" prinzipiell fremd und weder einem unmittelbaren Verstehen noch einer kommunikativen Verständigung so ohne weiteres zugänglich. Die Möglichkeit der Perspektivenübernahme, der Perspektivenreziprozität in dieser Hinsicht ist problematisch: „man kann ja nich rinkieken". Prekäre Grundlage der Beziehung ist auch hier eine habituelle Übereinstimmung auf der Ebene situativer Aktionismen; nämlich „verknallt" zu sein oder den anderen „geil" zu finden. Ist diese Basis nicht mehr gegeben, schlägt das Verhältnis radikal um: in den „Ekel".

Sozialisationsgeschichtliche Hintergründe: die Eliminierung der familienbezogenen Kindheitsgeschichte

Die Analyse der biographischen Interviews mit den Hooligans läßt sozialisationsgeschichtliche Hintergründe einer derartigen Kommunikationsstruktur sichtbar werden - vor allem im Bereich der Familie.

---

19 Youniss (1984) spricht hier von „kooperativer Reziprozität". Nach Piaget handelt es sich um die Ebene der „Koordination".

20 Der Ebene des „universe of discourse" bei Mead (1964) entspricht im Sinne von Piaget diejenige der „konstitutiven" Regeln.

Die sozialisationsgeschichtliche Problematik besteht nicht darin, daß die Familien - äußerlich betrachtet - nicht mehr „intakt" sind. Daß dies keine signifikante Eigenart gewalttätiger Jugendlicher ist, wird in quantitativen Untersuchungen bestätigt (vgl. Willems 1993 und Heitmeyer u. a. 1995)[21]. Derartige Probleme sind auch in unserer Studie nicht nur bei den Hooligans, sondern auch in anderen Gruppen zu beobachten. Nicht der Selbstmord des Vaters oder die Scheidung der Eltern für sich genommen stellen das eigentlich Problem dar. Vielmehr dokumentiert sich dieses im Schweigen über den Tod des Vaters oder im Verschweigen einer bereits vollzogenen Scheidung der Eltern. Dort, wo, wie uns dies auch in anderen Gruppen begegnet, die Kontinuität des Familienalltages brüchig geworden ist, bedarf es der reflexiven Kontinuitätssicherung auf der Ebene einer *kommunikativen* Verständigung. Dies gilt auch für den Verlust milieuspezifischer Integration und den damit verbundenen Verlust habitueller Sicherheiten, d. h. des kollektiven und des persönlichen Habitus, mit denen die Brüche im Bereich der Kontinuität des Familienalltages häufig unmittelbar verbunden sind. Der Verlust übergreifender, milieuspezifischer habitueller Sicherheiten begegnet uns ebenfalls in den Herkunftsfamilien der Musikgruppen, wird dort aber in ganz anderer Weise (bzw. überhaupt) kommunikativ bearbeitet. Entscheidend ist also die innerfamiliale (meta-)kommunikative Verarbeitung, im Sinne einer Vergewisserung, einer *reflexiven Kontinuitätssicherung* auf der Ebene der gemeinsamen Familiengeschichte und vor allem der familienbezogenen Kindheitsgeschichte der einzelnen[22]. Typischerweise fehlen die Erzählungen familien

21 So heißt es bei Heitmeyer u .a. 1995, S. 144: „Betrachtet man den Zusammenhang zwischen der Familienkonstellation und der Gewalttätigkeit der Jugendlichen, so können wir feststellen, daß Jugendliche, die in unvollständigen Familien aufgewachsen sind, nicht signifikant häufiger Gewalt ausübten als Jugendliche, die in vollständigen Familien aufgewachsen sind."

22 Helsper u. a. (1991, S. 175) kommen bei der Auswertung von insgesamt zehn Biographischen Interviews mit jugendlichen „Außenseitern" zu einem Ergebnis, welches unsere Interpretation zu stützen vermag: „es scheint nicht das belastende Ereignis (des Auseinanderbrechens von Familienstrukturen ‚d. A.) zu sein, das zu einer Marginalisierung beiträgt, die Möglichkeiten der Bearbeitung dieser Ereignisse sind mindestens von ebenso großer Bedeutung". Helsper u. a. gehen allerdings auf die Konsequenzen dieser Bearbeitung für die persönliche Identität nicht näher ein. Sie konstatieren zwar, „daß in mehreren Interviews die Darstellungen zur Familie ziemlich knapp und lückenhaft waren". Unter Bezugnahme auf Goffman und sein Konzept des Stigmamanagements verstehen die Autoren dies entweder als „bewußte Täuschung", als „latente Selbsttäuschung" bzw. als

bezogener Kindheitsgeschichten in den biographischen Interviews mit den Hooligans. Die Ausdifferenzierung und Sicherung persönlicher Identität bzw. persönlichen Stils ist aber an die kommunikative, vor allem: metaphorische, d. h. erzählerische oder beschreibende Vergewisserung der eigenen Kindheitsgeschichte in deren Einzigartigkeit gebunden.

Die in der Erzählpraxis der biographischen Interviews mit den Hooligans zu beobachtende *Eliminierung der familienbezogenen Kindheitsgeschichte* wie auch die in den situativen Aktionismen der Alltagspraxis der Hooligans zu beobachtende *Eliminierung der persönlichen Identität* ist somit zugleich Ausdruck reduzierter kommunikativer Reziprozität wie auch Ausdruck einer prekären Beziehung zur eigenen Biographie bzw. zu den signifikanten bzw. biographischen Anderen. Im Verlust der Kommunikation mit den signifikanten Anderen bzw. im Verlust des Vertrauens in deren Beschreibungen und Erzählungen, deren Perspektive überhaupt sind die existentiellen Hintergründe dieser reduzierten kommunikativen Reziprozität zu suchen.

Der Verlust kommunikativer Verständigung begegnet uns nicht allein unter Bedingungen zwangsautoritärer familialer Beziehungen („der totale Druck"), sondern auch im Sozialisationsmodus einer bedingungslosen Permissivität („meine Mutter hat mir immer alles in den Arsch gesteckt")[23]. Jenseits ihres oberflächlichen Kontrasts haben diese Modi sozialisatorischer Interaktion, zwischen denen möglicherweise auch hin- und hergependelt wird, eines gemeinsam: es vermögen sich keine Erfahrungsräume kommunikativer Verständigung im Sinne einer Perspektivenreziprozität und eines darauf basierenden Aushandelns von Prinzipien und Grenzen zu entfalten.

Provokation und doppelte Stigmatisierung

Die nicht-offene Kommunikation ist es, die den Jugendlichen zum Problem geworden ist. Und Erfahrungen einer nicht-offenen Kommunikation sind es, auf die die Jugendlichen in der öffentlichen Begegnung mit Provokation reagieren. Provokation ist darauf gerichtet, auszuloten, welche (moralische)

„Informationskontrolle, um einen stigmatisierenden Sachverhalt zu verbergen".
23 In der in ihre Studie integrierten qualitativen Untersuchung von richterlichen Urteilsschriften kommen Willems u. a. (1993, S. 166) zu dem Ergebnis, daß sich „kein eindeutiges oder typisches biographisches Muster und keinerlei Hinweise auf eine Dominanz problematischer Familienkonstellationen ('Vaterverlust') oder einseitige Erziehungsstile (autoritär vs. antiautoritär) für die in unserer Analyse erfassen Täter fremdenfeindlicher Gewalt" ergibt.

Prinzipien und Grenzen dem Handeln der anderen „eigentlich" oder „wirklich" zugrundeliegen. Und dies vollzieht sich eben hier nicht nach Art einer metakommunikativen Verständigung über diese Regeln und Prinzipien, sondern die Stellungnahme des Anderen wird aktionistisch erzwungen. Es geht um einen „character contest", wie Goffman dies nennt, der hier die Bedeutung von Provokation und Aktionismus ansiedelt. Die Provokation, die darauf gerichtet ist, den unterstellten „wahren Charakter" des Anderen hervorzulocken, vollzieht sich auf dem Wege, „daß ein Spieler gegen eine moralische Regel verstößt, deren besondere Einhaltung zu sichern der andere Spieler moralisch verpflichtet ist" (Goffman 1971, S. 263). Bei der Provokation geht es also nicht primär um die Demonstration der eigenen moralischen oder politischen Überzeugung, sondern darum, diejenige des anderen zu testen. Dies unterscheidet die Provokation vom Protest. In der Provokation dokumentiert sich ein nachhaltiger Vertrauensverlust in die Selbstdarstellung und Perspektive des anderen zugleich mit einem spezifischen Weg der Suche nach glaubwürdiger, authentischer Identität. Dieser Weg ist eben nicht ein (meta-)kommunikativer, sondern ein gleichsam „sprachloser", ein aktionistischer. Von den „Linken", den Gegnern, werden die Hooligans auch als die „Sprallos", offensichtlich also als Sprachlose etikettiert. Der Andere muß sich gleichsam sprachlos „beweisen", wie es bei den Hooligans heißt. Kann der Andere sich „beweisen", so kommt es - zumindest im Falle der Fußballrandale - zur „Freundschaftsbereitschaft".

Im Bereich der öffentlichen Interaktion kommt unter diesem Gesichtspunkt auch der Wahl der Embleme und der stilistischen Selbstpräsentation ein rein provokativer Charakter zu. Beispielsweise haben sich die Jugendlichen zu DDR-Zeiten als Anhänger des als „Stasi-Verein" etikettierten Berliner BFC ausgegeben, um die Stasi-Gegner zu provozieren. Zugleich aber haben sie sich hierbei das Outfit der Skinheads zugelegt, um die wirklichen Anhänger dieses Vereins bzw. die „Stasi" zu „schocken", wie sie sagen.

Die Randale, das outfit und der körperliche Aktionismus sind also nicht primär im Rahmen einer wie auch immer gearteten *politischen* Auseinandersetzung zu verstehen, sondern stehen im Dienste der Provokation, welcher eine doppelte Funktion zukommt: den Gegner wie auch sich selbst untereinander zu testen und eine episodale Schicksalsgemeinschaft zu etablieren.

Bei den Hooligans aus dem Westteil der Stadt (Gruppe *Tankstelle*) dokumentiert sich dies darin, daß sie sich gelegentlich die Schlachtgesänge türkischer Fußballfans ebenso in provokativer Weise zu eigen machen wie eine „Israel-Fahne" und den Schlachtgesang „Nazis raus".

Die Provokation der Jugendlichen aus dem Ostteil der Stadt war vor allem zu DDR-Zeiten darauf gerichtet, diejenigen zu testen, denen eine spezifische

Doppelmoral zugeschrieben wurde, d. h. die sich (nach Ansicht der Jugendlichen) nicht trauten, ihre politische Haltung und Moral zum Ausdruck zu bringen: die „Spießer" und „Schichtler", wie sie genannt werden und zu denen vor allem auch Vertreter der Sozialisationsinstanzen Schule und Betrieb gehören. Hier besteht die Doppelmoral vor allem darin, daß politische Moral mit sachlich-leistungsbezogenen, sowie disziplinarischen Ansprüchen und Maßstäben verquickt bzw. hinter diesen versteckt wird[24].

Vor allem durch ihr provokatives outfit, welches zu DDR-Zeiten durch Stilelemente der Skinheads (Bomberjacke, Doc-Martens-Schuhe, extrem kurzer Haarschnitt oder Glatze) geprägt war, geraten die Jugendlichen in Konflikt mit Lehrern, mit betrieblichen Vorgesetzten und der Polizei.

Indem die Jugendlichen mit Provokation auf die Doppelmoral und den „totalen Druck" reagieren, wie er aus dem Zusammenspiel des moralisch-leistungsbezogenen Drucks seitens der Ausbildungsinstanzen mit demjenigen seitens der Eltern resultiert, wird mit eben dieser Doppelmoral gegen sie zurückgeschlagen. Die stilistische Provokation wird nicht nur in disziplinarischer und leistungsbezogener Hinsicht zum Stigma und sie wird nicht nur kriminalisiert, sondern sie wird zugleich und primär zum politischen Stigma mit entsprechend drastischen Konsequenzen der Strafverfolgung. Es dokumentiert sich hier eine unter den Bedingungen des totalitären Staates typische Struktur der *doppelten Stigmatisierung,* die für die Jugendlichen zur Falle wird: Ihr Verhalten wird in einer für sie selbst zunächst kaum durchschaubaren Weise in einen politischen Rahmen gestellt, so daß sie in einen verschärften Prozeß der Fremdbestimmung und Verlaufskurvenentwicklung hineingeraten. So wird *Arno,* einer der Kerncharaktere der Ost-Berliner Hooligan-Szene, in Folge einer Dorfschlägerei nicht nur mit 16 Jahren zum kriminellen jugendlichen Schläger, sondern zusätzlich als in seiner „Einstellung gegen den Staat" gerichtet etikettiert. Die doppelte Etikettierung findet dann auch darin ihren Ausdruck, daß *Arno* nicht in die Jugendstrafanstalt, sondern in den „schweren Vollzug" eingewiesen wurde. Im Zuge weiterer provokativer Auseinandersetzungen mit den Kontrollinstanzen wird die Fremdetikettierung als „rechts" und schließlich als „Nazi" als provokative politische Selbststilisierung übernommen. So heißt es im biographischen Interview von *Arno:* „spätestens bei der zweeten Gerichtsverhandlung sagt

---

24 Korfes (1992, S. 51 u. 52) spricht mit Bezug auf „die Herausbildung einer rechten Jugendkultur in der ersten Hälfte der 80er Jahre" in der DDR von einer Motivation der „Ablehnung der fremdbestimmten Integration in erstarrte gesellschaftliche Strukturen".

man sich denn na bitte, ihr nennt mich Nazi, ich bin einer, was wollt ihr denn? Um-um einfach die ganzen Leute da abzuschocken, wie se da gesessen haben"[25].
Es wird hier noch eine spezifische Funktion der Provokation bzw. der provokativen Selbstbezichtigung erkennbar: An einem bestimmten Punkt der Fremdbestimmung und der Verstrickung in einer Verlaufskurvenentwicklung erscheint die Inszenierung einer provokativen Selbstbezichtigung als der einzig noch verbleibende Weg, Elemente von Autonomie und Selbstbestimmung und damit auch von Würde zu bewahren, wie David Matza (1964) die Problematik jugendlicher Delinquenten charakterisiert hat - angesichts der Erfahrung von Fremdbestimmung, wie sie im übrigen nicht erst durch den Eingriff der Kontrollinstanzen hervorgerufen wird[26].

Stereotype sozialer Identität: „Nationalstolz" und Maskulinität

Trotz ihrer primär provokativen Funktion ist die Wahl auffälliger Embleme und Stilelemente nicht ausschließlich durch diese Funktion bedingt. Provokation ist - wie wir gesehen haben - Reaktion auf eine nicht-offene Kommunikation, die auf dem Wege einer Metakommunikation nicht bewältigt werden kann. Dies verweist auf eine mangelnde Möglichkeit bzw. Bereitschaft in voraussetzungsvolleren Bereichen der Perspektivenreziprozität.

Den anderen, aber auch sich selbst in ihrer je individuellen Perspektivität wahrzunehmen, wie sie mit der unterschiedlichen Biographie und persönlichen Identität in ihrer Einzigartigkeit verbunden ist, bleibt prekär. Dies führt zu einem Rückgriff auf vermeintlich gesicherte Stereotype sozialer Identität,

---

25 Hierzu bemerkt Lipp (1985, S. 145): „Provokateure schreiben sich nicht Mängel, individuelle Bloßstellen und Blößen gut; sie laden Schuld auf sich und versuchen, Schuldzuschreibungen umzukehren und an die ächtenden, sozialen Erstinstanzen zurückzuspiegeln" - Nach Lipp implizieren Provokationen primär die Übernahme kulpativer Stigmata, also eine Selbststigmatisierung. Im weiteren „schließt Selbststigmatisierung militanten Aktionismus und radikale, bürgerkriegsartige Prozesse keineswegs aus ..., sie verweist im Kern auf sie".

26 "Die Jugendlichen versuchen, mit anderen Worten, jenes Gefühl von Menschlichkeit wieder herzustellen, in denen das eigene Selbst als Akteur erfahren wird - jenen Zustand, in denen der Mensch selbst die Ereignisse steuert. Die Wiederherstellung der Menschlichkeit ... vermag auf dem Wege des Normbruchs bewältigt zu werden. Der Delinquent findet seine Reintegration in die moralische Ordnung auf dem Wege des Verbrechens" - und, so können wir ergänzen, auf dem Wege der Provokation (Matza, 1964, S. 189).

mit denen der einzelne sich persönlich zu identifizieren trachtet, führt also zu einer Zusammenziehung von persönlicher und sozialer Identität. Dies zeigt sich einerseits an der Kategorie des „Nationalstolzes", bei der nationale Zugehörigkeit wie ein individuell erworbenes Persönlichkeitsmerkmal erscheint (und die Geschichte der Nation wie eine Familiengeschichte konstruiert oder inszeniert wird). Andererseits zeigt sich dies auch im Bereich der Geschlechtsrollenstereotype und der Selbstidentifikation mit einer aggressiven und provokativen Maskulinität. Sie wird ebenso wie Nationalität zur (vermeintlichen) letzten Bastion sozialer und persönlicher Identifizierung[27]. Zugleich verweist sie auch auf den prekären Charakter des Vertrauens und der Perspektivenreziprozität in der Beziehung zu den Freundinnen.

Die Stereotypisierung nationaler Zugehörigkeit und die entsprechenden Selbststilisierungen und Embleme stehen im Dienste des Aktionismus, der Provokation und der auf diesem Wege konstituierten episodalen Schicksalsgemeinschaft. Es ist nicht so, daß der Aktionismus im Dienste politischer Überzeugungen und Theorien stünde. Damit ist auf die Begrenztheit der Theorien verwiesen, die die Aktionismen der Hooligans aus politischen Überzeugungen oder Ideologien abzuleiten versuchen. Derartige Theorien verkennen die Bedeutung der Ebene der Handlungspraxis und deren Episodenhaftigkeit.

Ohne eine genauere Kenntnis der Handlungspraxis, die sich erst einer intensiven qualitativen Analyse erschließt, kann z. B. von einer Verwendung nationalsozialistischer Embleme und Symbole oder auch Slogans kaum valide auf theoretische oder ideologische Überzeugungen geschlossen werden. Dies greift im Falle Jugendlicher zumeist ebenso zu kurz wie der Versuch, derartige Selbstpräsentationen zu einer politisch-ideologischen Protesthaltung (z. B. gegen ein linkes totalitäres System) hochzustilisieren. Denn die Interpretation als politische Überzeugung ebenso wie diejenige als politischer Protest unterstellen das Vorhandensein einer relativ gesicherten eigenen moralischen oder politischen Überzeugung. In unserer Studie gewinnen moralische oder politische Überzeugungen - genauer: die Probleme ihres Zusammenbruchs im Zusammenhang mit der Wende - lediglich im Falle der „linken, gewaltbereiten" Gruppe *Basis* eine focussierte Bedeutung. Bei den Hooligans geht es jedoch um Provokation. Provokation bedeutet, angesichts

---

27 „Wo Männlichkeitsdarstellungen mangels anderer Möglichkeiten zur letzten Ressource von sozialer Identität werden, muß machismo zwangsläufig in Reinform auftreten", heißt es bei Kersten (1993, S. 235), der andererseits auch auf die provokative Funktion von Männlichkeitsdarstellungen verweist.

der Unsicherheit der eigenen ideologischen und moralischen Haltung diejenige des anderen auf Festigkeit und Authentizität hin zu testen.

Wenn die Stereotypisierung nationaler Zugehörigkeit und die dazugehörigen Selbststilisierungen und Embleme im Dienste des Aktionismus und der Provokation stehen, wird auch plausibel, daß dann, wenn der situative Aktionismus entwicklungsbedingt seine Funktion verloren hat, es plötzlich „völlig sinnlos" erscheint, „ein rechter Idiot" gewesen zu sein, wie es in der Gruppe *Pulle* heißt.

Strafvollzug und die Verfestigung abweichenden Verhaltens

Während die Angehörigen der Gruppe *Pulle* sich mit 19 Jahren am Ende jener krisenhaften Phase der Adoleszenzentwicklung befinden, die wir als *Negationsphase* bezeichnet haben und auf die sie kopfschüttelnd zurückblicken, haben die Angehörigen der Kerngruppe der Hooligans: *Kunde* - obschon älter diese Phase noch nicht hinter sich gelassen. Die Gründe hierfür werden deutlich, wenn wir die beiden Gruppen hinsichtlich der Sozialisationsgeschichte ihrer Angehörigen miteinander vergleichen. Trotz vergleichbarer selbstberichteter Delinquenzbelastung in beiden Gruppen verfügen lediglich die Angehörigen der Kerngruppe über Erfahrungen im Strafvollzug. In der Gruppendiskussion werden diese Erfahrungen als extremer Verlust persönlicher Integrität und Identität vor allem auch im Hinblick auf den erlittenen Zwang zu sexuellen Dienstleistungen, also sexuelle Nötigung, detailliert geschildert. Sie gewinnen sozialisationsgeschichtlich eine doppelte Bedeutung: Sie verfestigen jene Haltung, für die die Bewährung im Kampf Grundlage von Sozialität und Zugehörigkeit darstellt und nicht die Kommunikation auf der Grundlage der Anerkennung der Perspektive, der persönlichen Identität und Einzigartigkeit des anderen. Zugleich wird der Strafvollzug damit zur zentralen Bewährungsprobe, zu einer privilegierenden Erfahrung, mit der die Kerncharaktere der Hooligan-Szene dann auch explizit in der Gruppendiskussion ihre Führungsfunktion begründen. All dies bindet sie an die Hooligan-Karriere.

Es sind also sowohl die offiziellen Stigmatisierungen wie sie dann provokativ im Sinne einer sterotypisierenden Selbstidentifizierung (als „rechts" oder als „Nazi") übernommen werden, wie auch die Konsequenz der Inhaftierung, die sich nicht nur für die Intensität der Hooligan-Karriere, sondern auch für die Be- oder Verhinderung des Ausstiegs als ausschlaggebend erweisen.

Zum Westvergleich

Hinsichtlich der Verarbeitung erster beruflicher Erfahrungen auf dem Wege einer „episodalen Negation der Alltagsexistenz" und der Selbstverstrickung in die Dramaturgie von Randaleaktivitäten, durch die hindurch sich dann eine episodale Schicksalsgemeinschaft konstituiert, bestehen fundamentale Gemeinsamkeiten zwischen den Ostgruppen der Hooligans und der Westgruppe *Tankstelle*, deren Analysen sich somit wechselseitig zu validieren vermögen. Entscheidende Unterschiede zeichnen sich jedoch im Hinblick auf die Auseinandersetzung mit den Kontrollinstanzen ab: Erfahrungen der leistungsmäßig-disziplinarischen und politisch-moralischen Stigmatisierung und schließlich der Kriminalisierung, die sich für die Ost-Hooligans im Bild der Gesellschaft als totaler Institution verdichten, gewinnen hier keine focussierte Bedeutung. Entsprechend fehlen auch - trotz erheblicher Delinquenzbelastung - Erfahrungen des Strafvollzugs, so daß, wie auch in der Gruppe *Pulle,* eine Re-Orientierung in beruflicher und partnerschaftlicher Hinsicht sich abzeichnet.

Als familialer Sozialisationsmodus begegnet uns hier derjenige der „bedingungslosen Permissivität", der gleichermaßen auch auf zwei Jugendliche der Gruppe *Pulle* aus dem Ostteil der Stadt zutrifft. Insgesamt gesehen ist hier der Erfahrungsmodus gesellschaftlicher Interaktion nicht derjenige des totalen Drucks, sondern der *Marginalisierung* mit dem Stigma der „Asozialität" (welches eine spezifische Plausibilisierung dadurch gewinnt, daß diese Jugendlichen aus dem Arbeitermilieu innerhalb eines „gut-bürgerlichen" Viertels aufgewachsen sind).

Auch hier im Westen geraten die Jugendlichen in eine Falle der *Doppelmoral.* Allerdings ist diese Doppelmoral hier anderer Art und läßt sich als *stillschweigendes Ausnutzen ihres Gewaltpotentials* charakterisieren: Das ihnen zugeschriebene Gewaltpotential bringt ihnen überall dort Anerkennung und Respekt ein, wo - wie im Falle der Ordner-Funktionen im Stadion oder der Rausschmeißerfunktionen in der Disco - ihre körperliche Gewalt gefragt ist, weil der Einsatz der Polizei rechtliche Konflikte mit sich bringen würde. In derartigen Situationen benutzt selbst die Polizei dieses Gewaltpotential der Hooligans. Besonders problematisch wird diese Instrumentalisierung dort, wo ihre primär auf der Ebene von Cliquenkämpfen angesiedelte Auseinandersetzung mit ausländischen Jugendlichen von Seiten der ortsgesellschaftlichen Öffentlichkeit dazu benutzt wird, das Viertel „ruhig" zu halten.

Die Falle, in die die Jugendlichen geraten, besteht darin, daß aufgrund der erfahrenen Anerkennung es für sie zunächst unbemerkt bleibt, daß durch derartige Aktionismen das Stigma der Asozialität sich verfestigt bzw. überhaupt erst generiert wird.

Erfahrungen der Wende

Hinsichtlich der Wendeerfahrungen, welchen in der *West*-Gruppe der Hooligans - wenn überhaupt - so nur eine ausgesprochen marginale Bedeutung zukommt, läßt sich generell festhalten, daß die Bewältigung dieser Erfahrungen dort ausgeprägte krisenhafte Züge annimmt, wo die Jugendlichen politisch-gesellschaftstheoretisch, d. h. ideologisch mit dem System der DDR identifiziert waren. In deutlicher Weise ist dies an der „linken, gewaltbereiten" Gruppe *Basis* zu beobachten, die wesentlich auch aus diesem Grunde in unser Sampling einbezogen wurde. Aber auch in jener Gruppe, die wir aufgrund ihrer ausgeprägten familialen und damit zusammenhängend nachbarschaftlich-sozialräumlichenBindung als Vergleichshorizont in die Analyse einbezogen haben, der Gruppe *Schau*, werden krisenhafte Phänomene in der Bewältigung der Wendeerfahrungen erkennbar.

Die Gruppe *Schau* war vor der Wende in die „große Familie" der Nachbarschaft mit ihren jahreszyklischen Ablaufmustern (Haus- und Nachbarschaftsfeste) integriert. Die damit verbundenen habituellen Sicherheiten stehen im direkten Kontrast zu den Erfahrungen der im selben Viertel wohnenden Hooligans, denen die nachbarschaftliche Kommunikation als totale Kontrolle erscheint. Für die Jugendlichen der Gruppe *Schau* verändert sich mit der Wende die nachbarschaftliche Interaktion. Die Solidarität wird durch wechselseitiges Mißtrauen zersetzt. Mit dem Verlust der fraglosen Einbindung in diesen habituellen Lebenszusammenhang wird den Jugendlichen der Gruppe *Schau* deren Bedeutung für die Konstitution einer milieuspezifischen, kollektiven Orientierungssicherheit erst richtig bewußt. Insgesamt wird die wendebedingte Veränderung der sozialen Beziehung unter dem Aspekt ihrer „Unpersönlichkeit", des Verlusts „sozialer Bindungen" vor dem negativen Gegenhorizont des ökonomischen Pragmatismus der Westler („Marktdenken") zum Problem. Hinzu kommt die Erfahrung des Verlusts „sozialer Absicherung", die vor allem unter dem Gesichtspunkt des nunmehr notwendigen Zwanges zur individuellen biographischen Planung bei der Gründung einer eigenen Familie problematisch erscheint.

Das, was im privaten Bereich als Zwang zu individueller biographischer Planung erfahren wird, erscheint im beruflichen Bereich demgegenüber als Potential individueller Freiheit und höherer Flexibilität. Damit ist bei einem

Teil der Gruppe eher die Freiheit im Bereich des Berufs- und Arbeitsplatz-
wechsels gemeint - in Abgrenzung gegenüber der Fixierung auf den einmal
eingeschlagenen Berufsweg im DDR-System. Andererseits geht es aber auch
um „Qualifizierungsmöglichkeiten" und Möglichkeiten des beruflichen Aufstiegs. Erfahrungen der Desintegration des nachbarschaftlichen Milieus, wie
sie mit der Wende verbunden sind, führen nicht zu einer ausgeprägten Krise.
Die im Rahmen dieses Milieus gewachsene innerfamiliale Integration und
habituelle Sicherheit und der hier erworbene *übergreifende Orientierungsrahmen* an einer noch zu gründenden eigenen Familie hatten sich zum Zeitpunkt der Wende bereits entfaltet.

Demgegenüber gerät die relativ junge Gruppe *Basis* durch die Wende in eine
tiefgreifende Verschärfung der Adoleszenzkrise hinein. Der übergreifende
gemeinsame Orientierungsrahmen der Gruppe *Basis* ist nicht ein nachbarschaftlicher und insgesamt kein sozialräumlicher. Wie im Biographischen
Interview mit *Bastian* deutlich wird, verortet er, der u. a. in Polen aufgewachsen ist, sich im Rahmen internationaler Verständigung und im Kampf
gegen die „Rechten " - die „größenwahnsinnigen" Deutschen. Der übergreifende Orientierungsrahmen ist ein gesellschaftlich-politischer. Er ist
sozialisatorisch vermittelt über die in hohem Maße mit dem politischen
System identifizierten Eltern, die auch beruflich an dieses gebunden waren:
Bastians Vater war als Handelsvertreter und seine Mutter als Schreibkraft im
Diplomatischen Dienst des DDR-Staates tätig. Seine Mutter eröffnet ihm
nach der Wende, daß sie für die Stasi tätig war.
Obwohl die Jugendlichen mit dem gesellschaftlich-politischen Orientierungs-
rahmen des Sozialismus weiterhin identifiziert sind, werfen sie nun den
Eltern bzw. stellvertretend der durch die Erwachsenen getragenen politischen
Klasse überhaupt einen Opportunismus vor, der ihnen das Erwachsenwerden
insgesamt problematisch erscheinen läßt. Der Versuch der Bewältigung dieser
Verstrickung in das politische System der DDR und seine diktatorischen
Elemente führt schließlich dazu, allen demokratischen Systemen gleichermaßen diktatorische Elemente zuzuschreiben, wie sie mit der Korruptheit der
politischen Klasse verbunden sind und denen die alltagsmoralische Haltung
des Normalbürgers quasi ohnmächtig gegenübersteht.
Hierin ist die zunächst verbal bekundete Gewaltbereitschaft der Gruppe
begründet (derzufolge der „ganze Bundestag an die Wand gestellt" gehört).
Diese Gewaltbereitschaft richtet sich dann aber auch handlungspraktisch
gegen die „Faschos" und die „Hools" wie auch gegen die Polizei, die
„Knechte des Staates"; u. a. mit der Konsequenz, daß die Jugendlichen

Verfahren und auch Vorstrafen wegen unerlaubten Waffenbesitzes hinter sich haben.

Die Bereitschaft, das eigene Leben aufs Spiel zu setzen, wird deutlicher noch als in der Gruppendiskussion im Biographischen Interview mit *Bastian* zum Ausdruck gebracht: „Manchmal hab ich mir in nen Kopf gesetzt, daß ich dafür sterben würde". Unabhängig davon, welcher faktische Realitätsgehalt diesen Äußerungen beigemessen wird, dokumentiert sich in der hier geäußerten Todesbereitschaft, metaphorisch betrachtet, daß eine biographische Kontinuität nicht hergestellt werden kann. Dies ist Ausdruck einer tiefgreifenden Adoleszenzkrise als Folge der Überlagerung einer entwicklungstypischen mit einer zeitgeschichtlich bedingten Krisenerfahrung.

In direktem Kontrast zu den Hooligans resultiert diese Adoleszenzkrise und die damit verbundene „Gewaltbereitschaft" aus einer Orientierung an *theoretischen* Überzeugungen und Ideologien bzw. aus deren Zusammenbruch. Demgegenüber kann bei den Hooligans im strengen Sinne gar nicht von einer „Gewaltbereitschaft" die Rede sein. Angemessener sind die Begriffe „Gewalttätigkeit" oder „Gewaltförmigkeit der Aktionismen", da Gewalt hier nicht theoretisch oder ideologisch *motiviert*, sondern in die Aktionismen der Handlungspraxis eingelassen ist. Es handelt sich hier um zwei idealtypisch unterscheidbare Formen der Gewalt von grundsätzlicher, d. h. über die Analyse jugendspezifischen Verhaltens hinausweisender Bedeutung.

Auch die Jugendlichen der Musikgruppe *Konkurrenz*, die in enger kommunikativer Beziehung zur Gruppe *Basis* stehen (Angehörige der Gruppe *Basis* treten als „Ordner" oder „Bodyguards" bei den Konzerten der Musikgruppe auf), sind in ausgeprägtem Maße auf einer *theoretischen Ebene* mit dem politischen System der DDR identifiziert. Allerdings wird hier das „Verwöhntsein" der Westler, also deren pragmatische, am Konsum und „Luxus" orientierte Lebensweise zu einem negativen Gegenhorizont, den die Jugendlichen jedoch auch in sich selber wiederfinden. Auf einer *globalen theoretischen Ebene* sind sie an einer Umsetzung des „Sozialismus und Kommunismus so, wie er im Buche steht", auf dem Wege „einer einigermaßen gewaltfreien Diktatur" orientiert, also nicht weit entfernt von jenem Rahmen, durch den auch ihre Sozialisation in den DDR-Institutionen geprägt war. Dementsprechend wird, was ihre Musikaktivitäten anbetrifft, die an einer biographischen Orientierung der professionellen Beschäftigung mit Musik orientiert sind, auch heute noch eine zentralstaatliche Lenkung im Sinne eines Ansporns durch staatliche Talentförderung befürwortet.

Was ihre *Handlungspraxis* bzw. ihre handlungspraktischen Orientierungen anbetrifft, so wird jedoch (schon) eine andere, eher individualistische, an westlichen Maßstäben angelehnte, Orientierung erkennbar: diejenige des Ansporns durch Konkurrenz, durch die sie sich Zugänge zu einer - allerdings recht unspezifisch - an Musik orientierten Berufskarriere erarbeiten wollen. Eine derartige relativ konfliktfreie Koexistenz, ein Nebeneinander-Stehenlassen einer Identifikation mit dem DDR-System und gleichzeitiger Orientierung an individuell-westlicher Pragmatik dokumentiert sich in homologer Weise in der Performanz eines beobachteten Konzerts der Gruppe: Nachdem die Gruppe ihr Konzert, welches sich in seinen Stilelementen („Punkstil") und in seiner Performanz von denen westlicher Gruppen nicht erheblich unterscheidet, eigentlich schon beendet hatte, wurde der Klang der Gitarre auf „Wandergitarre" umgestellt, um vor bzw. mit einem ekstatischen Publikum Lieder aus dem Repertoire der DDR-Institutionen („Baut auf, baut auf" etc.) zu intonieren.

In dieser aktionistischen Gegenüberstellung der in der DDR-Sozialisation angeeigneten habituellen Stilelemente gegen jene der westlich beeinflußten Popkultur wird das handlungspraktisch, was in der Gruppendiskussion als „Protest" bezeichnet wurde, als „Protest" gegen den „janzen Dreck: lalalala und nischt - ohne Aussage". Denn „mittlerweile is man och wieder stolz irgendwie en Ossi zu sein". Entsprechend ihres übergreifenden Orientierungsrahmens der *konkurrierenden Leistungssteigerung* tritt die Gruppe in ihrer Handlungspraxis somit auch in Konkurrenz zu den westlichen Kulturelementen. Sie vermag politisch-theoretischen Protest mit ihrer kollektiv entfalteten und ihnen Orientierungssicherheiten vermittelnden habituellen Handlungspraxis zu verbinden. Dies schafft zugleich eine Orientierungssicherheit bei der Bewältigung der Adoleszenzkrise in ihrer wendebedingten Steigerung, wie auch eine habituelle Übereinstimmung, die wir in der Gruppe *Basis* nicht finden.

Die im Vergleich zur Gruppe *Basis* weniger krisenhafte Bewältigung der Wende ist auch darin begründet, daß die Gruppe *Konkurrenz* trotz ihrer gesellschaftlich-theoretischen Identifikation mit dem System der DDR nicht - wie die Jugendlichen der Gruppe *Basis* - über die berufliche Tätigkeit der Eltern und die Identifikation mit diesen in das System gleichermaßen existentiell verstrickt waren. Damit zusammenhängend ist hier auch eine ausgesprochen vertrauensvolle und auf intensiver Perspektivenübernahme basierende Kommunikation mit den Eltern zu beobachten.

Im Unterschied zur Gruppe *Konkurrenz* sind für die Musikgruppe *Hiptext* gesellschaftlich-politische Identifikationen von marginaler Bedeutung. Ihr primärer Orientierungsrahmen ist derjenige der *beruflichen Sicherheit* (als Beamte und Angestellte im öffentlichen Dienst) und der *finanziellen Absiche-*

rung, der es den Jugendlichen ermöglicht, sich innerhalb des von der beruflichen und öffentlich-gesellschaftlichen Sphäre getrennt gehaltenen (privaten) Lebensbereichs der „HipHop-Family" milieuspezifische Sicherheiten habitueller Übereinstimmung auf dem Wege kommunikativ-ästhetischer Stilentfaltung zu schaffen. Verbunden mit dieser instrumentellen Haltung dem Beruf gegenüber kommt für sie - im Unterschied zur Gruppe *Konkurrenz* - trotz ihrer häufigen Auftritte auch Musik als berufsbiographische Perspektive gar nicht in Betracht. Der Unterschied zur Gruppe *Konkurrenz* erscheint im wesentlichen bildungsmilieuspezifisch bedingt, da zwei der drei Angehörigen der Gruppe *Konkurrenz* Gymnasiasten sind (vgl. dazu auch die weiteren Unterschiede zwischen diesen beiden Gruppen, wie sie bereits dargelegt wurden).

Ihrem primären Orientierungsrahmen entsprechend werden in der Gruppe *Hiptext* auch die Erfahrungen der Wende abgehandelt: einerseits - allerdings eher am Rande - mit Bezug auf die Unterschiede der finanziellen Situation zwischen den Ost- und West-Kollegen am Beispiel der Mitschüler in der Berufsschule (die westlichen Mitschüler verfügen über ein höhere Einkommen). Andererseits werden für die Gruppe *Hiptext* die Konsequenzen der Wende nicht auf der Ebene gesellschaftstheoretisch-politischer Auseinandersetzung relevant, sondern lediglich vermittelt über die mit der Wende verbundenen alltagspraktischen Probleme des Umgangs miteinander (des „Miteinander-Untereinander-Lebens") und mit der alltäglichen Gewalt, wie dies in ihren Texten bearbeitet wird (was im übrigen aber auch für die Gruppe *Konkurrenz* gilt). Beklagt wird - vor allem im biographischen Interview mit *Berthold* aus dieser Gruppe - dann auch der Verlust des familiären Charakters der Musikszene in der DDR, die rückblickend als „Riesenfamilie" erscheint. Das „family-feeling" fehlt nun bei den Westberliner HipHop-Fans. Allerdings führt diese Erfahrung nicht in eine tiefergreifende Krise, sondern - wie die Beobachtung des Konzerts der Gruppe *Hiptext* zeigt - zu vermehrten Anstrengungen, ein derartiges Milieu auf dem Wege der Inszenierung „gelungener Partys", d. h. der Inszenierung stilistischer und habitueller Übereinstimmungen, allmählich zu konstituieren. Dies unter Einbeziehung auch von Jugendlichen aus dem Westteil der Stadt; u. a. von türkischen Jugendlichen.

Während die Gruppe *Hiptext* sich also im Zuge einer eher pragmatischen Orientierung an einer „Universalmoral" der Verständigung und der alltagspraktischen Toleranz allmählich einem deutlich durch die westliche Kulturszene geprägten Publikum zuwendet bzw. dieses anzieht, ist die Gruppe *Konkurrenz* mit ihrer stärkeren Bindung an die durch die DDR-Sozialisation vermittelten politisch-gesellschaftlichen Vorstellungen und mit ihrer Distanz gegenüber einer pragmatisch an Konsum und „Luxus" orientierten westlichen

Lebensweise eher an ein Ost-Publikum adressiert. Vor allem in der in den Aktivitäten der Gruppe *Konkurrenz* sich dokumentierenden Auseinandersetzung mit westlichen Kulturelementen vor dem Hintergrund eigener habitualisierter Stilelemente zeichnen sich ganz neue, authentische Habitusformationen einer Ostkultur ab[28]. Damit zeigt sich aber auch zugleich, daß eine dahingehende Verarbeitung der Erfahrungen der Wende noch am Anfang steht.

Eines jener Stilelemente der DDR-Sozialisation, auf die die Jugendlichen der Gruppe *Konkurrenz* stolz sind, ist die Fähigkeit zur *Improvisation*. Zu DDR-Zeiten haben sie sich technisches Zubehör ihrer Musikausrüstung selbst arrangieren müssen, während der Westler sich dieses „einfach kauft". Dies ist ein immer wiederkehrendes Element des Selbstbewußtseins der Ostler. In der Gruppe *Pulle* der Hooligans heißt es dazu selbstironisch: Ein Ostler „macht ja aus Scheiße noch wat wa, aus'm Gartenschlauch en Taucheranzug oder so wa"[29].

Bei den *Hooligans*, bei denen wir eine ausgeprägte Adoleszenzkrise beobachten können, ist diese nicht durch die Wende ausgelöst worden, sondern - wie dargelegt - durch das Zusammenspiel von milieuspezifischer Desintegration und einer familialen Kommunikation, die nicht geeignet war, derartige Probleme (meta-)kommunikativ zu bewältigen und - wie in den Musikgruppen - auf diesem Wege biographische Kontinuität und Elemente persönlicher Identität zu sichern.

Die mit Provokationen verbundenen situativen Aktionismen mit ihrer Funktion der Konstitution einer episodalen Schicksalsgemeinschaft haben ihre Ursprünge bereits in jenen peer-groups, wie sie vor der Wende zum Teil der Skinhead-Szene nahestanden. Die repressiven Reaktionen der Kontrollinstanzen der DDR-Gesellschaft führen auf dem Wege der dargelegten doppelten Stigmatisierung - verschärft durch die Erfahrungen im Strafvollzug - zu tieferen Identitätsproblemen, zur Steigerung provokativer Aktionismen und zur Erfahrung der DDR-Gesellschaft als totaler Institution.

Die Wende wurde, zunächst bedingt durch das „Kontrolloch", also durch die mit der Wende verbundene Verunsicherung und Desorganisation der Kontrollinstanzen, zu Erfahrungen der *Befreiung* aus dieser totalen Institution.

---

28 vgl. hierzu genauer die komparative Analyse dieser Gruppe mit westlichen Musikgruppen bei Schäffer 1995
29 Homolog dazu heißt es in der hier aus Platzgründen nicht dargestellten Gruppe *Schikane* (vgl. Städtler 1995): Die Ostler können „aus Scheiße en Bonbon machen". Die Westler hingegen seien „nur Teilewechsler".

Längerfristig trug auch die veränderte rechtliche Situation der Strafverfolgung dazu bei, daß jene für die Konstitution der episodalen Schicksalsgemeinschaft zentralen situativen Aktionismen und Randaleaktivitäten nun zur Entfaltung, d. h. zur *Enaktierung* gebracht werden konnten. Die Wende schaffte somit Enaktierungspotentiale („also ist det doch janz klar, in dem Moment, wo die Mauer gefallen ist, *warst du frei* ... und da war et janz logisch, jetzt muß du ausflippen, jetzt hast du 17 Jahre im Osten gelebt, du wurdest nur unterdrückt").

Zugleich verlor jedoch das Skinhead-Outfit (wie allgemein eine Orientierung an Stereotypen nationaler Identität) an Bedeutung, da diese Haltung an die provokative Auseinandersetzung mit den Kontrollinstanzen und der Doppelmoral derjenigen gebunden war, die - in den Augen der Jugendlichen - deren Repression hingenommen oder mitgetragen haben. Es findet sich hier auch eine Distanz gegenüber den Vertretern rechtsradikaler Splittergruppen, den „Parteifuzzis", die - offensichtlich angelockt durch deren Fremdetikettierung als Nazis - nach der Wende an die Jugendlichen herantraten. Auch erste - enttäuschende - Erfahrungen mit den Westlern führen zur zunehmenden Verunsicherung im Bereich der Identifikation mit nationalen Stereotypen (dem „Nationalstolz" der Gruppe *Kunde*).

Vor dem Hintergrund einer Distanzierung gegenüber der Skinhead-Szene bildete sich auf der Grundlage der neu gewonnenen Enaktierungspotentiale die eigentliche Hooligan-Szene. Die nach der Maueröffnung in diesem Zusammenhang einsetzenden Randaleaktivitäten und Aktionismen der Gewalt, die in den Gruppendiskussionen und Biographischen Interviews einen focussierten Stellenwert gewinnen, sind somit nicht auf eine durch die Wende ausgelöste Adoleszenz-Krise zurückzuführen, sondern auf die neu eröffneten Potentiale einer aktionistischen Bewältigung von Adoleszenzkrisen, deren Hintergründe in der Vorwendesozialisation zu suchen sind. Entsprechend sind die durch Repräsentativbefragungen untermauerten kriminologischen Ergebnisse, die zeigen, daß es „im Osten nach der Wende zu einem starken Kriminalitätsanstieg gekommen ist" (Pfeiffer und Wetzels 1994, S. 34), auch vor diesem Hintergrund zu interpretieren[30].

---

30 Die bei Pfeiffer und Wetzels (1994) wiedergegebenen Ergebnisse basieren auf einer Anfang 1992 durchgeführten Repräsentativbefragung des Kriminologischen Forschungsinstituts Niedersachsen: die Gesamtzahl der erfaßten Straftaten stieg im Vergleich der Doppeljahre 1988/89 und 1990/91 um mehr als das Doppelte (+ 116,2 %) - in Berlin stieg die Zahl tatverdächtiger Jugendlicher im Jahre 1989 gegenüber dem Vorjahr um über 60 % und die tatverdächtiger Heranwachsender

Insgesamt betrachtet kann also nur in einem Fall, demjenigen der „linken" Gruppe *Basis,* davon die Rede sein, daß durch die Wende eine Adoleszenzkrise ausgelöst bzw. in ausgeprägter Weise verschärft wurde. Da es sich hierbei um unsere jüngste Gruppe handelt, liegt die Vermutung nahe, daß die hier zu beobachtende extreme Reaktion nicht *allein* darauf zurückzuführen ist, daß die Jugendlichen dieser Gruppe ideologisch mit dem System der DDR identifiziert waren. Es läßt sich vielmehr vermuten, daß es bei jenen - von uns nicht untersuchten - Jugendlichen, die in ihrer frühen Adoleszenzphase, also etwa im Alter von 14-15 Jahren mit den sozialstrukturellen Umbrüchen der Wende konfrontiert wurden, zu einer direkteren Überlagerung einer entwicklungtypischen mit einer zeitgeschichtlich bedingten Krisenerfahrung gekommen ist, deren genauere Untersuchung noch aussteht.

---

um etwa 35 % (vgl. Ohder 1992, S. 42).

3. Die Hooligans

Als Repräsentanten der Ost-Berliner Hooligan-Szene haben wir drei Gruppen einer intensiven Fallanalyse unterzogen: *Pulle* aus dem Altbauviertel Nordstadt, *Kunde* aus der Plattensiedlung Oststadt und *Dialekt*, die Freundinnen von Angehörigen der Gruppe *Kunde* aus demselben Bezirk.

Die *Auswahl* der Gruppen *Pulle* und *Kunde* folgt dem Prinzip des (maximalen) Kontrasts innerhalb der Ost-Berliner Hooligan-Szene: die Jugendlichen der Gruppe *Pulle* sehen sich hier selbst in einer eher marginalen Position, „im Hintergrund". Mit Bezug auf die Fußballrandale heißt es in der Diskussion mit dieser Gruppe: „Ich meine, et war n immer die absoluten Hauer in erster Reihe und-und unsereins stand immer mehr so-so mehr im Hintergrund weeßte" (*Pulle*, Hintergrund, 6-8). Mit den „absoluten Hauern" sind u. a. die Kerncharaktere der Gruppe *Kunde* gemeint, die entsprechend auch einen Führungsanspruch innerhalb der Ost-Berliner Hooligan-Szene erheben.

Die Gruppendiskussion mit Freundinnen dieser Kerncharaktere - Gruppe *Dialekt* - ermöglichte es uns, ihre Perspektive auf ihre Freunde und deren Aktivitäten mit der unsrigen zu vergleichen.

Der Kontakt mit der Gruppe *Pulle* erstreckte sich über den Zeitraum von Oktober 1991 bis März 1993. Es liegen über 100 Seiten Beobachtungsberichte vor. Zwei Gruppendiskussionen (April '92 u. Januar '93) und drei Biographische Interviews wurden durchgeführt (Mai, Juni '92 und März '93). Eine Gruppendiskussion und ein Biographisches Interview wurden intensiv ausgewertet (vgl. 3.1. u. 3.2.)

Der Kontakt mit der Gruppe *Kunde* erstreckte sich über den Zeitraum von November 1992 bis Januar 1995. Es liegen auch hier über 100 Seiten Beobachtungsberichte vor sowie eine Gruppendiskussion (Dezember '92) und vier Biographische Interviews (Januar u. Februar 1993). Die Gruppendiskussion und drei Biographische Interviews wurden intensiv ausgewertet.

Aus dem Fundus der Beobachtungsberichte der Gruppen *Kunde* und *Pulle* sind exemplarisch einige wichtige Protokolle nebst Interpretationen in 3.3. abgedruckt.

Der Kontakt mit der Gruppe *Dialekt* war - abgesehen von sporadischen Begegnungen im Zusammenhang mit der Teilnehmenden Beobachtung der Gruppe *Kunde* - auf die Gruppendiskussion beschränkt. Diese haben wir intensiv ausgewertet.

Als weiteren Vergleichshorizont haben wir eine Gruppe *West*-Berliner Hooligans einbezogen: die Gruppe *Tankstelle* (vgl. 3.4.).

Im folgenden wird zunächst der Weg der Kontaktaufnahme mit den Gruppen *Pulle, Kunde*, und *Dialekt* skizziert. Die Ergebnisse aller drei Gruppendiskussionen werden dann gemeinsam dargestellt (3.1.).

Die Gruppe Pulle

Der Zugang zur Gruppe

In einem Jugendzentrum des Ostberliner Viertels Nordstadt wurden wir im Oktober 1991 auf eine Kneipe, den TE-Club, im selbigen Viertel aufmerksam gemacht. Wir hatten einige Mühe, diesen Club zu finden, da er auf Grund von Umbaumaßnahmen schwer zugänglich war und ein Gitter die Eingangstür versperrte. Kurz darauf öffnete jedoch ein Türsteher das Gitter von innen und kassierte drei Mark Eintrittsgeld für die am Wochenende stattfindende Diskoveranstaltung.

Der TE-Club überraschte uns zunächst durch seine Enge. Er ist wie eine Wohnung geschnitten, er hat einen L-förmigen Gang, von dem mehrere kleinere Räume abgehen, ein größerer Raum diente als Tanzfläche. Es wurde Musik aus den aktuellen Charts und einige Lieder der „Neuen Deutschen Welle" gespielt. Der kleine Eingangsbereich war mit einem Videospielgerät und einem Fernseher ausgestattet, auf dem ein Actionfilm lief. Einer der Räume enthielt eine kleine Bar. Wir waren zunächst enttäuscht, daß sich hier keine Jugendlichen aufhielten, die von ihrem Äußeren her als „Hooligans" einzuordnen wären. Generell waren wir uns jedoch darin einig, daß hier Jugendliche anzutreffen seien, die für unser Forschungsprojekt relevant sein könnten. Unsicher waren wir über den Zeitpunkt unseres „outings" als Feldforscher. In Anbetracht vermeintlicher Kriminalisierungserfahrungen der anwesenden Jugendlichen beschlossen wir, zunächst einmal noch zu warten.

Im Gespräch mit einer jungen Frau und ihrem Freund, *Pablo*, die wir bereits auf der Straße kennengelernt hatten erfuhren wir, daß sich hier im TE-Club „Hooligans" aufhalten würden.

Im Laufe des Gesprächs, als wieder jemand vorbeikam, der mit einem Handschlag begrüßt wurde, teilte uns *Pablo* mit, daß dies ein „Hooligan" sei. Dabei handelte es sich um *Dieter*, einen etwa achtzehn- bis zwanzigjährigen Jugendlichen in Jeansbekleidung mit kurzen blonden Haaren. Weitere Bekannte von *Pablo* gesellten sich im Laufe der Zeit zu uns. Darunter war auch

Bernd, ein ebenfalls etwa achtzehn- bis zwanzigjähriger, relativ korpulenter Jugendlicher mit Koteletten, der ein Kopftuch trug. *Pablo* stellte uns vor. *Bernd* erzählte uns, daß er früher zu Auswärtsspielen des BFC mitgefahren sei. Entscheidend für das Gelingen der Auswärtsfahrten sei die „perfekte" Organisation und der „urslustige" Verlauf. Weiteres Gesprächsthema war das Ost-West-Verhältnis. Die Jugendlichen stimmten darin überein, lieber innerhalb der ehemaligen Grenzen Ostberlins wohnen zu bleiben. Sie meinten, daß sie den Westen „unpersönlich" fänden und daß wir die ersten „Westler" wären, die sich für sie interessierten.

Diese Unterhaltung fand unter ständigem Wechsel der Teilnehmer statt. Immer wieder andere Jugendliche, die schon von weitem erkannt und begrüßt wurden, gesellten sich zu uns.

Schließlich trat ein Jugendlicher mit schwarzer Lederjacke und dunklen gekräuselten Haaren hinzu, der *Anton* hieß und mit dem wir uns kurz über die damalige Fußballauslosung zur Europameisterschaft in Schweden 1992 unterhielten. *Pablo* hatte uns *Anton* als einen „begnadeten Fußballer" vorgestellt, der sogar ein Vertragsangebot von „Hertha BSC" bekommen hätte. Als wir dies nachfragten, schien sich *Anton* geschmeichelt zu fühlen. Er erzählte uns, daß er dieses Angebot abgelehnt hätte, da er lieber für einen Verein aus Nordstadt spielen wolle.

Schon zu Beginn des Gespräches hatten die Jugendlichen uns erzählt, daß sie am Wochenende regelmäßig die Diskoveranstaltung im TE-Club besuchen würden. Wir beschlossen deshalb, am nächsten Freitag wieder im TE-Club vorbeizuschauen und teilten ihnen dies mit, ehe wir uns verabschiedeten.

In der Folgezeit besuchten wir regelmäßig in etwa wöchentlichem Abstand den Club, wobei wir hauptsächlich mit *Anton*, *Bernd* und *Dieter* zusammentrafen, die, wie wir dann feststellten, eine Clique bildeten. Mit ihnen besuchten wir auch andere Kneipen in Nordstadt, wobei wir an diesen Abenden schrittweise unser Forschungsinteresse offenbarten. Ihnen wiederum kam sehr gelegen, daß wir über ein Auto verfügten, weil wir so relativ bequem auch etwas weiter entfernte Kneipen innerhalb dieses Viertels aufsuchen konnten. Nachdem die Jugendlichen wiederholt den Wunsch geäußert hatten, auch einige unserer Bekannten kennenzulernen, boten wir ihnen eines Abends an, mit uns ein Fest in einem besetzten Haus im Ostberliner Innenstadtbereich zu besuchen.

Auf diesem Fest stellten wir die Jugendlichen zunächst unseren Bekannten vor. Daraufhin schauten sie sich interessiert im ganzen Haus um (die Feier fand in allen vier Stockwerken des Hauses statt), um schließlich, nachdem sie sich Bier gekauft hatten, im Keller zu landen, wo sie sich an einem länger andauernden Trommelkonzert auf Blecheimern, die für diesen Zweck dort bereitgestellt waren, beteiligten. Danach entwendete *Anton* an der improvisierten Bar des Hauses eine Flasche Schnaps, die sogleich geleert wurde. Im weiteren Verlauf des Abends teilte sich die Gruppe, einschließlich der Sozialforscher. Einer von uns ging mit *Anton* durch das Haus und beobachtete die dort anwesende „Szene". Besonders einige Frauen erweckten *Antons* Interesse. Der andere Feldforscher ging mit *Bernd* und *Dieter* in das oberste Stockwerk, wo in einem Zimmer im Kreis Haschisch geraucht wurde. Als wir schließlich gegen vier Uhr morgens gehen wollten, entschieden sich *Anton*, *Bernd* und *Dieter*, noch zu bleiben.

Nach einer urlaubsbedingten längeren Unterbrechung der Kontakte fuhr einer der Forscher wieder in den TE-Club. Zwischenzeitlich hatten wir auch erfahren, daß nach dem oben geschilderten Fest in das besetzte Haus eingebrochen worden war und Alkoholika und Musikkassetten entwendet wurden. *Anton*, *Bernd* und *Dieter* seien dabei gesehen worden, ständen also im Verdacht, diesen Einbruch begangen zu haben. Bei einem Gespräch über den Vorfall im TE-Club wurde dieser Vorwurf allerdings zurückgewiesen. *Anton*, *Bernd* und *Dieter* berichteten, daß sie zwar zwischenzeitlich einige Male dort gewesen seien, diese Besuche inzwischen jedoch eingestellt hätten, da in dem besetzten Haus keine weiteren Feste mehr veranstaltet würden. Bei diesem Gespräch konnte dann auch unser wissenschaftliches Interesse noch einmal herausgestellt und ihre Zusage zu einer Gruppendiskussion eingeholt werden - nach einigen Nachfragen bezüglich des üblichen Verlaufes einer solchen Gruppendiskussion.

Zur Situation der Gruppendiskussion

Die Gruppendiskussion fand am 14. 4. 1992 in dem Zimmer statt, das einer der Forscher in einer Wohngemeinschaft im Westberliner Stadtteil GW bewohnte. Einige Anläufe, einen geeigneten Raum in Nordstadt zu finden, waren erfolglos geblieben. Wir holten die drei Mitglieder der Clique wie vereinbart gegen 18.30 Uhr mit zwei Autos vom TE-Club ab. Außer *Anton, Bernd* und *Dieter* wartete dort noch *Claus* auf uns, der von den anderen Dreien für diese Diskussion hinzugezogen worden war, sich aber auf Nachfragen als nicht eigentlich zur Gruppe gehörig zu erkennen gab.

Die Jugendlichen beklagten sich zunächst über die mangelnde Sauberkeit der Wohnung. Nach dem Aufbau der Geräte, einigen Worten zur erwünschten Selbstläufigkeit der Diskussion und der

Zusicherung der Anonymität begann gegen 20.00 Uhr die eigentliche Diskussion. Sie entwickelte sich sehr selbstläufig und dauerte über drei Stunden an.

Focussierte Themen waren die momentane berufliche Situation, die Randaleaktivitäten beim Fußball sowie die Veränderung des DDR-Alltags nach der Wende. *Claus (Cm)* beteiligte sich lediglich dort an der Diskussion, wo es um Politik ging - eine Thematik, die von den anderen kaum aufgegriffen wurde. Sowohl beim Thema des Verhältnisses zu den Eltern als auch dem der Beziehung zu Frauen mündete der Diskursverlauf sehr schnell in die Erörterung des täglich praktizierten Alkoholkonsums ein. Ihren Codenamen erhielt die Gruppe *Pulle* daher auch auf Grund der Aussage, daß sie zumeist eher mit der *Pulle* als mit einem Mädchen ins Bett gehen würden. Entsprechend waren am Ende der Diskussion dann auch die bereitgestellten Getränke (ein Kasten Bier und eine Flasche Wein) aufgezehrt.

Die von den Jugendlichen im Anschluß ausgefüllten Fragebögen enthalten folgende Angaben:

Am (Anton) war zum Diskussionszeitpunkt 19 Jahre alt und absolvierte eine Lehre als Zimmerer. Der Beruf des Vaters war Lehrer, der der Mutter Hotelfachfrau. Wie wir aus dem später durchgeführten Biographischen Interview wissen, war *Antons* irakischer Vater kurz nach *Antons* Geburt wieder in sein Heimatland zurückgekehrt. *Anton* interessierte sich in seiner Freizeit hauptsächlich für „Fußball", „Trinken" und „Diskotheken".

Bm (Bernd) war 19 Jahre alt und hatte seine Lehre als Elektromonteur abgebrochen. Er war damals arbeitslos gemeldet. Sein Vater war als Schlosser, seine Mutter als Sachbearbeiterin tätig. Er gibt seine Freizeitaktivitäten mit „Biertrinken" und „Randalemachen" an. *Bernd* war zu diesem Zeitpunkt auch noch in Cliquen aus dem dörflichen Zusammehang eingebunden.

Cm (Claus), ein achtzehnjähriger Gymnasiast gab seine Interessen mit „Sport" und „Bücher lesen" an. Seine

Mutter war ausgebildete Ökonomin. Die Frage nach dem Beruf des Vaters blieb unbeantwortet.

Dm (Dieter) 19 Jahre alt, absolvierte zum Zeitpunkt der Diskussion eine Ausbildung als Koch. Der Vater, ein gelernter Kfz-Lackierer, war damals arbeitslos. Die Mutter arbeitete als Schneiderin. Seine weiteren Interessen gab *Dieter* mit „Musik", „Saufen", „Fußball" und „Billard spielen" an.

Mit Ausnahme von *Dieter*, der die Wohnung seiner Schwester im Nebenhaus des elterlichen Hauses bewohnte, lebten alle noch in der Wohnung der Eltern, wobei *Anton* erst kurz vor der Diskussion wieder aus dem Westberliner Bezirk GK zurückgezogen war.

Die Gruppe Kunde

Der Zugang zur Gruppe

Nach Hinweisen von Jugendlichen aus dem Viertel Oststadt, mit denen wir bereits Gruppendiskussionen durchgeführt hatten, und auf Anregung eines Mitarbeiters im Jugend- und Freizeitamt dieses Bezirkes besuchten wir zu zweit den Klub ZD. Nach unseren Informationen sollten sich dort ältere, als Hooligans bezeichnete Jugendliche regelmäßig anläßlich einer Disko-Veranstaltung einfinden.

Der Klub ZD ist in einer Hochhaus-Etage eingerichtet und nicht als Jugendclub, sondern als nachbarschaftlicher Treffpunkt für ältere Bewohner des Viertels konzipiert. So werden dort z. B. Alten-Nachmittage und Tanzveranstaltungen für Erwachsene angeboten. Der Klub ist mit einer Bar ausgestattet, welche verpachtet ist. Es wurden dort - anders als in den Jugendclubs - auch Alkoholika verkauft. Das Hochhaus selbst befindet sich in direkter Nähe des Jugendclubs SL, in welchem sich die „linke" Jugendgruppe *Basis* (Kap. 5) und auch die Musik-Band *Konkurrenz* (4.2.) zum Zeitpunkt unserer Erhebung regelmäßig getroffen hatten.

Nach einem Vorgespräch mit dem Leiter des Klubs ZD, dem wir unser Erscheinen angekündigt und unser Anliegen vorgetragen hatten, begaben wir uns anläßlich der besagten Disko-Veranstaltung in den Klub ZD. Als wir eintrafen, war der Klub spärlich besucht.

Im wesentlichen waren zwei Gruppen von Besuchern innerhalb des Klubs auszumachen: eine Gruppe von etwas älteren, gemischtgeschlechtlichen Jugendlichen bzw. jungen Erwachsenen, welche sich in unmittelbarer Nähe des Bar-Tresens aufhielt. Die zweite Gruppe, bestehend aus jüngeren männlichen Jugendlichen, verteilte sich lose um einen Billardtisch. Nach Auskunft des Klubleiters sei die wöchentlich stattfindende Disko-Veranstaltung speziell für diese Gruppe von Jugendlichen eingerichtet worden, da diese in anderen Jugendclubs keinen Treffpunkt finden würden. Die anfängliche Skepsis gegenüber den Jugendlichen bestehe zwar nicht mehr, allerdings sei die Fortführung der Disko-Veranstaltung infolge von Beschwerden seitens der Anwohner und anderer Besucher unsicher.

Auf den ersten Blick wirkte diese zweite Gruppe im Alter zwischen 17 und 25 Jahren relativ unauffällig, d. h. das Auftreten der Jugendlichen und ihr Kleidungsstil zeigten für uns keine eindeutigen Hinweise auf eine bestimmte Milieu- oder Gruppenzugehörigkeit. Die Jugendlichen trugen kurze Haare, Jeans, T-Shirt und Turnschuhe der Marke „New Balance". Später wurde uns erläutert, daß diese vor allem von als „rechts" geltenden Jugendlichen bevorzugt würden. Die Jugendlichen wirkten insgesamt „gepflegt", ein Geruch von Seife und Rasierwasser lag in der Luft. Da sie alle in direkter Umgebung des Pool-Billards saßen, nahmen wir an, daß eine ihrer abendlichen Hauptbeschäftigungen das Billardspiel sei; im benachbarten Raum, der eigentlichen Diskothek, befanden sich nur zwei allein tanzende jüngere Mädchen.

Um einen Kontakt mit dieser Gruppe herzustellen fragten wir, ob die Jugendlichen nicht Lust hätten, mit uns bzw. gegen uns Billard zu spielen. Auf ihre Zustimmung hin versorgten wir uns mit Getränken am Bar-Tresen. Dabei kam es, eingelagert in ein Trinkritual, zu einem ersten Gespräch mit einem der Jugendlichen, der (wie sich später zeigte), in der Gruppe eine eher marginale Position innehatte. Die sechs Runden des Billardspielens mit zwei ausgewählten Vertretern der Gruppe, welche zunehmend Wettkampfcharakter annahmen, endeten unentschieden. Wir erwiesen uns also als respektable Gegner, was, wie sich nach der Gruppendiskussion zeigte, eine wichtige Voraussetzung für weitere Kontakte mit dieser Gruppe war. Der Versuch einer anschließenden Kommunikation mit den Jugendlichen gestaltete sich jedoch wenig erfolgreich, da die Gruppe geschlossen in den Disko-Trakt abwanderte, um dort zu tanzen. Der Jugendliche, der sich bereits am Tresen mit uns unterhalten hatte, blieb zurück und äußerte uns gegenüber den Verdacht, daß wir Vertreter der Kriminalpolizei seien, warnte uns vor einer möglichen Eskalation im Falle weiterer Versuche der Kontaktaufnahme („es braue sich etwas zusammen") und gab uns den Ratschlag, den Jugendclub augenblicklich zu verlassen.

Da zum damaligen Zeitpunkt mehrere Übergriffe durch „rechte" Jugendliche stattgefunden hatten und einer der Feldforscher kurz zuvor Zeuge einer gewalttätigen Auseinandersetzung zwischen einem Jugendlichen und einem Jugendclubleiter geworden war, erschien uns die Situation relativ bedrohlich, zumal wir (absichtlich oder unabsichtlich) während des Gesprächs immer wieder angerempelt wurden.

Trotz dieser Bedenken versuchte einer der Feldforscher danach mit den älteren Jugendlichen bzw. jungen Erwachsenen in der Nähe des Tresens ins Gespräch zu kommen, was auch gelang. Diese erwiesen sich jedoch als angehende Akademiker bzw. Studenten, gehörten also nicht zur Zielgruppe der Untersuchung. Auch der zweite Feldforscher versuchte weiterhin in Kontakt zu Anwesenden, d. h. zu der Gruppe um die Billardspieler, zu kommen. Er beteiligte sich am Tanz: einem wechselseitigen Schubsen und Torkeln, bei dem gelacht und gegrölt wurde. Schließlich sprach er einen der Billiard-Spielgegner (*Hm* aus der später stattfindenden Gruppendiskussion mit *Kunde*) direkt auf die angespannte Stimmung im Klub an. Auf die Frage nach eventuellen Ressentiments erklärte der Jugendliche, daß dies eine Folge der schlechten Erfahrungen mit der undifferenzierten Medienberichterstattung über „Rechtsradikale" sei. Sie selbst seien zwar „rechts", seien aber gegen Gewalt an Ausländern und würden trotzdem mit diesem Stigma belegt. Obwohl die Bedenken nicht ausgeräumt werden konnten, fragte der Jugendliche nach, ob wir nächste Woche beabsichtigten wieder zu kommen, was wir bejahten. Als wir uns dann verabschiedeten, riefen uns einige aus der Gruppe der Billardspieler ein „Heil Hitler" hinterher. Ohne darauf einzugehen, antworteten wir mit „Tschüß". (Zur Interpretation s. die Ausführungen in 3.1.: „Politische Haltung und Fremdenfeindlichkeit")

In der darauffolgenden Woche war nun auch *Cm* anwesend, einer der Kerncharaktere der Ostberliner Hooliganszene. Nach erneutem Billardspiel mit *Hm* und *Cm* versuchten wir abermals, sie zu einer Gruppendiskussion zu bewegen. Zur Verdeutlichung unserer Vorgehensweise hatten wir Transkripte aus anderen Gruppendiskussionen mitgebracht. Diese wurden interessiert und mit großer Aufmerksamkeit gelesen. Nach einigen Scherzen über die Transkriptionsweise sagten sie uns eine Gruppendiskussion für die nächste Woche zum gleichen Termin zu, zu welchem sie dann auch „richtige Hools" mitbringen wollten.

In der nächsten Woche erwarteten uns dann u. a. zwei ältere Jugendliche, die sich aufgrund der Gruppendiskussion und der Biographischen Interviews als Kerncharaktere bzw. Führungspersönlichkeiten der Hooliganszene in Ostberlin herausstellten.

Zur Situation der Gruppendiskussion

An der Diskussion mit der Gruppe *Kunde* am 14. 12. 1992 haben 10 Jugendliche teilgenommen. (Sie sind durch Buchstaben „maskiert"; diejenigen, mit denen Biographische Interviews durchgeführt wurden, tragen zusätzlich Phantasienamen.)

Am (Arno)   ein vierundzwanzigjähriger Schlosser, der damals als Bühnenhandwerker arbeitete und dessen Vater Ingenieur, seine Mutter Lehrerin war;

Bm (Benno)   zweiundzwanzig Jahre alt, arbeitete als „selbständiger Detektiv". Seine Ausbildung als Triebwagenführer bei den Ostberliner Verkehrsbetrieben hatte er abgebrochen. Zeitweise hatte zudem er als Aufseher in einem Sex-Shop gearbeitet. Seine Mutter war als Verkäuferin tätig, sein Vater ist verstorben;

Cm (Carlo)   ein einundzwanzigjähriger KFZ-Lackierer. Sein Vater war Schiffsführer, seine Mutter in der Gastronomie beschäftigt;

Dm   war zwanzig Jahre alt und absolvierte eine Lehre als Zerspanungsmechaniker (Dreher). Sein Vater war Maurermeister und seine Mutter Kellnerin;

Em   der ca. achtzehn Jahre alt war, gehörte als Hertha-BSC-Fan nicht zur eigentlichen Gruppe. Er absolvierte eine Ausbildung als Maler im Westteil der Stadt, beide Eltern waren Beamte;

Fm (Falko)   ist ausgebildeter Zimmermann und war neunzehn Jahre alt. Seine Mutter arbeitete als Bürogehilfin, seine Eltern sind geschieden. Der Vater war, wie wir aus dem Biographischen Interview wissen, auf dem Bau beschäftigt, vor der Wende war er Lehrobermeister bei der Reichsbahn, davor arbeitete er als „Hochseefischer".

Gm	hat eine Lehre als Schlosser abgeschlossen und arbeitete als Zerspanungsmechaniker. Er war neunzehn Jahre alt. Sein Vater war als Handwerksmeister tätig, seine Mutter als Computerfacharbeiterin;
Hm	arbeitete als Mauer, sein Vater als Bäcker und seine Mutter als Handelskauffrau. *Hm* war zwanzig Jahre alt;
Im	arbeitete als „Privatdetektiv" und war zweiundzwanzig Jahre alt. Sein Vater war als Fahrstuhlmonteur, seine Mutter als Fremdsprachenlehrerin beschäftigt;
Km	ein neuzehnjähriger gelernter Elektromonteur, hatte sich bei der Bundeswehr verpflichtet. Beide Elternteile haben eine Ingenieursausbildung.

Arno war kurz vor der Gruppendiskussion in das Viertel LG umgezogen, hatte aber davor bei *Benno* in dessen eigener Wohnung ca. 1 km vom Klub gewohnt. *Falko*, der im Viertel HN eine eigene Wohnung hatte, hielt sich zum damaligen Zeitpunkt noch häufig bei seiner Mutter auf, welche eine Wohnung in der direkten Nähe des Klubs bewohnte. Alle anderen Teilnehmer wohnten noch bei den Eltern in der direkten Umgebung des Klubs.

Bei der Begrüßung der Gruppenmitglieder entging uns zunächst, daß *Benno* einen Hund mitgebracht hatte. Erst später während der Gruppendiskussion, als der Hund, ein Pitbull-Mischling, frei umherlief und unter einem Tisch gegen das Bein eines Interviewers stieß, wurde er von diesem gestreichelt und als „Kampfhund" registriert. Nach der Gruppendiskussion erklärte uns *Benno*, daß die Reaktion des Hundes auf uns bzw. unsere Reaktion auf den Hund für ihn ein wichtiges Indiz dafür gewesen sei, daß wir „in Ordnung seien".

Die Gruppendiskussion selbst entwickelte sich hochgradig selbstläufig, alle Phasen waren durch eine große Lebendigkeit und eine Teilnahme aller gezeichnet, so daß die Diskussionsleiter zeitweise Mühen hatten, Nachfragen anzubringen. Die Zurückhaltung der Diskussionsleiter wurde von der Gruppe vor dem Hintergrund bisheriger Erfahrungen mit wissenschaftlicher Forschung ausgesprochen positiv bewertet. Bei späteren Kontakten zeigten uns die Jugendlichen dann auch einen selbstgefertigten Videofilm, welcher die übliche Mediendarstellung von Hooligans in gekonnter Weise persiflierte. In der ausgelassenen Stimmung, die nach der dreieinhalbstündigen Gruppendiskussion bei allen Teilnehmern herrschte, wurde unsere Frage, ob sie zu zusätzlichen Biographischen Interviews bereit wären, von *Arno* und *Benno* ausdrücklich bejaht. Alle Teilnehmer waren von sich aus an weiteren Kontakten interessiert, so daß (unter erneuter Zusicherung der vertraulichen Behandlung personenbezogener Daten) Telefonnummern ausgetauscht wurden.

Nach der Gruppendiskussion trafen wir über fast zweieinhalb Jahre hinweg Mitglieder der Gruppe in verschiedenen Zusammenhängen und zu verschiedenen Gelegenheiten, teilweise im wöchentlichen Rhythmus. Diese Treffen fanden an verschiedenen Orten statt, u. a. auch in den Wohnungen der Gruppenmitglieder. Haupttreffpunkt war jedoch die Gaststätte „Pinienhöhle", in welcher sich die Jugendlichen bereits früher zu treffen pflegten. Am häufigsten waren *Benno*, *Carlo* und *Im* dort anzutreffen, bisweilen auch ihre Freundinnen, mit denen wir zu einem späteren Zeitpunkt ebenfalls eine Gruppendiskussion durchführten (Gruppe *Dialekt*). *Hm*, *Gm* und *Km* wurden kurz nach der Gruppendiskussion zum Wehrdienst eingezogen, so daß wir sie ausschließlich bei ihren seltenen Heimaturlauben zu Gesicht bekamen.

Die im Vordergrund stehende Aktivität in der Gaststätte „Pinienhöhle" war das Spiel in verschiedenen Variationen: am Billardtisch oder Spielautomaten, beim Skat, auf der Bowling-Bahn. Die jungen Frauen wurden nicht in die Aktivitäten einbezogen, meist saßen sie alleine zusammen und führten untereinander Gespräche. Speziell zwischen *Carlo* und seiner Freundin kam es bisweilen zu Auseinandersetzungen. Ein wichtiges Thema zwischen den Jugendlichen war die Planung der Freizeitaktivitäten. Es wurden ebenso Urlaubsfahrten und Wochenendtreffen wie Aktivitäten im Zusammenhang mit dem Fußballgeschehen besprochen (z. B. die Vorbereitung einer Reise nach England mit Kontakten zu englischen Hooligans). Innerhalb der Gaststätte „Pinienhöhle" wurden wir zwar scherzhaftprovokant als „die Studenten" geführt, zugleich waren wir in der Perspektive der Besucher jedoch auch die „Kumpels" der Gruppe *Kunde*. Dies zeigte sich im besonderen bei sich anbahnenden Konflikten, bei denen bereits der Hinweis auf die Bekanntschaft mit *Arno* und *Benno* ausreichte, diesen jeglichen Schwung zu nehmen.

Die Gruppe Dialekt

Der Zugang zur Gruppe

Im Rahmen unserer langfristigen Kontakte zur Gruppe *Kunde* haben wir auch deren Freundinnen kennengelernt. Insbesondere die Freundin von *Arno* und die von *Carlo*, also *Aw* und *Cw* bildeten eine Clique (Dyade), so daß wir auf die Idee kamen auch mit diesen eine Gruppendiskussion durchzuführen. Getroffen haben sich die jungen Frauen - und damit wir auch sie - vorwiegend in der Gaststätte „Pinienhöhle", dem Treffpunkt ihrer Freunde. Anfänglich, ehe sie uns vorgestellt wurden, erschienen uns die jungen Frauen, die an einem Tisch zusammensaßen, als „einfache" Gäste der Gaststätte, denn abgesehen von Begrüßungen fand kaum eine Kommunikation zwischen ihnen und ihren Freunden statt. Erst nachdem uns bedeutet worden war, daß dies die Freundinnen von *Arno* und *Carlo* seien, versuchte ein Feldforscher mit ihnen in Kommunikation zu treten, indem er sich zu ihnen an den Tisch setzte. Da wir den jungen Frauen über Erzählungen durch ihre Freunde bereits bekannt waren, gestaltete sich das weitere Vorgehen nicht problematisch, denn diese waren trotz oder wegen ihrer realistischen Einschätzung unseres Interesses („ihr wollt ja nur wissen, was wir über die Hooligans denken") schnell zu einer Gruppendiskussion bereit, nachdem wir ihnen zugesichert hatten, daß ihre Freunde weder Transkripte, noch Kassetten, noch irgendwelche anderen Informationen von uns erhalten würden.

Zur Situation der Gruppendiskussion

Zum vereinbarten Termin im Klub ZD erschienen dann nicht nur zwei, sondern drei junge Frauen. *Aw* und *Cw* waren in Begleitung von *Arno* und *Carlo*, die im Klub auf das Ende der Diskussion warten wollten. Die dritte junge Frau, *Bw*, gehörte ebenfalls zum Umfeld der Hooligans, und wir haben sie später noch mehrmals, dann aber ohne *Aw* und *Cw*, in der Gaststätte „Pinienhöhle" getroffen.
Als einer der Interviewer die Gruppendiskussion verließ, um weitere Getränke zu ordern, warteten *Arno* und *Carlo* schon ganz nervös und fragten nach, wie lange es denn noch dauern würde, was wir

denn mit den jungen Frauen machen würden und ob sie nicht nur „Scheiße erzählen" würden.

Auch nach Ende der Gruppendiskussion versuchten *Arno* und *Carlo* in der Gaststätte „Pinienhöhle" mehrfach in Erfahrung zu bringen was ihre Freundinnen über sie erzählt hätten. Wir verwiesen sie darauf, daß sie diese selbst fragen müßten.

An der Gruppendiskussion teilgenommen haben:

Aw   war 19 Jahre alt und befand sich in der Lehre als Industriekauffrau. Sie wohnte noch bei ihren Eltern, der Vater war von Beruf Kraftfahrer, die Mutter Datentypistin. *Aw* war die Freundin von *Am (Arno)*.

Bw   war 19 Jahre alt und machte eine Lehre als Friseuse. Obwohl sie eine eigene Wohnung hat, hält sie sich noch oft bei den Eltern auf. Ihr Vater war von Beruf Betriebswirt, ihre Mutter Krankenschwester.

Cw   war 18 Jahre alt und machte eine Ausbildung als Einzelhandelskauffrau. Sie wohnte noch bei der Mutter, diese arbeitete als Sekretärin. *Cw* ist die Freundin von *Cm (Carlo)*.

Alle wohnten im Viertel Oststadt. *Aw* und *Bw* kannten sich bereits aus der Schule bzw. aus Diskothekenbesuchen, letzteres ist auch (den Angaben im Fragebogen zufolge) ihre gemeinsame Hauptaktivität.

Cw ist erst durch ihren Freund *Cm (Carlo)* mit *Aw* bekannt geworden. Bei genauerer Betrachtung muß also von zwei sich überkreuzenden Dyaden gesprochen werden. Nach der Gruppendiskussion haben wir *Cw* und *Bw* noch mehrfach getroffen. *Aw* dagegen haben wir nicht mehr zu Gesicht bekommen. Nach Aussagen von Mitgliedern der Gruppe *Kunde* und ihres (ehemaligen) Freundes *Arno*, ist sie mittlerweile Mutter eines Kindes und nicht mehr mit *Arno* befreundet.

3.1. Kollektive Orientierungen

Arbeitsalltag und Sinnfindung:
der immergleiche „Rhythmus"

In der Diskussion mit der Gruppe *Pulle* werden auf die Frage nach der
beruflichen Zukunft zunächst reihum die individuellen Vorstellungen dargelegt - zuletzt von *Am* (*Pulle*, Arbeit, 1-41)[1]:

```
Am:   Tja hast es gleich aufn Punkt jebracht ick bin Zimmermann    1
      (.) tja werd wohl die nächsten 46 Jahre wohl noch weiter     2
      arbeiten müssen oder 47 (oder wiewieviel det sind) (.) so     3
      überleg mal (.) dann sind die Haare und so auch ab            4
                                                      ⌊            5
me:                                                    ⌊ (la-       6
      chen)                                                         7
                                                                   8
Am:   Ja so lang weeß nich so lang werd ick wohl aufm Bau nich      9
      kommen det ick war letzte Woche aufm Bau und schon zweemal   10
      so gezogn (.) weil aufm Bau gibts is man blau ja             11
                                                  ⌊                12
al:                                                ⌊ (lachen)       13
                                                    ⌊              14
Bm:                                                  ⌊ Ja aufm     15
      Bau is man blau                                              16
                     ⌊                                             17
Am:                   ⌊ ja aber im wahrsten Sinne des Wortes aber  18
      wer da nicht trinkt also (.) der darf det nich               19
                                             ⌊                    20
Bm:                                           ⌊ ja genau           21
                                                ⌊                 22
Am:                                              ⌊                23
      der darf et nich vom Arzt mäßig oder krank der darf et       24
      nich, also wirklich (.) und so naja wie meine Pläne aus-     25
      sehen, naja da gibts keine viele Pläne                       26
                                         ⌊                        27
Bm:                                       ⌊ Arbeiten arbeiten arbeiten  28
                                            ⌊                     29
Am:                                          ⌊ ich versuchs viel-  30
      leicht mal irgendwann aber wie ich gehört hab (daß das       31
      total teuer is der hat da was von) 35 000 DM erzählt Mei-    32
      ster is der Meister ja dann ooch weg weil det Geld ja an-    33
      derweitig is                                                 34
      ⌊                                                            35
```

---

1 Als Hilfe bei der Lektüre der Transkripte siehe die „Richtlinien der Transkription"
  im Anhang (Kap. 8).

```
Bm:          ⌐ vom Betrieb bezahlen (unverständlich)              36
             |                                                     37
Am:                             ⌐ kann sein det weeß ick nich      38
      aber sonst werd ick ganz normal Zimmermann bleiben das       39
      ganze Leben lang, wenn nich irgendwat dazwischen kommt,      40
      vielleicht werd ick Millionär oder so                        41
```

Die eigene berufliche Zukunft hat mit „Planung" nicht viel zu tun. Sie ist nicht Gegenstand biographischer Planung, wie in 25/26 explizit gemacht wird: „Und so naja wie meine Pläne aussehen, naja da gibts keine viele Pläne".

Am wird wohl die nächsten 46 oder 47 Jahre Zimmermann bleiben (2-3). Fraglich ist allein, ob er diese Zeit auf dem Bau verbringen wird.

Für diese Planlosigkeit bzw. Suspendierung biographischer Planung hat *Am* sich aber nicht entschieden. Sie wird gar nicht weiter hinterfragt und als quasi natur- oder schicksalsgegeben hingenommen. *Am* formuliert nicht etwa: „Ich habe keine Pläne" oder „Ich mache mir keine Gedanken über die Zukunft", sondern: „Da gibt's keine viele Pläne".

An die Stelle berufsbiographischer Planung tritt das Eintauchen in die Arbeitsroutine („arbeiten, arbeiten, arbeiten"; 28), welches zugleich als Folge wie auch als Grund dieser Suspendierung biographischer Planung erscheint. Selbst eine Veränderung, d. h. ein Aufstieg *innerhalb* des eingeschlagenen Berufsweges - die Meisterprüfung - rückt in weite Ferne („vielleicht mal irgendwann"; 30-31).

Obschon *Am* seine berufliche Position abqualifiziert („Schieber"; 64 u. 65), führt dies nicht zu einer Orientierung an Weiterqualifikation oder dazu, insgesamt aus dieser Berufslinie auszubrechen. Sein weiterer Lebensweg wird mit ähnlicher Gleichförmigkeit dahinfließen, „wie das Wasser die Spree hinab" (67), und man kann sich dieser Gleichförmigkeit ebensowenig entziehen wie dem Bierkonsum auf dem Bau (*Pulle*, Arbeit, 63-70):

```
Am:                                              L           63
      Dann werd ick wohl n Leben lang als einfacher Schieber, na  64
      als Schieber is ooch (geil), Vorarbeiter brauchst du (un-   65
      verständlich) arbeitest du vor als Zimmermann (.) naja      66
      weiter Weg fließt noch viel Wasser die Spree hinab oder     67
      viel Bier den Hals runter                                   68
             |                                                    69
me:          L (lachen)                                           70
```

In der Metapher des Spreewassers wird aber zugleich auch eine Komponente der Vertrautheit erkennbar: Die Gleichförmigkeit des immer wiederkehrenden

62

zyklischen Arbeitsalltages schafft einen gewissen Rahmen der Erwartbarkeit und Geborgenheit.

Die in dieser Gruppe zu beobachtende Irrelevanz übergreifender berufs-biographischer Zukunftsentwürfe stellt ein relativ milieuunabhängiges Kennzeichen männlicher Lehrlingsgruppen in der Adoleszenzphase dar und ist gleichermaßen in Ost und West zu beobachten (vgl. dazu Kap. 2). Dies gilt jedoch nicht so ohne weiteres für die ausgeprägte Bindung an den einmal eingeschlagenen Beruf.

Das Eintauchen in den Routineablauf des Arbeitsalltages, welches auf der einen Seite eine gewisse Geborgenheit und Vertrautheit vermittelt, erscheint auf der anderen Seite aber bedrückend und sinnlos. Hierauf weist zunächst *Bm (Bernd)* hin, der - wie an anderen Stellen der Gruppendiskussion deutlich wird - den Ausstieg aus dem Arbeitsalltag und den Weg in die Arbeitslosigkeit gewählt hat (*Pulle*, Arbeit, 149-193):

```
Bm:                              L Ja des janze System is doch    149
        det du wirst du wirst jeboren dann jehst in Kinderkrippe   150
        erst in Kindergarten (kommst inne) Schule rin machst deine 151
        Lehre na dann machst deine Arbeit, so dann biste Rentner,  152
        dann wenn de Glück hast kannst n bißchen reisen (       )  153
        dit stört mich                                             154
                     |                                             155
Am:                  L Ja is für die unteren zehntausend wa (.)    156
        wenn ick überlege, daß manche Idioten sag ich in Anfüh-    157
        rungstrichen reich jeboren werden reich und ich arbeite    158
        mein Leben lang um aufn grünen Zweig zu kommen mit 10 Fin-  159
        gern kannst es sowieso nicht machen da kommst uff           160
                                           |                        161
Bm:                                        LIch mein is immer n     162
        Rhythmus der is bei den Eltern is er da, is bei dir da,     163
        der wird bei den Kindern da sein, is für mich völlig (.)    164
        anormal (ich mein) anormal ich mein irgendwie stört mich    165
        det, is immer das gleiche (.) du wirst geboren, bloß um zu  166
        arbeiten und dann das hat mich damals schon zu Ostzeiten    167
        gestört, du wirst geboren bloß um zu arbeiten irgendwie     168
        stört mich det (.) du arbeitest und dann wirst du alt und   169
        dann is vorbei                                              170
                     |                                              171
Am:                  L Ja logisch det sind ((meta)physische) Themen 172
        die kenn ick ooch, du stehst morgens uff, gehst arbeiten,   173
        kommst abends wieder, und det jeden Tag, und wenn du-       174
                                                     |              175
Bm:                                                  L und du fragst 176
        dich warum, ich meine (       ) ja wie und dann fängst      177
        du da mit dem Thema an so 65, Rentenalter, und danach       178
        stirbst du, was is danach und dann kommt natürlich die      179
        Frage was is danach,                                        180
                     |                                              181
```

.

.

.

```
      Bloß überleg mal, ich bin jetzt sag ich in Anfüh-    190
rungsstrichen, werd jetzt 20 (.) wenn ick bis 65 arbeiten   191
muß sind des noch satte 45 Jahre, wenn ick mir dit auf de   192
Zunge zergehen lasse, nee dit kann nich det Ende sein       193
```

Das Eingespurtsein in zyklische biographische Ablaufmuster bzw. in den zyklischen Tagesablauf stellt die Jugendlichen vor Probleme der Sinn- und Bedeutungslosigkeit eines derartigen immergleichen Lebensablaufs.

Wie die komparative Analyse mit anderen Lehrlingsgruppen - auch jenen aus dem Westteil der Stadt und den alten Bundesländern - bestätigt, ist dieser Arbeitsalltag in seinen Unterschieden zur Schule kaum antizipiert worden. Erfahrungen der Härte des Arbeitsalltages münden somit in einer berufs-biographischen Phase der „Ent-Täuschung"[2]. Erst im Vollzug ihres Arbeits-alltages ist den Jugendlichen deutlich geworden, worauf sie sich hier einge-lassen haben.

In der Unerträglichkeit einer derartigen Zukunftsperspektive ist wohl - wie sie selbst vermuten - der „Grund" für ihren erheblichen Drogenkonsum zu suchen (*Pulle*, Arbeit, 195-250):

```
Bm:                     L (Wahrscheinlich wirds) der Grund sein,   195
        warum wir so viele trinken tun und kiffen und weeß ick wat 196
                                                          L        197
Am:                                                                198
        Ja ja um schneller Invalide zu werden wa                  199
                                                  L               200
Bm:                                             L Nee nee, daß man 201
        mal wieder aus dem Rhythmus raus kommt, weil wenn du ir-  202
        gendwie Alkohol drinne hast, dann biste doch auf ner janz 203
        anderen Stufe irgendwie oder kiffen tust oder so biste    204
        doch nicht, grad bei dem Thema, wenn ich abends manchmal  205
        im Bett liege nüchtern oder so is relativ selten aber     206
        (lacht) nee dann überlegste, du lebst, aber für wat, oder 207
        ich meine du bist tot, deine Kinder erinnern sich         208
        vielleicht noch, deine Enkelkinder, und danach is aber    209
        auch Schluß (.)                                           210
                    L                                             211
Am:                 L ja logisch                                  212
```

---

2   vgl. dazu die Hinweise zu den entwicklungstypischen Phasen der „Ent-Täu-schung", „Negation" und „Re-Orientierung" in der Einführung, sowie: Bohnsack 1989 und Städtler 1995.

```
Bm:                    ⌐ det is ja ich meine, wenn ick da    213
                                                             214
       manchmal die ganzen Maler ankieke (.) van Gogh oder so wat  215
       in der Richtung, die ham doch irgendwat jeschaffen   216
                                                             217
Am:                                     ⌐ ja lo-            218
       gisch (  ) und bei mir is et ja jenauso             219
                                                             220
Bm:                              ⌐ zu der Zeit gings       221
       denen ja auch dreckig den Leuten, wa                222
                                                             223
Am:                    ⌐ Ja klar, bloß bei                 224
```

mir is es ja jenauso, ick überlege ooch (.) du gehst ar- 225
beiten und arbeiten du dann is es doch ne janz logische   226
Schlußfolgerung (.) weil meine Mutter kriegt det immer   227
nich so auf die Reihe und so die sagt immer (.) saufen und 228
so ob dit grad det Wahre is, und in der Discothek (daa   229
meent) meine Mutter immer viel und so wa, ich hab da auch 230
oft Streit jehabt so in die letzten Wochen und Monate und 231
so, weil et geht darum (.) weil ick hab meiner Mutter da 232
auch schon so richtig schön (.) anjemacht und so wa (.)   233
manch eener klaut, der andere geht was weeß ich äh abends 234
sonstwohin, macht Scheiße weeßte, da hab ick jesagt zu   235
meene Mutter, da is es doch besser, wenn ich morgens um 3 236
oder 4 ankomme mit ner Fahne, is doch immer noch det Be- 237
ste, mußt du doch grad sagen, wenn ich die ganze Woche   238
aufstehe um 5 als Zimmermann wird sich das ooch nich än- 239
dern, also vielleicht 6 oder so, mußt ja immer früh raus, 240
genauso wie als Koch oder so du die janze Woche arbeitest 241
und abends spät nach Hause kommst wa, dann is es doch ne 242
janz logische Schlußfolgerung, daß du am Wochenende voll 243
wat machst und det is in dem Punkt bei uns saufen, be-   244
säufst dich eben dann ordentlich mal eben, is doch (.)   245
also ich finde dat begründe für mich is ne volle Begrün- 246
dung, wenn mich eener fragt, wieso du säufst, sag ich ihm 247
ganz klar, in der Woche geh ich arbeiten wie n-wie n Tier, 248
da hab ich keine große Freizeit, dann is et klar, daß ich 249
am Wochenende voll ein losmache.   250

Nachdem *Am* eher scherzhaft die Verkürzung der Lebensarbeitszeit als Zweck des Drogenkonsums in die Debatte geworfen hat („um schneller Invalide zu werden", 199), pendelt sich der Diskurs schließlich darauf ein, daß es darum geht, „mal wieder aus dem Rhythmus raus" zu kommen (202). Dies schließt gleichermaßen den tageszyklischen wie auch den (generationsübergreifenden) Lebenszyklus ein. Gemeint ist darüberhinaus aber auch, sich der immer wiederkehrenden Frage bzw. Grübelei nach dem Sinn eines derartigen Lebensablaufs auf diesem Wege entziehen zu können. Die Frage nach dem Sinn des Lebens stellt sich für *Bernd* nur, wenn er „nüchtern" (206) und nicht mit den anderen aus der Clique zusammen ist - nämlich abends im Bett (206).

Und für *Am* ist der immer wiederkehrende Ablauf des unmenschlichen („wie n Tier", 248) Arbeitstages der Grund für grenzüberschreitende Aktivitäten am Wochenende. Was diese Äußerung, die den Stellenwert einer Konklusion dieser Passage gewinnt, über den Drogenkonsum hinaus für eine Bedeutung hat, wird erst im weiteren Diskursverlauf erkennbar - dort, wo es um den Besuch des Fußballstadions am Wochenende geht.

Vorher sollten wir uns das in dieser Passage zum Thema Arbeit entfaltete Problem bzw. die Bearbeitung dieses Problems noch einmal genauer ansehen. Wir kommen damit zu der milieutypischen Bearbeitung der entwicklungsspezifischen Problematik innerhalb der peer-group.

Die Suche nach Respekt und Anerkennung

Zunächst geht es den Jugendlichen hier um die Sinnlosigkeit bzw. Bedeutungslosigkeit ihrer Existenz. Positiver Vergleichshorizont ist für sie, etwas Besonderes oder irgendwie Bedeutungsvolles zu schaffen, um eine Antwort zu finden auf die Frage, für was sie leben (Arbeit, 207). Es geht um *Respektiertwerden* im Hinblick auf die Einzigartigkeit ihrer Existenz, wie der Vergleich mit bedeutenden Malern erkennbar werden läßt (vgl. Arbeit, 214-216). Für einen spezifischen Weg aus dieser Bedeutungslosigkeit steht hier also als positiver Horizont die Metapher des Malers bzw. des Künstlers allgemein. Auch der Künstler, der verarmt und in dieser Hinsicht der gesellschaftlichen Hierarchie ganz unten angesiedelt ist, kann gleichwohl wegen seiner Originalität anerkannt sein bzw. später anerkannt werden - wie z. B. im Falle des von *Bernd* genannten van Gogh (Arbeit, 221-222).

Ihre gesellschaftliche Bedeutungslosigkeit, d. h. die Bedeutungslosigkeit ihrer Position innerhalb der gesellschaftlichen Hierarchie - nämlich ihre Zugehörigkeit zu den „unteren Zehntausend" (Arbeit, 156) - ist für sie ausgemacht. Ein gesellschaftlicher Aufstieg auf dem Wege der Verbesserung ihrer beruflichen Stellung gerät - wie wir gelesen haben - gar nicht erst in den Blick - allenfalls der Aufstieg zum Meister, der aber in vage Ferne gerückt wird.

Erkennbar wird der Weg, auf dem es den Jugendlichen dennoch gelingen kann, Respekt und eine *gewisse Bedeutsamkeit* zu erlangen und dabei zugleich auch in einer gegenüber dem Drogenkonsum noch gesteigerten Weise aus dem *„Rhythmus herauszukommen"*, in besonders ausgeprägter Weise dort, also in jener Passage, in der die Jugendlichen die Kernaktivität ihrer Clique zur Darstellung bringen. Diese Passage gewinnt aufgrund ihrer interaktiven und metaphorischen Dichte den Charakter einer *Focussierungsmeta-pher*. Es geht hier um die mit dem Besuch des Fußballstadions verbundene Auseinandersetzung der „Fan-Blöcke" untereinander. Die Zugehörigkeit zu einem Fan-Block muß nicht (wie z. B. ein beruflicher Status) erst erworben werden. Sie ist - ebenso wie die zu einer milieuspezifisch gewachsenen peer-group - wesentlich durch die sozialräumliche Herkunft zugeschrieben: hier weniger durch die nachbarschaftliche oder stadtteilbezogene als vielmehr die städtische, regionale oder nationale Herkunft.

Ein Forum für die unterschiedlichen Fan-Blöcke, „miteinander zu quatschen" stellt die „Fan-Zeitung"[3] dar (*Pulle*, Fan-Blöcke 1-29):

```
Dm:    Ne, aber wat ick daran intressant finde, ooch jrade, daß     1
       sich je-ey die-die-die jeweiligen Hooligan-Fanblocks von     2
       den jeweiligen Mannschaften ooch miteinander quatschen,      3
       weeßte. Zum Beispiel stand ooch oft jenuch dran-äh (.)        4
       Sagn wer jetz,                                                5
                                                                     6
       Nebengespräch Ende                                            7
                                                                     8
Dm:    einfach mal vom-vom-vom-vom Kölner Hooligan-Fanblock, äh,     9
       ja Duisburger oder Schalker, wir haben einjesehen daß ihr    10
       eindeutich die besseren wart oder so wat,                    11
                                                                    12
Bm:                                   └ Find ick gut                13
                                                                    14
Dm:    und äh, wir sehn uns wieder beim nächsten Spiel, diesmal     15
       aber mit-mit-mit-mit-mit freundlichen Absichten und so wat   16
       weeßte, find ick eigentlich immer janz jut sowat weeßte,     17
       vor allen Dingen nich immer (.) (        )                   18
                                                                    19
Y1:                                  └ Ja-jetz aufgrund des Spiel-   20
       ausgangs odder-odder aufgrund der körperlichen (   )         21
                                                                    22
Bm:                                  └ Nee (   )                     23
                                                                    24
```

---

3 Die Zeitschrift „Fan-Treff" ist ein „Fußballszene-Magazin", das von deutschen Hooligans als Forum der Berichterstattung über (erfolgte oder nicht-erfolgte) körperliche Auseinandersetzungen anläßlich von Fußballbegegnungen genutzt wird. Es werden dort - analog zum eigentlichen Spielbetrieb - Ranglisten der sich bestimmten Vereinen zuordnenden Hooligans erstellt. Die Zeitung ist nur in den Stadien und an einigen wenigen Verkaufsstellen, zumeist an den Hauptbahnhöfen, erhältlich und vor allem beim sog. „Nachwuchs" sehr beliebt. Der Chefredakteur dieses Blattes hatte in den letzten Jahren mehrere medienwirksame Auftritte in Rundfunk und Fernsehen (so u. a. in der RTL-Sendung „Hans Meiser" vom 30.10.92).

```
Am:                              L Nee auch so die     25
         haben sich besser verstanden                 26
                                          |           27
Cm:                                       L Mit-      28
         mit-mit den Waffen und so weiter.            29
```

Neben der Übermittlung von Anerkennung, Respekt und „freundlicheren Absichten" (16) ist die Kommunikation über die Fan-Zeitung zugleich eine Möglichkeit zur wechselseitigen Bekräftigung von Regeln der Fairneß (*Pulle, Fan-Blöcke*, 33-71):

```
Cm:      Oder wenn da auch drinne steht, ähm- hier von Berlin ähm-  33
         daß da nächstes Mal bitte ohne Waffen und so weiter. So    34
         wat steht da in dem Fantreff mit drinne.                   35
                      |                                             36
Dm:                   L Ick meine-                                   37
                                                                    38
Cm:      Und det find ick eigentlich relativ fair, daß-weil die in  39
         der Zeitung wirklich davon ausgehen, daß äh Hooligans nen  40
         fairen Fight sich liefern-und-ähm eben wirklich nur mit    41
         den Fäusten arbeiten, und ohne Waffen. (.) Ja             42
                       |                                            43
Dm:                    L Ja.                                         44
                                                                    45
Am:      und vor allen Dingen, die Freundschaftsbereitschaft is ja  46
         dann ooch mehr da, denn du hörst ja so oft schon schon ge- 47
                         |                                          48
Cm:                      L Ja.                                       49
                                                                    50
Am:      hört äh- zum Beispiel Schalke und Nürnberg- wat weeß ick-  51
         is jetzt nun keen großer Vergleich, aber et gibt soviele   52
         äh-Mannschaften, die so gerne nach Schalke kommen, weeßte  53
         die Fans untereinander-da saufen die Schalker vorher mit   54
         den Leuten, weil (dann da) die Freundschaft einfach da     55
         ist. Und da war vor vier Jahren ooch mal en- Feindschaft   56
         irgendwo weeßte ham se ooch jedacht, die Idioten, bloß die 57
         sind da-                                                   58
                                     |                              59
Bm:                                  L Hm.                           60
                                                                    61
Am:      durch näher gekommen find ick ooh-ganz geil irgendwie      62
                                                      |            63
Cm:                                                   L Und          64
         daß die-daß die-wenn die miteinander kämpfen, und einer    65
         auf                                                        66
             |                                                      67
Dm:          L Wir warn (und)                                       68
                                                                    69
Cm:      dem Boden liecht, daß dem ooch nich mehr weiter getreten   70
         wird.                                                      71
```

Anerkennung und wechselseitiger Respekt sind offensichtlich nicht auf dem Wege der Kommunikation und des Meinungsaustausches zu erreichen, sondern das „Miteinander-Quatschen" ist lediglich das Medium, um die auf anderem Wege erworbene Anerkennung zum *Ausdruck* zu bringen. Anerkennung und wechselseitiger Respekt - ebenso wie auch die „Freundschaftsbereitschaft" - setzen das „Miteinander-Kämpfen" (65), das „Sich-Klatschen" (98-103) voraus. In welch ausgeprägtem Maße auch diese körperliche Auseinandersetzung - abgesehen von den Regeln der Fairneß - Kriterien der Bewertung unterliegt, zeigt sich daran, daß die Gruppe die den Ostberliner Hooligans zugesprochene Stellung als Nr. 1 unter den ostdeutschen Vereinen nach diesen Standards bezweifeln, da sie selbst nur „Scheibenfenster zerknallt" haben. (*Pulle*, Fan-Blöcke 73-133):

```
Dm:    Aber wir warn nun jrade damals drauf stolz, ick weeß jrad    73
       von derjenigen Zeitung, die er mir mal gegeben hat-äh (.)    74
                                                                    75
       Nebengespräch Ende                                          76
                                                                    77
Dm:    (.)Da stand nun jrade zu dem Zeitpunkt drinne, in der-äh-   78
       in der Rangliste von den-von den ostdeutschen Vereinen,     79
       daß die                                                 ⌐   80
                                              └ (Fla-               81
       sche wird geöffnet)                                          82
                                                                    83
Dm:    BFC-Hooligans die absolute Nummer 1 sind.             ⌐      84
                                                                    85
Bm:                                           └ Da hab ich mich-    86
       ham wer uns jefreut wie Schneekönige.                        87
                                                                    88
Dm:    Und da fand-und da-da war-darauf warn wir im Grunde stolz   89
       jewesen, weeßte. Und daß wir mit den-mit den-Nummern 1 bis  90
       5 in der-in der-in der Bundesliga mithalten können weeßte,  91
       und da-das is schon wat                                     92
                                                                    93
Bm:    ⌐ (         )                                                94
                                                                    95
Am:    └ Ja bloß der Unterschied war zwischen denen und denen,     96
       daß die-äh Nürnberger und die Bochumer und die dicken-har-  97
       ten Klatscher, die hams-Schalker ja, Braunschweiger die     98
       ham sich         ⌐                                           99
                                                                   100
Dm:                     └ Schalker, Schalker                       101
                                                                   102
Am:    geklatscht. Und wat hat der BFC jemacht im Jrunde, jetz     103
       nischt gegen über uns selber, die haben Scheibenfenster     104
                    ⌐                                              105
Dm:                 └ Du det-äh                                    106
                                                                   107
Am:    zerknallt. Und deswegen sind se Nummer 1 jeworden.          108
```

69

```
                                                                    109
Dm:    bloß Am, darum-det war ja jrad der-der entscheidende         110
       Punkt, wir sind damals niemals mit den Fan-ss von der je-    111
       weiligen Mannschaft in-in Kontakt gekommen, vorher haben     112
       immer die                                                    113
                        |                                           114
Bm:                     └ Ja wie solltn                             115
       wer denn ooch, vorher (    )                                 116
                                                                    117
Dm:    Bullen abjegrenzt oder wat, oder-oder die andern Fans sind   118
                        |                                           119
Bm:                     └ Ja-ja.                                     120
                                                                    121
Dm:    si-haben abge-Abmarsch gemacht, weeßte, et kam niemals       122
       dazu.     |                                                  123
                 |                                                  124
Bm:              └ Ja. (.) Wir konnten uns ja nur mit den Ost-      125
       deutschen rumprügeln, weil damals warn die Spiele ja noch    126
       gar nich dajewesen meiner Ansicht nach                       127
                |                                                  128
Dm:             └ Und det sowieso, ick meine, äh-jabs damals irgendwie- 129
       direkte Hooligan-Fanblöcke von anderen Mannschaften, die     130
       einzigen, die man-die wer damals hatten, waren Magdeburg     131
       und Dresden. Die beeden Mannschaften. Vielleicht noch        132
       Leipzig, aber mehr war da gar ooch nie jewesen.              133
```

Bevorzugt werden als Gegner also jene, die sich aufgrund ihrer körperlichen Durchsetzungsfähigkeit bereits Respekt verschafft haben: die „absoluten Hauer" (147). Die eigene Respektabilität wächst mit derjenigen des Gegners.

Im Falle einer Konfrontation mit derartigen „Hünen" (171) ist es nicht einmal eine Schande, wegzurennen (*Pulle*, Fan-Blöcke 152-212):

```
Bm:                   └ Wißt ihr noch, fuffzig Magdeburger, und wo   152
       Bauer gerannt is                                             153
                     |                                             154
Cm:                  └ Die Dresdner waren die waren ooch wirk-      155
       lich           |                                             156
                      |                                             157
Dm:                   └ Neunundachzig war det damals, det wissen    158
       wir selber noch neunundachzig im November, damals haben      159
       wir so eine geklatscht gekriecht von den Magdeburgern        160
                                                       |           161
Bm:                                                    └ Det         162
       warn bloß fuffzig Leute von denen-die sind                   163
                                         |                         164
Dm:                                      └ Die sind- alle hin-      165
       terhergerannt. und wir damals alle weg, alle die SR-Straße   166
       runter, immer weiter weg.                                    167
                             |                                     168
Bm:                          └ (Naja)                               169
                                                                    170
```

```
Dm:   Und det warn aber wirklich so ne Hünen und so ne Hände        171
      hier.                                                          172
                                                                     173
                                    └ Det wollen wer                 174
Cm:   hier aber nicht erwähnen, bitte ja (Lachen)                    175
                                                                     176
                                    └ Wollen wer nich                177
Dm:   erwähnen, aber ick mein bloß mal-wir wolln jetz nich so        178
      hinstellen, als wenn wir nun die absolute Nummer  von An-      179
      fang an waren                                                  180
                                                                     181
                  └ Bloß Respekt ham se alle vor uns jehabt kann-    182
Bm:   ste sagen was de willst- und darauf bin ick besonders-ganz     183
      besonders stolz                                                184
                                                                     185
                               └ Aber erst                           186
Dm:   seit unjefähr Mitte 90 kannste sagen, een Jahr lang warn       187
      wer die absolute Nummer 1                                      188
                                                                     189
                               └ Ja klar, weil wir                   190
Bm:   uns durch-wir haben uns durchgekämpft gegen die Bullen,        191
      komm wie wer die Bullen immer rumgespielt haben, wenn wer      192
      mal (Fans) gekriecht haben (übern Schenkel) naja mhm-mhm       193
      und so äh naja,                                                194
                                                                     195
                               └ (La-                                196
?m:   chen)                                                          197
                                                                     198
Bm:   aber ick weeß nich, ick hab den Fimmel jehabt, daß ick die     199
      janzen über äh gut dabeigewesen bin äh die janzen              200
      Zeitungsartikel aufgehoben habe, und jetz abends äh wenn       201
      ick meinetwegen da im Bett liege, (.)                          202
                                                                     203
                     └ Hm ja, hab ick ja neulich mal                 204
Cm:   durchjelesen                                                   205
                                                                     206
Bm:   (.) ja hol ick die janzen Zei- die janzen Zeitungsartikel     207
      raus und überlege, ach da warste mit dabei, det hat Spaß       208
      jemacht und dann fällt mir immer so eine Szene ein det is      209
      lustig. Ah-irjendwie hats Spaß jemacht, ick weeß nich (.)      210
      Ick meine die Zeit möcht ick gar nich missen, muß ick janz     211
      ehrlich sagen.                                                 212
```

Es geht hier also nicht darum, den Gegner klein und den eigenen Fan-Block groß erscheinen zu lassen, sondern es geht darum, dem Kampf Respektabilität zu verleihen.

Auch die eigene Stellung in der Rangskala der Fanblöcke ist nicht so zentral, daß die den Fans des BFC von außen attestierte Vorrangstellung - Nr. 1 der ostdeutschen Vereine - nicht selbstkritisch beleuchtet und in Frage gestellt werden könnte (178-180). Das, was letztendlich zählt, ist das *Respektiertwer-*

den und zwar von „allen" (182); von Seiten der anderen Fan-Blöcke, aber vor allem - wie in der Konklusion dieser Passage erkennbar wird - von Seiten der medialen Öffentlichkeit.

Wenn *Bernd* abends im Bett liegt (vgl. 200-202), schaut er sich immer wieder die Zeitungsartikel über die Aktivitäten seines Fan-Blocks an, die er alle aufgehoben hat. In ihnen ist dokumentiert, welche Resonanz diese Aktivitäten in der Presse und somit in der gesellschaftlichen Öffentlichkeit gefunden haben.

Das in der Metaphorik dieser szenischen Darstellung zum Ausdruck gebrachte Zurückgeworfensein auf sich selbst, auf Sinn- und Bedeutungsfragen der eigenen Existenz erhält besonderes Gewicht durch den Vergleich mit jener bereits interpretierten szenischen Darstellung in der Passage „Arbeit", die sich durch eine ähnliche Metaphorik auszeichnet (*Pulle*, Arbeit, 205-222). Vor dem Vergleichshorizont des „Irgendwat-Geschaffen"–Habens wurde dort das Problem der eigenen Bedeutungslosigkeit zum Ausdruck gebracht.

Die medienwirksame Auseinandersetzung der Fan-Blöcke untereinander verschafft ihnen zunächst die Möglichkeit, „aus dem Rhythmus raus(zukommen)". Und dies in einer Art und Weise, die gegenüber dem Drogenkonsum noch erheblich gesteigert ist - allzumal dann, wenn bei den Aktivitäten zugleich auch Drogen mit im Spiel sind. Zugleich verschaffen sie sich mit Hilfe dieser Kernaktivitäten aber auch jene öffentliche Aufmerksamkeit, die sie aus der gesellschaftlichen Bedeutungslosigkeit hervorhebt: die *Tribüne* wird zur *Bühne*.

Und schließlich wird durch die Berichterstattung in den Medien „irgendwat geschaffen", also gleichsam ein Werk von einer gewissen Einzigartigkeit und Dauerhaftigkeit, von bleibendem Wert.

In diesem gemeinsamen Kampf um gesellschaftliche Bedeutsamkeit, Anerkennung und Respekt sind diejenigen, die einander mit massiver physischer Gewalt begegnen, zugleich auch die Partner.

Wenn wir diese spezifischen Kernaktivitäten und die darin implizierten Orientierungsmuster der Gruppe *Pulle* entwicklungstypisch betrachten, d. h., wenn wir sie einer Phase innerhalb ihrer Adoleszenzentwicklung zuzuordnen suchen, so wird zunächst evident, daß derartige Kernaktivitäten, wie sie auch mit dem Begriff „Randale" bezeichnet werden, die Funktion haben, die Jugendlichen gleichsam aus dem Alltag, „aus dem Rhythmus raus" zu katapultieren. Man kann hier von einer *episodalen Negation der Alltagsexistenz* sprechen, die einhergeht mit einer Negation der Sinnhaftigkeit dieser Existenz. Diese Phase, die uns auch in anderen Lehrlingsgruppen begegnet, haben wir bereits in der schon erwähnten Kleinstadtuntersuchung als *Negationsphase* bezeichnet.

Wie in der Gruppe von Hooligans aus dem Westteil der Stadt (vgl. 3.4) sich ganz besonders prägnant abzeichnet, bedeutet die episodale Negation der Alltagsexistenz - *wochenzyklisch* betrachtet - eine (bewußtseinsmäßige) Abspaltung vom Arbeits- bzw. Wochenalltag auf der einen und Wochenendrandale auf der anderen Seite. „Episodal" ist aber auch im lebenszyklischen Sinne gemeint. Die Negation der *Sinnhaftigkeit* der Alltagsexistenz und ihrer Zukunftshorizonte erstreckt sich über eine lebenszyklische Phase: die Negationsphase. Mit der episodalen Negation der Alltagsexistenz ist das Problem verbunden, daß auch die Konsequenzen derartiger Ausbrüche aus der Alltagsexistenz, also Kriminalisierung und Ausgrenzung, negiert werden. Der Zusammenhang von Negationsphase und „Episodenhaftigkeit von Jugendkriminalität" wird hier erkennbar.

Von den Jugendlichen selbst wird ihr Handeln einer spezifischen Entwicklungsphase zugeordnet, die nun aber bereits abgeschlossen scheint (vgl. auch: „Politische Haltung und Fremdenfeindlichkeit"). Auf eine von der Diskussionsleitung gestellte Frage nach dem Beginn ihrer Aktivitäten bei den Hooligans, heißt es schließlich (*Pulle*, Stinos 1-14):

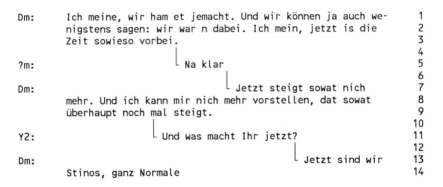

```
Dm:    Ich meine, wir ham et jemacht. Und wir können ja auch we-   1
       nigstens sagen: wir war n dabei. Ich mein, jetzt is die     2
       Zeit sowieso vorbei.                                        3
                                                                   4
?m:                    └ Na klar                                   5
                                                                   6
Dm:                            └ Jetzt steigt sowat nich           7
       mehr. Und ich kann mir nich mehr vorstellen, dat sowat      8
       überhaupt noch mal steigt.                                  9
                                                                   10
Y2:                    └ Und was macht Ihr jetzt?                  11
                                                                   12
Dm:                            └ Jetzt sind wir                    13
       Stinos, ganz Normale                                        14
```

Kampf und episodale Schicksalsgemeinschaft

Für die Angehörigen der Gruppe *Pulle* ist also die Phase der Randale vorbei, sie selbst charakterisieren sich in ironischer Überspitzung als „Stinos" - also als Stinknormale. Eine sich abzeichnende Re-Orientierung konnte auch durch Teilnehmende Beobachtung nach der Gruppendiskussion bestätigt werden.

Die älteren Angehörigen der Gruppe *Kunde* dagegen - Am (*Arno*), Bm (*Benno*) und Im - sind zwar über diese Altersphase hinaus, gleichwohl aber noch an den Randaleaktivitäten der Hooligans beteiligt. Innerhalb der Hooligan-Szene im Ostteil der Stadt beanspruchen sie nun allerdings aufgrund ihrer Erfahrungen eine Sonderstellung (*Kunde*, Kumpels, 128-166):

```
Am:         (.) Ick meine, o. k., da hat in der Stadt viel-    128
      leicht een Mob jetobt von siebenhundert Berliner.        129
                                                               130
Im:                                          Hm.               131
                                                               132
Am:         (.) äh-mit dem Mob wird sich nie een Feind stellen. Also-  133
      da haben wir uns vielleicht mal so mit dreißzig-vierzig  134
      Mann abjeseilt, (.) wir alten Leute ham uns ins Café je- 135
      setzt, inmitten-äh-in ner-in der Mitte von Magdeburg und 136
      ham nen Sprecher jemacht, wo een paar Hools vorbeikommen 137
      von de Magdeburger-ham jesacht, paß uff-wir sind hier. Die  138
      andern                                                   139
                                                               140
Im:                                          Hm. (.)           141
      Hm.                                                      142
                                                               143
Am:         warn vorm Stadion, und denn kamen se an, mit hundertfuff-  144
      zig Mann, da kann ick nich den Arsch einziehen, da ham wer   145
      uns geknallt, und haben janz schön jekriecht, und da sind  146
      ab und zu die Bullen dazwischen-aber wir sind immer wieder  147
      ruffjegangen, und da weeß ick janz jenau, auf die Leute  148
                                                               149
Im:                                          Hm.               150
                                                               151
Am:         kann ick mich verlassen, ick meene-ick (.) ick hab-äh-ick  152
      sage, Nachwuchs muß man wirklich äh-sich anerziehen im  153
      Fußball, wa, da bin ick vollkommen dafür, (.) aber mir  154
                                                               155
Im:                                          Naja klar.        156
                                                               157
Am:         braucht keener was zu beweisen, indem er vielleicht mit m  158
      Messer oder irgendwat eenen zusammenkeilt,              159
                                                               160
Bm:                                          Ja. (.) Is doch   161
      albern.                                                  162
                                                               163
Am:         det is für mick keen Beweis, entweder er steht beim Fuß-  164
      ball seinen Mann, (.) äh-mit mir zusammen, und rennt nich  165
      weg, oder er braucht halt nich mit hinfahren.           166
```

Die „älteren Leute" haben sich vom „Mob", der durch die Stadt „tobte", abgesetzt, um sich nach allen Regeln der Fairneß dem „Feind" zu stellen. Die Leute, auf die man sich dabei verlassen kann, muß man sich „anerziehen"

(153). Dabei hatte zum Beispiel, wie im weiteren Diskursverlauf noch deutlicher wird, das regellose Randalieren und auch Plündern in der Stadt mit dem eigentlichen Hooligandasein nichts zu tun und wird hauptsächlich vom „Nachwuchs" praktiziert.

Die Älteren der Gruppe *Kunde* schreiben sich somit selbst die Funktion der Wahrung von Normativität und Authentizität innerhalb der Ostberliner Hooliganszene zu und nehmen im Diskurs die Vorbild- und Führerrolle ein. Letzteres wird auch in einer Art autoritärer Diskursorganisation spürbar, welche sich von derjenigen in der Gruppe *Pulle* unterscheidet.

Was hier seitens der Kerncharaktere der Gruppe *Kunde* von denjenigen erwartet wird, die als „Kumpels" akzeptiert werden wollen und was u. a. mit der Formel: „seinen Mann stehen" umschrieben wird (*Kunde*, Kumpels 164-166), ist die Bereitschaft, sich den Handlungsabläufen des Kampfes, der Randale vollständig - bis in die körperlichen Grundlagen der persönlichen Identität hinein - auszuliefern. Diese zumeist selbst initiierten „Randale"-Aktivitäten eskalieren dann in einer Verlaufskurvenentwicklung, die schließlich nicht mehr zu antizipieren und zu kontrollieren ist. Die schwere Auseinandersetzung zwischen den Berliner Hooligans und Hamburger Gruppen 1990 in Rostock (im Zusammenhang mit dem Spiel zwischen dem FC Berlin - vormals BFC Dynamo Berlin - gegen Hansa Rostock) stellt in ihrer Dramatik einen der Höhepunkte der Randaleaktivitäten dar. Innerhalb der Biographischen Interviews jener Hooligans, die dabei waren (*Benno, Falko, Bernd* und *Anton*) gewinnt diese Erzählung aufgrund ihres Detaillierungsniveaus und ihrer metaphorischen Dichte den Charakter einer Focussierungsmetapher.

Wir geben hier Teile des Biographischen Interviews mit *Falko* wieder. *Falko* hat - wie sich auch hier zeigt - anders als *Arno* nicht eine führende Rolle in der Oststädter Hooligan-Clique inne (*Falko*, Bio-Int., 1680-1764):

```
Fm:                              Wir sind hin-    1680
     gefahrn weil wir uns mit die Hamburger ( 1 ) ebend halt    1681
     keilen wollten. So na sind wir da angekommen (.) und (.)    1682
     haben uns so mäßig da gesagt, jut wir verteilen uns in de    1683
     Stadt und dann treff wer uns und dann (.) komm wer wieder    1684
     und dann geht det los. So, wir warn ja nu alle mit Autos    1685
     da, ja sind-sind wer noch bißchen rummgefahren und weeß    1686
     ick wat, da haben wer uns hinter so n Hotel zeitmäßig ein-    1687
     gehalten, haben wer uns alle getroffen, dann so langsam.    1688
     Und det war war aber auch allet so, det war war schon dun-    1689
     kel gewesen und denn is et so ne so ne Einkaufspassage,    1690
     also genau hinter also die Hauptstrasse looft dahinter so    1691
     parallel da sind so ne Einkaufspassagen, und äh da loofen    1692
     wir nun so lang (.) und auf eenmal brüllt schon eener, aah    1693
     jetze und weeß ick wat. Naja dann haben wer schon, gesehen    1694
     und dann eyeyey so sind wer ruff, dann schon haben schon    1695
```

die ersten von die von die Hamburger da gelegen und die 1696
haben uff eenmal angefangen, weil da warn denn so ne Rüs- 1697
tungen an de Seite, und die ganz- det ganze Licht hat so 1698
auf uns gestrahlt, da haste nischt gesehen (.) Und die hey 1699
nee, wir-wir sind bloß vierzig und wir warn ooch eigent- 1700
lich ungefähr bloß vierzig. Also mehr warn wir ooch nich, 1701
weil mit mehr lohnt sich det ooch nich (.) so und-und die 1702
wollten da nun ebend Zeit halt eigentlich noch schinden 1703
und so wa, und uff eenmal se-, also da haste bloß nach 1704
hinten irgendwat gesehen, dann haste da die halbe äh (1) 1705
na sag schon wat die Hafenstraße haste da die halbe gese- 1706
hen (.) so Buntköppe und allet also wirklich, richtig gro- 1707
bet Volk also da drinne (.) Und auf eenmal fangen die da 1708
an, da und hey-hey und da haben die uns <u>so</u> überrannt da 1709
also (.) ick meine, det lag ooch daran, also die sind vor 1710
und (.) und ick dreh mich bloß rumm, da seh ich schon hin- 1711
ter uns wie se sich da alle verpissen da. Na ha- ick kiek 1712
ick bloß zur Seite, seh ick so Oststädter KFer seh ick 1713
alle noch stehn, denke, naja da kannste jetz nich noch 1714
wegrennen wat. Ick stand so linksmäßig außen (.) na da seh 1715
ick aber schon wie zwee drei Mann mich da anvisieren und 1716
deswegen (.) drei-fünf Meter vor denen hab ich mich ent- 1717
schieden d-doch mal langsam umdrehn und mal bißchen Beene 1718
in die Hand nehmen. So dann bin ick los und dann kam eener 1719
aus der Gasse raus, hat mir det Been hingehalten. Na bin 1720
ick so dermaßen gestürzt (.) dreh mich rumm sehe, daß da 1721
so n Pipl, aber der wollte richtig der hat ein Gesicht 1722
gehabt, also sowat haste nich im Film gesehen, richtig 1723
aaah. Der wollte so uff mir ruffspringen, da konnt ick n 1724
noch mitn Been so über mich rüber (.) Da ha- hab ick mich 1725
bloß uffgerappelt und-und 1726
1727
Y1:   ⌐ Hm 1728
1729
Fm: bin den Gang lang und ick-ick hab mir eigentlich bloß den 1730
Ellenbogen gehalten, weil mir der Ellenbogen mehr ge- 1731
schmerzt hat als-als allet andere (.) Denke naja nischt 1732
wa, ick 1733
1734
Y1:   ⌐ Hm 1735
1736
Fm: auf die Straße ruff, da ooh da hab ick ja eine Horde da 1737
gesehen, von die Pipls. Von wegen vierzig Mann, die haben 1738
au- die sind da mit weeß ick wieviel tausend Mann da lang- 1739
äh angereist wa. Die haben bloß alle so mäßig überall ver- 1740
teilt (1) und die haben bloß gewartet, daß se uns ebend 1741
halt da (.) einkesseln da (.) So und dann seh ick uns noch 1742
welche im Hauseingang. Ick sage Jungs, sag ick aber- , ick 1743
sage, also wenn wenn ihr nich ooch noch hier tot sein 1744
wollt, sag ick, dann (.) verpisst euch mal rinn in'd Haus- 1745
flur da. Und da hab ich erst mitgekriegt, daß det Ding 1746
überhaupt gebrochen war. Da hab ick den Ärmel so weg und 1747
da seh ick wie'd wie et nach innen wegklafft icke ouh (.) 1748

76

```
Icke, na mußte dich mal bißchen bemühen. Na bin ick da in    1749
in so n äh (.) Hotel rinn (.), ick sage wegen Arzt anru-      1750
fen, naja da sind doch Bullen und weeß ick wat. Ick da ooh    1751
icke raus, rüber und th hab ick mich auf fünf Meter Ent-      1752
fernung (lachend) hab ick mer hingestellt. Ick erstmal den    1753
Bullen angequatscht. Ick sage du, der dreht sich rumm da,     1754
der wollt mich ja schon halb niederknüppeln da. Ick sage      1755
wegen Krankenwagen, wäh nischt nischt nischt. Icke wieder     1756
rinn in det Hotel, ick sage denn ick sage, na rufen se mal    1757
eben, wäh wir haben doch keene und was weeß ick. Ick sage,    1758
sie werden doch To- äh Telefonnummer hier von äh von sorn     1759
scheiß Krankenhaus haben, oder wat ? Sag ick brauch n         1760
Arzt. Wäwäwäh na hab ick den Ärmel zurückgezogen, da na is    1761
die fast hinter der Theke da umgekippt. Na hat se gesagt,     1762
naja setzen sie sich mal hin, äh ick rufe an, ick mach det    1763
schon da (.)                                                   1764
```

Falko wurde in Rostock schwer verletzt, da er nicht bzw. erst in bereits aussichtsloser Situation weggerannt ist und er trägt bis zum Zeitpunkt des Interviews eine Eisenplatte mit sechs Schrauben im Arm - als Dokument seiner Beteiligung an diesem für die kollektive Geschichte so zentralen Ereignis.

Wie aus der detaillierten Erzählung erkennbar wird, entspricht die Verhaltensweise der Gegner hier nicht dem „fairen fight", wie das in der Gruppe *Pulle* genannt wurde. Allerdings seien hier auch nicht Hooligans die Gegner, sondern unterschiedliche Hamburger Fans (so berichtet *Falko* von Bewohnern der „Hafenstraße" - vgl. 1706, also offensichtlich Angehörige der autonomen Szene). *Benno*, der als einer der Kerncharaktere der Oststädter Hooligan-Clique über mannigfaltige Erfahrungen mit dem „fight" verfügt, arbeitet in einer abstrahierenden Beschreibung die normativen Anforderungen an eine faire Kampfsituation heraus, geht aber zugleich auch auf den kontrafaktischen Charakter dieser normativen Erwartungen ein.

Zunächst thematisiert *Benno* seine Erwartungen hinsichtlich der Rolle der Polizei. Die Polizei solle ihnen einen Freiraum, eine „Wiese" geben, eine Enklave, innerhalb derer der „faire fight" ohne polizeiliche Intervention stattfinden kann (*Benno*, Bio-Int., 1685-1763):

```
Bm:                              Hab man schon    1685
     so oft jesacht, die solln uns ne Wiese lassen. Die solln   1686
     uns ne Wiese jeben und denn is jut wa, Ey ick weeß nich    1687
     mehr wo-wo                                                 1688
          |                                                     1689
Y2:       └ Mhm                                                 1690
                                                                1691
Bm:  det war. Dam ham die zum Anfang ham s'et ooch toleriert.   1692
     Ja und denn ham die uns unser Ding machen lassen und da    1693
```


jabs ooch keen Krawall wa. Bis die denn nich mehr Herr der 1694
Lage wurden. Also in dem Sinne. Äh da ham äh na die andern 1695
denn so vorn Schädel gekriecht, da die äh (.) die äh an- 1696
dern Fans-Hools da. Bloß is ja nich so, daß de denn uff de 1697
eine-äh ick meine in dem Sinne vorn Schädel kriegen, dat 1698
se halt verloren ham. Det is ja so wenn-wenn du zum Bei- 1699
spiel n Ding gönnst oder du kriechst selber eene, da is et 1700
da hebt er dich wieder uff und schubst dich wieder in dei- 1701
ne Massen rinn, wa. Is nich so daß da eener liecht. Meine, 1702
kommt vor, da hast immer so ne Idioten dabei, die (.) 1703
kommt vor. Die denn uff dich eintreten und denn irgendwie 1704
noch vielleicht noch mit irgendwelche Knüppel oder son 1705
Scheiß wa, kommt vor, is g- is logisch. Bloß det 1706
  1707
Y2:   ⌊ Mhm 1708
  1709
Bm: is nich halt det gang und gebe. Normalerweise äh is det 1710
so, kriechst eeene, fällst um oder wat (.) oder wenn de 1711
zum Beispiel bist ernsthaft verletzt oder wat, da holt 1712
noch dein Jegner holt noch den Krankenwagen schnell oder- 1713
oder schleppt dich zur Seite und-und holt äh irgendwie 1714
Polizist, äh hier kümmern se sich mal um den um den Mann 1715
da is-s-so beinah 1716
  1717
Y2:   ⌊ Mhm 1718
  1719
Bm: äh ick meine viele lachen über so was. Naja Sport weeßte 1720
  1721
Y2:   ⌊ 1722
Mhm 1723
  1724
Bm: Naja ick-ick seh det so und die janzen Leute sehn ooch so, 1725
lieber-lieber so unternander son Ding wat die andern ooch 1726
wollen (.) machen weeßte, anstatt hier irgendwo durch de 1727
Städte ziehen und irgendwat verwüsten oder irgendwelche 1728
Leute (.) verprügeln, die überhaupt nischt dafür können 1729
oder überhaupt nischt damit zu tun ham wollen, und sowat, 1730
weeßte. Und deswegen ham-ham wir uns wir brauchen unsern 1731
Spaß, weeßte, und die Gesellschaft bietet n dir nicht und 1732
äh frusteste total ab hier und-un da kannste wirklich mal 1733
(.) Wochenende 1734
  1735
Y2:   ⌊ Hm 1736
  1737
Bm: mal richtig schön (.) abfeiern, und denn kannste janz je- 1738
mütlich wieder in die nächste Woche jehn, hast wat zu er- 1739
zählen so uff deutsch jesagt wa, und- 1740
  1741
Y2:   ⌊ Hm (.) Ja und is des dann wirklich 1742
so, daß ähm daß da also die äh Hools da ausm aus Nordstadt 1743
ham mir erzählt daß da nich nachgetreten wird wenn einer 1744
schon am Boden liegt und so ja? 1745
  1746

```
Bm:                      └ Nö. Wenn det wenn det norm- wenn    1747
        det normal wenn det normal, ick sag immer bloß, wenn det  1748
        normal wäre, denn müßte det nich so sein. Ick hab ja      1749
                                      ┌                           1750
Y2:                                   └ Hm                        1751
                                                                  1752
Bm:     schon mal gesagt, det kommt immer wieder vor. Du hast im- 1753
        mer mal wieder irgendwelche Idioten dabei (.) die denn    1754
        halt äh (.) vorher eene jekriecht haben oder wat oder so  1755
        und denn wütend sind und denn wirklich uff ein druff ein- 1756
        latschen oder so. Bloß meistens is det ooch so dann geh   1757
        ick ooch äh irgend eene die Leute jehn ooch dazwischen (.)1758
        is meistens so. Also ick hab urs oft schon jesehn wenn    1759
        eener iregndeener lag, und da ham wirklich welche druff   1760
        einjetreten, daß da denn irgendwelche Leute jekommen sind 1761
        von uns selber, und den dann halt so wegjeschubst haben,  1762
        oder so wat.                                              1763
```

Wenn wir die Ausführungen vor allem von *Arno* aus der Gruppendiskussion mit einbeziehen, so setzt der „faire fight" zusammenfassend folgendes voraus:

-   eine „Wiese", d. h. einen Freiraum, eine Enklave, innerhalb derer der „fight" analog zur Wiese des Fußballplatzes unabhängig von äußeren Eingriffen - vor allem solcher seitens der Kontrollinstanzen - stattfinden kann;

-   Waffen kommen nicht zum Einsatz. Der Kampf findet ausschließlich mit den Fäusten statt;

-   damit ein „Feind sich stellen" kann (*Kunde*, Kumpels; 133) darf man ihm nicht mit zahlenmäßiger Überlegenheit begegnen. Es ist im Rahmen eines respektablen Kampfes in Kauf zu nehmen, daß der Gegner zahlenmäßig überlegen ist (vgl. *Kunde*, Kumpels; 133-146);

-   am Boden liegende oder anderweitig hilflose Gegner werden nicht länger attackiert, d. h. es wird nicht „nachgetreten" (*Benno*, Bio-Int., 1747-1749);

-   für Verletzte wird (möglicherweise auch vom Gegner) Hilfe geholt (Krankenwagen und auch Polizei);

-   wenn diese Regeln nicht eingehalten werden, gehen andere aus derselben Gruppe „dazwischen" (*Benno*, Bio-Int., 1758).

79

Es handelt sich also um jene elementare Reziprozität, die sichern soll, daß man es mit einem respektablen Gegner zu tun hat und die die offensichtlich nicht vermeidbaren körperlichen Versehrtheiten in Grenzen halten soll. *Benno* als Kerncharakter der Hooligan-Szene grenzt im *Biographischen Interview* den „fight" (1854) oder auch „fairen fight" von jenen ziellosen Aktivitäten ab, die charakterisiert werden als: „irgendwo durch die Städte ziehn und irgendwat verwüsten oder irgendwelche Leute (.) verprügeln, die überhaupt nischt dafür können oder überhaupt nischt damit zu tun haben wollen und sowat weeßte" (*Benno*, Bio-Int., 1723-1726).

Gerade dieses kommt aber in den detaillierten Erzählungen von *Bernd* zum Ausdruck, der - als Mitglied der Gruppe *Pulle* - zur Randszene der Hooligan-Szene gehört und über einen Aktionismus berichtet, der sich noch kurz *vor* seiner Identifikation mit der Ostberliner Hooligan-Szene ereignet hat (*Bernd*, Bio-Int., 2966-3018):

Bm:	Naja und dann beim wo wer manchmal mit den	2966
	Linken uns rumjeprügelt haben. Ach ja, da waren wer RO-	2967
	Str- Tor. Ick weeß nich ob dir det wat sagt?	2968
	⌐	2969
Y1:	└ Bran-denburger Tor?	2970
		2971
Bm:	Nee RO.	2972
		2973
Y1:	RO-Straße?	2974
		2975
Bm:	Mhm. Da is da so n linket besetztes Haus. Eher jesagt, so	2976
	n multikulturellet Zentrum oder sowat soll det sein.	2977
	⌐	2978
Y1:	└ Mhm	2979
		2980
Bm:	Und da war gloob kurz nach der Wende oder jedenfalls im	2981
	dem Dreh da. Da waren wer uffm Alex jewesen. Ja war schon	2982
	nach der Wende. Da warn doch ab und zu schon n paar Türken	2983
	dajewesen und von den Ostlern da hieß so ne Gang „Snik-	2984
	kers"	2985
	⌐.	2986
Y1:	└ Mhm	2987
		2988
Bm:	Und mit Hotten und mit n paar Türken. Waren wer fast 50	2989
	Mann. Ham wer denn nachher die Haus. War n biß-	2990
	chen krass. Also danach hat se mir ooch leid getan selber.	2991
	N Maler hatten wer blind jemacht. Der hat n Brandsatz ab-	2992
	jekricht, weeßte. Ne Klavierlehrerin- äh	2993
	⌐	2994
Y1:	└ Hm	2995
		2996
Bm:	Klavierspielerin. Die hat seit dem 6. Lebensjahr Klavier	2997
	jespielt. Ham wer den Daumen zertrümmert. Also den ham se	2998

```
                nich mehr hinjekricht. Na ick meine Klavierspielen konnt    2999
                se damals och verjessen. War n bißchen krass jewesen.        3000
                      ⌐                                                       3001
Y1:                   ⌊ Mhm                                                   3002
                                                                             3003
Bm:             Uff jeden Fall hat nachher det Haus wohl ziemlich jebrannt   3004
                jehabt. Na sind nacher och die Bullen jekommen. War so und   3005
                so urs komisch jewesen. Wir waren 50 Mann jewesen und un-    3006
                jefähr 5 Linke rausjekommen die ham sich nachher mit Knüp-   3007
                peln. Die ham denn versucht, det Haus wirklich zu vertei-    3008
                digen. Wa.                                                    3009
                      ⌐                                                       3010
Y1:                   ⌊ Hm                                                    3011
                                                                             3012
Bm:             Die meisten sind weggerannt. Ich stand denn nachher och zu   3013
                fünft da. War nachher n fairer Kampf jewesen. So richtich    3014
                zwar mit Knüppeln jewesen aber fünf jegen fünf war et        3015
                nachher jewesen. War relativ fair. Naja nach ner Zeit sind   3016
                die Bullen och anjekommen. Naja, denn ham se mich nachher    3017
                och. Und da mußten mich meine Eltern-                        3018
```

Bernd ist hier an einem Aktionismus beteiligt, der sich in diffuser Weise gegen Linke, gegen ein „linket besetztet Haus richtet", „So n multikulturellet Zentrum oder sowat soll det sein" (2976-2977). *Bernd* ist über dieses Haus kaum informiert. Die Regeln des „fairen fight" werden - zumindest in der ersten Phase - gleich allesamt verletzt: Der Gegner ist - da in der Minderzahl - kaum respektabel; es werden Waffen eingesetzt („Brandsatz"; 2992); die Grenzen der körperlichen Versehrtheit werden brutal überschritten. Als eine geringe Zahl der Gegner zu einer wirklichen Gegenwehr ansetzt (3005-3013) rennen „die meisten" weg. Zwar kann *Bernd* geltend machen, daß es „nachher ein fairer Kampf jeworden" (3014) ist und bestätigt damit, daß es zunächst kein fairer Kampf war. Aber eine *eindeutige* Verurteilung des Aktionismus erfolgt weder zum damaligen Zeitpunkt („hat se mir ooch leid getan selber") noch aus der Retrospektive („War n bißchen krass jewesen").

In der Abgrenzung gegenüber derartigen eher individuellen Aktionismen derer, die zum Randbereich der Hooliganszene gehören und die in diesem Fall noch dazu einer Phase vorab der Identifikation mit der Hooligan-Szene zuzurechnen sind, wird die Bedeutung für die - wenn auch rudimentäre - Entwicklung einer Regelreziprozität erkennbar, die einer Identifikation mit den Regeln der peer-group der Hooligans entspricht. Das vor allem deshalb, weil diejenigen, die eine derartige Authentizität des Hooligan-Aktionismus verkörpern, von jenen, die zur Randszene gehören, bewundert werden.

Dies besagt allerdings noch nicht, daß nicht auch bei den Kerncharakteren - wenn auch nicht in krasser Weise - Regelüberschreitungen zu beobachten wären, wie die Teilnehmende Beobachtung zeigt.

Teilnehmende Beobachtung: Fußballpokalspiel Frühjahr 1993

Wie es am Tag zuvor mit *Benno* der Gruppe *Kunde* ausgemacht worden war, traf ich am 31.03. gegen 17.00 Uhr in der Kneipe „Ziegenberg" ein. Am Tag zuvor, an dem wir, bevor wir ein Interview mit einem Mitglied einer anderen Gruppe durchführten, noch bei *Benno* vorbeigeschaut hatten, gab mir *Gm* ein Paar Turnschuhe der Marke „New Balance", die ich am nächsten Tag tragen sollte. Ich entschied mich, das „outfit" zu akzeptieren, obwohl ich dadurch nach außen als Hooligan identifiziert wurde, nicht ohne jedoch klarzustellen, daß ich beim Fußball die Rolle einer Art Reporter einnehmen wolle. Falls es zu Auseinandersetzungen mit gegnerischen Fan-Gruppen käme, wolle ich nicht an dem Kampf teilnehmen. Dies wurde von *Benno* akzeptiert.

Als ich die Kneipe betrat, sah ich gleich am Eingang *Benno* und *Carlo* der Gruppe *Kunde* und begrüßte sie. *Carlo* beklagte sich über Lungenschmerzen und meinte, daß er erst etwas Alkohol bräuchte, damit diese aufhörten. Etwa 20 - 25 Jugendliche waren in der Kneipe versammelt. Ich versuchte mich bei einem der Jugendlichen vorzustellen, da ich außer *Benno* und *Carlo* niemanden kannte. Der männliche Jugendliche sagte mir zwar seinen Namen, war jedoch nicht an einer weiteren Kontaktaufnahme interessiert und ging weiter. Ich setzte mich daraufhin mit *Benno* und *Carlo* an einen Tisch und bestellte ein Bier. *Benno* nahm mich dann zur Seite, und erklärte mir, daß ich mich hier nicht vorzustellen bräuchte, ich sei einfach da und das sei o. k. Desweiteren sollte ich für heute die Kontaktaufnahmen zwecks eines Interviews oder einer Gruppendiskussion lassen, so wörtlich: „Das kommt nicht gut".

Für die Teilnahme an einer kollektiven Aktion gelten für den Feldforscher andere Regeln als bei einem Besuch an den üblichen Treffpunkten: Es wird erwartet, daß sein er outfit dem der Hooligans angleicht und auch auf eine Kommunikation verzichtet, die auf seine Feldforscherrolle verweist (kein Hinweis auf Interviews oder Gruppendiskussionen). Dabei geht es hier nicht allein darum, Verweise auf die Rolle bzw. die soziale Identität des Feldforschers auszuklammern, sondern weitergehend darum, daß überhaupt die *persönliche Identität* hinter den kollektiven Aktionismus zurückzutreten hat. Dies wird darin deutlich, daß niemand an einer persönlichen, d. h. namentlichen Identifizierung interessiert ist und dieses Desinteresse von *Benno* als Regel expliziert wird.

Hinzu kommt, daß Hinweise auf die soziale Identität des Forschers zusätzlich auf die distanzierte Perspektive des Beobachters und damit auf Reflexionspotentiale verweisen, die den Aktionismus behindern würden, wie das in dem Kommentar: „Das kommt nicht gut" von *Benno* zum Ausdruck gebracht wird. Diese Wendung, die von den Hooligans auch zur Charakterisierung der Wirkungen des Drogenkonsums verwendet wird, rückt die kollektive Steigerungswirkung des Aktionismus in die Nähe eines Drogentrips, bei dem eine distanzierte Reflexion ja ebenfalls zu Störungen führt. Wie im weiteren Verlauf deutlich wird, spielt die Droge Alkohol dann auch eine wichtige Rolle beim Anheizen der Hintergrundsatmosphäre.

Darin, daß der Feldforscher nicht gezwungen ist, sich persönlich zu identifizieren, wird zudem deutlich, daß seine Akzeptanz durch den diese Aktion leitenden *Benno* ausreicht, um zum Teilnehmer des „Mob" - wie es später heißt - zu werden. *Benno* übernimmt die Rolle des Koordinators oder Managers:

Benno lief aufgeregt hin und her, von einem Tisch zum andern. An einem Tisch ging es darum, ob schon Karten gekauft wurden oder nicht und wann Aufbruch sei.

Als *Dm* auf der Toilette war, setzte sich *Rüdiger*, der zuvor am Nebentisch allein saß, zu mir. Er führte sich damit ein, daß er sagte: „So allein an einem Tisch sitzen das ist ja auch wieder nichts". Als *Benno* an unseren Tisch zurückgekehrt war (er hatte seinen neuen Hund, einen Bullterrierwelpen namens „Danny" im benachbarten Spielsalon bei einer Bekannten abgegeben, seinen Pitbullmischling „Luise" hatte er an einen mir bekannten männlichen Jugendlichen aus der „Pinienhöhle" verkauft) gab er eine Runde „Kümmerling" (Magenbitter) aus. Daraufhin folgte das schon aus dem Club ZD bekannte Spiel: Wer die höchste Zahl auf dem Boden der Flasche hatte, mußte die ganze Runde zahlen. In dem Fall war ich es, der die 2. Runde zahlen mußte. Nach dieser Runde stieg *Dm* aus, ich beschloß mich ihm anzuschließen. *Benno* und *Rüdiger* tranken noch weitere drei „Kümmerling". Während dieser Schnapsrunde kamen immer wieder Jugendliche vorbei, um *Benno* zu begrüßen. Einen der Jugendlichen fragte *Benno*, ob er heute wieder klauen gehen wollte und bestellte bei ihm zwei Flaschen „Asbach Uralt". *Edgar*, der mittlerweile zu uns getreten war und die letzten Runden mitgetrunken hatte, bestellte eine Tafel „Kinderschokolade", worauf die

Runde lachte. Ich wurde auch gefragt, ob ich etwas haben wolle, verneinte dies jedoch. *Benno* zählte gegen 18.00 Uhr die versammelten Jugendlichen nach und kam zu dem Ergebnis, daß 25 bis 30 Mann doch schon ein „guter Mob" seien.

Benno ist ebenso für die Koordination und Planung der Aktion verantwortlich wie für das Anheizen der Atmosphäre durch ein Spiel, welches den Alkoholkonsum in Gang bringt und zugleich dafür sorgt, daß die Kosten dieser Vorstufe des kollektiven Aktionismus gemeinsam getragen werden. Einen Zwang zur Beteiligung an dieser Vorstufe gibt es aber offensichtlich nicht. - Voraussetzung für einen „Mob" sind offensichtlich weniger die Eigenschaften und Persönlichkeiten der Teilnehmer als deren Quantität. Wie der Vergleich mit der Gruppendiskussion der Gruppe *Kunde* zeigt (Kumpels, 128-166) kristallisiert sich eine an die Persönlichkeit geknüpfte „Kameradschaft" erst auf der Grundlage des „Mob"-Aktionismus heraus und ist nicht Voraussetzung für diesen.

Bald darauf gingen die Jugendlichen nach draußen. Es entstand Unruhe in der Kneipe „Ziegenberg". *Benno* hatte noch ein halbes „Bier" auf dem Tisch stehen, wir warteten noch ab. *Dm* meinte, daß er es nicht leiden könne, wenn jemand so eine „jüdische Hast" verbreite. *Benno* meinte daraufhin, daß er sich keine Sorgen zu machen bräuchte, sie würden schon auf uns warten. Als die Straßenbahn draußen zu sehen war, nahm *Benno* jedoch sein Bierglas mit, ohne zu bezahlen. Auf dem Weg zur Straßenbahn gingen *Benno* und *Dm* noch kurz hinter einen Busch, um zu urinieren. Ich mußte inzwischen das Bierglas halten. Ich lief weiter zur Straßenbahn, die die andern aufhielten. Auf dem Weg zur Straßenbahn kam mir ein Mädchen entgegen, das mit Bier übergossen war. Es wirkte teilnahmslos. Ich stieg in die Straßenbahn ein, die beiden kamen nach, die Fahrt begann. Es herrschte erwartungsvolle Spannung.

Benno hat offensichtlich keine Sorge, daß ihm der Aktionismus aus der Hand gleitet und demonstriert seine Gelassenheit gegenüber der Unruhe des „Mob", die *Dm* als „jüdische Hast" charakterisiert (vgl. dazu den Abschnitt: „Politische Haltung und Fremdenfeindlichkeit"). Offensichtlich kommt es von Seiten des „Mob" zu Übergriffen auf eine unbeteiligte Passantin: ein klarer Verstoß gegen die Regeln des „fairen fight".

Eine Station später begannen alle auszusteigen. Auf dem Weg zur S-Bahn Station SL teilte mir *Benno* mit, daß sie als Auftakt noch bei dem (linken) Club „SL" vorbeischauen wollten. Er erzählte mir, daß sie zuvor beratschlagt hatten, ob sie nicht dem Club KE einen Besuch abstatten wollten, seien aber dann zu der Entscheidung gelangt, daß der Club SL am Weg liege. *Dm* erklärte mir, daß er nicht in den Jugendclub mit hineingehen könne, da ihn hier „linke" Bekannte seiner Freundin identifizieren könnten.

Die Aktion gegen den „linken" Club SL ist offensichtlich nicht langfristig geplant (im Unterschied zum Besuch des Fußballspiels), sondern die Entscheidung ist erst in der Situation gefallen, in der der „Mob" selbst sich konstituiert hat, ist aber zumindest mit einigen der Teilnehmer abgesprochen. Die endgültige Entscheidung fällt aufgrund der Tatsache, daß der Jugendclub „am Weg" liegt und somit ohne besonderen Aufwand in die Gesamtaktion, deren übergreifenden Rahmen die Fußball-Randale darstellt, integriert werden kann. Die Anonymität bzw. Nicht-Identifizierbarkeit der Beteiligten ist eine wichtige Voraussetzung für diese Nebenaktion, was mit der Regel des „Sich-Stellens" wohl kaum in Übereinstimmung zu bringen ist.

Ich hielt mich an *Benno*. Zwei Jugendliche stiegen die Treppen zum „SL" Club hinauf und schrien herunter, daß dort drinnen vier bis fünf Kids seien. Daraufhin liefen etwa zehn Jugendliche nach oben und schrien, daß wir hinten schneller machen sollten.
Ich stieg mit *Benno* die Treppen hinauf, ging aber nicht in den Jugendclub mit hinein. Ich konnte aber durch die Glasscheiben sehen, was vorging. Etwa acht bis zehn Jugendliche zerschlugen mit Billardqueues und -kugeln Gläser und Lampen. *Edgar* nahm einen Stuhl um die Scheibe einzuschlagen, doch diese war aus Plexiglas. Der Stuhl prallte zurück. Nachdem wir oben angekommen waren, kamen nach fünf Sekunden schon die ersten Jugendlichen aus dem Jugendfreizeitheim wieder heraus. Es ging alles unheimlich schnell. Genauso blitzartig verließ dann der „Mob" das Gelände.

Diese Aktion entspricht nicht den Regeln eines „fairen fight", da sich die Jugendlichen keinem Gegner „stellen", allerdings auch keinen gleichwertigen Gegner antreffen, was jedoch nicht vorherzusehen war. Es geht um einen zerstörerischen Aktionismus.
Da der Aktion trotz ihrer relativen Spontaneität eine geordnete Strategie zugrundeliegt, steht zu vermuten, daß sie keinen „Ausrutscher" darstellt. Dies

wird durch ein späteres Gespräch zwischen *Benno* und dem Feldforscher bestätigt, in dem dieser die Aktion kritisiert (vgl. 3.3.):

Vor dem wöchentlichen Fußballspiel am darauffolgenden Samstag teilte ich *Benno* meine Kritik mit. Ich fragte ihn nach dem Anlaß der „Aktion". *Benno* teilte mir mit, daß Auseinandersetzungen mit den Linken hier in Oststadt auf der Tagesordnung stünden. Sie hätten schon öfters im SL-Club „vorbeigeschaut". Konkreter Anlaß sei dieses Mal gewesen, daß die Linken einen von ihnen an der S-Bahn Station verprügelt und ihm Jacke, Hose und Schuhe „abgezogen" hätten.
Auf meinen Einwand, daß bei dem Überfall kein zahlen- und altersmäßig (vier oder fünf Kids) gleichwertiger Gegner vorhanden gewesen wäre, erklärte mir *Benno*, daß in dem besagten Club auch schon „Autonome" gesichtet worden seien.
Am (Arno) hätte einen Bericht über den beschädigten Jugendclub im Regionalfernsehen gesehen und sich besonders über eine Zeile gefreut: „Die jugendlichen Straftäter konnten unerkannt und unbehelligt entkommen".
Auf meine Bedenken hinsichtlich der Jugendclubsituation („Ihr schneidet euch doch ins eigene Fleisch") äußerte *Benno*, daß sie diesen Jugendclub ruhig schließen könnten, da seien sowieso nur „linke Zecken" drin.

Es wird hier deutlich, daß diese Aktion im Vorfeld der Fußballrandale ganz anderen Regeln bzw. Ablaufmustern folgt als denen des „fight" oder „fairen fight". Sie wird nicht von einer Reziprozität her begründet, nach der beide Gegner an einer Moral des respektablen Kampfes orientiert sind oder sein sollten (kooperative Reziprozität), sondern von den vermeintlichen Übergriffen des Gegners her (symmetrische Reziprozität)[4]. Wobei dieser Gegner nicht konkretisiert wie z. B. ein gegnerischer Fanblock in Erscheinung tritt, sondern stereotypisiert: „linke Zecken". Auf den durch den Feldforscher eingebrachten Legitimationsdruck hin wird imaginativ ein potentiell gleichwertiger Gegner eingeführt: die Autonomen.
Derartige Aktionismen sind in den übergreifenden focussierten organisatorischen Rahmen der Fußballrandale eingelagert und zeitlich begrenzt. Sie sind

---

4 Zur Unterscheidung von "kooperativer" und "symmetrischer" Reziprozität siehe Younniss 1984.

nicht auf den Erwerb von Respekt und Anerkennung in der Öffentlichkeit angelegt, da die „Täter" anonym bleiben wollen, sondern auf die Behauptung eines beanspruchten Territoriums. Von den Führern *Arno* und *Benno* wird diese Aktion nicht nur toleriert, sondern gut geheißen. In der komparativen Analyse mit anderen Gruppen unseres Sample - z. B. der Musikgruppe *Hiptext* und der „linken" Gruppe *Basis* - zeichnet sich ab, daß in der Auseinandersetzung zwischen diesen fundamentalen Gegnern besser: Feinden, die ansonsten vorhandene Reziprozität mit Verweis auf die Unberechenbarkeit und unterstellte Bewaffnung des Gegners (das heißt mit dem Verweis auf dessen Abweichen von der Reziprozität) außer Kraft gesetzt wird[5].

Der situative Aktionismus der Hooligans ist Grundlage ihrer Zusammengehörigkeit, der Solidarität, der „Kameradschaft" in der Clique. Er verbindet die Jugendlichen episodal zu einer Schicksalsgemeinschaft. Aus der nicht antizipierbaren Entwicklung der Situation des Kampfes, die sich verlaufskurvenförmig entwickelt, resultiert ein situatives Aufeinanderangewiesensein, das man in ähnlicher Weise im Sport findet oder in der erzwungenen Schicksalsgemeinschaft von Soldaten. Entsprechend ist hier von „Kameradschaft" die Rede (*Kunde*, Kumpels, 64-88):

```
?m:                               └ Na juut-is ja    64
     juut-paß mal auf, is ja so mit die Kameradschaft in dem   65
     Sinne,                                          66
     │                                               67
Gm:  └ (Wer is een) Kamerad (      )                 68
                                                     69
Bm:  wenn keener Kacke baut in dem Sinne, daß se irgendwie-daß  70
     se hier irgendwie abdrehen oder wat, daß er hier rumlooft  71
     wie een Jott oder wat, dat is ja jrad det geile beim Fuß-  72
     ball, da haste-da haste Freunde, da haste Kumpels, da ha-  73
     ste allet. Det is ja det.                       74
                                                     75
Cm:          └ Vor allem die wirkliche Freude, die vom Her-    76
     zen kommt,                                      77
     │                                               78
Dm:  └ Ja.                                           79
                                                     80
Cm:  nich nur die jespielte Freude.                  81
                                                     82
Bm:  So. Det is et ja jrade (    )                   83
     │                                               84
```

---

5 Zum weiteren Verlauf dieser Aktion siehe 3.3.: „Fußball-Pokalspiel"

```
Am:                    L Paß uff-äh-              85
                     L                            86
Em:                    L Weil die müssen zusam-   87
        menhalten.                                88
```

Diese Kameradschaft gründet nicht primär in Gemeinsamkeiten der Sozialisationsgeschichte (zum Beispiel Gemeinsamkeiten der nachbarschaftlich-sozialräumlichen Lebenszusammenhanges, wie wir sie z. T. bei den „Stinos" finden; vgl. Kap. 6), sondern an die Stelle einer durch milieuspezifische Übereinstimmungen bedingten Schicksalsgemeinschaft tritt hier die *situativ inszenierte*, durch deren Handlungsanforderungen die Solidarität quasi erzwungen wird („Weil die *müssen* zusammenhalten"; *Kunde*, Kumpels, 87-88). An die Stelle eines normativen Zwangs zum Zusammenhalt tritt der situativ produzierte. Es geht nicht darum, Übereinstimmungen persönlicher Identitäten zu aktualisieren, sondern persönliche Identität einschließlich ihrer Basis körperlicher Unversehrtheit tritt hinter die Focussierung des kollektiven Aktionismus zurück und soll durch diesen und die damit verbundene episodale Schicksalsgemeinschaft quasi neu konstituiert werden. In den Biographischen Interviews wird hierauf Bezug genommen mit Formulierungen wie: „Und da fing mein Leben erst richtig an"; (*Benno*, Bio. Int., 19-27).

Basis dieser Art von Kollektivität ist also nicht eine in Gemeinsamkeiten der Sozialisationsgeschichte fundierte Schicksalsgemeinschaft, deren habituelle Gemeinsamkeiten dann in der peer-group lediglich erprobt, aktualisiert und modifiziert werden. Diese peer-group ist also nicht der soziale Ort der Aktualisierung bereits milieuspezifisch konstituierter habitueller Übereinstimmungen (wie z. B. in der Gruppe *Schau*).

Die Solidarität ist aber auch nicht in Gemeinsamkeiten normativer Orientierungen begründet, die auf der Grundlage einer Reziprozität der Perspektiven kommunikativ entfaltet werden. Die normativen Muster - wie Freundschaftsbereitschaft und Kameradschaft - und die wechselseitige Anerkennung, in dem sie fundiert sind, werden nicht auf dem Wege des „Miteinander-Quatschens", der Kommunikation und des Meinungsaustauschs erreicht. Kommunikation ist lediglich das Medium, um die auf anderem Wege - auf dem des „Sich-Klatschens" und „Seinen-Mann-Stehens" - bereits konstituierte Solidarität und Anerkennung zum Ausdruck zu bringen.

„Kameradschaft" und „Zusammengehörigkeitsgefühl" sind nicht Voraussetzung für einen gemeinsamen Aktionismus, sondern umgekehrt: Erst aus den zunächst diffusen gemeinsamen Aktionismus des „Mob" kristallisieren sich die Kameradschaften heraus.

Weil diese Regeln der Reziprozität nicht primär auf kommunikativem Einverständnis basieren, sondern ihre Geltung im Aktionismus und durch die

Unterordnung der persönlichen Identität unter diesen ständig reproduziert werden muß, bleibt diese Geltung „prekär" (das heißt: sie kann jederzeit außer Kraft gesetzt werden).

Die Freundinnen

Das „Zusammengehörigkeitsgefühl" ihrer Hooligan-Freunde wie auch der prekäre Charakter der Reziprozität ist Gegenstand des Diskurses der Freundinnen der Kerncharaktere der Gruppe *Kunde*, die einander kennen und eine lose Clique bilden: die Gruppe *Dialekt. Aw* ist die Freundin von *Arno (Am)*, *Cw* die Freundin von *Cm* und *Bw* war früher mit Hooligans befreundet (*Dialekt*, Zusammengehörigkeit, 157-187):

```
Aw:                           └ Na, weil die (.) weil die   157
         ham irgendwie son totalet Verhältnis zueinander ne, also   158
         wenn die in ner Clique so drinne sind sind, die alle total   159
         uffjehetzt und so                              |           160
                                                        |           161
Cw:                                         └ Det                   162
         stimmt                                         |           163
                                                        |           164
Aw:                                         └ Hmh,                  165
         und wenn se zum Beispiel hier in Berlin sind, eh als-wir   166
         jehn ja öfters, also sind früher öfters ins Waschpo je-    167
         fahrn, da sind so Stamm-Hools drinne, und wenn da irgend-  168
         welche andern kommen, Fremde, die werdn denn och von den   169
         anjemacht. Da kommn och öfters mal die Bulln oder so; denn 170
         sind die untereinander, könn sich denn nich ärg-          171
                                                        |           172
Cw:                                         └ Ja ick muß janz       173
         ehrlich sagn, wat icke geil finde an den, daß die ne total 174
         schaue Beziehung zu nander erstma habn. Daß die weeß ick   175
         wenn irgendjemand Probleme hat, jetz so weeß icke, privat  176
         oder so, daß die, daß paar Leutchen denn immer irgendwie   177
         helfen. Und det is bei andern Gruppierungn irgendwie nich  178
         son bißchen also so doll find icke                         179
                                                                    180
Aw:      Außer bei Türken-Cliquen                                   181
                                                                    182
Cw:      Weeß ick nich, da war ick noch nich drinne                 183
         |                                                          184
Bw:      └ Naja det kannste nich so sagn                            185
                                                                    186
Aw:      Na die ham n janz dollet Zusammenjehörigkeitsjefühl        187
```

89

Wie *Aw*, die Freundin von *Arno* (*Am*), der in der Gruppe *Kunde* die Führungsfunktion innehat, herausstellt, hängt das „totale Verhältnis" mit dem „totalen Uffjehetztsein." in der Clique zusammen (*Dialekt*, Zusammengehörigkeit, 157-160), d. h. es konstituiert sich unter den Bedingungen der wechselseitigen Steigerung im Prozeß der Verlaufskurvenentwicklung jener Aktionismus, den wir bereits herausgearbeitet haben.

Diese Sequenz, in der die jungen Frauen in hohem Maße Übereinstimmung (d. h. Rahmenkongruenz)[6] zeigen, folgt auf eine Auseinandersetzung, während der *Bw* aufgrund ihrer eigenen (teilnehmenden) Beobachtung die von *Aw* bekräftigte Orientierung der Hooligans am „fairen fight" in Frage stellt (*Dialekt*, Zusammengehörigkeit, 75-109):

```
Aw:     Ick find det och nich doof oder so, det is ebend. Und mei-    75
        stens, die die prügeln ja wenn se sich mal prügeln, dann      76
        machen se t meistens sich mit andern Fans da aus oder so,     77
        die jehn ja nich einfach auf irgendwelche Leute los. Wenn     78
        da verabreden die sich, naja und wat se denn da unternan-     79
        der machen, is ihre Sache.                                    80
                                                                      81
Cw:                         └ Naja und denn komm                      82
                                                                      83
Aw:     Naja                                                          84
                                                                      85
Cw:       └ Machen se vorher schon mit den janzen Leutchen aus,       86
        dafür ham se ihre andern Leute, die det machen                87
                                                                      88
Aw:     Hmh. Aber wat ich nich gut finden würde, wenn se wirklich     89
        ma auf welche los gehn würdn, die denn überhaupt nüscht       90
        damit zu tun habn sowat kann ick och nich leidn.              91
                                                                      92
Cw:                         └ Nee, machen se                          93
        ja och nich.                                                  94
                                                                      95
Bw:     Na klar                                                       96
                                                                      97
Cw:       └ Außer paar Leutchen, aber nich alle. Du kannst nich       98
                                                                      99
Aw:             └ Na n paar (   ) die ham-die saufn                  100
                                                                     101
Bw:               └ Klar jehn die uff                                102
                                                                     103
Cw:     alle, Carlo och nich, der macht det och nich, det macht      104
        der och nich                                                 105
```

6   „Rahmenkongruenz" bedeutet, daß eine fundamentale Übereinstimmung des Orientierungsrahmens zu beobachten ist (vgl. genauer dazu: Bohnsack 1993, Kap. 8).

```
                                        |              106
Bw:                                     └ Ja s jibts   107
     aber jenuch, ick war schon selber beim Fußball, ick hab   108
     det mit beobachtet, Cw. (          )                      109
```

Bw stellt aber die Reziprozitätsregeln der Hooligans hinsichtlich des fairen fights weniger im Bereich des Fußballs in Frage, sondern vielmehr im Bereich der eher alltäglichen Aktivitäten, womit sich gewisse Übereinstimmungen mit unseren eigenen Beobachtungen ergeben (*Dialekt*, Zusammengehörigkeit, 137-156):

```
Bw:        Wo wer letztens, wir sind                           137
           |                                                   138
Cw:        └ Wat se da allet rauslassen, wat sich bei den je-  139
     staut hat.                                                140
           |                                                   141
Aw:        └ Hmh (1) wobei se da immer                         142
                                                               143
Bw:        letztens im Waldsee in der Disko jewesn, kam uns son Lang-  144
     haariger entgegn „ja jeht nich da rin, sind lauter Hools   145
     drinne". Ja Kinder, vielleicht kenn ick die doch und so   146
     wa, |                                                      147
         |                                                      148
Aw:      └ (kurzes Lachen)                                      149
                                                               150
?w:        los komm jehn (riechen) wir gehn kiekn ja, und die meisten  151
     von den Leuten, die kannt ick, die warn hier alle aus Ber-  152
     lin. Ja und die sind denn ebend in die Disko jefahrn, weil   153
     se irgendwat losmachen wolltn, und im nächsten Schuppen,   154
     da sind se nich rinjekommn, ham se halt auseinanderje-     155
     schlagn. Jetz die Scheibn einjeschlagen und so. Is doch so  156
```

An diese die Kritik an der Diskrepanz von Regelanspruch und situativem Aktionismus schließt dann jene bereits wiedergegebene Sequenz an, in der die Bedeutung des „Uffjehetztseins" für das Zusammengehörigkeitsgefühl der Hooligans herausgearbeitet wird (Zusammengehörigkeit, 157-187).

Die jungen Frauen sind sich weitgehend einig hinsichtlich der Evidenz dieses Zusammengehörigkeitsgefühls und seiner Bindung an das „Uffjehetztsein", also an den situativen Aktionismus. Hinsichtlich der damit verbundenen normativen Erwartungen gehen die Meinungen jedoch auseinander. *Bw* stellt in Frage, daß das „Irgendwie-Helfen" (178) oder „Untereinander-Helfen" (214) mit Erwartungssicherheit versehen, d. h. durch Perspektivenreziprozität gekennzeichnet ist (*Dialekt*, Zusammengehörigkeit, 281-318 u. 361-381):

```
Bw:        ⌐ Na wat isn damals mit Ingo jewesn, dem ham se n Arm      281
           uffgeschlitzt, die Türkn ham ihm n Arm uffjeschlitzt, wat   282
           ham se n da jemacht, jar nüscht, det wär viel wichtjer       283
           jewesn, dahin zu fahrn       |                               284
                                                                        285
Aw:                                ⌐ Hmh war n, war och kee-            286
           ner dajewesn. Ja und später sind se nich mehr hinjefahrn     287
                                    |                                   288
Cw:                              ⌐ Die ham versucht die Leute           289
           zus--die könn doch nich mit drei Mann dahin fahrn, wenn da   290
           urs viele                        |                           291
                                                                        292
Aw:                                 ⌐ (kurzes Lachen)                   293
                                                                        294
Cw:        Türken warn; Carlo hat doch jesagt die sind mit Auto über-   295
           all zum Bootshaus jefahrn                                    296
                            |                                           297
Bw:                       ⌐ Wieviel warn in der Pinie drinne, als Du eh und 298
           Thorsten rinjekommn sind                   |                 299
                                                                        300
Cw:                                              ⌐ Det warn            301
           fünf oder, stimmt's?                                        302
                                                                        303
Bw:        Nee da warn mehr drinne                                     304
                                                                        305
Cw:        Da warn nich mehr drinne Aw, da warst Du mit bei            306
                                                                        307
Aw:        N die warn alle bei ner Party, die wolltn (.) aber eh die   308
           |                                                            309
Bw:       ⌐ Klar warn                                                  310
                                                                        311
Cw:                    ⌐ die warn alle bei ner Party, Bw.              312
                                                                        313
Aw:        Schwachen also sagn wer ma so, die Schniepsies warn ja      314
           |                                                            315
Bw:       ⌐ Klar kam (          )                                      316
                                                                        317
Aw:        dajewesn                                                    318
 .
 .
 .
Bw:        Also ick fand, da warn fast alle drinne, jedenfalls kamn     361
           nach und nach alle rin                                       362
                                                                        363
Aw:        Hmh, und denn sind och n paar wieder jegangn, da ham wer    364
           uns denn jewundert, wo die jebliebn sind (.) (   ) sich (    365
           ) verdrücken?                      |                         366
                                                                        367
Bw:                                        ⌐ Ja (.) und denn           368
           is noch eh Easy is denn noch mitm Auto wegjefahrn und        369
           wollte denn                                                  370
           |                                                            371
```

```
Cw:              └ Naja                                          372
                                                                373
Bw:     noch irgendwelche holn und so, und da find ick det ooch 374
        wieder, ick meine                                       375
                  |                                             376
Aw:               └ Also am dem Tag war keen Zusammnjehörig-   377
        keitsjefühl (kurzes Lachen)                             378
                                                                379
Bw:     Da ham se Schiß jehabt, da hat se sogar se ham manche so- 380
        gar selbst zujegebn, daß se Schiß hattn                 381
```

Geht es zunächst darum, daß - in Übereinstimmung mit dem Diskurs der
Gruppe *Kunde* selbst - die Reziprozitätsnorm des „Einanderhelfens" wie auch
die des „Seinen-Mann-Stehens" lediglich bei den Schwachen und „Schniep-
sies", d. h. den nicht zum Kern der Hooligans Gehörenden, den Mitläufern,
nicht gegeben ist, so wird schließlich allgemein die Diskrepanz von Norm
und Handlungspraxis konstatiert. Von *Bw* wird dies allerdings als eine grundsätzliche Eigenart der Hooligans geltend gemacht, wohingegen *Aw* und *Cw*
eine lediglich situative („an dem Tag", 377) Kontrafaktizität der Norm
geltend machen.

Dies unterstreicht die Rahmeninkongruenz unter den jungen Frauen, die
auch in anderen Passagen deutlich wird. Die mit den Kerncharakteren der
Hooligan-Szene eng befreundeten *Aw* und *Cw* unterscheiden sich von *Bw*, die
nicht mehr mit Hooligans zusammen ist.

In der folgenden Passage, in der es um die Beziehung der jungen Frauen zu
ihren Freunden geht, wird der prekäre Charakter kommunikativer Verständigung innerhalb dieser Beziehung erkennbar.

Die Beziehung zu den Freunden ist eine Frage des „Glücks", des Schicksals:
„mal hat man Glück un mal nich" (*Dialekt*, Partnerschaft, 15). Wie sich in
dieser ersten Proposition der Passage bereits abzeichnet, entwickeln sich
derartige Beziehungen jenseits einer kommunikativen Steuerung - gleichsam
schicksalhaft und naturwüchsig. Dies ist nach Ansicht der jungen Frauen
unter anderem in der quasi naturwüchsigen und triebhaften Handlungsweise
der Männer, der „Kerle" begründet, zu der aber auch fremde Frauen („irgend
ne geile Olle"; 257) ihren Beitrag leisten (*Dialekt*, Beziehungen, 251-291):

```
Bw:     Naja, weeß nich wie et bei de Kerle is, keene Ahnung.  251
                                                                252
Cw:                                          └ Ne              253
        ick finde wenn da wat steht da steht wat; so is meine Mei- 254
        nung.                                                   255
                                                                256
Aw:            └ Nja da brauch bloß irgend ne geile Olle kommn  257
               |                                                258
```

```
Cw:             L Na, da is doch so und wenn da ne häßliche Kuh is    259
        und die sind angesoffn, und die betatscht den und dann      260
        weeß ick nich; doch find ick ja            |                 261
                                                   |                 262
Bw:                                             L Aah                263
        nee. So vülle wüßt ick immer noch, wenn ick jerne sonstwie   264
        (          )                              |                  265
                                                 |                   266
Aw:                                           L Ja Du                267
        als Mädel, ja aber die Kerle               |                 268
                                                   |                 269
Cw:                                             L Das                270
        sind-Du da sind Kerle anders, des (   ) sag ick mir, wenn    271
        Carlo fremd jeht, wat ick nich weeß, intressiert mich och    272
        nich (.)                                                     273
                                                                     274
Bw:     Naja ick weeß det nich                                       275
                            |                                        276
Aw:                          L Also ick finde, die lassen sich       277
        janz schön schnell überreden, vielleicht heutzutage nich     278
        mehr                                                         279
            |                                                        280
Cw:          L Det stimmt                                            281
                                                                     282
Aw:     so aber                                                      283
               |                                                     284
Cw:             L Weeß ick nich, überlegen se vielleicht noch mal    285
                                                            |        286
Aw:                                                          L Ja    287
        aber (.) wat man so hört (.) oder, oder sieht                288
              |                      |                                289
Cw:            L Ach                  L Ja man weeß et nich, man kann 290
        ja nich rinkiecken (lachend)                                 291
```

Die Sphäre der „Kerle" ist prinzipiell fremd und weder einem unmittelbaren Verstehen noch einer kommunikativen Verständigung zugänglich. Eine Perspektivenübernahme, eine Reziprozität der Perspektiven ist nicht gegeben: „man kann ja nich rinkieken" (290-291). Während den Frauen das „Rinkieken" nicht gelingt, ist gar nicht davon die Rede, daß die Männer sich darum bemühen würden: „die bleiben immer janz cool" (336), würden dagegen die Frauen „immer schnell hysterisch" werden (333), wenn die Männer „Grund geben" (*Dialekt*, Beziehungen, 329-345):

```
Bw:     L Man merkt det nich, sagn wer ma so, (kurzes Lachen) wie    329
        se sind (1) Meine bei manchen merkstet (.)                   330
                                                                     331
Cw:     Ick merk bloß immer, daß wir Weiber wenn wir uns-ne ick      332
        sag wirklich, wir werdn immer schnell hysterisch, ey. Bei    333
        jedem bißchen machen wir n Elefanten draus. S is bei uns     334
        det Schlimme, is bei Dir nich so, seh ick bei mir immer      335
```

```
          (.) Und die bleibn immer janz cool (imitierend) „naja is      336
          jut" (.)                                                        337
                                                                          338
me:       (leises Lachen)                                                 339
          |                                                               340
Bw:       └ Naja, von außen, aber von innen weeß man det nie             341
          (.) Is ja meistens so, die urst ruhig aussehn, s sonstwie,     342
          und die die große Klappe habn (imitierend) „Jaoh ey die        343
          Olle schon wieder jefickt" oder so ja, und da is jar           344
          nüscht dahinter.                                                345
```

Hier wird auch deutlich, daß die jungen Frauen zudem die Aufrichtigkeit der Männer bezweifeln. Es wird in Frage gestellt, daß die coole Haltung der Männer, die wesentlich dazu beiträgt, eine Perspektivenreziprozität zu verhindern, *aufrichtig* ist.

Indem eine Perspektivenübernahme nicht möglich ist („man merkt det nich ... wie se sind"; 329-330), verläuft die Beziehung gleichsam schicksalhaft. Homolog zum kollektiven Aktionismus und zur situativen Schicksalshaftigkeit der Hooligans untereinander als Basis ihrer Kameradschaft ist für die jungen Frauen die Beziehung zum Freund auf das „Verliebtsein" (19) angewiesen, darauf, daß man „verknallt" ist (562) oder auch den anderen „geil" (567) findet.

Entscheidendes Dokument für ein eingeschränktes Vertrauen in die Perspektive des anderen ist hier jedoch vor allem die Radikalität, mit der die Beziehung umschlägt, wenn die Basis des situativen Aktionismus nicht mehr gegeben ist: das Verliebtsein schlägt um in „Ekel" (*Dialekt*, Beziehungen, 447-466):

```
Aw:       Aber wenn ick mein Exfreund jetzt sehe ja, mit dem ick so     447
          lange zusammn war, ja dann, da wird mir wirklich schlecht     448
          |                                                             449
Cw:       └ Denn wird Dir schlecht, jenau wie mir,                     450
          ick kann wenn ick den sehe krieg ick Jänsehaut, ööah          451
          |                                                             452
Aw:       └ Also (2) also so wat asozialet ja (.) aber                 453
                                    |                                   454
Cw:                                 └ (gequältes Lachen)                455
          Nee asozial is er nich, aber ick kann ihn nich mehr sehn,     456
          iiiih weil                                                    457
          |                                                             458
Bw:       └ Warum                                                      459
                                                                        460
Cw:       Weeß ick nich weil der so eklig is (.)                       461
                                                                        462
Aw:       Er hat ( ) meiner                                            463
          |                                                             464
```

```
Cw:          L Ja weil die paar Sachen stellste Dir immer vor    465
      weeßte, und da wird mir schlecht (Lachen)                  466
```

Auch in der Beziehung zu den Eltern ihrer Freunde bewegen sich die jungen
Frauen zwischen den Extremen einer Suche nach habitueller Übereinstimmung - die zumeist fehlgeht und in Ekel umschlägt (415) - und Desinteresse
(424). Das Kennenlernen der Verwandtschaft stellt ein Problem dar (*Dialekt,
Beziehungen,* 386-447):

```
Aw:                          L Mußte wieder die janze     386
      Verwandtschaft kennlernen (lachend)                 387
                            |                              388
me:                         L (auführliches Lachen)        389
                                                           390
Cw:                         (lachend) Det stimmt           391
                            |                              392
Aw:                         L Mußte ma                     393
      eener von eene Familie in die andre Familie          394
                            |                              395
Bw:                         L Ick weeß noch, ick            396
      war ma mit eenm Typn zusammn, da fand ick, da fand ick die  397
                            |                              398
me:                         L (Lachen)                     399
                                                           400
Bw:   Eltern total blöde, (lachend) det war schon n Grund für  401
      mich                                                 402
                            |                              403
me:                         L (Lachen)                     404
                                                           405
Bw:   Schluß zu machen. Die warn so bekloppt, da hab ick dann-  406
      det is mir allet verjangn, irgendwie. Ick weeß nich, son  407
      richtig altet Muttchen war det, und der Vater och, nee ehm  408
      so                                                   409
                            |                              410
Aw:                         L                              411
      Naja, denn kann ein det denn wieder son bißchen (Schnal-  412
      zen)                                                 413
                                                           414
Bw:   so richtig ekelhaft. Wenn De denn keen richtign Kontakt  415
      hast zu den Eltern oder so zu sein (.) Naja weeß nich, is  416
      och blöde irgendwie muß schon allet stimmn (.)      417
                            |                              418
Cw:                         L Wieso                        419
                                                           420
Bw:   Nee, det find ick blöde sowat. Veilleicht bin ick det je-  421
      wohnt von Pascal, oder so                           422
                            |                              423
Cw:                         L Det intressiert mich jar nich wie die Eltern sind,  424
      muß ick Dir ehrlich sagn                            425
                            |                              426
```

```
Bw:      └ Naja doch wenn die Kinder eigene Wohnung habn oder so,    427
         jehste doch zu dem Typen hin und wenn de da die Mutter      428
         denn          |                                             429
                       |                                             430
Cw:                  └ Nja                                           431
                        |                                            432
Aw:                   └ Hm                                           433
                                                                     434
Bw:      da zu Dir kommt, hm nee (.)                                 435
                                                                     436
Cw:      (imitierend) „Na wie gehts Dir denn heute"                  437
                                            |                        438
Aw:                                       └ Det nervt denn           439
         janz schön ab                                               440
              |                                                      441
Cw:         └ Mh (.)                                                 442
                                                                     443
Bw:      Ja det find ick och, denn is et nervend, denn (            444
         )immer dahin zu gehen                                       445
                             |                                       446
me:                        └ (leises Lachen)                         447
```

Der - neben situativem Aktionismus und Ekel - dritte Weg, nämlich derjenige des Versuches einer kommunikativen Verständigung („Na wie gehts Dir denn heute", 437), wie er hier von den Eltern beschritten wird, „nervt" (439).

Die Analyse dieses Diskurses, in dem die sozialen Beziehungen der Hooligans untereinander thematisiert werden, läßt erkennen, daß sich die Perspektive der jungen Frauen mit unserer eigenen Analyse in zentralen Punkten deckt: Die Sozialität der Hooligans ist wesentlich an den situativen Aktionismus gebunden, eine darüberhinausgehende Verankerung der Sozialität in einer Perspektivenreziprozität, wie sie auch der Konstitution von Regeln zugrundeliegt („Untereinander-Helfen"; der „faire fight") bleibt prekär, steht - zumindest aus der distanzierten Perspektive von *Bw* - in Diskrepanz zur Handlungspraxis.

Homolog dazu ist innerhalb dieses Milieus auch die Beziehung zwischen den jungen Frauen und ihren Freunden nachhaltig durch Probleme der Perspektivenreziprozität gekennzeichnet, die dazu führen, daß dort, wo eine im körperlich-situativen Aktionismus fundierte Beziehung problematisch wird, der „Ekel" auftritt. Dies hängt auch damit zusammen, daß Einblicke in die Sphäre der Männer, also eine voraussetzungsvolle Perspektivenübernahme, ausgeschlossen werden („Naja, weeß nich wie et bei de Kerle is; keene Ahnung" (251); „Ja man weeß et nich, man kann ja nich rinkiecken"; 290-291). Wobei dies wiederum verbunden ist mit Zweifeln an der *Aufrichtigkeit* der „Kerle".

Der sich hier abzeichnende fundamentale Vertrauensverlust bzw. das hier konstitutive Mißtrauen wird auch in einer anderen Passage deutlich, in der es um die Beziehung zu Ausländern bzw. um den Diskurs *über* Ausländer in der Berufsschule geht. (*Dialekt*, Schule und Ausländer; 1-42):

```
Y1:   Habt ihr da mal so Kontakt gehabt mit Türken oder?        1
                                                                 2
Cw:                                           └ Verzichte        3
                                                                 4
Bw:                                                         └    5
      Ich seh jeden Mittwoch genug in der Schule det reicht mir  6
      schon                                                      7
                                                                 8
Aw:              └ Ick hab eenen in der Klasse, ick meene, der (.) 9
      einer, der hat sich's, eener, der paßt sich uns total an, 10
      deswegen-also ick hab mal gefragt wie er im privat is, ob 11
      er da auch irgend-welche Scheiße baut, ick mein, er wirds 12
      mir bestimmt nicht sagen also der meint, er macht nischt. 13
      Naja, sagen tun sie's alle wa, daß sie nischt machen      14
                                                                 15
Cw:                           └ Na also                         16
                                                                 17
Bw:                                   └ Also ick muß ganz       18
      schön aufpassen in der Schule daß ick nicht zuviel sage,  19
      sonst würd ick von den Türken öfter mal eine auf die      20
      Schnauze kriegen ( 2 ) weil wir haben auch oft in Sozial- 21
      kunde det Thema Ausländer und ( 1 ) ick bin               22
                                                                 23
Aw:                       └ det Thema (.) Ausländer hm          24
                                                                 25
Bw:   eigentlich eine mit eine der sie sa- (.) mhm also ick sag 26
      immer ganz schön ville und so, ick hab mich damals am An- 27
      fang des Schuljahrs, äh war letztes Schuljahr, war det    28
      ooch beim Lehrer einen schönen (.) da war ick unten durch,29
      weil ick zu ville gesagt hab, also det wollt er halt nich 30
      hörn, weil's war n Ostlehrer war, naja und ( 2 ) aber dann31
      nachher hat er meine Meinung doch akzeptiert, hab         32
                                                                 33
Aw:                                   └ Muß er ja               34
                                                                 35
Bw:   dann eine Eins gekriegt, bei dem. Naja ick hab det denn   36
      zwar nicht so gesagt, wie ick wirklich gedacht hab, so ein37
      bißchen umgeschrieben noch und allet, weil wir mußten     38
      richtig n Aufsatz schreiben über (.) über Ausländer, wie  39
      wir so denken und so                                      40
                                                                 41
Aw:                         └ Waa ?                             42
```

Bereits in der ersten Reaktion der jungen Frauen auf die Frage nach „Kontakten" mit „Türken", die die jungen Frauen - im alltagssprachlichen Sinne - als

Frage nach privaten Kontakten verstehen, kommt zum Ausdruck, daß sie weder derartige Kontakte, noch eine diskursive Thematisierung derartiger Kontakte zu den türkischen Jugendlichen zulassen wollen: „Verzichte" (3). Der Grund dafür liegt in der unterstellten *Unaufrichtigkeit* der ausländischen Mitschüler, wie dies am Beispielfall erläutert wird („er paßt sich uns total an"; „ich meen er wirds mir bestimmt nicht sagen", 9-14). Mit dieser unterstellten Unaufrichtigkeit und damit Undurchschaubarkeit und Unberechenbarkeit der fremden Perspektive wird die eigene Unaufrichtigkeit begründet, die bis in den Unterricht hineinreicht (vgl. 18-22). Von Seiten der Lehrer wird ein offizieller - möglicherweise im Lehrplan vorgeschriebener - Diskurs initiiert, wobei dann dem Lehrer unterstellt wird, daß er die eigentliche Meinung nicht hören oder die Aufrichtigkeit vermeiden will (vgl. 30-31). Dies geschieht hier mit dem Hinweis darauf, daß es sich um einen Ostlehrer handelt, somit diese Art von Scheindiskurs als etwas „Osttypisches" eingestuft wird. Die unterstellte Unaufrichtigkeit des Lehrers führt nun zur eigenen Unaufrichtigkeit (vgl. 37-39) bzw. zur Verwirrung darüber, ob das, was der Lehrer akzeptiert hat, denn nun ihre eigene Meinung war (32). Vielmehr befürchtet sie nun: „ich hat det denn zwar nicht so gesagt, wie ich wirklich gedacht hab" (36-37).

Auch hier wird der Zusammenhang zwischen der Verweigerung von kommunikativer Reziprozität und dem Vertrauensverlust bzw. dem Zweifel an der Wahrhaftigkeit des relevanten Anderen deutlich.

Wie vor allem in den Biographischen Interviews mit den Hooligans erkennbar wird (vgl. dazu die Biographischen Portaits mit *Bernd, Benno* und *Falko*), sind dieser Vertrauensverlust und die entsprechenden Probleme im Bereich der Perspektivenreziprozität sozialisationsgeschichtlich in der Herkunftsfamilie verankert. Beides entwickelt sich jedoch erst im Zusammenhang mit den etikettierenden und zwangskommunikativen Eingriffen der Kontrollinstanzen (von der Schule bis zum Strafvollzug) zu einem Kernproblem. Die Jugendlichen geraten in verlaufskurvenförmige Entwicklungen hinein, die (meta-)kommunikativ nicht bewältigt und aufgefangen werden.

Gesellschaft als totale Institution

Das am Anfang jeder Gruppendiskussion seitens der Diskussionsleitung initiierte Thema des Übergangs von der Schule zum Beruf wird in der Gruppe *Kunde* sehr bald in den Rahmen der Beziehung zu den Eltern bzw. der von den Eltern an sie herangetragenen Erwartungen gestellt (*Kunde*, Beruf, 100-135 u. 170-198):

```
Am:   Ick muß sagen, (.) ick war froh, daß ick aus der Scheiß      100
      Schule raus war. Mein', der ganze Stress mit den Zensuren    101
      und sowat, und ne Lehre, naja da is dat alles n bißchen      102
      locker. Nun war et bei mir so n bißchen abgehackt immer      103
      der Übergang wa, so n bißchen Schule, Knast, Lehre, wieder   104
      n bißchen Knast und so, im Osten, wenn de een mal drin       105
      warst in dem Rad, denn eh biste nich mehr so schnell raus-   106
      jekommen, aber (.) im allgemeinen fand ick Lehre und Ar-     107
      beit immer noch n bißchen besser wie Schule und so n         108
      Scheiß. Ick meine, ick hätte (det Zeug) und meine Eltern     109
      hätten ja jerne dat ick (ruhig) wat weeß ick studiert hät-   110
      te oder so n (Lachen) Dreck, aber ick kann einfach den       111
      ganzen Zensurenzwang kann                                    112
                                                                   113
Gm:     └ (Lachen)                                                 114
                                                                   115
Am:   ick nich ab                                                  116
                └                                                  117
Cm:               └ Stimmt                                         118
                        └                                          119
Gm:                       └ (wärst) Staatsanwalt                   120
                                                                   121
Im:   Denn hier, wenn man so wat-weeß-ick wenn sich irgendwo       122
      unterhalten, so die janzen Leute so, wenn se sich alle so    123
      mal treffen hier im Haus; und wat se damals hatten so ihre   124
      HGL-Sitzung und so, dann sagen se und so, mein Sohn, der     125
      hat jetzt hier so die Schule mit der-und-der Leistung be-    126
      standen, und dann tut er noch studieren und ditte und denn   127
      (.) wird et immer jrößer; die Eltern beim Erzählen und so;   128
      uff een mal denn die andern Eltern denn (       ) weeß-      129
      ick, mein Sohn (.) vielleicht bloß die achte Klasse je-      130
      macht oder bloß zehnte Klasse naja (       ) bloß ne         131
      Lehre jelernt, und tut (.) tut arbeiten (       ) und da-    132
      mit is jut. Ja da jibt's inzwischen so einige Leute, die     133
      schon (     ) so n bißchen komisch gucken, aber (.) is       134
      schon blöd                                                   135
```

Weiter unten heißt es:

```
Im:                     └ du merkst doch immer noch                170
      trotzdem den totalen Druck und so (.) von den Eltern. Gut,   171
      ick bin (.) o. k. (.) ick bin inner Lehre dann ausgezogen    172
                            └                                      173
Dm:                           └ Na gut                             174
                                                                   175
Im:   bei mir zu Hause, und denn (.) mit den Eltern, weil ick se   176
      ne Weile nich jesehen hatte, hab ick mich dann mit denen     177
      wieder einigermaßen besser verstanden. Ick bin zwar zur      178
```

```
Not wieder hingegangen und so denn, braucht ick zwar -          179
brauch Jeld und so-hat se mir auch jejeben, es kamen immer      180
die-irgendwelche blöden Sprüche und so denn, wenn se mal        181
jehört hatten, ick hatt hier irgendwo so ne (     ) ir-         182
gendwann landest'e sowieso wieder im Knast und so, und          183
denn (.) is sowieso, wer einmal aus dem Blechnapf fraß,         184
der kommt nie daraus denn isses immer n bißchen sehr uff-       185
bauend, wenn deine Eltern so Sprüche zu Dir raushauen (.)       186
und so zeigen, wieviel Vertrauen se zu einem haben. Ja,         187
und denn irgendwann versucht man, so seine Eltern richtig       188
zu schocken, nich jetzt im positiven, sondern im negativen      189
Sinne, indem man vielleicht die Dinge macht, die sie halt       190
sagen. Weil man jenau weeß, dat et denen schadet, den El-       191
tern, so daß se sich darüber total uffregen oder (.) total      192
ankotzt (4)                                                     193
                                                                194
Im:                                              Frage          195
                                                                196
Dm:                                                             197
       Zeichen                                                  198
```

Der schulische Abschluß und die berufliche Ausbildung entsprechen nicht den im familialen und nachbarschaftlichen Milieu dominanten Erwartungen, aber auch nicht den von Nachbarskindern erreichten Leistungen. Die offensichtliche Konkurrenz unter den Eltern (während der „HGL-Sitzungen", den Sitzungen der Hausgemeinschaftsleitung; 125) wie auch die Verhandlung der Jugendlichen darüber, inwieweit ihr eigenes Versagen den Status der Eltern beeinträchtigt, deutet daraufhin, daß der nachbarschaftlich-milieuspezifische Zusammenhang bzw. die Integration der Eltern und Familien in diesen Zusammenhang prekär ist. (Derartige Probleme milieuspezifischer Desintegration werden erst dort wirklich erkennbar, wo der sozialisations-geschichtliche Hintergrund nachgezeichnet werden kann: in den Biographischen Portraits; vgl. die Biographischen Portraits von *Bernd*, *Benno* und *Falko*.)

Aus dem Zusammenspiel von schulischem Zwang und elterlicher Reaktion entsteht der „totale Druck" (171). D. h., die außerfamilialen Probleme mit disziplinarischem und leistungsmäßigem Zwang erfahren keine kommunikative Bearbeitung im Kontext familialer und nachbarschaftlicher Solidarität und entfalten somit ihre selbst-degradierende Wirkung. Der Druck der Eltern und die Erfahrungen des Verlusts von Anerkennung verschärfen sich insbesondere dann, wenn die Jugendlichen auch noch mit den Kontrollinstanzen im engeren Sinne in Konflikt geraten. Wobei dieser übermäßige Kontrolldruck dahin umschlägt, jene zu „schocken", von denen dieser Druck ausgeht. Dies erscheint ihnen als der einzige Weg, dem Kontrolldruck und den degradierenden Erfahrungen etwas entgegenzusetzen, gleichsam eine Gegenkontrolle auszuüben. Das hieraus resultierende Konfliktverhalten läßt die Jugendlichen um so mehr in eine „kriminelle" Karriere hineingeraten. Die Auseinandersetzungen mit den Eltern und innerhalb des nachbarschaftlichen Milieus leisten somit einen wesentlichen Beitrag, um das in Gang zu bringen, was *Arno* als das „Rad" (106), also als einen Teufelskreis charakterisiert: „nun war et bei mir so n bißchen abgehackt immer der Übergang, wa, so n bißchen Schule, Knast, Lehre, wieder n bißchen Knast und so, im Osten, wenn de eenmal drin warst in dem Rad, denn eh biste nich mehr so schnell rausjekommen" (103-107).

Im weiteren Verlauf des Diskurses wird allerdings - am Fall von *Dm* - auch eine ganz anders geartete Reaktion der Eltern thematisiert (*Kunde*, Verhältnisse, 38-58):

```
Bm:                                    Nee (Fm) bei    38
     dir is das zum Beispiel so (.) ick meine du hast n-du hast   39
     n janz geilet Elternhaus in dem Sinne, du kriegst    40
                                                           41
Hm:        └ (Dm is)                                       42
                                                           43
Bm:  allet in n Arsch jesteckt in dem Sinne und deswegen haste   44
     haste auch diese Meinung, verstehste, weil du kriegst al-   45
     let in n Arsch jesteckt von zu Hause, du kriegst allet   46
                                                           47
Im:                        └ Ja mußt dir mal anhö-         48
     ren                                                   49
                                                           50
Bm:  in n Arsch gesteckt überleg doch mal, wat du schon für   51
                                                           52
Im:           └ (        )                                 53
                                                           54
Bm:  Scheiße jebaut hast, indem Sinne-ick meine, da hättn mich   55
     meine Eltern schon für erschlagen, die hätten mich schon   56
                                                           57
Am:                        └ Ja jenau                      58
```

Dm hat - als Ausnahme in der Gruppe *Kunde* ein - „janz geilet Elternhaus". Er bekommt „allet in nen Arsch jesteckt" (46-51). Und dies, obschon es erheblich ist, was *Dm* „schon für Scheiße jebaut" hat (51-55).

Diese beiden Extreme elterlicher Reaktion - der „totale Druck" und die bedingungslose Unterstützung der Eltern - werden in der Gruppe *Pulle* deutlicher herausgearbeitet: *Bernd* aus der Gruppe *Pulle* (vgl. das Biographische Interview *Bernd*) leidet unter der bis zu gefährlichen körperlichen Angriffen reichenden Brutalität seines Vaters *(Pulle,* Eltern, 26-49):

```
Bm:      └ Nee, ick hab mal ne Fünf in Russisch jehabt, bin   26
     aber weiter versetzt worden und da isser uff eenmal mitter   27
     Schere uff mich losjejangen und seitdem is aus. (.) Naja,   28
```

	ick meine, hat zwar nich jetroffen, aber trotzdem, is ein-	29
	fach nich schön.	30
		31
Am:	└ Du hast n jetroffen. (lacht)	32
		33
Bm:	└ (lacht) Nee, auf mein	34

```
Am:     ⌐ Du hast n jetroffen. (lacht)                      32
```

Am bietet im folgenden eine Erklärung an für das durch körperliche Aggressionen und Schuldzuschreibungen - auch gegenüber der Mutter - charakterisierte Verhalten des Vaters (*Pulle,* Eltern, 56-75):

Es fehlt offensichtlich an der Anerkennung der „Andersartigkeit", der Einzigartigkeit von *Bernd* durch seinen Vater (75), der *Bernd* aber gerade durch diese Reaktion in eine spezifische Andersartigkeit hineindrängt.

Demgegenüber stellt in der Beziehung von *Dm* zu seinem Vater die körperliche Auseinandersetzung eine große Ausnahme dar und ist in eine ganz anders geartete Beziehung eingebunden, wie sich in dem im folgenden von *Dm* geschilderten Konflikt mit seinem Vater zeigt (*Pulle*, Eltern, 277-329):

```
Dm:    Irgendwann frühmorgens um fünfe, sechse nach Hause jekom-   277
       men und jedenfalls komm- kam er frühmorgens rin zu mir mit  278
       n-mit n Saugstauber also hier mit n Staubsauger gloob ick   279
       (.)                                                          280
                   ┌                                                281
?m:                └ (lachen)                                       282
                   ┌                                                283
Am:                └ Saugstauber.                                   284
                                                                    285
Dm:    und da hab ick jesagt: 'Mann, kannste nich dit nachher      286
       machen oder wat?' weeßte, noch leicht anjesoffen, er zu     287
       mir jesagt: 'Komm Keule', die Scheiße (.) kannst du nach-   288
       her mit mir klarmachen, aber fang jetz nich an mit der      289
       Show hier wa, wenn du ständig mit deine- mit deine Kumpels  290
       hier rumsaufen mußt und so weeßte und kommst erst nachts    291
       um viere oder fünfe nach Hause wa, dann is dit wat anderet  292
       wa, dann hab ick zu ihm irgendwat blöd bemerkt weeßte, uff  293
       eenmal: bomm Alter, (lachend) voll eene jelangt jekricht    294
       wa. Da bin ick- weil ick ooch jehört hab irgendwat wegen    295
       Kumpels und so weeßte, da hat er wohl zu mir jesagt wa:     296
       'Sollte noch irgendeine ähh (.) Fotze von-von deinen Kum-   297
       pels ankommen weeßte,                                       298
                   ┌                                                299
?m:                └ Weeß ick noch.                                 300
                                                                    301
Dm:    die schmeiß ick eigenhändig die Treppe raus', da- da jing   302
       et ooch wegen dir Am und so, damals war et noch n bißchen   303
       anders und so, da hab ick ja zu ihm ooch jesagt: 'Faßt du   304
       jemals von- von mein Kumpels ein an (.)                     305
                   ┌                                                306
Am:                └ Dit weeß ick ja                                307
       noch.                                                        308
                                                                    309
Dm:    dann jibs ein Riesenärger' hab ick zu ihm jesagt wa 'dann   310
       verlaß ick sofort die Bude Alter und dann siehst du mich    311
       nich einmal', dann hat er jesagt: 'Was (.) wegen dein Kum-  312
       pels verläßt du- verläßt du mein Haus' und so, dann hab     313
       ick jesagt: 'Is in Ordnung', dann fing er nochmal an, hat   314
       mir e- zwee-drei Paar jeschossen wa, dann hab ick ihm die   315
       eene Hand festjehalten, dann hab ick ihm voll eene je-      316
       drückt wa und uff eenmal war wie- wie- wie- wie jeschlagen  317
       wa stand er so da wa, also er konnst wahrscheinlich nich    318
       so richtig fassen, jedenfalls beede so- beede inne Oogen    319
       jekiekt wa, uff eenmal weeß ick ooch nich, er kam uff een-  320
       mal denn fünf Minuten später an wa, is erst abjehauen, kam  321
```

```
               denn fünf Minuten später: 'Mann Sohnemann' und so weeßte    322
               'hör uff'                                                     323
                                                                             324
?m:            └ Wie mein Alter, wie mein Alter                              325
                                                                             326
Dm:            und so, naja und beeden- beede n bißchen jeheult weeßte,      327
               weil ick meine, ick hab- dit war dit erste Mal daß mir        328
               mein Alter irgendwie n paar jedrückt hat,                     329
```

Der Sohn versucht, den Vater am Hausputz zu hindern, da ihn dies dabei stört, seinen Rausch auszuschlafen - nach einer Zechtour mit den „Kumpels". Ausgelöst durch eine eher hilflose Reaktion des Vaters führt der Konflikt zu einer Art Schlägerei zwischen Vater und Sohn und endet schließlich in einer Situation der beiderseitigen Hilflosigkeit („beeden-beeden bißchen jeheult weeßte"; 327).

Die Beziehung bewegt sich auf einer eher kumpelhaften Ebene: Der Vater gibt seinen Versuch, dem Sohn eine Grenze zu ziehen, schließlich auf. Betroffen macht ihn letztlich allein die für ihn bedrohliche Solidarität seines Sohnes mit den Kumpels. Daß der Vater von *Dm* eine kumpelhafte Beziehung zu seinem Sohn sucht, die ihn sogar dazu bringt, die Jugendlichen eher in ihren Randaleaktivitäten zu bestärken, sich ihnen habituell anzugleichen als hier Grenzen zu ziehen, wird vor allem auch in Teilnehmender Beobachtung deutlich (vgl. dazu 3.3.: „Fußballabend"). Wie *Am* in diesem Zusammenhang gegenüber dem Feldforscher explizit äußert, wünscht der Vater von *Dm* als „Kumpel" behandelt zu werden.

Die Beziehung zu den Eltern schwankt zwischen zwei Extremen: Dem bis zur körperlichen Brutalität reichenden Zwang im Falle von *Bernd* steht die eher hilflose Verstrickung des Vaters von *Dm* auf der Ebene einer kumpelhaften Beziehung gegenüber, die eine eher bedingungslose Permissivität zur Folge hat (vgl. dazu auch das Biographische Interview mit *Christian* aus der Gruppe *Tankstelle*: 3.4.). Trotz ihres Kontrasts haben diese Modi sozialisatorischer Interaktion eines gemeinsam: Sie eröffnen keine Erfahrungsräume kommunikativer Verständigung im Sinne einer Perspektivenreziprozität und eines darauf basierenden kommunikativen Aushandelns von Grenzen.

Während in der Gruppe *Pulle* - mit Ausnahme von *Bernd* - ebenso wie in der Gruppe *Tankstelle* (der West-Hooligans) der Sozialisationsmodus der bedingungslosen Permissivität sich abzeichnet, ist es in der Gruppe *Kunde* vor allem derjenige des „totalen Drucks".

In der Gruppe *Kunde* bewegen sich die Darstellungen auf der Ebene der Beschreibung von *Gemeinsamkeiten*. Sie abstrahieren also immer schon von der je individuellen familialen Situation. Durch eine derartige Anonymisierung oder Ent-Individualisierung wird es möglich, die Beziehung zu den

Eltern und die innerfamiliale Kommunikation kritisch zu beleuchten, ohne sich der Gefahr individueller Stigmatisierung oder Selbstdegradierung auszusetzen. Somit wird hier eine kritische Perspektive gegenüber den Eltern erkennbar, wie sie in den individualbiographischen Interviews (der Gruppe *Kunde*) kaum zu finden ist.

Homolog zum Sozialisationsmodus des „totalen Drucks" in der Gruppe *Kunde* wird im weiteren Diskursverlauf gesellschaftliche Erfahrung ganz allgemein („Jesellschaft an-für-sich") mit der Metapher der „Army" (hier: Oberbegriff für NVA und Bundeswehr) als einer totalen Institution charakterisiert. D. h., die „Army" mit ihrer eindeutigen Hierarchie wird zur Metapher für Gesellschaft schlechthin (*Kunde*, Army 1-42):

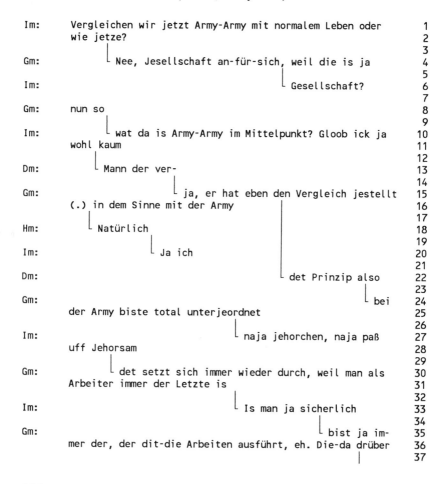

```
Im:   Vergleichen wir jetzt Army-Army mit normalem Leben oder   1
      wie jetze?                                                 2
                 |                                               3
Gm:              └ Nee, Jesellschaft an-für-sich, weil die is ja  4
                                        |                        5
Im:                                     └ Gesellschaft?           6
                                                                 7
Gm:   nun so                                                     8
         |                                                       9
Im:      └ wat da is Army-Army im Mittelpunkt? Gloob ick ja      10
      wohl kaum                                                  11
           |                                                     12
Dm:        └ Mann der ver-                                       13
                      |                                          14
Gm:                   └ ja, er hat eben den Vergleich jestellt   15
      (.) in dem Sinne mit der Army            |                16
Hm:        └ Natürlich                         |                17
                  |                            |                18
Im:               └ Ja ich                     |                19
                                               |                20
                                               |                21
Dm:                                            └ det Prinzip also 22
                                                         |      23
Gm:                                                      └ bei   24
      der Army biste total unterjeordnet                        25
                              |                                 26
Im:                           └ naja jehorchen, naja paß         27
      uff Jehorsam                                              28
        |                                                       29
Gm:     └ det setzt sich immer wieder durch, weil man als       30
      Arbeiter immer der Letzte is                              31
                          |                                     32
Im:                       └ Is man ja sicherlich                33
                                          |                     34
Gm:                                       └ bist ja im-          35
      mer der, der dit-die Arbeiten ausführt, eh. Die-da drüber 36
                                          |                     37
```

```
Cm:                                              ⌐ is        38
         dasselbe eigentlich                                 39
                                                             40
Gm:      jehn die durchs Büro und denn jeht et durch-äh-die Je-   41
         schäftsleitung und überall, also du bist immer der Letzte.   42
```

Einen prinzipiellen Unterschied zwischen der totalen Institution der Armee
und dem „normalen Leben" (1) gibt es nicht. „Gesellschaft an für sich" ist
wie die „Army".

So wie man als Rekrut total untergeordnet ist, ist man dies auch als Arbeiter, man ist „immer der Letzte", wie *Gm* in Auseinandersetzung mit *Dm*
zweimal betont (31 u. 42).

Dabei ist die Erfahrung, der Letzte zu sein, ganz wesentlich vor dem Hintergrund eines anderen Aspirationsniveaus zu sehen, das von *Gm* durch die
nächsthöheren Stufen: „Büro" und „Geschäftsleitung" (41 u. 42) dargestellt
wird. Für die Erfahrung, der Letzte zu sein, für die Erfahrung mangelnder
Anerkennung stehen in ganz besonders eindringlicher Weise die Erlebnisse
der Erniedrigung im Strafvollzug - im „Knast". Auch über diese Erfahrung,
zu der im folgenden nahtlos übergeleitet wird, verfügt *Dm* nicht, so daß ihm
die Kompetenz abgesprochen wird (*Kunde*, Knast, 1-81):

```
Bm:      Du siehst det doch irgendwo, du hörst et von irgendwel-   1
         chen,                                                      2
                                                                    3
Gm:            ⌐ Du hörst es                                        4
                                                                    5
Bm:      aber warste schon mal da, warste schon mal in sonne Kaser-   6
         ne, haste schon mal den Fraß  da gefressen                7
                                                                    8
Cm:                                      ⌐ Thema(      )            9
                                                                   10
Gm:                                                   ⌐           11
         Haste schon mal, ja?                                      12
                                                                   13
Bm:              ⌐ oder haste schon mal inner Zelle jesessen       14
                                                                   15
Dm:                                                  ⌐ Da          16
         war ich doch gewesen, ick war                             17
                                                                   18
Bm:      ⌐ dieset scheiß  Wasser-Brot haste schon mal jefressen    19
         sowat?                                                    20
                                                                   21
Am:            ⌐ Er weeß  doch ja nich, wie det jeht, weil wenn er   22
         quatscht, wie et                                          23
                                                                   24
Gm:                    ⌐ du hast doch noch nie n Gitter von innen   25
         gesehen                                                   26
                                                                   27
```

107

```
Am:   im Knast is, weil er von mir jehört hat, dann weeß  ick      28
      nich, wie er aussieht, wenn er da drin sitzt, verstehste     29
      und dann                                                     30
                                                                   31
Im:   Ja(.)└ jenau                                                 32
                                                                   33
Bm:                         └ (lacht)                              34
                                                                   35
Am:   er ooch sajen, na Knast war locker, jewesen oder wat         36
                                                                   37
Dm:                                          └ (lachen) Lok-       38
      ker sicher                                                   39
                                                                   40
Im:              └ det war ziemlich locker denn ick meene          41
                                                                   42
Hm:                                          └ Det sin              43
      die Vorurteile                                               44
                                                                   45
Bm:   └ Dit kommt überall, is detselbe, kieck, wenn se zum Bei-    46
      spiel sag n mir mal mitm Knast etzt war,-du kommst-du        47
      kommst jetzt mal in irgend nen Knast, wo nur Kanacken sin,   48
      auf deutsch jesacht oder-oder                                49
                                                                   50
Im:                   └ (det war halt mal so) det will ick mal sehen, wie   51
      de dann darüber redst                                        52
                                                                   53
Bm:                   └ da läufste nur Spießruten, da kannste nur blasen    54
      abends oder wat als Deutscher, auf deutsch jesacht. Da       55
      kannste Miezi spielen, dann, so                              56
                                                                   57
Gm:                       └ Da biste (Fotze) Alter                 58
                                                                   59
Bm:                                   └ denn                       60
      kommste aber innen andern Knast, da sind nur Deutsche,       61
      okay, da sind allet Rechtsradikale oder sonstwat, Kurzhaa-   62
      rige oder wat, na dann hast n lockeren Knast. Da kannste     63
      abfeiern, Mann und                                           64
                                                                   65
?m:   └ mhm                                                        66
                                                                   67
Bm:   da haste hier irgendne-irgendne Fotze da unter dir oder      68
      wat, die läßte deine Schuhe putzen, die läßte Klo sauber-    69
      machen oder wat. Und dann kann-dann kommste raus, eh,        70
      Knast war locker                                             71
                                                                   72
Dm:              └ Det war ja war ja nun keen Knast jewesen, wo ick    73
      war, aber trotzdem war n och keene Deutsche mehr             74
                                                                   75
Im:                                   └ Na det isset               76
      doch, Mann                                                   77
                                                                   78
Bm:   └ Du warst im Arrest jewesen, Arrest, Mann, Arrest           79
                                                                   80
Dm:              └ da war ick selber ick me-                       81
```

108

Vor dem Hintergrund der Erfahrung, also der Sozialisationsgeschichte derjenigen Jugendlichen, die zur Kerngruppe gehören (*Am, Bm, Cm, Fm, Gm, Hm, Im*), erscheint Gesellschaft also als totale Institution. Gesellschaft erscheint adäquat repräsentiert in der Metapher der „Army" und schließlich in derjenigen des Strafvollzugs, zu der im weiteren Diskursverlauf nahtlos übergeleitet wird.

In der Auseinandersetzung darum, wer im Strafvollzug ganz unten steht, wer dazu erniedrigt wird, den anderen die Dreckarbeiten abzunehmen und ihnen auch in sexueller Hinsicht Dienstleistungen zu erbringen hat (vgl. 54-56), sind die „Kanacken" (48) die Gegner. Im Kampf darum, nicht der Letzte, der Erniedrigte zu sein, stehen sich im Jugendstrafvollzug die türkischen Jugendlichen und die „Rechtsradikalen" oder „Kurzhaarigen" (62) gegenüber. Auch die Erfahrung des Jugendarrests (vgl. 73-81), über die *Dm* verfügt, nimmt sich demgegenüber eher aus wie die Jugenderinnerung an den „Kindergarten".

In der hier sich entfaltenden antithetischen Auseinandersetzung dokumentiert sich auch, daß die Erfahrung des Strafvollzugs in diesem Kontext zu einer privilegierenden Erfahrung und Prägung wird. *Benno* und vor allem auch *Arno* (der auch den Erfahrungen der Stasi-Isolationshaft ausgesetzt war; vgl. Biographisches Portrait *Arno*) begründen darin als einer zentralen Bewährungsprobe - neben denjenigen des „fairen fight" - ihre Führungsfunktion in der Gruppe. *Dm* hingegen wird aufgrund fehlender Erfahrungsbasis marginalisiert. Die Erfahrungen des Kampfes unter den Bedingungen totaler Degradierung im Strafvollzug prädestinieren für den „Kampf" innerhalb der „totalen Institution" Gesellschaft und die Führungsfunktion im Rahmen der Randaleaktivitäten des situativen Aktionismus der Gruppe.

Dm ist der Ansicht, daß er sich dem im bisherigen Diskursverlauf entfalteten Szenario der totalen Erniedrigung und Unterwerfung widersetzen würde. Er würde nicht „krauchen", d. h. sich nicht unterordnen. Im Zuge des oppositionell sich entwickelnden Diskurses wird - vor allem in der Auseinandersetzung mit *Im* und *Benno* - dieser Erfahrungshintergrund im Hinblick auf degradierende sexuelle Dienstleistungen noch detailliert (*Kunde*, Knast; 160-245):

```
Dm:                              L Ja bloß ich      160
      muß ja nich krauchen                          161
                    |                               162
Im:                 Lwat mußte? Hey, du mußt du mußt erstmal   163
      soweit denken, du hängst an deim Leben, du willst da wie-  164
      der rauskommen du bist erstmal aufn bestimmten Raum einge-  165
      engt, hast n Gitter vor de Fenster und die Kunden kassiern  166
      so und so viel ab, mein Kleener, und die Leute da die dann  167
```

```
              Oberhand ham kannst du nischt dagegen machen du mußt da      168
              sehn, wie de überlebst, sei es selbst mit krauchen oder      169
              sowat, entweder du machst dette oder nich, Alter oder du     170
              kassierst und die Rechnung is ziemlich hoch, die du kas-     171
              sierst, und die kannst du meistens nich bezahlen             172
                                      ⌊                                    173
Cm:                                   ⌊ Sagt der Wirt                      174
                                            ⌊                              175
Dm:                                         ⌊ Sagt der Wirt aber          176
              trotzdem krauchen (.) nee nee                                177
                                   ⌊                                       178
?m:                                ⌊ Sagt mein Mann (leise)               179
                                       ⌊                                   180
Im:                                    ⌊ Und der Kunde (    ) du           181
                                                            ⌊             182
Dm:                                                         ⌊ Trotzdem    183
              krauchen                                                     184
                     ⌊                                                     185
Bm:                  ⌊ Soll ich dir mal wat du wat du wat du im Knast     186
              wärst (.) ne Miezi (.) is so                                 187
                                  ⌊                                       188
Dm:                               ⌊ Trotzdem                              189
                                         ⌊                               190
Im:                                      ⌊ Ey du hast jetzt, du hast      191
              jetzt den Willen und die Meinung, die hab ick ooch gehabt,  192
              bloß wenn de da drinne bist, nich mehr                       193
                     ⌊                 ⌊                                   194
?m:                  ⌊                 ⌊ (    )⌊                          195
                                              ⌊                          196
Bm:                  ⌊ Stell dir mal vor, du kommst, kennst hier wie      197
                                              ⌊                          198
Hm:                                           ⌊ Er hat eben vieler-       199
              lei Vorurteile                                              200
                           ⌊                                             201
Dm:                        ⌊ Des is ja es tragische                       202
                                                                         203
Bm:           hier hier so ne Kerle da weiter und du siehst niedlich     204
              aus, komm ran an mein Kleenen, da wenn det nich machst,     205
              kriegst solang in de Fresse, bist et machst, bist n frei-   206
              willig in Mund nimmst ( 1 ) mein wir brauchen uns jetz      207
              nich über det scheiß                                        208
                     ⌊                                                     209
Dm:                  ⌊ Nee                                                210
                      ⌊                                                    211
Im:                   ⌊ Mann ey, die zappeln da nich                      212
                                                                         213
Bm:           Thema unterhalten                                           214
                   ⌊               ⌊                                      215
Gm:                ⌊ Ja           ⌊                                       216
                                  ⌊                                      217
Dm:                               ⌊ naja aber trotzdem, da ich würde sagen, 218
              echt keene Zähne mehr im Maul, wär mir so bes- egal (.)     219
              aber trotzdem                    ⌊                         220
```

110

```
Gm:                                              ⌐ Jaa be-      221
                                                               222
        stimmt                                                 223
                                                               224
Bm:     ⌐ Det sagst eenmal, det sagste zweemal                 225
                                      ⌐                        226
Im:                                   ⌐ Ach nich nur zweemal    227
                                                     ⌐         228
Bm:                                                            229
        Und denn is vorbei                                     230
                        ⌐                                      231
Dm:                     ⌐ Ne!                                  232
                           ⌐                                   233
Cm:                        ⌐ Ja det Thema entgleitet da         234
                                                  ⌐            235
Bm:                                               ⌐ Mein ich    236
        hab ooch wo Schlüssel häng                            237
                      ⌐                                        238
Hm:                   ⌐ Haste keene Zähne, kannst et noch besser 239
                                                          ⌐    240
?m:                                                       ⌐ ( La- 241
        chen )                                                242
                                                     ⌐        243
Fm:                                                  ⌐ Gut     244
        Hm wa ?                                                245
```

Für diejenigen, die Führungspositionen in der Oststädter Hooligan-Szene einnehmen (*Arno, Benno* u. *Im*) ist der Erfahrungsbereich des Strafvollzugs von so focussierter Bedeutung, daß diese Passage neben denjenigen zur Randale und im Zusammenhang mit derjenigen zur „Army", an die sie anschließt, den Charakter einer Focussierungsmetapher gewinnt.

Armee und Strafvollzug werden hier zu Metaphern für zentrale gesellschaftliche Erfahrungen. Der „totale Druck", d. h. Erfahrungen der Fremdkontrolle und der Unterwerfung werden vor allem in den szenischen Darstellungen des Strafvollzugs in extremer Ausprägung metaphorisch überhöht. Die Erfahrungen der sexuellen Erniedrigung, die von den Jugendlichen in ungewöhnlich detaillierter Weise entfaltet werden, verweisen über allgemeine Probleme des Verlusts der Integrität und persönlicher Identität hinaus vor allem auf Probleme des Verlusts von Maskulinität. So die Erfahrungen, „Miezi spielen" zu müssen (vgl. *Kunde*, Knast, 56 u. 187), also in den - aus ihrer Perspektive - üblicherweise den Frauen zugedachten Part sexueller Interaktion hineingezwungen zu werden: „du siehst niedlich aus, komm ran an meinen Kleenen" (*Kunde*, Knast, 204-205). Dabei kommen auch Erfahrungen bzw. Befürchtungen des *Verlusts von Männlichkeit* zum Ausdruck. Der Verlust von Männlichkeit steht hier für die extreme Ausprägung von Fremdkontrolle, Erniedrigung und Unterwerfung. Unter den Bedingungen der

totalen Institution erscheinen Angriffe auf eine derart verstandene Männlichkeit als Gefährdung der unter diesen Bedingungen noch verbleibenden Elemente persönlicher Identität. Erst vor diesem Hintergrund wird dann auch der
aggressive Kampf um diese Elemente plausibel, wie er von den Jugendlichen
geschildert wird. Eine weitergehende Bedeutung gewinnt dies noch vor dem
Hintergrund der in den Biographischen Interviews sich dokumentierenden
Unsicherheiten im Bereich persönlicher Identität.

„Seinen-Mann-stehen" (*Kunde*, Kumpels, 164-165) steht somit auch für die
Suche nach bzw. das Festhalten an den vermeintlichen Sicherheiten von
Stereotypen sozialer Identitäten. Wie vor allem aufgrund Teilnehmender
Beobachtungen erkennbar wurde, dokumentiert sich dies in Ansprüchen einer
stereotypisierten Maskulinität, einer Abgrenzung gegenüber der weiblichen
Sphäre und Ansprüchen der Dominanz ihr gegenüber. Die im vorhergehenden
Abschnitt dargelegten Probleme der Reziprozität in der Kommunikation mit
den Freundinnen, wie sie in der familialen Sozialisation angelegt sind (vgl.
3.2.), werden dadurch verschärft.

Die Darstellungen der Erfahrungen im Strafvollzug verbleiben auf der
Ebene *abstrahierender Beschreibungen*. Das heißt, der Gruppendiskurs er-
möglicht es, die Erfahrungen auf einer überindividuellen Ebene darzustellen.
Im Unterschied zum Erzählen individueller Erlebnisse im Biographischen
Interview können somit Konsequenzen für das individuelle Selbst, also
Selbst-degradierende Konsequenzen zumindest teilweise vermieden werden.

In den Biographischen Interviews (z. B. bei *Benno* und *Arno*) finden sich
keine Darstellungen derartiger Erfahrungen. Auch zu den im Gruppendiskurs
entfalteten Darstellungen mangelnder familialer Solidarität finden sich keine
Entsprechungen auf der Ebene individuellen autobiographischen Erzählens.
Derartige, das individuelle Selbst gefährdende, Erzählungen werden lediglich
angedeutet.

Der Strafvollzug wird also nicht nur zu einer Etappe auf dem Weg der
Sozialisationsgeschichte, sondern vermittelt eine neue Erfahrungsdimension
der Degradierung - und zwar eine totale, wie in der Auseinandersetzung mit
Dm deutlich herausgestellt wird. Hinsichtlich dieser Erfahrungsbasis als
zentralem Faktor ihrer Sozialisationsgeschichte unterscheidet sich die Kerngruppe *Kunde* von der Gruppe *Pulle*. Wohingegen hinsichtlich des anderen
zentralen Faktors der Sozialisationsgeschichte - der milieuspezifischen Desintegration und familialen Interaktion - sich wiederum Gemeinsamkeiten
zwischen der Gruppe *Pulle* und *Kunde* abzeichnen (vgl. 3.).

Politische Haltung und Fremdenfeindlichkeit

Der Diskurs um die politische Haltung der Hooligans entfaltet sich in der Gruppe *Kunde* ausgehend von der Frage nach der Genese („dem Anfang") der Fußballrandale. Zu DDR-Zeiten haben sich die Jugendlichen erstaunlicherweise dem BFC angeschlossen, dem Verein der „Stasi-Schweine" (*Kunde*, Entwicklung, 1-12):

```
Am:    im Osten war et so, der BFC war der verschrienste Verein    1
       im janzen Osten. Det war en Stasi-Verein. Und überall, wo   2
       wir hinjekommen sind, da sind wirklich (.) die alten        3
       Schichtler, die alten Leute, wat-wat heeßt von mir aus      4
       alte Leute, wat-weeß-ick, so End-Dreißiger und so wat, die  5
       wollten alle (.) die Fans vom BFC auf's Maul hauen, um      6
       ihren Frust abzulassen, det sin allet Stasi-Schweine. Of-   7
       fiziell hieß et ja so. Und deswegen ham sich alle uns an-   8
       jeboten. Dat heeßt nich, dat wir auf irgendwelche wehr-     9
       losen Leute losjegangen sind, sondern alle wollten sich     10
       mit uns nur keilen, und det is det, wat uns jerade recht    11
       kam. (.)                                                    12
```

Sie haben den BFC bei seinen Spielen begleitet, weil sich aufgrund des politischen Rufes dieses Vereins „alle uns anjeboten" haben, so daß sie nicht auf „irgendwelche wehrlosen Leute" losgehen mußten (8-12). Dies erscheint zunächst als Widerspruch zu ihrer politischen Haltung, denn schließlich hat *Arno* zehn Monate in Stasi-Einzelhaft verbracht und versteht sich während der DDR-Zeit als einer „Oppositionsbewegung" zugehörig, „die denn vom Staat selber so vollkommen ins rechte Lager äh abgedrängt wurde" (Bio-Int. *Arno*, 849-850; vgl. 3.2.).

Im Biographischen Interview mit *Arno* wird dann deutlicher, daß es hier auch darum ging „daß sich da im Grunde genommen so die ganzen Skinheads ... versammelt haben bei dem Verein, gerade weil deswegen um da die Stasi zu schocken" (Bio-Int. *Arno*, 282-285).

Auf diese Weise konnten sozusagen zwei Fliegen mit einer Klappe geschlagen werden: Sie konnten die Stasi „schocken" und zugleich einen fairen Kampf mit den Stasi-Gegnern initiieren. Die Randale steht also nicht im primären Rahmen einer politischen Auseinandersetzung, sondern umgekehrt: Die Selbststilisierung mit politischen Implikationen (hier: zugleich als Skinhead und als angeblicher Stasi-Anhänger) steht im Dienste der Provokation körperlicher Auseinandersetzung, mit der die Jugendlichen dann aber sozusagen zwischen allen Fronten stehen.

In den Biographischen Interviews sowohl mit *Arno* als auch mit *Benno* (vgl. 3.2.) wird dann weiterhin dargelegt, daß sie sich von der nach der Wende sich verändernden Skinhead-Szene distanzieren, da sie deren Authentizität bezweifeln: diese Szene habe sich nicht mehr in der Auseinandersetzung mit den Repräsentanten des DDR-Staates entwickelt, sei nicht mehr durch diese harte Auseinandersetzung geprägt. *Arno* spricht hier von den „Modeheinis" (Bio-Int. *Arno*, 757), von denen er sich ebenso distanziert wie von den „Partei-Fuzzis" (*Arno*, 791), den Vertretern rechtsradikaler Splittergruppen, die nun nach der Wende - offensichtlich angelockt durch die Fremdetikettierung als „Nazi" - an ihn herantreten (vgl. zu dieser Distanzierung auch: Biographisches Portrait. *Benno*, 180-194).

Auf seine Lösung aus der Skinhead-Szene geht *Arno* dann auch im weiteren Verlauf der Gruppendiskussion ein (*Kunde*, Entwicklung, 12-37):

Am:	Und ick hab denn im Grunde genommen bloß-eh-mein	12
	outfit als Skinhead abgelegt, ick meine, ick bin einiger-	13
	maßen rechts, ick mein, ick kann sowat hier mit der ganzen	14
	Ausländerverbrennerei nicht verstehen. A-Aber	15
	⌐	16
Bm:	└ Stimmt	17
		18
Am:	eh als Ausländer muß man sich hier anpassen, wenn man hier	19
	in Deutschland leben will, muß man en bißchen hier die	20
	Sitten und Bräuche annehmen. Aber det is ne janz andere	21
	Sache. Auf jeden Fall hab ich mir denn halt jesacht, weil	22
	zuviel Schädel in der Skinszene denn rumjerannt sind nach	23
	der Wende, da kamen se von allen Seiten an und ham mir	24
	erzählt, wat sie für Leute sind, und wie lange sie doch	25
	dabei sind, und	26
	⌐	27
?m:	└ Wie die Tiere	28
		29
Am:	sowat. Wollten sich die irgend en Namen machen, indem sie	30
	mit der Baseballkeule oder em Messer irgendwen uff-	31
	geschlitzt ham. Eh-im Osten gab et früher so ne Kacke nich	32
	mit Waffen, und selbst wenn de mitm normalen Messer rumge-	33
	rannt bist, denn haste schon en Ding wegen Waffenbesitz	34
	mitgekriegt. Weil da ham se jar keenen Kompromiß jemacht.	35
	Und denn hab ick mir halt jesacht, naja, ick leg die Sache	36
	ab, und ich mach jetzt bloß noch einen uff Hool	37

Arno hat die Skin-Szene verlassen bzw. das Skin-Outfit abgelegt, weil zuviele nach der Wende den nun nicht mehr so scharfen Zugriff der Kontrollinstanzen ausgenutzt haben, um sich „irgend en Namen" zu machen. Es wird hier erkennbar, daß es eben gerade der repressive Zugriff der Kontrollinstanzen war, welches der darauf gerichteten Provokation durch ein rechtes outfit die Authentizität verlieh. Bei jenen, die erst nach der Wende dazu gestoßen sind, ist dies nicht gegeben; ebenso wie sie sich auch nicht an die Regeln des „fairen" Kampfes halten und mit „Waffen" kämpfen. *Arno* bezeichnet sich zwar als „einigermaßen rechts", lehnt aber einen Ausländerhaß („Ausländerverbrennerei")nicht nur ab, sondern kann ihn auch „nich verstehen" (15). Allerdings hätten die Ausländer sich der sozialen Identität der Deutschen zumindest „en bißchen" (20) anzupassen.

Die hier nicht weiter ausgearbeitete Fixierung auf eine nationale soziale Identität wird an späterer Stelle des Diskurses dann genauer dargelegt, wobei an die Entwicklung der Hooligan-Szene noch einmal angeknüpft wird (*Kunde*, Nationalstolz, 38-113):

```
Am:                   Im Osten jabs ne Skinszene, die is zur   38
         Hoolszene jeworden und da jibt et zum Beispiel in Berlin   39
         keene linken Skin- linken Hools oder wat, also für mich   40
         nich. Wenn jetz irgendwelche Schädel hier ankommen und   41
         sagen: 'Ja und Hools und ähh (.) jegen rechts' und so n   42
         Scheiß, ick meine, okay, die krasse Rechte (.) da bin ich   43
         ooch nich unbedingt dafür, aber äh die Grund-Hools in Ber-   44
         lin, die sind halt rechts. (.) So siehts aus, ick meene-   45
                                                                    46
                                                            |       47
Cm:                                                         └ Ick würd   48
         sagen, nich nur in Berlin. Die janze Szene is eijentlich   49
         national eingestellt, weil (.) dit- dit erjibt sich ein-   50
         fach, man is für  ne-   |                                  51
?m:                             └ Weil se aus der andern            52
         Szene entstanden is.                                       53
         |                                                          54
Am:      └ Ja, man hat n - man hat n jewissen Nationalstolz, vor   55
         allem bei Länderspielen kommt dit durch, man will- jeder   56
                                                                    57
?m:                          |                                      58
                             └ Ja.                                  59
                          |                                         60
?m:                       └ Ja.                                     61
Am:      will beweisen, seine Nation is die Beste.                 62
         |                                                          63
Cm:      └ Ick meine viele-                                        64
         |                                                          65
Im:      └ Jedet- jedet Land is nationalstolz und (              66
         ) wird dit hier so hochjezogen, junge   |                 67
                                                                    68
Cm:                                              └ ick meine, ick   69
         find dit blöd, dazu- dazu rechts zu sagen- (.) dazu- dazu   70
         rechts zu sagen is nun blöd, weil in der Szene da is nun   71
         jeder              |                                       72
                                                                    73
Im:                         └ Diskriminierung is ditte.            74
```

115

```
                                                                    75
Cm:     nationalstolz jenau wie Galatasaray gespielt haben, wo      76
        30.000 Fans- ick meine, man kann ja nich sagen, dit waren   77
        rechte, Türken, oder wat. Dit war n halt Türken, die für    78
        ihr Land jebrüllt ham, hier: 'Türkei, Türkei' und jenauso-  79
                                                                    80
Hm:                                    └ Bloß wenn                   81
        Deutschland spielt und da irgendwelche brüllen, denn heißt  82
                     └                                              83
Am:                    └ Paß uff- (.) paß uff, dit Problem- dit      84
                                                                    85
Hm:     et- heißt et sofort: 'Dit sind Nazis'                       86
                                                                    87
(Nebengespräch Beginn)                                              88
                                                                    89
Am:     Problem is ja (.) jeder Staat (.) hier in Europa und über-  90
        all hat dit Recht uff n jesundet Nationalbewußtsein, uns    91
        Deutschen wird dit abjesprochen.                            92
                               └                                    93
?m:                              └ Ja.                               94
                                                                    95
Am:     Wenn du sachst, ick bin stolz darauf, n Deutscher zu sein,  96
             └                                                      97
?m:            └ Bist n Nazi.                                        98
                                                                    99
Am:     sacht dir jeder ins Jesicht, du bist n Nazischwein. Warum?  100
        Weil icke- weil vor vierzig Jahren meen Uropa oder-wat-     101
        weeß-ick vielleicht irgendwo in Krieg jezogen is. Ick meen  102
        okay der is da jestorben und ick laß auch den sein Antlitz  103
        nich verunglimpfen, weil se sagen, waren allet Kriegsver-   104
        brecher (.) aber dafür soll ick jetz sagen: nee, ick- ick-  105
        wir haben soviel Scheiße gebaut, ick bin nich stolz dar-    106
        auf, Deutscher zu sein, ick soll dit verleugnen. Wenn ick   107
        sag, ick bin                                                108
                                                                    109
(Nebengespräch Ende)                                                110
                                                                    111
Am:     stolz darauf n Deutscher zu sein, sagen mir- sagt mir je-   112
        der ins Jesicht: Du bis n Nazi                              113
```

Daß die „Grund-Hools" in Berlin, also diejenigen, die das Hooligan-Dasein in seinen Grundelementen verkörpern, „rechts" sind, ist „halt" so (45), „ergibt sich einfach", ist also unhinterfragbarer Bestandteil ihrer Identität, die hier nicht mit Bezug auf die gegenwärtige politische Haltung der beteiligten Individuen, sondern der kollektiven Geschichte der Bewegung (Skinheads) während der DDR-Zeit begründet wird.

In weiterer Ausarbeitung der von *Arno* bereits entfalteten Differenzierung in „rechts" und „krasse Rechte" (43 u. 45) spricht *Cm* von der „nationalen" Einstellung (50) und wendet sich später (69-76) auch explizit gegen eine

Kategorisierung als „rechts". *Arno* übernimmt diese begriffliche Präzisierung: „Nationalstolz" (66) bedeutet, daß jeder „beweisen" will: „seine Nation ist die beste" (62).

Die Frage der nationalen Zugehörigkeit und der nationalen Einstellung wird hier - analog zur Auseinandersetzung der gegnerischen Mannschaften und der Fanblöcke untereinander - mit einer Haltung des Wettkampfes und der Orientierung an einer Rangskala („die beste") verknüpft. Analog zum Wettkampfspiel wird dann auch eine Differenzierung von persönlicher Haltung und kollektiver Identität (nationaler Zugehörigkeit) apodiktisch ausgeschlossen („jeder")[7]. Dies wird auch für die Gegner, die türkischen Jugendlichen, in Anspruch genommen, die hier zur „Szene" (71) gezählt werden, also zur Szene der Fußballfans, mit denen man sich trotz aller Gegnerschaft und gerade als Voraussetzung für einen Wettkampf, durch gemeinsame Regeln verbunden weiß. Nur daß jene die Etikettierung als „rechts" nicht zu befürchten haben. Demgegenüber wird den Deutschen das „Recht uff en jesundet Nationalbewußtsein" abgesprochen.

Es zeichnet sich hier ab, daß die Identitätskonstitution und das Gesellschaftsbild der Jugendlichen auf der Ebene dessen angesiedelt ist, was George Herbert Mead (1968) „game" genannt hat: Soziale Beziehungen werden analog zu den Regeln des Wettkampfspiels verstanden. Das soziale Gegenüber wird hier lediglich als „generalisierter Anderer" wahrgenommen, aber nicht als „universalisierter Anderer". Letzteres setzt ein „universe of discourse" voraus, d. h. universelle Regeln kommunikativer Verständigung und Reziprozität. Ebendies wäre aber Voraussetzung dafür, andere und auch sich selbst in ihrer *Einzigartigkeit* jenseits sozialer Stereotype, jenseits der Stereotype (nationaler) sozialer Identität wahrnehmen zu können, wäre also Voraussetzung für die Konstitution *persönlicher Identität*.

Homolog zu der hier zugrundeliegenden Nicht-Differenzierung zwischen persönlicher und sozialer Identität kann - wie im weiteren Diskursverlauf (101-113) deutlich wird - eine Kollektivschuld bzw. genauer: eine kollektive Verantwortung nicht von persönlich-individueller Schuld differenziert werden. Durch ein Eingeständnis deutscher „Kriegsverbrechen" (104) wird der „Uropa", mit dem *Arno* sich hier familiengeschichtlich identifiziert, in seinem „Antlitz", d. h. dem evidentesten Ausdruck persönlicher Identität, „verunglimpft" (104). Durch die Markierer der Unbestimmtheit: „oder-wat-weeß-

---

7 Wie wir aus der soziologischen Theorie - vgl. z. B. Goffman (1973) - wissen, ist innerhalb des Relevanzrahmens oder Sinnsystems Spiel die persönliche Identität oder Biographie der Beteiligten irrelevant.

ick" wird der Konstruktcharakter einer derartigen Familiengeschichte erkennbar: *Arno* meint gar nicht konkret seinen „Uropa" und auch nicht konkrete Ereignisse, in die dieser verstrickt war. Es geht nicht um die reale persönliche Identität eines Vorfahren, wie sie *Arno* aus direkter Kommunikation über die Familiengeschichte bekannt wäre und auf diese Weise konkret zum Bestandteil der eigenen persönlichen Identität hätte werden können. Das Problem liegt vielmehr darin, daß *Arno* die Geschichte der Nation als Familiengeschichte *konstruiert* oder inszeniert - als Produkt einer Zusammenziehung von sozialer und persönlicher Identität[8]. Zugleich unterstellt *Arno* den anderen („weil se sagen, waren allet Kriegsverbrecher") diese Zusammenziehung oder mangelnde Differenzierung. Diese Zusammenziehung führt zu einer Stereotypisierung kollektiver oder sozialer Identifizierung - hier im Bereich nationaler Zugehörigkeiten - an anderer Stelle aber auch im Bereich der Geschlechtszugehörigkeit (mit der Betonung einer stereotypisierenden Männlichkeit).

Fatalerweise macht eine derartige Identitätskonstitution empfänglich für die Übernahme stereotypisierender Fremdidentitäten seitens der Kontrollinstanzen und der Öffentlichkeit, wie dies im Fall von *Arno* sehr deutlich zum Ausdruck kommt (*Kunde*, Nazi, 1-16):

```
Am:    Ich meine, eh, wir warn im Grunde genommen keene Nazis,    1
       aber det Jericht hat halt gesacht, wir waren gegen die     2
       Gesellschaft, wer nich für uns is, is jegen uns. Sie sind  3
       doch een Nazi, und wenn se dir                             4
                                                                  5
Bm:                   └ LUISE! (ruft den Hund)                    6
                                                                  7
Am:    zehnmal sagen, du-sie sind doch een Nazi, dann hast de     8
       plötzlich jesacht vor Jericht, (.) na und wat wollt        9
                                                                  10
Bm:                       └ LUISE, komm mal her hier!             11
                                                                  12
Am:    ihr denn von mir, ick bin en Nazi. (.) Und denn ham wer    13
       da-wat-weeß-ick-unser Knast war jenannt-eh-unser Zimmer    14
       (.) in X-Anstalt, det ham se jenannt der Führerbunker, die 15
       Schließer und alle wa.                                     16
```

Diese Übernahme stereotypisierender Fremdidentitäten wird vor allem von *Arno* an unterschiedlichen Stellen der Gruppendiskussion und auch im Biographischen Interview herausgearbeitet (vgl. Bio-Int. *Arno*, 446-463): Der Fremdetikettierung wird keine differenzierte persönliche Selbstidentifizierung

---

8   vgl. dazu ähnliche Beobachtungen von Anhängern der Republikaner in: Loos 1991.

entgegengehalten. Sie wird *provokativ* übernommen, da sie die kollektive Selbstidentifizierung stärkt (8-13). Obschon sie „im Grunde genommen keine Nazis" waren und sind, trägt diese Stigmatisierung zur Selbstvergewisserung im Rahmen von Stereotypen kollektiver Zugehörigkeit („Nationalstolz") bei, die als Möglichkeit kollektiver Selbstvergewisserung herangezogen werden - ebenso wie die Demonstration einer stereotypisierenden Maskulinität. Dies zeigt auch die Teilnehmende Beobachtung (vgl. 3.3: vor allem: „Gedenkfeier").

Jene Zusammenziehung oder mangelnde Differenzierung von persönlicher und sozialer Identität verweist auf Probleme der Konstitution persönlicher Identität, deren Genese in der familialen Sozialisation angelegt ist (vgl. die Biographischen Interviews in 3.), die aber durch die Etikettierung seitens der Kontrollinstanzen und der Öffentlichkeit in fataler Weise verfestigt werden.

Dies alles hat dann seine Konsequenzen auch in der Art und Weise, wie Auseinandersetzungen mit ausländischen Jugendlichen in stereotyper Weise ethnisch-national polarisiert werden. Fatalerweise ist der Strafvollzug einer der wenigen Bereiche, in dem die Jugendlichen über unmittelbare persönliche Erfahrungen mit Ausländern verfügen (vgl. dazu vorhergehenden Abschnitt). Wie wir gesehen haben, ist die degradierende Situation des Strafvollzugs in spezifischer Weise eine Arena des Kampfes um die Bewahrung persönlicher Identität, in der vor allem Maskulinität eine zentrale Rolle spielt.

Abgesehen vom Strafvollzug ist die Berufsschule der Erfahrungsraum persönlicher Begegnung mit ausländischen Jugendlichen (*Kunde*, Ausländer, 1-30):

```
Cm:      Gerade zu dem hab ick n jutet Beispiel, weil (.) ihr kommt    1
         ja                                                            2
                                                                       3
(Währenddessen Nebengespräch über den Hund)                           4
                                                                       5
Cm:      aus Oststadt is klar aber mein Stift der kommt aus SU-Be-     6
         zirk und die janzen- die janzen Lehrlinge von mir wo ick      7
         jetz arbeite, die kommen alle- fast alle aus West-Berlin,     8
         dit sind viere aus West-Berlin (.) und zwee aus Ost-Ber-      9
         lin, jedenfalls gerade die aus West-Berlin (.) die so ge-    10
         rad so sind so n bißchen kürzere Haare haben und viel-       11
         leicht n bißchen halt ne nationale Einstellung haben,        12
         rechts find ick ja blöd, dit zu sagen, ne nationale Ein-     13
         stellung haben, gerade die haben dit unheimlich schwer da,   14
         weil ick weeß ja nich, wenn- wenn du sagst 87% sind Aus-     15
         länder bei mir wo ick- wo se mir allet erzählt haben, wat da al-  16
         bei mir wo ick- wo se mir allet erzählt haben, wat da al-    16
         let scheiße is, die kommen tausend mal lieber uff Arbeit,    17
         als daß se in die Schule jehen, weil dit so kraß da is,      19
                                                                      20
```

```
                                                            22
Cm:     da sind richtig (.) so die Mafia von- von die Jugoslawen   23
        hat sich da so etabliert also da wird echt uff'm Schulklo  24
        (.) vonne Berufsschule wird- werden da Drogen verkooft,    25
        dit erzählen die mir allet und so, und die haben echt- die 26
        sagen, die haben zweemal inne Woche (.) ähh Theorieunter-  27
        richt, wo ick damals immer jerne zum Theorie jejangen bin  28
        weil et n bißchen Abwechslung war zur Arbeit, da sagen     29
        die: 'Nee, lieber arbeiten'                                30
```

Die Auseinandersetzungen in der Berufsschule zwischen den Jugendlichen, die eine „nationale Einstellung" haben (12), und den ausländischen Jugendlichen, eskalieren in einer Weise, daß die Lehrlinge lieber zur Arbeit als zur Berufsschule gehen. Der Vorwurf, daß die „Jugoslawen" sich als „Mafia" organisieren und mit Drogen handeln (23-25), nimmt sich vor dem Hintergrund der eigenen Aktivitäten, zu denen auch der Konsum und ein gewisser Handel mit Drogen gehört, wie die Teilnehmende Beobachtung zeigt, seltsam aus. Sie beruhen auch nicht einmal auf eigenen Erfahrungen von *Cm* (der sich auf Erzählungen der „Lehrlinge" aus seinem Betrieb beruft; 7). Schließlich hat *Dm* auch eine ganz andere - positive - Erfahrung mit den „Jugoslawen". Hier sind es die „Türken", von denen sich *Dm* provoziert fühlt (Ausländer, 75-121):

```
Dm:     └ und uff alle Fälle is dit so (.) ick bin froh,        75
                                                                76
Cm:     In Berliner Berufsschulen is dit janz krass-            77
                                 │                              78
Hm:                             └ Ja.                           79
                                                                80
Dm:     daß ick inner Klasse bin, wo mindestens noch acht Deutsche  81
        drinne sind, wir haben Jugoslawen drinne, die sind janz  82
        ruhig, die lernen, die schreiben mit, die sagen kaum einen  83
        Ton, aber wir haben Türken drinne, dit sind vier Mann,   84
        eene Olle und die Olle is die Schärfste, du die schmeißt  85
        ihre Pausenbrote nach uns und wenn de dich umdrehst und  86
        sagst: 'Ick hau dir uff die Fresse du Sau' weil du Butter  87
        im Haar hast oder weeß icke, irgendwelche Scheiße, wat du  88
        überhaupt nich- wat du janich kennst, ob's Schnecken sind  89
        oder so-                                                 90
              │                                                 91
?m:          └ Butter                                           92
                    │                                           93
?m:                └ Butter kennt er nich (lacht)               94
                  │                                             95
Dm:              └ Nee Butter kenn ick jut,                     96
                                                                97
me:     (lachen)                                                98
```

```
                                                            99
Dm:    aber ick meine jetz (.)                             100
                       ⌐                                    101
Cm:                    └ Nee jetze- is aber is wirklich n  102
       ernstet Thema.                                       103
              ⌐                                             104
Bm:           └Jaja (.) ja.                                 105
                                                            106
Dm:    du hast da irgendwelchet Zeug im Haar, da kommt uff eenmal  107
       der Oberstufenlehrer an und sagt zu dir: 'Na hören se mal   108
       zu, Herr Hansen, sie können auch jerne nach Hause jehen,   109
       sie müssen hier nich sein (.) dann kriegen se eben keen    110
       Facharbeiter' und dann sag ick: 'Passen se mal uff, ick    111
       lern hier nich seit '89 hier (.) damit ick keen Facharbei- 112
       ter kriege', dann sagt der zu mir: 'Ähh naja entweder sie  113
       kommen mit ihren ausländischen Mitbürgern aus oder nich    114
       (.)                                   ⌐                     115
                                             │                     116
Cm:                                          └ Naja dit            117
                                                                  118
Dm:    sie brauchen doch nich so ne Schuhe anziehen oder so ne    119
       Jacke anziehen' dann sag ick: 'Dit is doch mein Stolz      120
       oder-                                                       121
```

Dm ist froh, daß er „mindestens noch acht Deutsche" in der Klasse hat (81). Vom Lehrer auf sein provokatives Outfit (107-120) angesprochen, beharrt er darauf, da dies sein „Stolz" ist, ihm also für die Bewahrung seiner Identität konstitutiv erscheint.

Die hier erhobenen Vorwürfe gegenüber den ausländischen Mitschülern (85-90) sind wohl kaum erheblich, haben den Charakter von Schulstreichen. Diese Schilderungen werden von der Gruppe auch garnicht wirklich ernstgenommen, wie die Albereien in 91-98 zeigen. Ernst ist hier lediglich das „Thema" (103), nämlich die angebliche Diskriminierung seitens der ausländischen Mitschüler. Es wird nach Belegen für deren Andersartigkeit *gesucht*, in einem Bereich, in dem allein *Dm* überhaupt über unmittelbare persönliche Erfahrungen verfügt. Diese unsichere Erfahrungsbasis bestätigt den stereotypen Charakter dieser Haltung[9], die im weiteren Diskursverlauf sich dann auch darin äußert, daß „Ausländerfreundlichkeit" prinzipiell als Ausdruck einer Heuchelei, einer Doppelmoral erscheint (Ausländer, 150-211):

---

9   Eine Untersuchung von Cliquen türkischer Jugendlicher im Westteil der Stadt Berlin ist noch nicht abgeschlossen. Erkennbar ist jedoch eine Stereotypisierung von „Ostlern" ganz allgemein als „Nazis" und „Rechte" in einigen der Gruppen, die es genauer zu untersuchen gilt. Erste Ergebnisse finden sich in der Magisterarbeit von Arnd-Michael Nohl (1995).

Bm:	⌐Weeßte	150
	wie ick dit zum Beispiel sehe, ick seh dit zum Beispiel	151
	so, daß die janzen Schichtler, die jetz uff de Straße loo-	152
	fen und sagen: 'Ich bin für Ausländerfreundlichkeit' und	153
	'ich bin gegen Ausländerhaß' und sowat allet, dit sind	154
	jenau- du mußt et in dem Sinne vergleichen, die früher-	155
	sagen wa mal jetz mit DDR-Zeiten verglichen haben, die	156
	früher jesagt haben: 'Okay, der Staat hier is in Ordnung'	157
	pipapo, so weil die nämlich uff irgend ne Art Schiß haben	158
	um ihren Job oder überhaupt Lebensstandard, weil wenn de	159
	nämlich heute wat jegen Ausländer sagst oder überhaupt	160
	irgendwat jegen n Ausländer tust oder wat in dem Sinne,	161
	wenn du jetz sagst: 'Okay, ick find dit nich in Ordnung	162
	wie die Ausländer jetz hier (.) so- sich hier verhalten'	163
	oder wat bist du sofort- Schwein	164
		165
me:	⌐(lachen, klatschen)	166
		167
?m:	⌐Prost.	168
		169
?m:	⌐ Furz.	170
		171
Bm:	⌐bist du sofort n- bist du	172
	sofort n Nazischwein oder sowat weeßte	173
		174
Cm:	⌐Nazis biste immer-	175
	Nazi biste immer bei denen	176
		177
?m:	⌐(Ins Mikro) Test Test	178
		179
Bm:	und da haben die meisten Leute jetz so n Schiß inne Hose,	180
	daß die sagen 'okay, wenn ick jetz nich uff die Demo, jehe	181
	wo- wo die jegen- für Ausländer ähh sind' und sowat allet	182
	und 'uhh wenn dit irgendeener rauskriegt' ungefähr, 'uhh	183
	dann bin ick ja anjeschissen, also jeh ick ja da lieber	184
	hin	185
		186
?m:	⌐ Ja.	187
		188
Bm:	und zuhause, wenn se zuhause alleene	189
		190
?m:	⌐ Na echt mal.	191
		192
Bm:	in ihre vier Wände sitzen, und sich zu Hause, und sich	193
	vorm Fernseher- oh der stinkt aber	194
		195
me:	⌐(lachen)	196
		197
?m:	⌐Der Fernseher stinkt?	198
		199
Bm:	und denn zuhause vor ihrem Fernseher sitzen, und die sehen	200
	da irgendwelche Bilder von Asylanten oder wat, die da in	201
	Massen hier in dit Land stürmen dann machen se uff eenmal	202

122

```
                den Sprecher: 'Ahh diese scheiß Kanaken, die müssen raus    203
                hier, die müßteste irgendwo sonstwohin schicken oder wat'   204
Cm:                                                    └ Na klar            205
        aber-                                                               206
             |                                                              207
Fm:          └ Dann machen se Benefizkonzerte-                              208
             |                                                              209
Am:          └(Du weißt doch daß) 85% der deutschen Bevölkerung            210
        Spießer sind, und die denken immer so.                             211
```

Die Heuchelei oder Doppelmoral der „Schichtler" (152) ist auf „irgend ne Art Schiß" (158; auch: 180) zurückzuführen - vergleichbar jener doppelmoralischen Haltung dem „Staat" gegenüber, die ihnen aus DDR-Zeiten bekannt ist (155-159). Wenn die Leute „in ihre vier Wände sitzen" (193) bringen sie ihre wirkliche Meinung den „Asylanten" gegenüber zum Ausdruck (die Kommentare in 194-198 beziehen sich auf den anwesenden Hund, der offensichtlich Blähungen hat).

Erfahrungen mit der Doppelmoral der „Spießer" (211) verbinden sich hier mit der identitätsbedingten eigenen Fixierung auf nationale Stereotype und befördern diese in gefährlicher Weise (vgl. dazu auch die Bedeutung der Doppelmoral für die Eskalation der Konflikte mit türkischen Jugendlichen bei den West-Hooligans aus der Gruppe *Tankstelle*; 3.4.).

Zugleich sind es aber auch vor allem die „Spießer" und „Schichtler", denen die Jugendlichen mit *Provokation* begegnen. Wie die Analyse der Biographischen Interviews zeigt (vgl. 3.2.), ist die Provokation wesentliches Motiv für die Aneignung des Skinhead-Outfit während der DDR-Zeit. Provokation ist die Reaktion auf eine dem anderen unterstellte Doppelmoral und Inauthentizität. Durch Provokation soll eine Verstrickung in situative Aktionismen produziert werden, in denen sich der „wahre Charakter" des anderen, des Gegners zeigt. Goffman (1971) hat diesen Zusammenhang von „action" auf der einen und „Charakterentfaltung" bzw. „Charakterbewährung" auf der anderen Seite herausgearbeitet[10]. Was dort allerdings nicht herausgearbeitet wird, ist die Beobachtung, daß der Provokateur, der diese Charakterbewährung initiiert,

---

10 „Spannung und Charakterentfaltung ... werden im Falle von action zum unausgesprochenen Zweck der gesamten Szenerie" heißt es bei Goffman (1971, S. 260). Hierbei kann es zum „Charakterwettkampf" kommen (im Original heißt es „character contest", was eher mit Chrakterbewährung zu übersetzen wäre; vgl. Goffman 1967, S. 293): „Üblicherweise beginnt das Spiel damit, daß ein Spieler gegen eine moralische Regel verstößt, deren besondere Einhaltung zu sichern der andere Spieler persönlich verpflichtet ist ... Das ist die 'Provokation'" (Goffman 1971, S. 263).

beim anderen eine Inauthentizität, eine Unaufrichtigkeit unterstellt. Wie unsere Beobachtungen nahelegen, ist dies darauf zurück zu führen, daß angesichts der Unsicherheit der eigenen Identität von der Andersartigkeit des Gegenüber eine Bedrohung ausgeht, so daß dessen Aufrichtigkeit oder Authentizität in Frage gestellt, die Inauthentizität als „Schiß" oder dergl. entlarvt werden muß.

Dies ist zugleich, wie die Beschreibungen der Jugendlichen hier in der Gruppendiskussion (*Kunde*, Ausländer, 150-210) und auch in den Biographischen Interviews zeigen, wesentlich geprägt durch die Erfahrung der Doppelmoral in der DDR-Gesellschaft, die heute aber vor allem durch uneindeutige Haltungen seitens der gesellschaftlichen Öffentlichkeit und der Politiker zu Fragen der nationalen Identität und der Ausländerintegration neue Nahrung erhalten hat.

Insgesamt gesehen ist die hier zu beobachtende Fremdenfeindlichkeit nicht Bestandteil eines geschlossenen rechtsextremen Weltbildes. Dies kommt auch in der erwähnten Abgrenzung gegenüber rechtsradikalen Splitterparteien zum Ausdruck. Vielmehr erwächst die Fremdenfeindlichkeit direkt aus einer mit Problemen im Bereich persönlicher Identitätsbildung verbundenen Reduktion auf Stereotype sozialer Selbst- und Fremdidentifizierung.

Parteipolitische Stellungnahmen haben im Rahmen dieser Gruppe einen diffusen Charakter und sind von marginaler Bedeutung, ohne handlungsleitende Qualität. Es wird mit ihnen ebenso in provokativer Weise jongliert wie mit nationalsozialistischen Emblemen (vgl. dazu die Teilnehmende Beobachtung in 3.3., vor allem: „Gedenkfeier"), wie dies zum Beispiel auch in der provokativen Selbststilisierung als Anhänger des „Stasi-Vereins" BFC zum Ausdruck kommt. So wurden die Feldforscher nach der ersten Kontaktaufnahme im Umfeld der Gruppe *Kunde* mit „Heil Hitler" verabschiedet, um deren Reaktion zu testen. Im Kontrast dazu teilt *Cm* gegen Ende der Feldforschungsphase dem nunmehr vertrauten Beobachter mit, daß er die „Grünen" gewählt habe (während einer der vorhergehenden Kontakte hatte eine Diskussion zwischen Feldforschern und Jugendlichen stattgefunden).

Zwar werden auch im Biographischen Interview mit *Arno* (827-827) die Aktivitäten der Hooligans generell der Jugendphase zugeordnet und somit *entwicklungstypisch* eingegrenzt, aber bisher ist kein radikaler Bruch mit ihrer Hooligan-Geschichte zu beobachten, sondern eher eine allmähliche Auflösung (vgl. auch: 3.3.). Somit wird auch kein radikaler Bruch mit ihrer Selbst- und Fremdidentifizierung im Hinblick auf nationale und geschlechtsrollenspezifische Stereotype vollzogen. Dies ist - wie bereits angesprochen - bei der in der Hooligan-Szene eher marginalen Gruppe *Pulle* anders. Hier hat - vor dem

Hintergrund einer insgesamt geringer ausgeprägten Bindung an nationale und geschlechtsrollenspezifische Stereotype - eine vollständige Re-Orientierung stattgefunden. So hatte *Bernd* bereits während des Biographischen Interviews geäußert (Biographisches Interview: *Bernd*, 2693-2710):

```
Bm:              Ach nee, durch Am hab ick immer meine meine    2693
       janze Meinung jeändert jehabt. Na der freut sich wie      2694
                                  �len                            2695
Y1:                             └ Hm                             2696
                                                                 2697
Bm:    Schneekönig daß ich nich mehr so rechts bin. Wat hat er   2698
       neulich jesacht? „Bin ja richtich stolz uff mich, daß ich 2699
       et jeschafft, daß du nich mehr so n rechter Idiot bist"   2700
       und so wat. Obwohl der damals och mit Bomberjacke und Doc 2701
       Martins und kurze Haare durch die Jegend jeflitzt ist und 2702
       jesacht hat „Deutschland den Deutschen". Bloß bei ihm     2703
       siehts n bißchen merkwürdig aus. Wa?                      2704
                                  �len                            2705
Y1:                             └ Hm                             2706
                                                                 2707
Bm:    So war immer janz lustig jewesen. Ach man mußte irgendwie 2708
       mit dabei sein. Wenn de nich, dann warste irgendwie so n  2709
       Idiot.                                                    2710
```

Alle Mitglieder der Gruppe *Pulle* waren früher „mit Bomberjacken und Doc Martens und kurze Haare durch die Jegend geflitzt" (2701-2702). In der Formulierung in 2708-2709 kommt noch einmal die Mitläuferhaltung zum Ausdruck. Daran, daß *Bernd* nun „nich mehr so en rechter Idiot" ist (2700), hat vor allem *Am* erheblichen Anteil. Daß *Am* ein „bißchen merkwürdig aussah" im Skinhead-Outfit, ist eine Anspielung auf sein ausländisches Erscheinungsbild. Sein Vater stammt aus dem Irak und er gilt als „Ausländer". Dies wird dort explizit deutlich, wo *Am* die Frage aufwirft, wo es wohl herrührt, daß er sich „völlig sinnlos" an den Randaleaktivitäten beteiligt hatte (*Pulle*, Ader, 16-39):

```
Am:                                     └ Tja, det is     16
       ne Frage, die mich schon immer befaßt hat: sich selber   17
       jeht et doch jut. Ich hatte doch keene Probleme mit keen- 18
       mit keene Leute und trotzdem bin ich dahinjegangen und   19
       trotzdem hab ich irgendwie rumjeschrien und rumjebrüllt.  20
       Weeß nich, en Zaun zertreten oder ne Mülltonne um, ich    21
       meine                                                     22
                                                                 23
Bm:                   └ Na mir hat's Spaß jemacht                24
                                           �len                   25
Am:                                      └ na logisch, aber wo det 26
       herkommt, det möcht ich mal wissen, wo die Ader da irgend- 27
```

```
        wo is, also des doch völlig sinnlos (         ) ja, wenn    28
        de Probleme und so, bist im Stress, na dann freust dich,    29
        daß Sonnabend Fußball is                                    30
                         ⌐                                          31
Cm:                      └ Weil de Ausländer bist                  32
                                                ⌐                   33
?m:                                             └ wa                34
                                                  ⌐                 35
Cm:                                               └ weil er         36
        Ausländer is                                                37
                     ⌐                                              38
me:                  └ (Lachen)                                     39
```

Die Gruppe blickt hier kopfschüttelnd auf die „Sinnlosigkeit" ihrer früheren Aktivitäten zurück - einschließlich ihrer früheren Orientierung an Stereotypen nationaler Identität („Deutschland den Deutschen"; *Bernd,* Biographisches Interview, 2703). Wie sich auch in dem Selbstverständnis von *Am* als „Ausländer" (37) dokumentiert, ist eine Fremdenfeindlichkeit hier nicht mehr zu beobachten. Wie auch in den Beobachtungsberichten erkennbar wird, distanzieren sie sich mehrfach von einer derartigen Haltung. Aus einem der Beobachtungsberichte erfahren wir auch, daß *Bernd* sich nunmehr als „Linker" versteht, nachdem er begonnen hatte, seinen Ersatzdienst in der Behindertenarbeit zu leisten.

Erfahrungen der Wende

Wie im vorigen Abschnitt erkennbar wurde, verliert das rechte, mit Skinhead-Stilelementen versehene Outfit - einschließlich einer Orientierung an Stereotypen nationaler Identität - in den Augen der Jugendlichen der Gruppe *Pulle* seine Glaubwürdigkeit. Dies läßt sich zunächst *entwicklungstypisch* rekonstruieren. Allerdings kann diese entwicklungstypische Veränderung nicht losgelöst betrachtet werden von jenem zeitgeschichtlichen Umbruch, durch den diese Entwicklung überlagert wurde.

Seitens der Gruppe *Kunde* wird der Einfluß der Wende, wie im vorhergehenden Abschnitt dargelegt, in dieser Hinsicht explizit gemacht: Die *alte* Skinhead-Szene, der sich einige der Jugendlichen zugeordnet hatten, hatte sich aufgelöst, da ihre Existenz an die provokative Auseinandersetzung mit dem repressiven Zugriff der Kontrollinstanzen (einschließlich der Schule) und der Doppelmoral derjenigen gebunden war, die diese Repression hingenommen oder mitgetragen haben.

Veränderungen im Bereich der Identifikation mit nationalen Stereotypen („Nationalstolz") zeichnen sich im Falle der Gruppe Kunde aber auch zunehmend aufgrund erster Erfahrungen mit den „Westlern" ab. Dies dokumentiert sich in dem ungewöhnlich kontroversen, oppositionellen Diskursverlauf zum Thema „Wende". *Cm* spricht davon, daß „wir" - gemeint sind die Angehörigen der Nation - „uns wiedergefunden" haben. Damit wird die „Wiedervereinigung" in den Rahmen einer Wiederbegegnung von Familienangehörigen, oder intimen Freunden gestellt. Dies entspricht der im vorigen Abschnitt dargelegten Zusammenziehung von persönlicher und sozialer Identität. Von den anderen wird demgegenüber nicht nur die Idee des Sich-Wiederfindens, sondern auch die der „Wiedervereinigung" scharf zurückgewiesen. (*Kunde*, Wende, 60-74 u. 136-150):

```
Cm:          └ Und jedenfalls also (.) heißt also für mich per-    60
        sönlich die Wende- (.) für mich heißt einfach daß wir uns  61
        äh wieder jefunden haben und Wiedervereinigung find ick    62
        ooch so blöd, dit Wort is so abjegriffen, wir haben uns    63
        wiedergefunden in diesem (.) vielleicht nationalen Taumel, 64
             |                                                     65
Im:          └ Dit is daneben                                      66
                          |                                        67
?m:                       └ Wir haben uns janich wiederjefunden.   68
                                                    |              69
?m:                                                 └              70
        Stimmt.                                                    71
             |                                                     72
?m:          └ Mir hat eener erzählt, die Wiedervereinigung is     73
        sinnlos                                                    74
```

und weiter unten heißt es:

```
Fm:          └ Wiedervereinigung heißt daß wa uns schon vorher     136
        vereinigt haben. Haben wa aber nich, also is dit ooch kee- 137
        ne Vereinigung                                             138
                     |                                             139
?m:                  └ (die Westler) sind für mich Idioten, weil   140
        die halten mich für Idioten (      )                       141
                                     |                             142
        (Nebengespräch wird zum Hauptgespräch)                     143
                                     |                             144
Gm:                                  └ Du kiek mal, die            145
        Westler sagen, die Ostler sind bekloppt. (.) Die Ostler    146
        sagen- also sagen wa mal so, wir sagen, die meisten West-  147
        ler die wir kennen (pfeift) bekloppt                       148
             |                                                     149
Km:          └ Die Westler sind pinibel                            150
```

In der Schärfe, mit der *Im, Gm* u. a. die Idee der „Wiedervereinigung"
zurückweisen, wird eine Ent-Täuschung bzw. Verbitterung spürbar, die im
weiteren Diskursverlauf durch die konkreten Erfahrungen am Arbeitsplatz mit
den Vorurteilen der Westler gegenüber den Ostlern begründet (140-150) und
in der folgenden Sequenz weiter ausgeführt wird (*Kunde*, Wende, 297-321):

```
Im:                          L Man so is dit nun        297
     mal Cm, kannst nich sagen, Ost und West is immer so und  298
                          |                              299
Cm:                       L Da kannste sagen wat de willst.   300
                                                         301
Im:     wird ooch immer so bleiben.                      302
            |                                            303
Gm:         L Man dit sind eben Leute, die akzeptieren dich nich  304
     so wie de bist, ejal wo de herkommst. Man da sind Leute   305
                              |                          306
Cm:                           L Ick weeß nich wat-      307
     ick weeß, ick kenn dit (.) aus de- (.) paß uff, sagen wa   308
     mal so, ick kenn dit aus de BILD-Zeitung.          309
                                                         310
Gm:     bei bei uns, die sagen: 'Du kiek mal, die Tür haben se  311
     doch im Osten anjefertigt', und du- weil du gerad daneben  312
     stehst, desween sagen se ditte                     313
                              |                          314
Im:                           L Da hat er- da hat er aber  315
     wieder Recht, dit stimmt.                           316
                          |                              317
?m:                       L Ey Junge-                   318
                          |                              319
Gm:                       L Und dit hab ick oft         320
     jenuch da jehört jehabt.                            321
```

Die Westler mokieren sich über die vermeintlich schlechte Qualität östlicher
Produkte mit der Absicht, die Kollegen aus dem Osten zu provozieren und zu
verletzen („weil du grad daneben stehst, deswegen sagen se dette"; 312-313).
Cm versucht diese Vorurteile als durch die Medien („BILD-Zeitung"; 309)
produzierte darzustellen, ohne sich allerdings Gehör verschaffen zu können.
    Im direkten Anschluß daran greift *Arno* (*Am*) in den oppositionellen Diskurs
ein (Wende, 336-371):

```
Am:          paß uff (.) die einzje Wiedervereinigung- ick mee-  336
     ne mit jugendlichen Kunden versteh ick ma jut, aber wenn  337
     ick diese- ick versteh ma ooch mit die alten Kunden jut,  338
     aber wenn ick dit höre, diese janzen alten Spießerkunden,  339
     im Osten sagen se: Scheiß-Wessis und im Westen sagen se   340
     Scheiß-Ossis, die einzje Wiedervreinigung- die einzje   341
              |                                          342
```

```
Cm:              └ Und du liest die BILD-Zeitung und die hat      343
         dit uff dich übertragen-                                 344
         │                                                        345
?m:      └ Ey, laß ihn doch mal erzählen!                         346
                  │                                               347
Cm:               └ Naja, is so.                                  348
                                                                  349
Am:      Wiedervereinigung hat doch zwischen der Jugend stattjefun- 350
         den, ick meine dit einzje- ick meine, dit stand         351
         │                                                        352
Bm:      └ Ja.                                                    353
                                                                  354
Am:      sojar inner Zeitung (.) die offizielle Wiedervereinigung 355
         war dit erste zwischen den Hools jewesen (.) Da hat dit  356
         plötzlich jeklappt, zwischen Magdeburger-Braunschweiger, 357
         Ostberlin-Westberlin, da war dit erste wo überhaupt glei 358
         sofort zusammen wat lief, bevor überhaupt 'ne Währungs-  359
         umstellung war und denn überhaupt die janzen Jugendgruppen 360
         und überhaupt, aber die janzen Alten, hör se doch mal    361
         quatschen. Die drüben sagen alle 'Die Ostschweine,       362
         │                                                        363
Cm:      └ (Nebengespräch) Wo is'n dit Bier jetzt? (.) Ick       364
         gieß mal mal'n Schluck ein.                              365
                                                                  366
Am:      deswegen verdienen wa weniger Jeld' und bei uns sagen se 367
         alle: 'Naja bei uns war allet viel schöner, allet durch  368
         die Westschweine', im Grunde is dit doch nur die Jugend wo 369
         eigentlich die Wiedervereinigung stattgefunden hat. Aber 370
         der Rest ja so: Ääh (.) Streß!                           371
```

Arno führt die Thematik des bisher oppositionellen Diskurses hin zur Handlungspraxis der Gruppe selbst, d. h. zu den Kernaktivitäten der Gruppe, zur Fußballrandale und somit zu jener Erfahrungsbasis, die als gemeinsam geteilte und zum Zwecke der Konstitution einer episodalen Schicksalsgemeinschaft inszenierte den Zusammenhalt der Gruppe (immer noch) gewährleistet. Die gemeinsam mit den westlichen Gruppen (auch wenn diese als Gegner auftreten) inszenierten Randaleaktivitäten erscheinen hier auch als die Basis für die „einzige" und sogar die „offizielle" Wiedervereinigung (341, 350 u. 355), d. h. eine in den Medien repräsentierte und anerkannte Form der Wiedervereinigung. Vom Erfahrungsraum der Hooligans wird dann auf „die Jugend" (369) hin generalisiert - in stereotypisierender Abgrenzung von den „janzen Alten" (361), die man „vergessen" kann. D. h. es findet hier eine klare entwicklungstypische, d. h. an die Jugendphase gebundene, Einordnung und Eingrenzung dieser Aktionismen statt (daß es sich hier nicht um eine *generationentypische* Einordnung handelt, wird vor dem Hintergrund des Biographischen Interviews mit *Arno* deutlich, in welchem er seine Aktivitäten, die er als „Abenteuer" bezeichnet, explizit in die Jugendphase einordnet: „solang ick jung bin"; *Arno*, 826-827).

Die Randaleaktivitäten, auf die *Arno* in der Gruppendiskussion noch einmal anspielt (357-358), sind an anderer Stelle des Diskurses und auch in den Biographischen Interviews bereits in detaillierter Weise entfaltet worden. Sie sind einzuordnen in eine Serie von Aktionismen, wie sie kurz nach der Maueröffnung einsetzten und zu denen u. a. auch die immer wieder erwähnte Auseinandersetzung in Rostock 1990 gehört, die einen focussierten Erlebnishintergrund für die Konstitution der Ostberliner Hooligan-Szene und ihrer episodalen Schicksalsgemeinschaften bildet. Auch die anderen in den Gruppendiskussionen und Biographischen Interviews dargestellten Randaleaktivitäten fallen - soweit sie als Hooligan-Aktivitäten verstanden werden - in die Zeit nach der Maueröffnung. Derartige Eskalationen wurden wesentlich durch die wendebedingte Verunsicherung und Desorganisation der Kontrollinstanzen, das sogenannte Kontrolloch ermöglicht.

Somit führt die Wende, was die Veränderungen der Orientierungen der Jugendlichen anbetrifft, zu zwei gegenläufigen Tendenzen: Auf der ideologischen Ebene werden politisch-nationale Stereotype fraglich. Auf der Ebene der Handlungspraxis kommt es zu Erfahrungen der „Befreiung", indem die Randaleaktivitäten sich weitgehend ungehindert durch den Zugriff der Kontrollinstanzen entfalten konnten. Die Abwendung vom Skinhead-Outfit wie auch die Konstitution der eigentlichen Hooligan-Szene stellen sich somit gleichermaßen als Produkt der Wende dar.

Eine derartige Freisetzung aus den gewohnten Mechanismen der Kontrolle ist nicht nur Auslöser für die spektakulären, sondern auch die alltäglichen, eher individuellen Aktionismen in den Bereichen der Ausbildung bzw. des Wehr-dienstes, wie *Benno* (*Bm*) sie erwähnt (*Kunde*, Wende I, 187-197):

```
Bm:                        ⌊ Ja is ja etz egal           187
       bloß hier mit wat die Frage sonst hier mit die Wende schon   188
       richtig überleg doch mal wo ihr eure Lehre angefangen habt   189
       hier bei der Wende war ick beim Bund also damals noch NVA    190
       und da hast et erstmal richtig mitgekriegt wie et abläuft    191
       wo-wo da konnteste zum Offizier gehn und und sagen Arsch     192
       loch da hat er sich nicht getraut dich-dich anzuzeigen       193
       oder dich irgendwie zu verdonnern zu irgendwat weil er       194
       nich wußte uh wenn ich den jetzt in Bunker stecke uh is      195
       det et richtige oder muß ich den ne Rüge erteilen oder muß   196
       ich det machen wußte keiner                                  197
```

Die Verunsicherung der Offiziere und anderer Vorgesetzter während der Wende hat hier den Rekruten Freiheiten bzw. Disziplinlosigkeiten bis hin zur Beleidigung von Vorgesetzten ermöglicht.

Jene anderen Erfahrungen der Wende, die weniger focussiert sind und sich auf die Vorurteile der Westler beziehen, werden auch in der Gruppe *Pulle* angesprochen und sind auch dort von eher marginaler Bedeutung. Auch in der Gruppe *Pulle* geht es um Vorurteile der Westler hinsichtlich der geringen Leistungsfähigkeit der Ostler (Ostler, 11-41):.

```
Am:                                 └ die Westfirma    11
              die zahlt unserer Ostfirma natürlich nicht so viel die    12
              sagen ihr Primis aus'm Osten, weeste die glauben das ein-  13
              fach noch nicht daß wir und da hat unsere Firma also och   14
              schon öfters mal bewiesen bei anderen Firmen weste das se  15
              det doch könn'n. und so                                    16
              |                                                          17
Dm:           └ ( was willste denn) früher die hatten ja gar kei-       18
              ne Maschinen gehabt (        )                            19
              |                                                          20
Am:           └ Na klar. und jedenfalls die ham bewiesen                21
              dat ses doch könn'n;                                       22
              |                                                          23
?m:           └ eben                                                     24
              |                                                          25
Am:           └ und da is (genau so) wenn ich als                       26
              Facharbeiter aus'm Osten komme am Anfang da kieken se mit  27
              zwee Ogen da sagen die des is'n Idiot, weste die ham drü-  28
              ben im Osten allet bloß gekriegt so wie (    ) aba ik      29
              meine für für Westla sind wir ja det dumme Volk gewesen    30
              aba man kann sich det ja och selba och erarbeiten wa, wenn 31
              sie sehen det de kannst und machst und tust                32
              |                                                          33
Cm:           └ und äh die Facharbeiter in der                          34
              DDR die ham halt mit ihren primitiven Mitteln             35
              |                                                          36
Am:           └ je genau                                                37
              |                                                          38
Cm:           viel improvisieren müssen und ham dadurch vielmehr Fähig- 39
              keiten noch teilweise auf einigen Gebieten als irgentwel- 40
              che Westla werden natürlich als völlich dumm beschimpft    41
```

In einer Konklusion wird dies dann von *Anton* (*Am*) metaphorisch auf den Punkt gebracht (59-68):

```
Am:                               et war im Osten immer so    59
              jewesen daß de daß die ebent die Mittel jefehlt haben die  60
              Mittel und die Wege                                       61
```

```
                   ⌐                                        62
?m:                └ genau                                  63
                   ⌐                                        64
Am:                └ wenn de so im einzelnen kuckst und    65
      normalerweise ik mein das is ja so wieder n Ostla macht ja  66
      im Grunde so Anführungsstriche der macht ja aus Scheiße     67
      noch wat wa, aus'm Gartenschlauch n Tauchaanzug oda so wa,  68
```

Die Ostler sind in den Augen der Westler die „Primis" (13), also die Primitiven und „det dumme Volk" (30). Dies wird jedoch nicht - wie in der Gruppe *Kunde* - zu einer Frage der nationalen Identität. Wiederum wird deutlich, daß die Jugendlichen der Gruppe *Pulle* insgesamt weniger an nationale Stereotype gebunden sind. Das Problem des Umgangs mit den Westlern und deren Vorurteilen wird pragmatisch gelöst. Einerseits wird zugestanden, daß den Ostlern „Maschinen" (19) gefehlt, sie lediglich über „primitive Mittel" (35) verfügt haben. Insgesamt fehlten ihnen die „Mittel und die Wege" (60 u. 61), wie *Am* dann in einer Konklusion darlegt. Aber diese Fertigkeiten können sich die Ostler „ja och selber och erarbeiten" (31).

Den hier eingestandenen Defiziten der Ostler wird jedoch zugleich das in der DDR-Sozialisation erworbene improvisatorische Geschick (39) entgegengehalten. Dies mit einem gewissen Stolz auf die handwerklichen Fertigkeiten (vgl. 39-41), zugleich aber auch mit einer gewissen Selbstironie - angesichts der Tatsache, daß diese Tugenden aus der Not der fehlenden Ressourcen („Mittel") geboren wurden: über die Fertigkeit, „aus 'm Gartenschlauch en Taucheranzug" zu improvisieren, (68) verfügen die Westler sozialisationsbedingt nicht.

Im Focus jener Diskurspassagen in denen es um die Wende geht, stehen jedoch hier wie auch in der Gruppe *Kunde* - dem übergreifenden Orientierungsrahmen des situativen Aktionismus entsprechend - Erfahrungen der Freisetzung im Sinne neugewonnener Enaktierungspotentiale des Aktionismus und der Randale (Randale, 1-49):

```
Am:   Weil du-weil er (vorhin) nochmal sacht hier, Randale ma-     1
      chen und rechts und links nach der Maueröffnung, det war     2
      ja nun so jewesen, im Osten warste eingekesselt. Mußte       3
      zugeben. Du konnst nich auf de Kacke hauen. Du konnst nich   4
      einfach sagen, wenn en Bullenwagen uff der Straße ankommt,   5
      so und so, da mußteste dich fügen. Wenn der det jesacht      6
      hat det-det mußteste machen, hättest et nich jemacht, wär-   7
      ste eingebuchtet worden. Also warste ja einjesperrt, i-im    8
      wirklichen warste det jetz nich reisemäßig, ooch so. Also    9
      is det doch janz klar, i-in dem Moment, wo die Mauer ge-    10
      fallen is, warst du frei. Ick konnt mer uff die Straße      11
      stellen, konnt einfach brüllen Kohl is en Arschloch-konnt   12
```

```
        ick früher nich machen, hätt ick früher gerufen Koh-äh      13
        Honecker is en Schwein, ne Minute gestanden; wär ick weg-    14
        gewesen für ewige Jahre, und da is et so, dadurch daß die    15
        Mauer jefallen, bist du frei. Und da war et janz logisch,    16
        jetz mußt du ausflippen, jetz hast du 17 Jahre im Osten      17
                          ⌐                                          18
Bm:                       └ Aber (die) im Osten                      19
                                                                     20
Am:     gelebt, du wurdest nur unterdrückt, sag ich jetz mal in      21
        Anführungsstrichen du wurdest ja im Grunde nur, so, dann     22
        is et doch logisch, daß du nach der Maueröffnung, wo det     23
        frei war allet für dich, daß du jetz wat machen willst.      24
        Jetz mußte - jetz haste gesacht entweder du bist Hooligan,   25
        du bist Nazi, du bist Linker oder Rechter, oder irgendwat    26
        haste jetz jemacht. Dat is janz klar, weil jeder wollte      27
        ausflippen, denn wir wollten ja in 17 Jahren det rausholen   28
        wat andere in 30 Jahren weeßte au-au-ausgeflippt. Also       29
        Randale irgendwie.                              ⌐            30
                      ⌐                                 │            31
Y2:                   │                                 └ Ja-ja.     32
                      │                                              33
Bm:                   └ Bloß ick meine, (da gabs) Ostbullen, die wußten ja sel- 34
        ber nich mal wo se stehen, kiek mal, wie wir nach dem-na     35
        kurz nach der Grenzöffnung, wie wir mit den                  36
                  ⌐                                                  37
Am:               └ Ja logisch.                                      38
                                                                     39
Bm:     Bullen immer rumgespielt haben beim Fußball, wie wer se      40
        rausgeschmissen haben und so wat,           ⌐                41
                                                    │                42
Dm:                                                 └ Ja und und-    43
        und die eigene Sicherheit von de-von de Bullen kam ja erst   44
        im Grund durch-äh Bund-                                      45
                          ⌐                                          46
Bm:                       └ Durch die Westbullen, GSG 9 und so wat.  47
                                  ⌐                                  48
Am:                               └ Ja-ja (GSG 9) (.)                49
```

Vor dem Hintergrund der Erfahrung, „eingekesselt" (3) und „eingesperrt" (8) gewesen zu sein, werden die neu gewonnenen Freiheiten genutzt: angefangen von einer exzessiven Enaktierung der Meinungsfreiheit („ick konnt mehr uff die Straße stellen, konnt einfach brüllen: Kohl is n Arschloch"; 11 u. 12) bis dahin, daß die Jugendlichen „mit den Bullen immer rumgespielt haben beim Fußball" (36 u. 40). Hiermit sind u. a. auch wiederum die Ereignisse in Rostock 1990 angesprochen, auf die dann auch im weiteren Verlauf dieser Passage genauer eingegangen wird. Dabei erscheint die Art der Randale eher beliebig: „also Randale irgendwie" (29 u. 30). Dies wird hier soweit gefaßt, daß allen Gruppen - auch den „Linken" (26) also den (früheren) Gegnern - das Recht auf ein „Ausflippen" (28) zugestanden wird. Daß dieses „Ausflippen" allerdings nicht nur „spielerischer Art" war und sich nicht allein gegen einen wehrhaften Gegner richtete, sondern mit Brutalität auch gegen mehr oder weniger wehrlose Bewohner eines „linken, besetzten Hauses", ist u. a. in der bereits wiedergebebenen Passage aus dem Biographischen Interview mit *Bernd* (2966-3016) deutlich geworden. *Bernd* bezieht sich dort auf die Zeit „kurz nach der Wende" - *unmittelbar bevor er sich* mit der Ostberliner Hooligan-Szene identifiziert hat.

Bei beiden Gruppen, deren Angehörige zum Zeitpunkt der Wende 17 Jahre (*Pulle*) bzw. durchschnittlich 18 Jahre (*Kunde*) waren (*Arno* als der älteste allerdings bereits 22 Jahre), traf die Wende mit einer Phase der Adoleszenzentwicklung zusammen, deren Orientierungsprobleme und Krisenphänomene - wie auch die Biographischen Interviews (3.2.) zeigen können - noch in der Vorwendesozialisation verankert waren (vgl. auch die Zusammenfassung zu 3.2. u. Kap. 2.). Bei den Hooligans wird die Verschärfung der *Adoleszenzkrise* selbst (im Unterschied vor allem zur Gruppe *Basis*; Kap. 5) also nicht durch die Wende ausgelöst.

Bedingt durch den vorübergehenden Zusammenbruch der sozialen Kontrolle werden Freiräume, genauer: *Enaktierungspotentiale* für eine bereits entfaltete Adoleszenzkrise geschaffen. Dies führt im Zusammenhang mit der Abkehr von der Skinhead-Szene zur Konstitution der eigentlichen Ostberliner Hooligan-Szene.

3.2. Lebensgeschichten

Bernd

Zur Interviewsituation

Bernd gehört zur Gruppe *Pulle* aus Nordstadt. Da er nach der Auswertung der Gruppendiskussion als derjenige gelten kann, der in dieser Gruppe am deutlichsten in die Kernaktivitäten der Hooligans verstrickt war, wurde sein Interview stellvertretend ausgewählt. Angesichts eines vertretbaren Umfangs dieses Buches konnten andere Biographische Portraits aus dieser in der Hooligan-Szene eher marginalen Gruppe nicht dargestellt werden.

Die Auswertung der Gruppendiskussion wie auch diesbezügliche Nachfragen ergaben, daß *Claus (Cm)* nicht zur eigentlichen Clique gehörte, so daß auf ein Biographisches Interview verzichtet wurde. Während das Interview mit *Anton (Am)* erst knapp ein Jahr nach der Gruppendiskussion durchgeführt werden konnte (am 01.03.'93), fanden diejenigen mit *Dieter* am 01.06.'92 und mit *Bernd* am 20.05.'92 statt, also acht bzw. sechs Wochen nach der Gruppendiskussion statt.

Zum Biographischen Interview holte ich *Bernd* nachmittags gegen 15 Uhr vor dem TE-Club in Nordstadt mit dem Auto ab. Es war ein heißer Sommertag und *Bernd* trug eine Sporttasche bei sich. Wie er mir erzählte, war er im Schwimmbad gewesen. *Bernd* war zu der Zeit arbeitslos und konnte deshalb auch während der Woche das Freibad in Nordstadt besuchen. Damit *Bernd* „die Universität" kennenlernen konnte, wie es sein Wunsch war, hatten wir beschlossen, das Interview dort durchzuführen. Während der ca. einstündigen Fahrt meinte er, daß es für ihn interessant sei, auch einmal in diesen Teil Berlins zu kommen, so weit westlich sei er noch nie gewesen.
Nachdem wir in einem Supermarkt zwei Six-Packs Bier „als Erfrischung" für die Zeit des Interviews gekauft hatten, wollte ich Bernd auf seinen Wunsch hin zunächst „unseren Professor" vorstellen. Der war aber zu dem Zeitpunkt unabkömmlich. Das Interview dauerte ca. zweieinhalb Stunden und verlief sehr intensiv. Als *Bernd* nach einer kurzen Unterbrechung von der Toilette zurückkam, fragte er mich, ob es an der Universität Skinheads gäbe, weil er ein „Ol-Skin-Taggen" in der Toilette entdeckt habe. Ich antwortete, daß mir davon nichts bekannt sei und es mich auch sehr wundern würde.
Nach dem Interview stellte ich ihm Ralf Bohnsack vor, wobei es allerdings nicht zu einer längeren Unterhaltung kam, weil *Bernd* sich um 19 Uhr schon wieder mit seinen Freunden im TE-Club verabredet hatte. Ich fuhr dann mit *Bernd* wieder zurück nach Nordstadt und ging noch mit in den TE-Club, den ich dann gegen 20 Uhr verließ.

Biographisches Portrait

Bernd wurde 1973 als Sohn eines Ingenieurs und einer Sachbearbeiterin in einer Kleinstadt in der Nähe von Berlin geboren. Er hat einen fünf Jahre älteren Bruder. Im Alter von sechs Jahren - kurz vor seiner Einschulung - zieht *Bernd* mit den Eltern in ein Neubauviertel nach Berlin.

Auf die Frage des Interviewers nach der „ganzen Lebensgeschichte" (7) und schließlich nach der Kindheit, betont *Bernd*, daß er „nicht allzuviel" weiß (20-42):

```
Y1:    Hm. Also wenns de da vielleicht mit-mit de Kindheit so-        20
       zusagen anfängst oder so.                                       21
                                                                       22
Bm:    Hm (des is bei mir halt dumm) ick weeß aber nich viel von       23
       früher.(       ) So und so mein Vadder erzählt immer von        24
       früher und wenn ick an früher denke dann weeß ick bloß          25
       noch eens in A-Stadt. Weil ick da jeboren bin. Da war so'n      26
       Mädel die war n paar Jährchen älter jewesen so um die 6         27
       Jahre.                                                          28
             |                                                         29
Y1:          └ Hm                                                      30
                                                                       31
Bm:    Und die hat sich damals in mich vernarrt jehabt wie ick         32
       kleen jewesen bin Baby und so die is den ersten Tag mir         33
       mir immer rumjeflitzt Fahrradfahren beijebracht und so wat      34
             |                                                         35
Y1:          └ Hm                                                      36
                                                                       37
Bm:    Aber allzu ville weeß ick ooh nich mehr von damals. (   )       38
       Eigentlich richtig fings erst hier in Berlin an. Da war         39
       ick glaub ick sieben Jahre jewesen wie ick da herjekommen       40
       bin. An das erinner ich mich eigentlich größtenteils an-        41
       sonsten von früher jar nich ville.                              42
```

Der Vater „erzählt immer von früher" (24 u. 25), aber *Bernd* greift nicht auf dessen Erzählungen zurück. Er verläßt sich offensichtlich nicht auf die Perspektive des Vaters, durch welche ihm eine Kontinuität der Familiengeschichte vermittelt werden könnte. *Bernd* berichtet auch nicht über die Beziehung zu seinem fünf Jahre älteren Bruder, lediglich von einer engen *außerfamilialen* Bindung zu einem sechs Jahre älteren Mädchen. Mit dem Fehlen der familienbezogenen Kindheitsgeschichte zeichnet sich bereits das fehlende Vertrauen in die Perspektive eines für die Selbst-Erfahrung signifikanten Anderen ab, welches dann in der späteren Erzählung evident wird.

Bernd setzt den eigentlichen Beginn seiner autobiographischen Erzählung beim Umzug nach Berlin bzw. beim Anfang der Schulzeit. Auf eine spätere, die Zeit des Umzugs betreffende Nachfrage berichtet *Bernd* zunächst über das Dorf, in dem seine Mutter aufgewachsen ist und in dessen „Dorfdisko" (243) sich seine Eltern kennengelernt haben, betont aber wiederum, daß er von der Kleinstadt, in der er seine frühe Kindheit verbracht hat, „nich mehr ville" weiß (260-282):

```
Bm:                              Weeß zwar noch wie die Häuser da   260
        rumjestanden haben aber mehr ooh nich mehr            261
                                                              262
Y1:                                    └ Mhm                  263
                                                              264
Bm:     und denn irgendwann nach Berlin. In Berlin bin ick jar 265
        nich klarjekommen. Also det schärfste erste Erlebnis mit 266
        Berlin war ja vom ja Umzug war ja klar jewesen und dann 267
        wollt wer jetzt in die neue Wohnung fahrn und uff ner 268
        Kreuzung is uns so een Hotte voll in die Seite rinjefahren 269
        da ham wer uns dreimal überschlagen und da standen wer da 270
        uffm Kopp na und det im Trabi und der Trabi der sah schön 271
        aus danach. Na zum Glück uns is nischt passiert. Meene 272
        Mutter hat bloß den Daumen umgeknickt jehabt und meen Bru- 273
        der hat gloob ich ne Gehirnerschütterung jehabt ne janz 274
        leichte. Mir is nischt passiert meem Vadder au nich bloß 275
        naja hab ick damals ge-                              276
                                                              277
Y1:            └ Mhm                                          278
                                                              279
Bm:     sagt. Nee Berlin ick will wieder zurück nach A-Stadt. Na 280
        ick meine mit 7 Jahren und dann son Teil na dann jeden- 281
        falls in die neue Wohnung rin.                       282
```

In Berlin ist *Bernd* „jar nich klargekommen". Für den Umzug nach Berlin
steht hier metaphorisch die Szene des „Unfalls". Die ganze Familie wird aus
der Bahn geworfen und steht schließlich Kopf (271). Dies ist für ihn das
„schärfste", also beeindruckendste Erlebnis in Berlin. Wie an späterer Stelle
deutlich wird, konnte sich der Vater, der sich bereits vom Schlosser zum
Ingenieur in einer staatlichen Einrichtung hochgearbeitet hatte (1935-1949),
durch den Wechsel vom Braunkohlekraftwerk in der Kleinstadt zum Braun-
kohlekombinat in Berlin beruflich verbessern (430-447):

```
Bm:                           Ja und war besser bezahl und in  430
        Berlin haste sound so meistens mehr verdient und Berlin 431
        haste och mehr irgendwie mehr Zeug jekriegt, ich meine 432
        besseret Essen. Wat heißt besseret naja uff jeden Fall 433
        haste Bananen jekriegt uff Deutsch zu sagen wat de sonst 434
        ick meine da unten in der                           435
                                                              436
Y1:                     └ Mhm                                 437
                                                              438
Bm:     Walachei haste nie wat jekriecht. War von der Versorgung 439
        her nich so besonders jewesen. Ja meine Mutter naja die 440
        war                                                  441
                                                              442
Y1:                     └ Mhm                                 443
                                                              444
```

Bm: damals ja Sachbearbeiterin und hier nach Berlin da is se   445
dann Sekretärin jeworden. Is och schon n bißchen ne kleene 446
Verbesserung jewesen.   447

Die Mutter hat mit dem Umzug von der Position der Sachbearbeiterin zu derjenigen einer Sekretärin gewechselt, eine wohl kaum erhebliche berufliche Verbesserung. Später steigt der Vater erneut auf, indem er eine Stelle an der Akademie der Wissenschaften als „Sicherheitsinspektor" antritt (479), die er aber mit der Wende verliert, so daß er schließlich wiederum als „Schlosser" arbeitet. Unmittelbar nach dem Umzug beginnt für *Bernd* die am Anfang seiner Erzählung stehende Schulzeit (71-95):

Bm: Kraß warn manchmal früher die Lehrer   71
jewesen Unterstufe. An de Haaren jezogen an de Ohren jezo- 72
gen. Ja all so ne Dinger. Seitdem hab ick ooch Segelohren. 73
                                                      74
Y1:   (lachen)   75
                                                      76
Bm: Ha ne, ne aber ganz krass. Ick war immer so'n Mensch der 77
wo unruhig jewesen is der immer rumjeflippt is da. Konnt 78
nie stillsitzen   79
                | 80
Y1:   └ Hm   81
                                                      82
Bm: Da bin ick hm ständig unterhalten und so. Da war son Leh- 83
rer die fand det jar nich so komisch. War echt seltsam 84
jewesen. An der Oberstufe war son Mädel bei mir in de 85
Klasse. Die Mutter war in X-berg war is aä für-für behin- 86
derte Kinder und da is die so ne Art wie Erzieherin die 87
hat och irgendwie Doktor oder Professor. Die hat meim Vad- 88
der immer weismachen wollen daß ich zum Arzt gehen muß zum 89
Nervenarzt weil ick ja voll zu nervös bin und so wat fand 90
ick damals jar nich ko-   91
                | 92
Y1:   └ Hm   93
                                                      94
Bm: misch. Von der Ollen hab ick ooch neulich jeträumt jehabt. 95

Die Geschichte der Schulzeit von *Bernd* erscheint als eine Zeit des Erleidens und des Ausgeliefertseins, durch die er sich bis heute verunstaltet fühlt („seitdem habe ich och Segelohren"; 73) und von deren Auswüchsen und Stigmatisierungen er noch heute „träumt" (95).

In der ersten Klasse hat er sich - wie er später berichtet - „gleich mit den Pipl rumgeprügelt" (285), um dann später mit ihm Freundschaft zu schliessen. Obschon er in den ersten Schuljahren mit Leuten „zusammengehangen" ist (120), war er eher ein „Einzelgänger" (108-115) - und dies bis zur Begegnung mit *Anton* und *Dieter* aus der Gruppe *Pulle*, also bis zu seinem 18. Lebensjahr.

In späteren episodalen Erzählungen kommt *Bernd* dann wieder auf die Schulzeit als eine Zeit des Ausgeliefertseins und des Erleidens zurück. Von der ersten bis zur fünften Klasse hatte *Bernd* dieselbe Lehrerin (298-310):

```
Bm:     Wir ham jedenfalls bloß nur eene Lehrerin jehabt. Außer    298
        Sport hatten wer ne andere Lehrerin. Ansonsten ham wer     299
        allet bei ihr gehabt Heimatkunde also Geographieunter-     300
                ⌐                                                   301
Y1:             └ Mhm                                               302
                                                                   303
Bm:     richt, dann Deutsch hatten wer jehabt bei ihr äh war ne    304
        völlig verhasste Frau jewesen Frau H. hieß die, die konnt  305
        mich total nich leiden. Die hat mich bald fertig jemacht   306
        die Frau immer an de Haare jezogen weeß ick wat da. Na     307
        weil ick halt nervös jewesen bin. Ja dann von fünfte bis   308
        siebente Klasse da hatten wer n janz juten Lehrer. Den     309
        konnt man schön verarschen.                                310
```

Die „völlig verhaßte Frau" (305) wird schließlich durch den „guten Lehrer" abgelöst, unter dem *Bernd* allerdings jemanden versteht, den man „schön verarschen" konnte. D. h. positive Erfahrungen sind solche, in denen man die Kontrolleure in für sie unkontrollierbare Situationen bringen kann.

Die schulischen Erfahrungen entsprechen hier also dem, was in der Gruppe *Kunde* als der „totale Druck" bezeichnet wurde - als ein Element der Erfahrung von Gesellschaft als totaler Institution. Wie in der Gruppe *Kunde* aber auch deutlich wurde, erwächst dieser totale Druck eigentlich erst aus dem Zusammenspiel von schulischen Leistungs- und Disziplinarzusammenhang mit den elterlichen Reaktionen. Dies wird in den Erzählungen von *Bernd* besonders deutlich. Den Fremd- und Kontrolldefinitionen und auch Stigmatisierungen im schulischen Bereich, die durch die Nervosität, Unkonzentriertheit und Orientierungslosigkeit seines Sohnes ausgelöst werden, diese aber zugleich auch verstärken, hat der Vater nichts entgegenzusetzen; vielmehr werden sie durch seine Reaktion erst zum wirklichen Problem. Wie in der folgenden metaphorischen Darstellung erkennbar wird, entwickelt der Vater nicht nur kein Verständnis für seinen Sohn, sondern er vertritt den Standpunkt der Kontrollinstanzen konsequenter noch als diese selbst (348-379):

```
Bm:                               Ja na eenmal war jewe-          348
        sen. Waren im Tierpark jewesen und da ha ick die Leute    349
        nachher nich wiederjefunden von meiner Klasse. Dann bin   350
        ick immer noch zweet Stunden da drin rumjeflippt. In dem  351
        Tierpark da. Und da is der Pipl da äh der Lehrer war schon 352
```

```
zu mir nach Hause jefahren. Kam nach oben. Mein Vadder is    353
ja ausjerastet da der. Hat mich total verprügelt. Naja       354
weil der Lehrer anjekam angekommen is und hat ooch anje-      355
fangen zu heulen der hat jedacht daß mir irgendwat pas-       356
siert is und so. Mußten se ja damals theoretisch in Knast     357
kommen oder so wat.                                           358
                                                             359
Y1:     Hm                                                    360
                                                             361
Bm:     War janz krass jewesen. Mein Vadder total ausjeflippt. Ah  362
        mit meim Vadder hab ick mich so un so nich besonders ver-  363
        standen.                                              364
                                                             365
Y1:     Mhm                                                   366
                                                             367
Bm:     Ja glaube siebente Klasse war et jewesen. Hab ick ne fünf  368
        in Russisch jehabt. Bei uns jings ja bloß eins bis fünf    369
        die Zensuren                                          370
                    ⌐                                         371
Y1:                 └ Hm                                       372
                                                             373
Bm:     und bei der fünf, theoretisch hätte man sitzenbleiben müs-  374
        sen aber man kann weiter versetzt werden und ick wurde     375
        damals weiterversetzt. Ah da is mein Vadder mit mir uff de  376
        Schere losjegangen Quatsch mit de Schere uff mich losje-   377
        rannt und seitdem hass ick den eigentlich, keene große     378
        Beziehung mehr zu dem.                                379
```

Im Verlauf des Besuchs der Schulklasse im Tierpark verliert *Bernd* den Anschluß an die Klasse und verirrt sich. Während der Lehrer betroffen ist, sogar „heult", macht der Vater für dieses metaphorisch bedeutsame Herumirren, für die Orientierungslosigkeit seines Sohnes nicht die Schule bzw. den Lehrer verantwortlich, sondern *Bernd* selbst. Dessen Orientierungslosigkeit wird vom Vater nicht primär im Hinblick auf die mögliche Gefährdung des Sohnes, sondern im Hinblick auf einen potentiellen Gesichtsverlust dem Lehrer gegenüber zum Problem. - Später berichtet *Bernd* auch darüber, daß der Vater im „Elternaktiv", dem Elternbeirat, sich engagiert hat, „um mich da mal besser zu kontrollieren äh kontrollieren zu können" (1556).

Während *Bernd* sich zu diesem Zeitpunkt mit dem Vater „so und so nich besonders verstanden hat" (363-364), führen das mit Gewaltbereitschaft gepaarte Unverständnis des Vaters und dessen mangelnde Solidarität später dazu, ihn zu „hassen" (378). Der Vater sei wegen einer „fünf" in Russisch „mit der Schere" (377) auf ihn losgegangen. Über die körperliche Gewalt des Vaters wird auch an anderen Stellen berichtet (397-400):

```
Bm:                                    Ja mein Vadder  397
        ick meine wurde ooch früher von seim Vadder mal ziemlich  398
```

```
        hart ranjenommen also richtich verprügelt und so viel-      399
        leicht is det dann drinne so im Blut ick weeß et nich.       400
```

Die Orientierungslosigkeit von *Bernd* in der Schule verschärft sich noch bzw. erhält diese eine andere Bedeutung, indem mit zunehmendem Alter die DDR-Schule - die POS - für *Bernd* nicht nur eine disziplinarische und leistungskontrollierende, sondern auch eine Anstalt der politischen Gesinnungskontrolle wird, so daß er zweifelt, ob er „richtig denkt" (559-605):

```
Bm:                 War jedenfalls nie so toll jewesen in der       559
        Schule. Weil et keen Spaß jemacht hat.                      560
                         |                                          561
Y1:                      └ Mhm                                      562
                                                                    563
Bm:     Weil du mußtest immer unter diesen komischen Leistungs-     564
        druck. Also äh mußtest immer - (Poltern) hoffentlich        565
        kracht der Stuhl nicht zusammen -                           566
                         |                                          567
Y1:                      └ Mhm keine Angst                          568
                                                                    569
Bm:     Auf jeden Fall mußteste immer so so politisch und so FDJ    570
        so immer wat rinjehn und war nie mein Fall jewesen.         571
                                                                    572
Y1:     Hmhm                                                        573
                                                                    574
Bm:     War zwar in allem drinjewesen. Aber da äh richtich zuje-    575
        sagt hat det nie. Hab denn mit meiner Lehrerin denn nach-   576
        her zum Schluß immer bloß rumjestritten jehabt. Weil die    577
        mir immer allet weismachen quatsch allet rot machen wollte  578
        und wat et im Grund jar nich so jewesen is. Na obwohl da-   579
        mals ha ick äh och manchmal jezweifelt, ob ich richtich     580
        denke oder ob sie richtich denkt, weil die et immer so jut  581
        erklären konnte und so, hab ick mit der immer rumdisku-     582
        tiert jehabt und der konntste eigentlich relativ jut wat    583
        erzählen.                                                   584
                                                                    585
Y1:     Mhm                                                         586
                                                                    587
Bm      Pff ha zum Schluß hatt ick dann doch irgendwie recht je-   588
        habt. Aber mit der hatten wer immer rumjestritten jehabt.   589
        Aber die hat immer so jenau jesacht daß de irgendwie nach-  590
        her jar nich mehr nachhaken konntest, weil det wieso wie    591
        sie det immer erklärt hat doch immer wieder logisch er-     592
        schien so daß der Osten doch irgendwie wat janz tollet is.  593
                         |                                          594
Y1:                      └ Hm                                       595
                                                                    596
Bm:     Drum bin ick au nie so richtich klarjekommen wa mit dem     597
        janzen Thema (3) Schweigeminute ick weeß nich mehr weiter   598
                                                                    599
```

```
Y1:     Ja was-was was waren des für Sachen wo du des nicht wuß-   600
        test, wer jetzt da Recht hat?                              601
                                                                   602
Bm:     Äh ja damals det war 9. Klasse da fing ick da so langsam   603
        an äh-äh so rechts zu werden. Weil ick da irgendwie die    604
        janzen Glatzleute us toll fand und so.                     605
```

Was hier deutlich wird, ist das für totale Institutionen typische Sich-Überlagern, Einander-Verdichten bzw. Verschwimmen von leistungsbezogener, disziplinarischer und politischer Moral. Dies zeigt sich auch darin, daß *Bernd* auch in der Darstellung selbst noch einmal ins Schwimmen kommt („ich weeß nich mehr weiter"; 598). An dieser Stelle schlägt er in seiner Erzählung schließlich den Bogen zur allmählichen Orientierung an den „Glatzleuten" (605), auf die wir später zurückkommen.

Als *Bernd* 13 Jahre alt ist, kaufen sich die Eltern ein Grundstück in einem nahegelegenen Dorf bei Berlin, in dem sie sich während des Wochenendes aufhalten. Später heißt es dazu (497-501):

```
Bm:                                 Naja war   497
        janz jut, denn mein Eltern mein Vadder kommt nu mal vom    498
        Dorf meine Mutter von ner Kleenstadt und völlig begeistert 499
        vom Landleben. Also ick meine die wolln jetzt ooch bald    500
        rausziehn wenn allet jut jeht.                             501
```

Die „Begeisterung" der Eltern für das Dorf ist also nicht im Sinne eher oberflächlicher Erholung zu verstehen, sondern als Suche nach biographisch verwurzelter milieuspezifischer Einbindung. Am liebsten würden sie dort „rausziehen". Auch *Bernd* wechselt nun während seiner Schulzeit und vor allem später während seiner Lehre und gelegentlich auch heute noch, ebenso wie seine Eltern, zwischen dem dörflichen Milieu und der Metropole Berlin hin und her (157-173 u. 213-225):

```
Bm:                           die Dorfzeit war irgend-   157
        wie am schönsten jewesen und zum Glück in der Lehre hab    158
        ick so n Menschen kennenjelernt. Der kam grad aus dem Dorf 159
        da draußen wo ick früher jewesen bin und deswegen sind wer 160
        vorigen Sommer immer rausjefahren nach S-Dorf und meene    161
                                                                   162
Y1:                             └ Hm                                163
                                                                   164
Bm:     Eltern ham zwee Autos und da ham se wenn se zum Wochenende 165
        rausjefahren sind immer nur eins mitjenommen und dann da   166
        war een Auto dajewesen. Hab ick immer jesacht wenn ick     167
        noch nüchtern jewesen bin. Nein diese Woche fahr ick nich  168
        mit'm Auto da raus und so. Naja und Am dann auch glei be-  169
        soffen jewesen und dann sind wir zu zweet immer rausjefah- 170
```

```
                ren. Naja gut biste froh wennse dich nich erwischt haben.      171
                Ansonsten ick weeß nich die Dorfleute us locker da draußen     172
                vor allem die sind alle relativ ehrlich.                       173

Bm:             Mit de mit die Leute ick meine in Berlin die sind doch n       213
                bißchen anders. Weil die ham andere Themen mit denen du        214
                dich da unterhalten tust da draußen irgendwie, die jeben       215
                dir mehr, aber die jeben dir eben schneller mal wat weeßte     216
                zum Beispiel, wenn de mal sachst kann ick kurz dein Auto       217
                haben obwohl du keene Fahrerlaubnis hast kriechste von den     218
                mal kurz een Stückchen fahren oder so. Na                      219
                                    ⌈                                          220
Y1:                                 ⌊ Hm                                       221
                                                                               222
Bm:             in Berlin überhaupt nich klar wäre ick meine klar in Ber-     223
                lin ja nu nich zwecks grad fahren aber wat anderet da is       224
                draußen irgendwie lustiger.                                    225
```

Bernd ist hier offensichtlich auf der Suche nach jener Eingebundenheit in einen Lebenszusammenhang, der sich durch größere „Ehrlichkeit", also einen offeneren Kommunikationszusammenhang und größere Authentizität sowie durch größere Freigiebigkeit (216) auszeichnet, dessen Charakterisierung ihm aber insgesamt nur zum Teil gelingt: „da is draußen irgendwie lustiger" (224-225). Auf jeden Fall war die „Dorfzeit ... irgendwie am schönsten jewesen" (157-158). Das dörfliche Leben mit seiner Solidarität und habituellen Übereinstimmung fasziniert ihn.

Bernd hat dabei auf der einen Seite Kontakt zu den Dorfcliquen und auf der anderen Seite episodale Kontake zu unterschiedlichen Gruppen in Berlin. So z.B. „Peacer" und „Heavy-Metal"-Gruppen auf dem Dorf und zu „Glatzen" und „Hools" in Berlin. In den letzten Jahren der Schulzeit lassen die ihn am Wochende aufs Dorf gereisten Eltern häufig alleine in der Berliner Wohnung. *Bernd* unternimmt in alkoholisiertem Zustand dann aber immer wieder fluchtartige Ausflüge aufs Dorf.

In dem ständigen Wechsel von *Bernd* und auch seiner Eltern zwischen dem Altbauviertel in der Metropole Berlin und dem dörflichen Milieu werden Desintegrationsprobleme evident, die mit dem Umzug der Eltern in Verbindung stehen. Bereits zu Beginn des Interviews (108-115) hatte *Bernd* betont, daß er bis zu seiner Bekanntschaft mit *Anton* und *Dieter* aus der Gruppe *Pulle* - also mit 18 Jahren - keine richtigen Freunde gefunden hat. Am Verhalten des Vaters dokumentiert sich, daß dies mit einer zerbrechlichen familialen Solidarität einhergeht und somit eine solidarische kommunikative Bewältigung von Problemsituationen nicht möglich ist.

Nach den episodalen Kontakten zu unterschiedlichen Szenen, den „Peacern" und dann den „Heavies", deren expressive Stilelemente, d.h. intendierte

Ausdrucksstile er übernimmt, eignet er sich in der kritischen Phase des Übergangs von der Schule zum Beruf - wie bereits erwähnt - Stilelemente der „Glatzen" an, ohne richtig zu wissen, „wat Nazis sind". Auf Nachfrage erläutert *Bernd* seine Entscheidung noch einmal (2295-2322):

```
Bm:   Det war 10. Klasse dann einfach kurz noch nee doch vor      2295
      Zehn- in der 10. Klasse war et jewesen wo ich denn nachher  2296
      so n bißchen Zoff jehabt habe mit meiner Lehrerin. Äh-äh     2297
      wußt ich noch jar nich so richtich wat Nazis sind. Ich hab   2298
      bloß jehört hohe Stiefel und Bomberjacke und so wat. Hab     2299
      ick mir denn so ne Arbeiterschuhe jeholt die dann wirklich   2300
      so hoch waren. Die hast urs selten jekriecht. Naja so        2301
      n'bißchen anders sah ich aus. Obwohl ick mehr oder weniger   2302
      aussah wie n Punk. War janz seltsam jewesen. Wo ich damals   2303
      meine langen Haare hatte von der Heavy-Zeit. Naja dann war   2304
      Prüfungszeit                                                 2305
                                                                   2306
Y1:        └ Mhm                                                   2307
                                                                   2308
Bm:   jewesen dann waren Ferien jewesen. Hatten wer unjefähr       2309
      drei Monate Ferien durch die Prüfung. Hatten wer noch ewig   2310
      Zeit jehabt danach. Ja phh mit so'n People aus meiner al-    2311
      ten Klasse also aus meiner Schulzeit noch. Dann hab ick      2312
      anjefangen meine Haare barbarisch kurz zu tragen. Det war    2313
      ne bestimmte Gruppe war et jewesen. Na jedenfalls gloobe     2314
      Depeche Mode oder sowat. Anjefangen erstmal kürzere Haare    2315
      zu tragen. Und denn immer kürzer immer kürzer. Dann waren    2316
                                                                   2317
Y1:        └ Mhm                                                   2318
                                                                   2319
Bm:   se jedenfalls barbarisch kurz jewesen und dann bin ick oh    2320
      so langsam in die Kreise rinjekommen. Det war zehnte Klas-   2321
      se - in die Kreise rinjekommen                               2322
```

Nicht aufgrund kommunikativer Verständigung im Bereich politischer Haltungen, sondern über eine Affinität im Bereich intendierter Ausdrucksstile und schließlich aufgrund der Einbindung in situative Aktionismen kommt *Bernd* „langsam in die Kreise" (2321) der „Glatzen" hinein. Dies war für ihn nicht eine Frage der Überzeugung, sondern eine „Modeerscheinung" (2338-2341):

```
Bm:   Weeß nich Nazi war ick gar nich jewesen. Ick meine zwar     2338
      immer rumjeflitzt mit Glatze aber so richtich überzeugt      2339
      davon war ick auch nie jewesen. War damals halt bloß so ne   2340
      Modeerscheinung.                                             2341
```

Durch die schulische Abschlußprüfung am Ende der zehnten Klasse fällt *Bernd* zunächst durch und muß zur Nachprüfung (vgl. 1286-1301). Er tritt eine Lehre als Elektromonteur bei der U-Bahn an. Auf mögliche Entscheidungsgründe finden sich im Biographischen Interview keinerlei Hinweise, in der Gruppendiskussion heißt es jedoch, daß dies eine Entscheidung seines Vaters war.

Während der Lehrzeit findet *Bernd* sehr schwer Kontakt zu den Kollegen. Er hat sich drei Monate lang nicht mit ihnen unterhalten (2203-2207):

```
Bm:    Wall ick bin in die Lehre rinjekommen und da hab ich mich     2203
       drei Monate l- äh drei Monate lang nich mit den Leuten        2204
       unterhalten jehabt weil ick son Typ bin wenn ick mal (ir-     2205
       gendwie) Kumpels habe, dann hab ick die und bis ick erst      2206
       wieder neue habe det dauert bei mir immer us ewig.            2207
```

Diese Äußerungen über den „Typ", der er ist (2205-2207), gehören zu den wenigen, mit denen *Bernd* sich auf die Ebene der Theorie über das eigene Selbst[11] begibt. Sie werden im folgenden noch ergänzt (2277-2278):

```
Bm:                 weeß nich is janz komisch wenn ick die       2277
       Menschen nich richtig kenne kannst mich voll verjessen.   2278
```

Auf späteres Nachfragen - anknüpfend an die Erzählung über die Beziehung zu einer Freundin zwischen seinem 13. und dem 16. Lebensjahr - werden in diesem Bereich homologe Probleme erkennbar (3671-3691):

```
Y1:                                          Mhm (1)             3671
       Hast du nach der einen Freundin mit der du so lang zusam-  3672
       men warst, hast du eigentlich nochmal?                     3673
                       |                                          3674
Bm:                    └ Äh kurzfristig- äh                       3675
       hm so lange Dinger nich mehr aber ab und zu ja. Weil ick   3676
       weeß och nich. Wie wahrscheinlich bei Kumpels. Ich brauch  3677
       ne ganze Ewigkeit ich brauch ne Anlaufzeit. Ich würd jetzt 3678
       nie n'Mädel wenn ick sie jetzt irgendwie sehn würde, zwee- 3679
       mal und die jefällt mir. Die würd ick nie fragen, ob se    3680
       mit mir jehn tut. Weil ick muß sie auf jedenfalls fast ne  3681
       Ewigkeit ken-                                              3682
               |                                                  3683
Y1:            └ Mhm                                              3684
                                                                  3685
Bm:    nen. Na ne Ewigkeit noch nich aber ick meine. Würd se      3686
          |                                                       3687
Y1:       └ Hm                                                    3688
```

---

11 vgl. zu diesem Begriff die biographietheoretischen Grundlagen des narrativen Interviews bei Fritz Schütze (1983 u. 1981).

Bm: irgendwat lieber erstmal vorher kennenlernen denn bevor
        ich sagen-äh-äh oder fragen ob wer zusammen können.

Es dokumentieren sich hier fehlende Sicherheiten der Einschätzung von Zusammengehörigkeit, also von habitueller Übereinstimmung und die sich daraus ergebenden Probleme in Bezug auf Perspektivenreziprozität und Vertrauensbeziehung. *Bernd* gerät damit in ein Dilemma oder Paradox: Wenn er mit der Demonstration eines Vertrauensbeweises (z. B. in Form der Frage nach einer potentiellen gemeinsamen Zukunft; 3691) zu lange zögert, kann gerade dies zu eben jener Gefährdung der Beziehung in Form einer Trennung führen, deren Befürchtung ihn zögern läßt (3697). Für *Bernd* ist dies „wahrscheinlich bei Kumpels" (3677) genauso.

Dort, wo die Sicherheit der Einschätzung habitueller Übereinstimmung als Grundlage für eine darauf aufbauende Perspektivenreziprozität fehlt, kann aber mit den „Kumpels" stattdessen Übereinstimmung in episodaler Weise auf dem Wege situativer Aktionismen hergestellt werden. Rudimentäres Vertrauen und Solidarität können sich dann auf der Grundlage einer episodalen Schicksalsgemeinschaft konstituieren.

Da *Bernd* am 6. Oktober 1989 eine DDR-Fahne verbrannt hat, soll er von der Berufsschule verwiesen werden. „Dann kam zum Glück die richtige Wende, sonst wär ich jetzt keen Elektriker" (1340). Nach der Wende soll er dann wiederum von der Berufsschule verwiesen werden, weil er ständig zu spät kommt. Dies wird durch die Intervention seines Lehrmeisters verhindert. Die Abschlußprüfung schafft er erst im dritten Anlauf und dies auch nur aufgrund des Wohlwollens eines Lehrers. Das sich hier abzeichnende Abgleiten in eine negative berufsbiographische Verlaufskurvenentwicklung (wie es uns z. B. auch bei *Benno* und bei *Falko* begegnet) wird hier vor allem dadurch verhindert, daß es *Bernd* (ausnahmsweise) gelingt, eine vertrauensvolle Beziehung zum Lehrmeister als einem signifikanten Anderen aufzubauen (1306-1314):

Bm: Außer mit mein Lehrmeister von der Praxis da hab   1306
        ich mich super verstanden. Mit dem ha ick immer im Raum   1307
        drinjesessen, Kaffe jetrunken und so. Die andern mußten   1308
        alle draußen arbeiten. Die andern mußten   1309
                                                                   1310
Y1:   ⌐ Hm   1311
                                                                   1312
Bm: alle Nachtschicht arbeiten und Spätschicht und so und   1313
        Frühschicht. Und ick hatt nur äh Frühschicht jehabt.   1314

Kurz nach der Wende ist *Bernd* an jenem brutalen Überfall beteiligt auf ein „linket besetztet Haus, eher gesagt son multikulturellet Zentrum oder sowat soll det sein" (2976-2977), welcher bereits unter 2. wiedergegeben ist und welcher allen Regeln eines „fairen fight" widerspricht. Während dieser Zeit ist *Bernd* noch nicht bei den Hooligans und auch nicht mehr so recht mit den „Glatzen" identifiziert. Denn aufgrund von Enttäuschungen während gemeinsamer situativer Aktionismen mit den „Glatzen" hinsichtlich deren mangelnder Solidarität bei einer Schlägerei mit Punks wechselt *Bernd* während des Jahres 1990 allmählich zu den Hooligans (2389-2392):

```
Bm:    Und dann hab ick damals och anjefangen zu überlegen mach-   2389
       ste da nu weiter oder mit oder nich mehr weil phh det        2390
       bringt ja nachher och nich wenn de dich da für solche Hot-   2391
       ten den Kopf einschlagen läßt.                               2392
```

Zusätzlich verweist *Bernd* darauf, daß es „ooch immer weniger Glatzen da beim Fußball, sondern immer mehr Hools" werden (2402-2403), also auf den in anderen Biographischen Interviews und in der Gruppendiskussion mit der Gruppe *Kunde* erwähnten Zuwachs der Hooligan-Szene im Zusammenhang mit der Wende.

Nach seinem Wechsel zu den Hooligans war *Bernd* 1990 auch in Rostock, d. h. bei der schweren Auseinandersetzung zwischen den Berliner Hooligans und Hamburger Gruppen mit dabei, welches auch er als den „Höhepunkt" der situativen Aktionismen bezeichnet. Er konkludiert seine Erzählung der damaligen Ereignisse folgendermaßen (2626-2633):

```
Bm:    Aber hab sowieso jestaunt. Meine Eltern haben nie wat da-    2626
       von mitjekriecht. Naja mit de Bullen hab ich ooch nich       2627
                                                                    2628
Y1:          └ Mhm                                                  2629
                                                                    2630
Bm     großartig Glück dreimal ham se wat mitjekriecht von de       2631
       Bullen. Bis jetzt hab ick siebzehnmal jesessen jehabt. U-    2632
       Haft mäßig (2)                                               2633
```

Bernd hat siebzehnmal in Untersuchungshaft gesessen, wobei die Eltern nur in wenigen Fällen („dreimal") über seine Aktionismen und auch nur selten über die Untersuchungshaft informiert waren, was wiederum Aufschluß über die Art der innerfamilialen Kommunikation gibt. In allen Fällen wurde die Anklage fallengelassen (2959-2966):

```
Bm:                                                  Bei mir       2959
       ick hab sowieso immer Glück jehabt mit de Bullen. Wie oft   2960
```

```
        ick schon da irgendwie Streß jehabt habe. Bei mir wurde      2961
        immerbis jetzt immer die Anklage fallenjelassen. Hab immer    2962
                                                            ⌐          2963
Y1:                                                         ⌐ Hm       2964
                                                                       2965
Bm:     Glück jehabt.                                                  2966
```

Im Verlauf des hinsichtlich der chronologischen Sequenzierung wenig kontinuierlichen Interviews berichtet *Bernd* über zahlreiche Aktionismen von z. T. ausgeprägter Brutalität, die sich vorzugsweise gegen „Linke" richteten.

In einer generalisierenden Evaluation seiner Aktionismen weist *Bernd* nun jedoch auf die sich bei ihm abzeichnende Phase der Re-Orientierung hin (3317-3326):

```
Bm:     Und denn hab ick dann irgendwann langsam anjefangen Hoo-      3317
        ligan zu werden. Und denn ja beim hab ich n'Weilchen dort     3318
        mitjemacht und jetzt interessiert mich det allet jar nich     3319
        mehr. Naja wie jesacht (      ) aus dem Alter kommt man        3320
        doch                                                          3321
                ⌐                                                     3322
Y1:             ⌐ Hm                                                  3323
                                                                      3324
Bm:     irgendwann mal raus. man wird halt ruhiger. Man wird rei-     3325
        fer man wird älter.                                           3326
```

Benno

Zur Interviewsituation

Das Interview wurde am 28.01.1993 in der Einzimmerwohnung von *Benno* durchgeführt, in einem für das Viertel typischen Neubau. *Benno* aus der Gruppe *Kunde* hatte sich vor kurzem einen Hund zugelegt. Er erzählte uns, daß er nach dem Auszug seiner Freundin oft sehr einsam sei. Ausgestattet war das Zimmer mit einer von großen Spiegeln umgebenen großformatigen Matratze. Der Raum strahlte eine plüschig-behagliche Gemütlichkeit aus, die vor allem von einer Sitzecke mit Sesseln und Couch im Stil der Fünfziger Jahre und geklöppelten Gardinen am Fenster ausging. Das Zimmer war mit diversen audio-visuellen Geräten bestückt, und an den Wänden waren Poster mit Gestalten aus Horrorfilmen angebracht.

Im Anschluß an das Interview entschuldigte sich *Benno* dafür, daß seine Biographie infolge der geringeren Anzahl von Gefängnisaufenthalten nicht so interessant gewesen sei wie diejenige von *Arno*, den wir zuvor interviewt hatten - im Beisein von *Benno* (vgl. das Biographische Interview mit *Arno*). Wir hingegen hatten einen ganz anderen Eindruck. *Benno* zeigte uns nach dem Interview Fotos, welche seine stilistischen Veränderungen der letzten Jahre dokumentierten - im einzelnen handelte es sich dabei um Fotos die entweder ihn und seine Kumpels oder ihn und seine Freundin zeigten. *Benno* erklärte uns dazu, daß seine Freundin mit den Freundinnen der anderen Gruppenmitglieder nicht zurecht komme bzw. umgekehrt, da sie im Westen arbeite und in anderen Kreisen verkehre. Anschließend zeigte uns *Benno* verschiedene selbstgedrehte Videofilme. Bei einem der Videobänder handelte es sich um eine Zusammenstellung von Medienberichterstattungen über die Hooligan- und Skinheadszene, einschließlich einer Persiflage der Medienberichterstattung. Hierzu wurden Interviewsituationen karikierend nachgestellt; so hatten sich die Interviewten beispielsweise überreichlich mit nationalsozialistischer Symbolik dekoriert. *Benno* überließ uns großzügig die Videobänder zur weiteren Anschauung. Unter diesen befand sich auch ein Konzertmitschnitt einer verbotenen Musikgruppe. Zum Abschluß machte er uns das Angebot, an dem von ihm organisierten regelmäßig stattfindenden Fußballspiel in einer Schulturnhalle des Viertels teilzunehmen. Dies erschien uns eine günstige Gelegenheit, weitere Jugendliche aus dem Hooligans-Spektrum kennenzulernen und an weiteren Aktivitäten der Gruppe *Kunde* als Beobachter teilzunehmen.

Biographisches Portrait

Benno, der 1970 als Sohn eines Installateurs und einer Verkäuferin in Ostberlin geboren wurde und im Alter von zwei Jahren in ein Dorf in „Randberlin" (6) gezogen ist, erwähnt seine Kindheit lediglich mit Bezug auf die „äußeren" Fakten (Wohnort, Wohnsituation) bzw. Etappen des institutionalisierten Ablaufmusters (Schule) und rekurriert dann auf Übereinstimmungen mit der Normalbiographie („janz normal wie gloob ick jeder andere auch") (5-13):

```
Bm:     Na gut dann fang ick mal an. Also ick bin och nich hier in    5
        Berlin uffjewachsen sondern och Randberlin, (.) und zwar      6
        (.) auf der anderen Seite, so wie Am. Äh Am hat ja hier so    7
        Richtung N-Stadt, ich hab ja hier so Richtung G-Stadt. Ham    8
        wer en Haus jehabt und so. Da ha ick halt meine Kindheit      9
```

```
verlebt. Janz normal wie glob ick jeder andere och, mit        10
Scheiße bauen mit Freunde haben und allet so wat. Ja und       11
da pf also (.) janz normal halt. Schule war oh janz nor-       12
mal. Ick war janz jut in der Schule eigentlich (.).            13
```

Auch an späterer Stelle im Interview, an der er auf Nachfragen seine Kindheit noch einmal erwähnt, bleibt die Darstellung einer „schauen Kindheit" auf die Beschreibung des landschaftlichen Terrains der kindlichen Spiele beschränkt, um dann sogleich auf die spätere Kindheit bzw. frühe Jugend umzuschalten, in der er selbständig S-Bahn fahren und das Dorf verlassen konnte (1232-1251):

```
Y1:     Ach dann hat dein Vater das Haus gebaut da, oder gekauft? 1232
                                                                  1233
Bm:     Nee, gekauft. Hat er jekooft det Haus. Bloß hat er denn   1234
        ( 1 ) herjerichtet allet janz Schau und sowat allet. Bloß 1235
        wenn ick (.) wenn ick jetzt ankieke. Als ich da war       1236
        kriechste ne Krise, ey. Naja und ( 1 ) nö war eigentlich  1237
        auch ne urs Schaue Kindheit jehabt. Erstmal (.) ist det,  1238
        haste da als-als-als Kind Wald, Wiesen allet vom schön-   1239
        sten, na hast, fährst de 10 Minuten da warste in der Stadt 1240
        drinne mit de S-Bahn. Haste glei S-Bahn Anschluß allet    1241
        jehabt. Warst in 10                                       1242
                        ⌐                                          1243
Y2:                     ⌐ Hm                                       1244
                                                                  1245
Bm:     Minuten warste in Nordstadt. Und denn, wo ick, wo ick so n 1246
        bißchen in in-in in den Jahren rinjekommen bin, wo ick n  1247
        bißchen so mit Freundin und-und äh Disko und so wat denn  1248
        bin ick immer nach Nordstadt (.) jefahren. Also nich so-so 1249
        wäwä, keen Dorftrottel oder wat weeßte, der von Tuten und 1250
        Blasen keene Ahnung hat oder wat. Ick hab mer meistens nur 1251
        in Berlin rumjetrieben, wa.                               1252
```

Benno klammert also seine Kindheit aus der Erzählung aus. Mit einer derartigen „Eliminierung der Kindheit", vor allem in ihren frühen Phasen, werden hier jene Phasen der eigenen Biographie ausgeklammert, über die nicht oder nur teilweise aus eigener Erfahrung berichtet werden kann, da sie dem Erzähler durch die Erzählungen der Eltern und/oder der nächsten Angehörigen zugänglich und somit vollständig in deren Perspektivität eingebunden sind. In komparativer Analyse zeigen sich Übereinstimmungen mit den autobiographischen Darstellungen der anderen Hooligans (*Bernd, Arno, Falko*), aber deutliche Kontraste zu Jugendlichen aus anderen Gruppen, deren Angehörige gerade auch Kleinkindphasen und z. T. sogar die Geburt (vgl. *Berthold* aus der Gruppe *Hiptext)* ausführlich darstellen.

Mit Beginn seiner Jugendphase kommt *Benno* auf das zu sprechen, was er als „kleinen Bruch in meiner Persönlichkeit" bezeichnet, durch den er - wie er sagt „launisch wurde" (13-21):

```
Bm:               Und (gedehnt) also bis zu meinem    13
Lebensjahr is nischt besonderes passiert eigentlich. Und   14
mit 14 war is mein V- Vater verunglückt. Naja da jabs denn  15
en kleenen Bruch in meiner Persönlichkeit. Da wurd ick   16
denn launisch und dann mußten wer unser Haus verkoofen und  17
meine Mutter verk- konnten wer det nich mehr halten is   18
denn zu teuer jeworden. Ja und denn bin ick halt, oh fing   19
mein Leben erst richtig an wo ick denn hier nach Oststadt   20
jezogen bin.                                                21
```

Unvermittelt bringt *Benno* hier eine Theorie über das eigene Selbst, die eigene Persönlichkeit ein, die er als „gebrochen" und „launisch" charakterisiert (16-17). Dies wird hier zwar damit in Verbindung gebracht, daß der Vater verunglückt ist, aber nicht weitergehend plausibilisiert - weder durch eine detaillierte Erzählung noch durch eine Erklärungstheorie. Dies fällt um so mehr auf, weil dieses Ereignis durch die Dramaturgie der Erzählung als etwas „Besonderes" herausgehoben wird, indem die Phase der Kindheit, in der „nischt besonderes passiert" (14) ist, dagegengehalten wird.

Erst auf Nachfragen wird dies an späterer Stelle in eine Erzählung bzw. eine abstrahierende Beschreibung eingebunden (1174-1225):

```
Y1:   Und so dein Vater? Was hatte der fürn Unfall ? (leise)   1174
                                    ⌐                           1175
Bm:                              └   Wat is er?                 1176
                                    ⌐                           1177
Y1:                                 └                           1178
      Was dein Vater für ein Unfall hatte? äh                   1179
                      ⌐                                         1180
Bm:                   └   Ach so ja der-der is                  1181
verunglückt äh (.) äh S-Bahn. Also meine Eltern ham sich       1182
scheiden lassen, ( 1 ) und hat er nich janz verkraftet und     1183
denn hat er sich een-eenen anjesoffen und am Bahnsteig je-     1184
jetorkelt. Na det is immer so, viele ham jesagt: Der hat       1185
sich davorjeschmissen (.) und aus- (.) kann ick nich gloo-     1186
ben und ick äh ( 1 ) Und halt is er halt vor de S-Bahn         1187
jefallen. Naja und der hat vielmehr der hat, deswegen hat      1188
war auch n Grund warum wer unser Haus verkauft ham, weil       1189
(.) denn die janzen. Meine Mutter war ja nie so der rich-      1190
tige also mein Vadder hat die janzen Leute da alle, weil       1191
die immer wat von ihm wollten also war se alle. Mein           1192
Vadder ham se immer an-anjehimmelt. Und Mudder war natür-      1193
lich ooch denn immer Freundin bloß dabei also is ooch im-      1194
mer mit wenn se einjeladen wurden. Ham sich jut verstanden     1195
und wo mein Vadder denn tot war da ham se denn alle, meine     1196
```

```
        Mutter (.) sie hat ihn in Tod jetrieben und all nur son      1197
        Blödsinn. Mich wollten se alle glei a-adoptieren und sowat   1198
        allet, wa. Naja meine weeßte. Erstmal wird det Haus ooch     1199
        zu teuer und denn verkoofen wer dat wir hier wegkommen,      1200
        wa. Meine Mutter hat det seelisch                           1201
                                                                    1202
Y1:       └ Hm                                                       1203
                                                                    1204
Bm:     nich verkraftet, wa. Is n paar Mal umjefallen, weil se      1205
                                                                    1206
Y1:                         └ Hm                                     1207
                                                                    1208
Bm:     det seelisch nich verkraftet hat und so. ich mein is ja     1209
        logisch. Wenn die janze, die janze (.) die janze Jemeinde   1210
        da auf'n Geist geht und-und du hast dein Mann in Tod ge-    1211
        trieben und gib deine Kinder her die adoptiern wir, damit   1212
        aus denen mal wat Vernünftiges wird und sowat. Des is mir   1213
        ooch uffn Sack gegangen. Wenn immer irgendwelche ankamen,   1214
        hach Benno komm doch mal her und so und komm doch, willste  1215
        nich-willste nich, solln wer nich deine Eltern werden und   1216
        sowat. Also so en Blödsinn weeßte. Also ick meine ick war   1217
        da vierzehn, ick meine da kannste schon n bißchen denken,   1218
        weeßte, ( 2 )                                               1219
                                                                    1220
Y2:       └ Hm                                                       1221
                                                                    1222
Bm:     Mann bloß weg da. Mudder weggezogen. Jetzt fahr ick ab und  1223
        zu noch mal hin und kiek mir (.) kiek mir da allet mal so   1224
        n bißchen an da, ab und zu mal. ( 2 ) Naj.                  1225
```

Nachdem *Benno* die Frage zunächst nicht verstanden hat, beginnt er schließlich mit einer Erzählung der Ereignisse, die zum Tode des Vaters geführt haben: Die Scheidung der Eltern und die damit zusammenhängende Trunkenheit des Vaters führen zum S-Bahn-Unglück. *Benno* unterbricht die Erzählung jedoch an entscheidender Stelle (1185), um die Fremdperspektive der dörflichen Nachbarschaft auf diese Ereignisse einzuflechten: Der Vater habe sich vor den S-Bahn Zug geworfen. *Benno* setzt dann seine Erzählung fort, um sie gleich darauf erneut zu unterbrechen (1189) und in Form einer Hintergrundskonstruktion die dörfliche Situation vor dem Unglück zu schildern, wobei er sich auf der Ebene einer abstrahierenden Beschreibung[12] bewegt: Der Vater wurde im Dorf „anjehimmelt" (1193), die Mutter war als „Freundin bloß dabei" (1194). Nach einer Evaluation (1195: „ham sich jut verstanden") der Beziehung der Eltern, setzt *Benno* seine Erzählung fort: Die

---

12 Zum Unterschied von abstrahierenden Beschreibungen und Erzählungen innerhalb biographischer Interviews siehe: Schütze 1987.

Nachbarn beschuldigen die Mutter, den Vater in den Tod getrieben zu haben und wollen *Benno* und seine Geschwister adoptieren. In der damaligen schwierigen Situation, in der Ehe und Familie in doppelter Weise (Scheidung der Ehe und Tod des Vaters) zerbrochen sind, zerbricht zugleich auch die Einbindung in die dörfliche Gemeinschaft („die janze Jemeinde"; 1210). Von Seiten der Nachbarschaft wird nicht nur die moralische Degradierung der Mutter betrieben, sondern ihr wird die Erziehungsfähigkeit abgesprochen und die Bereitschaft abgefordert, ihre Kinder adoptieren zu lassen (1196 u. 1210-1215). Unter dem moralischen Anspruch, daß aus den Kindern „mal wat vernünftiges wird" (1213), wird also ein Versuch der weiteren Auflösung der Familie seitens der dörflichen Gemeinschaft unternommen. Der durch die Scheidung der Eltern und den Tod des Vaters bedingte Bruch in der Familie wird somit im übergreifenden milieuspezifischen Zusammenhang der dörflichen Gemeinschaft nicht nur nicht aufgefangen, sondern durch deren Reaktionen noch verschärft und sogar von Seiten der Nachbarn aktiv vergrößert; obwohl diese nachbarschaftliche milieuspezifische Einbindung offensichtlich sehr intensiv war, was in der Adoptionsbereitschaft selbst zum Ausdruck kommt, aber auch in dem hohen Maß an sozialer Anerkennung, welche dem Vater von *Benno* im Dorf entgegengebracht wurde. Er wurde „immer anjehimmelt" (1193). *Benno* gerät damit in einen Konflikt zwischen zwei extrem kontrastierenden, ihn zugleich aber auch bindenden Perspektiven: Auf der einen Seite steht die innerfamiliale, nach der sich die Eltern „jut verstanden" haben (1195). Dies ist aber durch die Erzählung oder Beschreibung von *Benno* selbst nicht gedeckt und wird vor allem vor dem Hintergrund der Scheidung der Eltern fragwürdig. Auf der anderen Seite steht die Perspektive des nachbarschaftlichen Milieus, die von *Benno* zwar auf der Ebene der Evaluation als „kann ick nich glooben" und als „Blödsinn" (1198) charakterisiert wird, der aber eine überzeugende Gegendarstellung nicht entgegengehalten werden kann. Dies würde hier eine ausführliche Darstellung dieses Ereignisses aus der Perspektive der Familie bzw. der Mutter voraussetzen, also eine familiengeschichtliche Erzählung (wie sie zugleich mit der Kindheitsgeschichte von *Benno* verbunden wäre). Zwar stellt *Benno* sich hier auf den Standort der Mutter: „Meine Mutter hat det seelisch nich verkraftet" (1201 u. 1205). Das ist aber von einer Ablehnung der als brutal empfundenen Eingriffe der Nachbarschaft in das Leben der Familie und der Mutter her motiviert, die prekärerweise durch eine zumindest oberflächliche Fürsorglichkeit ihm gegenüber gekennzeichnet ist: Die Mutter wird aufgefordert, ihre Kinder adoptieren zu lassen, „damit aus denen mal wat Vernünftiges wird" (1213). *Benno*s Mutter reagiert auf diese Erfahrungen der Ausgrenzung seitens der dörflichen Nachbarschaft mit Flucht und *Benno* selbst mit einem „launischen" Verhalten.

Aber der mit dem Zerbrechen der Familie und dem Herausfallen aus dem nachbarschaftlichen Milieuzusammenhang verbundene Verlust habitueller Sicherheiten ist dafür nicht allein entscheidend. Vielmehr geht es darum, daß die sich hieraus ergebenden Perspektivendifferenzen von *Benno* nicht integriert werden (können). Indem der Perspektive der Ausgrenzer hier keine eindeutige innerfamiliale Version gegenübergestellt wird (wie sie ihrerseits in eine Familiengeschichte integriert sein müßte), erscheint nicht nur das Verhältnis zur sozialen Umwelt (Nachbarschaft) unsicher, sondern auch die innerfamiliale Perspektive selbst. Dies bedingt einen wenig rationalen - einen eher „launischen" (vgl. 17) - Umgang mit Fremdperspektiven und Fremddefinitionen, vor allem aber auch mit Ausgrenzungen und Etikettierungen.

Das mit dem dramatischen Tod seines Vaters verbundene Herausfallen der Familie aus dem bisherigen sozialen Bezugssystem des dörflichen Milieus wird durch den Umzug in die Ostberliner Trabantenstadt dann endgültig besiegelt.

In dieser Phase schließt sich *Benno* einer den Skinheads nahestehenden Clique an, wodurch er dann - wie es später heißt: „tierisch schnell" (709) - in die Skinhead-Szene hineinwächst (19-42):

```
Bm:            Ja und denn bin ick halt, oh fing mein leben    19
        erst richtig an wo ick denn hier nach Oststadt jezogen   20
        bin. Gleich Freunde kennenjelernt und sowat. (.) Und die  21
        waren denn auch, also zweje davon waren denn schon so ne   22
        ooch halt n'bißchen anders aussehend, mit kurzen Haaren   23
        und sowat. Det fand ick Schau. Hab mich halt da mit (.)   24
        anjeschlossen und da war des allet Skinhead oder man kann-  25
        te zwar den Begriff und so, aber da hat man nischt nischt   26
        mit zu tun jehabt in dem Sinne. Man wollte halt nur anders  27
        sein als die andern alle. Die janzen Spießer die halt    28
        ruml-loofen und so. Naja und denn jing det los langsam.   29
        Wurden wer immer mehr Kumpels und so un den jing det denn  30
        los mit de ( 1 ) Scheißebauerei oder halt irgendwelche in  31
        Discos (.) Leute uffklatschen und halt n'Kolonel schieben.  32
        Und damals war det so jewesen, wenn de da wo et denn so   33
        langsam sagen mal mitjekriecht haben wat los is, haste    34
        irgendwie den total (.) naja ph von den andern Jugendli-  35
        chen halt äh naja (Schnalzen) wie soll ick det sajen. Ha-  36
        ste höher jestanden als die. Die ham mächtich Angst     37
                                                                38
Y1:                                      ⌐ Hm, hm           39
                                                                40
Bm:     vor-vor sowat jehabt wa, naja und det ham wer natürlich   41
        immer schön ausjenutzt.                          42
```

154

Mit dem Einstieg in die Clique fängt für *Benno* das „Leben erst richtig an"
(19-20), und es beginnt jenes andere Leben, welches für *Benno* immer noch
das eigentliche Leben darstellt. Diese Formel verweist auf ein (rituelles)
Abschneiden bisheriger Biographie bzw. persönlicher Identität. Die Bedeutung, die die Zugehörigkeit zur Clique für *Benno* gewonnen hat, charakterisiert er mit Formulierungen wie: „man wollte halt nur anders sein als die
andern alle" (27 u. 28), welche hier den Charakter eines biographischen
Entwurfs gewinnen. Der Zusammenhalt der Clique wird durch die Abgrenzung nach außen konstituiert: durch das outfit, ebenso aber auch durch körperliche Gewalt oder körperliche Bedrohung nach außen: „Leute uffklatschen
und halt'n Kolonel schieben" (32). Auch die Haltung des „Kolonel schieben"
bzw. „den Kolonel zu machen" wird immer wiederkehrend formuliert und an
späterer Stelle auf Nachfragen folgendermaßen expliziert (386-414):

```
Y2:   Du hast vorhin jesagt äh ihr habt da den Kolonel gemacht    386
      oder was?                                                    387
      |                                                            388
Bm:          └Ja naja                                              389
                 |                                                 390
Y2:                └ Was-was heißt denn des?                       391
                                         |                         392
Bm:                                       └ Na den Kolonel je-     393
      macht heißt wir war'n da. (.) Wir konnten uns da halt fr-    394
      äh frei bewegen wie wir wollten. Also (.) von die restli-    395
      chen Besucher, die da immer hingekommen sind die ham dann    396
      immer jekuscht. Sind immer vor uns halt sind uns aus'm Weg   397
      jegangen (.) und so. Halt in dem Sinn nich jetzt so über-    398
      trieben n Kolonel machen, daß wer denn irgendwie hier, na    399
      komm putz mir mal die Schuhe oder irgendwie so n'Mist. Ne-   400
      so is so mein ick det nich. Ebend halt äh (.) wenn da Är-    401
      ger gab oder sowat,                                          402
                       |                                           403
Y2:                     └ Hm                                       404
                                                                   405
Bm:   wenn sich irgendwelche Leute so mit irgendwelchen in de      406
      Haare jehabt haben, da. Da brauchtest du nur vorbeilaufen    407
      und sagen, jetz is Ruhe hier so unjefähr, wenn ihr euch      408
      prügeln wollt denn draußen. So uff die Art. Sonst jibt et    409
      mit uns Ärger hier und denn ham die hier sch- denn ham die   410
      hier               |                                         411
Y1:                       └ Hm                                     412
                                                                   413
Bm:   halt ebend jespurt (.)                                       414
```

Durch die Dokumentation der Andersartigkeit und aufgrund des durch die
Anwendung körperlicher Gewalt (Androhung) erreichten Respekts wird eine
Solidarität innerhalb der Clique erreicht, ohne daß Gemeinsamkeiten im

Sinne einer milieuspezifischen Einbindung (wie z. B. im dörflichen Milieu) vorausgesetzt werden müßten.

Im Zusammenschluß mit anderen Cliquen („Truppen") umfaßt die Szene „dreißig (.) bis vierzig Leute" (51 u. 52), die an anderer Stelle (435) auch als der „Mob" charakterisiert wird (425-436):

```
Bm:                 irgendwelche andern Gruppierungen oder    425
      wat da-da Wacken jemacht haben oder da hinjekommen sind. 426
      Die ham dann immer meistens schön vor n'Schädel jekriecht. 427
      Weil ebend (.) jute Leute da warn und et war ebend halt ne 428
      riesengroße Familie uff irgend (.) uff ne uff irgend ne   429
      Art. Und bist aus de Schule gekommen oder von der Lehre   430
      oder von der Arbeit. Hast zu Hause dein Ding jemacht. Also 431
      halt so deine häuslichen Pflichten, naja wenn de noch zur  432
      Schule warst deine Schularbeiten oder wat, Mittag gegessen 433
      und denn ging det glei in Pinienhöhle. Da hat sich denn   434
      der Mob getroffen. (.) Und denn ham wer denn und denn ham 435
      wer uns da überlegt, na wat machen wer nu heute und so,   436
```

Das, was sich hier als „Mob" auf der Grundlage eines situativen Aktionismus konstituiert und dessen Treffpunkt, die Kneipe „Pinienhöhle", polizeibekannt ist (vgl. 414-420), erscheint als „riesengroße Familie" (429). Vor dem Hintergrund anderer Passagen dieses Interviews wie auch in der komparativen Analyse mit anderen Interviews und im Vergleich mit den Gruppendiskussionen wird deutlich, daß sich die Struktur dieser Art von Clique während der Schulzeit von der der Cliquen der „Kumpels" oder „Kameraden" unterscheidet: Der „Mob" ist jene Cliquenstruktur, innerhalb derer sich diejenigen erst bewähren müssen, die als „Kumpels" oder „Kameraden" anerkannt werden. „Den Kolonel zu schieben" dient der Solidarität durch Abgrenzung innerhalb des „Mob", aber zugleich auch dazu, sich Anerkennung und Respekt zu verschaffen (468-475):

```
Bm:   (.) Na ansonsten Kolonel ebend halt, wie ick jesacht hab   468
      war janz normal. Man war ebend halt wat besseret als die   469
      andern. So ham wir uns halt jefühlt immer n'bißchen so.     470
      Nich jetzt so im-im menschlichen- oder in-irgend von ner    471
      Jesellschaft her also begründen. Wir ham uns (.) keen Kopp  472
      jemacht vor der Polizei et Maul uffzumachen vor wenn ir-    473
      gendwelche (.) Stasifritzen zu uns ankamen, die ham wer     474
      dann verscheißert und all sowat.                            475
```

Benno geht es nicht darum, in persönlich-moralischer Hinsicht („menschlich"; 471) oder statusmäßig („Jesellschaft"; 472) als höherstehend angesehen zu werden, sondern um Anerkennung und Respekt. Dies war (jenseits einer formellen sozialen Positionierung) - wie *Benno* am Fall seines Vaters erläutert hat - im dörflichen Lebenszusammenhang gesichert. Respekt, Anerkennung und der Zusammenhalt der Clique sollen nun auch und gerade im Widerstand gegenüber den Kontrollinstanzen und später den Ausbildern gesichert werden. In der Schule war *Benno* relativ ehrgeizig und auch erfolgreich, wie im Nachfrageteil des Interviews deutlich wird, und dies, obschon er den „Mund uffjemacht" hat (739-761):

```
Bm:      Naja und ick war eigentlich (.) bei der Schule war    739
         für mich ziemlich wichtig und denn hab ick mich auch ziem-  740
         lich angestrengt immer. (.) Ja war für mich janz (.) wich-  741
         tig.                                                    742
                                                                 743
( 1 )                                                            744
                                                                 745
Y2:      Du warst auch gut in der Schule haste ja vorher jesagt.  746
                                                                 747
Bm:      Hm, ja Physik 1 und so, Mathe 2, Bio 1, Staatsbürgerkunde  748
         1, aber nich weil ick ne rote Sau war, sondern weil ick  749
         halt äh                    |                            750
                                     |                           751
Y2:                             └ (Lachen)                        752
                                                                 753
Bm:      Mund uffjemacht habe und jesagt hab wat ick denke und ooch  754
         -ooch äh halt Argumente bringen konnte. Und ick hab nur  755
                                     |                           756
Y2:                             └ Hm                             757
                                                                 758
Bm:      in dem Sinne, ick normaler- hätt ick en andern Lehrer hätt  759
         ooch ne fünf kriegen können. Bloß ick hab so en Staats-  760
         bürgerkundelehrer jehabt, der war auch ziemlich weltoffen.  761
```

Die Haltung der Mutter in dieser Phase der Cliquenaktionismen während der Schulzeit wird auf eine Nachfrage nach den Berufen der Eltern deutlich, von der *Benno* dann zur Charakterisierung der Beziehung zu seinen Eltern überleitet (333-378):

```
Bm:      Ah ick find mit meine Alten Eltn-Eltern ha ick mich    333
         urs jut verstanden eigentlich. So mit meim Vadder vor al-  334
         len Dingen. Der war so n'bißchen (.) lebensfroher Typ,  335
         also der hat immer wenn ick irgendwelche Kacke jemacht  336
         habe oder wat, hat er drüber jelacht. Hat er immer gemeint  337
         naja macht nich- ick hab det oh jemacht und so. Aber der  338
         war da ja schon ganz                |                   339
                                             |                   340
Y1:                                     └ Hm                     341
                                                                 342
Bm:      korrekt. Meine Mutter war da n'bißchen anders. Sie hat  343
         immer bloß Angst um mich jehabt. ( 1 ) Hat immer halt ver-  344
         sucht mit äh mir irgendwat zu verbieten. Zum Beispiel halt  345
```

```
        mit dem Skinhead sein und sowat. Hat se (.) halt meine      346
        janzen Sachen weggeschmissen und sowat. Meine Stiefel in     347
        Müllschlucker jefeuert und all sowat. Na aber ick konnt se   348
        halt denn überzeugen. Am Anfang hat se jesagt det sieht      349
        toll aus wie de rumläufst. Haste keene Probleme mehr mit     350
        deine Haare und so. Aber wo se'so mitjekriegt hat wat det    351
        zu bedeuten hat, fand se det nich mehr so Schau und hat      352
        halt versucht bl- (.) halt bestrafen und so. Also mit'm      353
        bestrafen mich aber (Lachend) konnt mer keen Stubenarrest    354
        jeben oder sowat aber halt äh (.) meckern und Moralpredig-   355
        ten und so wie det immer halt so is. Sowas ha ick immer so   356
        unjefähr links liegenlassen. Und jetzt hat se sich ooch      357
        mit abjefunden. Jetzt meckertse zwar immer noch. He warst    358
        du wieder da dabei und warste da dabei. Und wenn ick sage,   359
        ja ich war dabei. Mann mußte des machen und denn kriegste    360
        bloß wieder Ärger mit der Polizei und (.) bringt doch        361
        nischt und so. Nu werd doch mal langsam erwachsen und so     362
        ne all so ne Dinger (Lachend) Naja so det war eigentlich     363
        zu meine Eltern. Seh ick jetzt bloß ab und zu nochmal ich    364
        meine bin nich so'n Familientyp. (.) Mein mir jeht           365
                                             ⌐                        366
Y1:                                          └ Hm                      367
                                                                       368
Bm:     immer so wat uff'n Keks wenn ick irgendwo da zwischen'        369
        Kreis der Familie sitzen muß und denn werden alte Ka- is     370
        immer det selbe wenn ick da bei meinen Eltern bin, denn      371
        wenn meine Freund-äh meine Schwester mit ihrem Freund da     372
        und irgendwelche Bekannten und Verwandten und denn jeht et   373
        immer los, ja hach kannste dich noch erinnern wie et frü-    374
        her mal war (.) und so und wat du allet so jemacht hast      375
        und wie de det (    ) anjesteckt hast und denn haste det     376
        und det und det jeht mir so uff'n Sack und deswegen bin      377
        ick nich so'n Familientyp. Ick kann sowat nich leiden. (.)   378
```

Während die abstrahierende Beschreibung der Beziehung *Benno*s zu seinem Vater sich noch auf die Phase vor dem Umzug innerhalb der Dorfgemeinschaft bezieht, ist die Charakterisierung des Verhaltens der Mutter auf die Phase am Ende der Schulzeit (Eintritt in die Skinheadszene) bezogen. Damit ist die auf eine frühere Lebensphase bezogene Perspektive des Vaters gegenwärtig immer noch präsent. Auf seine ersten Kontakte zur Skinhead-Szene reagiert die Mutter „bloß" mit Angst bzw. Panik oder einer Mischung aus Panik und autoritärem Eingriff, der sich aber stillschweigend und offensichtlich hinter dem Rücken ihres Sohnes - auf jeden Fall aber jenseits einer kommunikativen Bewältigung - vollzieht. *Benno* läßt dies „links liegen" (357), entfernt sich zunehmend bewußt aus dem familialen kommunikativen Zusammenhang. Dies wird zusammenfassend charakterisiert in einer auf der Ebene der Theorie über das eigene Selbst angesiedelten Äußerung: „ick meine; bin nich so'n Familientyp" (365) „und deswegen bin ick nich so'n Familientyp, ick kann sowat nich leiden" (377-378).

Auf die Phase des Umzugs und der damit verbundenen doppelten milieuspezifischen Orientierungsunsicherheit (inner- wie außerfamiliär) folgt sogleich diejenige des Übergangs von der Schule zum Beruf. *Benno*, der die Schule mit „gut" abgeschlossen hat (60), beginnt eine Lehre als Straßenbahnfahrer (59-94):

```
Bm:                      Ja ick habe ne Le- Schule   59
       ha ick denn mit (.) jut abjeschlossen. Ne Lehre als Stra-  60
       ßenbahnfahrer anjefangen. (.) Hab det och schön jelernt.   61
       War da ooch eigentlich nich schlecht drinne. Naja und denn  62
       jing det dann los, wo wer denn auf'n Lehrfahrer kamen. Det   63
       heißt Lehrfahrer, du fährst det erste Mal mit Fahrgästen.   64
       Hast zwar noch n'Menschen neben dir zu sitzen der uffpaßt   65
       der nischt (.) keine Scheiße baust. Aber ebend halt daß    66
       ebend halt in der Öffentlichkeit denn schon bist ne. Und   67
       da wurde mir n'Ult-Ultimatum jestellt. (.) Weil ick damals  68
       totale Glatze hatte. und denn immer BVB-Uniform. Kennt ihr  69
       ja vielleicht und dazu hab ick immer Docks getragen und    70
       wenn                                                        71
                                                                   72
Y2:                                      ⌐ (Lachen)                73
                                                                   74
Bm:    jing dann Bomberjacke drüber (Lachend). Nja und det hat    75
       denen da nich so janz jepaßt und denn wurde mir n'Ultima-  76
       tum jestellt. Entweder laß' ick mir die Haare wachsen,     77
       änder meine politische Einstellung (.) oder ick werd halt  78
       rausjeschmissen. Na wußt ick daß denn damals ging det ooch  79
       nich daß se dich einfach rausschmeißen (.) können (.) und   80
       denn kam denn halt die Prüfung. Und da ham se mich denn    81
       dreimal durchrasen lassen und ick hab det ja damals ick    82
       hab damals überhaupt nich verstanden, weil ick hab jebüf-  83
       felt wie'n wie'n Tier äh und wenn mich irgendeener wat     84
       jefragt hat, det hab ick och jewußt, aber komischerweise   85
       hab ick immer (.) so ne komischen Fragen jekriegt wo so ne  86
       zwei-deutigen Antworten sind. Naja und denn bin ick ha-    87
       ick bin ick halt da durchjeflogen und da ham se mich       88
       gleich zur U-Bahn runterverfrachtet. Weil da is dunkel, da  89
       sieht mich keener. Weil ick halt det nich eingesehen habe   90
       und jesacht habe ick schn- ick laß mir keene Haare wachsen  91
       und könnt mir mal am Arsch lecken so unjefähr. hab damals   92
       eigentlich mir keen Kopp jemacht da drüber (.) weil ich    93
       nicht so sein sollte wollte wie die andern.                94
```

Eine Wahl der Ausbildung als Straßenbahnfahrer wird weder hier noch an anderer Stelle begründet und wird auch gar nicht als Entscheidung gesehen oder mit einem berufsbiographischen Entwurf verknüpft. Das Fehlen berufsbiographischer Entwürfe, wie es für Lehrlinge ganz allgemein nicht untypisch ist, wird auch hier deutlich. Gleichwohl gefällt *Benno* diese Tätigkeit als solche, und er entwickelt einen Ehrgeiz: „Hab det och schön jelernt. War da och eigentlich nich schlecht drinne" (61-62). Er hat für seine Prüfung „jebüffelt" „wie'n Tier äh und wenn mich irgendeener wat jefragt hat det hab ick och jewußt" (83-85), dennoch hat man ihn aufgrund der Provokation durch „totale Glatze" (69) sowie „Docks"[13] (70) und Bomberjacke (75) „dreimal durchrasen lassen" (82). *Benno* wird daraufhin als Beifahrer zur U-Bahn versetzt (88-93). Damit schlägt die stilistische Provokation um in die von ihm selbst nicht mehr steuerbaren Prozesse der Ausgrenzung.

Benno bietet hier als Abschluß der Erzählung von seiner Ausbildung eine rudimentäre Erklärungstheorie an: „hab damals eigentlich mir keen Kopp jemacht da drüber (.) weil ich nich so sein sollte wollte wie die andern" (92-94). Der rudimentäre biographische Entwurf der Abgrenzung von allen anderen, welcher für den Zusammenhalt der Clique, des „Mob" konstituiv war, führt hier zu Konsequenzen im Bereich der Kommunikation mit den Ausbildern. *Benno*s Haltung, sich nicht auf die Perspektive der Ausbilder einzulassen, zwischen der eigenen Perspektive und derjenigen der anderen nicht vermitteln zu können oder zu wollen und die damit zusammenhängende Ausblendung der Konsequenzen seiner Haltung, können hier zunächst vor dem Hintergrund der Dokumentation von Andersartigkeit als Grundlage der in der Clique gewonnenen Solidarität plausibilisiert werden.

Die verlaufskurvenförmige Entwicklung der Ausgrenzung, die *Benno*s ehrgeizige Bemühungen zunichte macht und somit seine Intentionen durchkreuzt, beginnt jedoch erst dort, wo *Benno* nicht auf die Warnungen der Ausbilder reagiert (man hat ihm ein „Ultimatum jestellt"; 76 u. 77), offensichtlich auch nicht reagiert, als er das erste und zweite Mal durch die Prüfung gefallen ist („und da ham se mich denn dreimal durchrasen lassen; 81-82). *Benno* hat das „damals überhaupt nich verstanden" (83). Es entgeht *Benno*, daß seine Provokation in dem Moment, indem er im Zuge seiner beruflichen Laufbahn als „Lernfahrer" in die „Öffentlichkeit" tritt (67) als eine politische wahrgenommen wurde (vgl. 78). Genauer gesagt entgeht ihm die Tragweite dieser veränderten Wahrnehmung seines damaligen Verhaltens als eines politischen (820-822):

```
Bm:                               Naja denn ha- ick kam    820
      ebend bloß halt die Scheiße mit dem Kack politischen Kack   821
      da ( 1 ) wo ick mich nich janz anjepaßt habe dann. ( 2 ).   822
```

---

13 d. h. Schuhe der Firma „Doc Martens", eine u. a. unter Skinheads beliebten Marke.

Über die mit der veränderten Wahrnehmung verbundenen Konsequenzen wird nicht offen verhandelt. Die politisch motivierte Auseinandersetzung wird von Seiten der Ausbilder heimlich unter dem Deckmantel leistungsmäßigen Versagens abgehandelt und somit einer diskursiven Bearbeitung entzogen. Es ist gerade dieses Verschwimmen der Grenzen zwischen disziplinarisch-moralischen, leistungsbezogenen und politischen Dimensionen, auf welches Benno in einer Weise reagiert, die er zu Beginn des Interviews als „launisch" charakterisiert hatte (vgl. 90-92). Sowohl sein Unverständnis der Perspektive der Ausbilder gegenüber wie auch die mangelnde Antizipation der Konsequenzen, die seine verstärkte provokative Haltung („könnt mir mal am Arsch lecken") mit sich bringen kann, wird in der rudimentären Erklärungstheorie (92-93) als „Hab damals mir eigentlich keen Kopp jemacht da drüber" zusammengefaßt. - Es handelt sich hier also primär um ein Problem der Perspektivenübernahme. Sekundär wird hier aber wohl auch - wie die komparative Analyse nahelegt - die Tatsache zum Problem, daß hier nicht - wie vor allem bei den „Stinos" zu beobachten - soziale Bezüge des verwandtschaftlichen und nachbarschaftlichen Milieus, durch die auch bereits die Arbeitsplatzsuche vermittelt ist, bis in den Arbeitszusammenhang hineinreichen und dort die Bewältigung von Konflikten entscheidend beeinflussen können.

Es ist also die nicht mehr steuerbare verlaufskurvenförmige Verstrickung, die Benno zum primären Problem wird und nicht z. B. die Härte und die Anforderungen der Ausbildung. Mit dem Einstieg in den eigentlichen Berufsalltag in einem weniger qualifizierten Tätigkeitsbereich wird jedoch - sekundär - auch dessen Monotonie für ihn zum Problem. Die „Wende" bietet ihm sozusagen Enaktierungspotentiale für den Ausstieg (104-115):

```
Bm:                          Denn kam die Wende    104
      und äh ick war noch jung und (.) da hatt ick n sehr, mußt    105
      ick sehr viel arbeiten. Also ick hatte Wochenende (.) 12-    106
      Stunden-Dienst. Also jeden Tach also Sonnabend und Sonntag    107
      12-Stunden-Dienst. Also ick war hier 10 Stunden zu Hause    108
      davon 8 Stunden schlafen, essen und wieder zur Arbeit    109
      jehn, det war mein janzet Leben. N Leben und det hat mir    110
      nich so richtig jefallen. Kam die Wende und icke jeden-    111
      falls ha ick denn uffjehört da. Hab ick jekündigt gleich.    112
      Und da-da kannst ja drüben Arbeit suchen. So denn. So n    113
      Monat denn so rumjehangen n bißchen (.) mir so mal West-    114
      berlin anjekiekt und so. Mit de Kumpels da so rumjezogen.    115
```

Mit der Wende kündigt Benno und beginnt, nachdem er einen Monat „rumjehangen" (114) und sich „West-Berlin angekiekt" hat, mit der Arbeit eines Türstehers in einem Sexshop im Westen. Er wird ein Jahr später zur Bundeswehr eingezogen, wo er eine Ausbildung als „Spezialist für Orts- und

Häuserkampf" absolviert. Danach beginnt er wieder mit der Arbeit in einer
Filiale des Sexshops im Osten (115-156):

```
Bm:                              Naja und denn hab ick    115
        och glei Arbeit jefunden da drüben (.) im Sexshop (.) Und    116
        da hab ick denn hier Türsteher jemacht und Verkäufer und    117
        halt so wenn Diebe kamen und sowat uffpassen uff die und    118
        verhaften und Polizei und allet so n'Mist da. Hat mir ei-    119
        gentlich sehr viel Spaß jemacht. Da hab ick ooch (.)    120
        n'Jahr jearbeitet und denn kam die Bundeswehr. Wollte mich    121
        haben. Bin ick halt zur Bundeswehr jegangen. Hab ne Jäger-    122
        ausbildung jehabt. Also Jäger heißt: ah Spezialist für    123
        Orts- und Häuserkampf. Und hat    124
                                    ⌐                               125
Y1:                                 └ Hm, hm    126
                                                                    127
Bm:     mir wunderbar jefallen, wollt eigentlich ooch dableiben.    128
        Halt verlängern. Aber da jabs da zwo-zwotausendfünfhundert    129
        Mark Entlassungsgeld die wollt ick mir natürlich nich ent-    130
        gehen lassen. Hab mir da woll-wollte so clever sein. Mach-    131
        ste erst mal dein Jahr zu Ende und denn kassierste die    132
        Kohle und jehst wieder hin. Naja und denn war et aber so.    133
        Hat allet nich so richtig jeklappt. Na hätt ick nach Ham-    134
        burg jemußt und so. Hab ick keen Betrieb jehabt. Und Ther-    135
        also Theresa Orlowski der Sexshop da der wollte mich ooch    136
        wieder haben. Aber da mußt ick denn halt im Osten hier    137
        arbeiten. Da hamse hier im Osten ne Filiale uffjemacht und    138
        denn hatt ick halt nur so ne (.) blöden Arbeitskollegen    139
        da. Det waren so ne verkappten Ostler noch halt. Die haben    140
        hier die Wende noch nich janz verkraftet. Und mit wi- mit    141
        dier die bin ick halt überhaupt nich klargekommen. Hab    142
        denn (.) ähm ( 1 ) ja 91 hab ick denn uffjehört, so Ende,    143
        also ick war am (.) 1.1.92 war ick denn arbeitslos. Hab    144
        denn allet probiert. Ick hab n hab auf'm Bau jearbeitet.    145
        Hat mir nich jepaßt richtig. Aber nich det arbeiten hat    146
        mir nich jepaßt sondern der Umgang mit die Menschen da.    147
        Ick bin immer mit die Leute nich klarjekommen. Denn hab    148
        ick jemacht Detektiv. Hab mir so n Detektivschein Jewer-    149
        beschein für n Detektiv jeholt und sowat allet. Hab denn    150
        halt Detektiv jemacht konnt ick ooch nich so. Bin ick ooch    151
        nich mit die Leute klarjekommen. Weil ick keene alten    152
        Omas. Die ham mir immer so leid jetan und so. Konnt ick    153
        halt oh nich mehr hab ick ooch nich mehr weiterjemacht. So    154
        und jetzt hoff ick ja daß ich jetzt noch beim Wachschutz    155
        denn noch drankomme.    156
```

Die von *Benno* in 146-148 formulierte generalisierende („immer") Evaluation, die mit der Formulierung endet: „Ick bin immer mit die Leute nich
klarjekommen", gewinnt beinahe den Charakter einer Theorie über das eigene
Selbst. Sie umgreift die situationsbezogenen Evaluationen (in: 141 u. 142 und

151-152). In der Erläuterung dieser Globalevaluation, die an eine Erklärungstheorie heranreicht (146-148), wird sehr deutlich gemacht, daß es - wie auch bereits während seiner Ausbildung als Straßenbahnfahrer - nicht die sachlichen Anforderungen oder fachlichen Qualifikationen des Arbeitsablaufes sind, die ihm zum Problem werden, „sondern der Umgang mit die Menschen da". Da er nun aber - nach der Wende - nicht mehr das auffällige Skinhead-outfit trägt, wird erkennbar, daß nicht allein der intendierte Ausdrucksstil als ursächlicher Faktor herangezogen werden kann.

Die von *Benno* formulierten Schwierigkeiten verweisen auf Probleme im Bereich der Arbeitsorganisation, d.h. im Bereich der Kommunikation innerhalb formal organisierter Rollenbeziehungen. Innerhalb der strikt hierarchischen Kommunikationsstruktur der Organisation „Bundeswehr" als einer totalen Institution gerät *Benno* nicht in derartige Schwierigkeiten. Dort hat es ihm „wunderbar jefallen" (128). Allerdings gerät er auch hier in eine Art Falle, weil er zugleich Entlassungsgeld „kassieren" und später wieder eingestellt werden will, aber den damit verbundenen Dienstortwechsel nicht antizipiert.

Auch in Arbeitszusammenhängen, in denen die Kommunikation durch Überwachungs- und Kontrollfunktionen strukturiert ist (als Türsteher und Aufpasser im Sexshop), gelingt es ihm, zunächst in der West-Filiale sich zu integrieren: „Hat mir eigentlich sehr viel Spaß jemacht" (119-120). Bei einem späteren Neueinstieg nach der Bundeswehrzeit in einer Ost-Filiale ist er dann jedoch auch dort mit den Kollegen „halt überhaupt nicht klargekommen" (141-142).

Es sind jedoch auch weiterhin Tätigkeitsbereiche mit Überwachungs- und Kontrollfunktionen - wie diejenige des Detektivs und des Mitarbeiters im Wachschutz, auf die hin *Benno* sich orientiert. Er erwirbt einen Gewerbeschein als Detektiv und ist als solcher auch noch zum Zeitpunkt der Durchführung der Gruppendiskussion tätig. Auch für diesen Tätigkeitsbereich gilt: „bin ick och nich mit die Leute klarjekommen, weil ick keene alten Omas. Die haben mir immer so leid jetan und so" (151-153). *Benno* kommt also dort nicht „klar", wo er sich mit Problemen der Mitmenschlichkeit und des persönlichen Schicksals konfrontiert sieht, die zwar sein Mitleid hervorrufen, deren Komplexität im Bereich der Kommunikation und der Perspektivenübernahme ihn aber zugleich überfordern. Diese Probleme entstehen aber sowohl unter Bedingungen der Antipathie (den „blöden Arbeitskollegen" im Ost-Sexshop; 139) als auch unter solchen der Sympathie bzw. des Mitleids. Dies verweist auf Probleme der Abgrenzung formaler Rollenanforderungen (einer „universalistischen" Außenperspektive) von denen im nahweltlichen Bereich (der „partikularistischen" Innenperspektive) - zumal die Probleme im Sexshop nicht gegenüber den Westler-, sondern den Ostlerkollegen auftreten, also gegenüber jenen, mit denen ihn zugleich ein gemeinsames Schicksal (u.a. die „Wende"; 141) wie auch formal organisierte Rollenbeziehungen verbinden. Die unter solchen Bedingungen auftretenden Perspektivdifferenzen können offensichtlich (auf einer Metaebene) nicht mehr integriert werden. Durch Probleme bei der Bewältigung von Perspektivdifferenzen wird *Bennos* Entwicklung im beruflichen Bereich - im Sinne eines immer wiederkehrenden Scheiterns - verlaufskurvenförmig prozessiert. Hier läßt sich eine zentrale *Prozeßstruktur* seines Lebenslaufs identifizieren, auf die er selbst in der Theorie über das eigene Selbst mit der Charakterisierung als „launisch" Bezug genommen hatte (vgl. 17).

Das Militär, die Bundeswehr ist für *Benno* demgegenüber diejenige Institution bzw. überhaupt der gesellschaftliche Ort, in den er das eigene Selbst am ehesten zu integrieren vermag (869-923):

```
Bm:                    Und will ick mal sagen. Ick bin der   869
        geboren Spieß (.). Also Spieß heißt Kompaniefeldwebel.  870
                                           ⌐                     871
Y1:                                        └ Hm                  872
                                                                 873
Bm:     Ha ick war da im Kompanietrupp jewesen da bei de Bundes- 874
        wehr. (.) Det heißt äh ick hab äh (.) kannte da gleich den 875
        Schreiber und so und der hat mir glei en juten Job da ver- 876
        paßt. Da bin ick in Kompanietrupp rinjekommen. Hab ein  877
        eigenet Zimmer da jehabt. Brauchte nie uff de Gruppenun- 878
        terkunft zu pennen und sowat. Hab mein eigenet Zimmer je- 879
        habt, konnte immer nach Hause. Und det hat aber wie wieder 880
        wat zu tun jehabt mit meim Job den ick da hatte. Mit The- 881
        resa Orlowski (.) weil die unsern geilen Offis da, die  882
        wollten immer Pornohefte haben und bei mir jabs die ja nun 883
        billiger (lachend). und eene Hand wäscht die andere. Ha  884
        ick denn immer schön Wochenende Ausgang jehabt und so ( 1 885
        ). Na                                         ⌐           886
                                                      |           887
Y2:                                                   └ ( La-    888
        chen)                                                    889
                                                                 890
Bm:     und denn hab ick denn halt hab ick vom Kompaniefeldwebel 891
        immer so Uffträge jekriecht. Ebend halt irgendwelche Leute 892
        (.) rauszusuchen, n Flur keulen und ebend halt Dienste   893
        einzuteilen und antretenlassen. War ick immer UvD heißt  894
        Unteroffizier vom Dienst (.) und weil ick äh nich so da  895
        mit die Leute rumjebrüllt habe, det war'n ja allet Kumpels 896
        die warn jenau so alt wie icke, war'n allet Kumpels in dem 897
        Sinne. Weil ick war immer so eener, wenn irgendeener mal 898
        jeschwänzt hat oder halt nich jekommen is zum Dienst oder 899
        irgendwelche (.) Mist jemacht hat, der war denn halt dran 900
        und det ham die denn alle halt einjesehen. Und wenn eener 901
```

164

```
         partout nich wollte denn (.) hat der ebend noch wat härte-    902
         ret jekriecht. Denn durft er die Treppen ooch noch mitma-      903
         chen wenn er absolut nich wollte, wär er in Bunker jegan-      904
         gen. Na nich von mir aus jetze, ebend vom (.) vom Kompa-       905
         niechef her und da ham die det immer freiwillig jemacht        906
         ick hab meist ooch noch m-mitjeholfen denn. Na komm mach       907
         wer schnell allet weg hier                    |               908
                                                        |               909
Y1:                                                    └ Hm             910
                                                                        911
Bm:      und det hat mir unheimlich (.) en juten. Also zum Anfang      912
         war ick verhaßter unheimlich verhaßt weil ick ebend so        913
         viele Vorteile hatte wat die andern nich hatten. Aber         914
         nachher äh ham se mich urs alle akzeptiert (.). Und ooch       915
         mein Kompaniefeldwebel jesacht, daß ick der Kom- der je-       916
         borene K- (.) also Spieß wär. Allet durchzusetzen. Irgend-     917
         wat durchzusetzen, weeßte und denn aber im-im Endeffekt        918
         doch fair zu bleiben.                         |                919
                                                       |                920
Y1:                                                    └ Hm             921
                                                                        922
Bm:      Det liecht mir irgendwie n'bißchen.                           923
```

Innerhalb der totalen Institution Bundeswehr kann auf Handlungsabweichungen („schwänzen", „Mist machen"; 899-900) mit eindeutigen (repressiven) Sanktionen reagiert werden, ohne daß über Perspektivendifferenzen verhandelt werden müßte. In dieser Passage kommt es zu eindeutigen Aussagen im Bereich autobiographischer Selbstthematisierungen. *Benno* sieht sich als der „geborene Spieß": „Und ick will mal sagen. Ick bin der geborene Spieß (.) Also Spieß heißt Kompaniefeldwebel" (869-870). Und an späterer Stelle heißt es: „Und ooch mein Kompaniefeldwebel (hat) gesacht, daß ick der Kom-der jeborene K-(.) also Spieß wär. Allet durchzusetzen. Irgendwat durchzusetzen, weeßte und denn aber im-im Endeffekt doch fair zu bleiben" (915-919).

Benno sieht sich in der Position desjenigen, der eindeutige Anweisungen, also Befehle zwar nicht selbst zu geben, aber in fairer Weise „durchzusetzen" hat; die Art des Befehls ist dabei beliebig („irgendwat"; „allet"). Dies ist der institutionalisierte Weg, Respekt und Anerkennung zu erreichen. *Benno* sieht hier seine beruflichen Möglichkeiten innerhalb des Rahmens und der Sicherheit einer autoritär-hierarchischen Organisation - einer totalen Institution, innerhalb derer Anforderungen an eine metakommunikative Bewältigung von Problemen kaum gestellt werden.

Die Position des Spieß ist die für ihn aufgrund seiner Ausbildung potentiell noch erreichbare höchste Vorgesetztenposition innerhalb der totalen Institution.

Während der Aufstieg in diese Funktion in beruflicher Hinsicht für ihn - zumindest im Augenblick - nicht realisierbar ist, nimmt er in der Hooligan-szene der Trabantenstadt eine vergleichbare Funktion bereits ein - unterhalb von *Arno*, der hier die Führungsposition innehat.

Im Vergleich mit der Gruppendiskussion wird hier eine fundamentale Ambivalenz dem gesellschaftlichen und kommunikativen Modus der totalen Institution gegenüber sichtbar: Die Jugendlichen sehen ihr eigenes Schicksal durch den Sozialisationsmodus der totalen Institution geprägt. Gesellschaft ist wie die Army. Auf der einen Seite - in der Perspektive des *kollektiven Schicksals* - wird dies als *zwanghaft*, als der „totale Druck" empfunden, dies um so mehr als sie sich in der Hierarchie der totalen Institution ganz unten angesiedelt sehen. Sozialisationsbedingt reagieren sie auf diesen Druck nicht mit Kommunikation, sondern mit Provokation, durch die sie sich immer weiter in diese Zwänge verstricken.

Auf der anderen Seite - in der Perspektive der unter diesen Bedingungen gegebenen individuellen Entfaltungs- und Aufstiegsmöglichkeiten - hat dieser Sozialisationsmodus aber auch ihre eigenen Handlungsmöglichkeiten derart geprägt, daß soziale Aufstiegsmöglichkeiten lediglich innerhalb der durch diesen Interaktionsmodus strukturierten Institutionen konzipiert wird. *Benno* bleibt somit in diesem Sozialisations- und Interaktionsmodus „gefangen".

Obschon *Benno*, wie er im Rahmen der Darstellung der kollektiven Schicksalsgemeinsamkeiten im Gruppendiskurs hervorhebt („Kunde", Knast, 1-35), nicht nur die Erfahrungen im Strafvollzug, sondern auch die in der Kaserne als Wehrpflichtiger, d.h. als Untergebener als ausgesprochen degradierend empfindet und beides auch auf eine Stufe stellt, sieht er im Biographischen Interview individuelle Aufstiegsmöglichkeiten vor allen Dingen in der totalen Institution der Bundeswehr und der hierarchischen Organisation des Wachschutzes. Wie aus den Beobachtungsberichten ersichtlich ist, scheitern *Benno*s Versuche, eine Anstellung beim Wachschutz zu finden. Nach anderen Versuchen (z. B. im Gleisbau) ist *Benno* im Frühjahr 1994 erneut im Sexshop als Kontrolleur und Aufpasser tätig.

Obschon *Benno* nach dem Hinweis auf seine Pläne in bezug auf den „Wachschutz" einen ersten Markierer des Abschlusses seiner Haupterzählung gesetzt hat („Ja eigentlich so zu meinem *Leben*, also von meinem Werdegang"), geht er dann aber noch ergänzend auf andere außerfamiliale Institutionen bzw. Organisationen (neben Schule und Beruf) ein: FDJ und FAP. Außerdem kommt er dann noch auf seinen Wechsel von den Skinheads zu den Hooligans sowie auf die Konflikte mit Polizei und Justiz zu sprechen.

*Benno*s Mitgliedschaft in der FDJ war in bestimmten „Vorteilen" begründet (154-181):

```
Bm:                    (.) Ah eigentlich so zu meim Leben, also    154
        von meinem We- von meinem Werdegang. Also heißt na jut ick 155
        mein. Jut FDJ FDJ war ick drinne jewesen. Weil war auf d   156
        Baum- bei mir war det n'bißchen anders da (.) aufm aufm     157
        Dorf da. (.) Da haste (.) ick hab mir wenn de auf (.) FDJ   158
        drinne warst haste ooch nur Vor- ick hab immer nur die      159
        Vorteile bloß jesehen. Ick hab zwar nich dran jegloobt.     160
        Ick hab mir oft mit de FDJ Bluse die Nase geputzt da mir    161
        jing det halt um die Vorteile. Weil ick ooch (.) im Verein  162
        war. War im DTSB und da mußteste in der FDJ drinne sein.    163
        Weil ick hab zehn Jahre jeboxt und da (.) mußteste sowat    164
        machen sonst hätteste keene                                 165
                    ⌈                                               166
Y1:                 ⌊ Hm                                            167
                                                                    168
Bm:     Kämpfe jekriecht und (.) und det war mir n bißchen (.) et  169
        Politische hab ick immer sein lassen. Mir war jing et nur   170
        um um-um mein Sportlichet halt. Und wär ick da halt nich    171
        in FDJ rinjegangen, hätt ick ooch nich (.) mein Training    172
        weitermachen können und sowat. Weil det wird ja von (.) da  173
        jefördert. Davon kriechst ja deine Klamotten und kriechst   174
                                                ⌈                   175
Y1:                                             ⌊ Hm, hm            176
                                                                    177
Bm:     allet bezahlt und so. Und deswegen hab ick eigentlich in   178
        FDJ rinjegangen. Bin aber sofort denn (.) hab da nie ooch   179
        ick hab da nie Beitrag bezahlt oder sowat. Also nur (.)     180
        stammhalber drinne sein und denn (.) ist det jut.           181
```

Um die für sein Boxtraining notwendige Mitgliedschaft im DTSB nicht zu gefährden, mußte er in der FDJ sein, obschon er „nicht daran gegloobt" und sich „mit der FDJ-Bluse die Nase geputzt" (160-161), die damit verbundene Ideologie also abgelehnt hat.

Nach der Wende hat *Benno* mit dem Gedanken gespielt, in die FAP einzutreten (181-203):

```
Bm:                             Denn kam nach der                  181
        Wende wollt ich äh in FAP mal eintreten. Kam ooch so n so   182
        n Mensch da von von (.) de Alt-Bundesländer und hat da n    183
        Sprecher jemacht und man war ja neugierig und man fand ja   184
        t- die Sache janz toll und sowat allet. ( 1 ) Und denn ham  185
        wer da so n Antrag ausjefüllt und denn habn wer hab ick     186
        mir denn n bissel überlegt und da hab ick mir so anjesehen  187
        dat so Politisches für mich überhaupt nich jroßartig        188
        zählt. Zu Ostzeiten und ooch jetzt in Westzeiten. Mir paßt  189
        det nich wenn wenn sich da irgendeener (.) hinstellt der    190
```

```
        meint weil er nur weil er irgendwo Gauleiter is oder        191
        sonstwat, daß er mir wat halt erzählen kann. Wie ick zu      192
        marschieren habe wo ick hinzugehen habe wat ick zu machen    193
        habe. Da kam mir- hab ick mich gleich wieder erinnert an     194
        alte DDR. Da haste ja wurde ooch allet jesagt wat de zu      195
        machen hast. Da ham die meisten,                             196
                        ⌐                                            197
Y1:                     ⌐ Hm                                         198
                                                                     199
Bm:     icke und ooch kann ick ooch von meine Kumpels so sagen die  200
        ham det allet bleiben lassen. Da ham wer lieber uns uff      201
        den Fun beschränkt. Also uff n Spaß. Ebend halt n bißchen    202
        anders zu sein und Spaß zu haben beim Fußball und so.        203
```

Obwohl *Benno* Möglichkeiten des individuellen beruflichen Aufstiegs innerhalb der totalen Organisationen sucht, nimmt er - wie auch andere Angehörige der Hooligans - davon Abstand, den kollektiven Aktionismus der Freizeitaktivitäten in formale hierarchisch-autoritäre Organisationen einbinden zu lassen. Obwohl er auf der einen Seite die „Sache ganz toll" fand, stand für ihn auf der anderen Seite nach ersten Einblicken und Überlegungen fest, daß „so Politisches für mich überhaupt nich jroßartig zählt" (188 u. 189). Die „Sache" um die es hier ging, war offensichtlich nicht das Politische, sondern - wie sich hier lediglich vermuten läßt - die am organisierten Aktionismus orientierte Eindeutigkeit der Perspektivität einer derartigen Organisation, die aber gerade aufgrund ihrer im Politischen legitimierten autoritären Struktur wiederum abgelehnt wurde. - Im Gegensatz dazu bzw. als deren Alternative steht der „Fun", der „Spaß", wie er bisher in der Skinheadszene gefunden wurde und die hierin - und nicht im Politischen - begründeten Aktionismen.

Mit der Wende verändert sich jedoch auch die Skinszene durch die „janzen Leute, die (.) vorher nie getraut ham ihr Maul uffzumachen (.)" (205 u. 206) (201-214):

```
Bm:                                         Ja und denn det         201
        herrlichste war ja jewesen. (.) Nach de Wende. Damals Skin  202
        war det herrlichste wat et jibt eigentlich also für mich.   203
        Bloß nach de Wende wo et denn Bejrüßung erst Geld gab und    204
        die janzen Leute die (.) vorher nie getraut ham ihr Maul    205
        uffzumachen. (.) Jetzt k-war ja ke-warn die Bullen ja nich  206
        mehr hinter ihnen so hinterher und äh ( 1 ) hier der Staat  207
        und sowat allet und hatte man n bißchen Freigang. Denn      208
        sind denn die janzen Ratten alle aus de Löcher jekommen.    209
        Ham sich von ihrem Bejrüßungsjeld denn Bomberjacken je-     210
        kooft (.) Mutter noch zehn Mark jeben lassen sich die Haa-  211
        re kurzjeschoren und denn irgend n'Opa vord Maul jehauen    212
```

Aufgrund der Veränderungen der Skinhead-Szene nach der Wende haben sich die „alten Leute", also diejenigen, die bereits vor der Wende dabei waren, „die Hool-Mode zujelegt" (215-216). Aber auch dies wird imitiert von den „Mode-Hools", die „wenn man se beim bei der Schlacht erlebt, denn renn' se nur und so" (231-232). Auch wenn *Benno* sich vom „größten Teil" (228) der Hooligans distanziert, so bleibt er doch zunächst noch - wie die nach dem Interview durchgeführten Teilnehmenden Beobachtungen zeigen (vgl. 3.3.) - einer der wichtigsten Organisatoren der Fußball-„Randale", wie auch anderer Randaleaktivitäten.

Darin, daß *Benno* erst ganz am Ende der Haupterzählung auf die *Konflikte mit den Kontrollinstanzen* (Polizei und Justiz) zu sprechen kommt, zeigt sich bereits, daß diese Konflikte nicht - wie z. B. im Falle von *Arno,* der Jahre seiner Jugend im Strafvollzug verbracht hat - als dominanter strukturierender Faktor seiner bisherigen biographischen Entwicklung anzusehen sind. Die biographische Erzählung von *Benno* ist demgegenüber noch deutlich durch die Etappen seiner Ausbildung und seines wechselhaften Arbeitslebens strukturiert. Hier sind die eigenen Ausgrenzungserfahrungen primär angesiedelt, diejenigen im Bereich der formellen sozialen Kontrolle lediglich ein zusätzlicher Aspekt (236-297):

```
Bm:                              Naja und denn     236
          hier                                     237
         |                                         238
Y1:       L Hm, hm                                 239
                                                   240
Bm:    mit de Polizei. Ah ick hab ooch schon öfter mit de Polizei    241
       zu tun jehabt. Ebend nich so krass wie Arno. Halt hier        242
       zichmal im Knast jesessen hab. Ich hab mein längstet war 4    243
       Wochen Untersuchungshaft. Hab immer bißchen sehr viel         244
       Glück jehabt. Erstet Ding hätt ich ooch abfahren müssen       245
       eigentlich, aber ick war Ersttäter und da kam et ooch noch    246
       nich so raus mit de Polizei also mit Skinheads und so und     247
       det wußten die ooch noch nich so richtig wat det sein         248
       sollte. Und wat ne nu normale Schlägerei war da war ir-       249
       gendwie nich hier (.) irgendwat politischet im Hintergrund    250
       und ham wer da halt (.) Bewährung jekriecht mit ner ziem-     251
       lich zwar ne ziemlich hohe Haftstrafe anjedroht ( 2 ).        252
       Aber in der Bewährungszeit hab ick mich nochmal (.) in in     253
       de Haare jekriecht mit eenem aus der Berufsschule. Den hab    254
       ick da verkeilt. Aber det war is so n Ding. Meine det is,     255
       det kannst aus keinem rauskriegen. Ick laß mich nich ir-      256
       gend-irgendwie beschimpfen oder sowat. Bloß der Pipl hat n    257
```

169

```
       bißchen Fehler jemacht. Der hat (.) bei de Polizei totale      258
       Falschaussagen jemacht. Nach seinen Aussagen (.) hätte er      259
       halbtot sein müssen und die Polizei hat ooch noch keen         260
       kenn ärztliches Attest. Det hat allet so lange jedauert.       261
       Deshalb ha ick so lange in U-Haft jesessen. Bei der Trapo      262
       hier in Berlin (Lachen). Is sehr nett. Trapo heißt ja im-      263
       mer wat ist dümmer als grün-blau. Warum steckt ein Trapo       264
       drinn? Naja und (.) Verfahren war ooch einigermaßen gün-       265
       stig für mich. Ick hatt n juten Anwalt jehabt und der Pipl     266
       durfte denn sich denn noch vor Gericht entschuldigen weil      267
       er halt so ne Falschaussagen jemacht hat. Da ha hab ick        268
       denn Mindeststrafe jekriecht. Det heißt een Jahr Bewährung     269
       und 4 Monate anjedroht. ( 1 ) Und denn halt ebend die (.)      270
       kleene Sachen immer (.) Verhaftungen. Wenn man sich ir-        271
       gendwo blicken lassen hat zu Ostzeiten. Kurz nach der SZ-      272
       Kirche, da ham die ja allet wegverhaftet wat uff de Straße     273
       jeloofen is. ( 2 ) Oh zum Beispiel ham wer in der Straßen-     274
       bahn jesessen. Uff eenmal hält die an, kommt Polizei rinn,     275
       kiekt rinn, saßen wer, icke                                    276
                                    ⌐                                 277
Y1:                                 ⌐ Hm, hm                          278
                                                                      279
Bm:    mit m Kumpel, beede kurze Haare, beede Stiefel an, beede       280
       Bomberjacke. Ohne Grund mitnehmen (.) waren da 48 Stunden      281
       in de Zelle irgendwo jesessen ohne irgendwat. Wir wußten       282
       nicht um wat et jeht. Wurden wer denn wieder loofenjelas-      283
       sen                                                            284
          ⌐                                                           285
Y1:        ⌐ Hm, hm                                                   286
                                                                      287
Bm:    ohne irgendwat daß uns irgendwat jesagt wurde. Nur daß wer     288
       ebend halt die Kacke daß wer uns die Haare wachsen lassen      289
       sollen, et wär besser für uns die kriegen uns immer wieder     290
       und so. Bloß wir waren halt unbelehrbar det hat uns nich       291
       interessiert. ja det war et eigentlich so von meinem (.)       292
       Leben in dem Sinne. Wenn er irgendwat wissen wollt müßt er     293
                                     ⌐                                294
Y1:                                  ⌐ Hm                             295
                                                                      296
Bm:    n bißchen nachstochern.                                        297
```

Im Konflikt mit den Kontrollinstanzen hat *Benno* - wie er sagt - „immer bißchen sehr viel Glück gehabt" (244 u. 245). Ebenso wie bei *Arno* fallen die Verhaftungen, die Untersuchungshaft und die Verurteilungen von *Benno* noch in die Zeit vor der Wende, also - dies wird nicht recht deutlich - wohl in die Zeit der Ausbildung und der Tätigkeit als Beifahrer in der U-Bahn. Nachdem *Benno* wegen einer „normalen" Schlägerei" (249) also wegen Körperverletzung, zu einer „ziemlich hohen Haftstrafe" (252) verurteilt worden war, wird er erneut wegen Körperverletzung verhaftet und bleibt für 4 Wochen in Untersuchungshaft. Daraufhin erhält er eine Strafe von einem Jahr und vier

Monaten, welche erneut zur Bewährung ausgesetzt wird. Darüberhinaus handelte es sich um „kleene Sachen, immer ... Verhaftungen" (271). Dort, wo *Benno* im Nachfrageteil auf die Polizei zu sprechen kommt, geschieht dies im Kontext deren Eingriffspraxis im Zusammenhang mit der Fußballrandale, die als willkürlich und teilweise brutal empfunden wird (1505-1687 sowie: 1857-1922). Die hier relevanten Erzählungen enden mit der Konklusion: „Hab ja schon so oft jesagt, die sollen uns ne Wiese lassen. Die sollen uns ne Wiese jeben und denn is jut wa". D. h., es wird von der Polizei gefordert, den Jugendlichen einen Freiraum, eine Enklave zu lassen, innerhalb derer der „fight" analog zur Wiese des Fußballplatzes unabhängig von äußeren Eingriffen - vor allem solchen seitens der Kontrollinstanzen - stattfinden kann (vgl. dazu die zusammenfassende Analyse der Hooliganszene).

Falko

Zur Interviewsituation

Falko bewohnt eine eigene vergleichsweise geräumige Zweizimmer-Neubauwohnung im Viertel HF. Seine Mutter wohnt in Oststadt. *Falkos* Wohnung ist insgesamt in einem modernistischen Appartment-Stil gehalten, d.h. das Wohnzimmer war mit einer neuen Couch, einem Glasregal, zwei leichten Metallsesseln, einem Sideboard und einem Couchtisch ausgestattet. Das Schlafzimmer beinhaltete einen Schrank, eine Matratze als Bett und einen Fernseher. *Falko* erzählte uns, daß er ein „Fernsehnarr" sei und häufig nachts fernsehe, um dabei regelmäßig einzuschlafen. Nach Auskunft von *Falko* kostete die Wohnung ca. 900 DM Miete, gehörte aber eigentlich nicht ihm, sondern dem Freund seiner Mutter. *Falko* hatte für das Interview am 26.02.1993 Getränke und Salzgebäck eingekauft. Am Ende der Eingangserzählung, welche partiell Darstellungen aus der Kindheit enthielt, holte *Falko* auf den Hinweis eines Interviewers, der ein Foto seiner Mutter gesehen hatte, augenblicklich verschiedene Fotoalben hervor. Der Rest des Interviews, d.h. ca 3/4 der Gesamtdauer, entwickelte sich entlang der von *Falkos* Mutter zusammengestellten Bildfolge in den Alben. Im direkten Anschluß an das Interview begab sich *Falko*, der keinen Führerschein besaß und gegen den bereits diesbezügliche Verfahren anhängig waren, zu seiner Mutter, um sich deren Auto, einen japanischen Sportwagen, auszuleihen.

Biographisches Portrait

Falko wurde 1973 als Sohn eines Zimmermeisters und einer Computerfacharbeiterin in einem traditionellen Ost-Berliner Arbeiterviertel geboren. Er bezeichnet sich selbst als „der einzige Berliner aus der ganzen Familie" (16-17), da seine Eltern und sein älterer Bruder aus „Sachsenland" (18) stammen, d. h. im Unterschied zu ihm selbst dort geboren wurden. Den sächsischen Dialekt kann er „nicht leiden" (19). Abgesehen von diesen Hinweisen, die auf eine eher prekäre familiale Solidarität verweisen, wie dies später dann auch noch deutlicher wird, erfahren wir auch hier nichts weiter über die familienbezogene Geschichte seiner Kindheit. Es wird über Etappen institutionalisierter Ablaufmuster berichtet (Kindergarten, Einschulung), über Training und Wettkampf im Geräteturnen.

Mit dem Ende der 1. Schulklasse zieht die Familie nach Oststadt, und *Falkos* Integration in den Oststädter Schulalltag bleibt ihm als „Kampf" in Erinnerung (74-76): „Naja also-also zum kämpfen hattest in Oststadt also relativ viel (.) zwecks (.) ebend halt entweder du bist eener oder du bist keener"[14]. Insgesamt kommt hier eine Ambivalenz zum Ausdruck, wie sie mit dem Umzug nach Oststadt verbunden war. Dem Komfort in Oststadt (in der bisherigen Wohnung hat er „Kohlen nach oben schleppen müssen" (64-65) steht die Ungeordnetheit der neuen Situation gegenüber („noch allet im Bauen jewesen (.) also Matsch (.) kannste da bloß sagen; 51-52).

Im schulischen Bereich sind es disziplinarische Angelegenheiten, also interaktive oder kommunikative Beziehungsprobleme jenseits der eigentlichen Leistungsanforderungen, die ihm zum Problem werden, über die er heute zwar lachen kann, aber damals war dies „denn noch'n bißchen anders" (244-245). In seiner Beschreibung wird deutlich, wie sehr er sich dem unpersönlichen und repressiven Kontrollcharakter der Schule ausgeliefert sah. Nach jeder Schulstunde mußten „Betragen, Ordnung, Fleiß" (236) in ein besonderes „Heftchen" eingetragen werden (229-250):

---

14 Hier findet sich ein Hinweis auf jene spezifische Reziprozität innerhalb der peergroup, wie sie für die Hooligan-Szene konstitutiv ist und die man - in Anlehnung an Youniss (1984 u. 1994) - als eine „symmerische" bezeichnen könnte.

```
Fm:                                         └ Jaa ja-ja    229
       so ick war immer so Durchschnitt gewesen, außer betragen-   230
       mäßig, da jabs da immer bißchen Ärger. Bloß da haben se      231
       mich ooch beschissen, von vorne bis hinten. Da gabs immer,   232
       für mich gabs immer denn immer son kleenet Buch. War son     233
       Heftchen so, da mußt ick immer am Ende der Stunde mußt ick   234
       immer nach vorne gehen und da mußten die mir immer ein-      235
       tragen hier: Betragen Ordnung Fleiß, oder mußten einfach     236
       bloß n Satz hin halt, ob irgendwat vorgefallen is oder       237
       nich. Weil ick hatt ja schon immer zwee Hausaufgabenhefte,   238
       eens für Hausaufgaben und eens für die Eintragungen, weil    239
       (.) du hast ja garnischt mehr da rinngekriegt da, wat die    240
       immer zu schreiben hatten. Da die Hausaufgabenhefte hat      241
       meene Mutter und meen Vater immer noch aufjehoben. Also      242
       des immer wieder zum Lachen da wenn se die Dinger rausho-    243
       len. Also ick meine heut lach ick drüber, ick meine damals   244
       ( 1 ) war et denn noch n bißchen anders. ( 1 ) Meine mein    245
       Vater m-m- also bis zur Sechsten oder wat, also (.) mit      246
       der Hand züchtigungmäßig gabs da immer noch, also des keen   247
       Ding, also auf jeden Fall. (.) Ich meine sicherlich ooch     248
       (.) berechtigt (.) äh und dann irgendwann, denn o nich       249
       mehr (.) hat sich det dann ooch eingestellt.                 250
```

Entscheidend ist hier wiederum, daß über derartige Schulprobleme zu Hause nicht kommuniziert wurde. Vielmehr entspricht die Reaktion des Vaters dem, was im Gruppendiskurs der Gruppe *Kunde* der „totale Druck" genannt wurde (vgl. *Kunde*, Beruf; 70): der Vater reagiert mit körperlicher Züchtigung.

Bis zur 5. Klasse, also bis zum 11. Lebensjahr, ist *Falko* im Boxsport aktiv, bis zur 7. bzw. 8. Klasse nimmt er aktiv am Rugby-Spiel teil. Mit dem Boxen hört er schließlich wegen eines „Kinderstreichs" auf (160-171):

```
Fm:              Da ha ick da äh äh n Stein uff da uff de    160
       uff die Schienen jelegt. Alle haben se hier noch schnell    161
       runtermäßig und ick konnt ja garnich mehr ruff uff die      162
       Gleise, der is ja schon eingefahren, der hat halt bloß      163
       kurz jerummst. Naja kam der Lokführer halt. Naja weeß ick   164
       nich, danach weeß ick nich waru- warum ick det jemacht      165
       habe und na hab ick mir gesacht: nee gehst nich mehr hin.   166
       Weeß ick nich, vielleicht hab ick mir geschämt oder weeß    167
       ick nich irgendwat. (.) Naja is auch schon n bißchen ne     168
       Weile her, aber da wär vielleicht o noch ne Möglichkeit     169
       gewesen also Boxen war ooch nich schlecht gewesen. ( 2 )    170
       Ja so dann Zehnte                                           171
```

Es bleibt hier offensichtlich für ihn selbst im unklaren, ob sein „Kinder-streich", also eine derartige Auffälligkeit oder Disziplinschwierigkeit, der eigentliche Grund dafür war, nicht mehr am Boxsport teilzunehmen. Ent-scheidend ist aber hier, daß das eigentliche Problem darin besteht, daß *Falko* sich der Kommunikation über diesen zwar nicht harmlosen, aber auch nicht spektakulären „Kinderstreich" entzieht.

Im Alter von 14 Jahren, also kurz vor der kritischen Phase des Übergangs von der Schule zum Beruf (in der auch der kritische Bruch in der Familiengeschichte *Bennos* angesiedelt ist) lassen sich die Eltern scheiden (92-115):

```
Fm:                           Naja dann kam Schei-    92
        dung, da war ick vierzehn gewesen, zwischen meine Eltern.   93
        Aber ich meine mich hat det also (.) nich weiter gestört    94
        sagen wer mal so, weil mein Vater wohnt um die Ecke mit     95
        dem hab ich heut noch Kontakt, (.) juten. Ick wollte da-    96
        mals zu ihm, bloß det haben die beeden sich da so unter-    97
        einander ausgehandelt, da hn, da war et schon vorbei gewe-  98
        sen. Also die warn schon weeß ick wat zwee drei Tage ge-    99
        schieden gewesen, des wußte ich und mein Bruder garnicht.  100
        Det habn wer zufällig aus den Unterlagen dann rausgekiekt, 101
        (.) da warn wer ooch erstmal beide n bißchen baff. So naja 102
        mit dem Freund den se schon damals hatte, m-mit dem is se  103
        heut o noch zusammen. (.) Ich versteh mer mit dem eigent-  104
        lich relativ jut. Ick meine det kam erst erst nach und     105
        nach hier ans Tageslicht wat denn damals immer so abgelo-  106
        fen is (. ) Aber naja ick meine                            107
        ⌐                                                          108
Y1:     ⌐ Hm                                                       109
                                                                  110
Fm:     meine is nich unser Leben. Ick meine is ihr Leben, wenn   111
        sie (.) denkt wird damit glücklich oder so, dann soll set 112
        ruhig machen, also (.) mich stört det nich, meine ick (.) 113
        kann ja ooch gehen wenns mir reicht oder so. Also bin da  114
        von Muttern auch nich mehr so abhängig ja.                115
```

Wie im Falle von *Benno* und auch von *Bernd* ist die innerfamiliale Problematik einer Kommunikation nicht zugänglich: Von der Scheidung der Eltern erfahren *Falko* und sein Bruder „zufällig aus den Unterlagen" (101). Auch in die Entscheidung der Eltern darüber, mit welchem Elternteil er weiterhin zusammen leben bzw. wohnen wird, wird er nicht einbezogen. Auf die Konsequenzen für das eigene Selbst geht *Falko* weder in evaluativen noch in theoretischen Stellungnahmen ein. Das Verhalten der Mutter, die bei der Trennung der Eltern offensichtlich die Aktive war (sie hatte schon damals einen Freund; 103-104, vgl. auch: 987-988) wird von *Falko* nicht in Kategorien des Verstehens abgehandelt, sondern dies „stört" ihn nicht (113). Aber im Gegensatz zu der Äußerung, daß ihn die Scheidung der Eltern „nicht weiter gestört hat" (94), wird im späteren Interview in - durch entsprechende Fotos im Familienalbum ausgelösten - detaillierteren Erzählungen deutlich, daß er gleich nach der Scheidung der Eltern eine Kur beantragt hat (1151-1171):

```
Fm:     Jaa (.) ja nach der Scheidung von meine Eltern hab ick      1151
        ooch glei Kur beantragt, det war ja nun keen Problem. Also   1152
        ick meine eigentlich hab ich et aus Quatsch gesagt, hab      1153
        gesagt: na Muttern, sag ich, eigentlich könnt ich mal wie-   1154
        der ne Kur vetragen. Und det zweete Klasse war n bißchen     1155
        wat ernstet gewesen, also da braucht ich echt n bißchen ne   1156
        Abspannung. Warum weeß ich jetzt zwar ooch nich mehr, aber   1157
        zumindest sagt man mir det immer so (.)                      1158
                      |                                              1159
Y2:                   └ Hm                                           1160
                                                                    1161
Fm:     Nja da hab ich gesagt zu Muttern, ick sage: du sag mal ne   1162
        Kur wär mal nicht schlecht. Zwee Wochen später quatscht     1163
        mich äh meine Klassenlehrerin an, sagt se: Mensch hier      1164
        sollst mal runter zum Arzt äh zwecks Tauglichkeit untersu-  1165
        chen lassen hier wegen Kur wa. Ick schichte erstmal         1166
                                        |                           1167
Y2:                                     └ Hm                         1168
                                                                    1169
Fm:     nich wat n nu los ? Na bin ick runter da. (.) Na det ging   1170
        so schnell, na hat ick mein Kurplatz gehabt. Also (.)       1171
```

Falko reagiert also auf die Scheidung der Eltern mit dem Wunsch nach einer Kur, also mit einer Flucht (1162-1163), nachdem „nach und nach hier ans Tageslicht" gekommen war, „wat denn damals immer so abgeloofen is" (106-107). Die Kinder werden nicht nur nicht in den Prozeß der Entscheidungsfindung der Eltern einbezogen, die Entscheidung wird vielmehr ganz und gar verschwiegen und auch im Nachhinein nicht erzählerisch verarbeitet, d. h. in eine Familiengeschichte eingebunden.

Während *Falko* die schulische und berufliche Ausbildung sowie den beruflichen Werdegang relativ stringent in einer Haupterzählung zu Beginn des Interviews entfaltet (bis 816), werden andere Lebensbereiche, vor allem die familialen Beziehungen sowie seine Beziehungen zur Mutter und zu den Hooligans zunächst nur andeutungsweise angesprochen.

Auf Nachfragen nach der beruflichen Tätigkeit seiner Mutter, bei der einer der Interviewer erwähnt, daß er einmal ein Foto von *Falko* und seiner Mutter gesehen habe, beginnt *Falko* mit detaillierten Beschreibungen anderer Lebensbereiche, die jeweils mit Bezug auf die Fotos in den von der Mutter angelegten Alben situativ entfaltet werden. In diesem Zusammenhang zweifelt er schließlich an der Fähigkeit der Mutter, der er ja letztlich auch die Verantwortung für die Scheidung zuschreibt, der rekonstruktiven Vergegenwärtigung der Familienbiographie eine Ordnung zu geben: „Mensch Muttern bringt ja hier allet durcheinander wa" (1283) heißt es bei der Durchsicht der Fotoalben, denen die korrekte chronologische Sequenzierung fehlt. Dies wird dann später (1383-1385) noch einmal aufgegriffen: „(2) Ah ah des (.)

Mensch der-der ja Rumänien, weeß ick nich Muttern bringt hier immer allet durcheinander hier".

Die Mutter, die vor der Wende als Physiklaborantin in der Position einer Abteilungsleiterin tätig war, beginnt nach einer Umschulung eine Tätigkeit als Sekretärin (922-933):

```
Fm:     und da hat se dann ne Umschulung gemacht, so als Art Se-   922
        kretärin und jetzt is se in Westberlin in der MK-Straße,   923
        da in der Nähe in so ner in so ner Exportfirma da. Mit ner 924
        Freundin is se da, muschelt da n bißchen rumm.             925
                      ⌐                                            926
Y2:                   └ Hm                                         927
                                                                  928
Fm:     Aber die is bloß, (.) also die arbeitet insgesamt sagn wer 929
        mal so zwee Wochen im Monat, also den Rest reist se ja     930
        bloß durch de (.) Wälder (.) und durch die Gegenden hier.  931
        (.) Ick meine irgendwo gönn ick ihr det auch, ick meine    932
        für ihr Alter ( 1 )                                        933
```

Falkos Mutter kann sich - offensichtlich aufgrund der Unterstützung durch ihren derzeitigen Lebensgefährten, der von *Falko* als „ihr Macker" bezeichnet wird - einen relativ luxuriösen Lebenswandel leisten. Seit kurzer Zeit besitzt sie bzw. ihr Lebensgefährte auch ein Ferienhaus in Spanien. In den letzten Jahren hat *Falko* den Urlaub allein mit seiner Mutter verbracht. Die relativ detaillierten Erzählungen von Urlaubssituationen geben Aufschluß über das spezifische Verhältnis zu seiner Mutter. Obschon er eigentlich - initiiert durch eine Nachfrage nach seiner Freundin - auf seine Mädchenbekannt-schaften im Urlaub zu sprechen kommen will, gerät die Darstellung eher zu einer Schilderung der wechselnden Männerbekanntschaften seiner Mutter während des Urlaubs (2235-2264):

```
Fm:                                       Naja bloß 2235
        etz wie gesagt, erstmal auf die Weiber zurückzukommen oder 2236
        Mädels. (.) Ähm im Urlaub nich, nee Mensch ich hatte in    2237
        Mallorca hat ich mein Spaß gehabt bis zum abwinken. (.)    2238
        Weeßte haste keen Zwang und nischt ( 1 ) Muttern selbst    2239
        Muttern die is ooh. (.) Ick sage euch,                     2240
                     ⌐                                             2241
Y2:                  └ ( Lachen )                                   2242
                                                                  2243
Fm:     weil-weil ( 1 ) Physical war auf der eenen Seite und Bole- 2244
        ro, det war hier für die (.) ältere Gesellschaft, det war  2245
        auf der anderen Seite. ( 1 ) Na die kam immer rüber, sag   2246
        gib mir mal Autoschlüssel ffft. Und vorallendingen wir     2247
        hatten ja een Zimmer gehabt, hier so'n Doppelbett na hatt  2248
        ick wo- erstemal mußt ick se anschnauzen; ick sage Muttern 2249
        sag ick: det nächstemal sag ick, is mein Bett hier gemacht 2250
```

```
            sag ick. Kam nachhause da allet verwühlt da, ick sag oh    2251
            wat denn hier los? ( 1 ) Und det eene Mal hatt ick          2252
                         ⌐                                              2253
Y2:                      └ ( Lachen )                                   2254
                                                                        2255
Fm:         die Augen offen hier, daß se nich mehr zurückkommt. Da ich  2256
            brauch'n Schlüssel (imitierend) (.) und ick da gewartet     2257
            und gewartet da und die kam immer ewig nich da. (.) Ir-     2258
            gendwann kam se dann da ( 1 ) ah du det (geflüstert) und    2259
            dann hab ick ja auch gestaunt also (.) Hilfe da und von     2260
            einigen Pipls mußt ick se erstmal da wegretten. ( 1 )       2261
            Schon so stinkesteif, weil eenen hat se ja abblitzen las-   2262
            sen, weil ick se da erstmal bißchen böse anje- anjekiekt    2263
            habe.                                                       2264
```

Falko teilt mit der Mutter ein Zimmer und das Doppelbett. Nicht sie übernimmt hier Verantwortung für seine Urlaubsverstrickungen, sondern es ist beinahe eher so, daß er die Verantwortung für die ihrigen übernimmt. An die Stelle der konventionellen Mutter-Sohn-Beziehung tritt hier eine andere, die eher derjenigen zu den „Kumpels" entspricht, wie dies auch im Falle von *Dieter* aus der Gruppe *Pulle* in der Beziehung zu seinem Vater zu beobachten ist. Es gelingt hier *Falko* also - im Unterschied zu *Benno* - an die Stelle der prekären familialen Solidarität eine neue Verbundenheit zu setzen.

Diese ist allerdings - in Homologie zu derjenigen der Hooligans untereinander - in Erlebnissen einer *episodalen Schicksalsgemeinschaft*, in kleinen Abenteuern fundiert, jenseits einer Solidarität, wie sie in Gemeinsamkeiten der Familiengeschichte begründet ist.

Wenn wir zu jener biographischen Phase nach der Scheidung der Eltern zurückkehren, so wird in der Art und Weise, wie *Falko* die sich nach diesem Ereignis verändernde Beziehung zu seinem Bruder darstellt, ein Zerbrechen oder - wenn wir in der Metaphorik der Darstellung von *Falko* selbst bleiben - ein „Zerschneiden" der familialen Solidarität deutlich (267-301):

```
Fm:                                   Da hat ja Atze,                   267
            Keule hat noch, also meen brudermäßig, hat ja noch n eige-  268
            net Zimmer gehabt, also wir hatten jeder eins. So und hier  269
            nach der Scheidung sind wir ja dann umgezogen, da hatt ich  270
            dann mit meen Bruder zusammen een Zimmer. Also da jabs ja   271
            nur Mord- und Totschlag (.) zwischen uns beeden da. (.) Ja  272
            Mensch wann is denn der zur Army gekommen ? (.) Da war ick  273
            Neunte, Ende Neunte Anfang Zehnte, ja (.) da is er zur      274
            Army (.) nee noch früher nee drei Jahre (.) mit Achtzehn    275
            is er jegangen, Fuffzehn (.) nee doch dürfte so Neunte      276
            jewesen sein. ( 2 ) Ja da den ersten Tag wo er weg war und  277
            ick von der Schule kam, erstmal (.) Säge genommen, erstmal  278
            sein Bett zersägt da allet (lachend), erstmal raus-         279
            geschmissen da. Nja det ganze Zimmer für mich alleene um-   280
```

```
geräumt. Na gabs ja mit Muttern noch absoluten Zoff, mein-    281
te wenn er wieder kommt und weeß ick wat. Ick sage: da       282
kann er sich uffn uffn Balkon legen und da abpennen oder     283
weeß ick wat, det war mir so egal. Ja aber ick meine da      284
kam er dann irgendwann auf Besuch nach Ewigkeiten oder so    285
(.) und da und da war noch irgend n irgend n Fest hier       286
gewesen in Berlin (.), meen ick weeß et nich Pfingsten       287
oder irgendwat war, da na kam er denn grade und da sind      288
wir beede losgezogen da, haben da eenen gepichelt und al-    289
let und seitdem ( 1 ) absolut. Also ick meine (.) ja det     290
wurde gloobe ooch höchste Zeit, daß wir da mal bißchen       291
getrennt werden also. (.) Und seitdem er da bei der Army     292
da mäßig war, sind wir beede absolut top. Also ( 1 ) Kum-    293
pels kann man eigentlich da ooch zu sagen, weil Bruder is    294
ja (.) weeß ick nich Bruder is eigentlich du mußt immer      295
für ihn irgendwie da sein, aber wenn du sagst Kumpel (.)     296
da is man det ja von Hause aus. Entweder er isn Kumpel,      297
isn guter Freund oder so, oder is keener. Und det is er      298
dadurch ebend halt geworden, vorher war er nur mein Bru-     299
der, aber so is er (.) mein Kumpel halt zusätzlich gewor-    300
den da.                                                      301
```

Falko, der sich nach der Scheidung mit seinem Bruder ein Zimmer teilen muß, zerschneidet während dessen Dienst bei der NVA sein Bett mit der Säge, um dann später mit ihm auf einer anderen Ebene - derjenigen des „Kumpels" (300) - eine neue Beziehung zu konstituieren. Hier wird ein Bruch mit der bisherigen Familiengeschichte und der eigenen persönlichen Identität symbolisch markiert. Es kommt sozusagen zu einer Umkehrung der Verhältnisse: Die soziale Beziehung „von Hause aus" (297), also die zwanglos oder fraglos gegebene ist nicht die familiale, sondern diejenige des „Kumpels"; wohingegen die familiale durch ein „Muß", also durch Zwang und Exteriorität gekennzeichnet ist: „du mußt immer für ihn irgendwie da sein" (295 u. 296).

Ähnlich der Beziehung zu seiner Mutter konstituiert sich auch diejenige zu seinem Bruder auf der Grundlage einer neuen, andersartigen Solidarität, derjenigen der episodalen Schicksalsgemeinschaft - analog zu der Beziehung zu den „Kumpels".

Falkos Vater, der vor der Wende beruflich sehr erfolgreich war und die Position eines „Lehrobermeisters bei der Deutschen Reichsbahn" innehatte (350), hat bis heute die Scheidung nicht bewältigt. Er „hängt ... immer noch mit Gedanken bei meiner Mutter rum" (314-339):

```
Fm:                     Nja mein Vater (.) tj ja wat        314
        soll ick zu ihm sagen? Der is ( 4 ) ja momentan is er ei-  315
        gentlich weit weg, also ( 1 ) nach der Scheidung wurd et   316
        dann natürlich immer mehr, (.) immer immer seltener gese-  317
```

hen. Aber ick meine wir treffen uns zwar, aber det is halt   318
pf da sind wer für een Tag zusammen und dann j-jehts da-   319
nach wieder ausnander, also (1) <u>so</u> dermaßen, aber ick   320
meine wir unternehmen ooch zusammen alle mal wat (.)   321
) Ah so
kann er jut echt gut druff sein also uff jeden Fall, also   322
is n lustiger Mann, uff jeden Fall aber tja. (.) Na ir-   323
gendwie, der kriegt det ooch nich in die Reihe bei sich da   324
irgendwie so'n so'n neuen kreismäßig uffzubauen, also so   325
Freundin oder so wat ick meine (.) ders uff Montage   326
                                                       327
Y?:   └ Hm   328
                                                       329

Fm: und allet, ders auch kaum in Berlin. (1) Nja det kriegt   330
der nich in de Reihe und deswegen hängt er da immer noch   331
da mit Gedanken bei meiner Mutter rumm, aber ick meine wat   332
soll man son Mann <u>erklären</u>, aber ick meine det muß er nun   333
ja nun selber wissen daß et da (.) nich mehr geht un daß   334
er sich det ooch größtenteils selber (1) zuzuschreiben   335
hat da, daß et soweit gekommen is also (.) oder sagen wer   336
mal fifty-fifty, also natürlich Mutter genauso. (.) Mut-   337
tern wollt et, und er (.) hatt dann eben bloß noch den   338
letzten Rest dazugegeben (1)   339

Seit der 8. Klasse ist *Falko* am Berufsbild des Vaters orientiert, dessen
handwerkliche Fähigkeiten als Zimmermann ihn fasziniert haben (345-367):

Fm: So und da   345
                                                       346
Y2:   └ Hm   347
                                                       348
Fm: hab ick ja nun bei meim Vater, der war ja noch damals   349
Lehrobermeister gewesen bei der Deutschen Reichsbahn (.)   350
und bei mir äh bestand aber schon der Wunsch wie gesagt   351
seit er achten Klasse, daß ick <u>Zimmermann</u> werde. Also da   352
(.) Beziehung zu Holz so mäßig det is bei mir (.) bis heu-   353
te noch geblieben. Also echt toll kann man echt gut mit   354
arbeiten mit Holz, (1) det hat mich schon immer da fas-   355
ziniert da, wenn er immer mit seinen äh (.) na son son   356
ooch son son Zimmermann also so Meister da mäßig wenn der   357
immer da rummgebaut hat und icke konnte mir det ankieken   358
oder so. (.) Naja ick meine für sorn Jungen aufn Bau (.)   359
da sieht natürlich sowat schon aus. So und da wa- war det   360
eigentlich schon immer abgemacht gewesen, daß ick da bei   361
ihm anfange. So na hab ick mich ooch mit beworben (1)   362
und bin natürlich ooch mit durchgekommen. Na hatt ick ja   363
noch den besten Durchschnitt gehabt von allen ja, also det   364
hat mich ja dann sowieso noch da bißchen verwundert, ah   365
wir sind drei Mann sind wir ja bloß gewesen da in der Leh-   366
re (.) drei Mann.   367

Der Vater wirkt nicht nur als Orientierungsfigur im Hinblick auf *Falkos* Vorstellungen hinsichtlich seiner zukünftigen handwerklichen Tätigkeit, sondern *Falko* beginnt nach Abschluß der 10. Klasse auch seine Ausbildung in eben jenem Betrieb, in dem auch der Vater arbeitet.

Dieses Muster berufsbiographischen Prozessiertwerdens zeigt sich auch in anderen Biographischen Interviews. Hierin dokumentiert sich der Einfluß, den der familiale, verwandtschaftliche und nachbarschaftliche Milieuzusammenhang auch für die berufliche Sphäre gewinnt, bzw. dokumentiert sich hier ein enger Zusammenhang von betrieblichem und außerbetrieblichem Milieu. Die Bedeutung des berufsbiographischen Prozessiertwerdens seitens Familie und Verwandtschaft - vor allem des Vaters - wird auch dort deutlich, wo Falko auf Nachfragen auf den Beruf des drei Jahre älteren Bruders eingeht (3362-3378):

```
Y2:                                        ⌐ Hat der Koch      3362
          gelernt dein Bruder ?                               3363
                             |                                3364
Fm:                          └ Der hat Koch gelernt ja. Aber ( 1 )  3365
                                        |                     3366
Y2:                                     └ Hm                  3367
                                                              3368
Fm:       warum weeß er wahrscheinlich selber nich, oder wat. Also  3369
          ich meine der hat, der wußte garnich wat er machen sollte  3370
          (.) nichts. Da hat er einfach ( 2 ) also mein Vater hat    3371
          damals da noch äh weitreichende Beziehungen gehabt, die    3372
          man ja auch heute noch braucht. Heute wahrscheinlich soga- 3373
          roch mehr als damals. Und da is er dann an-an-an kochmäßig 3374
          rangekommen da. Hat er dann ooch gemacht und dann hat er   3375
          sich dann noch äh bei der Army beworben, also daß sie ihn  3376
          frühermäßig nehmen, denn denn dadurch konnt er früher aus- 3377
          lernen.                                                    3378
```

Auch der Bruder, der nicht den Beruf des Vaters anstrebt, wird von diesem berufsbiographisch prozessiert - und zwar in noch weitreichenderer Hinsicht als *Falko*, da er nicht einmal Vorstellungen von einem Berufsbild entwickelt hatte.

Es wird deutlich, welche Bedeutung dem Vater als biographischem Prozessor hier beigemessen wird. Und dies nicht nur - wie sich an späterer Stelle zeigt - in der kritischen Phase des Übergangs von der Schule zum Beruf, sondern auch durch die gesamte berufliche Ausbildungsphase hindurch. Dies wird später dort zum Problem, wo der Kontakt mit dem Vater verlorengeht.

Innerhalb der Berufssphäre tritt ein weiteres Problem verschärfend hinzu. Eines - wie auch bei *Benno* -der zentralen Probleme seiner berufsbiographischen Entwicklung: nämlich dasjenige einer Abgrenzung formaler Rollenanforderungen von denen im Bereich persönlicher nahweltlicher Beziehungen. Probleme im Bereich rollenförmiger Beziehungen am Arbeitsplatz können nicht einer (meta-)kommunikativen Verständigung zugeführt werden. Alles wird zu einer „Sympathiesache" (386-411):

```
Fm:     So na ick hab dann angefangen wie gesagt zu lernen. (.)     386
        Mit mein, mit meinem Lehrmeister kam ick (.) eigentlich      387
        immer nich grade so gut klar, (.) det war aber reine Sym-    388
        pathiesache. Also (.) weeß ick nich, wir wußten beede, daß   389
        wer uns nich riechen können, det war von Anfang an, also     390
        der hatte nischt irgendwat mit Wörter zu tun oder weeß ick   391
        wat, sondern man nja man is halt ebend so wa. Man            392
                                                                     393
Y1:                                   ⌐ Hm                           394
                                                                     395
Fm:     kiekt den an, und sagt wuah oder weeß ick nich irgendwie,    396
        der kann dann noch so viel reden irgendwie det kommt nich    397
        rüber da. (.) So meine Lehre hab ich dann ooch (1) jut       398
        durchlebt eigentli- mit die drei Pipls, meine bei drei is    399
        eigentlich immer eener zuviel aber wir sind eigentlich       400
        alle drei relativ jut zu- äh zurandegekommen. Äh hier (.)    401
        Internat war ick in GB-Stadt, da hatten wer ooch sehr viel   402
        Ärger mit die Einheimischen da, also wie warn dette? Also    403
        zwee Wochen GB-Stadt und zwee Wochen in Berlin. Also in      404
        GB-Stadt hatten wer Schule und in Berlin hatten wer dann     405
        praktikumsmäßig so Wochenenden duften wer immer nachhause    406
        fahrn, wat wer natürlich ooch genutzt haben, weil wat sol-   407
        len wir in GB-Stadt? Ah die Stadt is ja also (.) ts nja      408
        wie soll ick sagen also echt am zerfallen bis zum abwin-     409
        ken. Also so dann drinne turnen da auf äh (.) also punks-    410
        mäßig.                                                       411
```

Seine theoretische Berufsausbildung erhält *Falko* - jeweils im zweiwöchentlichen Rhythmus - in einer Internatsschule einer Kleinstadt in der Umgebung Berlins. Nach Abschluß der Lehre will *Falko* sein Gesellenjahr nicht in Berlin verbringen (572-575): „dann wollt ich eigentlich äh (.) durch die Lande ziehn, also wollt ich mich nich hier festsetzen hier sondern wollt ick äh (.) bißchen wandern gehn".

Falko zieht es ins dörfliche Milieu und dort in den Arbeits- und Lebenszusammenhang einer Kunsttischlerei, eines Familienbetriebes. Wobei diese familiale Atmosphäre noch dadurch eine besondere Note erhält, daß dort Spielzeug hergestellt wird (639-658 u. 677-711):

```
Fm:              Also in der Nähe da von RW-Stadt in son      639
        son ganz kleenet Dorf, (.) da war ick da war ick beim (.)  640
        Tischler gewesen (.) so für Kinderspielzeug und und sowat  641
        allet, also richtig Schaukelpferde, also jetzt keene klee- 642
```

nen Hölzer, hölzerne Autos oder sowat, sondern richtig   643
Schaukelpferde Schaukeln. Der hat ja richtig große Spiel-   644
plätze sowat gemacht weeßte, so wie hier draußen sowat so   645
abenteuermäßig. Also der hat echt wat   646
                                                                647
Y1:   └ Hm hm   648
                                                                649
Fm: auf Tasche gehabt. Also bloß wat det (grobe) war, dadurch 650
        daß ick äh Wochenende immer nachhause bin und so des mehr 651
        ins Geld gegangen also als ick da überhaupt verdient habe 652
        und deswegen (.) und grade weils auch so weit weg war,   653
        also et is ja mitten im Dorf da mit die Leute. (.) Naja   654
        wat heißt nicht klargekommen? Ick hab die ja kaum gesehen. 655
        Also (1) so an an frauenmäßig war ooch nich so (.) det   656
        wahre da, also ick meene wenn die mit ihre Gummistiefel da 657
        rummdü-rummdüsen da (lachend)   658

        .

        .

        .

Fm: (.) nee also hier mußte weg wa,   677
        Naja denn (.) hab ich dann ooch mit ihm dann gequatscht,   678
        ick sage du sag ich: echt det geht hier nicht. Sagt er: 679
        naja klar is jut. Naja bin ick wieder nach Berlin. (.)   680
        Dann hab ick erstmal hier (.) bin ick hier gle- umgestie- 681
        gen ? (1) Ick weeß garnich ob ick hier erstmal bißchen   682
        Pause gemacht habe, oder ob ick gle- wieder wei weiterge-   683
        arbeitet habe (.) Da war ick dann eigentlich beim (2) wo 684
        war ick denn ? (.) Ja ooch so ne Art Tischlerei war det,   685
        also äh-äh die haben Läden aufgebaut Bäckereien (.) dann   686
        so Elektro-läden und sowat allet. (.) Dann hab ick da ne   687
        Weile gearbeitet. Dann, (.) ja dann hats n bißchen in Ro- 688
        stock geknallt, (.) der hier, naja wo ick hier noch   689
        Schrauben drinne habe. (.) So und da hab ick und-und in   690
        der Zeit is meine Probezeit abgelaufen (.) und icke habe   691
        det vergessen (.) mich dahinzubewegen und det Ding zu ver- 692
        längern. (.) Also icke war vom Arzt wieder gesundgeschrie- 693
        ben bin hin und auf eenmal kieken die mich alle an da.   694
        Also ick wußt garnicht wat los war. Sagt se: 695
                                                                696
Y1:   └ Hm (leise)   697
                                                                698
Fm: naja ziehn se sich garnich um, warten se mal bis Chef   699
        kommt und weeß ick wat. Naja der kam dann ooch und dann   700
        erstmal gequatscht und dann oah, (.) na da war ick ooch   701
        erstmal bißchen baff gewesen da. Vorallendingen weil äh   702
        (.) an den Job bin ick ja rangekommen durch den (.) Macker 703
        von meiner Mutter, weil der den Chef kennt und ick habe ja 704
        ihn ooch immer gefragt gehabt. Ick sage ist noch allet in 705
        Ordnung? Ja klar, is allet in Ordnung. (.) Und deswegen   706
        dacht ich, naja der is da in Verbindung und wenn et da   707
        irgendwat gibt da, dann wird er mir det schon sagen. (.)   708
        Weil ick echt an die drei Monate nich mehr gedacht hatte. 709

(.) Naja war ick da, hatte ooch keen Bock denn da mit dem   710
rummzudiskutieren oder so. Na naja bin ick da ooch raus.   711

Obschon ihm die handwerkliche Tätigkeit gefällt, er die handwerklichen
Fertigkeiten des Meisters (in ähnlicher Weise wie die seines Vaters) bewundert, scheitert er daran, daß sich seine Erwartungen an eine Integration in den
dörflichen Lebenszusammenhang nicht erfüllen. Er pendelt ständig zwischen
dem Dorf und Oststadt hin und her. *Falko* findet keinen Kontakt zur dörflichen Bevölkerung und auch nicht zu den Mädchen des Dorfes. Im Zusammenhang mit einem Besuch seines Bruders verläßt er diese Arbeitsstelle
und wechselt in einen Ladenbaubetrieb, in dem ihm der „Macker" (703), also
der Freund seiner Mutter eine Stelle verschafft hat, der nun offensichtlich -
stellvertretend für seinen Vater - die biographische Prozessierung übernommen hat. Während der Probezeit zieht sich *Falko* im Zuge der Randaleaktivitäten der Hooligans in Rostock, die in allen Gruppendiskussionen und
Biographischen Interviews als eine der Höhepunkte der Hooligan-Aktivitäten
dargestellt wird, eine schwere Verletzung zu. Da er stillschweigend und
selbstverständlich davon ausgeht, daß sich der Freund seiner Mutter um alles
kümmern werde, meldet er sich während dieser Zeit der Krankheit nicht an
seinem Arbeitsplatz und verliert seine Stelle. Es wird hier deutlich, in welch
ausgeprägtem Maße *Falko* auch weiterhin auf das berufsbiographische
Prozessiertwerden vertraut. Der Freund der Mutter kann diesen stillschweigenden Erwartungen offensichtlich nicht in adäquater Weise gerecht werden
(d. h., er übernimmt die Prozessorfunktion des Vaters nur unvollständig), so
daß *Falko* aus dem institutionalisierten berufsbiographischen Ablaufmuster
endgültig herausfällt: Er führt das für seine endgültige Anerkennung als
Facharbeiter notwendige Gesellenjahr (vgl. 624-628) nicht zu Ende, somit
gerät auch sein Entwurf ins Wanken, in die Fußstapfen des fachlich erfolgrei-
chen Vaters zu treten. *Falko* gerät in eine Art Verlaufskurve hinein. Er
arbeitet zunächst als Hilfsarbeiter bei einer „Buddlerfirma" (714), also im
Tiefbau, wo er aufgrund des in Relation zur Härte der Arbeit zu geringen
Verdienstes schließlich kündigt.

Nachdem er „wieder ne Weile nischt gemacht" hat (734), beginnt er nach
einem längeren Urlaub mit der Mutter auf deren Anraten wieder in einer
Tischlerfirma zu arbeiten. Während dieser Tätigkeit hat er es jedoch „och
wieder da mit die Leute da absolut verrissen" (793-800):

```
Fm:              Ja Mensch dann war ick wieder bei ner    793
        andern Firma ausn Urlaub raus. (.) Da hab ick nämlich mei-    794
        ner Mutter versprochen, jut jetzt gehst de wieder ackern.    795
        (.) Wieder neue Firma n ganz kleenet privatet Ding. (.)    796
```

183

```
Ooch wieder da mit die Leute da absolut verissen da, ick      797
weeß ooch nich ja, (.) ja nich, ich knall natürlich leute-    798
mäßig ooch wieder raus. (.) Also ick habe Jobs da gehabt       799
noch und nöcher.                                               800
```

Falko hat „Jobs da gehabt noch und nöcher" (799-800), aus denen er „leutemäßig ooch wieder rausknallt". Wie auch bei *Benno* liegen seine Probleme im Bereich der (meta-) kommunikativen Verständigung im Arbeitsbereich, d. h. innerhalb formal organisierter Rollenbeziehungen.

Nach mehreren weiteren Versuchen innerhalb eines Jahres arbeitet er nun - zum Zeitpunkt des Interviews - auf dem Bau. Dort ist es „echt optimal" (804), obschon er, wie er im weiteren Erzählverlauf darlegt, dort einen Unfall an der Tischkreissäge hatte, bei dem ihm ein Daumen weggerissen wurde.

Es zeichnet sich nun in berufsbiographischer Hinsicht eine Phase der Neu- oder Re-Orientierung ab. *Falko* entfaltet diese Neuorientierung innerhalb der Darstellung einer Art pädagogischer Haltung gegenüber seiner jüngeren Freundin, indem er ihr gegenüber begründet, warum er zur Arbeit geht, obschon er krankgeschrieben ist (3535-3544):

```
Fm:          Ich sage, na sag ich Mädel sag ich, wenn wenn de   3535
      Geld verdienen willst sag ick, dann mußte da ooch n biß-  3536
      chen an sowat denken. Ja det sagt meine Mutter ooch immer, 3537
      na da gut sag ick. Meine wie soll man so eener (.) erklä-  3538
      renmäßig (.) wie arbeitenmäßig wie wichtig et is. Ick sag  3539
      grade icke weeß et, der ebend grad wie gesagt durch tol-   3540
      tausend Firmen geloofen is ja, und überall Ärger gehabt    3541
      hat und weeß ick wat. Ick meine irgendwo irgendwo muß man  3542
      sich da nun langsam anfangen anzupassen oder (.) weeßte,   3543
      det geht geht nich immer gut, also (.)                     3544
```

Falko übernimmt hier nicht nur Verantwortung für die eigene Berufsbiographie, sondern auch für diejenige seiner Freundin und schließlich - wie im Verlauf der weiteren (hier nicht wiedergegebenen) Erzählung deutlich wird - auch für seine derzeitige Firma.

Im Unterschied zu *Arno* und auch zu *Benno*, für die ihre Auseinandersetzung mit Lehrern, Ausbildern und Vertretern von Kontrollinstanzen eine provokative und auch politische oder besser: politisch definierte war, ist dies bei *Falko* nicht der Fall. Er hat sich auch nicht - wie *Arno* und *Benno* in einer früheren Entwicklungsphase - das provokative Outfit der Skinheads zugelegt. Auch hierin wird deutlich, daß *Falko* nicht zu den Kerncharakteren der Gruppe *Kunde* gehört. Erst gegen Ende der beruflichen Ausbildung - kurz vor der Wende - nimmt ihn ein Arbeitskollege mit zum Fußballspiel (1608-1630):

Y2:	Aber du ähm (.) dann nach der Wende hat es bei dir ange-	1608
	fangen äh mit'n mit'n Fußball auch glaub ich oder? oder	1609
	war des vorher schon?	1610
		1611
Fm:	└ Nee vorher schon, kurz kurz vorher, ja	1612
	(.) kurz vor der Wende allet. (.) Naja det und mehr oder	1613
	weniger durch eigentlich durch meinen Arbeits-kollegen da	1614
	mit dem ick zusammen gelernt habe bin ick bin ick eigent-	1615
	lich mehr oder weniger da ran gekommen. (.) Weil der dann	1616
	ooch da angefangen hat zu erzählen und ick immer schon ja	1617
	(.) weil ick war schon gewesen beim Fußball weeßte, aber	1618
	nich (.) na wie soll man sagen also ni- nich so weeßte,	1619
	also nich mit der Einstellung oder so (.) und-	1620
		1621
Y2:	└ Hm	1622
		1623
Fm:	und vorallendingen auch nich mit den Leuten. Ick meine	1624
	wenn du nich dabei bist (1) naja dann kriegst et o nich.	1625
	Ick meine dann kiekste bloß, ick meine ick fand ooch ei-	1626
	gentlich Fußball langweilig weeßte. Ick bin ooch nich so'n	1627
	Typ weeßte der jetz den Fernseher anmacht u-und sich da	1628
	die Sportschau rinnknallt oder so, (.) interessiert mich	1629
	jarnich.	1630

Falko interessiert sich - wie wohl überwiegend die Hooligans - nicht im eigentlichen Sinne für Fußball, sondern lediglich in jener spezifischen Hinsicht, welche er als „die Einstellung" (1620) bezeichnet, die ihn dann unmittelbar zu den Hooligans führt.

Auch in diesem Biographischen Interview ist - wie in fast allen anderen und auch in den Gruppendiskussionen - die schwere Auseinandersetzung in Rostock zwischen den Hamburger und den Berliner Hooligans der durch Detaillierungsgrad und metaphorische Dichte markierte Höhepunkt. Da ein Teil dieser Focussierungsmetapher bereits in Kap. 2 wiedergegeben wurde, gehen wir hier nicht näher darauf ein.

Während einer seiner Phasen der Arbeitslosigkeit macht *Falko* Erfahrungen mit dem „Bau", wobei in dieser Darstellung sowohl die Art seiner Inhaftierung als auch deren Gründe weitgehend im Unklaren bleiben (3017-3052). Vermutlich hat *Falko* wegen Autodiebstahls und Fahrens ohne Fahrerlaubnis 14 Tage im Jugendarrest verbracht. Es handelt sich also nicht - wie bei *Arno* und *Benno* - um Körperverletzungsdelikte, wie sie mit den kollektiven Orientierungen der Hooligan-Szene in mehr oder weniger direktem Zusammenhang stehen und wie sie in der Regel freimütig dargestellt werden, da sie dem kollektiven Regelsystem entsprechen.

Allerdings berichtet *Falko* sehr ausführlich über seine Erfahrungen im „Bau" selbst - vor allem über diejenigen mit den Ausländern. Wie auch in der

Gruppendiskussion wird auch hier der Strafvollzug zur zentralen und beinahe ausschließlichen Erfahrungsbasis der eigenen Haltung gegenüber den Ausländern.

Arno

Interviewsituation

Das Interview mit *Arno* fand am 26. 01.93 nachmittags in der Wohnung von *Benno* und in dessen Beisein statt. *Arno* hatte sich im Rahmen seiner Schicht-Arbeitszeit den Nachmittag frei genommen. Der Termin für das Interview wurde unsererseits mit *Benno* ausgemacht, da *Arno* über kein Telefon verfügte. Als wir in *Bennos* Wohnung eintrafen, zeigte sich *Arno* über den eigentlichen Zweck unseres Erscheinens uninformiert. In dieser Situation wurde er jedoch von *Benno* zu einem Interview „überredet". Bereits hier zeigte sich, daß die sich auch in der Gruppendiskussion dokumentierende Rolle von *Benno* in der des Koordinators und Organisators bestand. Während des Interviews hat *Benno* auch teilweise die Rolle eines Gastgebers übernommen, so hatte er z. B. vorsorglich Getränke eingekauft.

Das Interview mit *Arno* gestaltete sich ausgesprochen selbstläufig und detailliert. Focussiertes Thema war hierbei die Auseinandersetzung mit der DDR-Justiz und seine Erfahrungen im Strafvollzug. Das Thema „Kindheit" blieb trotz intensiven Nachfragens unsererseits unexpliziert.

Biographisches Portrait

Arno wurde als Sohn einer Lehrerin und eines Ingenieurs 1968 in einer Kleinstadt am Rande von Berlin geboren. Er hat drei Geschwister; eine Schwester ist älter als er.

Bereits als Kind schert *Arno* aus den institutionalisierten Ablaufmustern der DDR-Sozialisation insofern ein wenig aus, als er nicht den Kindergarten besucht, sondern durch eine Pflegemutter betreut wird. Während er sich über seine Zugehörigkeit zu den jungen Pionieren „absolut keen Kopp" gemacht hat (50-51), weigert er sich, in die FDJ einzutreten (55-83):

```
Am:             is vielleicht dadurch gekommen, daß meine Eltern    55
         die sind jetzt in der SPD, die warn ooch damals sagn wer   56
         so bißchen Opposition gewesen. Haben auch ne ganze Menge   57
         Ärger gehabt, weil die warn ja mit solche Leuten zusammen  58
         so ne Liedermacher in der DDR wa, die kannten ooch Bier-   59
         mann und wat weeß ick na zu diesen ganzen Kreis. (.)       60
                                                                    61
Y2:                              └ Hm                               62
                                                                    63
Am:      Dadurch ha ick vielleicht ooch denn schon so bißchen mit- 64
         gekriegt so die Opposition gegen den Staat. Natürlich nich 65
         so in der Richtung wie meine Eltern, sondern ff- mir hat   66
         det denn ooch schon überlege schon nachher: warum soll ick 67
         in de FDJ eintreten? äh da renn ick so rumm wie alle an-   68
         dern. Det wat se da machen, ick meine det det geht mir nur 69
         von meiner Freizeit ab. Also im Grunde war det nur der     70
         einzige Gedanke warum ich nich in de FDJ eingetreten bin,  71
         wenn die andern zu ihrm FDJ-Na- Nachmittag da rennen und   72
         sowat na dann mach ich mir lieber en Lemmi und wenn ihr da 73
         hinrennt man kann ja ruhig mal ne Ausnahme machen. Da gabs 74
         schon ganz schön Stunk in der Schule, aber machen konnten  75
         se dagegen halt ooch nischt und meene Eltern habn halt     76
         gesagt: wenn du et nich willst, wir zwingen dich garan-    77
         tiert nich dazu. (.) Also war det erste wo ick halt n      78
                                                                    79
Y2:                              └ Hm                               80
                                                                    81
Am:      bißchen quergeschossen bin war, daß ich halt nich in de F- 82
         FDJ eingetreten bin ( 2 )                                  83
```

Dies ist das erste Mal, daß *Arno* ein „bißchen quergeschossen" (82) ist. *Arno* bzw. seine Eltern entziehen sich hier also sowohl in bezug auf den Kindergarten als auch die FDJ-Mitgliedschaft jenen für die DDR-typischen staatlich reglementierten Ablaufmustern.

Daß die Eltern sich die Freiheit nehmen, ihre Kinder nicht zu „zwingen" (77), sieht er im Zusammenhang damit, daß sie schon damals „so bißchen in Opposition" gewesen sind (56-67). Wobei er selbst „denn schon so n bißchen mitgekriegt hat so die Opposition gegen den Staat" (64 u. 65). Hier stehen allerdings zwei widersprüchliche Rahmen der Plausibilisierung seines damaligen Handelns einander gegenüber. Der (vom Jetzt-Zeitpunkt d. h. retrospektiv eingeführten) *Erklärungstheorie der „Opposition"* (55-65) steht als Plausibilisierung seiner Weigerung, in die FDJ einzutreten, die Orientierung an mehr Freiheit gegenüber, die auf der Ebene der *Erzählung* eingeführt wird (innerhalb derer *Arno* seine *damaligen* Überlegungen wiedergibt; 66-82). Durch das Umschalten zwischen beiden Darstellungsebenen wird dann auch in formaler Hinsicht eine Diskontinuität der Darstellung markiert) Eine Kontinuität zwischen der oppositionellen Haltung der Eltern und dem eigenen

Ausscheren aus normalbiographischen Ablaufmustern, wie es aus einer Orientierung an eigenständiger Freizeitgestaltung resultiert, läßt sich so ohne weiteres nicht herstellen. *Arno* bemerkt dann auch selbst: „nich so in der Richtung wie meine Eltern" (65 u. 66). Dies auch schon deshalb nicht, weil die Richtung, in der dann später seine eigenen Aufsässigkeiten von den staatlichen Kontrollinstanzen und der Presse als politische („als Einstellung gegen den Staat"; 134) definiert werden, sich von derjenigen der Eltern unterscheidet. Denn die ihm später angesonnenen politischen Fremddefinitionen gipfeln schließlich in der Fremdetikettierung als „Nazi" (vgl. 449-456).

Dennoch ist mit dieser Erklärungstheorie von *Arno* auf eine gewisse Kontinuität zwischen ihm und seinen Eltern insofern verwiesen als auch die Eltern „ne janze Menge Ärger jehabt" (57 u. 58) haben, also sich jenen staatlichen Fremddefinitionen ausgesetzt sahen, durch die jegliches Ausscheren aus den reglementierten Normalitätsmustern als politisches Problem stilisiert wurde und von der seine Eltern und - wie sich zeigen wird - ebenso er selbst betroffen waren.

Eine Kontinuität wird somit auf der Ebene des Ausgeliefertseins an Fremddefinitionen hergestellt - nicht auf derjenigen der familieninternen Kindheitsgeschichte. Auch hier fehlt - wie in den anderen biographischen Interviews mit den Hooligans - die Kindheit im Sinne einer (familienbezogenen) Kindheitsgeschichte. Auch auf späteres Nachfragen wird lediglich eine kurze abstrahierende Beschreibung eingebracht (1223-1237):

```
Am:                                    ∟ Ja also wie    1223
     ick mich so erinnern kann ja, muß ick mal ick schätze mal  1224
     ick hab ne ganz normale Kindheit gehabt. Also ( 2 ) wie    1225
     gesagt wir sind mit meene Eltern in Urlaub gefahren, erst  1226
     hat ick da bloß die eene Schwester die mit den kleenen     1227
     Geschwister die n ganz schöner Unterschied det             1228
     sind so vier fünf Jahre, also da war ick schon in der      1229
     Schule gewesen wo denn die kleenen kamen. Aber wie gesagt  1230
     det war so typisch man hat so seine Interessen gehabt im   1231
     Fußballverein. So Fußball gespielt, natürlich ooch erst ab 1232
     der Schule. Ansonsten, ansonsten wie gesagt da war war ick 1233
     zuhause. ( 1 ) Also da warn sicher keene großartigen (.)   1234
     bin halt in'n guten Elternhaus aufgewachsen in der Hin-    1235
     sicht so wa, ( 1 ) brauchte nie großartig in Kindergarten  1236
     ( 1 ) weil wer so ne Pflegemutter hatten irgendwie ( 1)    1237
```

Arno stellt sich also nicht in die Kontinuität einer familienbezogenen Kindheitsgeschichte. Es werden allerdings auch keine Brüche im Verhältnis zu seiner Familie erkennbar. Diese sind vielmehr in drastischer Weise im außerfamilialen Bereich angesiedelt.

Mit einer „Clique, mit so paar Kumpels" (83), also mit Gleichgesinnten, spielt er Fußball, und mit 16 Jahren macht ein Jugendlicher mit „mächtig viel Westbekanntschaft und -verwandtschaft" (87-88) sie mit dem Skinhead-Outfit bekannt. Wie auch *Benno* aus der Gruppe *Kunde* und *Bernd* aus der Gruppe *Pulle* darlegen, ist es dieses provokative Outfit und nicht das politische Image der Skinheads (im engeren Sinne), welches hier interessierte (83-96):

```
Am:     In NZ da warn wer so ne Clique mit so par Kumpels zusammen    83
        warn vielleicht immer so (.) 10 15 Mann die wer da rum-       84
        gehangen haben. (.) Und als ick so (.) sechzehn war kam et    85
        erste mal einer an so mit Glatze, kurze Haare und die hat-    86
        ten immer mächtig viel Westbekanntschaft und Verwandt-        87
        schaft und sowat gehabt. Der kam aus WK also een Ort wei-     88
        ter, is da draußen die Kreisstadt. Und dadurch hat det        89
        eigentlich allet damals angefangen, daß wer nja soll ick      90
        sagen ich will nich Skinhead sagen in erster Zeit, sondern    91
        daß war alle oouh det sah jut aus und sowat. Ja erstmal       92
        wat anderet und so und da haben wer uns eben alle kurze       93
        Haare schneiden lassen. Wir waren halt so ne Clique gewe-     94
        sen nur im Grunde hat sich nischt geändert bloß daß wer       95
        plötzlich alle kurze Haare hatten und sowat ( 1 )             96
```

Im Zuge einer eigentlich nicht unüblichen Dorfschlägerei („det is so et übliche da draußen auf die Dörfer"; 100-101) kurz vor Ende der Schulzeit von *Arno*, also am Übergang von der Schule zum Beruf wird ein Dorf-Polizist (der „Abschnittsbevollmächtigte") verletzt (109-141):

```
Am:                        ( 2 ) daß da war ick kurz vorm Schulab-    109
        kurz vorm Abschluß der Schule jewesen, war schon die Prü-     110
        fungszeit und sowat. ( 1 ) Da gabs mal ne Schlägerei und      111
        da wurde ooch der Dorf-ABV da umgeha-, also der Polizist      112
        im Dorf det hieß immer Abschnittsbevollmächtigter (.) und     113
        der hat dabei ooch vor die Fresse bekommen. ( 1 ) Und denn    114
        war erstmal n Verfahren jewesen. (.) Ick war zwar noch        115
        draußen bis kurz nachdem ick, war mein Glück jewesen kurz     116
        nachdem ick äh meine Schule zuende gemacht hatte. Aber        117
        denn äh hat n wer alle n Verfahren jehabt, warn wer 15        118
        Mann gewesen. Und da (.) wich een eener, wir warn fast alle   119
        es gleiche Alter außer zwee Kumpels, die warn bißchen äl-     120
        ter. Die habn Rädelsführer jekriegt, als Rädelsführer und     121
        haben vier Jahre oder sowat jekriegt. Und wir andern alle     122
        so zwischen (.) acht Monaten und anderthalb Jahren ( 1)       123
        und ick hab anderthalb Jahre jekriegt. (.) Obwohl ich wie     124
        gesagt noch minderjährig war bin ich in schweren Vollzug      125
        jekommen, (.) weil man, nja im Osten ka- gabs det Phänomen    126
        noch nich, da wurd wer noch nich direkt verglichen. Weil      127
```

```
et so äh det war jewesen 85 oder so (.) da kannte noch      128
garkeener großartig Skinheads oder sowat. (.) Also haben    129
se uns nich in der Hinsicht weil wer halt Nazis warn, son-  130
dern weil wer ne Jugendclique warn. Dann kam halt dazu,     131
daß viele von uns nich in der FDJ drin warn und in der      132
Zeitung war auch n Bericht: die Jugendlichen haben sich     133
von ihrem Äußeren uniformiert und sowat und hatten ne Ein-  134
stellung gegen den Staat. Ick meine man hat nich weiter     135
dazu beigetragen, war halt bloß, daß wir gesagt haben wir   136
wollen mit dem ganzen FDJ-Zeug nischt zu tun habn, anson-   137
sten weiter nischt ( 1 ) und weil det halt durch die Kör-   138
perverletzung und weil halt eben n Polizist da wat mit-     139
gekriegt hat, wat ganz selten passiert is im Osten, äh      140
haben wer ziemlich schwere Strafen abgegriffen             141
```

Weil sie einer Jugendclique angehörten und einen kurzen Haarschnitt trugen, wurden die Jugendlichen als „uniformiert" (134) und da viele von ihnen auch nicht in der FDJ waren, als in ihrer „Einstellung gegen den Staat" (134 u. 135) gerichtet eingestuft und erhielten „ziemlich schwere Strafen" (141): *Arno* kommt nach Beendigung seiner Schulzeit für eineinhalb Jahre in den „schweren Vollzug", also - obschon minderjährig - nicht in die Jugendstrafanstalt. *Arno* wird hier in sehr drastischer und folgenschwerer Weise mit der Doppelmoral einer Umdefinition rechtsrelevanter in politische Probleme konfrontiert. Dennoch hat er „Glück" im Unglück und befindet sich mit einem vier Jahre älteren „Kumpel" auf der „Bude", der ihm hilft (148-165):

```
Am:          und det war einer naja n (.) äh nja der    148
     hat der hat schon zigmal im Knast gesessen und so, mit dem  149
     war ick auf einer Bude gewesen und mit dem wurd ick denn    150
     ooch verlegt nach GW Klein-Ausschwitz genannt. Des is bei   151
     GL-Stadt und war n ehemaliges Außen-KZ von Ausschwitz ge-   152
     wesen, sieht ooch noch, oder ick weeß nich obs et jetzt     153
     noch gibt. Warn Bergbaugebiet, sah auch noch genauso aus    154
     da wurde nischt verändert da. Ja wie gesagt det wurde von   155
     den Russen übernommen und jetzt wurde es vom Osten über-    156
     nommen. Warn halt Baracken mit Stacheldraht ringsrumm und   157
     da mußtn wer eben äh jeden Tag im Tagebau Gleise verlegen    158
     ne. Und da ich ja als einziger Sechzehnjähriger da war,     159
     normalerweise wär ick in die Jugendstrafanstalt jekommen,   160
     aber weil äh et eben die schwere Straftat und so deswegen   161
     war det, war ick denn in schweren Vollzug und da hat ick    162
     halt Glück, daß ich mit dem Kumpel auf einer Bude war,      163
     sonst hätt ick wahrscheinlich ganzschön wat auszustehn      164
     gehabt ( 1 )                                                165
```

Trotz der täglichen harten körperlichen Arbeit treibt *Arno*, der in einer Arbeitskolonne verlegt wurde - verbotenerweise - am Abend Kraftsport mit Gleisstücken (178-184):

190

```
Am:              war ich det erstemal angefangen so bißchen   178
        Kraftsport zu machen, so mit Gleisstücke und so. War allet   179
        verboten, weil wenn se et mitgekriegt haben äh dann biste   180
        erstmal in Absonderung gekommen oder in Dunkelhaft (.) bis   181
        zu 14 Tage. (.) Weil man durfte dem Schließer nich kräfte-   182
        mäßig überlegen sein und so weiter na aufgrund von gewis-   183
        sen Paragraphen und so ( 1 )                                184
```

Hierin dokumentiert sich, in welch ausgeprägtem Maße *Arno* in den für die Alltagswirklichkeit im Strafvollzug dominanten Habitus der körperlichen Überlegenheit und Auseinandersetzung sozialisiert wurde: Offensichtlich wird gerade das Verbot des Kraftsports (mit dem verhindert werden sollte, daß die Insassen dem „Schließer" kräftemäßig überlegen sind) seinerseits zu einem Anreiz für diese Tätgkeit.

Bevor *Arno* 1987 - also mit 19 Jahren - aufgrund einer „Generalamnestie" (203) entlassen wurde, kommt er auf dem Transport in Kontakt mit Angehörigen der Berliner Skinheadszene. *Arno* beginnt nach seiner Entlassung eine Lehre als Schlosser, paßt sich aber - wie er sagt (212) - im Unterschied zu jenen anderen, die zusammen mit ihm verurteilt worden waren, nicht an, sondern legt sich nun endgültig das Skinhead-Outfit zu. *Arno* kommt also auf den Weg über den Strafvollzug in die Skinhead-Szene (248-273):

```
Am:              und naja war ick natürlich, auf der Stufe   248
        hab ick mir gesagt: ihr könnt mir janischt mehr. Nu hatt   249
        ich ooch amerikanische Verwandte, konnt ooch die entspre-   250
        chenden Klamotten besorgen, det heißt det heißt Bomberjak-   251
        ke und Springerstiefel und sowat wa, und bin natürlich   252
        dabei geblieben. Obwohl ich noch nicht die Meinung hatte   253
        jetze so mächtig rechts zu sein, sondern einfach äh ich   254
        laß mich von dem Staat hier nich kleenkriegen, ick loof   255
        weiter so rumm wa. Na hab ich mich halt (.) n bißchen nach   256
        Berlin u- rinorientiert mitn paar Leuten die ick halt aus   257
        meiner Knastzeit da kannte. Und darauf bin ich denn je-   258
        kommen auf'n RA-Platz im Bierjarten, da war in Ostzeiten   259
        denn son ganz schöner Glatzentreff gewesen, det war so   260
        provokant schon alleene für den ganzen Staat, weil der RA-   261
        Platz war immer so die die Vorzeige-aktion gewesen von der   262
        ganzen DDR wo alle Ausländer hingekommen sind. Und mitten   263
        auf'n RA-Platz gabsn Biergarten und da habn sich immer die   264
        ganzen Skinheads getroffen. (.) Wenn da um dahin zu kom-   265
        men zum Biergarten haste mindestens dreimal ne Ausweiskon-   266
        trolle jehabt, weil jeder Bulle dich angequatscht hat,   267
        dich aufgeschrieben hat. Aber sie konnten dir halt nischt   268
        (.) großartig, sie konnten dir nicht verbieten so rumm-   269
        zurennen und wir haben uns immer da getroffen. Aber deswe-   270
        gen haben se uns natürlich mächtig auf'n Kieker jehabt.   271
        Dadurch bin ich erstmal so in die äh die gesamte Berliner   272
        Szene rinngekommen.                                        273
```

„Das, wat eigentlich dazu geführt hat, daß ich mich nicht angepaßt habe" (211-212), war für ihn konkret die als unangemessene Repression empfundene wöchentliche Meldepflicht („son alter Paragraph den se von Adolf übernommen hatten", 218) und das Gefühl, während des Strafvollzugs als billige Arbeitskraft ausgenutzt worden zu sein (244-249):

```
Am:                  Also wie gesagt vierhundert Mark    244
         verdient und denn wöchentlich meine zehn Mark oder sowat    245
         gekriegt Einkauf wa. Det für anderthalb Jahre im Gleisbau    246
         schinden und so acht bis zehn Stunden bei Wind und Wetter.    247
         ( 2 ) Und naja war ick natürlich, auf der Stufe hab ick    248
         mir gesagt ihr könnt mir janischt mehr    249
```

Die Verlaufskurvenentwicklung von Provokation, reaktiver Etikettierung bzw. Ausgrenzung und schließlich verstärkter Provokation ist mit seiner Inhaftierung in besonders ausgeprägter Weise in Gang gebracht worden, derart, daß dies den Charakter eines biographischen Entwurfs gewinnt: „äh ich laß mich von dem Staat hier nich kleenkriegen ick loof weiter so rumm wa" (255-256). Dies hat aber nichts damit zu tun, wie er betont „jetze so mächtig rechts zu sein"; 253 u. 254). Die Skinheads aus dem Berliner Raum versammelten sich damals beim BFC, dem „Verein von Erich Mielke" (280), der „von der Stasi gesponsert wurde" (281). Auf diese Weise konnten die Jugendlichen sozusagen zwei Fliegen mit einer Klappe schlagen: Sie konnten die Stasi „schocken" (285) und zugleich die Zuschauer zur körperlichen Auseinandersetzung provozieren (274-296):

```
Am:                  und halt ooch öfter zum Fußball jefahren    274
         denn, weil der BFC als bekannter Stasiverein war. Ja m-in    275
         der ganzen DDR verhaßt gewesen mächtig und überall wollten    276
         se ja beim BFC die Fans auf de Fresse hauen wa, die ganzen    277
         Sachsen und sowat. Weil in Berlin gabs ebn ganzen Obst so    278
         wat et ebn in dem Rest der DDR nich jab. Und denn war et    279
         halt der Verein von Erich Mielke wa, offiziell also wat    280
         von der Stasi gesponsert wurde, deswegen war der Verein    281
         dermaßen verhaßt, ( 2 ) daß sich da im Grunde genommen so    282
         die ganzen Skinheads aus der ganzen aus der ganzen Berlin    283
         versammelt haben bei dem Verein grade ooch deswegen, um da    284
         die Stasi zu schocken, daß genau ihr Verein dat eener, da    285
         gabs noch nie richtige Fans im Grunde genommen, weil halt    286
         die wurde abgelehnt von der ganzen DDR der Verein wa. Det    287
         einzige wat da war, da war n riesige Skinheadshorden immer    288
         ums Stadion womit se nich klargekommen sind. Da aber die    289
         konnten uns dit halt ooch nich verbieten. ( 1 ) Und äh    290
         vorallendingen sind ooch viele da hin gefahren, weil wir    291
         brauchten nich groß irgendwat versuchen, irgendwo haben se    292
         immer versucht uns auf die Fresse zu haun, weil wir halt    293
```

```
Stasileute warn äh für die für die Andern. Weil wir mit      294
dem Verein da mitgefahren sind det war eigentlich der Reiz    295
an der ganzen Sache ( 4 )                                     296
```

Die Randale und die körperliche Auseinandersetzung sind also nicht primär im Rahmen einer politischen Auseinandersetzung zu verstehen, sondern umgekehrt: eine (provokative) politische Selbststilisierung (hier: *zugleich* als Skinhead und als Stasi-Anhänger) steht im Dienste der Provokation körperlicher Auseinandersetzung, im Dienste des situativen Aktionismus und der Etablierung einer episodalen Schicksalsgemeinschaft, wobei nicht ein Feind und dessen Vernichtung bzw. der Sieg über ihn im Focus steht, sondern das Eintauchen in den Aktionismus der Randale selbst, welche durch die provokative Verwendung politisch relevanter Embleme angeheizt wird.

Im Anschluß an die - auch innerhalb *dieser* biographischen Erzählung focussierten - Darstellung der Randaleaktivitäten kommt *Arno* noch einmal etwas ausführlicher auf die Lehre zu sprechen (297-314):

```
Am:          ( 4 ) naja denn Lehre hab ick äh jemacht als      297
        Schlosser. Ick meine ick hab die Schule mit glatt zwei  298
        abgeschlossen und meine Eltern hätten ja gern daß ick hier 299
        Oberschule und sowat gemacht hätte. Wär ooch möglich gewe- 300
        sen, aber bei mir is Schule wie gesagt absolut nich der  301
        Fall gewesen. Ich kann erstens den Zensurenzwang und alt  302
        nich ab und so ick war froh daß ick da raus war immer der  303
        ganze Streß. Und nu wollt ick n handwerklichen Beruf ler-  304
        nen, wollt eigentlich Fliesenleger machen, (.) aber da  305
        wurd ich irgendwie abge- da wurd ich abgelehnt, weil da  306
        halt in dieser, det war damals (.) Handwerker-bund hier  307
        gabs ja ooch sowat im Osten so, und da warn halt zwee Be-  308
        werber bei den Fliesen- äh bude und det war der eene war  309
        der Sohn von een Mitarbeiter da, det eene war ick von au-  310
        ßerhalb. Also war die Sache schon erledigt gewesen. Na hab  311
        ich mich halt dazu entschlossen Schlosser zu werden. (.)  312
        Na der Job war janz jut, der war gleich bei mir in NZ um  313
        die Ecke ( 1 ) wo ick gelernt habe und (.) naja da  314
```

Hier (wie auch in der Gruppendiskussion, vgl. *Kunde*, Beruf 1-16) wird deutlich, daß *Arno* aus dem Erwartungsrahmen der Eltern herausgefallen ist: der „Zensurenzwang" (302) und der „ganze Streß" (304) lassen ihn vor der „Oberschule" zurückschrecken. Möglicherweise ist dies bereits *Resultat* seiner Sozialisation im Strafvollzug. Zumindest wird vor Beginn der Prisonierung über derartige Erfahrungen mit der Schule nicht berichtet; vielmehr hatte er diese mit „glatt zwei abgeschlossen" (298). *Arno* fällt damit in dieser Hinsicht auch aus dem Rahmen der Verwandtschaft heraus. Er ist der „einzige Arbeiter" (825-840):

```
Am:                        Meine Eltern konnten det nie groß-      825
        artig verstehen, wat ja auch klar is. Ick meine nja die    826
        warn immer ziemlich tolerant muß ick sagen ne, obwohl se   827
        obwohl ja meine ganze Verwandtschaft und so bin ick über-  828
        haupt der einzige Arbeiter drinne. Is schon mal dieset äh  829
        wat immer det ( 2 ) wie sagt man dieset Vorurteil meistens 830
        so ne Kunden, die so ne Schlägertypen, die kommen aus ir-  831
        gendwelchen primitiven Familien, wo der Vater vielleicht   832
        irgend n Säufer is und irgendwelche Proleten oder sowat.   833
        Und des bei mir erstmal garnicht der Fall, ick hab äh Pro- 834
        fessoren und was weeß ick allet bei mir, n Professor der   835
        Mathematik und Doktoren und nur sowat, n der ganzen Ver-   836
        wandschaft. Ick (.) een Cousin von mir is noch Tischler,   837
        sind die einzigen Arbeiter. Meine Schwester studiert und   838
        (.) na ick hab einfach ick bin einfach aus der Reihe ge-   839
        schlagen (.)                                               840
```

Arno ist aus der „Reihe geschlagen", vermag damit aber auch das Vorurteil zu entkräften „so ne Schlägertypen, die kommen aus irgendwelchen primitiven Familien" (831-832). Seine Eltern waren „ziemlich tolerant" (827). *Arno* arbeitet an anderer Stelle den Unterschied zu „vielen Kumpels" heraus, bei denen sich das Verhältnis zu den Eltern „total erledigt" habe[15] (1085-1096):

```
Am:                        Äh ick hab wirklich jutet Verhältnis zu meine   1085
        Eltern. Die haben det, die haben gesagt wi-wir können dir           1086
        nich verbieten. Ick meine wär auch sinnlos gewesen in mein          1087
        Alter, denn hätt ick nur ne Trotzreaktion, je- ja wat-wat           1088
        wollt ihr denn von mir, na hätt sich wahrscheinlich ooch            1089
        det Verhältnis so ziemlich erledigt wie bei vielen Kum-             1090
        pels, wo die Eltern halt gesagt haben: wennd det und det            1091
        machst, denn biste nich mehr unser Sohn. Denn hat der na-           1092
        türlich gesagt, in der Zeit na hätt ich sicher ooch ge-            1093
        sagt, na bitte denn Tschüss wa, wenn ihr mich nich mehr             1094
        wollt. Äh (.) dadurch hat sich bei vielen Kumpels von mir           1095
        det je- det Verhältnis von den Eltern total erledigt               1096
```

Entsprechend hat es ihm „zu schaffen gemacht", wenn er seine Eltern während der Sprechzeit gesehen hat und sein Vater „graue Haare gekriegt" (1108-1109) hat (1105-1111):

```
Am:                                Det war eigentlich   1105
        et einzige wat mir so n bißchen äh zu schaffen gemacht     1106
        hat, wenn ich im Knast gesessen habe, wenn ick denn beim   1107
```

---

15 vgl. dazu die Ausführungen von *Im* in der Gruppendiskussion (3.1) sowie das Biographische Interview mit *Bernd* (3.2)

194

```
Sprecher meine Eltern gesehen habe. Mein Vater hat graue    1108
Haare gekriegt in der Zeit wo ick drin gesessen habe, ganz  1109
schön. Und sowat hat mir denn wirklich so n bißchen zu      1110
schaffen jemacht ( 2 )                                      1111
```

Arno ist auch weiterhin den verwandtschaftlichen Zusammenhang integriert, nimmt an „Familienparties" (1222) teil und kommt mit der Verwandtschaft „eigentlich jut klar" (1128). Offensichtlich läßt sich sein Verhalten als „oppositionelles" in die von ihm zu Beginn des Interviews angesprochene Kontinuität der (Familien- und Verwandtschafts-) Geschichte einbringen. - Wie *Arno* ja selbst dargelegt hat, unterscheidet er sich hinsichtlich dieser Integration in den Familien- und Verwandtschaftszusammenhang von anderen Kumpels.

Arno beginnt also im Alter von 18 Jahren statt die Oberschule zu besuchen eine Lehre als Schlosser. Kurz vor Beendigung der Lehre gerät er erneut wegen einer Schlägerei beim Fußball, bei der er jemandem den Unterkiefer bricht (325-326), für 6 Monate in Untersuchungshaft.

An dieser Stelle faßt *Arno* in einer längeren abstrahierenden Beschreibung seine Erfahrungen mit den polizeilichen Ermittlungen und Verhören und den Gerichtsverhandlungen zusammen: Aufgrund seiner Vorstrafen und seines Skinhead-Outfit hat er „bloß noch die Bullen auf'n Hals gehabt", „also wie gesagt wie ihr schon mitgekriegt habt, ich hab denn bloß noch die Bullen auf'n Hals gehabt und die kamen bei mir zu Hause wenn irgendwat in NZ oder so passiert is det erste war jewesen, die Bullen warn bei mir zu Hause" (404-408). Die zunehmend härteren und direkteren Konsequenzen der provokativen Verwendung politisch relevanter Embleme, die nun - im Unterschied zu früher - bekannt sind, werden nun wissend in Kauf genommen. Fremdetikettierungen als „Nazi" werden an diesem Punkt der Verlaufskurvenentwicklung in provokativer Weise auf dem Wege der Selbstbezichtigung übernommen, „um einfach die ganzen Leute da abzuschocken" und den „gesellschaftlichen Anklägern gleich den Wind aus den Segeln" zu nehmen (433-465):

```
Am:            irgendwelchen Verhören und so: sie sind    433
        doch so'n Neonazi und sowat. Wenn de sagst nee, äh (.)  434
        klar ick hab auf meiner Bomberjacke n Deutschlandaufnäher 435
        gehabt schwarz-rot-gold ohne Emblem, (.) äh det hat schon 436
        damals gereicht, habe gesagt ick bin für vereintet    437
        Deutschland und det hat schon gereicht für riesen Ord- 438
        nungsstrafen. Wenn de natürlich vor Gericht warst, denn 439
        jabs natürlich glei noch n bißchen mehr druff. (.) Weil äh 440
        drüben warn ja die bösen Kapitalisten gewesen ( 1 ) und 441
        naja wat man so in der Schule gelernt hat und so, det war 442
```

```
(.) erstmal von drüben wurde ja soundso immer bloß nach        443
den Grundrechten der DDR getrachtet und wat weeß ick allet     444
und so. Wat se unter der Hand für Geschäft abgeloofen is       445
det hat man sowieso nich mitgekriegt da großartig. Und         446
deswegen war man schon n Verbrecher halt wenn man für'n        447
vereintet Deutschland war, war man schon für die n Nazi        448
gewesen. Und die haben auch mehrmals offiziell gesagt: Na-     449
ja sie sind nich in der FDJ und so. Ick meine nö, na wer       450
nich für uns is der is jegen uns, also müssen se halt die      451
Härte äh des Gesetzes hier ertragen wa. Wenn se nich mit       452
uns machen wollen, dann sind se halt gegen den Staat und       453
so. Und denn war icke hab denn später, spätestens bei der      454
zweeten Gerichtsverhandlung sagt man sich denn: na bitte       455
ihr nennt mich Nazi? Ich bin einer, wat wollt ihr denn ?       456
Um um einfach die ganzen Leute da abzuschocken wie se da       457
gesessen haben. Da warn ja nu beim Gericht irgendwelche        458
(.) äh Klassen da drinne und wat weeß ick für irgendwelche     459
gesellschaftlichen Ankläger und sowat, die immer alle ver-     460
sucht haben auf ein' rummzuhacken. Und wenn man denen glei     461
den Wind aus dem Segel genommen hat, gesagt: wat wollt ihr     462
denn von mir? Ick bin n Nazi? Na haben se alle schön mäch-     463
tig blöde gekiekt, denn war die Sache ooch geloofen gewe-      464
sen                                                            465
```

Die Fremdetikettierung als Nazi aufgrund des schwarz-rot-goldenen Deutschlandaufnähers, welchen *Arno* als Bekenntnis zum vereinten Deutschland verstanden wissen will, wird zunächst abgelehnt (434) und dann in provokativer Weise übernommen. Die immer weitergehende provokative Selbstbezichtigung erscheint an diesem Punkt der Verlaufskurvenentwicklung als der einzig noch verbleibende Weg, im Rahmen der Fremdprozessierung eigene Aktivitäten und Selbststeuerung entfalten zu können. Es ist dies also ein Weg der Wahrung von Elementen persönlicher Identität unter Bedingungen extremer totaler Institutionalisierung und damit Produkt der Sozialisation im Strafvollzug. Bereits in der Gruppendiskussion hatte *Arno* in fast wörtlicher Übereinstimmung eine derartige provokative Übernahme der Fremdidentität herausgearbeitet (vgl. 3.1.).

Die Gerichtsverfahren erscheinen als „Farce", da das Urteil vorher abgesprochen wurde und der Richter während der Verhandlung eingeschlafen ist (465-477):

```
Am:                      Ick meine die Verfahren warn        465
soundso ne Farce gewesen. (.) Ick hab zwar n Anw- Anwalt     466
gehabt und jedetmal mächtig viel Geld für bezahlt, aber      467
det Urteil wurde zwischen Richter und Staatsanwalt abge-     468
sprochen irgendwie unter der Hand und da konnt der Anwalt    469
so-soundsoviel quatschen, det war vollkommen äh unrele-      470
vant. (.) Bei mein eenem Verfahren da is der Richter ein-    471
```

196

```
geschlafen wo mein Anwalt Plädoyer gehalten hat, der hat        472
vorne gepennt wa, der is dann so immer so eingenickt, im-       473
mer wieder hochgekommen und ja sind se nu fertig. Ja denn       474
ihr Urteil und denn Tschüss, also denn weeß man wie wie         475
genau det da genommen wurde bei den ganzen Verfahren und        476
sowat.                                                          477
```

Kurz nach der Entlassung aus der sechs monatigen Untersuchungshaft trifft *Arno* einen „alten Mittäter", der während einer gemeinsamen S-Bahn Fahrt tätlich wird gegenüber einem Mitfahrer der „irgendein kommunistisches Manifest oder sowat gelesen hat" (477-495):

```
Am:          Auf jeden Fall hatt ick kurz nachdem ich meine    477
        Lehre zuende jemacht habe hab ick mein alten Mittäter wie-  478
        der getroffen, also den se damals als Rädelsführer da ver-  479
        knackt hatten, saß draußen und da ich ooch grade sorn ju-   480
        ten Monat draußen war halt nach dem Ding in ND-Stadt hatt   481
        wer uns lange nich gesehen. Na sind wer een saufen gegan-   482
        gen denn in NZ draußen ( 1 ) und da is es halt passiert,    483
        daß denn wo die Kneipe zu war sind wer in die S Bahn ge-    484
        stiegen, wollten eene Station weiterfahrn in ne andere      485
        Kneipe noch ein nehmen. ( 1) Na is halt passiert, daß (.)   486
        irgend n Student oder wat in der S-Bahn gesessen hat (.)    487
        und irgend n kommunistisches Manifest oder sowat gelesen    488
        hat in der Richtung. Und dem hat mein Kumpel halt n Ding    489
        gegönnt ( 2 ) äh und da ick nun dabei war und so und da S-  490
        Bahn nächste S-Bahnstation, den hattn wer den hat er n      491
        Ding gegönnt und aus der S-Bahn rausgeschmissen. Naja die   492
        hat noch gestanden wa, also verpiss dich. Na sind wer S-    493
        Bahn, nächste S-Bahnstation angekommen, na hat schon die    494
        Trapo da gestanden                                          495
```

Arno wird für 10 Monate in die Einzelhaft bei der Stasi verlegt und auch nachts verhört (575-585):

```
Am:          et sah immer so aus, daß in der Szene, äh          575
        daß uns denn bei Gegenüberstellungen keener identifizieren  576
        konnte, weil wer alle kurze Haare hatten alle Bomberjacken  577
        und so weiter und daß et meistens nie zum Gerichtsverfah-   578
        ren kommen konnte. Und deswegen wollten se natürlich von    579
        mir da wissen äh welche Sachen und so weiter und haben      580
        mich da immer verhört und Nachts im Kreuzverhör und wat     581
        weeß ick allet. Äh und da war et ja denn schon 89 gewesen,  582
        gings denn druff zu, ick meine ick hab so absolut nichts    583
        von dieser ganzen Wende die sich so langsam abspielte mit-  584
        gekriegt.                                                   585
```

Arno erhält alle drei Monate eine Besuchserlaubnis, ohne aber über den „Zustand der Anstalt" und über seine Straftat sprechen zu dürfen (vgl. 628-

629). Da *Arno* sich im Strafvollzug (im „Unterleben" im Goffmanschen
Sinne) arrangiert hatte, bereits „ziemlich abgebrüht" war und somit zur
„Oberschicht" im Knast gehörte, ist er schließlich „jut zurecht jekommen"
(vgl. 688-698).
Mit „zunehmender Abgebrühtheit" treten Befürchtungen um mögliche
Konsequenzen seines Handelns immer mehr hinter den „Trotz", d. h. die
provokative Selbstbehauptung, zurück. Er stellt aus „Trotz" einen Ausreise-
antrag und zieht ihn aus „Trotz" dem Staat gegenüber dann wieder zurück
(738-743):

```
Am:    Hab ick gesagt: n nanu jetz wollt er mich unbedingt los-    738
       werden, na denn sag ick, na zieh ick den Ausreiseantrag     739
       zurück. Nur eigentlich aus Trotz man macht wirklich nur     740
       noch allet aus Trotz gegen den Staat. Äh damals ( 4 )       741
       schwer zu sagen warum, aber naja wenn man halt mal so'n     742
       Querschläger is                                             743
```

Mit der Wende wird *Arno* aus der Stasihaft entlassen, konnte aber in seinem
Lehrbetrieb nicht wieder anfangen, hatte mehrere Jobs - u. a. zusammen mit
Benno als Einlasser im Sexshop - und beginnt schließlich als Bühnenarbeiter
im öffentlichen Dienst, wo er bis heute tätig ist. Dies war deshalb möglich,
da „alle polit- alle Verfahren unter dem politischen Aspekt stattgefunden
haben und dadurch wurde denn ooch allet getilgt aus meinem Vorstrafen-
register, aber die Polizei und so weeß genau Bescheid" (868-872), und „in
Ruhe lassen sie einen auch nich (1)" (888).
Wie *Benno* distanziert sich auch *Arno* von der nach der Wende sich verändernden Skinhead-Szene, deren Authentizität er offensichtlich - ebenso wie
Benno - deshalb bezweifelt, weil sie sich nicht mehr in der Auseinandersetzung mit dem DDR-Staat entwickelt hat bzw. durch diese Auseinandersetzung nicht mehr geprägt sind („Modeheinis"; 757). Ebenso distanziert er
sich von den „Parteifuzzis" (791), den Vertretern rechtsradikaler Splittergruppen, die - offensichtlich angelockt durch die Fremdetikettierung als
„Nazi" - an ihn herantraten (783-796):

```
Am:             Bin denn wie gesagt nach der Wende wo    783
       denn wirklich jede Birne als Glatze rummgerannt, is weil   784
       nisch mehr dahinter stand und tausende Parteien ankamen    785
       von allen Seiten. Meine hab am Anfang ooch erst mal, grade  786
       FAP kamen welche an und denn immer ahh war ja halt noch so  787
       halbwegs verboten. Denn ne ganze Weile bis sich diese gan-  788
       ze volle Wende vollzogen hatte war et mal so'n gewisser     789
       Reiz gewesen. (.) Aber da ich nie der Typ war der sich      790
       nachher irgendwelchen Parteifuzzies da unterordnete, kamen  791
       irgendwelche jung'schen Pinsels hier an ausn Bundesgebiet,  792
```

```
die denn wat weeß ick irgendwo Gauleiter warn und wollten    793
mir dann irgendwat erzählen wat ick hier zu machen habe.     794
Hab ick gesagt ihr seit doch bißchen blöde (.) und nen,      795
die ganze Parteischeiße hat mir denn eh nischt gegeben       796
```

Arno orientiert sich „in Richtung Fußball", d. h. in Richtung auf die Fußball-randale, die Hooligan-Aktivitäten. Wobei er in einer ausführlichen Theorie über das eigene Selbst noch einmal seine Motivation umreißt (804-825):

```
Am:                            Ich bin nich sorn               804
         Mensch der jetz so sagt: endlich hab ick meine feste  805
         Freundin und meine Arbeit, nu setz ich mich zur Ruhe und 806
         laß den Rest des Lebens an mir vorbeiloofen, sondern ick 807
         wollte immer wat erleben, is auch heute immer noch so. Det 808
         heißt wenn bei mir irgendeiner ankommt sagt: da is mächtig 809
         wat los und so dann wirst garantiert erleben, daß icke da 810
         sofort hinsocke und mal kieke und ooch uff det Risiko, daß 811
         ich mächtig wat auf Maul kriege oder so. Auf jeden Fall is 812
         sorn, äh wie soll man sagen, vielleicht sorn modernet    813
         Abenteuer, wat suchen oder wat. Die Kreuzritter des      814
                                                                 815
Y2:                      ⌐ Hm                                   816
                                                                 817
Am:      heutigen Jahrhunderts (lachend) oder so in der Art. Ir- 818
         gendwie muß immer bißchen wat los sein. Ick meine sind, 819
         ick werd ja so schon ruhiger durch die Arbeit jetz und so. 820
         Det bloß det kommt mit der Zeit, warum soll ick dette spä- 821
         ter? Ick meine mit dreißig werd ich garantiert nich mehr 822
         zum Fußball rennen oder wat, aber solang ick jung bin, da 823
         mach ich noch jede Menge Scheiße (Lachen) mit solange es 824
         mir Spaß macht wa.                                      825
```

Der „Abenteuerreiz", das „moderne Abenteuertum" (813) war (und ist wohl immer noch) ausschlaggebend. Er charakterisiert sich selbst als „Kreuzritter des heutigen Jahrhunderts" (814 u. 818). Hier wird die Ritterlichkeit, wie sie mit der Normalität des „fairen fight" in Anspruch genommen wird, zum *Kreuz*rittertum, d. h. ergänzt um einen missionarischen, also politisch-mora-lischen Anspruch, der jedoch zugleich insofern ambivalent bleibt als mit ihm - wie auch bei den Kreuzrittern - nicht nur pure Abenteuerlust, sondern auch das Marodieren und die Lust an kriegerischer Eroberung und Gewalt verbun-den sind. - Zugleich aber wird all dies in den Rahmen der Jugendphase, d.h. der Adoleszenzentwicklung gestellt („solang ick jung bin"). D. h. es findet hier eine klare entwicklungstypische Einordnung und Eingrenzung der Aktio-nismen statt.

Arno knüpft im Zusammenhang dieser Theorie über das eigene Selbst, in der er auch seine akademische Herkunft betont, an die zu Beginn des Inter-

views angesprochene Selbstverortung innerhalb der „Oppositionsbewegung"
an (844-853):

```
Am:             Und so det war nich so gewesen wie meistens    844
      immer gesagt wird, irgendwelche aus'n niederen Schichten 845
      und so ne Bewegung war et im Osten auf keenen Fall gewe- 846
      sen. Weil et eigentlich nur ne Oppositionsbewegung möcht 847
      ick mal sagen, auf jeden Fall die erste Zeit, war so ne  848
      Oppositionsbewegung gewesen die denn vom Staat selber so 849
      vollkommen ins rechte Lager äh abgedrängt wurde. Und wer 850
      nich ausgestiegen is, der war automatisch denn mußte sich 851
      mu-mu-mußte er sich dazu bekennen da: na bitte wenn man   852
      mich so nich akzeptiert, dann bin ick halt n Nazi gewesen 853
```

Später ergänzt *Arno* diese Theorie noch (1129-1131):

```
Am:             Wenn ick vielleicht in West-Berlin uff-  1129
      jewachsen wär oder so, denn wär ick vielleicht jetze ir-  1130
      gendeiner von der linken Szene (.)                        1131
```

Während die anderen Angehörigen der Hooligan-Szene Theorien über das
eigene Selbst oder auch Erklärungstheorien nicht oder allenfalls rudimentär
entfalten, allenfalls - wie im Falle von *Benno* - die Nichterklärbarkeit explizit
machen („hab mir damals eigentlich keen Kopp jemacht da drüber"; *Benno*,
91-93), theoretisiert *Arno* über die Randaleaktivitäten (bereits in der frühen
Jugend) als „Oppositionsbewegung", die dann vom Staat „vollkommen ins
rechte Lager abgedrängt wurde" (849-850). *Arno* stellt damit eine Kontinuität
zwischen ihm und seinen Eltern her, die darauf beruht, daß er ebenso wie
seine Eltern von politischen Fremddefinitionen betroffen ist, von Umde-
finitionen, durch die jegliches Ausscheren aus den reglementierten Normalitätsmustern als politisches Problem (als „Opposition") stilisiert wird. Obschon
er sich gegen Fremddefinitionen und Etikettierungen (als „rechts") wehrt,
übernimmt er aber dennoch insoweit jene „staatliche" Perspektive bzw.
Umdefinition jugendlicher Aufsässigkeit und Randale als *politisches* Handeln,
die in folgenschwerer Weise (fremd-)bestimmend für sein Schicksal war.
Letzteres wird in seinen *Erzählungen* evident, die somit in Diskrepanz zu
seiner *theoretischen* Selbstverortung treten. Denn dort wird deutlich, daß es
erst diese Fremddefinition - zuletzt als „Nazi" - und vor allem die *provokative* Übernahme der Fremdetikettierung war, die die Verlaufskurve zunehmender Ausgrenzung und wiederholter Inhaftierung in Gang gebracht hat.

Arno ist einerseits gerade aufgrund dieser besonders ausgeprägten Erfahrung
mit dem Sozialisationsmodus der totalen Institution und seiner Kenntnis der

Strategien des Überlebens - einschließlich der dazu notwendigen körperlichen Durchsetzungsfähigkeit - für seine Führerrolle in der Hooligan-Szene prädestiniert. Entscheidend kommt jedoch andererseits seine eher theoretisierende Haltung hinzu. Wie die Gruppendiskussion gezeigt hat, ist er auch derjenige, der die Regeln der „Fairneß" und „Kameradschaft" entscheidend vorformuliert und verkörpert.

Gemeinsamkeiten der biographischen Entwicklung

In allen Lebensgeschichten zeigen sich ausgeprägte Diskontinuitäten im Bereich der innerfamilialen Kommunikation und der darauf basierenden familialen Solidarität. Diese werden hier allerdings nicht - wie ansatzweise in den Gruppendiskussionen - selbst explizit gemacht, sondern dokumentieren sich in den Erzählungen, sind in ihnen impliziert. Es zeigt sich, daß das eigentliche Problem nicht darin besteht, daß die Familie - äußerlich betrachtet - nicht mehr „intakt" ist (der Tod des Vaters von *Benno*, die Scheidung der Eltern von *Falko*). Es geht vielmehr um das Zerbrechen einer Kommunikation, das Fehlen einer (Meta-)Kommunikation über inner- und außerfamiliale Probleme. Dies dokumentiert sich zunächst in spezifischen Ereignissen, so z.B. in dem „Schweigen" über den Tod des Vaters von *Benno* und dessen Hintergründe oder - im Falle von *Falko* - im *Verschweigen* einer bereits vollzogenen Scheidung der Eltern gegenüber den Kindern bzw. - im Falle von *Bernd* - im Fehlen einer solidarischen Kommunikation vor allem zwischen Vater und Sohn hinsichtlich außerfamilialer Probleme (schulische Probleme).

Dies alles kumuliert schließlich in einer *Eliminierung der familienbezogenen Kindheitsgeschichte*, also im Fehlen einer (narrativen) Selbstvergewisserung der Familien- und Kindheitsgeschichte als einer (reflexiven) Kontinuitätssicherung auf der Ebene *persönlicher Identität*. Die Ausdifferenzierung persönlicher Identität ist an die Selbstvergewisserung der eigenen Kindheitsgeschichte in deren *Einzigartigkeit* gebunden. Eben dies wird hier prekär.

Eine derartige *reflexive* Kontinuitätssicherung auf der Basis innerfamilialer *Kommunikation* ist dort gefordert, wo die Selbstverständlichkeiten habitueller Sicherheiten inner- und außerfamilialer milieuspezifischer Einbindungen zerbrechen. Dieser Verlust milieuspezifischer Integration wird vor allem im Falle von *Bernd* und *Benno* evident, die aus dem dörflichen Milieuzusammenhang herausgerissen werden. Bei *Arno* tritt an diese Stelle die (auch bei *Bernd* und *Falko* zu beobachtende) Komponente des Herausfallens aus dem

Milieu der Eltern im Sinne eines sozialen Abstiegs: *Arnos* Eltern und Verwandtschaft gehören zum akademischen Milieu.

Mit dem Aufweis *milieuspezifischer Desintegration*, also mit dem Verlust von Sicherheiten auf der Ebene des *habituellen Handelns*, ist somit das Problem nicht hinreichend gefaßt. Dies stellt allenfalls eine notwendige Bedingung dar. Entscheidend ist die Art der Bewältigung bzw. Nicht-Bewältigung: *Im Verlust habitueller Sicherheiten ohne die Möglichkeiten kommunikativ-solidarischer Bewältigung der damit verbundenen Probleme* auf der Grundlage einer Perspektivenreziprozität sind die Bedingungen der biographischen Verstrickungen (Verlaufskurvenentwicklungen) der Hooligans zu suchen. Der prekäre Charakter von Perspektivenreziprozität wird in den biographischen Interviews vor allem in szenischen Darstellungen der Interaktionen mit den Kollegen in der beruflichen Sphäre (so bei *Bernd, Benno* und *Falko*) evident. Bei *Bernd* wird auch die Problematik der interaktiven Reziprozität im Bereich der Beziehungen zu den Freundinnen und schließlich den Kumpels herausgearbeitet.

Das Fehlen habitueller Sicherheiten und einer darauf aufbauenden Solidarität bei gleichzeitigen Problemen im Bereich der Perspektivenreziprozität plausibilisiert die Hinwendung zu jenem Weg der Herstellung von Solidarität auf der Grundlage situativer Aktionismen. Dabei steht diese Einbindung in die episodale Schicksalsgemeinschaft der Hooligans jeweils am Ende einer durch häufigen Cliquenwechsel gekennzeichneten Suche nach habitueller Übereinstimmung.

Von entscheidender Bedeutung für die biographische Verlaufsentwicklung vor allem der Kerncharaktere der Hooliganszene (für die hier, also, was die biographischen Portraits betrifft, *Bernd* und *Arno* stehen) ist - als dritter Faktor - das, was man als *Struktur der doppelten Stigmatisierung* bezeichnen könnte: Die Reaktion der Jugendlichen auf den „totalen Druck" der Sozialisationsinstanzen der DDR in Form stilistischer Provokation wird nicht nur kriminalisiert bzw. in disziplinarischer und leistungsbezogener Hinsicht stigmatisiert, sondern dies wird zusätzlich zum *politischen Stigma*. D. h. ihr Verhalten wird in einer für die Jugendlichen kaum antizipierbaren Weise in einen politischen Kontext gestellt, der - wie insbesondere am Fall von *Arno* offenbar wird - ihrem ursprünglichen Relevanzsystem nicht entspricht. *Arno* wird infolge einer nicht ungewöhnlichen Dorfschlägerei nicht nur mit 16 Jahren zum kriminellen jugendlichen Schläger, sondern zusätzlich als in seiner „Einstellung gegen den Staat" gerichtet (Biographisches Portrait *Arno*, 135) etikettiert. Diese doppelte Etikettierung findet dann auch darin ihren Ausdruck, daß *Arno* nicht in die Jugendstrafanstalt, sondern in den „schweren Vollzug" eingewiesen wird. Im Zuge weiterer provokativer Auseinandersetzung mit den Kontrollinstanzen (in jenen Phasen seiner Jugendbiographie, in denen *Arno* nicht inhaftiert war) wird die Fremdetikettierung als „rechts" und schließlich als „Nazi" als provokative politische Selbststilisierung übernommen. Im Falle von *Arno*, einer der Führerfiguren der Ost-Berliner Hooliganszene, ist dieser dritte Faktor der entscheidende.

Im Falle von *Benno* wird während seiner Ausbildung zum Straßenbahnfahrer sein provokatives Outfit - als ein ursprünglich disziplinarisches Problem - für ihn zunächst unbemerkt politisch etikettiert; wobei darüber mit ihm nicht offen verhandelt wird, sondern das Problem unter dem Deckmantel leistungsmäßigen Versagens abgehandelt wird: man läßt ihn durch die Prüfung fallen. Dieses Ereignis steht am Anfang einer für ihn nicht mehr steuerbaren verlaufskurvenförmigen berufsbiographischen Entwicklung.

Hierbei sind die Unsicherheiten im Bereich einer kommunikativen Perspektivenreziprozität und einer derart konstituierten persönlichen Identität wiederum entscheidend mit dafür verantwortlich, daß jene Probleme der politischen Stigmatisierung einerseits nur unzureichend antizipiert wurden und andererseits die fremddefinierte soziale Identität im Bezugsrahmen persönlicher Identität nicht distanziert-reflexiv aufgearbeitet wird. Es fehlt insbesondere die kommunikative Bearbeitung im Rahmen der Familie. Der Weg der „Bearbeitung" ist derjenige der fortschreitenden provokativen *Übernahme* der Fremdidentität, wie das im biographischen Interview mit *Arno* in besonders pointierter Weise zum Ausdruck kommt.

Es zeigt sich insbesondere bei *Bernd*, *Benno* und *Arno*, daß sie durch ein provokatives outfit, welches zunächst nicht oder nur ganz schwach mit diffusen politischen Motiven der Aufsässigkeit verbunden war, in eine „Falle" massiver politischer Fremdrahmung hineingeraten, welche eine mehr oder weniger ausgeprägte Verlaufskurvenentwicklung in Gang bringt: Vor dem Hintergrund der dargelegten Orientierungsprobleme vergewissern sie sich ihrer persönlichen Identität vornehmlich in provokativer Weise und tendieren zur Übernahme der Fremdidentität als „rechts" oder sogar als „Nazi" insoweit ihnen dies die provokative Selbststilisierung ermöglicht. Dies geht einher mit jener Tendenz zu einer (vermeintlichen) persönlichen Selbststabilisierung im Rahmen von Stereotypen kollektiver Zugehörigkeit („Nation", „Nationalstolz"), wie dies ansatzweise aus den Gruppendiskussionen herausgearbeitet wurde. Es ist also vor allem der Stigmatisierungsdruck seitens der Kontrollinstanzen wie auch der Öffentlichkeit, der vor dem Hintergrund prekär und provokativ begründeter persönlicher Identifizierung eben gerade das produziert, was er auszumerzen trachtete.

3.3. Teilnehmende Beobachtung

Die Gruppe Pulle

Außer den beschriebenen Situationen der Kontaktaufnahme und der Erhebung mit der Gruppe *Pulle* führten uns im Zeitraum der nächsten eineinhalb Jahre auch andere Ereignisse aus dem TE-Club in Nordstadt heraus, dem Treffpunkt der Gruppe. Hier hatten wir denn auch Gelegenheit, weitere Cliquen im Umfeld der Gruppe kennenzulernen. Zu den Gruppendiskussionen mit diesen kam es jedoch nicht, u.a. auch deshalb, weil - wie wir vermuteten - die Mitglieder der Gruppe *Pulle* genauestens darüber wachten, daß keine andere Gruppe mehr Aufmerksamkeit von uns geschenkt bekam als sie selbst. Wir waren *ihre* Sozialforscher, die ihnen einen besonderen Status im Viertel verliehen.

Spätestens seit der Gruppendiskussion war klar, daß sie auf ihre Hooligan-Phase eher als etwas Vergangenes zurückblickten. Ihre Aktivitäten schlossen deshalb nur noch in Ausnahmefällen den Besuch von Fußballstadien mit ein. Exemplarisch sei hier eine Situation, an der einer der Feldforscher während dieser Zeit beobachtend teilnehmen konnte, genauer dargestellt:

Fußballabend

Wie zuvor mit den Jugendlichen ausgemacht worden war, traf sich der Feldforscher am 6.5.92 gegen 17.30 Uhr im TE-Club mit den Mitgliedern der Gruppe *Pulle*. An diesem Abend fand das Europapokal-Endspiel zwischen Werder Bremen und AS Monaco statt. Wir hatten vereinbart, dieses Spiel zusammen in der Wohnung von *Dieters* Schwester anzuschauen, wobei ich versprochen hatte, einen Kasten Bier mitzubringen. Im TE-Club warteten *Anton* und *Bernd* bereits auf mich. Nach kurzer Begrüßung fuhren wir zu *Dieter*, der etwa drei Blocks weiter wohnte. *Anton* und *Bernd* informierten mich im Auto darüber, daß *Dieters* Vater auch zum Fußballspiel kommen wolle. *Anton* erzählte mir, daß er ihn nun mehrere Jahre kenne, jedoch noch nie nüchtern erlebt habe. Er würde als „Kumpel" behandelt werden wollen. In der Wohnung angekommen, begrüßten wir zunächst *Dieter*, sein Vater war noch nicht anwesend. Nachdem wir einige Flaschen Bier kaltgestellt hatten, setzten wir uns und tranken. Die Wohnung von *Dieters* Schwester war sehr sauber und wirkte penibel aufgeräumt. Sie hatte etwas lebloses an sich. Im Wohnzimmer, neben der Küche der einzige Wohnraum, stand eine ziemlich neue Polstergarnitur mit schwarzem Satin-Überzug. Außerdem befanden sich in diesem Raum noch ein Glastisch, ein Nußbaum-Sideboard und ein grau-melierter Teppich, der jedoch nicht das ganze Zimmer bedeckte und einige Ecken aussparte, an denen ein Linoleum-Boden zum Vorschein trat. Auf dem Sideboard standen ein Fernseher, ein Video-Recorder, ein „Nintendo"-Telespiel und eine voluminöse, relativ neue Stereoanlage. An den Wänden hingen weibliche Akte im Hamilton-Weichzeichner-Stil.

Nachdem die Jugendlichen noch einige Fotos von einer Prag-Reise herumgereicht hatten, erschien schließlich *Dieters* Vater. Er hatte eine Bierflasche in der Hand. Zur Begrüßung erhoben wir uns und schüttelten ihm die Hand. Nach einem kurzen Gespräch über „Nürnberger Dominosteine" (ich war dem Vater als „Nürnberger Student" vorgestellt worden) entstand eine Diskussion um die anstehende Beschaffung von Schnaps. Der Vater schickte den Sohn los, um Schnaps aus der elterlichen Wohnung zu holen. Während *Dieters* Abwesenheit berichtete er davon, eine Arbeit in Aussicht zu haben. Es handele sich dabei um eine Fließbandtätigkeit, bei der er fehlerhafte Rohre auszusortieren habe. Er habe vor, sich einen kleinen Fernseher daneben zu stellen und den ganzen Tag hinein zu schauen. Als *Dieter* mit einer nur halbvollen Flasche Korn, einem „Noname"-Produkt, zurückgekehrt war, empörte sich der Vater und meinte, daß auch noch eine volle Flasche Markenschnaps in einem bestimmten Schrank vorhanden gewesen sei. *Dieter* verteidigte sich, indem er darauf verwies, daß er ja nicht wissen könne, wo diese Flasche stünde, da der Vater die Alkoholika immer vor der Mutter verstecken würde.

Über dieses Wortgefecht hatten wir den Beginn des Spieles verpaßt. Die Anfangsphase des Spiels war genauso hektisch. Zwei Bremer Spieler hatten zunächst Fehlpässe verursacht, bald darauf jedoch ging Werder Bremen mit 1:0 in Führung. Alles jubelte und rannte herum. Der Vater machte den Vorschlag, einen Knallkörper loszulassen, was er dann auf dem Balkon auch tat, nachdem ihm *Bernd* einen Feuerwerkskörper aus *Dieters* Schublade gegeben hatte. In der Pause beschloß er dann, selbst noch eine neue Flasche Schnaps zu holen.

Die zweite Halbzeit, die bald darauf angepfiffen wurde, begann mit stürmischen Angriffen der Mannschaft von Monaco. Neue Schnapsrunden wurden verteilt. Da die Spieler von Monaco über diesen Angriffen jedoch ihre Deckung vernachlässigten, schloß Werder Bremen gegen Mitte der zweiten Halbzeit einen Konter zum 2:0 ab. Wieder standen alle auf und rannten wild umher, ein Knallfrosch wurde gezündet und anschließend eine Runde Schnaps getrunken. Die Kraftausdrücke mehrten sich gegen Ende der Partie, so z. B., wenn die gegnerische Mannschaft, also der AS Monaco, ein Foul beging. Als das Spiel schließlich zu Ende war, stimmten sie bei offenem Fenster Schlachtrufgesänge an: „So ein Tag, so wunderschön wie heute ...". Ein weiterer Feuerwerkskörper wurde losgelassen. Der Vater suchte Körperkontakt zu mir, nahm mich in den Schwitzkasten und äußerte sich mißbilligend über meinen Oberarmumfang. Daraufhin ließ er mich los, und es wurde wieder zusammen gesungen. *Dieter* führte seine neue CD vor, die Filmtitel von Ennio Morricone enthielt: „Spiel mir das Lied vom Tod".

In diese Vorführung hinein ertönte das Klingeln der Wohnungstür. *Dieter* ging, um zu öffnen und während wir anderen uns im Flur drängten, erklärten zwei Polizisten, daß Anzeige wegen Ruhestörung erstattet worden sei. Sie baten *Dieter*, sich auszuweisen. Nachdem sich dann herausgestellt hatte, daß *Dieter* nicht der eigentliche Mieter der Wohnung war, meinten die Polizisten, daß seine Schwester ihre Aufsichtspflicht vernachlässigt habe. Als der Vater leicht schwankend nach vorne ging und einem der Polizisten - ihn duzend - erklärte, daß *Dieter* sein „Sohnemann" sei, reagierte der Polizist empört und fragte den Vater, seit wann sie sich denn duzen würden. Er stellte fest, daß *Dieters* Vater einer seiner „Pappenheimer" sei, und sprach ihn auf eine Schlägerei an, die kürzlich in dieser Straße stattgefunden habe. Damals hätte er 500 DM zu zahlen gehabt und sei kurzzeitig in Untersuchungshaft gekommen. Dies sollte für dieses Jahr doch genug sein. Daraufhin erhitzte sich die Stimmung. Der Sohn versuchte, den Vater wegzudrängen, der inzwischen rot angelaufen war und begonnen hatte, die Beamten zu beleidigen. Wenn sie nicht so feige wären und ständig eine Waffe tragen würden, hätte er sie schon längst die Treppen hinuntergeworfen, meinte er. Ich versuchte die Lage zu entschärfen, indem ich die Polizisten fragte, ob die Freude über den Bremer Sieg nicht verständlich sei. Der Beamte, der sich bisher zurückgehalten hatte, antwortete, daß zwei Frauen angerufen hätten, Mütter kleiner Kinder, die um diese Zeit schlafen würden. Die Kinder mit Geschrei und Gegröle zu wecken, würde er als „asozial" empfinden. Wüste Beschimpfungen, die in das Treppenhaus hineingeschrien wurden, und die Androhung der Polizei, Verstärkung anzufordern, folgten. Schließlich wandten sie sich dann doch zum Gehen ab, und meinten gönnerhaft, daß sie diesesmal noch von einer Anzeige absehen wollten, falls wir versprechen würden, etwas leiser zu sein. Dies tat dann *Dieter* auch stellvertretend. Wieder im Wohnzimmer angekommen, fluchte *Dieters* Vater immer noch. Übereinstimmend wurde dann festgestellt, daß dies „Westbullen" gewesen seien, die keine Ahnung von den Zuständen im Osten hätten.

Bald darauf verabschiedete ich mich von *Dieters* Vater, um zusammen mit den Jugendliche an einem Stehimbiß in der benachbarten SR-Allee noch etwas zu essen.

Der Vater von *Dieter* will - wie von *Anton* auch explizit gemacht - als „Kumpel" behandelt werden. Er versorgt die Gruppe mit harten alkoholischen Getränken, vermittelt Einblicke in seine Art, die Anforderungen des Arbeitsalltages zu unterlaufen, versucht die Gruppe durch Feuerwerkskörper zu beeindrucken, beginnt eine Rangelei mit dem Feldforscher und spielt sich gegenüber der Polizei als der starke Mann auf. Es kommt zu einer Rollenumkehrung: sein Sohn *Dieter* sieht sich genötigt, die Situation zu deeskalieren (er drängt sich zwischen die Polizeibeamten und seinen Vater) und - wie auch der Feldforscher - eine kommunikative Vermittlung mit der Polizei zu leisten, indem er den Beamten verspricht, weiteren Lärm zu vermeiden.

Es dokumentiert sich hier einer der beiden extremen Wege der Bewältigung einer innerfamilialen habituellen Verunsicherung, wie wir sie bereits mit Bezug auf die Gruppendiskussionen herausgearbeitet haben (vgl. 3.1.). Im Gegensatz zur Beziehung von *Bernd* aus der Gruppe *Pulle* zu seinem Vater (vgl. das biographische Portrait) haben wir es hier nicht mit autoritärem Zwang und körperlicher Gewalt zu tun, sondern mit einer bedingungslosen Permissivität (vgl. auch das biographische Portrait von *Christian* aus der Gruppe *Tankstelle*: 3.4.). Beide Modi sozialisatorischer Interaktion eröffnen keine Erfahrungsräume innerfamilialer kommunikativer Verständigung im Sinne einer Perspektivenreziprozität und eines darauf basierenden kommunikativen Aushandelns von Grenzen.

Der Modus der bedingungslosen Permissivität wird hier noch auf die Spitze getrieben, indem der Vater in einer Art Rollenumkehrung sich als „Kumpel" der Bezugsgruppe seines Sohnes habituell anzugleichen sucht.

Die Gruppe Kunde

Kneipen-Tournee

Nach dem Biographischen Interview mit *Carlo* am 5.2.93 machten wir (zwei Feldforscher und etwa acht bis zehn Jugendliche aus dem Umfeld der Gruppe *Kunde)* uns gegen 17.00 Uhr zum RA-Platz im Ostberliner Stadtzentrum auf, um eine „Tournee" zu starten. Eine „Tournee" mit Erfolg zu absolvieren, so war uns von *Carlo* erläutert worden, bedeutet, möglichst viele Kneipen unter entsprechender Maximierung des Alkoholpegels „durchzumachen". Gewöhnlicherweise führen sie diese Tourneen in den Kneipen alt-Berliner Stils rund um den RA-Platz durch. Nach dem Auftakt in einem Bowling-Center kehrten wir dann auch in zwei für dieses Viertel typischen deftig-gemütlichen Keller-Kneipen ein. Die vierte Station war eine bürgerlich-gepflegte Gaststätte, in der - laut Auskunft der Jugendlichen - Bärbel Bohley regelmäßig verkehre. Auch Gregor Gysi würde man öfters darin zu Gesicht bekommen, erzählten sie halb ehrfürchtig, halb verächtlich. Bald nachdem wir unser Bier bekommen hatten, stimmten die Hooligans mit nationalsozialistischen Texten versehene Fußball-Lieder an. Als wir, nach einigen Ermahnungen, die Lautstärke zu drosseln und es zu unterlassen, Bierkrüge zu „zerschmeißen", vom Wirt schließlich aufgefordert wurden, das Lokal zu verlassen, schien dies weiter keinen der Jugendlichen zu berühren, es handelte sich dabei wohl um einen üblichen Teil des Ablaufes einer „Tournee".

Mit der Wahl dieser Gaststätte und dem expliziten Hinweis darauf, daß es sich um ein Lokal handelt, in dem Prominente verkehren, die als ehemalige Bürger der DDR dort sehr unterschiedliche Rollen gespielt haben, stellen die Jugendlichen ihr Randalieren ebenfalls in den Rahmen einer „Vergangenheitsbewältigung". Eine mit nationalsozialistischer Symbolik versehene Provokation hätte zu DDR-Zeiten vor dem Richter und möglicherweise im Strafvollzug geendet. Es ist dies ihr Weg, die neugewonnenen Freiheiten der Provokation zu nutzen - im Rahmen jener Symbolik, die ihnen zu DDR-Zeiten zugleich mit dieser Provokation auch Elemente einer (vermeintlichen) kollektiven Selbstvergewisserung ermöglichte („Nationalstolz"; vgl. 3.1.).

Das nächste Lokal, das wir aufsuchten, war eine „Eisbein-Kneipe", die „Hools" hatten nämlich Hunger bekommen. Auch hier wurden schwankend BFC-Dynamo-Lieder gegrölt, die Lautstärke war u. a. aufgrund des Alkoholpegels nicht mehr drosselbar. Als schon beim Anstoßen ein Bierkrug zu Bruch ging, war klar, daß wir auch hier nichts zu essen bekommen würden. So kam denn bald darauf auch die Bedienung an unseren Tisch, nahm uns die bereits halb ge-leerten Getränke ab und forderte uns auf zu gehen. Die letzte Sta-tion am RA-Platz war ein China-Restaurant, das wir ausnahmsweise nicht vorzeitig verlassen mußten. Eine etwas apathische Stimmung hatte sich breitgemacht. Nachdem an jeder Station etwa einer der Jugendlichen „passen" mußte und ausgeschieden war (einer der Feldforscher hatte krankheitsbedingt schon nach der ersten Station kapituliert), waren wir schließlich nur noch zu dritt. *Carlo*, *Moritz* und ich beschlossen gegen 23.00 Uhr, noch in die „Pinienhöhle" zu fahren, wo sich voraussichtlich die anderen Mitglieder der Gruppe aufhalten sollten.

Aktives Fußballspiel

Wie schon einige Zeit zuvor ausgemacht worden war, fuhr ein Projektmitarbeiter an zwei aufeinanderfolgenden Samstagen im März und April 1994 nach Oststadt, um mit dortigen Jugendlichen, darunter auch Mitglieder der Gruppe *Kunde*, Fußball zu spielen. Am 27.3. holte ich *Benno* gegen 12.30 Uhr in dessen Wohnung ab. Gemeinsam mit seinem neuen Kampfhund-Welpen „Danny" (den anderen Hund namens „Luise" hatte er einem Freund verkauft, da er von seinen Vorbesitzer(inne)n „verzogen" worden sei) machten wir uns auf den Weg zu einer Schulturnhalle, die genau gegenüber *Bennos* Wohnung lag. Unterwegs fragte ich *Benno*, warum er sei-nem Hund den Namen seiner Freundin gegeben habe, worauf er erwiderte, daß dieser ihm halt gut gefalle. Er wies mich darauf hin, daß ich mich bei dem bevorstehenden Fußballspiel den Mitspielern nicht vorzustellen brauche, ich sei einfach da und das sei „in Ord-nung" so. Er werde schon noch einen „Hooligan" aus mir machen, fügte er scherzhaft hinzu.

In der Turnhalle warteten schon sieben bis acht Jugendliche auf uns. Die Halle war voll beheizt und selbst in den Umkleidekabinen, Duschen und Toiletten war die Heizung ganz aufgedreht. Es bestand keinerlei Möglichkeit, diese zu regulieren. Schwitzend teilte *Benno* die Mannschaften ein, ich wurde seiner Mannschaft zugeordnet. *Benno* fungierte als Stürmer, kämpfte also auch hier in der ersten Reihe (vgl. 3.1.) Als wir nach der regulären Spielzeit mit 9:10 zurücklagen, verlängerte *Benno* das Spiel kurzerhand bis zum Torstand von 20. Die anderen Spieler hatten großen Respekt vor *Benno*, z. B. griffen sie ihn nur zögerlich an. Auch ich genoß sehr viel „Freiraum", obwohl ich, im Gegensatz zu *Benno*, nicht sehr gut Fußball spiele. Mir wurde also ein Rang auf einem Gebiet zugebilligt, auf dem ich mich nachdrücklich nicht als Experte erwiesen hatte.

Als wir anschließend noch einen Jugendclub aufsuchten, kam das Thema über eine Comedy-Familienserie namens „Eine schrecklich nette Familie" schließlich auf Beziehungen und Frauen. *Benno* meinte, daß er diese Serie liebe, da hier der Ehemann von seiner Frau und seiner Tochter nur ausgenutzt werde, dies aber mit Humor ertrage. Außerdem erzählte er von seinen Erfahrungen in einem Bordell im Westteil der Stadt: auch hier sei er nur ausgenutzt worden, für 50 DM hätte er zunächst nicht einmal „rangedurft". Später dann sei ihm dann jedoch von einer Prostituierten versichert worden, daß ihr solche „Kerle", wie die aus dem Osten, noch nie untergekommen seien. Wie wir in unterschiedlichen Beobachtungssituation feststellen konnten, sind auch für *Carlo*, *Ingo* und *Moritz* Bordell-Besuche ein Thema, so wurde z. B. anläßlich eines Geburtstages in einem Bordell gefeiert. Ihre Freundinnen sind teilweise darüber informiert.

Es zeichnet sich hier jener prekäre Charakter des Vertrauens zwischen den Geschlechtern ab, wie er vor allem in der Gruppendiskussion mit den Freundinnen deutlich wurde. Damit zusammenhängend wurde dort ebenfalls das prekäre Verhältnis von Sexualität (mit ihren körperlich-situativen Aktionismen des Beweises von Männlichkeit) und vertrauensvoller kommunikativer Beziehung zu den Freundinnen deutlich.

Benno berichtete weiter, daß er und einige seiner „Kumpels" an diesem Abend gleich auf drei Feiern eingeladen seien und er überlege, welche wohl das größte Quantum an Alkohol zu bieten hätte. Eine der Feten wurde von vornherein ausgeschlossen, da der Veranstalter am Tag zuvor im Glücksspiel verloren hatte und für diesen Abend voraussichtlich nicht die nötigen Geldmittel für eine standesgemäße Fete würde auftreiben können. Gegen 16.30 Uhr verließen wir gemeinsam den Jugendklub.

Fußball-Pokalspiel

Der erste Teil dieses Beobachtungsberichts ist bereits unter 3.1. in detaillierter Form wiedergegeben und interpretiert worden und wird hier noch einmal knapp skizziert.

Nachdem wir uns also gegen 17.00 Uhr in der Kneipe „Ziegenberg" in Oststadt getroffen hatten, setzte sich der „Mob" dann gegen 18.00 Uhr mit dem Ziel SL-Club in Bewegung. Diesem „linken" Jugendclub wurde dann „ein kurzer Besuch abgestattet". Genauso blitzartig, wie dieser Überfall vom „Mob" durchgeführt wurde, verließen die Jugendlichen daraufhin das Gelände, um zum angrenzenden S-Bahnhof zu rennen.

Dm hatte mit Hilfe einiger anderer Jugendlicher inzwischen die S-Bahn aufgehalten, in der der „Mob" dann verschwand. Die Polizei sei auch schon im Anmarsch, so erzählte er mir. Nachdem sich die Jugendlichen in der S-Bahn breitgemacht hatten, stimmten sie Gesänge an, wie „Ost-Ost-Ostberlin" oder „Wir sind keine Rechtsradikalen". Einige urinierten in die Ecke. Die anderen Leute in der S-Bahn verhielten sich bemerkenswert ruhig und lächelten teilweise sogar. Mir wurde die Flasche „Asbach" anvertraut, die ich in meiner Jacke verstaute. *Benno* hatte immer noch sein Weizenglas in der Hand und mixte darin jetzt Cola mit Weinbrand. Er beugte sich zu mir, und meinte, daß wir „die Bullen" nun bis zum Spiel nicht mehr los würden.

Die hier in der Öffentlichkeit unter Bedingungen des gesteigerten und mit gesteigertem Alkoholkonsum einhergehenden Aktionismus demonstrierte Abgrenzung gegenüber der vermuteten Fremddefinition als „Rechtsradikale" bestätigt (validiert) die Abgrenzung gegenüber rechtsradikalen Positionen in der Gruppendiskussionen und konterkariert bzw. kommentiert die im Rahmen anderer Aktivitäten (vor allem „Gedenkfeier") zu beobachtende Verwendungen von Symbolen bzw. Emblemen des Nationalsozialismus. Sie bestätigt deren primär provokativen Charakter und den spielerischen Umgang mit dieser Provokation.

Auf der Treppe zur U-Bahn-Station, von wo aus wir zum Stadion weiterfahren wollten, kam es zu mehreren Rangeleien zwischen den Jugendlichen und der Polizei. Am Bahnsteig der Station versammelte sich die Gruppe, um zu beraten, wie man sich der Kontrolle durch die Polizei entziehen könne. Die Ein- und Ausgänge waren bewacht. Einige, darunter auch *Carlo*, waren dafür, jeweils zu zweit „unerkannt" durch das Netz der Polizei zu schlüpfen, was wir dann auch taten.

Draußen angekommen, äußerte *Benno* seinen Unmut darüber, daß „mit diesem Mob nichts los sei". Die meisten seien schon besoffen und einige hätten sich auch noch mit Türken angelegt. Er schlug vor, zu dritt in einem nahegelegenen, ihm bekannten Bistro „erstmal eins trinken" zu gehen. Zurückgekehrt in den U-Bahn-Schacht trafen wir *Edgar* und einige andere wieder, die sich ebenfalls über die mangelnde Disziplin des „Mobs" ereiferten. Während wir auf die U-Bahn warteten, gesellte sich etwa ein halbes Dutzend Polizisten zu uns. *Edgar* sagte zu drei etwa acht- bis zehnjährigen Hertha-BSC-Fans, die mit Schal und Fahne bestückt waren, daß sie sich zwischen uns und die Polizei stellen sollten. Die jungen Fans fühlten sich geehrt und taten desgleichen. *Edgar* unterhielt sich mit den Kindern und fragte sie, seit wann sie denn schon zu Hertha-Spielen gehen würden, wie alt sie seien u.s.w. Die Kinder antworteten bewundernd und anscheinend ohne Angst.

Trotz der „mangelnden Disziplin" des „Mob" gelingt es hier, die Situation zu beherrschen und die eigene Stärke dadurch zu beweisen, daß man sich dem Zugriff der Kontrollinstanzen entzieht. Auch die jungen Fans werden partiell zu Mitakteuren.

Nachdem wir in der Nähe des Stadions aus der U-Bahn gestiegen waren - wir hatten bisher noch keinen einzigen Fahrschein gelöst - machten wir uns auf den Weg zum Olympiastadion. *Benno* hatte ich bald darauf aus den Augen verloren, er war wohl in seiner Funktion als Organisator unterwegs, um einen „fight" mit gegnerischen Hooligans auszumachen. Drei Stunden seit dem Treffen in Oststadt waren inzwischen vergangen.

Nach dem Kartenkauf liefen wir an die Stirnseite des Stadions, wo *Dm* einen etwa 30jährigen Mann mit verschlissener Lederjacke fragte, in welchem Teil des Blockes denn die „Oststädter" seien. Dieser antwortete prompt und wies uns den Weg. Als wir uns in dem völlig überfüllten Block nach unten durchgeschlagen hatten, trafen wir dann auch *Benno* und die übrigen in Oststadt gestarteten Hooligans wieder. Sie begrüßten uns freudig. Als ich mich dann in der Halbzeit an einer Imbißbude um Essen und Bier anstellen wollte, machten mir die Leute in der Schlange Platz und man winkte mich nach vorne. Die Bedienung war betont freundlich zu mir, sie hatte wohl Angst vor einer Konfrontation mit Hooligans.

Der Aktionismus bewegt sich in einem sozialen Kontext des Respekts seitens des „Publikums" bzw. hier auch der Demonstration von Macht ihm gegenüber und wird durch diesen erst ermöglicht. Dabei zeigt sich beim Publikum eine Spannbreite von einem eher angstvollen bis zu einem bewundernden Respekt (letzteres deutlich seitens der „jungen Fans").

Nachdem *Carlo*, *Dm* und ich auf den Block zurückgekehrt waren, teilte mir *Carlo* enttäuscht mit, daß „da heute wieder nichts laufen würde", bei Heimspielen sei ohnehin „selten etwas los". Nach dem Schlußpfiff - die Heimmannschaft hatte gewonnen - rannten große Teile des Hertha-Fanblockes auf der Gegengeraden los und stürmten das Spielfeld. Die meist jüngeren Fans gruppierten sich um die Fernsehteams, die Interviews mit Spielern und Trainern durchführten. Wir stiegen zügig die Treppen des Blocks hinauf, *Benno* flüsterte mir zu, daß er einen Fahrer organisiert hätte, der uns mit dem Auto nach Oststadt mitnehmen würde. Auf dem Weg nach oben traf ich *Bernd* und *Dieter* aus der Gruppe *Pulle*. Sie begrüßten mich mit Handschlag und schienen erfreut. *Bernd* erzählte mir, daß er mich schon vorher gesehen hätte. Nach kurzem Austausch über das eben beendete Spiel fragten sie mich, mit wem ich denn hier sei. Ich erwiderte, zusammen mit den „Oststädtern" gekommen zu sein. *Dieter* lächelte wissend, als er *Benno* an mir vorbeiziehen und nach oben streben sah.

„Gedenkfeier"

Wie am Samstag zuvor ausgemacht worden war, traf ich am 20.4.93 gegen 18.00 Uhr in der Kneipe „Pinienhöhle" ein. Von dort aus wollten einige Mitglieder der Gruppe *Kunde* zusammen mit anderen Besuchern der „Pinienhöhle" anläßlich des Hitler-Geburtstages einen Umzug starten, der in der Kneipe „Ziegenberg" seinen

Abschluß finden sollte. Mir fiel zunächst auf, daß die Jugendlichen anders angezogen waren, als sonst. *Benno* und *Carlo* trugen Springerstiefel und Bomberjacken. *Albert*, der am Rande zur Gruppe gehört, war mit einer knallroten Blouson-Jacke bekleidet. Während einer unserer Begegnungen eine Woche zuvor hatte *Albert* sogar erwogen, sich aus dem gegebenen Anlaß aus dem Fundus der Deutschen Oper eine SS-Uniform auszuleihen: Sie hatten sich kostümiert.

Da ich selbst am 20.4. Geburtstag habe, gab ich zunächst eine Runde Schnaps aus. Es wurde auf meinen Geburtstag angestoßen. Ich unterhielt mich mit *Falko* und erklärte ihm meine Bedenken gegenüber den zu erwartenden „Sieg Heil"-Rufen, also dem dezidiert politischen Rahmen, innerhalb dessen an diesem Tag gefeiert werden sollte. *Falko* entgegnete mir, daß ich das alles nicht so ernst nehmen solle, es handle sich doch in der Hauptsache um reine Provokation.

Wie bereits auf der Grundlage der Gruppendiskussion und der biographischen Interviews herausgearbeitet, kommt der Selbststigmatisierung durch nationalsozialistische Symbole und Embleme der Stellenwert einer auf diese Weise besonders effektiven Provokation der „Spießer" oder „Schichtler" zu (genauer dazu unter: 3.1.). Dieses Motiv hat dann durch die Übernahme der massiven Fremdstigmatisierung zu DDR-Zeiten zunehmende Bedeutung für eine kollektive Selbstidentifizierung auf dem Wege provokativer Abgrenzung gewonnen. Zugleich ist hier aber auch jenes „Motiv" der Selbstvergewisserung im Rahmen von Stereotypen kollektiver Zugehörigkeit impliziert („Nation", „Nationalstolz"), die ebenso als (vermeintliche) „letzte Bastionen" reduzierter kollektiver Selbstvergewisserung (sozialer Identität) herangezogen werden, wie die Demonstration einer spezifischen Art von Maskulinität, die auch hier im weiteren Verlauf des Aktionismus wiederum an Bedeutung gewinnt.

Benno, der sich zuvor etwas abseits gehalten hatte, trat zu uns und erzählte von seinen Schulden. Er sei momentan „absolut pleite", die 3000 DM, die er an „Außenständen" hätte, bekäme er wohl nie mehr zurück. Doch heute wolle er sich keine Sorgen mehr machen, im „Ziegenberg" solle heute „so richtig schöne deutsche Musik" erklingen. Sobald wir dann gemeinsam die Treppenstufen der „Pinienhöhle" hinabgestiegen waren, packte *Albert* seine mitgebrachte Reichskriegsflagge aus. Er erzählte mir, daß sie schon viel mitgemacht habe. Mit den vielen Brandlöchern und Schmutzflecken sah sie auch etwas lädiert aus. *Albert* bestätigte mir auf Nachfrage, daß er die Flagge erst nach der Wende gekauft habe, in der DDR hätte es so etwas nicht zu kaufen gegeben.

Wir liefen auf einem ausgetrampelten Pfad über eine braune Wiese mitten durch die mächtigen Hochhäuser im Platten-Baustil. Die Jugendlichen sangen SS- bzw. SA-Lieder, so z. B. das Horst Wessel-Lied, die sich mit Kampfgesängen aus anderen Kontexten abwechselten: „Die Fahnen hoch, die Reihen fest geschlossen, die Faust gestreckt, dem Feinde zugewandt". Dazu wehte die Reichs-kriegsflagge im Wind. Als wir an einer größeren Straße angelangt waren, trafen wir auf drei ältere Frauen, die sich untergehakt hat-ten. Die Jugendlichen riefen ihnen zu, ob sie etwa Angst vor ihnen hätten. Die Frauen zeigten keine Reaktion.

Die Jugendlichen sind also auf ein Publikum angewiesen, welches auf ihre Provokationen mit einem wie auch immer gearteten Respekt „reagiert" - gleichgültig wie dieser motiviert ist: sei es durch Angst oder durch Bewun-derung. Dies zeigt sich auch daran, daß im Falle einer fehlenden Reaktion nachgefragt wird. Fehlende oder nicht eindeutig respektvolle Reaktionen können aber gegenüber anderen Betroffenen ebenso auch zu einer Eskalation körperlicher Gewalt führen.

In der Kneipe „Ziegenberg" angekommen, welche vom Grundriß her identisch mit der Kneipe „Pinienhöhle" ist, begrüßten wir zunächst *Edgar* und zwei weitere Jugendliche, die beim Pokalspiel dabei gewesen waren. In der Kneipe lief eine Heino-Platte. Mit Genehmi-gung des Wirts trugen die Jugendlichen drei kleinere Tische auf die „Terrasse", die der Gaststätte vorgelagert ist. Von diesem Vorplatz aus hat man einen guten Überblick über den gesamten Platz, ein-schließlich des Jugendclubs „FE". Sie erwogen, die Reichskriegs-flagge als Tischdecke zu benutzen, entschieden dann jedoch, sie demonstrativ am Geländer anzubringen. Nachdem *Benno* die Bier-Bestellung für die inzwischen etwa auf 12 Personen angewachsene Gruppe organisiert hatte, stießen sie zunächst auf „den 104. Ge-burtstag" an. Ich trank auf den meinigen. *Edgar* und seine Freunde wollten zunächst nicht glauben, daß ich ebenfalls an diesem Tag Geburtstag habe, und verlangten, meinen Ausweis zu sehen, den ich ihnen dann auch zeigte. Bald darauf verließ *Benno* den Tisch mit der Bemerkung, daß er jetzt endlich „ordentliche Musik" hören wolle. Aus dem an die Kneipe angrenzenden Spielsalon zerrte er die dort installierte Stereoanlage nach draußen, woraufhin bald Lieder einer Skin-Band das gesamte Areal beschallten. Die Jugendlichen sangen mit. Zwischendurch verglichen sie ihre Tätowierungen. Fast jeder der Jugendlichen war an den Oberarmen tätowiert, als „schönstes Exemplar" wurde ein Portrait von Adolf Hitler gekürt.

Nach einigen weiteren Runden Bier bzw. Cola mit Weinbrand (letzterer war inzwischen aus einem angrenzenden Supermarkt „geholt" worden), trafen ganz unvermittelt zwei etwa 18jährige Mädchen im „Ziegenberg" ein. Sie wurden von den männlichen Jugendlichen mit „Sieg Heil" begrüßt, wie auch alle Passanten in ähnlicher Form provoziert wurden. *Carlo* und *Albert* stellten sich um eines der Mädchen herum und unterhielten sich mit ihr. *Carlo* war inzwischen stark alkoholisiert und „machte" das Mädchen ziemlich rüde „an". Er forderte sie mehrmals auf, sich auszuziehen, damit er nachprüfen könne, ob sie noch Jungfrau sei. Außerdem meinte er, daß er jede Wette eingehe, daß sie noch keine 18 Jahre alt sei. Er kenne doch die Frauen, sie würden alle lügen. *Albert* nahm das Mädchen daraufhin beiseite, und meinte, daß man Frauen doch nicht so behandeln könne. Er warf *Carlo* vor, Frauen von hier zu vertreiben, da er ja schon eine Freundin habe. Daraufhin begann er ein Gespräch mit dem Mädchen, an dessen Ende er mit ihr für kommenden Freitag ein „Rendezvous" ausmachte. Unterdessen sprach *Benno* etwas unwirsch in die Runde, daß sie eigentlich doch „kumpelsmäßig" unterwegs seien, dagegen würde sich nur noch alles um die Frauen drehen. Er meinte trotzig, daß er da jetzt nicht mehr mitmachen wolle und vorhabe, nach Hause zu gehen. Daraufhin begaben sich *Carlo* und *Albert* nach drinnen, *Benno* setzte sich auf einen Stuhl und zog das Mädchen auf seinen Schoß. Ich hatte den Eindruck, daß sich das Mädchen geschmeichelt fühlte. *Benno* unterhielt sich in betont väterlicher Stimmlage mit ihr, hinter ihrem Rücken signalisierte er mir jedoch gestisch sein „eigentliches Ansinnen". Er deutete mit seinem Mittelfinger mehrmals in Richtung des Schoßes des Mädchens.

Die beiden auf dem Wege der Provokation entfalteten, für die Gruppen konstitutiven Stereotype sozialer Identitäten werden hier in ihrer Verquickung miteinander deutlich: die provokativ-stereotypisierende Betonung des Nationalstolzes und der aggressiven Maskulinität.

Carlo verabschiedete sich nach einer Weile, um in der „Pinienhöhle" nach *Ingo* und seiner Freundin Ausschau zu halten. Auch *Benno* war plötzlich verschwunden. Ich ging nach draußen und traf einen etwas älteren Jugendlichen, der eine aufgeschlagene Nase und eine Platzwunde auf der Stirn hatte. Ich fragte ihn, was denn passiert sei, worauf dieser antwortete, daß ich doch wissen müsse, „wie *Benno* so sei".

„Herrentag"

Wie ich vorher mit *Carlo* telefonisch vereinbart hatte (wir hatten uns einige Zeit nicht mehr gesehen), fand ich mich am 12.5.94, dem „Christi-Himmelfahrt"-Feiertag, gegen 10.30 Uhr in einer Großgaststätte an einem See des KK-Bezirks ein. Als ich das Gelände betreten hatte, sah ich gleich eine etwa 20 bis 30köpfige Personengruppe am See stehen, die mit T-Shirts, Jeans, Turnschuhen und meist roten Bomberjacken bekleidet war. Wie ich dann feststellte, waren u.a. auch *Benno*, *Carlo*, *Moritz* und *Gm* darunter. Sie hatten sich schon um 8.00 Uhr Oststadt getroffen und wirkten bereits leicht angetrunken. Ich ging auf sie zu, und nach der üblich herzlichen Begrüßung wurde zunächst einmal eine Bierbestellung organisiert. Nach einer Weile des Hin- und Herüberlegens, wohin man heute noch gehen wolle, setzte sich der „Mob", der inzwischen auf 50 bis 60 Personen angewachsen war, stockend in Gang. Wir liefen am See entlang. Es war eigentlich nicht klar, wohin. Als provisorisches Ziel war die Gaststätte „Zack" in Betracht gezogen worden. *Benno* meinte zu mir, daß wir einfach mal schauen sollten, wer uns unterwegs alles begegne. Eine „Nachhut" um *Carlo* und *Gm* blieb etwas zurück. Sie schienen unschlüssig, ob sie sich der großen Gruppe um *Benno*, die sonst größtenteils aus jüngeren, etwa 17-18jährigen Hooligans bestand, anschließen sollten. Eine andere Gruppe um einen Jugendlichen, der einen Sombrero trug und ständig grinste, spaltete sich ab. Von ihm hatte *Benno* zuvor versucht, „Speed" zu kaufen. Immer wieder gab es Diskussionen wegen des undefinierten Zieles. *Carlo* weigerte sich zunächst, den vermeintlich sechsstündigen Fußmarsch zum „Zack" mitzumachen. Dennoch schloß sich dann die Gruppe um *Carlo* dem vorauseilenden „Mob" an. Wir liefen durch ein längeres Waldstück. Einige hatten sich mit Bierbüchsen versorgt. Ich hielt mich zumeist bei der „Nachhut" auf.

Wie auch schon während des Fußball-Pokalspieles flitzte *Benno* zwischen „Vorhut" und „Nachhut" hin und her. Immer wieder schlugen sich einzelne in die Büsche, um auszutreten. Sie blieben zunächst zurück, um von der „Nachhut" schließlich wieder „aufgesogen" zu werden.

50 - 60 Jugendliche versammeln sich ohne ein vorab oder auch nur ad-hoc entworfenes Programm und ohne Führungsstruktur. Es gibt lediglich mehrere Koordinatoren (so *Benno, Carlo* und ein anderer Jugendlicher), die ohne Absprache und mit gewissen Kontroversen untereinander ad-hoc die Richtung des Marsches bestimmen und versuchen, den „Mob" zusammenzuhalten. Alles andere bleibt offensichtlich den situativen Kontingenzen überlassen. Dies prädestiniert für eine Verstrickung in situative Aktionismen.

Entgegenkommende wurden regelmäßig provoziert: auch Frauen wurden mit eindeutigen Kraftausdrücken belegt, Männer vom Fahrrad gestoßen. Als ein stark alkoholisierter, etwa 35jähriger Mann mit längeren Haaren entgegengetorkelt kam, wurde er von der Truppe der jüngeren Hooligans mehrfach ins Gesicht geschlagen. Ein besonders „reges Kerlchen" versetzte ihm, der am Boden zusammengebrochen war, noch einen Stoß in den Magen. Nach einem weiteren Angriff auf einen, dem äußeren Anschein nach eher den „Heavy-Metal"-Fans zuzurechnenden 30jährigen Mann ergab sich eine Diskussion zwischen den Jüngeren und der Gruppe um *Carlo* und *Gm*, ob diese Aktion den Regeln der „Fairneß" entsprochen hätte. Ich beteiligte mich an dieser Diskussion mit dem Hinweis, daß dies sicher nicht der Fall sei. Das „rege Kerlchen" meinte, daß „die Zecken" (der Sammelbegriff der Jugendlichen für „Linke", „Hausbesetzer", „Autonome", „Sozialhilfeempfänger" usw.) mit ihnen in ähnlicher Weise verfahren wären. Nach etwa einer halben Stunde Fußmarsch kamen wir an einer weiteren Kneipe an. Davor „lümmelten" fünf oder sechs mit Jeans und T-Shirt bekleidete Jugendliche mit kurzen Haaren im Gras. Einige des „Mob" provozierten sie und warfen ihre Fahrräder in den See. Ein älterer Mann drängte sich dazwischen, er hatte einen Stock mit einer daran angebrachten Klingel in der Hand. Er meinte, daß sie sich früher auch geprügelt hätten, doch sei es damals unehrenhaft gewesen, „mit 50 auf einen zu gehen". Ein Oberlippenbart-Träger kommentierte die Geschehnisse mit dem Hinweis, daß dies - gemeint waren die Hooligans - „alles Schwule" seien.

Kurz darauf versuchte der „Mob", in die Kneipe einzudringen. Der Wirt reagierte entsetzt und panisch. Er teilte den Jugendlichen mit, daß es „hier drinne" für sie „nischt gebe", und verwies sie auf den Außenausschank. Als ich wieder nach draußen kam, sah ich ein Stück entfernt „die Nachhut" sitzen. Sie hatte sich - wie mir berichtet wurde - danach erkundigt, ob es möglich sei, ein Boot zu mieten. Die Bootsvermieter hätten ihnen dieses Ansinnen mit dem Hinweis auf ihren Alkoholisierungsgrad verweigert. Ich suchte nach *Benno*, doch dieser war abermals spurlos verschwunden. *Carlo* machte mich darauf aufmerksam, daß die Polizei „im Anmarsch sei", und daß auf einer Lichtung oberhalb der Kneipe Zivilpolizei postiert sei. Ich wollte dies nicht glauben, ging hinauf und überzeugte mich: drei bis vier männliche und zwei weibliche Zivilpolizisten hatten sich auf der Lichtung eingefunden, und sprachen eindringlich in ihre Funkgeräte. Über ihre Blouson-Jacken hatten sie gelbe Binden mit der Aufschrift „Polizei" gestreift. Zwei zivile Polizeiautos und zwei Einsatzbusse standen auf der Lichtung, die einen direkten Zugang zur Hauptstraße hat.

Als ich wieder unten angekommen war, sah ich, daß bereits eine Schlägerei zwischen den uniformierten Einsatzpolizisten, die den Hooligans entgegengekommen waren und ihnen den Weg versperrt hatten, und einigen des „Mob" im Gange war. Eine unheimliche Staubwolke überdeckte das Szenario. Die festgenommenen Jugendlichen schlugen auf die Polizisten ein. Je mehr sie sich wehrten, desto mehr Polizisten kamen hinzu, die die Jugendlichen mit Schlagstöcken und CS-Gas traktierten. Lagen die Hooligans dann am Boden, bekamen sie meist noch einige Tritte ab, schließlich wurden ihnen Handschellen angelegt.

Ziel ist offensichtlich eine auf dem Wege der Provokation angestrebte Verstrickung in situative Aktionismen. Als Gegner oder Opfer werden jene ausgewählt, die Dokumente einer anders gearteten sozialen Identität, eines anderen Habitus aufweisen (langhaarige „Heavies", „Zecken", aber auch Frauen, wobei gegen letztere allerdings körperliche Gewalt nicht angewandt wird). Die Regel des fairen Kampfes (nicht zahlenmäßig überlegen zu sein und allgemein nicht gegen Wehrlose vorzugehen) werden vor allem von den Jüngeren mißachtet, behalten allerdings ihre kontrafaktische Gültigkeit: die Abweichung wird von den Älteren und dem Feldforscher thematisiert und kritisiert. *Arno (Am)* als Bewahrer der Regelhaftigkeit beteiligt sich nicht an dieser Aktion.

Wie die Äußerungen des älteren Mannes bestätigen, ist der „Herrentag", wie der Name schon sagt, über Generationen hinweg in spezifischen Milieus als ein Forum männlicher kollektiver situativer Aktionismen anzusehen, wie sie durch erheblichen Alkoholkonsum angeheizt werden (so z. B. der Stock als Symbol mobiler und zugleich aggressiver Männlichkeit an diesem Tag mit einer Klingel versehen, um zu symbolisieren, daß die Männlichkeit *heute* „Vorfahrt" hat). Eine derartige Auseinandersetzung im Rahmen männlicher Geschlechtsrollenstereotype erhält auch durch die Reaktion des anderen Kritikers der Jugendlichen („alles Schwule") ihre Bestätigung. - Die Jugendlichen reagieren somit hier - wie auch in anderen Situationen - mit ihrer Provokation auf eine spezifische öffentliche Doppelmoral. Hier ist es die doppelmoralische Aufgeladenheit dieses Tages, die dieser dadurch erhält, daß er von Männern als Gelegenheit genutzt wird, etwas zu demonstrieren, was von ihnen sonst nicht oder nicht so penetrant zum Ausdruck gebracht wird bzw. werden darf.

Ich ging zu *Carlo*, der sich mit einigen anderen an der Schlange des Außenausschanks angestellt hatte. Ich reihte mich hinter ihm ein. *Carlo* versuchte gerade, eine ältere Frau zu beruhigen, die Angst hatte, ihr und ihrem Kind könne etwas zustoßen. Sie hatte etwas zu essen bestellt und war in großer Angst darum bemüht, ihre Bestellung so schnell wie möglich zu erhalten. Einige aus dem „Mob", die von Polizisten niedergeschlagen worden waren, kamen beschmutzt und mit Blut befleckt an den Ausschank, um sich mit Wasser das CS-Gas aus den tränenden Augen zu waschen. Andere bestellten bei *Carlo* ein Bier. Einer der Jugendlichen kündigte an, daß er „den Bullen totmachen wolle", der ihn mit CS-Gas bearbeitet hatte. Er wurde von anderen besänftigt, stürzte jedoch bald darauf wieder in das Getümmel hinein. Auch ich ging, als ich mein Bier erhalten hatte, dorthin und konnte beobachten, wie einzelne Jugendliche abgeführt wurden. Die Auseinandersetzungen hatten sich nach oben auf die Lichtung verlagert. Die abgeführten Hooligans wurden mit den Händen über dem Kopf von den Polizisten an den Einsatzwagen geworfen und mit dem Gesicht zum Wagen nach Waffen durchsucht. Die Jugendlichen schnauften und weinten infolge des eingesetzten CS-Gases. Einige, die nicht abgeführt worden waren, ließen sich die Erkennungsmarken von Polizisten geben. Es herrschte hitzige und empörte Stimmung.
    Ich ging mit *Carlo* und der ehemaligen „Nachhut" nach oben, wo wir *Benno* wiedertrafen. Er unterhielt sich mit Polizisten, die er von

Fußballstadien her kannte. Wir setzten uns auf gefällte Bäume und beäugten die Szenerie. Die Sonne schien, es war angenehm warm.

Die Konfrontation mit der Polizei wird nicht gezielt gesucht, die Jugendlichen versuchen aber auch nicht, sich ihr zu entziehen. Sie ist (antizipierbarer) Bestandteil einer Verstrickung in situative Aktionismen und zugleich weitere Gelegenheit „seinen Mann zu stehen", eine Haltung, die ja gerade in der Auseinandersetzung mit einem prinzipiell überlegenen Gegner zum Tragen kommen kann.

Während der „Mob" sich durch die eben seitens der Polizei zugefügten Blessuren geradezu anheizen läßt, sich weiter in die situativen Aktonismen zu verstricken, wahren die Koordinatoren (*Carlo* und *Benno*) die Distanz, demonstrieren auf diese Weise eine gewisse Dinstinktion und vermögen sich sogar als Mittler zwischen dem „Mob" und den Wehrlosen (der Frau mit ihrem Kind) auf der einen und der Polizei auf der anderen Seite zu präsentieren und eine gewisse Regelhaftigkeit und Fairneß zu demonstrieren. Die Haltung von *Benno* wie auch die Bereitschaft der Polizei, sich mit diesen ihr offensichtlich aus dem Fußballstadion bekannten Randalierer *Benno* zu unterhalten, verweist auch darauf, daß wie auch immer geartete Ressentiments hier auf beiden Seiten kaum im Spiel sind. Diese Haltung und die offensichtliche Routine von *Benno* und *Carlo* in diesen Angelegenheiten ermöglicht es ihnen auch - wie sich im folgenden zeigt - sich der Inhaftierung zu entziehen. Im Verlauf des weiteren Geschehens wird noch deutlicher, daß sich hier eine Auseinandersetzung eingespielt hat, die von Seiten der Polizei eher mit Gelassenheit und rituell bewältigt wird.

Es war etwa gegen 15.00 Uhr, als zwei Polizisten mich plötzlich von hinten packten und wortlos abführten. Auch die anderen um mich herum ließen dies anscheinend willenlos über sich ergehen. Sie führten mich an einen Bus, wo sie mich nach Waffen durchsuchten, indem sie hart und routiniert auf die in Frage kommenden Stellen des Körpers schlugen. Den Rest des Nachmittags verbrachte ich zusammen mit *Moritz* und 17 mir unbekannten Hooligans aus dem „Mob" in einem völlig überfüllten, stickigen Polizei-Bus, in dem es unerträglich nach Alkohol, Schweiß und Urin stank. Es kam zu einer Unterhaltung mit einem begleitenden Polizeibeamten, in dessen Verlauf dieser mit verschmitztem Lächeln meinte, daß man sich ja am Samstag beim Fußballpokalspiel wiedersehen würde. Auf der Polizeiwache angekommen, versuchte ich schließlich gegen 18.30 Uhr den zuständigen Beamten meinen Beobachterstatus bzw. mein professionelles Interesse an dieser Aktion (nämlich ein Buch über Hooligans zu schreiben) zu vermitteln. Schließlich wurde ich auf freien Fuß gesetzt. Wie ich später von *Carlo* erfuhr, waren weder er noch *Benno* verhaftet worden.

Weitere Kontakte

Obwohl die Kontakte zu den Mitgliedern der Gruppe *Kunde* mit der Zeit etwas nachließen und nicht mehr in der Regelmäßigkeit der ersten eineinhalb Jahre gepflegt wurden, kam es in der Folgezeit noch zu einigen teils sehr intensiven Begegnungen, mithilfe derer die weitere biographische Entwicklung der Diskussionteilnehmer grob verfolgt werden konnte. Insbesondere anläßlich von sog. „Ost-Revival-Parties" in Oststadt kam die Gruppe noch regelmäßig zusammen. Im weiteren Verlauf der Feldforschung war *Carlo* die Hauptanlaufstation, über die sich die weiteren Kontakte herstellten, u. a. auch deshalb, weil er in der elterlichen Wohnung telefonisch erreichbar war.

Über den Beobachtungszeitraum zeigte sich bei *Carlo* eine zunehmende Verortung im Bereich heterosexueller Partnerschaft. Seit knapp drei Jahren ist er jetzt mit seiner Freundin *Cindy* (Cw aus der Gruppe *Dialekt*) zusammen. Diese Entwicklung verlief aber weder reibungslos noch kontinuierlich, sondern mehr oder weniger wellenförmig. Prekäre Phasen des Mißtrauens, in denen sich *Carlo* stärker an den „Kumpels" und an plakativen politischen Etiketten orientierte, lösten sich ab mit Phasen, in denen sich *Carlo* vollständig mit der Beziehung zu *Cindy* identifizierte und auch Zukunftsplanungen diesbezüglich formulierte. In diesen eher auf seine Zukunft gerichteten Phasen zeigte *Carlo* auch eine differenzierte Betrachtungsweise seiner zuvor nicht mehr hinterfragbaren Provokationshaltung. Diese Entwicklung stand auch mit seiner beruflichen Situation in Zusammenhang. In Zeiten unsicherer Beschäftigungsverhältnisse bzw. von Arbeitslosigkeit neigte *Carlo* eher dazu, den Zusammenhalt mit den Kumpels zu betonen, in Zeiten mit anscheinend festen Arbeitsverhältnissen trat die Beziehung mit *Cw* (aus *Dialekt*) stärker in den Vordergrund. Hatte er früher seine berufliche Situation als gegeben genommen, so bemühte sich *Carlo* später vermehrt um eine Verwirklichung seiner bereits bestehenden Aufstiegsaspirationen. Seit fast einem Jahr arbeitet *Carlo* wieder in einem festen Beschäftigungsverhältnis in seinem Ausbildungsberuf, seit einiger Zeit ist er nebenberuflich zusätzlich als Versicherungsagent tätig. Bei unseren letzten Treffen meinte *Carlo*, daß er „konservativ geworden sei" und sich feste Ziel gesetzt hätte, u. a. plane er, sich in einigen Monaten ein Auto anzuschaffen und mit *Cw*, sobald sie ihre

Lehre als Einzelhandelskauffrau abgeschlossen hätte, Anfang 1995 eine eigene Wohnung zu beziehen.

Für *Falko* zeichnet sich ein ähnlicher Verlauf ab, er arbeitet inzwischen hauptberuflich für eine große Versicherungsgesellschaft und hat im Sommer geheiratet. Das Ehepaar bewohnt gemeinsam *Falkos* Wohnung im HN-Bezirk. Sie hatten bereits vor der Hochzeit ein gemeinsames Kind bekommen, welches jedoch laut *Falko* am „plötzlichen Kindstot" starb. Mittlerweile ist aber weiterer Nachwuchs in Sicht. *Falko* hat inzwischen auch die Fahrerlaubnis erworben, benutzt weiterhin das Auto seiner Mutter. Sie pflegt dies auch an andere Jugendliche zu verleihen.

Arno, der bereits zu Beginn unserer Feldforschung in die überregionalen Hooliganaktivitäten eingebunden war und den wir in der „Pinienhöhle" nur selten zu Gesicht bekamen, ist nach wie vor als Bühnenarbeiter tätig. Als seine langjährige feste Freundin *Aw* (aus *Dialekt*) von einem uns unbekannten Bundeswehrsoldaten ein Kind erwartete, war es für *Arno* offensichtlich selbstverständlich, die Beziehung zu ihr aufrechtzuerhalten. Inzwischen ist diese Verbindung jedoch beendet, was - nach Aussage von *Carlo* - in *Arno* „eine Welt zusammenbrechen" ließ.

Die Situation von *Im* ist wenig verändert. Er wohnt immer noch bei seinen Eltern, wechselt häufig die Arbeitsplätze im Baugewerbe und offensichtlich auch die Freundinnen. Konflikte mit den Kontrollinstanzen haben kaum abgenommen.

Ausgeprägte Veränderungen finden sich jedoch bei *Benno*. Nachdem er für eine kurze Zeit gemeinsam mit seiner Freundin eine Wohnung im Bezirk LG bewohnt hatte, wurde er von seiner Freundin hinausgeworfen. Sie, die als Friseurin im westlichen Innenstadtbereich arbeitet, begründete die Trennung - so *Benno* - mit dem Wunsch nach „Selbstverwirklichung". *Benno* zog daraufhin im Rahmen eines unsicheren Mietverhältnisses nach Nordstadt und ist nach eigenen Angaben in die dortige „Drogenszene" eingetaucht. Innerhalb dieser scheint *Benno* eine ähnlich organisatorische Funktion einzunehmen wie innerhalb der Hooliganszene. Seine permanenten Geldsorgen sind jedoch geblieben, obwohl er nach einigen Gelegenheitsarbeiten seine frühere Tätigkeit in einem Sex-Shop wieder aufgenommen hat. Da *Benno* - wie berichtet wird - nur noch zum Verkauf von Speed, Kokain oder anderen Aufputschdrogen nach Oststadt komme, haben die anderen Mitglieder der Gruppe *Kunde* - und hier vor allem *Carlo* und *Arno* - mit ihm gebrochen.

3.4. Zum Westvergleich: die Gruppe *Tankstelle*

Zugang zur Gruppe

Schon in der Zeit der intensiven Kontakte mit der Gruppe *Kunde* hatten uns Ostberliner Hooligans, vor allem *Arno* und *Benno*, berichtet, daß sie sich anläßlich von Fußball-Länderspielen regelmäßig mit „Hertha-Hools", also Angehörigen der Westberliner Hooliganszene, treffen und mit ihnen „zusammenarbeiten" würden. Eine Kontaktvermittlung der Gruppe *Kunde* scheiterte jedoch. Auch die Besuche von „einschlägigen" Kneipen in den Westberliner Arbeitervierteln WG und GT brachten hier keine Fortschritte. Nach längerer Suche kam es dann bei der Feier eines Fußballvereins im Frühsommer '94 zu einer eher zufälligen Begegnung mit Angehörigen der Westberliner Hooliganszene. Obschon einer der Feldforscher „aktives Mitglied" dieses Fußballvereins ist, hatte er an den üblichen Trainingsabenden bisher lediglich die 1. und die 2. Mannschaft kennengelernt, nicht jedoch Angehörige der 3. Mannschaft. Bei der besagten Feier (es handelte sich um den „Polterabend" des Vereins-Wirtes) kam er dann mit einem Spieler aus der 3. Mannschaft ins Gespräch. Dieser erzählte, daß es um ihr Verhältnis zum Vorsitzenden des Vereins nicht zum besten stünde. *Armin*, so stellte sich der stämmige Jugendliche vor, meinte, daß sie für den Vorsitzenden als „die Asozialen" galten, deren schädlichen Einfluß man von den Spielern der Mannschaft fernhalten müsse. Er erzählte voll Stolz, daß sie in einem Probespiel sogar einmal die 1. Mannschaft geschlagen hätten und daß immer mehr Spieler zu ihrer Truppe stoßen wollten, da es dort mehr Spaß und Kameradschaft gebe. Nachdem *Armin* vergeblich versucht hatte, auch den Feldforscher abzuwerben, fiel irgendwann einmal das Wort „Hertha". Der Feldforscher fragte ihn sogleich, ob er Fußballfan sei, und erklärte, daß er sich auch aus beruflichen Gründen dafür interessieren würde. *Armin* entgegnete entrüstet, daß er kein „Fußballfan" sei, sondern „een Hool".

Im Laufe des Abends stellt sich dann heraus, daß die 3. Mannschaft des Weststädter Vereins komplett aus Hooligans bestand, die noch vor einigen Jahren als die „Hertha-Frösche" für Schlagzeilen gesorgt hatten. Sie waren in einem Westberliner Viertel, das wir ob seiner „Bürgerlichkeit" bisher kaum in Betracht gezogen hatten, miteinander aufgewachsen, „zusammen großgeworden", wie sie sagten. Voll Begeisterung erzählten sie dem Feldforscher von gemeinsamen Erlebnissen bei Fußballspielen und von früheren körperlichen Auseinandersetzungen im Viertel. Das Anliegen des Feldforschers, mit ihnen eine Gruppendiskussion durchzuführen, wurde bereitwillig aufgenommen. Es genügte der Hinweis, daß er ein Buch über Fußballfans schreiben wolle, an weiteren Details des Forschungsprojekts waren sie gar nicht interessiert. Es wurde vereinbart, daß der Feldforscher sich bezüglich einer Terminabsprache bei *Armin* melden sollte, der ihm zuvor seine Telefonnummer gegeben hatte.

Zur Situation der Gruppendiskussion

Einen gemeinsamen Termin für eine Gruppendiskussion zu finden, erwies sich als nicht ganz einfach. Wie sich herausstellte, stand *Armins* Freundin kurz vor der Geburt ihres ersten Kindes. *Armin* wollte sie in dieser Zeit „nicht so oft alleine lassen". Dennoch kam es zu einer Terminabsprache für den 25. 6. 1994. Der Feldforscher überließ *Armin* die Zusammenstellung der Diskussionsrunde. Er wollte drei bis vier seiner „Kumpels", mit denen er sonst auch regelmäßig verkehrt, mitbringen. Wir wollten uns an diesem Samstag gegen 15.00 Uhr in der Wohnung des Feldforschers im Westberliner TF-Bezirk treffen, um nach der Diskussion noch ein Spiel der damals stattfindenden Fußball-Weltmeisterschaft im Fernsehen anzuschauen.

Pünktlich um 15.00 Uhr erschienen dann auch *Armin*, *Bero* und *Christian* in der Wohnung des Feldforschers. *Armin* erzählte gleich zu Beginn, daß er heute auch ein Interview für einen ARD-Sender hätte geben sollen, aber anläßlich unserer Diskussion auf diesen Termin verzichtet habe. *Dorian*, der mit *Christian* verwandt ist, stieß kurze Zeit später dazu. Wir setzten uns und klärten einige grundsätzliche Fragen ab (den vertraulichen Umgang mit personenbezogenen Daten und unsere Vorstellung, sie untereinander diskutieren zu lassen). Noch bevor allerdings die Eingangsfrage gestellt werden konnte, hatten sich die Jugendlichen schon auf das für sie zentrale Thema „gestürzt": „wat wichtig is, is eigentlich dette, daß äh-daß wer hinfahren und uns dann eben treffen, det Drum-Herum, bißchen in der Kneipe sich amüsieren, Spaß haben, bißchen wat trinken und denn vor dem Spiel sich vielleicht n bißchen rumzuprügeln, wenn man eben die Leute da trifft, mit denen man sich rumprügeln kann, oder denn nach dem Spiel, wenn die Polizei nicht dazwischenfunkt".

Die folgende Diskussion, die über drei Stunden andauerte, entwickelte sich dementsprechend selbstläufig und lebhaft. Neben den Erlebnissen im Umfeld von Fußballspielen erreichten auch Erfahrungen mit der Öffentlichkeit im Bezirk einen focussierten Stellenwert im Diskursverlauf.

Im Unterschied zur Gruppe *Kunde* wurde die Diskussionsleitung auch einige Male aufgefordert, mehr Fragen zu stellen. Ansonsten war es vor allem *Armin*, der den Diskursverlauf „bestimmte".

Kurz vor Ende der Gruppendiskussion verabschiedete sich *Armin*, um seine Freundin in der Wohnung seiner Mutter zu treffen. Die dann eilig ausgefüllten Fragebögen enthielten folgende Angaben:

Am *(Armin)*   ein vierundzwanzigjähriger Betriebschlosser mit „Mittlerer Reife" ist zum Diskussionszeitpunkt auch in diesem Beruf tätig. Sein Vater arbeitet als „Zimmermann", seine Mutter ist „Hausfrau". Seine Freizeitinteressen gab er mit „Angeln", „Fußball" und „jede Menge Alkohol trinken" an. *Armin* bewohnt zusammen mit seiner Freundin eine eigene Wohnung.

Bm *(Bero)*   ein dreiundzwanzigjähriger „Isolierer" mit Realschulabschluß ist ebenfalls in seinem Lehrberuf tätig, der auch mit dem Beruf des Vaters identisch ist. Seine Mutter arbeitet als Verkäuferin. *Bero* unternimmt in seiner Freizeit gerne „Fahrradtouren" und „schwimmt" regelmäßig. Neben dem „Spaß" und der „Unterhaltung" pflegt er auch „kulturelle Angebote wahrzunehmen". *Bero* wohnt noch in der Wohnung seiner Eltern.

Cm *(Christian)*   einundzwanzig Jahre alt, befindet sich zum Diskussionszeitpunkt noch in seiner Lehre zum „Betonbauer". Wie wir aus dem späteren Biographischen Interview mit *Christian* wissen, hatte er zuvor eine Ausbildung zum „Tischler" abgebrochen. Der Beruf des Vaters ist „Gas-Wasser-Installateur", der der Mutter „Hausfrau". Das Hobby von *Christian* ist „Fußball", ansonsten hält er sich gerne in „Kneipen" auf, wo „zusammen getrunken" und „gelacht" wird.

Dm (Dorian)	vierundzwanzig Jahre alt, ist als „Arbeiter in einer Spinnerei" tätig. Auch er hatte nach dem „erweiterten Hauptschulabschluß" eine Lehre abgebrochen, auch er beschäftigt sich in seiner Freizeit am liebsten mit dem „Fußball" und mit „Freunden", mit denen zusammen er vor allem „Spaß haben" will. Seine Angaben zum Beruf der Eltern decken sich mit den Auskünften von *Christian*. Sie leben beide zusammen noch in der elterlichen Wohnung.

Armin, Christian, und *Dorian* kennen sich „von Kindheit an", also seit etwa 10 - 15 Jahren. Sie sind zusammen im Westberliner Weststadt-Viertel aufgewachsen und treffen sich dort regelmäßig zweimal in der Woche sowie an den Wochenenden in Kneipen und Parkanlagen. *Christian* und *Dorian* sind immer noch im Weststadt-Viertel wohnhaft, während *Armin* aus finanziellen Erwägungen vor einiger Zeit in den Ostberliner Bezirk „TW" verzogen ist (*Armin* zahlt dort für eine vergleichbare Wohnung nur die Hälfte der Miete, die er für seine frühere zu entrichten hatte). *Bero* hat die anderen Gruppenmitglieder während der Ausbildung kennengelernt und besucht mit ihnen regelmäßig die Fußballspiele des Vereins „Hertha BSC Berlin". Er wohnt im Westberliner „TF"-Bezirk, der direkt an das Weststadt-Viertel angrenzt.

Kollektive Orientierungen

Arbeitsalltag und Flucht: „Vom Leben abschalten"

Die Ausgangsfragestellung, die den Übergang von der Schule zum Beruf thematisiert, wird zunächst sehr kurz abgehandelt - diese biographische Phase liegt nun schon lange zurück (Übergang Schule-Beruf; 1-67):

```
Y1:     Ich hab gesacht, eine Eingangsfrage hab ich immer, weil     1
        die wird allen anderen Gruppen auch gestellt, und zwar,     2
        ähm-ähm-wie habt ihr denn so diesen Übergang von der Schu-  3
        le zum (.) Beruf, also Schule und was dann danach kam, wie  4
        habt ihr das so erlebt?                                     5
                                                                    6
Bm:     Naja, eigentlich ganz normal. (lacht) Schule, Beruf        7
```

```
Cm:                                    └ Naja, also- (.)          8
                                                                 9
                                                                10
Bm:    gefunden, in die Lehre ringekommen, (.) und dann-        11
                                                                12
Cm:    (.) so (    ) so leicht war dit mit der Lehre janich je- 13
       wesen, (lacht) erstmal eine zu finden.                   14
                                        |                       15
Bm:                                    └ Naja, is ooch klar,    16
       (.) (Warum ooch nich?)                                   17
                   |                                            18
Am:               └ Tja, ei-einfach durchziehen, det Programm, (Junge)  19
       det Leben                                |               20
Cm:                                            └ Hm.            21
                                                                22
                                          |                    23
Bm:                                      └ (Räus-              23
pern)                                                           24
                                                                25
Am:    jeht weiter. (.) Schule, da hast de noch eenmal deine gro-  26
       ßen                                                      27
                      |                                         28
Bm:                  └ (        )                              29
                                                                30
Am:    Ferien, und danach geht der Arbeits-Streß los.          31
                                                                32
Bm:    Vorher die janzen Bewerbungen schreiben, ganz normal, und  33
       danach dann in die Lehre rin, falls-die-bei-bei mir     34
       (lacht)                                                  35
                              |              |                 36
Am:                          └ (schnieft)                     37
                                                                38
Cm:                                         └ Falls du eene-   39
       falls du-falls du eene kriechst, ja. Is ja ooch noch die  40
       Frage, ob de eene kriechst heutzutage, weeßte- is ja nich  41
                                    |                          42
Bm:                                └ Naja, ick hab eene        43
       gekriegt.                                               44
                                                                45
Cm:    grade so, wa, deswegen-                                  46
                                                                47
(3)                                                             48
                                                                49
Bm:    Und so hab ick halt die Lehre gemacht, und danach war ick  50
       dann arbeitslos. (.) (Klick), (.) und dann-was (warn det)  51
       jetz-zwee Jahre, zwee Jahre lang,                       52
           |                                                    53
Cm:       └ Da mußte aber auch sagen, wieso du arbeitslos      54
       warst. (Lachen)                                         55
                                                                56
Bm:    zwee-zwee Jahre lang arbeitslos, aber durch mein Diabetis  57
       selber, aus dem Grund (.) Und im Zuge der Arbeits-jetz   58
       krieg ick, glaub ick ne-Chance als Tischler zu arbeiten.  59
       (2)                                          |          60
```

228

```
Am:                                              L     61
       (schnieft)                                      62
                                                       63
Bm:    Und jetz is das Leben wieder offen. (Lachen)    64
                                          |            65
Cm:                                       L Meistens is 66
       ja-                                             67
```

Der Rahmen, in dem diese Thematik abgearbeitet wird, läßt zunächst zwei
zentrale Komponenten erkennen: die *Normalität* der eigenen Entwicklung,
d. h. die Konformität mit den institutionalisierten Ablaufmustern wird betont
(7 und 33) und zugleich wird herausgearbeitet, daß es gar nicht so einfach
war, den Zugang zu derartigen Ablaufmustern, d. h. eine Lehrstelle zu finden
(13-14 u. 39-41). Dieses Problem ist uns bei den Hooligans aus dem Ostteil
der Stadt, die noch zu DDR-Zeiten in die Berufsausbildung eingestiegen sind,
nicht begegnet. *Cm* mußte seine Lehre kurz vor ihrer Beendigung abbrechen,
ebenso wie *Dm*. Lediglich *Am* hat „det Programm" durchgezogen (19) wie in
einer späteren Passage noch deutlicher wird (Feuerwehrmann; 23-29):

```
Am:    Ick hab mir ooch jesacht, schon in der Schule, ick werd n    23
       anständiger Handwerker, (.) hab ooch gleich den Beruf des    24
       Schlossers erlernt, und bin heute noch mit Leib und Seele    25
       dabei. (öffnet Bierflasche: zweimaliges Knallen)             26
                                             |                      27
Dm:                                          L Mehr mit             28
       Leib,aber-                                                   29
```

Die hohe berufliche Identifikation von *Am* (er ist nicht nur Handwerker,
sondern ein „anständiger" und dies mit „Leib und Seele"), die auch im
Biographischen Interview deutlich wird, wird von *Dm* allerdings dahingehend
relativiert, daß es in „seelischer" Hinsicht mit der Identifikation wohl doch
nicht so weit her sei. Möglicherweise ist dies auch eine Anspielung auf die
„seelische" Identifikation mit jenen Lebensbereichen, die dann später im
Gruppendiskurs und ebenso auch im Biographischen Interview mit *Am* im
Focus stehen: der Fußball und vor allem die Fußballrandale.
    Insgesamt gesehen befinden sich aber alle Jugendlichen - zumindest in
berufsbiographischer Hinsicht - in einer Phase, in der „das Leben wieder
offen" ist (Übergang Schule-Beruf; 64), in der also - wie das „wieder"
indiziert - frühere Krisen überwunden sind, also in einer Phase der *Re-Orientierung*.
    Mit der Konklusion, daß das Leben wieder „offen" sei, wird das eigentliche
Thema der Ausgangsfrage sehr schnell zu einem Abschluß gebracht, um es
dann - auf der Ebene einer Erklärungstheorie - zugleich in einen anderen

Rahmen zu stellen: Im beruflichen Bereich, vor allem im Bereich der beruflichen Stellung - so betonen die Jugendlichen - läßt sich keine Erklärung für die Kernaktivitäten der Hooligans finden. (Übergang Schule-Beruf; 69-130):

```
Cm:   Die janzen Psychologen und so, det is ja allet wat die da      69
      erzählen, von wegen weshalb die Leute det machen, du wirst     70
      nie nen Grund finden, warum det machen, weil det einfach       71
      Spaß is, da können se-se noch so studieren drüber und psy-     72
      chologieren und erzählen, det is- (.)                          73
                                ⌐                                    74
Am:                             �floor (Pusten)                       75
                                                                     76
Cm:   mein, ick möchte mal sagen, daß et halt reiner Spaß is,        77
           ⌐                                                         78
Bm:        ⌊ (Det dürfste-)                                          79
                                                                     80
Cm:   ob die nun sagen, daß-es-aus reine, die meisten sagen, sie     81
      sind asozial alle, aus-die kommen alle aus guten Schich-       82
      ten, wir ham welche, die studieren Arzt, eener hat jetzt       83
      Arzt                                                           84
                      ⌐                                              85
Bm:                   ⌊ (Weder durch-)                               86
                                                                     87
Cm:   ausstudiert, (.) und die kommen aus allen Schichten, aus       88
      allen Berufssparten (eigentlich), also-die-die könnten         89
                        ⌐                                            90
Bm:                     ⌊ Naja, nur die- (da machts ja keinen        91
      Spaß mehr)                                                     92
                                                                     93
Cm:   sich bestimmt nich die Auswärtsfahrten leisten,                94
                   ⌐                                                 95
                   ⌊ (Knallen)                                       96
                         ⌐                                           97
Bm:                      ⌊ Sehr schön!                               98
                                                                     99
Cm:   wenn se nich arbeiten gehen würden, oder wenn se asozial        100
      wären, oder könnten se sich eben nich die teuren Sachen-        101
      (.) da wohl kaum leisten (      ), immer n bißchen-n            102
                              ⌐                                       103
Bm:                           ⌊ Weil det jeht auch ziemlich ins       104
      Geld.                                                           105
          ⌐                                                          106
Y1:       ⌊ Hm.                                                       107
                                                                     108
Cm:   bißchen falsch dargestellt, (2) (weil da eigentlich nich-       109
      ick mein) wir sind janz normale Leute, genau wie du. (.)        110
      Nachm Feierabend mal so gibts auch keinen Streß in der         111
      Kneipe, gibts halt denn beim Fußball, wa?                      112
                          ⌐                                          113
Bm:                       ⌊ Genau. Sagn wer mal so, es gibt          114
      genug Studenten unter den Leuten, (.) und ebend                115
                   ⌐                                                 116
```

```
Cm:                                           └ Hm.                    117
                                                                       118
Bm:     Menschen, die janz normal ne Familie haben und-und-und,        119
        aber die sich am Wochenende ebend einfach mal sich sagen,      120
        so, jetzt wolln wer mal vom Leben abschließen,                 121
                                            |                          122
Cm:                                         └ N bißchen abschalten,     123
        genau.                                                         124
                                                                       125
Bm:     Ende, Aus, wir fahren jetz, und darauf warten wer,             126
        erstmal-lassen wer unser Leben einfach laufen.                 127
                                              |                        128
Am:                                           └ Bei-bei den Berli-      129
        nern. (.)                                                      130
```

Da es sich bei den Kernaktivitäten „einfach" um „Spaß" handelt, werden „die janzen Psychologen und so" (69) „nie nen Grund finden, warum die det machen" (71). Somit wird zugleich zu Beginn des Diskurses das Anliegen der Gruppe deutlich, sich gegen jene Erklärungsmuster der „meisten" (81) zu wenden, die die Hooligans im „asozialen" Bereich angesiedelt sehen wollen, also in den unteren Schichten. Demgegenüber kommen die Hooligans „aus guten Schichten" (82) bzw. „aus allen Schichten, aus allen Berufssparten" (88-89). Wiederum wird auf die eigene Normalität verwiesen (110 u. 119). Mit der beginnenen Re-Orientierung ist - entwicklungstypisch - eine ausgeprägte Orientierung an der Re-Normalisierung verbunden, die offensichtlich in *Ausgrenzungserfahrungen seitens der Öffentlichkeit* - hier u. a. auch seitens der Wissenschaft - begründet ist. Die *entwicklungstypisch* bedingte, mit der Phase der Re-Orientierung verbundene Re-Normalisierung gewinnt hier aber zugleich eine *milieutypische* Ausprägung - diejenige der Bearbeitung von Stigmata der Asozialität, von *Marginalisierungserfahrungen*. Im übrigen dokumentiert sich hier auch ein Mißtrauen gegenüber wissenschaftlichen Erklärungsmustern, welches erste Hinweise zu geben vermag auf mögliche Hintergründe der - im Vergleich zu den Ost-Jugendlichen - geringen Bereitschaft der Jugendlichen aus dem Westteil der Stadt, an Erhebungen teilzunehmen.

Die Ursachen ihres eigenen abweichenden Verhaltens seien nicht im Berufsleben oder Alltagsleben selbst zu suchen, in der marginalen beruflichen Positionierung innerhalb ihrer Alltagsexistenz, sondern vielmehr darin, daß „sie vom Leben abschließen, abschalten" (120-123), also in einer *episodalen Negation der Alltagsexistenz*. Somit haben wir es also mit zwei unterschiedlichen Leben zu tun: Mit dem bzw. „von" dem einen wird abgeschlossen, eine Formulierung, die einen radikalen Bruch markiert zu jenem anderen Leben, welches dann „einfach laufen" gelassen wird (127). Die *Negationsphase*, die

aus der Verarbeitung der ersten beruflichen Erfahrungen resultiert, findet hier
ihren besonders prägnanten Ausdruck, wie dies dann an späterer Stelle noch
einmal elaboriert wird (Frust; 146-170):

```
Cm:                                                         L    146
            Na det isset halt. Du jehst die janze Woche arbeiten und    147
            irgendwo willste halt mal abschalten. Dann siehste deine    148
            Kumpels am Wochenende, (det wars dann), laß uns da- ( )     149
                       |                                                150
Bm:                    L Und det is wirklich n Abschalten              151
            aus dem janz normalen, diskreten, stupiden Leben, wat de    152
            in der Woche hast, dann- (.) du hast wirklich n-(.)         153
            |                                                           154
Dm:         L Wie-gesagt, andere Leute machen ne andere Mög-           155
            lichkeit, mit Freizeit und Bungie-Springen, und andere-    156
                                                                        157
Bm:         (.) n-ne Mauer. Ne jewisse Mauer, da jibst det Wochenende,  158
            und hier is die Woche, (.)                                  159
                       |                                                160
Dm:                    L (Räuspern)                                     161
                                                                        162
Bm:         (.) und da bist du vollkommen (Klatschen), du hast nicht    163
            mehr die gewissen normalen Gedanken, die de bei der Arbeit  164
            hast, und-und-und, sondern du sagst dir einfach so, jetzt   165
                                                                        166
                   L (Bierflaschen-Klirren)                            167
                                                                        168
Bm:         schalt ick auf dem gewissen normalen, stupiden Leben,       169
            schalt ick einfach aus.                                     170
```

Durch die episodale Abspaltung von Arbeits- bzw. Wochenalltag und Wochenendrandale - hier auch in der Metapher der „Mauer" (158) gefaßt - wird
der Wochenrhythmus bestimmt. Diese episodale Abspaltung wird hier auf der
Ebene des theoretischen Reflexes noch einmal verdoppelt: es gibt auch
theoretisch keine Verbindung von Alltagsexistenz auf der einen und den
Randaleaktivitäten am Wochenende auf der anderen Seite. Die Randale, das
abweichenden Verhalten, erhält seine Bedeutung also aus der völligen Andersartigkeit gegenüber der Alltagsexistenz und dem Ausbrechen aus dieser,
also aus deren Negation. Hiermit ist dann allerdings das Problem verbunden,
daß auch die Konsequenzen derartiger Ausbrüche aus der Alltagsexistenz,
also Kriminalisierung und Ausgrenzung, negiert werden; zumindest gilt dies
für die Negationsphase, auf die die Jugendlichen nun allerdings bereits zurückblicken.

Die episodale Negation der Alltagsexistenz, also das „Abschalten aus dem
janz normalen, diskreten, stupiden Leben, wat de in der Woche hast" (151-
153), stellt auch für die Gruppe *Pulle* aus dem Ostteil der Stadt (der wir in

der Negationsphase begegnet sind) eine zentrale Rahmenkomponente dar - am prägnantesten formuliert mit der Metapher: „mal wieder aus dem Rhythmus rauszukommen". Diese Orientierung war dort aber - entsprechend der entwicklungstypischen Phase dieser Gruppe - eingebunden in den primären Rahmen der Frage nach dem Sinn des (Berufs-)Lebens überhaupt. Eine derartige, für die Negationsphase typische Problematik ist hier nun - wie im übrigen auch in der ungefähr gleichaltrigen Gruppe *Kunde* - nicht mehr focussiert. Die berufsbiographische Orientierung hat sich konsolidiert und auch das Verhältnis zum Fußball wird zunehmend in den institutionell-organisatorischen Rahmen des Vereinslebens integriert: *Am* ist als 3. Vorsitzender im Vorstand seines Fußballvereins. Obwohl die Jugendlichen nicht ohne Stolz darüber berichten, daß sie - und vor allem *Am* - bei der Polizei derart bekannt sind, daß die Polizei sie auch mit „Maske" jederzeit identifizieren würde, sehen sie gerade deshalb nun - mit Rücksicht auf die Familie - ihre „Karriere" als „beendet" an (Bambule, 1-40):

```
Y1:     Könnt ihr vielleicht da ma von erzählen, von der Bambule      1
        mit der Polizei? (2) Du hast vorhin gemeint, du bist schon    2
        irgendwie so (.) stärker in diese Mühlen da reingeraten,      3
        irgendwie.                                                    4
             |                                                        5
Am:          └ Öh, also jetzt ohne zu prahlen, wenn mein Name        6
        uff m, hier, Revier ED-straße, dann klatschen die alle in     7
        ne Hände, also die kenn- die kennen mein  Spitznamen,         8
        die                                                           9
             |                                                       10
me:          └ (Lachen)                                              11
                                                                    12
Am:     wissen schon, wie groß ick bin, die brauchen keene Fotos     13
        mehr, die malen mich, (zieht die Luft hoch) also ick hab-    14
        ick sage ja ooch selbst, ick muß langsam bißchen kürzer      15
        treten jetzt so mit de Klatschereien, weil (.) du, ick       16
        kann mir ne Sturmmaske überziehen, Junge, die Leute grüßen   17
        mich trotzdem immer noch von ner anderen Straßenseite,       18
        also, ick sage ma, meine Karriere is beendet.                19
                    |                                                20
Dm:                 └ Man muß ja ooch- mu-                           21
        muß-muß ooch ma so sehen, man wird ja älter, man heiratet,   22
        Kinder und sowat, muß ja n bißchen zurückziehen, man hat     23
        ja ne Familie uff die man- ick sag ma uff „deutsch" je-      24
        sagt: ernähren muß bzw. klarkommen muß, und wenn man na-     25
        türlich nur Scheiße baut, is dis och Kacke. Also man zieht   26
        sich zurück, ick meine (.) Mitte zwanzig jetze (.) also      27
        mit sechzehn/siebzehn wart janz extrem jewesen, möcht ick    28
        ma sagen, wa?                                                29
             |                                                       30
Am:          └ Ja.                                                   31
                                                                    32
```

```
Dm:     (              ) wird älter, will irgendwat uffbauen und      33
        da kann man och nich immer nur so Scheiße bauen, dit jeht     34
        och nich, weil immer biste weg vom Fenster, stehst halt       35
        da, hast Frau und Kind zu Hause, (            )               36
        |                                                             37
Bm:     └ Und irgendwann (sagt der Wächter zu dir):'So, jetzt         38
        müssen se ma sich dit Zimmer für n halbet Jahr angucken'.     39
        Dann hat sich die Sache irgendwann erledigt.                  40
```

Während es mit 16-17 Jahren „ganz extrem" war (wie aus dem Biographischen Interview mit *Am* hervorgeht, hatte dieser allein im Jahre 1986, also mit 17 Jahren, zwölf Anzeigen wegen gefährlicher Körperverletzung), zieht man sich jetzt „mit Mitte zwanzig" zurück (26-27), muß nun kürzer treten. D. h., die „Karriere" ist noch nicht vollständig beendet, der Abschluß wird jedoch eingeläutet. Eine entscheidende Rolle spielt also auch hier die partnerschaftliche bzw. eheliche Bindung. Mit Ausnahme von *Am* ist dies jedoch - wie im übrigen auch im Fall der Gruppe *Kunde* - noch nicht vollständig geklärt. *Am* jedoch hat gerade geheiratet. Während der Durchführung des Biographischen Interviews (einige Wochen nach der Gruppendiskussion) rechnet *Am* jeden Moment mit der Geburt eines Kindes.

Der „schöne Faustkampf"
und die episodale Schicksalsgemeinschaft

Wie bei der Gruppe *Kunde* stehen auch hier die situativen Aktionismen der körperlichen Auseinandersetzung im Zusammenhang von Fußballspielen - insbesondere anläßlich von Auswärtsfahrten - im Focus der Gruppe (Kampfbahn, 1-59):

```
Y1:     Wie-wie war das so, könnt ihr da ma von erzählen, '89 in       1
        Schalke?                                                       2
        |                                                              3
Bm:     └ Also da war ick nich jewesen. (Lachen leicht)                4
                                                      |                5
Cm:                                                   └ (Irgend-       6
        was, erzählst du.)                                             7
        |                                                              8
Am:     └ Jo, pfh ick werd dich n bißchen denn unter-                  9
        stützen, erzähl mal.                                          10
                          |                                           11
Cm:                       └ Ja, dit war mein erstes Spiel jewesen,    12
        da war ick fuffzehn jewesen (lacht leicht), bin ick dit       13
        erste Mal mitjefahren, ick muß dir ehrlich sagen, ick hat-    14
        te eine Heidenangst, also wir sind n Berg hochjeloofen,       15
```

234

```
kamen an da am Stadion (.) und da kam halt gleich n Älte-      16
rer, der wat zu sagen hat und hat jesagt: 'Hier ick hab        17
jehört', und hat mich untern Arm jenommen und hat jesagt:      18
'Komm, wir beede machen heut een zusammen', hatt ick un-       19
heimlich flauet Jefühl im Magen, also muß ick janz ehrlich     20
sagen, wo wa da hochkamen, naja denn sind wa halt hochje-      21
loofen den Berg, mit achtzig Leute oder so, naja dann          22
standen se da hinter so ne Barriere die Blocks waren jenau     23
nebeneinander also, so ne hohe Barriere, zwischen Polizei,     24
und dann kamen wir n Berg hoch, naja da hab n wa halt je-      25
sungen 'Hurra, hurra die Berliner sind da!', sind losje-       26
loofen sind zujerannt uff die, naja habn se da-da, seitdem     27
heißt it Leuchtkugel-Kampfbahn, weil die habn mindestens       28
fuffzig Leuchtstifte uff uns jeschossen wa, duff duff duff     29
(da haste) janzen Himmel voll Leuchtstifte jesehen, über-      30
all, die haben nur noch jefeuert, naja dann sind wa hin da     31
und da hat erstma überhaupt nüscht funktioniert. Ja und        32
nach m Spiel, weil die Dortmunder, die-die mit de Schalker     33
(sogar) och, die fahrn denn immer mit uns mit, die kannten     34
sich da schon aus, die haben dann zu uns jesagt: 'Ey           35
kommt, wir jehen hinten n Hügel runter und da kommen die       36
denn lang und da jeben wa uns denn richtig die Kante.'         37
Naja, denn hab n wa se eigentlich am Anfang janz jut weg-      38
jemacht, muß ick sagen, sind se quer                           39
                                                               40
```
Am: └ (Lachen)   41
```
                                                               42
```
Cm: über die Felder jerannt, na und dann kamen die Nürnberger,   43
```
Nürnberg is mit Schalke zusammen, kamen die Nürnberger dit      44
war so un- unübersichlich uff ner Brücke jewesen, naja          45
und uff eenmal standen die alle da und denn sind wir nur        46
noch, mußten wir nur noch rennen, sind wir fast n janzen        47
Tag fast nur noch durch Schalke jerannt (    ) habn jenug       48
Keile jekriegt den janzen Tach über, also (.) und da           49
jing's mir echt also da war mir echt mulmig zu Mute wo die      50
da alle standen sechs- oder siebenhundert Leute und wir da      51
so wenig, da dacht ick och dit erste Spiel 'Oh weia (          52
) wo biste                                                      53
                                                               54
```
?m: 55
```
(leichtes Lachen)                                              56
                                                               57
```
Cm: hier rinjeraten, hatte ick mir eijentlich allet n bißchen   58
anders vorjestellt, wo ick da hochkam, aber   59

Das Sich-Verstrickenlassen in die situativen Aktionismen der Fußballrandale beginnt für *Cm* mit 15 Jahren, also in jener Phase des (berufs-)biographischen Umbruchs kurz vor dem Übergang von der Schule zum Beruf (bzw. im speziellen Fall von *Cm* in einer Phase, in der die Entscheidung ansteht, die Realschule zu besuchen oder mit Hauptschulabschluß abzugehen; vgl. auch das Biographische Interview mit *Cm (Christian)*. Für den Ausstieg aus dem

Alltag und den Einstieg in dessen episodale Negation bedarf es - zumindest am Anfang - der Überwindung der „Heidenangst" und der Überwindung dessen, was *Cm* als „unheimlich flautet Jefühl im Magen" (20) charakterisiert. *Cm* wird von einem „Älteren" „untern Arm jenommen" (18). Es wird hier also in Ansätzen eine Organisation dieses Sozialisationsprozesses erkennbar.

Cm streicht hier nicht etwa so etwas wie einen individuellen Heroismus heraus, sondern vielmehr seine Angewiesenheit auf die Gruppe, wie sie Voraussetzung für eine episodale Schicksalsgemeinschaft ist. Es geht auch nicht um die strategische Beherrschung der Situation, sondern *Cm* und die gesamte Gruppe werden von der Dynamik der Situation beherrscht, so daß sie schließlich nur noch auf der Flucht sind: „fast den janzen Tag fast nur noch durch Schalke jerannt" (47-48).

Cm weiß offensichtlich überhaupt nicht, worauf er sich dort eingelassen hat. Er hat sich „eigentlich allet ein bißchen anders vorjestellt" (58-59). Aber da er im folgenden immer wieder hinfahren wird, scheinen es gerade die Unberechenbarkeit der Situation und die Dynamik des Verstricktwerdens zu sein, die ihn reizen.

Die dieser Auseinandersetzung dennoch zugrundeliegenden Regeln betreffen nicht deren Ablauf, sondern - wie wir dies bereits kennengelernt haben - den Verzicht auf „Waffen". Bzw. geht es allgemeiner betrachtet darum, die offensichtlich nicht vermeidbaren körperlichen Versehrtheiten in Grenzen zu halten. Dies wird jedoch flexibel bzw. „variabel" gehandhabt (Kampfbahn, 137-166):

```
Am:                                              └ aber      137
     man paßt sich eben an, wenn ick mit Steine beschmissen   138
     werde, schmeiß ick eben och zurück, wa. Also da bin ick ja  139
     sehr variabel. (Weil) ick geh ja eigentlich mit           140
     |                                                         141
Cm:  └ (     )                                                 142
          |                                                    143
me:       └ (Lachen)                                          144
                                                              145
Am:  der Absicht hin, da n schönen Faustkampf abzuliefern und  146
     den richtigen kaputten (     ).                      |    147
                                                          |    148
Bm:                                                      └ 149
     (     ) sagn wa ma dit is beim Fußball einfach, dit äh    150
     |                                             |           151
Cm:  └ (hustet)                                    |           152
                                                   |           153
Am:                                                └ (hustet)  154
                                                              155
```

236

```
Bm:    man fährt hin, um sich mit de Fäuste zu keilen und nich      156
       mit de Höcker oder mit de Stühle, mit den Baseballkeulen      157
       oder so (mit uns), sondern einfach mit de Fäuste zu keilen   158
       und wenn da eener uffm Boden liegt, naja jut o.k, viel-      159
       leicht ab und zu ma liegt eener uffm Boden, da kriegt er     160
       vielleicht noch n kleenen Tritt nach, bloß dann hat sich     161
       die Sa- hat sich                                             162
                                                                    163
Cm:      └ Kommt aber och uff die Mannschaft druff an, also.        164
                                                                    165
Bm:    die Sache och erledigt, wa, und dann is jut.                 166
```

Zwar geht es idealerweise darum „da n schönen Faustkampf abzuliefern" (146), aber wenn der Gegner die Regel nicht einhält wird hierauf „sehr variabel" (140) reagiert. Wenn die Jugendlichen sich der Dynamik der Situation ausliefern wollen, kommt ein wie auch immer geartetes Einklagen der strikten Regelbefolgung nicht in Frage. Auch eine weitere Regel - nicht nachzutreten, wenn jemand bereits auf dem Boden liegt - wird in der Dynamik des Aktionismus zwar nicht außer Kraft gesetzt, aber auch nicht in jedem Fall strikt eingehalten: „vielleicht noch n kleenen Tritt nach". - Dies variiert auch mit dem Gegner: einem „Hamburger" würde *Cm* schon helfen wenn dieser auf dem Boden liegt (vgl. 179-180). Diejenigen, denen sie nicht helfen würden sind - dies wird aber erst an anderer Stelle deutlich - die „Asozialen", die „Schalker-Kohlenpott-Assis" (Übergang Schule-Beruf, 137 u. 133). Hier zeichnet sich eine aggressive, aus der Regelorientierung ausbrechende Abgrenzung gegenüber den „Asozialen" als einer zentralen Rahmenkomponente ab, auf die wir später noch eingehen werden.

Die Jugendlichen der Gruppe *Tankstelle* verstehen sich nicht als die Regelbewahrer, als die Hüter der für die Hooligans konstitutiven Regeln des fairen Kampfes, wie uns dies in der Gruppe *Kunde* begegnet ist, die hierin auch ihren Führungsanspruch innerhalb der Ost-Berliner Hooligan-Szene begründet.

Gleichwohl gilt auch hier als unantastbare Grundregel, daß „Unbeteiligte" nicht zu Schaden kommen (Kampfbahn, 273-318):

```
Cm:      └ Aber trotzdem sollte dit vielleicht klarjestellt      273
       werden, daß da keen anderer irgendwie in Mitleidenschaft  274
       bezo-jezogen wird, Fans, ick meine, dit is ihre eigene    275
       Schuld, wenn se so gierig sind und da unbedingt kieken    276
       wollen, wat da passiert und kriegen dann eene ein-        277
       jeschenkt, denn is it ihr Problem, denn du mußt ja immer- 278
       du kannst ja nich immer uff jeden achten, der da neben dir 279
       steht, irgendeenem mußt ja eene einschenken, du haust dich 280
       ja im Endeffekt- du mußt ja denn irgendwo deinen Arsch    281
       retten, weil du kannst ja- du                             282
```

```
Bm:                  └ (        ) du stehst-                              283
                                                                          284
                                                                          285
Cm:        kannst ooch Pech haben, daß uff eenmal viere uff dich          286
           druff sind und dir den-den Schädel weghauen, also mußte        287
           versuchen- (       ) und wenn da n Unbeteiligter dazwischen    288
           kommt, aber ansonsten passiert dit nich, (also) die Leute      289
           brauchen keene Angst habn ins Stadion zu jehen, so wie se      290
           it immer interpretatieren sie jehen nich in's Stadion,         291
           weil    dit passiert ja nich im Stadion.                       292
                        └                                                 293
Bm:                        └ Weil dit is eigentlich ooch jar-             294
           nicht der Sinn dahinter, daß man sich mit irgendwelchen        295
           janz normalen Fans da irgendwie doof rumkeilt oder so,         296
           weil                                                           297
                                                    └                     298
Y1:                                                    └ Hm.              299
                                                                          300
Bm:        davon (halten wa och keener), bloß weil die-die wehren        301
           sich-                                                          302
                    │                                                     303
Am:                 └ Mit den-mit den-mit den                             304
           Kuttenheimern haben wa sowieso nüscht zu tun.                  305
                                                                          306
Bm:        die wehren sich ja selber dann och jarnicht, also den-den      307
           jibste denn eine und denn fällt der nachher um und so,         308
           haste nur-nur Ärger im Nachhinein wenn die Polizei dich        309
           dann festnimmt, dann hat sich die Sache erledigt, dann         310
           kriegste deine Anzeige, wo bloß wenn de dich ebend mit dem     311
           jewissen, sagen wa ma mit dreißig/zwanzig Leuten oder zehn     312
           Leuten, läufste irgendwo die Straßen lang und um de Ecke       313
           läu-loofen denn uff eenmal ooch so zehn-fuffzehn Leute so      314
           um den Dreh und weeßte janz jenau, die wollen jetzt auch       315
           und wir wollen auch und naja dann rennt man uffeenander zu     316
           und da weeß man ooch, die wollen sich keilen, wir wollen       317
           uns keilen und dann hat sich die Sache erledigt.               318
```

Voraussetzung für das „Rumkeilen" ist ein jeweils aus der Dynamik heraus geschlossener Pakt, sich „keilen" zu „wollen". Dadurch werden „Unbeteiligte" (288) nicht in „Mitleidenschaft" (274) gezogen und es wird unnötiger „Ärger" mit der Polizei (309) vermieden.

Um dies abzusichern, wird auch hier (wie seitens der Gruppe *Kunde*) die Forderung erhoben, ihnen eine „Wiese" zu lassen, einen Freiraum sozialer Kontrolle analog zur „Bolzwiese" ihrer Kindheit (Wiese, 179-220):

```
Dm:                          └ Jo, wenn die uns einfach ne          179
           Wiese- ne Bolzwiese lassen würden, dann-dann jegenseitig- 180
           die fetten (Dinger)                                       181
                                      │                              182
```

```
Cm:                                              └ Oder            183
      in ner Halbzeitpause uff irgend n Platz unten lassen, (daß    184
      wa uns völlig die (          ))                               185
                                            |                       186
Dm:                                         └ Jo.                   187
                                            |                       188
Am:                                         └                      189
      (lacht)                                                       190
       |                                                            191
        └ (Lachen lautstark)                                       192
                           |                                        193
Am:                        └ ne Viertelstunde!                     194
                           |                                        195
Dm:                        └ Vor achtzigtausend                    196
      Zuschauer da so, dit wär doch wat!                            197
                          |                                         198
Cm:                       └ (          ) spie-                     199
      len.                                                          200
       |                                                            201
Dm:    └ Dafür hättn se nich so viel- nich so viel Probleme        202
      nachher, müßten so bloß die Verletzten wegtragen, die To-    203
      ten, dann is dit jut, so müssen se immer hinterherrennen     204
      und kieken, wat wa machen und so kommt ooch keener zu        205
      Schaden, so kommt                                            206
                          |                                        207
Cm:                       └ Würde-würde ja auch nich (.)           208
      würde ja auch nich so viel- wäre auch-                       209
                                                                   210
Dm:   (          ) Scherben kaputt und allet so wat zum Bei-       211
      spiel.                                                       212
                                                                   213
Cm:   jenau, dit würde nich soviel passieren, wenn die n bißchen   214
      heller wären und (                              )            215
       |                      |                                    216
Bm:    └ Also-                |                                    217
                             |                                     218
Dm:                          └ Unbeteiligte würden nich zu Schaden kom-  219
      men.                                                         220
```

Ideal wäre eine raumzeitliche Enklave, die eine klare Trennung von Akteuren und Publikum („Unbeteiligten") ermöglicht und die die Jugendlichen zugleich auf die Bühne, ins Flutlicht der Öffentlichkeit rücken würde („oder inner Halbzeitpause uff irgend n Platz unten lassen"; 183-184).

Die gesellschaftliche Doppelmoral: Ausgrenzung und Vereinnahmung

Während in der Gruppe *Pulle* die Zugehörigkeit zu den „unteren Zehntausend" (*Pulle*, Arbeit; 157) bzw. in der Gruppe *Kunde* die Erfahrung, daß „man als Arbeiter immer der letzte ist" (*Kunde*, Army; 29-30) konstatiert wird, ohne damit die Probleme der gesellschaftlichen Stigmatisierung oder Degradierung als „asozial" zu verknüpfen, wird dies in der Gruppe *Tankstelle* zum focussierten Problem. Wie dargelegt, wird gleich zu Beginn der Diskussion vom Thema Beruf und Arbeit zum Problem der Etikettierung als „asozial" übergeleitet. Es geht hier also um *Ausgrenzungserfahrungen*, um Erfahrungen von Stigmatisierungen seitens einer eher anonymen gesellschaftlichen Öffentlichkeit, die mit Problemen der eigenen Stellung in der gesellschaftlichen Hierarchie verknüpft werden. Demgegenüber wird dies im Ostteil der Stadt weniger zum Problem. Vielmehr sind dort Probleme disziplinarischer und politischer Kontrolle ausschlaggebend. Ausgrenzungserfahrungen sind hier das Produkt nicht bewältigter Konflikte und werden in direkter Interaktion mit den Vertretern der Institutionen Schule, Ausbildung und Beruf und in der Reaktion der Eltern als totaler Druck erfahren und zu einem Bild von Gesellschaft als totaler Institution verdichtet; dies vor allem dort wo Erfahrungen mit dem Strafvollzug hinzutreten. Der Sozialisationsmodus der totalen Institution hat zugleich die Handlungsmöglichkeiten der Hooligans aus dem Ostteil der Stadt z. T. derart geprägt, daß sozialer Aufstieg innerhalb der durch diesen Interaktionsmodus strukturierten Institutionen (Bundeswehr, Wachschutz, Aufpasserfunktionen) konzipiert wird.

Der Sozialisationsmodus der totalen Institution zeichnet sich hier allenfalls andeutungsweise ab, vielmehr tritt hier eine andere Komponente der Auseinandersetzung mit der gesellschaftlichen Reaktion in den Vordergrund (Feuerwehrmann; 52-122):

```
Dm:                                          ⌐ Nee, also-     52
        mein Wunschtraum war damals gewesen, Polizistenamt.   53
        (lacht)                    |                           54
                                   |                           55
Cm:                 |                      ⌐ Een Jahr jetzt.   56
                    |                      |                   57
Am:           ⌐ (Lachen) Sie wollen Polizist werden? (lacht)  58
              |                                               59
Dm:           |        ⌐ Oh, Sie wollen (.) Sie wollen Polizist  60
        werden, oder Feuerwehrmann, aber- (lacht)            61
                            |                                 62
Am:                         ⌐ Jaa, Grisu, Junge, det          63
```

```
me:                                       |
                                          | (Lachen)              65
                                                                 66
Am:    gloobt dir nun keen Mensch, (.) (rülpst)                  67
                                                                 68
Dm:                          | (Lachen)                          69
                                                                 70
Bm:                           | Bloß im staatlichen-bloß im      71
       staatlichen Dienst, da kommt man                          72
                                                                 73
Cm:                          | Bloß, det-                        74
                                                                 75
Bm:    nich mehr rein. (lacht)                                   76
                                                                 77
Cm:                        | Bloß, det jeht ja nich mehr, wa? (Det 78
       wär ooch wat jewesen)                                     79
                                                                 80
Dm:                                        | Nee,                81
       (det isja auch gar nich wahr) (lacht)                     82
                                                                 83
Bm:                        | Det is ja det Ding jetz hier.       84
                                                                 85
Am:                        | Ups!                                86
                                                                 87
(2)                                                              88
                                                                 89
Dm:    Nee, sonst son-son Zivi würd ick ooch noch machen, ziviler 90
       (Amtmann) (mal) würd ick ooch noch machen.                91
                                                                 92
Bm:                              | Schön zum Catchen.            93
                                                                 94
Am:                             | Man-man-man                    95
       kennt ja die Szene! (lacht)                               96
                                                                 97
me:                     | (Lachen)                               98
                                                                 99
Bm:                            | Man hat immer gewisse           100
       Tips, (lacht)                                             101
                                                                 102
Cm:             | Man weeß auf jeden Fall, wo se sich immer rumtrei- 103
       ben, hm-hm.                                               104
                                                                 105
Dm:          | Ja, auf jeden Fall.                               106
                                                                 107
Am:                        | Ich brooch ja gar kein Zeugnis,     108
       Junge, ick könnt mich so gleich bewerben, Junge.          109
                                                                 110
Y1:                                      | (Lachen)              111
                                                                 112
Dm:                                  | Ja, bloß daß ick ne Absage kriege. (lacht) 114
                                                                 115
Am:                     | (Lachen)                               116
```

```
                                              |                      117
Bm:                                           └ Broochste            118
     keene Bewerbung, die Bewerbung steckt bei dir im Computer,      119
     (lacht leise)                                                   120
                    |                                                121
Dm:                 └ Ja, auf jeden Fall.                            122
```

Der Wunschtraum von *Dm* war das „Polizistenamt" bzw. das des Feuerwehrmanns. Das aber erinnert - wie *Am* bemerkt - an das Märchen von „Grisu" dem feuerspeienden Drachen, der Feuerwehrmann werden will. Das Spiel mit dem „Feuer" resp. dem abweichenden, die Grenzen des Legalen überschreitenden Verhalten schafft einen Erfahrungsraum, den die Jugendlichen mit dem Polizistenamt teilen und innerhalb dessen sie auch häufig in direkter Interaktion mit den Polizeibeamten verhandelt und gekämpft haben.

Dies wäre der Weg, die Faszination für derartige Grenzüberschreitungen, die *Cm* an anderer Stelle auch explizit macht („war auch der Mensch jewesen, der en bißchen die gewissen Sachen geliebt, wat nich normal is, sondern wat ... wat eben en bißchen am Rande steht oder so") in den Berufsalltag hineinzutragen und in diesem Sinne zu normalisieren. Es geht darum, auf der Seite der „Anständigen" (vgl.: Feuerwehrmann, 24) zu stehen und dennoch an derartigen Grenzüberschreitungen, vor allem physischer Gewalt, teilhaben zu können. Allerdings ist ihnen dieser Weg aufgrund ihres polizeilichen Führungszeugnisses (78-79) nun endgültig versperrt. Dieses Springen oder Oszillieren zwischen Innen- und Außenseite von Recht und Ordnung und damit die Fixierung auf diese Grenzbereiche läßt eine fundamentale Ambivalenz gegenüber Ordnungsorientierungen erkennen, wie sie sich auch im Biographischen Portrait mit *Cm (Christian)* dokumentiert (und aus der in der Herkunftsfamilie erfahrenen „bedingungslosen Permissivität" resultiert). Zugleich ist dieses Oszillieren zwischen Innen- und Außenseite von Recht und Ordnung aber auch etwas, was durch eine spezifische *Doppelmoral* der Vertreter von Organisationen und der ortsgesellschaftlichen Öffentlichkeit mitproduziert bzw. gefördert wurde. Dies dokumentiert sich in focussierten, d. h. detaillierten szenischen Darstellungen der Jugendlichen.

So übernehmen diese z. B. in ihrer ehemaligen Stammdiskothek, nachdem sie sich des öfteren mit den „Rausschmeißern" geprügelt haben, selbst deren Funktion. Dies wird von ihnen in jener Passage ausgearbeitet, in der es eigentlich um das Thema „Freundinnen" geht, in die dann aber wiederum ein längerer Exkurs zum focussierten Thema „Keilerei" eingeflochten ist (Freundinnen; 188-225):

```
Cm:              └ Wir ham-wir ham sogar-wir haben sogar ne Zeit-    188
     lang Rausschmeißer jespielt im „Pferdestall", also (.)          189
```

```
          weil wir ham öfters uns mit die Rausschmeißer jeprügelt,    190
          und dann ham se einjesehen, daß et halt (      )             191
                                      |                                 192
Am:                                   └ Daß wir bessser sind!          193
          (lacht)                                                      194
                                                                       195
Cm:       daß halt-daß halt jede Woche von- (.)                        196
                           |                                           197
Bm:                        └ (           )                             198
                                       |                               199
Y1:                                    └ (         )                   200
                                                                       201
Cm:       (.) und denn hamse uns halt immer ausjerufen, wenn vorne     202
          Streß war, mußten wer vorne dann helfen. (.) Und-            203
                                                       |               204
Bm:                                                    └ Ja, bloß det  205
          war nich so jut jewesen, weil da hat es fast jede (lacht)    206
          fünf Minuten ne Keilerei gegeben.                            207
                     |                                                 208
me:                  └ (Lachen)                                        209
                                                                       210
Cm:       Obwohl, det war ooch wieder n bißchen ausjenutzt, da den     211
          Rausschmeißer zu spielen, (      )                           212
                                 |                                     213
Am:                              └ (Lachen)                            214
                                        |                              215
Bm:                                     └ Det macht-det macht          216
          schon Spaß, sich rumzukeilen, ganz ehrlich (.) det is-is     217
          wie                                         |                218
Cm:                                                   └ Vor allen      219
          Dingen, mit der Erlaubnis. (         )                       220
                                                                       221
Bm:       ne Droge, wa, is wie ne Droge, Junge.                        222
                   |                                                   223
Am:                └ Ich sag ja, man gebe ihnen                        224
          eine Ordnerbinde, und es knallt, Junge. (lacht)             225
```

Es wird hier deutlich, daß auch die Übernahme der Rolle des „Rausschmei-
ßers" nichts am Focus ihrer Orientierungen ändert: dieser ist in der Verstrickung in den situativen Aktionismus der „Keilerei" zu suchen. Die Verstrickung hat den Charakter einer „Droge" (222), die Rausschmeißerfunktion
wird lediglich „ausgenutzt" (211). Die Gruppe läßt sich nur schwer für
Ordnungsfunktionen instrumentalisieren, was auch darin zum Ausdruck
kommt, daß *Am* schließlich „lebenslänglich Hausverbot" erhält (178).

Wenn *Am* hier die „Ordnerbinde" (225) erwähnt, so spielt er damit selbst
auf eine Situation an, in der eine homologe Interaktionsstruktur erkennbar
wird: Der Vorsitzende des Fußballvereins der Gruppe bittet gelegentlich eines
Rückspiels die 3. Mannschaft darum, Ordner zu stellen, da es beim Hinspiel

mit derselben gegnerischen Mannschaft zu Ausschreitungen gekommen war
(Blau-Weiß; 18-76):

```
Am:      └ Ach so.              └ Ach so dit- dit-   18
         dit Vording war ja wie BKJ bei Blau-Weiß jespielt hat, da  19
         jab's ja da äh Fanausschreitungen oder so, da jings ja um  20
         Leib und Seele. (.) Und nun hat unser (.) aller (.) Freund  21
         |                                                           22
Cm:        └ Wurden die Spieler anjepöbelt                          23
                                │                                   24
Dm:                             └ An- anjespuckt und                25
                                                                    26
Am:      (.) Voller (.) (lacht) hat er- hat er sich an die          27
         |                                                          28
me:        └ (Lachen)                                               29
                                                                    30
Am:      dritte Mannschaft gewandt, ob wir nich die Ordner stellen  31
         können, naja und da wir ja keene Kinder von Traurigkeit    32
         sind,                                                      33
         |                                                          34
me:        └ (Lachen)                                               35
                                                                    36
Am:      haben wir ebend uns die Ordnerbinden umjekrempelt und ha-  37
         ben denn da ebend richtig den Ordner raushängen lassen.    38
                                                         |          39
Dm:                                                       └ Habn-    40
         habn- habn Jeld abkassiert och noch                       41
                                       |                            42
Am:                                     └ Und wir habn kas-          43
         siert, wir habn uns jut benommen, bis uff eenmal so n paar 44
         Knalltüten von Blau-Weiß jedacht haben, sie können uns     45
         doch provozieren. Und da wir ja nun wirklich (.) vom rich- 46
         tigen Schlag sind, jabs da ebend ma kurz n paar vor n Bal- 47
         lon und dann war och die janze- (lacht)                   48
         |                                                          49
Bm:        └ (Die Menschen, die sich so schnell provozieren         50
         lassen) (lacht)                                            51
                                                                    52
Am:      war- war die janze Situation jeregelt, also die habn n     53
         paar vor n Hals jekriegt, hab n kurz                       54
                                                                    55
Dm:                     └ Ja.                                        56
                                                                    57
Am:      rumkrakelt, Polizei kam, also, aber da wir ja- da wir ja   58
         |                                                          59
Dm:        └ Habn die Bullen jeru- habn die Bullen- habn die        60
         Bullen jerufen, ooch selber, weil se Angst hatten          61
                                                      |             62
Cm:                                                    └ (Ord-       63
         nerbinden hatten)                                          64
                                                                    65
```

```
Am:      Hausrecht hatten (pfeifendes Pressgeräusch) und tschüß        66
         Junge, da haben wir dit Spiel    ⌐                             67
                                          |                             68
Bm:                                       ⌐ (lacht)                     69
                                                                        70
Am:      eben denn ruhig ausklingen lassen.                            71
                                      ⌐                                 72
me:                                   ⌐ (Lachen)                        73
                                      |                                 74
Dm:                                   ⌐ Janz janz ruhig.                75
         (lacht)                                                        76
```

Auch hier wird eine eher distanzierte und instrumentalisierende Haltung
gegenüber der eigenen Ordner-Rolle deutlich: Sie haben „richtig den Ordner
raushängen lassen", sich dann aber „schnell provozieren" lassen (50), d. h.
die Situation für eigene Gewalttätigkeiten ausgenutzt, so daß die Fans der
gegnerischen Mannschaft zu ihrem Schutz die Polizei rufen mußten, die aber
aufgrund des Hausrechts der „Ordner" nichts ausrichten konnte. Auf Seiten
der Verantwortlichen wird auch hier - wie bereits in der Diskothek - der Versuch unternommen, die Gewaltbereitschaft der Jugendlichen für die eigenen
Zwecke zu instrumentalisieren. Es wird ihnen - selbst vom Präsidenten der
gegnerischen Mannschaft - ein Respekt entgegengebracht, der auf der Einschätzung ihres Gewaltpotentials und ihrer Gewaltbereitschaft beruht. Er hat
Am sogar „en Bierchen ausjejeben" (96). Eine klare Grenze der Ablehnung
von Gewaltbereitschaft wird hier nicht gezogen; vielmehr wird mit dem
Gewaltpotential jongliert, die Jugendlichen werden letztlich in ihrer Haltung
bestärkt: „die waren schwer anjetan von uns, Junge (lacht) die Rüpel mit der
Ordnerbinde". (104-105).

In den Grauzonen der potentiell gewaltträchtigen Vergnügungsarenen der
Diskothek und des Fußballstadions haben bzw. hatten die Jugendlichen ihre
feste Funktion im Sinne eines *stillschweigenden Ausnutzens ihres Gewaltpo-*
tentials. Dies läßt sich auch auf den Bereich der Sensationsdarstellungen in
den Medien übertragen, die hier allerdings nicht erwähnt werden. Die Art
von Respekt und die Anerkennung, die die Jugendlichen hier erfahren, wird
ihnen nicht aufgrund ihrer Leistung (sie gehören nur zur 3. Mannschaft) und
ihrer Moral entgegengebracht, sondern aufgrund ihrer Unmoral, weil sie *nicht*
„vertrauensselig aussehen" (84).
Der Respekt und die Anerkennung, die ihnen von Seiten der Verantwortlichen entgegengebracht werden, werden jedoch von den Jugendlichen selbst
sehr ambivalent, d. h. ironisch-distanziert eingeschätzt. Und jetzt, mit zunehmendem Alter, in der Phase der Re-Orientierung wird ihnen dies auch unter

dem Gesichtspunkt des Stigmas der „Asozialität" (vgl. Passage: Übergang Schule-Beruf; 81-82) zum Problem.

Das *stillschweigende Ausnutzen des Gewaltpotentials* erscheint dort besonders problematisch, wo es um die Auseinandersetzung mit ausländischen Jugendcliquen geht. Das „Thema Ausländer" wird von den Jugendlichen selbstinitiativ in den Diskurs eingebracht (*Tankstelle*, Ausländer; 1-39):

```
Bm:     (Sag ick ma), wat man ja jetzt unbedingt noch rinbringen      1
        könnte wär n jewisset Thema, äh Ausländer, un-(        )       2
        und weil it ja heißt (     ) Hooligans und allet, äh na-       3
        tional, äh Faschisten, und-und-und, sag ick mir einfach so     4
                                                    ⌊                  5
Am:                                             ⌊ Sind wa nich.        6
                                                              ⌊        7
                                                                       8
Dm:     Nee.                                                           9
            ⌊                                                         10
Am:          ⌊ (lacht)                                               11
                  ⌊                                                   12
Bm:                ⌊ Dazu-dazu sag ick wieder (        )             13
                                        ⌊                            14
Dm:                                      ⌊ (        )                15
                                                                     16
Bm:     die hier wohnen und arbeiten für-für äh dit Land und-und-    17
        und, na die können hier auch janz jut leben (eigentlich),    18
        bloß dit Einzige, wat-wat mich ankotzt sind einfach nur      19
        die jewissen (.) zwölf- bis Fünfundzwanzigjährigen,          20
                                                                     21
Am/C?m:          ⌊ (        )                                        22
                                                                     23
Dm:                            ⌊ Ja, die Jugendli-                   24
        chen, dit is ja dit Schlimme.                                25
                                                                     26
Bm:     die auf der Straße rumlaufen (hier so) ihre Gangsession      27
        haben und-und-und und du läufst irgendwo die Straße ent-     28
        lang und uff eenmal mein se nach dem Motto: 'Mann (du gib    29
        ma bitte n bißchen Jeld'), weißt du, ('ich will jetzt ar-    30
        beiten) und                                                  31
Y1:                        ⌊ Hm.                                     32
                                                                     33
D?m:                          ⌊ (            )                       34
                                                                     35
Bm:     wenn du jetzt hier langlaufen (willst) aber sonst hast du    36
        irgend so n Messer im Hals, naja nu und dit is it ebend (    37
        ) weil-weil it mich nu-nur noch ankotzt (.) Ick mein         38
        (     )                                                      39
```

Es wird hier sehr deutlich, daß ihre Feindseligkeit auf die 12-25jährigen, also die ausländischen *Jugendlichen* beschränkt sind. Es handelt sich - wie auch

die Analyse der Vergleichsgruppen jugendlicher Ausländer zeigt - um eine in
wechselseitiger Provokation hochgeschaukelte Auseinandersetzung der jugendlichen Straßencliquen untereinander, die jedoch aufgrund der Reaktion
der „alten Leute" (79) eine andere Wendung erhält (Ausländer; 58-98):

```
Am:          ⌐ Ja, irgend- wir hat- also wir hatten da zwee-drei so    58
         ne Türkentruppen Weststadt die da n Tiroler                   59
                                                                       60
Cm:                      ⌐ Roots.                                      61
                                                                       62
Am:      jemacht haben, ja Roots, und da habn wa einfach jesagt,       63
         jetzt habn wa die Schnauze voll, jetzt nehmen wa die uns      64
         und schlagen die kaputt. Und wir haben wirklich die Leute     65
         da wegjeblasen, richtig; wir haben-wir haben Eigeninitia-     66
         tive                                                          67
             ⌐                                                         68
Bm:          ⌐ (          ) dit is doch dit Volk, wat ick meine. (     69
                  )                                                    70
                                                                       71
Am:      ergriffen und ick muß janz ehrlich sagen, Hut ab, wenn ick    72
                                                 ⌐                     73
B?m:                                             ⌐ (Wo is n            74
         der)                                                          75
                                                                       76
((Nebengespräch)) (Flaschenklirren)                                    77
                                                                       78
Am:      freitags mein Fan-Club-Shirt anhatte, mich haben alte Leu-    79
         te uff der Straße anjesprochen: 'Ey, seitdem ihr hier         80
         seid, is dit hier viel ruhiger', gerade so (zu) am West-      81
         stadt-Kreisel und so die Umjebung, du die haben uns uff       82
         die Schulter jekloppt, dit war n-dit war n Jefühl, du         83
         warst uff eenmal der Chef (uff der Alm). Du hattest dein      84
         blaues Shirt an, die Leute                                    85
             ⌐                      ⌐                                  86
D?m:         ⌐ (    )               ⌐                                  87
                                    ⌐                                  88
Cm:                                 ⌐ Blue-man.                        89
                                        ⌐                             90
Bm:                                     ⌐ Blue-man.                    91
                                                                       92
Am:      haben dich anjesprochen im Bus, in der U-Bahn überall, die    93
         haben jesagt:'Ey, wat ihr da jemacht hat', weil die haben    94
         ja, is ja klar, Ausländerg-gruppen, die machen da n Tiro-    95
         ler Handtaschenraub und allet so ne Scheiße, wir haben die   96
         weggelattet und die warn weg, und da sind die Leute echt     97
         rumjeloofen (        )                                        98
```

Die Hooligans fühlen sich hier als diejenigen, die aufgrund ihrer „Eigeninitiative" (66) für Ruhe und Ordnung gesorgt haben. *Am* zieht vor sich
selber den „Hut" (72), er fühlt sich als der „Chef" (84), weil er von den

„alten Leuten" für seine „Eigeninitiative" gelobt und ihm auf die „Schulter geklopft" (83) wurde. Dadurch wird aus den Cliquenkämpfen eine kommunalpolitische oder gesellschaftliche Angelegenheit und sie selbst zu den Hütern von Recht und Ordnung - eine Funktion, die ihnen eben von Seiten derjenigen zugesprochen wird, in deren Augen sie auf der anderen Seite als die „Asozialen" dastehen. Im Zuge der primär auf der Ebene von Cliquenkämpfen angesiedelten und auf die Etablierung von Gruppensolidarität gerichteten Aktivitäten werden hier also variable *Gelegenheitsstrukturen* des Erwerbs von Respekt und Anerkennung genutzt, die aber trügerisch sind: Diese Art von Respekt verschärft zugleich Probleme der Marginalisierung.

Aufgrund der doppelmoralischen Reaktion, des stillschweigenden Ausnutzens ihres Gewaltpotentials seitens eines Teils der ortsgesellschaftlichen Öffentlichkeit werden die Jugendlichen in Aktivitäten bestärkt, die ausländerfeindliche Konsequenzen haben bzw. erhalten diese Aktivitäten dadurch erst ihre ausländerfeindliche Wendung. Daß diese Aktivitäten nicht aus einer ausländerfeindlichen Grundhaltung der Jugendlichen resultieren, kommt an anderer Stelle deutlich zum Ausdruck (Wiese, 1-31):

```
Dm:   Wobei is ja auch t-t g-gaudimäßig. Wir sind jefahren nach    1
      Dresden jegen Bremen, da war dit mit der                     2
                         |                                         3
Cm:                      └ Hm.                                     4
                                                                  5
Dm:   Ausländerfeindlichkeit jewesen, da sind wa mit-mit-mit ner   6
      Israel-Fahne ins Stadion rin und haben „Nazis raus" jesun-   7
      gen                                                          8
                    |                                             9
Am:                 └ (lacht)                                     10
                                                                 11
Dm:   ick meine, die haben alle (bloß) n Auge jekriegt, die       12
          |                                                      13
Am:       └ (lacht)                                              14
                                                                 15
Dm:   Berliner singen „Nazis raus", also dit sind allet so ne     16
      Sachen                                                      17
          |                                                      18
Cm:       └ Na in Hannover, wo wa in n Block rinjerannt sind      19
      („Turkiyem, Turkiyem "). (lacht)                           20
      |                                                          21
Dm:   └ Ja (.) ja (.)                        |                   22
                                             |                   23
Am:                                          └ (lacht)           24
                                                                 25
Cm:   Und se och alle jar nicht wußten, wat überhaupt jetzt pas-  26
      siert                                                      27
                      |                                          28
Dm:                   └ Jo.                                      29
```

Im Focus steht die Freude an der Provokation und deren Überraschungswert sowie die dadurch erreichte Aufmerksamkeit seitens der Öffentlichkeit. Dabei machen sich die Jugendlichen die Schlachtgesänge türkischer Fußballfans ebenso zu eigen (20) wie die „Israel-Fahne", durch die der Schlachtgesang „Nazis raus" kommentiert und pointiert wird (7) - im Rahmen einer Aktion, die dezidiert gegen „Ausländerfeindlichkeit" (6) gerichtet ist.

Im Unterschied zu den Ost-Berliner Hooligans, für die das Skinhead-Outfit mit ersten Erfahrungen einer gegen die „totale Institution" DDR gerichteten Haltung der Aufsässigkeit verbunden ist, begegnet uns hier eine eindeutige Abgrenzung gegenüber den Skinheads als den „Nazis" (Wiese, 69-77):

```
Bm:                                     └ So, wo wa in      69
         Dresden da anjekommen sind und äh uff dem eenen Platz da,   70
         wo die Glatzen da jestanden haben, mit ihrer Fahne und-     71
         und-und                                                     72
                                                                     73
Cm:                                   └ (          )                 74
                                                                     75
Bm:      scheiß was auf die Nazis, na auf die- Glatzen da drauf      76
         zujerannt und dann habn wa die erstma wegjeklatscht.        77
```

Dies ist ein weiterer Hinweis darauf, daß die Auseinandersetzungen der Gruppe mit Cliquen türkischer Jugendlicher nicht aus einer ausländerfeindlichen Grundhaltung resultiert, sondern ihren ausländerfeindlichen Charakter erst im Kontext eines stillschweigenden Ausnutzens ihres Gewaltpotentials seitens der ortsgesellschaftlichen Öffentlichkeit erhält. Dies, wie auch die damit verbundene spezifische Doppelmoral, erfahren die Jugendlichen sogar selbst von Seiten der Polizei.

Auf eine Nachfrage hinsichtlich ihrer Erfahrungen mit der Polizei wird zunächst mit Hinweis auf den Kriminalisierungsdruck, dem sie ausgesetzt sind, das Ende ihrer Hooligan-Karriere gefordert bzw. angekündigt, um dann aber zu kritisieren, daß die Polizei sie immer wieder daran gehindert habe, sich ihre eigene Kampfarena, die „Wiese" zu schaffen. So hat die Polizei in GM-Stadt sie daran gehindert, sich in der Innenstadt mit den Rostockern zu „kloppen". Die Polizei hat sie so „geleitet", daß sie auf „Mafiosi" treffen mußten, auf die Betreiber und Bewacher einer Spielhalle (Mafia, 6-82 u. 110-121):

```
Cm:            └ Dit is- dit war ne Spielhalle jewesen.        6
                                                              7
```

Am:	$\llcorner$ Dit war	8
	ne Spielhalle und da war n (.) da war dit-dit dit muß	9
		10
Dm:	$\llcorner$ Ne Spielhalle und da verkoofen die Drogen drin-	11
	ne.	12
		13
Am:	dieser-dieset wirklich dieset Mafiosizentrum da jewesen	14
	sein, da habn se Drogen verkooft, da Glücksspiel, allet so	15
	ne Scheiße und dit hat sich allet in dieser (.) ach wat	16
	warn dit? ne <u>zweistöckige Spielhalle, so n richtiget-</u>	17
		18
Cm:	$\llcorner$ ( )	19
		20
Dm:	$\llcorner$ ( )	21
		22
Am:	<u>n Haus</u> war dit, son <u>Eck</u>haus	23
		24
Dm:	$\llcorner$ Dit-dit-dit, war dit nich am <u>Hotel</u> jewesen?	25
		26
Am:	$\llcorner$	27
	Nee-nee, war so n <u>Eck</u>haus.	28
		29
Cm:	$\llcorner$ Nee-nee dit war so n Eckhaus und	30
	die habn uns <u>jenau</u>, die habn uns <u>jenau</u> uff diese- uff die-	31
	se	32
		33
Am:	$\llcorner$ **die habn uns <u>jenau</u> uff die Ecke <u>jeführt!</u>**	34
	(.)	35
		36
Cm:	Ecke hinjeführt.	37
		38
Am:	Und <u>bupp</u>, <u>warn die Bullen weg</u> und denn, naja, da wa ja	39
	sowieso (knallt im Hintergrund) gerade äh dabei waren n	40
	paar Leuten wehzutun	41
		42
Cm:	$\llcorner$ Und denn stehn die- denn standen die ooch draußen	43
	halt	44
		45
Am:	$\llcorner$ standen die draußen und denn <u>jing it los.</u>	46
		47
?m:	$\llcorner$ (rülpst)	48
		49
		50
Cm:	$\llcorner$ und halt een	51
	Spruch hat den anderen:'Wasn mit dir?' und 'ÄÄhh'	52
		53
?m:	$\llcorner$ ((Nebengespräch unverständlich))	54
		55
Cm:	und denn kamen die halt raus mit Billard-Queues und denn-	56
		57
Bm:	$\llcorner$ Da	58
	is <u>allet</u> jeflogen.	59
		60

```
Cm:                  └ Ey dit is- (.) (              )          61
                     |                                         62
Dm:                       └ Kann man-kann man (      )         63
                     |                                         64
Am:                            └ Ich sag ja,                   65
       die habn Billardkugeln jeschmissen, Junge, da haben se  66
                                |                              67
Dm:                             └ Aschenbecher.                68
                                                               69
Am:    nüscht mehr zu schmeißen jehabt, da kamen n paar raus,  70
       haben jeschossen, war die                              71
             |                                                72
Dm:          └ va-jeschossen, richtig (knallt im Hintergrund) 73
                                                               74
Am:    Härte, ja und denn, wie dit Magazin leer war oder wat  75
          |                                                   76
Dm:       └ Ja.                                                77
                                                               78
Am:    denn sin- habn wir uns in Bewegung jesetzt und denn hat 79
       dit da richtig- die habn wa durch de Stadt gejagt, die  80
       habn (.) Keile jekriegt, ah die warn och richtig doof.  81
       Ick-ick                                                 82

.
.
.

       Nee und denn habn wa- denn habn wa die wegjeschlagen   110
       |                                                      111
Dm:    └ Ja, GM-stadt war richtig genial jewesen (       )    112
       (lacht)                                                113
       |                                                      114
Cm:    └ Ja.                                                  115
                                                              116
Am:    da und denn uff eenmal war die Polizei wieder da und hat 117
       die dann ooch gleich festjenommen, also die habn uns, sag 118
       ick ma, dit war abjekartet, die habn uns dazu benutzt, dit 119
       Ding da- zu sprengen, die Party da von denen. (zieht Luft 120
       hoch)                                                  121
```

Während der Prügelei mit den „Mafiosi" zieht die Polizei sich zurück, um erst nachdem die Jugendlichen die Spielhalle aufgelöst und deren Betreiber durch die Stadt „gejagt" haben, in demonstrierter formeller amtlicher Funktion („den Wichtigen raushängen lassen") zurückzukehren. Festgenommen werden allerdings die anderen, die ausländischen Betreiber der Spielhalle, nicht sie selbst. Die Jugendlichen schätzen dies als „abgekartetes" Spiel (119) ein, um die „Kanacken verprügeln zu lassen".

Dieses Ausnutzen ihres Gewaltpotentials seitens der Verantwortlichen wird zum nicht unbedeutenden Prozessor und „Umlenker" ihrer Aktivitäten in

Richtung auf deren Kriminalisierungsfähigkeit und im Hinblick auf ihre Marginalisierung. Die Doppelmoral wiegt sie in der Gewißheit einer - auch moralischen - Anerkennung und Respektabilität, die sie zusätzlich davon abhält, jene Prozesse der Ausgrenzung und Kriminalisierung, in die sie sich damit zugleich und in zunehmendem Maße verstricken, ins Auge zu fassen. Das Stigma der Asozialität wird verdichtet und verfestigt.

Die „Fallen" oder Verlaufskurven, in die die Jugendlichen geraten sind und durch die Ausgrenzungs- und Kriminalisierungsprozesse entscheidend vorangetrieben wurden, werden also von Seiten verantwortlicher Erwachsener prozessiert. Die „Blindheit" der Jugendlichen gegenüber den Konsequenzen ist allerdings bereits in der entwicklungstypisch bedingten situativen Negation der Alltagsexistenz angelegt, zu der auch die Negation jener Konsequenzen gehört, die ihre Randale- und Gewaltaktivitäten für eben diese Alltagsexistenz mit sich bringen. „Sich keenen Kopp zu machen", wie es bei den Hooligans aus dem Ostteil der Stadt heißt, ist konstitutiver Bestandteil der situativen Negation der Alltagsexistenz.

Während für die Hooligans aus dem Ostteil der Stadt im Zuge der beginnenden Re-Orientierung ihr Kernproblem darin besteht, daß sie bei aller provokativer Auseinandersetzung mit der „totalen Institution" dennoch deren Sozialisationsmodus verhaftet bleiben, ist das Kernproblem der Hooligans aus dem Westteil die Auseinandersetzung mit dem Stigma der „Asozialität" und der damit verbundenen Positionierung im untersten Teil der gesellschaftlichen Hierarchie, also die Marginalisierung. Für die Hooligans aus dem Ostteil der Stadt ist dies von gewisser Bedeutung, aber kaum focussiert.

Die daraus resultierende ambivalente Haltung den eigenen situativen Aktionismen und Gewalttätigkeiten gegenüber wird an eben jenen abgearbeitet, die als wirklich respektable Gegner „eigentlich" jene Qualitäten des respektablen fight verkörpern, die sie auch für sich selbst in Anspruch nehmen (Kampfbahn; 102-111):

```
Am:                                                               102
       └ Nee, bloß Schalke Schalke is eigentlich immer n Gegner   103
    jewesen wo it echt Spaß jemacht hat, wa, ooch wenn de ma-     104
    ooch                                                          105
                                                                  106
Cm:                                  └ Hm. Wo it eigentlich       107
    och immer jeklappt hat, eigentlich.                           108
                                                                  109
Am: wenn de ma n paar vor n Ballon jekriegt hast, aber Feind-     110
    berührung war immer da (.)                                    111
```

Schalke ist „eigentlich immer en Gegner jewesen", wo der Spaß garantiert war, wo der fight in der Weise „geklappt" hat, wie sie sich dies vorstellen. Auf der anderen Seite sind die Schalker - zum Teil begründet in ihrem prekären Verhältnis zur Regelhaftigkeit des fairen fight - die wirklich „Asozialen", die für sie - in Abgrenzung gegenüber den normalen Leuten, zu denen sie sich selbst zählen - all das verkörpern, von dem sie sich abgrenzen (Übergang Schule-Beruf; 133-146):

```
Am:     (.) Die ollen Schalker-Kohlenpott-Assis, det sind nun    133
                                              ⌐                    134
Bm:                                  ⌐ (Lachen)                    135
                                                                   136
Am:     wirklich allet (.) Assoziale, die beschmeißen wir ooch    137
                                     ⌐                             138
Cm:                       ⌐ Hm.                                    139
                                                                   140
Am:     immer mit Groschen, die Schweine. (.)                     141
                          ⌐                                        142
Bm:            ⌐ (Lachen)                                          143
                                                                   144
Am:     Arbeitsloset Volk da, Junge. Nee, die sind richtich ab-   145
        artig aber die- (.) kann man ruhig mal wegschlagen. (.)   146
```

Die Schalker sind die „Schweine, ein arbeitsloset Volk" und „abartig". Indem die Jugendlichen darauf hinweisen, daß man diesen Gegner „ruhig mal wegschlagen" (146) kann, erhält das „Wegschlagen" eine andere Bedeutung als ihm im Rahmen der Regeln eines fairen fight eigentlich zukommt, innerhalb dessen die Respektabilität des Gegners zugleich Voraussetzung für die eigene Respektabilität ist. Vielmehr wird hier auch das noch „weggeschlagen", was in der eigenen ambivalenten Selbsteinschätzung das zentrale Problem darstellt: nämlich die Stigmatisierung durch die Öffentlichkeit als „asozial" und „abartig". Zugleich wird aber durch das „Wegschlagen" selbst eben dieses Stigma weiter verfestigt - auch wenn aufgrund der gesellschaftlichen Doppelmoral dies für sie zunächst nicht immer gleich erkennbar ist. Die fundamentale Ambivalenz wird hier auch darin deutlich, daß sie den Schalkern gegenüber eben das praktizieren, was sie selbst am nachhaltigsten ablehnen - nämlich die berufliche Stellung (hier: „arbeitsloset Volk") mit ihren Kernaktivitäten, also der Fußballrandale und den Gewalttätigkeiten in Verbindung zu bringen. Dies wird am Ende jener Passage evident, in der es um den Traumberuf geht: Auch Angehörige von Berufsgruppen mit einem derart hohen Prestige wie der Arzt und der Bankangestellte oder auch der Mitarbeiter im Wachschutz nehmen an der Randale teil (Feuerwehrmann, 124-166):

Am:	Ja, und wie wer det schon gesagt haben, der Job hat damit	124
	irgendwie jar nischt zu tun. (.)	125
		126
Bm:	└ Hm.	127
		128
Dm:	└ Nee.	129
		130
Am:	(.) Wir ham ja so ne Patienten dabei, ick sag ja, Ärzte	131
	und-	132
		133
Cm:	└ Aber die-den-den Arzt, den-den Arzt, also, wenn ick da	134
	Patient wär, und würde den am Wochenende denn so sehen,	135
		136
Am:	└ (Lachen)	137
		138
Cm:	also möcht ick nich hingehen, wa.	139
		140
Dm:	└ Also, ick muß-erschreck mich immer, wenn ick den sehe,	141
		142
Bm:	└	143
	Skalpell, Ska-Skalpell würd ick ihm nich in de Hand geben.	144
	lacht)	145
		146
Dm:	also (den möcht ich gar nich sehen), weil hier beim Fuß-	147
	ball, .) und-(.) also wirklich n Patient, aber Zecken aus-	148
	räuchern, wa?	149
		150
Am:	└ Du, Bankanjestellte, seriöse Quelle-Verkäu-	151
	fer, ie sehen aus, wie Direktor, Schlips-Schlips-Schlips	152
	und Kragen,	153
		154
Cm:	└ Wachschutz. (.) Wachschutz.	155
		156
Dm:	└ Wachschutz. (.) (Hol doch	157
	mal-hol doch mal Wachschutz hier her.)	158
		159
Am:	aber wenn de die-wenn de die wütend siehst am Wochenende,	160
	da erschreckste dich manchmal selbst, wie (die Oogen rot)	161
	an-	162
Dm:	└ (Lachen)	163
		164
Am:	loofen, also-(.) denn so kleene Verwandlungskünstler sind	165
	wer alle irgendwie schon. (lautes,stockendes Lachen)	166

Die Abspaltung vom Arbeitsalltag auf der einen und dem „Spaß" am Wochende auf der anderen Seite als Ausdruck einer episodalen Negation der Alltagsexistenz, wie sie hier mit der prägnanten Metapher der „Verwandlungskünstler" gefaßt ist, die Kunst der Verwandlung also wird in der Phase der Re-Orientierung nun fragwürdig. Auf der einen Seite wird der für sie wichtigste Gegner, mit dem sie sich hinsichtlich eines gelungenen „fight" am meisten identifizieren, mit Bezug auf dessen berufliche Alltagsexistenz von ihnen selbst degradiert. Auf der anderen Seite hat selbst im Falle derart angesehener Berufe wie derjenige des Arztes eine Teilnahme von Angehörigen dieser Berufsgruppen an den Randaleaktivitäten in der Perspektive der *Jugendlichen* einen enormen Vertrauensverlust zur Folge („Skalpell würd ich ihm nicht in die Hand geben"; 144). Ein derartiger Bruch zwischen Alltagsexistenz und Wochenendrandale ist für die Jugendlichen selbst „erschreckend" (161), die Abspaltung ist also - zumindest dort, wo sie bei anderen beobachtet wird - für sie nun nicht mehr nachvollziehbar.

Lebensgeschichte:

Christian

Mit insgesamt drei Angehörigen der Gruppe *Tankstelle* wurden Biographische Interviews durchgeführt. Die drei Interviews fanden sämtlich nachmittags bzw. am frühen Abend in Räumlichkeiten der Freien Universität statt. Wir hatten die Entscheidung über den Ort den Jugendlichen überlassen. Alle drei hatten die Universität präferiert, da sie unseren Projektleiter kennenlernen wollten. Von den drei Interviews kann hier aus Platzgründen lediglich eines in intensiver Auswertung exemplarisch dargestellt werden. Wir haben *Christian* ausgewählt, da ein zentraler Faktor der sozialisatorischen Entwicklung der Angehörigen dieser Gruppe (der familiale Modus einer „bedingungslosen Permissivität") hier prägnant zum Ausdruck kommt.

Zur Interviewsituation

Nachdem uns *Christian* beim Interview zweimal „versetzt" hatte, also zum telefonisch vereinbarten Termin nicht erschienen war, wofür er sich unter Angabe verschiedenster Gründen vielmals entschuldigte, rief der Feldforscher ihn eine Stunde vor dem dritten Termin an, und erinnerte ihn an das Interview. Er erschien dann auch und hatte noch einen „Kumpel" mitgebracht, der die Ausführungen *Christians* mimisch-gestisch begleitete. Das Interview entwickelte sich (im Gegensatz zu demjenigen mit *Armin*) ausgesprochen selbstläufig und erzählerisch detailliert. Dies gilt allerdings auch hier nicht wie im Falle der Ost-Hooligans und im Falle von

Bastian aus der Gruppe *Basis* für die familienbezogene Kindheitsgeschichte. Nach dem Interview mußten *Christian* und sein Beglei-
ter relativ schnell aufbrechen, da sie *Dorian* beim Renovieren einer
Wohnung helfen wollten. Beim Abschied äußerte er sich - wie auch
Armin - dahingehend, daß ihm die Gruppendiskussion wesentlich
leichter gefallen sei.

Biographisches Portrait

Christian ist 1973 im Westberliner Weststadt-Bezirk geboren, in dem er
heute noch lebt und in dem seine Eltern zum Zeitpunkt seiner Geburt eine
Gastwirtschaft betrieben haben. Er hat zwei ältere Brüder und zwei ältere
Schwestern, von denen die älteste 40 Jahre alt und die leibliche Mutter von
Dm aus der Gruppe *Tankstelle* ist. *Dm* wurde geboren, als seine Mutter 16
Jahre alt war, und ist, nachdem diese nach einem kurzen Aufenthalt mit
ihrem Sohn in einem Erziehungsheim in die Vereinigten Staaten ausgewan-
dert war, bei den Großeltern, also den Eltern von *Christian*, aufgewachsen.

Christian erzählt über seine frühe Kindheit im wesentlichen mit Bezug auf
institutionalisierte Ablaufmuster (13-27):

```
Cm:                       naja jut, ick bin jeboren     13
           am X.Y. in Berlin, in Weststadt och uffjewachsen, eigent-   14
           lich in n recht juten Bezirk muß ick sagen, also besser   15
           zumindest als KZ-Bezirk, ick will da och janich mehr raus   16
           aus Weststadt wenn's so jut wie möglich jeht (.) ja (.)   17
           ick bin uffjewachsen och zu Hause, war nich im Kinderjar-   18
           ten jewesen, war och nich im Hort jewesen, meine Mutter   19
           hat mich aufgezogen, sie is dann och nich arbeiten jejan-   20
           gen weil meien Eltern ne Kneipe hatten (.) unnd da hat   21
           sich meine Mutter tachsüber um mich gekümmert und abends   22
           denn halt mein Vater wenn er nach Hause kam, die haben   23
           sich denn abgewechselt. Na denn war ick (.) wann warn dit   24
           (.) '82?, nee '80, nee '79 bin ick denn inne Grundschule   25
           jekommen, och ne Grundschule in Weststadt, war och nich   26
           weit von mir jewesen   27
```

Die Mutter, die gemeinsam mit dem Vater früher eine „Kneipe" (21) geführt
hat, gibt diese Tätigkeit seinetwegen auf, so daß er „zu Hause" (18), also
nicht im Kindergarten oder Hort aufwächst (27-42):

```
Cm:     ja da jing et denn eigentlich los so erst ab da vierten   27
        Klasse wo ick denn- na fünfte Klasse so wo et da so los-   28
```

```
ging mit Mädchen, so mit zehn Jahren da hat man schon die      29
ersten Liebelein jehabt da, war aber halt nischt dollet        30
und (lacht) da jing et denn inner fünften- nee sechste         31
Klasse hab ick schon anjefangen zu rauchen denn, aber halt     32
nur Pustebacke, weil se alle jeroocht haben dacht ick,         33
naja mußte och mal roochen dann sieht dit nich allzu blöde     34
aus (.) unnnnd früher war halt die einzje Erfüllung jewe-      35
sen bis zur sechsten Klasse Fußballspielen, also Fußball-      36
spielen war dit ein und allet jewesen, also nach Hause,        37
den Schulranzen wegschmeißen, raus auf n Fußballplatz und      38
bolzen, bis mich denn meine Mutter abends denn zum Essen       39
wirklich nach Hause holen mußte schon anne Haare ziehen,       40
daß ick überhaupt nach Hause komme, daß ick den Ball über-     41
haupt liegenlasse.                                             42
```

Erst mit dem Beginn eigenständiger Aktivitäten außerhalb der Familie in der Gruppe der gleichaltrigen Jungen und Mädchen (ab der vierten Klasse) „jing et denn eigentlich los" (27). Und es beginnt erst hier - wie auch bei den Hooligans aus dem Ostteil der Stadt - eine detaillierte Erzählung, hier focussiert um die Fußballaktivitäten (36-41). Auch spätere Nachfragen nach seiner Kindheit enden auf dem Fußballplatz (878-882):

```
Y2:                  ⌐So wie de ganz klein warst (.)           878
                     |                                          879
Cm:                  ⌐Sag ick                                  880
    ja, zum größten Teil war ick nur uff m Fußballplatz den    881
    janzen Tag, jeden Tag uff n Fußballplatz jejangen,         882
```

Ebenso ist auch die Erinnerung an die Grundschulzeit für ihn geprägt durch die Ballspiel-Aktivitäten (41-54):

```
Cm:                                        Dit jing            41
    denn so bis zur sechsten Klasse, bis wa denn (.) anjefan-  42
    gen haben inne Schule (.) ne Basketball-AG- weil unsre     43
    Schule war jut in Grundschul-Basketball, da hab ick denn   44
    jespielt, sind wa och Berliner Meister jeworden und Grund- 45
    schule war eigentlich allet sehr ruhig jewesen, also da    46
    jing et noch mitte Lehrer, da hab ick mich mitte Lehrer    47
    noch verstanden (.) ick bin aber denn- ick hatte eigent-   48
    lich Gymnasium-Empfehlung gehabt, aber dadurch meine münd- 49
    lichen Leistungen nich so überragend waren und meine       50
    Fremdsprachen, Englisch nich so dolle waren haben se je-   51
    sagt ick sollte doch uff die Realschule jehen und sollte   52
    meinen Realschulabschluß machen. Bin ick uff die Realschu- 53
    le jejangen, TS-Realschule, und da jing et dann bergab,    54
```

Solange er nicht mit Entscheidungsanforderungen hinsichtlich seiner weiteren Ausbildung konfrontiert wurde, „allet sehr ruhig jewesen" ist (46), man ihn also in Ruhe gelassen hat in seinen spielerischen Aktivitäten, die hier auch innerhalb der Schule zum Zuge kamen (43-44), hat er sich „mit de Lehrer noch verstanden" (47-48). Mit dem Übergang zur Realschule „jing et dann bergab" (48-54). In der „Gymnasiumempfehlung" (48-49), die dann sogleich zurückgenommen wird zugunsten einer ebenso fremdbestimmten („haben se gesagt ick soll") Zielsetzung seiner Ausbildung („Realschule"; 52), wird deutlich, daß *Christian* mit einem allzu hoch gesteckten Aspirationsniveau konfrontiert wurde, vor deren Hintergrund seine Entwicklung zugleich als Abstieg erscheinen mußte. An späterer Stelle berichtet er, daß der Vater ihn eigentlich studieren lassen wollte (1239-1248):

```
Cm:                              und da haben se 1239
      eigentlich jesagt, die wollten- mein Vadder wollte eigent-  1240
      lich daß ick uff's Gymnasium jehe (.) und denn och studie-  1241
      re und- aber irgendwie war dit nich so mein Lebensinhalt  1242
      drinne jewesen, ick hab dit (.) mir dit Leben allet n biß-  1243
      chen einfacher vorgestellt, war wahrscheinlich och n Feh-  1244
      ler gewesen die janzen Jahre, ick dachte Hauptsache aus de  1245
      Schule raus denn kannste arbeiten jehen und denn läuft  1246
      schon allet von alleene, aber dit- anstatt leichter is et  1247
      allet immer schwerer jeworden muß ick janz ehrlich sagen  1248
```

Christian entzieht sich den hohen Erwartungen und schließlich dem Realschulalltag (er bleibt zweimal sitzen und geht dann auf die Hauptschule), indem er in die situativen Aktionismen des Fußballkrawalls eintaucht (54-75):

```
Cm:                            bei meinem Bruder, der kannte  54
      die schon alle vom Fußball von früher, der war schon län-  55
      ger in der Szene gewesen, der is denn och schon gefahren  56
      und ick war eigentlich völlig dajegen jewesen gegen Fuß-  57
      ballkrawalle damals und hab ihm immer jesagt: 'Öhh schei-  58
      ße, zerstört n janzen Fußball', und denn bin ick da mal  59
      mitjejangen und hab ick jesagt, kiekste dir dit mal allet  60
      an, da war ick vierzehn jewesen, dit war zuhause denn je-  61
      gen Duisburg, und da jing dit denn los, da hab ick die  62
      alle kennenjelernt inner achten Klasse, bin ick och  63
      schwubbibubbi gleich erstmal sitzenjeblieben inner achten  64
      Klasse dit erste Mal, weil dann biste och sonnabends nich  65
      mehr zur Schule jejangen, Freitag wegjejangen trinken mit  66
      vierzehn Jahren schon, nachts och nich nach Hause jekom-  67
      men, aber Eltern konnten ja eigentlich nich- haben zwar  68
      wat jesagt, aber so mit Stubenarrest oder daß ick Schläge  69
      jekriegt habe war't eigentlich nie jewesen, also ick hab  70
      noch nie Prügel von meinen Eltern irgendwo jekriegt, sagen  71
      wa mal so, ick bin sehr jut erzogen worden, vielleicht och  72
      n bißchen zu jut, irgendwat hat mich daran, weeß ick nich,  73
      jestört, dieset- dieset einfache Leben- immer nur ja, dit  74
      mußte einhalten, die Jesetze mußte einhalten  75
```

Die Evaluation bzw. theoretische Äußerung über die Entwicklung des eigenen Selbst („und da jing et dann bergab"; 54) formuliert in ihrer Doppelstellung zwischen zwei Passagen sowohl die Verlaufskurvenentwicklung, wie sie durch den Fußball in Gang gebracht wurde, wie auch jenen bereits vorhergehenden schulischen Abstieg, also eine übergreifende (negative) Verlaufskurvenentwicklung, in die die erstere noch einmal eingelagert ist. Auch die Verlaufskurvenentwicklung der Fußballkrawalle entspricht nicht eigentlich den eigenen Normalitätserwartungen, den Erwartungen an Regelhaftigkeit („Ooh scheiße, zerstört n janzen Fußball"; 58-59), ist aber offensichtlich eben gerade deswegen interessant; denn ihn stört ganz allgemein die Reglementierung des Alltags: „irgendwat hat mich daran, weeß ick nich, jestört, diesetdieset einfache Leben- immer nur ja, dit mußte einhalten, die Jesetze mußte einhalten" (73-75). Was ihn stört, ist die zu *einfache* Reglementierung. Diese ist aber nicht auf autoritären Zwang zurückzuführen. Er hat das Gefühl, „gut erzogen", d. h. nicht autoritärem Zwang unterworfen worden zu sein („Stubenarrest", „Schläge", „Prügel"; 69-71). Auf der anderen Seite steht aber das Bedauern, keine Grenzen erfahren zu haben („zu jut" erzogen worden zu sein; 73). Das Problem ist die zwar nicht mit äußerem Zwang verbundene, aber auch nicht begründete, vielmehr begründungslos geforderte Verpflichtung (vgl. 74-75). Insgesamt wird hier eine fundamentale Ambivalenz gegenüber der Reglementierung („Jesetze") erkennbar. So beklagt sich *Chrsitian* an späterer Stelle, daß ihn in dieser Phase seiner Biographie jemand hätte unter die „Fittiche" nehmen sollen (1088-1094):

```
Cm:    aber so große Familie isset eigentlich och nich muß ick    1088
       janz ehrlich sagen, daß mich da eener hätte unter die Fit- 1089
       tiche nehmen können und hätte sagen können: 'Du mach dit   1090
       anders', ick würde jetz ne janze Menge anders machen wenn  1091
       ick ehrlich bin, also jetz is die Einsicht mit einunzwan-  1092
       zig mittlerweile jekommen, daß ick so wo ick vierzehn war  1093
       dit allet anders jemacht hätte aber leider zu spät. (4)    1094
```

Dieses „Unter-die-Fittiche-Nehmen" wird wiederum abgesetzt von einer Haltung der bedingungslosen *Permissivität*, wie er sie von Seiten seiner Mutter erfahren hat (1249-1283):

```
Cm:            (.) und denn halt mit den vielen Je-    1249
       richtsverhandlungen, da mußt ick och soviel Jeld zahlen,   1250
       ick hab schon soviel Jeld ans Jericht bezahlt, hätt ick da 1251
       nich meine Mutter jehabt, muß ick janz ehrlich sagen, hätt 1252
       ick bestimmt schon etliche Tage hätte absitzen müssen,     1253
       weil meine Mutter schon ziemliche ville bezahlt in der     1254
       Jugend, vierzehn, fuffzehn bei Jerichtsverhandlungen, hat- 1255
```

```
te Geldstrafen jekricht, hat ja allet meine Mutter zum        1256
größten Teil bezahlt, konnt ick ja damals noch janich be-     1257
zahlen allet (.) die hat mir denn immer so aus der Patsche     1258
jeholfen, mein Vadder durfte dit aber immer nie wissen,        1259
dit war den immer so n kleener Jeheimpakt zwischen- ick        1260
sag mal, ick versteh mich eigentlich mit beede jut, aber       1261
mit (  ) weil se mich och erzogen hat und allet, die hat       1262
mir denn och dit Jahr wo ick arbeitslos war, hat se mir        1263
och immer Jeld zugesteckt, war wahrscheinlich och n Fehler     1264
jewesen wenn ick dit jetz allet so sehe, wenn ick sehe wie     1265
andere Leute uffwachsen, wie ick uffjewachsen bin, ick hab     1266
im Endeffekt allet jekriegt wat ick haben wollte, ick hab      1267
jesagt, ich möcht n Computer haben, hab ick n Computer         1268
jekricht, ick hab jesagt, ich möcht n Fahrrad haben, hab       1269
ick n Fahrrad jekricht, war allet eigentlich- och durch        1270
die Kneipe, weil se damals och ziemlich viel Jeld hatten,      1271
war dit eigentlich immer so jewesen und danach noch, sie       1272
hatten dit Jeld jehabt und wollten mit mir dit Beste tun       1273
und haben mir allet immer (.) sagen wa mal so in Arsch         1274
jesteckt (.) bloß jenützt hat dit eigentlich och nich viel     1275
wenn ick janz ehrlich bin (.) vielleicht war et nich dit       1276
allerbeste jewesen muß ick dazu sagen, wär't anders jewe-      1277
sen, daß ick meine Strafen hätte alleene bezahlen müssen       1278
oder so wär ick wahrscheinlich früher einsichtig jeworden      1279
aber dadurch daß meine Mutter immer bezahlt hat, dacht ick     1280
immer: 'Eenmal jeht noch, eenmal jeht noch, bis denn halt      1281
die Bewährung kam, dit konnte denn meine Mutter och nich       1282
mehr für mich ausbügeln.                                       1283
```

Die Mutter hat ihm - ohne Wissen seines Vaters - „allet immer sagen wa mal so in Arsch jesteckt" (1274-1275). Sie konnte die in diesem Alter nun beginnenden Konflikte mit den Kontrollinstanzen so lange „ausbügeln" (1283) als es sich noch um „Geldstrafen" handelte. Daß hierüber in der Familie nicht eigentlich eine kommunikative Verständigung stattfinden konnte, wird nicht nur in der Haltung einseitigen, verpflichtungslosen Nehmens von *Christian* deutlich („in Arsch jesteckt"), sondern auch in der stillschweigenden Unterstützung jenseits einer familialen kommunikativen Auseinandersetzung („Jeheimpakt"; 1260) zwischen Mutter und Sohn. In der nun einsetzenden theoretischen Reflexion vom Jetzt-Zeitpunkt aus erscheint dies als ein „Fehler" (1265). Damit ist auf eine nun einsetzende Re-Orientierung bzw. genauer: Revision verwiesen, wie sie auch in der Gruppendiskussion deutlich geworden ist.

Die Mutter konnte sich ihm gegenüber „irgendwie nich durchsetzen" (1319-1320). Dies gilt aber unter ganz anderen Vorzeichen auch für den Vater (1293-1303):

```
Cm:                                                           also   1293
        bei mir war't denn so gewesen, dann wurde halt jeschrien   1294
        (.) weeß ick, ick bin ja Stier, ick bin ja dickköpfig, ick 1295
        bin ja stur denn, ick hab mir dit anjehört, hab mich an-   1296
        schreien lassen, aber anstatt ick's dann anders mache, hab 1297
        ick denn jesagt: 'So jetz erst recht', wenn er mich an-    1298
        schreit dann mach ick sowieso nich was er will, dann mach  1299
        ick dit erst recht so, der hat ja och gesehen- geschlagen  1300
        hat er mich nich, also damit konnt er janich weiterkommen  1301
        und durch dit Brüllen oder durch dit Reden isset ja och    1302
        nich besser jeworden,                                      1303
```

Das „Anschreien" wie auch die bedingungslose Permissivität verweisen auf das Fehlen einer Kommunikation im Sinne einer Grenzziehung, wie sie auf der Grundlage wechselseitiger Perspektivenübernahme ausgehandelt wird.

Christian beginnt, sich den schulischen Verpflichtungen und den Verpflichtungen der Eltern gegenüber zu entziehen - noch ehe er an den Fußballkrawallen teilnimmt. Seine „kriminelle Karriere" beginnt früher und verläuft parallel zu den Fußballkrawallen. Bis zur siebten Klasse war es noch „nicht so schlimm jewesen" (267-330):

```
Cm:            aber dit war halt allet nich so schlimm          267
        jewesen, daß man dadurch- daß ick dadurch kriminell jewor- 268
        den bin oder dadurch irgendwie zum Fußball jekommen bin,  269
        dit jing denn erst los wo ick inner siebten Klasse war,   270
        dit hab ick vorhin verjessen, dit jing denn so los mit der 271
        ersten Gruppe die wir hatten mit- mit etweilige Kumpels,  272
        wir waren denn in andern Park immer jewesen, da haben wa  273
        uns och schon immer mit dreizehn, vierzehn haben wa uns   274
        schon anjefangen rumzuhauen teilweise, uff de Straße, dann 275
        sind wa hier ins 'Popcorn' jejangen hier inne Disco, och  276
        schon mit dreizehn, vierzehn, ohne ick biste erst rin-    277
        jekommen bloß da haben wa die Schülerausweise jefälscht    278
        daß wa überhaupt rinkonten in die Disco (.) wo wa zwölf   279
        waren, haben wa allet jefälscht weil et ja mit Tinte nur  280
        jeschrieben war, da waren wa da och schon immer drinne von 281
        zwölf bis fuffzehn oder so, da jing dit denn och allmäh-  282
        lich los mit Alkohol trinken (.) mit Keilerein, so etwas  283
        kleenere und dit hat sich denn immer mehr jesteigert ei-  284
        gentlich (.) bis denn irgendwann die Bewährung kam und ick 285
        denn jesagt habe: 'So jetz is erstmal Feierabend, jetz    286
        halt ick erstmal meine Füße still bevor ick in Knast jehe 287
        oder wat mach ick janisch mehr', dit is bisher och janz  288
        jut so jeloofen                                           289
                                                                  290
Y2:                    └Wie Bewährung, hattest du ne Verhandlung 291
        oder                                                      292
                                                                  293
Cm:             └Ick hatte bis jetz zu dieser letzten Verhandlung hat 294
        ick zehn Jerichtsverhandlungen jehabt, also dit jing uff- 295
```

261

```
anjefangen hat dit mit vierzehn Jahren oder so wegen ner        296
Prügelei, wegen Körperverletzung, denn war Sachbeschädi-        297
gung bei jewesen und (.) Widerstand gegen die Staatsge-         298
walt, denn halt wieder Körperverletzung, Körperverletzung,      299
Körperverletzung, denn war jetz- denn hatte der Richter         300
schon immer damals jesagt daß er- daß er mich jerne hinter      301
Gitter haben wollte, also mit sechzehn schon war die erste      302
Androhung denn jewesen von (    ) Schulz, hat er denn           303
jesagt, daß ick bei der nächsten Jerichtsverhandlung- daß       304
er mir n Kopf abhackt, daß denn endgültig Feierabend is,        305
daß ick zu viel Jerichtsverhandlungen- aber den hat ick         306
zum Glück nich jehabt, dafür hat ick n andern und der hat       307
mir denn wegen versuchten Totschlag war dit jewesen weil        308
mit ner Steinplatte und Eisenstangen da um uns jeschlagen       309
haben, haben se daraus n versuchten Totschlag jemacht (.)       310
und da hab ick denn halt meine Bewährungsstrafe druff je-       311
kriegt, obwohl se mir halt nur einen Fußtritt nachweisen        312
konnten, aber da ick einen Anwalt hatte so schlau wie ick       313
war und dadurch ne Bewährungsstrafe von zwei Jahren (           314
    ) Jugendarrestanstalt jekriegt habe und die is jetz         315
knapp n- knapp n Jahr rum und sieht och schon- mit Bewäh-       316
rungshelfer, den hab ick och und dit sieht schon janz jut       317
aus, ick hoffe ja nich mehr daß in der Zeit jetz wat pas-       318
siert, also wenn in den zwei Jahren jetz wat passiert dann      319
müßt ick n halbet Jahr in die Jugendarrestanstalt             320
                                                               321
Y1:                        ⌊ Hm.                                322
                                                               323
Cm:       und                                                  324
          ⌊                                                    325
Y2:       ⌊Und dis war in Verbindung mit Fußballspielen oder was 326
                                                    ⌊          327
Cm:                                                  ⌊ Mit      328
          Fußballspielen hab ick eene Anzeige jekriegt nur, dit wa- 329
          ren meistens Keilerein auf der Straße,                330
```

Christian hatte „zehn Gerichtsverhandlungen" wegen Körperverletzung, Widerstandes gegen die Staaatsgewalt, versuchten Totschlags und Sachbeschädigung. Dies alles hatte mit den Fußballkrawallen nichts zu tun. Die „Delinquenzbelastung" von *Christian* ist somit höher als die der Kerncharaktere der Hooligan-Szene aus dem Ostteil der Stadt (mit Ausnahme vielleicht von *Arno*). Auch die Delinquenzbelastung von *Am* aus der Gruppe *Tankstelle* ist erheblich (*Am* hatte allein im Jahr 1987, also mit siebzehn Jahren, zwölf Anzeigen wegen gefährlicher Körperverletzung). Auch wenn es sich bei den mit diesen Delikten verbundenen Aktionismen nicht um Fußballkrawalle handelte, so standen diese doch überwiegend im Zusammenhang mit Cliquenaktivitäten.

Wenn wir zur Haupterzählung zurückkehren, so erzählt *Christian* im Anschluß an die Kommentartheorie bezüglich seines Verhältnisses zu den „Jesetzen" und zu seinen Eltern über die erste Teilnahme an Fußballkrawallen (75-80):

```
Cm:    und da bin ick denn mit zum Fußball jejangen und (.) dit      75
       hat mir dann uff eenmal janz jut Jefallen, da haben se        76
       sich da rumjehauen und och so unternander war dit allet       77
       janz anders jewesen, war die Kumpelschaft allet janz an-      78
       ders jewesen als die Kumpelschaft die ick so noch kannte      79
       von der Schule her,                                           80
```

Entscheidend ist die besondere Art der „Kumpelschaft" (79). Die auf diesem Wege des Sich-Verstrickenlassens in die situativen Aktionismen sich konstituierende episodale Schicksalsgemeinschaft (vgl. die Gruppendiskussion) wird als Steigerung der Erfahrungen der Kumpelschaft der Mitschüler untereinander erfahren. Mit 15 Jahren fährt *Christian* nach Braunschweig und mit 15½ Jahren trifft er in Gelsenkirchen auf „die Schalker", eine für ihn nachhaltig beeindruckende Erfahrung, die wiederum äußerst detailliert entfaltet wird. Da dies im Rahmen der Gruppendiskussion - und dort auch vor allem durch *Christian* - bereits in wesentlichen Komponenten dargelegt und von uns interpretiert wurde, gehen wir hierauf nicht gesondert ein.

Während der Krawalle in Gelsenkirchen ruft *Christian* seine Freundin an, die hier zum ersten Mal erwähnt wird (122-131):

```
Cm:    da hab ick schon dit erste Mal Schiß jekriegt und jedacht:   122
       'Mensch Gott, bloß wieder nach Hause', da hat ick och mei-   123
       ne Freundin schon, meine große Liebe, die ick denn och       124
       kennenjelernt hatte schon, mit der bin ick denn zusammen,    125
       mit der war ick anderthalb Jahre zusammen und die hab ick    126
       denn och anjerufen von zuhause ähhh aus Schalke und hab      127
       jesagt: 'Du, ick komm hier janich klar, ick hab hier eine    128
       dermaßene Angst, die zerpflücken mich hier bestimmt inner    129
       Luft, ick weeß janich ob ick wiederkomme' hab ick jesagt     130
       weil dit so grob war da,                                     131
```

Daß *Christian* hier wiederum nicht nur gegenüber der Freundin, sondern nun auch gegenüber den Interviewern seinen „Schiß" (122), seine „dermaßene Angst" (129) vergleichsweise detailliert darlegt, bestätigt das, was bereits die Auswertung der Gruppendiskussion gezeigt hat: es geht hier nicht um irgendeine Art von individuellem Heroismus, sondern um das *gemeinsame* Erleben von und die gemeinsame Bewährung in Grenzsituationen und die auf diesem Wege konstituierte episodale Schicksalsgemeinschaft der Kumpelschaft, die ihn aus dem Alltag herauskatapultiert und eine Solidarität jenseits und in

Abgrenzung von den Alltagsanforderungen konstituiert. Die nach diesen Erlebnissen einsetzende Reflexion steht eigentlich wiederum (wie bereits in 58-59) einem weiteren Sich-Einlassen auf diese Aktionismen entgegen (159-179):

```
Cm:     dacht ick mir: 'Ach, dit is nischt für dich, da fährste      159
        nich mehr mit hin', dit- bloß irgendwie war't denn doch so   160
        jewesen daß ick denn doch irgendwie janich mehr davon weg-   161
        konnte, daß ick denn halt och einfach so jefahren bin,       162
        meine Freundin denn hatte und denn einfach am Wochenende     163
        wenn die andern jefahren sind, wenn ick eigentlich zuhause   164
        bleiben wollte und denn haben die jesammelt weil ick ja      165
        nich soviel Jeld hatte, weil ick ja noch zur Schule und      166
        denn mußt ick immer mitfahren, dann haben se jesagt: 'Komm   167
        mal mit', denn bin ick einfach mitjefahren und habe och      168
        die Freundin denn janich Bescheid jesagt, ick hab die denn   169
        einfach nach Hause jeschickt und hab denn jesagt: 'Ick       170
        komm gleich nach'                                            171
                                                                     172
Y1:                      ⌊ Hm.                                       173
                                                                     174
Cm:     und denn is et schon mal Montag jeworden oder Sonntagabend   175
        mal jeworden daß man nach Hause jekommen is und denn je-     176
        sagt: 'Hey, hier bin ick wieder' (.) ja und dit jing denn    177
        och ne janze Weile jut anderthalbJahre bis se denn abje-     178
        hauen is,                                                    179
```

Da diese Aktionismen gerade eine ihrer zentralen Funktionen darin haben, die in die Alltagspraxis eingelassene Reflexion und biographische Planung zu suspendieren, vermag eine Reflexion gegenüber der sich nun entwickelnden Selbstläufigkeit und dem Drängen der Kumpels nichts auszurichten. *Christian* konnte „irgendwie janich mehr davon weg" (161-162).

In der Beziehung zu seiner Freundin vertraut er - bar jeglicher Perspektivenübernahme ihr gegenüber - auf eine ähnlich bedingungslose Permissivität, wie er sie von seiner Mutter gewöhnt ist. Er erwartet von seiner Freundin nicht nur Zuneigung, sondern auch Unterstützung in seiner „Angst" (vgl. 122-131), ohne überhaupt auf ihre Erwartungen einzugehen. Er schickt die Freundin „einfach nach Hause" (170), wenn er sie nicht braucht.

Wie auf Nachfragen detaillierter herausgearbeitet wird, war seine Freundin, eine gleichaltrige Kroatin, die das Gymnasium besuchte, in hohem Maße in *Christians* Familie integriert, hat bereits nach viermonatiger Bekanntschaft mehr oder weniger dort gewohnt (535-581):

```
Cm:     und denn is dit immer mehr, denn haben sich Eltern kennen-   535
        jelernt, denn konnten meine Eltern sie jut leiden und ihre   536
        Mutter konnte mich sehr jut leiden und da sie ja im End-     537
```

effekt niemand hatte außer ihrer Mutter und die war n jan-   538
zen Tag nich da, haben meine Eltern noch mit die Erzie-   539
hungsrolle n bißchen übernommen und denn hat se halt jede   540
Nacht bei mir jeschlafen oder ick hab dann bei ihr je-   541
schlafen und dit war dann aber jede Nacht und in dem jun-   542
gen Alter muß ick sagen, würd ick nich nochmal machen (.)   543
drunter und drüber jejangen janz ehrlich jesagt, nachher   544
dit letzte Vierteljahr jing dit nur noch drunter und drü-   545
ber, jeden Tag gesehen und dit hat einen schon richtig   546
anjekotzt wenn de schon von Arbeit jekommen bist: 'Ah, is   547
die wieder da' und- ick hab och nich viel jemacht, ick hab   548
denn och nich mehr viele Kumpels jesehen, halt nur noch am   549
Wochenende, freitags oder wat oder sonnabends, wenn über-   550
haupt mal, und denn bin ick meistens och immer zum Fußball   551
jefahren, dit war denn- irgendwann hat sie denn och je-   552
sagt: So mein juter Freund, dit paßt ihr allet nich so,   553
sie möchte dit allet janz anders haben später mal (.) dann   554
is se abjerückt. (4)   555
                                                                556
Y1:   └Wie ging das dann weiter mit den   557
       Frauen?   558
                                                                559
Cm: └ Ouh (lacht) ich muß dir ganz ehrlich sagen, durch   560
       die Frauen hab ick n ganz schönen Knacks weggekriegt ge- 561
       habt, eineinhalb Jahre mit der zusammen, dit war schon   562
       mehr so die Traumfrau gewesen wie se sich bestimmt jeder 563
       vorstellt später mal bloß dit war jetz zu früh gewesen,   564
       ick war zu jung, sie war zu jung und (.) sie wollte- ick 565
       hatte ja nachher noch bemüht um sie, um wieder ran-   566
       zukommen, hab och jesagt, ick fahr nich mehr, aber dit-   567
       sie wollte denn och nich mehr und denn jab's denn halt nur 568
       so kurze- kurze Ufflagen, so n Monat oder zwei Monate, dit 569
       war aber allet nich so dit richtige gewesen und dadurch   570
       hab ick och n kleinen Knacks- durch der hab ick och n   571
       kleinen Knacks weggekriegt, früher hat ick eigentlich im- 572
       mer ne Freundin jehabt und immer ja, und nach der, wo mit 573
       der Schluß war, is eigentlich, wenn ich ganz ehrlich bin 574
       nich mehr soviel passiert. Danach war och dit Interesse   575
       nich mehr so groß, hab ick denn jesagt, so jetzt erstmal n 576
       Jahr oder zwee Jahre ohne Frau (.) und ja, jetzt is eigent- 577
       lich nich mehr soviel nachdem, also dadurch hab ick wahr- 578
       scheinlich irgendwo im Vertrauen so n kleenen Knacks weg- 579
       jekriegt weil se denn och meinte: 'Deine Scheiß Fußball- 580
       fahrerei'   581

Die Freundin geht zunächst, indem sie sich in seine Familie hineinbegibt,
beinahe grenzenlos auf ihn ein - hierin unterstützt durch die Eltern von
Christian, deren Permissivität auch hier (auf dem Wege der Unterstützung
des bedingungslosen Sich-Ein-lassens seiner Freundin) keine Grenzen kennt,
so daß er sich hierdurch schon beinahe überfordert sieht (546-548).

Die Freundin reagiert aber schließlich ganz anders als *Christians* Mutter. Sie zieht eine klare Grenze - vor allem auch unter dem Gesichtspunkt einer ungewissen gemeinsamen Zukunft („sie möchte det allet janz anders haben später mal; 554). Durch die plötzliche Konfrontation mit der unerwarteten Grenzziehung, dem Entzug bedingungslosen Sich-Einlassens hat *Christian* „n ganz schönen Knacks weggekriegt" (561; vgl. auch 571 u. 578-579).

Offensichtlich war die Freundin gerade wegen dieser Grenzziehung „so die Traumfrau" (563), nur daß er sich damals als zu „jung" für derartige Anforderungen eingeschätzt hat. Obschon die Trennung zum Zeitpunkt des Interviews mehr als drei Jahre zurückliegt, hat *Christian* diese nicht verkraftet. Er hat im „Vertrauen", d. h. hinsichtlich des von ihm bisher als selbstverständlich unterstellen Modus (habitueller) sozialer Beziehungen „so n kleenen Knacks weggekriegt" (578-579). Seitdem „haut es" mit den Frauen nicht mehr hin (587-590):

```
Cm:                    Ick vergleich zu viele Frauen mit die-   587
          ser ersten Frau muß ick janz ehrlich sagen die ick hatte,   588
          da vergleich ick zu viel und deswegen haut dit och nich   589
          hin momentan, da n bißchen zu sehr am rotieren bin.   590
```

Es zeichnen sich hier aus der Sozialisationsgeschichte der bedingungslosen Permissivität resultierende allgemeine Probleme ab, die am Fall der Beziehung zur Freundin von *Christian* lediglich in focussierter Weise exemplifiziert werden: Es handelt sich um Probleme mit den im Modus einer voraussetzungslosen Perspektivenreziprozität in wechselseitiger Anerkennung der unterschiedlichen Bedürfnisse sich konstituierenden Sozialbeziehungen. Dieser Modus ist sozialisationsbedingt nicht eingeübt bzw. eingefordert worden. Insofern dokumentiert sich in der Episode der „Traumfrau" eine für die Verlaufskurvenentwicklung von *Christian* ausschlaggebende *allgemeine* Interaktionsdynamik. D. h. die Erfahrung mit seiner Freundin ist nicht schlicht als Ursache für seine Verlaufskurvenentwicklung zu begreifen, sondern in dieser Episode dokumentiert sich in besonders prägnanter Weise eine für diese Entwicklung ausschlagebende Interaktionsproblematik. Wie wir im weiteren Verlauf der Haupterzählung erfahren, zu der wir nun zurückkehren, treibt ihn all dies immer mehr in die episodale Schicksalsgemeinschaft der Kumpels hinein (177-205):

```
Cm:       'Hey, hier bin ick wieder' (.) ja und dit jing denn och ne   177
          janze Weile jut anderthalbJahre bis se denn abjehauen is,   178
          bis se denn jesagt hat dit is ihr allet- dit war denn aber   179
          wirklich meine erste- mit der hab ick schon zusammenje-   180
          wohnt jehabt denn mit fuffzehn, also sie bei mir, jeden   181
```

```
Tag gesehen, ick bin arbeiten jejangen und sie is uff Gym-    182
nasium jejangen unnnd dit war halt allet nich so dit Wah-      183
re, abends wenn ick von Arbeit- sie wollte denn abends        184
weil se Schule nur bis dreizehn Uhr hatte, sie wollt denn     185
abends noch wegjehen und ick natürlich von Arbeit um fünfe    186
jekommen und hatte och keene Lust mehr, aber Wochenende       187
konnt ick denn zum Fußball fahren, naja und dit hat sich      188
denn irgendwie allet nich mehr so vereinbart, denn war se     189
weg jewesen. War vorbei und denn jing dit erst eigentlich     190
richtig- denn jing so richtig- denn hab ick ne Lehrstelle     191
jekriegt wo ick och noch mit ihr zusammen war, die hab ick    192
denn ein Jahr jemacht jehabt, ja, anderthalb Jahre jemacht    193
und denn is sie abjehauen und denn jing dit los daß ick       194
eigentlich überhaupt nicht mehr klargekommen bin, also war    195
fast jedet Wochenende oder jedet zweete Wochenende war ick    196
beim Fußball jewesen, zum Fußball jefahrn, mir mal Jeld       197
von Muttern jeben lassen, hab mein janzet Jehalt also nur     198
für Fußballfahrten- jedet Wochenende war Fußball nur, is      199
ejal ob Hertha jespielt hat oder Dortmund oder Bremen, da     200
bin ick denn einfach hinjefahren und (.) und dit och an-      201
derthalb Jahre lang- nach zweenhalb Jahre hab ick denn        202
dadurch daß meine Freundin mich verlassen hat och die         203
Lehrstelle verloren, weil ick denn janich mehr klarjekom-     204
men bin,                                                      205
```

Die Mutter unterstützt weiterhin - offensichtlich grenzenlos - sein Flucht-
verhalten, die episodale Negation der Alltagsexistenz (vgl. die Gruppendiskussion), indem sie ihm, nachdem sein Gehalt für die Finanzierung seiner
Eskapaden nicht mehr ausreicht, Geld gibt (195-199). *Christian* geht nicht
mehr zur Schule und gibt seine Lehre als Betriebsschlosser auf (204-222):

```
Cm:   bin nich mehr arbeiten jejangen, hab mich krankschreiben     204
      lassen, hab- bin nich mehr zur Schule jejangen, hab mich     205
      immer mit dem Chef inne Haare jehabt, ja und denn hab ick    206
      nach zweenhalb Jahre meine Lehre uffjejeben, hab ick je-     207
      sagt: 'So, jetz is Feierabend, jetz is jut, jetz hab ick     208
      keene Lust mehr', weil't och nischt mehr jebracht hätte      209
      mit dem Chef, hab ick uffjehört, denn hab ick ein Jahr       210
      garnichts gemacht (.) ein Jahr arbeitslos jewesen, rumje-    211
      trunken, Häuser jezogen, war ja och janz nett jewesen bloß   212
      nach ner Weile wurde dit denn och irgendwo langweilig,       213
      denn hab ick jesagt: 'So, jetz versuchstet nochmal mit ner   214
      Lehre', hab ick die Lehre als Betonbauer anjefangen, naja    215
      dit wart ja denn - dit wird's denn wahrscheinlich och wie-   216
      der jewesen sein weil ick n Bandscheibenschaden habe hin-    217
      ten im Rücken, werd ick wahrscheinlich nich weitermachen     218
      können die Ausbildung, aber dit steht noch in den Sternen,   219
      war erstmal so jetz der Grundriß so von kleen uff, jetz      220
      wollta bestimmt noch Jeschichten hören (.) reichlich         221
      (lacht)                                                      222
```

Nachdem er „ein Jahr jar nichts jemacht" hat, beginnt er eine Lehre als Betonbauer, die er wegen eines Bandscheibenschadens „wahrscheinlich" nicht wird beenden können (217-218).

Wie schon jene Kommentartheorie nahelegt, mit der *Christian* seine eigentliche Jugendbiographie eingeleitet hat („und da jing et dann bergab"; 54) begreift *Christian* selbst seine Biographie (vom Jetzt-Zeitpunkt aus theoretisierend) als (negative) Verlaufskurvenentwicklung, ohne aber bereits - weder beruflich noch privat - alternative (positive) Orientierungen entfalten zu können. Dies im Unterschied zu *Am*, der sich beruflich und familial neu orientiert (vgl. auch die Gruppendiskussion Kap. 3.4.). *Christian* befindet sich also noch nicht eigentlich in der *Re-Orientierungs-Phase*, aber wohl in der Phase der *Revision*, in der ein Abschluß der bisherigen Entwicklung sowie die Entfaltung neuer Orientierungen, also eine Re-Orientierung *angestrebt* werden.

Für ihn selbst erscheint seine Jugendbiographie vor allem auch vor dem Hintergrund der familialen Ausbildungsaspirationen (die bis hin zum Abitur reichen) als negative Verlaufskurvenentwicklung (1091-1120):

```
Cm:        ick würde jetzt ne janze Menge anders machen wenn     1091
           ick ehrlich bin, also jetzt is die Einsicht mit einunzwan- 1092
           zig mittlerweile jekommen daß ick so wo ick vierzehn war  1093
           dit allet anders jemacht hätte aber leider zu spät. (4)   1094
                                                                      1095
Y1:        └Is doch noch nich zu spät.                                1096
                                                                      1097
Cm:                       └Ach naja (.) wat soll                      1098
           ick denn jetzt noch großartig machen (lacht). Dann müßt ick 1099
           nochmal uff de Abendschule jehen und- wenn ick noch wat   1100
           erreichen will und denn Abendschule wieder und denn noch  1101
           arbeiten jehen tachsüber, ick gloob nich daß ick dit allet 1102
           so beiße im Moment.                                       1103
                                                                      1104
Y2:                       └Was würdst du denn gern anders machen?    1105
                                                                      1106
Cm:                                       └Janz                       1107
           ehrlich (.) ich würde jerne Journalist werden. Aber       1108
           (lacht) dazu fehlt mir die schulische Begabung für        1109
                                                                      1110
Y1:              └Sportjournalist ( 2 ) oder                          1111
                                                                      1112
Cm:                    └ Sportjournalist oder sowat                   1113
           in der Art, oder Sportreporter oder sowat halt, sowat wär  1114
           meine Sache eigentlich bloß ick gloobe nich daß ick dit-   1115
           dit is halt dieset Problem, dit wollen wahrscheinlich vie- 1116
           le Leute jerne werden und vielleicht könnten se dit och    1117
           nur mit diese janze schulische Ausbildung und mit dieset   1118
```

268

studieren und Abi und- da- ick gloobe dit würde bei mir   1119
nich hinhauen, och wenn ich mich jetz hinterklemmen würde   1120

Christian erfährt seine negative Verlaufskurvenentwicklung vor dem hier entworfenen Vergleichshorizont („Sportjournalist"; 1113), dessen Anforderungen ihn resignieren lassen: jetzt ist es „leider zu spät" (1094). Vor diesem Vergleichshorizont erhält auch die in der Gruppendiskussion zu beobachtende Aggressivität der Abgrenzung gegenüber den „Asozialen" eine weitere Plausibilität (vgl. Passage Übergang Schule-Beruf; 81-82). Eine derartige Erfahrung der Marginalität bzw. der Gefahr der Marginalisierung unter dem Gesichtspunkt individuellen Versagens begegnet uns bei den Ost-Hooligans nicht.

Die genaue Interpretation zeigt, daß hier die (negative) Verlaufskurvenentwicklung - knapp formuliert - aus der in der Herkunftsfamilie erfahrenen bedingungslosen Permissivität resultiert, deren Hintergründe hier nicht herausgearbeitet werden können, die aber auf eine innerfamiliale habituelle Verunsicherung verweisen.

Sowohl autoritärer Zwang, wie bei den Ost-Hooligans im Zusammenspiel zwischen Schule und Elternhaus zu beobachten, als auch bedingungslose Permissivität (und auch ein Schwanken zwischen diesen beiden Polen) eröffnen keine Erfahrungsräume kommunikativer Verständigung im Sinne einer Perspektivenreziprozität moralischer Prinzipien und eines darauf basierenden kommunikativen Aushandelns von Grenzen. Dies aber wäre wesentliche Grundlage autonomer Handlungsorientierungen und der Anerkennung der Autonomie anderer.

4. Die Musikgruppen

4.1. Die Gruppe Hiptext

Zugang zur Gruppe

An die Band *Hiptext* aus dem Stadtteil Oststadt wurden wir durch *Bm* der Gruppe *Konkurrenz* verwiesen: Diese Band würde in einem Kulturzentrum proben, in dem sich ein Verein zur Förderung von „HipHop"-Musik etabliert hätte. Er riet uns, Kontakt mit dem einen der beiden Sänger aufzunehmen, der auch „der Kopf" der Band sei und gab uns dessen Telefonnummer „auf Arbeit". Tags darauf riefen wir dort an und wurden auf Nachfragen mit einer Außenstelle des Finanzamtes verbunden. Dort meldete sich ein Sachbearbeiter der „Vollstreckungsstelle", der, als er von unserem Anliegen erfuhr, sich gleichsam „wandelte", in den „HipHop" begeisterten *Bm* (*Berthold*) und uns gleich telefonisch von den Vernetzungen dieser Berliner Musikszene zu berichten begann. Wir vereinbarten einen Termin für eine Gruppendiskussion in einem Kulturzentrum im Ostberliner Bezirk WT.

Zur Situation der Gruppendiskussion

Zu dem für einen Sonnabendnachmittag vereinbarten Termin traf ich etwas zu spät ein, da ich den Weg unterschätzt hatte. Das Zentrum ist äußerst idyllisch inmitten von Parkanlagen gelegen und von Wasser umgeben, so daß es nur über eine Brücke zu erreichen ist. Es handelt sich um einen alten schloßähnlichen Bau, in dem auf insgesamt vier unterschiedlichen Ebenen diverse Kulturangebote für ein sehr heterogenes Publikum angeboten werden. An dem Sonnabendnachmittag wurde es auch von vielen Familien als Ausflugscafe genutzt. In einem der Caferäume kam ein junger Mann in Jeans, T-Shirt und Turnschuhen auf mich zu und fragte, ob ich der Interviewer sei. Er stellte mir dann noch die beiden anderen Mitglieder der Band vor: eine ebenfalls mit Jeans und T-Shirt bekleidete junge Frau und ein ähnlich gestyler junger Mann. Wir machten uns daraufhin gemeinsam auf die Suche nach einem Raum, da im Übungsraum eine andere Band probte. Die Gruppendiskussion wurde dann in einer Art Durchgangszimmer durchgeführt und war aufgrund dieser

Bedingungen nicht so ungestört, wie bei anderen Gruppen: Jugendliche liefen durch den Raum, die sich verirrt hatten oder einfach nur die in dem Bereich aufgehängten Bilder betrachten wollten. Teile des Interviews korrespondieren mit diesen äußeren Bedingungen: des öfteren wurde der Gesprächsfluß gestört, so daß von neuem eingesetzt werden mußte. Allerdings waren derartige „Störungen" offensichtlich durchaus willkommen und wurden für Nebenaktivitäten genutzt („Schuhe ausziehen", „Kartenlegen" etc.). Gegen Ende der Gruppendiskussion entwickelte sich eine zunehmende Unruhe bei der Band, da sie nach der Gruppendiskussion auf ein HipHop-Konzert im Westteil der Stadt gehen wollte. Die Gespräche begannen um den Anfangszeitpunkt des Konzerts und den damit verbundenen Aufbruchszeitpunkt der Gruppe zu kreisen, wobei ein Ende der Diskussion angemahnt wurde, um nicht etwaige Benachteiligungen hinsichtlich der Plazierung bei dem Konzert in Kauf nehmen zu müssen. Wir verabschiedeten uns nach dem Abschalten des Aufnahmegerätes recht herzlich voneinander.

Wie der Gruppendiskussion und dem begleitenden Fragebogen zu entnehmen ist, trifft sich die Gruppe zwei- bis dreimal pro Woche, hat sich über *Berthold*, den „Gründer" der Gruppe kennengelernt und ist seit eineinhalb (*Aw*) bzw. zweieinhalb Jahren (*Bm*, *Cm*) zusammen. *Bm* und *Cm* sind im Bezirk Oststadt aufgewachsen, *Aw* in dem Hochhausbezirk FE eine S-Bahnstation von Oststadt entfernt. Die Gruppe ist für alle „wichtig" und keine/r befindet sich noch in einer anderen Gruppe. *Aw* hat bei der Frage nach „anderen Cliquen" „meine Freundinnen" ergänzt; bei *Bm* steht in der entsprechenden Spalte: „meine Mutter". Alle wohnen bei den Eltern.

Aw   die Sängerin der Gruppe ist zur Zeit der Gruppendiskussion 16 Jahre alt und hat gerade eine Lehre als Sozialversicherungsfachangestellte begonnen. Sie hat einen Realschulabschluß. Beim Beruf des Vaters hat sie „Lehrer/jetzt Berufsberater" und bei dem der Mutter „Lehrer/jetzt kaufmännische Angestellte" ausgefüllt.

Bm (Berthold)	der erste „Rapper"[1] der Gruppe, ist 19 Jahre alt, hat einen Realschulabschluß und gerade eine Lehre als Steuerassistent abgeschlossen. Beim Beruf des Vaters hat er „verstorben" eingetragen, bei der Mutter „Verkäuferin".
Cm	schließlich, der zweite „Rapper" der Gruppe, hat ebenfalls die Realschule abgeschlossen und macht eine Ausbildung zum Industriekaufmann. Seine Mutter ist Sachbearbeiterin, beim Vater sind keine Angaben vorhanden.

Kollektive Orientierungen

Arbeitsalltag: „krasse" Erfahrungen und Sicherheitsorientierung

Die Reaktion auf die Ausgangsfrage nach dem Übergang von der Schule zum Beruf fällt zunächst nicht sehr unterschiedlich zu derjenigen aus, wie wir sie in der altersmäßig vergleichbaren Gruppe *Pulle* der Hooligans kennengelernt haben (Übergang Schule/Beruf, 74-106):

```
Cm:                     Na ick würd noch gerne zur Schule ge-   74
     hen, wenn ick dafür dit Geld kriegen würde, wat ick jetzt  75
     kriege                                                      76
          ┌                                                      77
Bm:       └ (lacht)                                              78
          ┌                                                      79
Cm:       └ also sagen wa so, dit is so mit dit wich-            80
     tigste Motiv, weil die Umstellung von Schule sag ick mal   81
     ins Berufsleben is doch irgendwie so krass. Zumindest da-   82
     mals wars so in der Schule (.) man mußte nich viel machen,  83
     man hat seine Zensuren jekriegt, die waren relativ in Ord-  84
     nung und jetzt is et doch echt so, daß man nach Hause       85
     kommt und von der Schule oder vom Betrieb und daß man echt  86
     fertig is und sich hinpackt und erst mal ne Stunde oder     87
```

---

1   „Rappen" ist der für HipHop und Rap-Musik typische, rhythmisierte Sprechgesang. Die Gruppe macht in ihren Diskursen eine eindeutige Unterscheidung zwischen „Rappen" und „Singen" (vgl. Passage Musikrichtung).

```
                zwee Stunden pennt und dit is irgendwie schon bestimmt    88
                total oft                                                  89
                           ⌐                                              90
Bm:                        └ Und damit is der Tach jeloofen                91
                           ⌐                                              92
Cm:                        └ sehr oft in der Woche so                      93
                                                                          94
Aw:             -Dit stimmt                                                95
                                                                          96
Cm:             und dit war eben früher nich so jewesen (   )              97
                                                      ⌐                   98
Bm:                                                   └ und dit is dit      99
                Problem wovor ick früher Angst hatte wo ick in der Schule  100
                war (.) daß wenn ick denn älter bin, daß ick denn sehe ick 101
                ho- ick geh morgens janz früh los, komm von Arbeit wieder  102
                esse Abendbrot und leg mich schlafen, daß dit mein Tach    103
                jewesen sein soll                                          104
                                                                          105
Aw:             Is et doch im Moment                                       106
```

Übereinstimmend wird als Hauptproblem geschildert, daß der berufliche Alltag derart erschöpfend ist, daß man im Gegensatz zur Schulzeit nach Feierabend sich ein bis zwei Stunden ausruhen muß, so daß „der Tag geloofen" ist. Die Übereinstimmung hinsichtlich der extremen („krass"; 82) Erfahrung der Härte und der Monotonie des Arbeitsalltages bildet einen gemeinsamen Rahmen der Gruppe. Zumindest *Bm* hatte schon während der Schulzeit in dieser Richtung Befürchtungen, diese Situation also teilweise antizipiert (99-104). Zeichnen sich in dieser Hinsicht bereits gewisse Unterschiede zur Gruppe *Pulle* ab, so werden diese im folgenden noch deutlicher, indem erkennbar wird, daß der übergreifende Rahmen der Bearbeitung dieses Themas derjenige der *finanziellen Absicherung* ist. Innerhalb dieses Rahmens wird dann auch die Ost-West- bzw. die Wende-Problematik abgehandelt (Beruf, 74-82):

```
Bm:                                    Die Sache wat er erzählt    74
                hat mit dem mit dem Geld und so, dit hatten wir ooch bei   75
                uns in der Klasse                                          76
                           ⌐                                              77
Aw:                        └ Dit is bei uns ooch so                        78
                                                    ⌐                     79
Bm:                                                 └ am Anfang am Anfang   80
                ziemlich kraß wir hatten dreihundert Mark und die Wessis   81
                hatten tausendzwoohundert Mark                             82
```

Innerhalb des primären Rahmens der finanziellen Absicherung entwickeln die Jugendlichen eine instrumentelle Haltung dem Beruf gegenüber. Während *Aw* ihre Lehre eben begonnen hat, und *Cm* sich noch mittendrin befindet, hat *Bm* diese gerade abgeschlossen (Beruf, 68-74):

```
Bm:      Also (lacht) ähm nee ick also ich war (.) nee ich bin jet-    68
         ze Steuerassistent z. A., heißt ick hab meine Lehre beim      69
         Finanzamt (.) hinter mir sozusagen und ähm (.) bin jetzt      70
         zwei Jahre hab ick jetzt dieset z. A. dit heißt zur An-       71
         stellung und denn bin ick richtiger Steuerassistent und      72
         mit siebenundzwanzig Beamter uff Lebenszeit, wenn ick mir     73
         nischt zu Schulden kommen lasse                               74
```

Bm befindet sich offensichtlich in einer Phase der Re-Orientierung. Er hat die Zeit der Lehre „hinter sich", sie sozusagen als notwendiges Übel ertragen und macht sich nun über die Zukunft Gedanken. In dem Ziel, den Status als „Beamter auf Lebenszeit" zu erreichen, wird der übergreifende Orientierungsrahmen bzw. Habitus der *Sicherheit* erkennbar. Dafür ist es nötig, sich „nichts zu schulden kommen" zu lassen, eine ausgeprägte Aufstiegsorientierung ist jedoch nicht erkennbar. Die Inhalte der Tätigkeit und deren Sinn treten in den Hintergrund; *Bm* distanziert sich in ironisierender Weise von seinem Tätigkeitsbereich (Beruf, 146-159):

```
Bm:      wollt noch sagen daß ick in der Vollstreckungsstelle zur      146
         Zeit tätig bin (lacht)                                        147
                                                                       148
Aw:      (lacht)                                                       149
                                                                       150
Cm:      Mit Maske und Axt oder Beil                                   151
                                                                       152
Bm:      nee                                                           153
                                                                       154
Aw:      (lacht) Mit Kuckuck                                           155
                                                                       156
Bm:      mit Niederschlagshammer                                       157
                                                                       158
me:      (lachen)                                                      159
```

Während sich *Bm* schon mit seiner Tätigkeit zum Zwecke berufsbiographischer Absicherung arrangiert hat, ohne daß er sich mit dieser identifizieren würde, schildert *Cm* - auf Nachfrage von *Bm* - noch recht verärgert seinen Tätigkeitsbereich bzw. weigert sich überhaupt, hierauf genauer einzugehen (Beruf, 186-200):

```
Bm:                   Und was machst du auf Arbeit?                    186
                                                                       187
Aw:      (lacht)                                                       188
                                                                       189
```

```
Bm:      rumsitzen ab und zu mal Computer spielen              190
                                                                191
Cm:      Jenau (.) na bst wat macht man uff  Arbeit? so die Arbei-  192
         ten die man eben kriegt, meistenteils sitzt man rum, weil  193
         man eben nur (7 jemand geht durch den Raum) der doofe Azu-  194
         bi ist und (3) dit macht man halt eben                195
                          ⌐                                     196
Aw:                       ⌐ (lacht)                            197
                          |                                     198
Cm:                       ⌐ uff Arbeit (beknackte) Frage (bist  199
         Du) doof (lacht)                                       200
```

Die Erfahrung, in der Lehre nur der „doofe Azubi" zu sein, der keine eigentlichen Aufgaben hat, sondern „meistenteils nur so rumsitzt", also keine Funktion hat, die eine positive Selbstverortung im beruflichen Bereich zulassen würde, ist hier dominant. Die ironisch auf die Situation der Lehre anspielende Frage von *Bm* („am Computer spielen") wird deshalb als Provokation aufgefaßt und abgewiesen. *Bm* wird für „doof" erklärt, eben weil er überhaupt so eine Frage stellt, da er es ja eigentlich besser wissen müßte. *Cm* hat die relative Sicherheit der Phase der Re-Orientierung noch nicht erreicht, befindet sich noch in derjenigen der *Negation*. *Aw*, die gerade ihre Lehre begonnen hat, bringt selbst noch wenig eigene Erfahrung ein, beteiligt sich aber bestätigend am Diskurs - vor allem hinsichtlich der zermürbenden Konsequenzen des Arbeitsalltages. Es werden hier also Enttäuschungen sichtbar, ohne daß diese bereits in eine Negation umgeschlagen wären. Sie befindet sich - so läßt sich vermuten - noch in der *Ent-Täuschungsphase*.

Insgesamt ist - wie auch in den Gruppen der Hooligans und anderen Gruppen - eine Identifikation mit der beruflichen Tätigkeit in dem Sinne, daß Selbstverwirklichung im Arbeitsbereich selbst überhaupt in Betracht gezogen würde, nicht zu beobachten.

Wenn wir nun zu jener Passage zurückkehren, in der es um das Thema der beruflichen Zukunft ging, so wurde dort die berufliche Alltagsexistenz bzw. das Eingespurtwerden in berufsbiographische Ablaufmuster in seinen Konsequenzen der Zermürbung und Erstarrung antizipiert. Im folgenden werden die Möglichkeiten erörtert „dagegen wat zu unternehmen" (Übergang Schule/Beruf, 108). Diese Möglichkeiten werden aber auch hier - wie in allen anderen Lehrlingsgruppen - nicht im Bereich der Arbeitstätigkeiten selbst oder deren Veränderung gesucht, sondern im Freizeitbereich (Übergang Schule/Beruf, 108-132):

```
Bm:                 ⌐ und und dagegen und dagegen wat zu unter-   108
         nehmen, dit is find ick ziemlich wichtig. Zum Beispiel bei  109
```

```
        mir uff Arbeit is ne Kollegin, die is ziemlich cool die is   110
        ähm                                                          111
                |                                                    112
Aw:             L (lacht)                                            113
                |                                                    114
Cm:               L Wouuh wat is n                                   115
                  |                                                  116
Bm:                        L na ja die is weeß ick nich, die is fünf- 117
        unddreißig, vierzig uff jeden F- ach noch älter weeß ick     118
        jar nich, kann ick schlecht schä- doch über über vierzig     119
        is se. Und die geht jeden Tach, wenn se v- wenn se von       120
        Arbeit jeht, jeht se erst mal einkaufen oder so, also sie    121
        sagt immer: „wo fahr ick heute hin?" Denn fährt die nach     122
        Tegel oder sonstwo                                           123
                         |                                           124
Aw:                       L Hmm is cool                              125
                          |                                          126
Bm:                        L und und kommt denn irgendwann abends nach 127
        ja dit macht die jeden Tach, weil sie meint halt ähm sie     128
        braucht Bewegung und ähm is besser, als wenn de denn immer   129
        nach Hause kommst und denn gleich schlafen legst oder so     130
        wa, (denn weiß) weeß ick nich die erlebt wenigstens noch     131
        wat                                                          132
```

Hier wird ein positiver Horizont entfaltet - im wesentlichen von *Bm* (bei dem sich somit wiederum die Phase der Re-Orientierung dokumentiert) - teilweise in Interaktion mit *Aw*: Jede Alternative zum Nachhausekommen und sich „gleich schlafen" zu legen ermöglicht schon, „etwas zu erleben" - so auch das Shopping, wie dies am Fall einer Kollegin als einem positiven Gegenhorizont exemplifiziert wird. Aber selbst dies stößt auf Probleme der Enaktierung, auf die *Cm* hinweist, indem er nachfragt, wann die Frau denn dann noch haushaltsbezogene Tätigkeiten („Staubwischen, Wäsche waschen", 155) ausführen solle. *Bm* versucht die hiermit antizipierte Problematik der geschlechtsspezifischen Arbeitsteilung zugleich in ihren beiden Aspekten (Haushaltsführung und Kindererziehung) in ritueller Weise zu überspielen und sich damit der von *Cm* angerissenen Problematik zu entledigen (Übergang Schule/Beruf, 173-204):

```
Bm:     darum adoptiere ick mir gleich welche die älter sind die    173
        schon Staub wischen können (lacht)                          174
                                    |                                175
Cm:                                  L (lacht)                       176
                                     |                               177
Aw:                                   L Und die Ehemänner,           178
                                                      |              179
Bm:                                                    L             180
        wat machen die?                                             181
                                                                    182
```

276

```
Aw:      na sauber kochen allet                                    183
         |                                                          184
Bm:                    ⌐ Ach Quatsch Ehemänner setzen sich          185
         vor n Fernseher und                                        186
                  |                                                  187
Cm:               ⌐ Trinken Bier                                    188
                  |                                                  189
Bm                ⌐ gucken Fernsehen, trinken Bier (lacht)          190
                                                     |              191
Cm:                                                  ⌐              192
         kieken Fußball                                             193
              |                                                     194
Aw:           ⌐ (lacht)                                             195
                 |                                                  196
Bm:              ⌐ genau und warten daß die Frau endlich           197
         dit Essen auf n Tisch bringt (. ) wenn sie et nich schon   198
         wieder ähm dit Kostgeld für irgendwelche Klamotten ausge-  199
         geben hat (lacht)                                          200
                                                                    201
Cm:      oder biste etwa anderer Meinung?                           202
                                         |                          203
Aw:                                      ⌐ natürlich                204
```

Die Kinder, durch deren Existenz sich die Probleme geschlechtsspezifischer
Arbeitsteilung erst unausweichlich stellen, werden also als diejenigen herangezogen, die dieses Problem zu lösen vermögen. *Aw* beendet diesen Flucht-
versuch, diesen Versuch der rituellen Ausklammerung einer ernsthaften
Bearbeitung der Geschlechtsrollenproblematik dadurch, daß sie darauf hinweist, daß die Jugendlichen nur „Scheiße quatschen" (Übergang,
Schule/Beruf, 228-236):

```
Aw:      weil wa nur Scheiße quatschen (lacht)                      228
                                       |                            229
Bm:                                    ⌐ komm wa zu was Sinn-       230
         vollem (.) ähm habt ihr (.) wollt ick (ooch) mal fragen   231
         und zwar ähm hat Aw mal ne Idee worüber (wir) mal n Text   232
         machen könnten? Weil eigentlich immer Cm und icke irgendwo 233
         Texte machen einfach mal ob du mal irgendwat hast irgend n 234
         Problem oder irgendwat wat worü- was dir eigentlich wor-   235
         über du- wir n Text machen könnten                        236
```

Die Bewältigung der Geschlechtsrollenproblematik im Bereich der geschlechtsspezifischen Arbeitsteilung, also in biographisch relevanter Weise,
gelingt hier nicht: Das Thema wird ausgeblendet. Zugleich bietet aber *Bm*
eine verlagerte Bewältigung dieser Problematik an: Wenn eine Bewältigung
des Problems der geschlechtsspezifischen Arbeitsteilung im Bereich von Ehe
und Familie schon nicht geleistet werden kann, so soll dies wenigstens im

Bereich der Aktivitäten in der Band versucht werden: *Aw* soll umfassender als bisher an der Produktion von Musiktexten beteiligt werden. Diese Art der Bewältigung alltäglich-existentieller Probleme ist typisch für diese Gruppe: Mit der Verlagerung auf das focussierte Thema der Musik- bzw. Textproduktion katapultiert sie sich gleichsam aus den Problemen der Alltagsexistenz heraus, bearbeitet diese aber zugleich doch - wenn auch auf eine andere Ebene verlagert. Demgegenüber ist das Thema der Geschlechtsrollenproblematik und der geschlechtsspezifischen Arbeitsteilung in den Gruppen der Hooligans eines, welches nicht einmal erwähnt und insofern negiert wird, als die Mädchen aus diesen Aktionismen und der Tendenz nach auch aus den gesamten peer-Aktivitäten ausgeschlossen bleiben.

Hier zeichnet sich bereits ab, daß in den peer-Aktivitäten der Gruppe *Hiptext* nicht eigentlich die episodale Negation der *Alltagsexistenz* - vom Drogenkonsum bis hin zur Verstrickung in die Verlaufskurvenentwicklung der Randaleaktivitäten - im Vordergrund steht, sondern Phänomene der kommunikativen und stilistischen Verfremdung oder Verlagerung von Problemen der Alltagsexistenz, auf die wir später noch genauer eingehen werden.

Musik als situativer Aktionismus der spielerischen Stilentfaltung

Die musikalisch-textliche Selbstverortung und Selbstverwirklichung wird hier nicht zweckrational geplant, sondern primär *praktisch* bzw. habituell im Prozeß des Machens erst konstituiert. Dies kommt vor allem auch darin zum Ausdruck, daß die Jugendlichen sich ironisch distanziert einer theoretischen (verdinglichenden) Kategorisierung ihres Treibens, ihres Musikstils zu entziehen suchen, wie dies auf entsprechende Fragen des Interviewers deutlich wird (Musikrichtung, 1-51):

```
Y1:    Hmm (.) ja was macht ihr eigentlich für Musik?     1
                                                           2
       (4)                                                 3
                                                           4
Cm:    Schweigen                                           5
                                                           6
me:          └ (lachen)                                    7
                                                           8
       (.)                                                 9
                                                          10
Bm:    Hmm                                                11
                                                          12
```

```
Cm:        └ Hmm                                                    13
                │                                                   14
Bm:             └ Mal laute, mal leise, mal schnelle, mal langsame  15
                    │                                               16
Cm:                 └ Mal schnelle, mal langsame                    17
                                │                                   18
Bm:                             └ mal gute, mal                     19
          schlechte                                                 20
              │                                                     21
Cm:           └ und immer mit Worten                                22
                        │                                           23
Aw,Cm:                  └(Lachen)                                   24
                            │                                       25
Bm:                         └ Uhmm ab und zu singt                  26
          mal jemand                                                27
              │                                                     28
Cm:           └ meistens sprechen welche (.) Hmm                    29
                                │                                   30
Bm:                             └ n Mädel is ooch                   31
          mit bei (3)                                               32
              │                                                     33
me:           └ (Lachen durch die Nase)                             34
                        │                                           35
Cm:                     └ (ach wirklich?)                           36
                            │                                       37
Aw:                         └ (lacht)                               38
                                │                                   39
Bm:                             └                                   40
          (lacht) ach ja ab und zu ab und zu gibts denn noch so n   41
          Absturz von irgend so ner Schallplatte (.) irgend so n    42
          Quietschen, wo der Plattenspieler nicht mehr mitmacht     43
                                    │                               44
Cm:                                 └ Hmm                           45
                                        │                           46
Bm:                                     └                           47
          Ähm wie beschreibt mans noch?                             48
                    │                                               49
Cm:                 └ Na ick würd sagen einfach (.)                 50
          von jedem erkannt Hip Hop Musik                           51
```

Die eigene Handlungspraxis ist nicht intentional an einem Stil orientiert. Gegenüber dieser Handlungspraxis, durch die hindurch sich erst habituelle Übereinstimmungen (und somit auch Stile) konstituieren und die sich aber andererseits auf der Grundlage neu entfalteter habitueller Übereinstimmungen und Stilelemente weiterentwickelt, wird einer theoretisch-reflexiven Verortung des eigenen Treibens bzw. deren intendierte und kategorisierte stilistische Verortung (vor allem in den Fremdkategorien von Stilen des Musikmarktes) prinzipiell mißtraut. Dies wird sowohl mit dem in der Pause indizierten Zögern bzw. der damit signalisierten Verweigerung zum Ausdruck gebracht als auch vor allem in der ironisch-distanzierten Verlagerung von der erfragten Kategorisierung ihres Musikstils auf eine - sich jeglicher Kategorisierung enthaltenden und somit bis zur Banalisierung getriebenen - *Beschreibung* der eigenen musikalischen Praxis. Sie halten sich somit stilistische Freiräume oder Experimentierfelder offen. Gleichwohl haben sie aber keine grundsätzlichen Bedenken dann doch eine grobe Verortung hinsichtlich ihres Genres vorzunehmen: „Hip Hop". Die probehafte Entfaltung ihres eigenen Stils bzw. ihre eigenen Stilelemente innerhalb dieses Genres bleibt demgegenüber begrifflich weitgehend unexpliziert. Die Stilelemente werden probehaft auf dem Wege des Machens, des situativen Aktionismus entfaltet.

Dies gilt auch für die Art und Weise, in der die Gruppe - zunächst *Cm* und *Bm* - überhaupt zum Musikmachen und zu ihrer Musikrichtung gekommen ist: *Cm* und *Bm* haben sich beim Tischtennistraining kennengelernt und „plötzlich mehr Bock" gehabt, „Break-Dance" zu üben als Tischtennis zu spielen (Musikalischer Werdegang, 18-41):

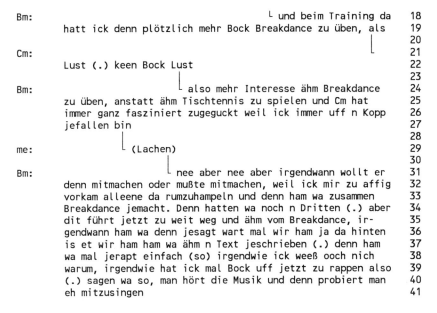

```
Bm:                         L und beim Training da        18
         hatt ick denn plötzlich mehr Bock Breakdance zu üben, als   19
                                                 I            20
Cm:                                              L            21
             Lust (.) keen Bock Lust                         22
                                                             23
Bm:                 L also mehr Interesse ähm Breakdance     24
         zu üben, anstatt ähm Tischtennis zu spielen und Cm hat   25
         immer ganz fasziniert zugeguckt weil ick immer uff n Kopp   26
         jefallen bin                                       27
                    I                                       28
me:                 L (Lachen)                              29
                                                            30
Bm:                 L nee aber nee aber irgendwann wollt er  31
         denn mitmachen oder mußte mitmachen, weil ick mir zu affig   32
         vorkam alleene da rumzuhampeln und denn ham wa zusammen   33
         Breakdance jemacht. Denn hatten wa noch n Dritten (.) aber   34
         dit führt jetzt zu weit weg und ähm vom Breakdance, ir-   35
         gendwann ham wa denn jesagt wart mal wir ham ja da hinten   36
         is et wir ham ham wa ähm n Text jeschrieben (.) denn ham   37
         wa mal jerapt einfach (so) irgendwie ick weeß ooch nich   38
         warum, irgendwie hat ick mal Bock uff jetzt zu rappen also   39
         (.) sagen wa so, man hört die Musik und denn probiert man   40
         eh mitzusingen                                     41
```

Vom „Break-Dance" sind die Jugendlichen dann „irgendwann" (36) dazu gekommen, einen Text zu schreiben und „irgendwie ick weeß och nich warum irgendwie hat ick mal Bock uff jetzt zu rappen" (38-39). - Das *Medium* der probehaften Stilentfaltung wechselt also, ist somit weniger focussiert als die kollektive Suche nach Stilentfaltung und habitueller Übereinstimmung selbst. Die situativ aktionistische Entfaltung habitueller Übereinstimmung wird in die Zukunft hinein verlängert; der Prozeß ist noch nicht abgeschlossen (Musikrichtung, 136-176):

```
Cm:   Nee aber wenn wa zum Beispiel mal Lust haben so n Reggae-    136
      lied zu machen, wo eben nur gesungen wird, dann ham wa dit   137
      einfach ohne jetzt uns ne Platte zu machen, ob dit jut       138
      ankommt oder nich, weil Hauptsache uns jefällts und wir      139
      ham dazu Lust                                                140
            |                                                      141
Bm:         └ Hmm Hauptsache wir ham den Spaß ooch dit zu brin-   142
      gen                                                          143
      |                                                            144
Cm:   └ genau und vielleicht (.) lern wa alle mal irgendwann n    145
      Instrument spielen und denn machen wa et richtig live        146
      (lacht)                                                      147
            |                                                      148
Bm:         └ Cm übt schon kräftig Schlagzeug                     149
                                          |                        150
Cm:                                       └ Richtig jut Schlag-    151
      zeug (lacht)                                                 152
      |                                                            153
Bm:         └ immer im Proberaum (.) es wär ganz gut wenn er      154
      mal nicht zu unserer Probe Schlagzeug proben würde, son-     155
      dern nur wenn wir (lacht)                                    156
                            |                                      157
Aw,Cm:                      └ (Lachen)                            158
                                      |                            159
Bm:                                   └ ja Aw fängt denn schon an zu  160
      rappen (lacht)                                               161
            |                                                      162
Aw:         └ (lacht)                                             163
                  |                                                164
Cm:               └ Nee                                           165
                    |                                              166
Bm:                 └ nich? (.) wird die Stimme versaut           167
      wa?                                                          168
      |                                                            169
Cm:   └ Aw singt und wir rappen und dabei bleiben wa erst mal     170
                                                                   171
Aw:   (lacht)                                                     172
      |                                                            173
Bm:   └ Genau und ab und zu singen wa mit und Aw is ruhig         174
                                                        |          175
Cm:                                                     └ Oh Gott  176
```

Der „Spaß" (142) wird durch einen situativen Aktionismus entfaltet; zweckrational-theoretisch betrachtet: durch ein planloses Zusammenspiel. Durch diesen kollektiv produzierten Spaß wird zugleich eine habituelle Übereinstimmung produziert, wie sie primär weder in der berufsbiographischen

Sozialisation gesucht wird noch durch milieuspezifische Einbindung mühe-
und fraglos bereits gegeben wäre.

Toleranz und die Suche nach stilistischen Gemeinsamkeiten

Die kommunikative Bewältigung von Problemen der Alltagsexistenz wird
u. a. auf eine Frage des Diskussionsleiters nach dem „Inhalt von Texten"
deutlich. Die Gruppe thematisiert zunächst den Inhalt von Texten als „Sachen", „die uns bewegt haben zu dem Zeitpunkt, wo wir gerade sind" (Textinhalt, 16-18). Die Jugendlichen hatten sich in einem Text mit dem Problem
der „Skinheads" befaßt (Textinhalt, 23-61):

```
Bm:                  da ham da ham wa aber och drinjehabt,      23
           daß man ebend ähm tolerant sein sollte, sich nicht sich   24
           nicht bewaffnen äh nicht nicht unbedingt bewaffnen sollte 25
                                               |                26
Cm:                                            └ (lacht         27
           verhalten)                                          28
                     |                                         29
Bm:                  └ worüber man man ooch streiten kann. Man kann  30
           jeteilter Meinung sein, entweder man sagt jetze ick brauch 31
           ne ick brauch ne Waffe um sicher zu sein, aber andereseits 32
           is et ja auch jefährlich wa? weil wenn ick ne Waffe bei  33
           hab und die denn ziehe, denn zieht der andere ooch die   34
           Waffe und denn wirds jefährlich                          35
                                     |                          36
Cm:                                  └ Denn mußte als erster ab-  37
           drücken                                             38
                 |                                             39
Bm:              └ ja aber dis is vielleicht unjefährlicher, wenn wenn Du 40
           jar nisch bei hast und wenn dit denn bloß mit den Fäusten 41
           is wenn dit so is                                        42
                 |                                             43
Cm:              └ Na ja und denn haste vielleicht n paar Zähne  44
           verloren und de                                     45
                                 |                             46
Bm:                              └ na ja und is aber          47
                                       |                       48
Cm:                                    └ denn noch ne jebrochene  49
           Nase und sonst irgendwas                           50
                 |                                             51
Bm:              └ is aber besser als n Messer im Rücken, weil ick  52
           hab ick                                             53
                                                              54
Cm:              └ nee wieso wenn de den anderen vorher abknallst, dann  55
           kann Dir nisch passieren                  |         56
                                                              57
```

282

```
Aw:                                    └ Nee denn sch      58
        doch nee                                           59
      ┌                                                    60
Cm:   └      └ außer daß de in Knast kommst (lacht)        61
```

Die Gruppe springt hier (in: 30) von der Ebene der Kommunikation über ihre
Texte (deren Thema der Umgang mit Gewalt ist) zur Kommunikation und
zum „Streit" (30) über die alltagspraktischen Probleme des Umgangs mit
Gewalt selbst. Hierin wird dann eine Diskrepanz erkennbar zwischen der von
der Alltagspraxis distanzierten und ästhetisch verlagerten Auseinandersetzung
mit dem Problem der Gewalt auf der einen und den Überlegungen zur alltagspraktischen Bewältigung dieses Problems auf der anderen Seite. Auf der
einen Seite steht das ethisch-moralische Prinzip der Toleranz bzw. die Forderung danach (24), d. h. nach einer auf reziproker Verständigung und Perspektivenübernahme basierenden Kommunikation mit den anderen, den
Gegnern - verbunden mit dem Prinzip der Waffenlosigkeit (allerdings bereits
eingeschränkt). Auf der anderen Seite geht es um ein *Kalkül*, wie körperliche
Versehrtheit und negative Konsequenzen möglicher strafrechtlicher Sanktionen im Falle körperlicher Auseinandersetzungen vermieden werden können.
Überlegungen hinsichtlich der Konsequenzen für den anderen (also eine in
Reziprozität fundierte Moral) spielen hier keine Rolle mehr: wenn man den
anderen „vorher abknallt" (55), also „schneller" (66) ist, wird dies lediglich
unter dem Gesichtspunkt zum Problem, daß man negative strafrechtliche
Sanktionen zu gewärtigen hat. Auch hier wird der Habitus der „Sicherheit"
bzw. „Absicherung" erkennbar. Indem *Bm* dann zu den Texten zurückkehrt
(79-83), treten wieder moralische Prinzipien in den Vordergrund.

In der textlich-musikalischen Verarbeitung der Alltagspraxis werden also
dem alltagspraktisch-utilitaristischen Kalkül des Umgangs mit Gewalt
ethisch-moralische Prinzipien der Reziprozität gegenübergestellt und somit
auch Lernprozesse in dieser Richtung ermöglicht. Der fliegende Wechsel zwischen diesen Ebenen zeigt aber, daß sie bewußtseinsmäßig nicht klar aus-
differenziert sind. Der Wechsel wird dann später von *Cm* selbst konstatiert
und kritisiert (Textinhalt, 125-126): „(lachend) Themawechsel wir sind von
Texten abjekommen en bißchen".

Indem die Jugendlichen schließlich zu den Textinhalten zurückkehren,
einigen sie sich darauf, daß hier die Alltagspraxis, also das „Miteinander-
Untereinander-Leben" im Mittelpunkt stehen solle (Textinhalt, 147-173):

```
Aw:     dis is irgend n miteinander untereinander Leben       147
      ┌                                                       148
Bm:   └      └ Ja genau miteinander Leben                     149
        genau und (.) also jetze wo jetzt jetzt wolltn wa mal wie-   150
```

283

```
                der anfangen so n Text zu machen mm über Toleranz wat      151
                jetzt ooch nich so sein soll, daß es gegen Ausländerfeind-  152
                lichkeit is so direkt wa, dit is so mehr                     153
                                                    ⌐                        154
        Cm:                                         └ Njee dis is uff Ps     155
                                                    ⌐                        156
        Bm:                                         └ dit is so mehr         157
                dit is so mehr eigentlich einfach man plädiert da für To-    158
                leranz und man is so: dit kann sich n Linker kann sich dit   159
                anstecken kann sich die Jacke anziehen und jenauso kann      160
                sich n Rechter die Jacke anziehen                           161
                                                ⌐                            162
        Cm:                                     └ -Oder oder weeß ick ir-    163
                gend so n Türke aus Kreuzberg                                164
                                             ⌐                               165
        Bm:                                  └jenau                          166
                                                 ⌐                           167
        Cm:                                      └ der dit möchte  also (so zu) 168
                sagen jeder Mensch                                           169
                                   ⌐                                         170
        Bm:                        └ jeder jeder, der der einfach intole-    171
                rant is gegen andere, der kann sich diese Jacke anziehen     172
                und darüber machen wir jetzt ooch n Text (2) äh (.)          173
```

Die Jugendlichen sind auf der Suche nach Prinzipien der Toleranz, die für „*jeden* Menschen" Gültigkeit haben (168): „Linke", „Rechte" wie auch „irgend so en Türke" „kann sich diese Jacke anziehen" (172). Hier ist es also die Suche nach *universalen moralischen Prinzipien der Reziprozität*, die textlich-musikalisch bearbeitet werden soll (vgl. dazu auch die Beobachtungsprotokolle am Ende dieses Kapitels zum Versuch einer Integration der Stilelemente unterschiedlicher Gruppen während eines Konzerts).

Eine Suche nach solchen Prinzipien, die die Kommunikation der verfeindeten Lager miteinander und untereinander ermöglichen soll, begegnet uns bei den gewaltbereiten Jugendlichen nicht.

Gemeinsam ist den Jugendlichen der Gruppe *Hiptext* aber mit den Hooligans die Freude aufs Wochenende, auf den Spaß am Wochenende, für den sie die ganze Woche arbeiten und der ihnen diese Arbeit überhaupt erträglich macht (Prügeln, 27-53):

```
        Bm:                                             Ick will      27
                meinen Spaß haben am Wochenende und dafür arbeite ick die  28
                janze Woche                                            29
                      ⌐                                                30
        Aw:           └ (lacht)                                        31
                          ⌐                                            32
        Cm:               └ (lacht)                                    33
                                                                      34
        Bm:     na ja is doch so                                       35
```

```
Aw:                    └ (lacht) womit wir wieder beim Thema wären   37
                                                                │    38
Bm:                                                                  39
        Na is doch so man man freut sich uffs Wochenende und denn    40
        kriegt man Ärger oder so ja, wenn ick hier in Osterberg      41
        gehe in dem Zelt, wenn ick mir dit angucke, die janzen       42
        Hools da die F weeß nich nee danke (2) womit wa beim Thema    43
        (wärn),                                                       44
                    │                                                 45
Aw,Cm:              └ (Lachen)                                        46
                  │                                                   47
Cm:               └ na ja sagen wa so: dit jibt ne Menge dumme        48
        Leute die nischt im Kopp haben (1) und sagen wa mal dit       49
        jibt zu viele davon zur Zeit, nich nur hier im Berlin und     50
        in janz Deutschland oder in der janzen Welt in janz Europa    51
        oder überall so. Ick weeß nich im Moment is dit allet so n    52
        bißchen (.) sehr kraß radikal                                 53
```
(line 36 appears above line 37)

Es sind vor allem auch die „janzen Hools" (42-43), die zu der „Menge dumme Leute, die nichts im Kopp haben" (48-49) gehören, die ihnen den Spaß am Wochenende verderben, die aber - wie die komparative Analyse zeigt - gerade darin ihren eigenen Spaß finden.

Dennoch haben sie aber mit den Hooligans eben jene - aus der Problematik des Arbeitsalltages resultierende - Abspaltung von Arbeit und Freizeit, Arbeitsalltag und Wochenende gemeinsam: das eigentliche Leben findet am Wochenende statt. Der Arbeitsalltag wird auch nicht in ihren Texten bearbeitet und findet somit auch keinen Eingang in diesen Bereich der Selbstverwirklichung durch ästhetisch verlagerte Kommunikation.

Lebensgeschichte:

Berthold

Zur Interviewsituation

Zu dem für das Interview mit *Berthold* vereinbarten Termin traf ich ihn im Club „Bohne". *Berthold* war äußerst interessiert am Zustandekommen der Interviews. Dies zeigte sich auch daran, daß er, als der Kassettenrecorder im letzten Drittel defekt war, sich sehr engagiert um Ersatz bemühte. Aufgrund der Unterbrechung dauerte das Interview 4 Stunden. Teile des Interviews mußten bei einem zweiten

Termin wiederholt werden, da die Aufnahme mit dem Ersatzgerät partiell untauglich war.

Während des Interviews flirtete *Berthold* immer wieder durch die Glasscheibe der Tür hindurch mit einem ca. 15-jährigen Mädchen, das ihn ganz offensichtlich anhimmelte, zweimal hereinkam und neugierig war, was wir dort machten. *Berthold* hielt sie im Ungewissen und bedeutete ihr, sie solle auf ihn warten, er käme „gleich". Gegen Ende des Interviews war sie gegangen. Ich fuhr *Berthold* noch nach Hause, da er ein Fußballspiel sehen wollte (es war Weltmeisterschaftszeit). Er wohnt in einem „6er", wie er sich ausdrückte, also einem 6-stöckigen Hochhaus am Rande von Oststadt. Bei der Verabschiedung versprach ich ihm eine baldige Zusendung der Transkripte.

Biographisches Portrait

Berthold sucht zu Beginn des Interviews nach verallgemeinerbaren Kriterien für eine Begründung des zeitlichen Anfangspunktes seiner Erzählung (1-16):

```
Bm:   Puhh wo fang ick da an, dit is immer so'n bißchen blöd     1
      mit'm anfangen, ähm (2) fängt man eigentlich da an wo man   2
      anfängt (.) mit'n Leben, ick würde sagen mit der Je-        3
      burt.(.)                                                    4
                                                                  5
Y1:   └Hmhm.                                                      6
                                                                  7
Bm:   Und zwar jib's da eigentlich schon wat zu erzählen (.)      8
      also mein Vadder hatte den ersten Arbeitstag- der war erst  9
      bei da Armee ne,                                            10
                                                                  11
Y1:         └Hm.                                                  12
                                                                  13
Bm:   da hat er'n ersten Arbeitstag jehabt und jenau an dem Tag   14
      gings bei meiner Mutter los und ick war ja nu 'ne Frühje-   15
      burt (.)                                                    16
```

Berthold entscheidet sich schließlich für den ihm persönlich („ick würde sagen"; 3) angemessenen Anfangszeitpunkt: die Geburt. Denn darüber gibt es „eigentlich schon wat zu erzählen" (7). „Eigentlich" verweist darauf, daß er dies offensichtlich für einen außerordentlich frühen Anfangspunkt hält, der aber dadurch gerechtfertigt ist, daß ihm die Phase der Geburt erzählenswert erscheint: es war eine „Frühgeburt". Dies nicht im medizinischen Sinne, denn über derartige Komplikationen wird auch im folgenden nichts berichtet, sondern im sozialen Sinne. Er kam unerwartet früh zur Welt, d. h. seine Geburt war mit der Zeitplanung der Familie (der Vater trat an diesem Tag seinen Wehrdienst an) nicht vereinbar (19-58):

```
Bm:    und dit war halt ähm (.) November '72 und da war nun 'n      19
       Riesensturm, dit war wohl der Jahrhundertsturm überhaupt,     20
       war wohl der größte (.) Sturm überhaupt, und da hat's         21
       überall die Dächer abje- abjefegt und so und Bäume sind       22
       umgekippt uff der Straße und mein Opa, meine Mutter hinten    23
       rin ins Auto (.) und dann über't Feld gefahren, weil die      24
       konnten die Allee nich fahren, die wohnten bei NW-Dorf und    25
       dit nächste Krankenhaus war UB-Stadt                          26
                                                                     27
Y1:                            └Oh Gott.                             28
                                                                     29
Bm:    und dann konnten se die janzen Alleen nich lang fahren        30
       dort und dann sind se über dit Feld gefahren, über'n Acker    31
       (.) und denn im Krankenhaus anjekommen, dit muß natürlich     32
       allet schnell gehen und dann irgendwie fingen se dann an      33
       daß Stromversorgung, da is'n Baum einjebro- einjestürzt       34
       inne Stromversorgung, da ham se keen Strom jehabt, da ham     35
       se hier Notstrom gehabt und dann hier ähh Kerzenlichter       36
       und so'n Zeug                                                 37
                                                                     38
Y1:    └Ja.                                                          39
                                                                     40
Bm:    ham se da hingestellt und bei Kerzenlicht bin ick dann zur    41
       Welt jekommen, dit war schon mal mein-                        42
                                                                     43
Y1:                            └Daat is ja-                          44
                                                                     45
Bm:    (.) mein Dings, dit fand ick schon mal janz cool, denn        46
       hat- darum hat mich der Arzt dann damals immer Sturmfalke     47
       jenannt (.) ähh ick meine-                                    48
                                                                     49
Y1:    └Wie? Sturmfalke?                                             50
                                                                     51
Bm:            └Sturmfalke, oder SturmEF eigentlich,                 52
       weil mein Nachname is halt EF ne,                             53
                                                                     54
Y1:            └Ja. Ja.                                              55
                                                                     56
Bm:    darum hat er auch SturmEF  gesagt der Arzt, war noch janz     57
       lustig.                                                       58
```

Seine Geburt war also nicht nur im familialen Rahmen „früh", sondern fand darüberhinaus auch noch zu einem ungünstigen Zeitpunkt hinsichtlich der äußeren Bedingungen statt. Die von *Berthold* entfaltete Szenerie nach Art einer Weltuntergangsmetaphorik weist auf den Verlust von Sicherheiten und auf Gefahren hin. Im Kampf mit diesen äußeren Gefahren gelingt es aber den anwesenden Familienangehörigen - genauer dem „Opa" väterlicherseits - ihn sicher in die Klinik zu bringen.

Auch im Krankenhaus setzen sich die ungünstigen, äußeren Umstände fort: Durch den Sturm war die Stromversorgung des Krankenhauses zusammengebrochen, wodurch *Berthold* dann „bei Kerzenlicht... zur Welt gekommen" ist (41-42). Diese Situation wird von ihm positiv evaluiert: „Dit war schon mal mein (.) mein Dings, det fand ick schon mal janz cool" (42 u. 46). Er arbeitet in seiner Erzählung also die Aspekte der Einzigartigkeit, Unverwechselbarkeit dieser Situation heraus, die er zugleich als seinem Selbst ausgesprochen angemessen ansieht („mein Dings"). Daß er dies im Imperfekt tut („fand ick janz cool"; 46), wirft die Frage auf, welchem Zeitpunkt das erzählte Ich hier zuzuordnen ist. Offensichtlich ist es jener Zeitpunkt, zu dem *Berthold* diese Erzählung zum ersten Mal erfahren hat. Dies wohl durch seine Mutter, denn seine Großeltern väterlicherseits sind (wie an späterer Stelle deutlich wird) bereits gestorben, als *Berthold* drei Jahre alt war. *Berthold* übernimmt hier also vollständig die Perspektive seiner Mutter, also derjenigen, die auch mit dafür Sorge getragen hat, daß er trotz aller Bedrohungen seitens einer aufgewühlten Umwelt sicher auf die Welt gekommen ist.

Zugleich hebt er bzw. seine Mutter mit dieser drastischen Schilderung aber auch das Besondere, die Einzigartigkeit der Umstände seiner Geburt hervor: Es geht darum, der eigenen Existenz eine spezielle Note zu geben, sie von einer Normalität abzuheben. Diese Einzigartigkeit, wie sie bereits den Einstieg in seine Biographie, den Beginn seiner persönlichen Identität markiert, wird durch die Reaktion des Arztes bestätigt. Auch für ihn, für den Geburten alltäglich sind, ist die Situation der Geburt von *Berthold* und schließlich auch er selbst etwas besonderes. *Berthold* ist der „Sturmfalke" der mit seiner Geburt den Unbilden der Umwelt getrotzt hat.

Damit treten zwei Komponenten autobiographischer Darstellung hier deutlich hervor: die (vertrauensvolle) Übernahme der mütterlichen bzw. väterlichen Perspektive auf die eigene Kindheitsgeschichte und die (auf diesem Wege vermittelte) Einzigartigkeit und Unverwechselbarkeit als Grundlage individueller bzw. persönlicher Identität. Zugleich sorgen die Familienangehörigen - seine Mutter und die Eltern seines Vaters - dafür, daß er trotz aller Unbilden der Umwelt sicher zur Welt gebracht wird. All dies kontrastiert in evidenter Weise mit den Biographischen Portraits der Hooligans.

Berthold charakterisiert dann in unmittelbarem Anschluß die Situation seiner Kindheit, die er (wie später deutlich wird) in einem Dorf verbrachte, aus dem seine Mutter stammt und in dem seine Großeltern mütterlicherseits noch heute wohnen (59-67):

```
Bm:     Dann ham wa (.) in NW-dorf jewohnt, (.) also is ja hier-      59
        wat is'n dit 30 Kilometer,                                    60
                                                                      61
Y1:                        └ Hm.                                      62
                                                                      63
Bm:     36 von Berlin, eigentlich 'n Dorf ne, also jeder kennt        64
        jeden. (.) Halt damals als Kind war eigentlich 'ne schöne     65
        Zeit für mich ne (.) unnd Kindergarten war eigentlich al-     66
        let okay gewesen.                                             67
```

Berthold bietet nach einer räumlichen Zuordnung („36 km von Berlin", 60 u. 64) gleich eine globale Charakterisierung des milieuspezifischen Zusammenhanges an: „Jeder kennt jeden" (64). Dem folgt eine Globalevaluation dieser Kindheitsphase: sie wäre „eigentlich ne schöne Zeit" (65 u. 66) für ihn gewesen. Auch in der Institution des Kindergartens „war eigentlich alles okay" (66 u. 67). Der häufige Gebrauch der relativierenden Operatoren in dieser Globalevaluation („eigentlich"; 65 u. 66) weist schon formal auf eine Gebrochenheit in dieser Charakterisierung hin. Dies wird dann in *Bertholds* daran anschließenden Ausführungen deutlich (68-94):

```
Bm:     Ick weeß nur noch, denn- daß ick- meene Oma war ja auch da    68
        in NW-dorf (2) und irgendwie ick hab ziemlich viel Mist       69
        gemacht zu Hause, ick weeß nich,                              70
                                                                      71
Y1:                        └Hm.                                       72
                                                                      73
Bm:     so nacht- nachts abjehaun (.) ähm weil- weil da war Kin-      74
        derfest oder so und dann hab ick gedacht so Kinderfest? Na    75
        toll, is wat für Kinder und nich für Erwachsene, weil die     76
        Erwachsenen haben abends alleene jefeiert,                    77
                                                                      78
Y1:                        └Hm.                                       79
                                                                      80
Bm:     hab ick gesagt, dit kann ja nich sein ne. Meine Eltern        81
        jedacht, naja unser Sohn schön in Ruhe in seinem Bett und     82
        icke hau dann nachts ab und bin dann- tauch dann da auf       83
        dem Fest uff ja, dann ham se mich erst mal nach Hause je-     84
        bracht. Ick hab irgendwie muß ick sagen in NW-dorf, ick       85
        hab damals- it war 'n Einfamilienhaus wat so alt war, hab     86
        ick Angst gehabt, weil ick dachte- ick weiß nich warum,       87
        ick dachte immer die Wohnung brennt.(.)                       88
                                                                      89
Y1:                        └ Hm.                                      90
                                                                      91
Bm:     Ich weiß nich warum, ich weiß echt nich warum, ich hab        92
        immer jedacht die Wohnung brennt ab oder mir passiert ir-     93
        gendwas, wenn ick alleen da war.                              94
```

Es handelt sich hier um eine Schlüsselszene seines kindlichen Erlebens im Dorf, die dokumentarischen Charakter für das Verhältnis seiner Familie zum sie umgebenden verwandtschaftlichen Milieu besitzt. Dies wird metaphorisch durch die sich daran anschließende abstrahierende Beschreibung deutlich *Berthold* hatte „Angst" in dem „Einfamlienhaus wat so alt war" (86-87). Er dachte „immer", die Wohnung könne „brennen" oder, ihm „passiere irgendwas", wenn er „alleene da" war (93-94). Die Generalisierung („immer") sowie der Modus der abstrahierenden Beschreibung lassen darauf schließen, daß es sich bei diesen Angstgefühlen des Kindes nicht um ein singuläres, nur auf die eine Situation („Kinderfest") bezogenes Phänomen handelte, sondern um ein generelleres. Zugleich wird aber auch erkennbar, daß er die Angst aktiv zu bewältigen weiß. Er verläßt das Haus und sucht die Nähe der Eltern (74-77), durchbricht damit aber auch die Grenzen eines konstitutionellen und gehorsamen Verhaltens. (Er hat „ziemlich viel Mist gemacht zu Hause"; 69-70). Die „Oma", die, wie er eingangs betont, „ja auch da in NW-Dorf" wohnte (68-69), war offensichtlich nicht in der Lage oder nicht bereit, sich um ihn zu kümmern. Um diese Focussierungsmetapher in ihrem dokumentarischen Gehalt genauer bestimmen zu können, ist es zunächst nötig, die Verhältnisse in NW-Dorf, insbesondere unter dem Gesichtspunkt des Verhältnisses der Familie zum sie umgebenden verwandtschaftlichen Milieu, zu rekonstruieren.

Daß er die verwandtschaftlichen Zusammenhänge am Anfang der gerade interpretierten Passage - die äußerst im Indexikalen gelassene „Oma" - eliminiert, deutet auf ein prekäres Verhältnis zu ihr hin. Expliziert und plausibilisiert wird dies erst später, wenn *Berthold* das verwandtschaftliche Milieu vertiefend behandelt. Er tut dies im Rahmen von Ausführungen über das Verhalten der Verwandtschaft dem Krebsleiden und Tod seines Vaters gegenüber. Noch als der Vater im Sterben lag, hätten die Verwandten schon „sehr früh angefangen zu fragen, was wir mit dem Trabi machen und so Aufteilungssachen und so" (Verwandtschaft 24 u. 25). Außer, daß sie „ihre Sprüche abgelassen" (40) und ihn damit unter Druck gesetzt hätten, „mehr Zeit" (49) für seinen Vater zu haben, wäre keine Unterstützung gekommen. Er habe „mit der Verwandtschaft" heute nichts mehr zu tun.

Er geht dann auf das Verhältnis zu der „Oma" mütterlicherseits in NW-Dorf ein (Verwandtschaft 73-81):

```
Bm:   ick muß sagen ick hab meine Oma und meinen Opa (2) (ick      73
      würde) sagen nie richtig leiden könne. Weil meine Oma war    74
      Kellnerin hatte nie Zeit für mich (2) ich glaube hat mich    75
      auch- dacht ick zumindest damals auch daß sie mich nie       76
      richtig geliebt hat und ähm weil sie hatte nen eigenen       77
```

```
Sohn dis war wahrscheinlich dis Ding. Sie hat mit vierzig    78
ihren Jungen noch gekriegt wir waren sechs Jahre unter- äh    79
auseinander. Da hat sie noch nich diese Mut- diese Omage-    80
fühle ne? (2) Weil sie ja n'eigenes Kind noch hat            81
```

Die Oma hatte auf Grund ihrer Tätigkeit als Kellnerin nie Zeit für ihn. *Berthold* generalisiert dahingehend, daß sie ihn nie „richtig geliebt" hätte, sie hätte durch ihre späte Mutterschaft noch keine „Omagefühle" entwickeln können. Als Kind hätte er nur mitbekommen: „sie is nich so wie andere Omas sind ne," (Verwandtschaft; 100). Auch hätte er kein Photo (105) gefunden, auf dem er mit seiner Oma zusammen abgebildet war. Diese Oma kontrastiert er mit der „anderen Oma" väterlicherseits, die starb, als *Berthold* „n-paar Monate alt" war. (Verwandtschaft; 120-129):

```
Bm:   Die is durch ganz ZP-Dorf gerannt, hat gesagt: „Ich hab'n    120
      Enkelkind, das ist mein Enkelkind", die war so stolz auf     121
      mich und die war so lieb, die war so lieb ja,                122
                                                                   123
Y1:                                            └Hm.                124
                                                                   125
Bm:   unnnnd ick hab sie mehr geliebt als meine Oma die noch      126
      gelebt hat. (.) Ihr Mann is noch früher gestorben, der      127
      weeß och von meiner Mutter nischt, also mein Vadder hatte   128
      niemanden mehr.                                             129
```

Das, was die Oma mütterlicherseits ihm verweigerte, bekommt er hier (allerdings wiederum nur in den Erzählungen der Eltern: die Oma starb, bevor er sie erinnerbar wahrnehmen konnte) im Überfluß: das Enkelkind ist so einzigartig, daß es „stolz" durchs Dorf getragen wird. Hierin dokumentiert sich, daß das durch die Oma in ZP-Dorf repräsentierte väterliche Herkunftsmilieu im innerfamiliären Diskurs - die Eltern haben es ihm ja erzählt - mit positiven Erinnerungen („so lieb") verbunden wird.

Dieser Teil des verwandtschaftlichen Milieus (das verwandtschaftliche Herkunftsmilieu des Vaters) wurde jedoch in der Familie an den Rand gedrängt: der Vater hatte noch „Halbgeschwister", zu denen jedoch keine Verbindung mehr bestand, da die Oma mütterlicherseits dies verhinderte, wie sich aus der folgenden Passage entnehmen läßt, in der das Verhalten der Oma bei der Hochzeit der Eltern thematisiert wird (Verwandtschaft; 152-184):

```
Bm:   und zu denen hat er aber auch kein- kein- keine Verbindung   152
      mehr gehabt muß ick sagen                                    153
                                                                   154
Y1:                           └ Hm.                                155
                                                                   156
```

```
Bm:    zu seinen Geschwistern, woran meine Oma Schuld war, müt-   157
       ters- mütterlicherseits (.)                                158
                                                                  159
Y1:                     └ Hmhm.                                   160
                                                                  161
Bm:    weil sie bestimmt hatte damals zu Hochzeit werden die      162
       nicht eingeladen, da kommen nur Verwandte (.) mütterli-    163
       cherseits, war ja nich soviel Platz da oder was weiß ich,  164
       meine Oma war damals och-                                  165
                                                                  166
Y1:                     └ Hmhm.                                   167
                                                                  168
Bm:    ick sach ja, ich hab sie nich geliebt (.)                  169
                                                                  170
Y1:                               └ Hm.                           171
                                                                  172
Bm:    und zwar auch deswegen weil sie so'ne bösen Sachen abgezo- 173
       gen hat. Sie hat zum Beispiel- sie war bei der Eheschlie-  174
       ßung nich mit dabei (2)                                    175
                                                                  176
Y1:                     └ Hm.                                     177
                                                                  178
Bm:    sie mußte arbeiten (2)                                      179
                                                                  180
Y1:                     └(lacht)                                  181
                                                                  182
Bm:    ja (.) und sie hat so viele Sachen gemacht wo ich sage, so 183
       (.) kann ich- kann ich einfach nich (.) ja,               184
```

Es wird an dieser Szene deutlich, daß die Oma versuchte, die Verwandtschaft des Vaters (und damit das verwandtschaftliche Milieu) auszugrenzen und darüberhinaus mit der Heirat insgesamt nicht einverstanden war. Es handelte sich also um eine, zumindest von der Großmutter und damit vielleicht auch vom dörflichen Milieu nicht erwünschte Heirat. Vater und Mutter von *Berthold* kamen aus verschiedenen Dörfern (ZP-Dorf und NW-Dorf). Der Vater ist also in das Dorf der Mutter in das „Einfamilienhaus wat so alt war" (84) gezogen und nicht umgekehrt.

Die Ausrichtung der Oma mütterlicherseits an den Orientierungen der ortsgesellschaftlichen Öffentlichkeit von NW-Dorf wird deutlich an einer Episode, die *Berthold* zur Verdeutlichung seines schlechten Verhältnisses zu ihr schildert: Als sie schon in Oststadt wohnten, sei er „niemals rausgefahren" zu seiner Oma, was ihr, wie er erzählt, „peinlich" gewesen sei, ihr also wohl nur deshalb zum Problem geworden ist, weil es zu den Normen dieses dörflichen Milieus, in dem „jeder jeden kennt", (63 u. 64) gehört, daß ein Enkel die Oma besucht.

Das Verhältnis zwischen *Bertholds* Eltern und der mütterlichen Verwandtschaft war schon zu Lebzeiten des Vaters von Spannungen geprägt, wie an anderer Stelle deutlich wird, auf die wir hier nicht näher eingehen können (vgl. Verwandtschaft; 275-301).

Entscheidend ist, daß die Mutter die Wahl ihres Ehemannes offensichtlich gegen die Vorstellungen der gesamten Verwandtschaft mütterlicherseits getroffen hat, woraus sich eine ganz wesentliche Konfliktdynamik in dem familialen Milieu *Bertholds* speist. Dies wird deutlich an dem Verhalten des verwandtschaftlichen Milieus in NW-Dorf nach dem Tod des Vaters der Mutter gegenüber, auf Grund dessen die Verwandschaft bei *Berthold* „sowieso unten durch" ist (Verwandtschaft; 493-521):

```
Bm:   weil sie einfach niemanden hatte (.) außer Oma und Opa      493
      aber dit wie jesagt die warn ja denn och zu der Zeit n      494
      bißchen komisch zu ihr- klar sie war auch komisch sicher-   495
      lich ne, weil sie hat ja an ihrem Mann gehangen und ir-     496
      gendwann ham die Leute denn gesagt alsoo sprich die Ver-    497
      wandtschaft da war is ja was janz böses passiert beim Je-   498
      burtstag oder bei irgen-                                     499
                    ⌐                                             500
Y1:                 ⌐ Hmm                                         501
                                                                 502
Bm:   irgendwas war da draußen in NW-Dorf jewesen (.) da war ich  503
      nich mit (2) meine Mutter- also die ham sie ham sie alle    504
      ange- angefahrn was sie denn noch hinterhertrauere so nach  505
      dem Motto und (.) sie solle sich nich so haben oder was     506
      weiß ich und (.) dis warn so ganz böse Sachen die se ihr    507
      an' Kopf jeworfen ham- hab ich auch vergessen weil ick      508
      gloobe sone janz schlimmen Sachen will ick alle vergessen   509
                                                  ⌐              510
Y1:                                               ⌐ Hmm          511
                                                                 512
Bm:   uff jeden Fall (.) ähm war et so schlimm jewesen, daß mei-  513
      ne Mutter und dit macht se eigentlich nich oft anjezogen    514
      wär und jegangen wär und ick hab jesagt zu ihr „warum bist  515
      Du nicht gegangen?"                                         516
                                                                 517
Y1:                 ⌐ Hmm                                         518
                                                                 519
Bm:   war wirklich wat janz Krasses und (.) seitdem is meine      520
      Verwandtschaft bei mir sowieso unten durch (.)              521
```

Berthold, der in dieser für die Familiengeschichte zentralen Situation des Konflikts nicht dabei war (503-504), wird darüber von seiten der Mutter informiert. Er übernimmt hier aber nicht nur die Perspektive der Mutter, sondern tritt auch mit ihr in eine solidarische metakommunikative Auseinandersetzung über die Art und Weise der Gestaltung des Verhältnisses zur Verwandtschaft ein. Hier dokumentiert sich ein deutlicher Unterschied zur kommunikativen Beziehung der Hooligans zu ihrer Familie (*Benno* und seiner Mutter und *Falko* und seinen Eltern). Auch wenn diese „schlimmen Sachen" (509), die Ereignisse, durch die der Bruch zum verwandtschaftlichen Zusammenhang besiegelt wurde, ihm nicht mehr gegenwärtig sind („er „will" sie „vergessen"; (509), so ist das Verhältnis zu seiner Mutter nicht dadurch beeinträchtigt, vielmehr noch gefestigt worden - auf der Grundlage einer innerfamilialen Kommunikation.

Berthold thematisiert dann im Fortgang der Eingangserzählung (zu der wir nun zurückkehren) zunächst weder seine Großeltern noch seine Eltern, sondern fährt mit einem die Angstthematik abbrechenden, sie relativierenden Rahmenschaltelement („Naja") fort (96-119):

```
Bm:   Naja und wat denn noch damals ziemlich lustig war, (.) ick    96
      war un- ick war total begeistert von der Hitparade ne (.)     97
                                                          |          98
Y1:                                                       └Hm.       99
                                                                    100
Bm:   und ick hab immer sämtliche Lieder nachgesungen und wenn     101
      ick eenmal Hitparade nich sehen durfte war ick stinkbelei-   102
      digt. Dann hab ick in meinem Bett immer Hitparade jesungen   103
      und dann och nächsten Tag meinetwegen hier im- vor'm Flei-   104
      scher oder so ne.                                            105
                    |                                              106
Y1:                 └Hm.                                           107
                                                                  108
Bm:   Dann kam- hat die (.) Verkäuferin immer jesagt, ja wo is    109
      denn der Sänger, dann bin ick immer rin, dann hat se immer  110
      jesagt, „na wat willste denn heute, 'ne Boulette oder 'ne   111
      Wiener Wurscht?", dann hab ick immer irgendwat zu essen     112
      gekriegt dafür                                              113
                  |                                               114
Y1:               └Hm.                                            115
                                                                  116
Bm:   daß ick da draußen jesungen hatte wa (lacht). Da war ick    117
      janz stolz jewesen. Ja und denn sind wa irgendwann- (.)     118
      '78 sind wa nach Berlin.                                    119
```

Das, „was noch ziemlich lustig" war - mit dieser Formulierung bezieht er das vorher Geschilderte also mit ein ins Lustigsein - war seine „Begeisterung für die Hitparade". Er bricht also die Problematik des Alleinegelassenwerdens und der daraus resultierenden Angstthematik ab zugunsten einer Thematisierung der Affizierung durch Musik und daran anschließend (und dies exemplifizierend) einer Thematisierung seiner späteren Kernaktivität: dem Singen. *Berthold* sang dann „Hitparade im Bett" und am „nächsten Tag vor dem Fleischer". Die Verkäuferin gibt ihm dafür, daß er „da draußen" singt, etwas zu essen, was ihn mit „Stolz" erfüllt.

Berthold gelingt es also, in jenem Medium, das für seine sozialen Beziehungen immer noch zentral ist, eine Beziehung der Gemeinsamkeit, sozusagen der „habituellen Übereinstimmung" jenseits der verwandtschaftlichen Beziehungen, nämlich innerhalb der zunächst anonymen dörflichen Nachbarschaft herzustellen.

Zugleich werden durch die „Bezahlung" der Verkäuferin seine Leistungen und damit seine Einzigartikeit - wie schon beim Arzt - objektiviert, was wiederum in den Rahmen der Eltern paßt. Jetzt ist es die „frühe Begabung": schon als kleiner Junge sang er so gut, daß er „Wiener Würstchen und Bouletten" als Gegenleistung erhielt. Damit kann *Berthold* hier schon auf etwas „Erworbenes" - die von der Verkäuferin geadelte musikalische Performanz - stolz sein.

In diesem Zusammenspiel zwischen elterlicher Spiegelung und Bestätigung seiner „Begabung" und den eigenen Erfahrungen in bezug auf musikalische Betätigung dokumentiert sich der Kerngehalt auch anderer, späterer Episoden, mit Hilfe derer *Berthold* eine biographische Kontinuität („Sänger") herstellt.

Diese Form des Umgangs mit Anforderungen und Problemen seiner sozialen Umwelt ist kennzeichnend für *Bertholds* persönlichen Habitus: er geht an die Öffentlichkeit, versucht im Medium Musik Kommunikation zwischen Familie und dörflichem Milieu herzustellen.

Es folgt der Umzug der Familie *Bertholds* nach Berlin (119-153):

```
Bm:                              Ja und denn    119
      sind wa irgendwann- (.) '78 sind wa nach Berlin.  120
                                                121
Y1:                      └Hm.                   122
                                                123
Bm:   Da war ick- also hier Neubau und so. Ja an sich war ick-  124
      ick meine ick hab mich da überall anjepaßt, also mit- mit  125
      Leuten oder so hab ick eigentlich nie Probleme jehabt (.)  126
      mhh deshalb hat mich dit och nich so gestört, nur daß- wir  127
      konnten ja nirgendswo spielen, war ja allet Baustelle ne,  128
                                                129
Y1:                      └Hm.                   130
                                                131
Bm:   also überall Häuser und Baustellen, und wat mich eigent-  132
      lich stört, da wo ick uffjewachsen bin, niemand in meinem  133
      Alter. Also die waren alle (.) entweder so jung, daß ick  134
      mit denen eh nischt zu tun hatte oder die waren halt viel  135
      viel älter, daß die mit mir nischt zu tun hatten. Also wir  136
      waren vielleicht zwei oder drei aus der Klasse, aber mehr  137
      waren da in meinem Umkreis nich, die in meinem Alter wa-  138
      ren.                                      139
                                                140
Y1:              └Jetzt-                        141
                                                142
```

```
Bm:      So wie hier zum Beispiel,                                    143
                              ⌐                                       144
Y1:                          └Hm.                                     145
                                                                     146
Bm:      hier sind ja alle in einem Alter ne. Wenn m- ick jetz hier   147
         die Gegend sehe, die sind- da sind Cliquen oder sonstwas,    148
         die sind alle in einem Alter,                                149
                                    ⌐                                 150
Y1:                                └Hm.                               151
                                                                     152
Bm:      bei mir da war eigentlich nichts, da war (.) null.           153
```

Das erste, was nach der Charakterisierung der Örtlichkeiten in *Bertholds* Schilderung folgt („Neubau und so") ist eine Theorie über das eigene Selbst: er habe sich „da überall angepaßt", was sich daran zeige („also"), daß er mit „Leuten nie Probleme gehabt habe". Auf Grund dieser Anpassungsleistung hätte es ihn auch nicht „so gestört". Dieser Globalevaluation läßt er - homolog zur Schilderung der dörflichen Situation (64/65) - eine abstrahierende Beschreibung folgen, aus der hervorgeht, daß es Umstände gegeben hat, die ihn sehr wohl „gestört" haben. Die diesbezüglich von *Berthold* vorgebrachte Erklärungstheorie beinhaltet zwei „Störfaktoren": Zum einen der fehlende Raum zum „Spielen" und zum anderen das fehlende altershomogene nachbarschaftliche peer-group-Milieu. Er bekräftigt diese Ausführungen mit einer die damalige Kontaktsituation zusammenfassenden, konkludierenden Globalevaluation: „da war null".

Für *Berthold* hatte der Umzug nach Berlin also den Effekt, in seinen Kontaktmöglichkeiten zu Gleichaltrigen eingeschränkt zu werden. Seine Kontakte waren auf seine unmittelbaren Bezugspersonen beschränkt: die Eltern.

Im Anschluß an die Thematisierung der fehlenden Gleichaltrigenszene schildert er eine häusliche Kommunikationssituation (155-167):

```
Bm:      Und aus meinem Kindergarten, dit war auch noch ganz lu-      155
         stig, weil wiejesagt NW-dorf, dit war ja auch- viele aus     156
         NW-dorf haben ja im ABC jearbeitet und ick hab ja nun och    157
         in so'm Haus (.) denn AWG-Wohnung und so weiter ne           158
                                                        ⌐             159
Y1:                                                    └Hm.           160
                                                                     161
Bm:      unnnd der eene, der is nach Australien jejangen mit seinen   162
         Eltern dann, (.) war och janz lustig so, meine- meine- hab   163
         ick jesagt zu meine Mutter, ja Robby fährt zu die Negers     164
         (lacht). Meine Mutter: „(    ) wat? Ach Quatsch, kann ja     165
         nich sein" und so, und irgendwann ham sit dann mitje-        166
         kriegt.                                                      167
```

Es wird hier erkennbar, daß *Berthold* bereits als kleines Kind besser über die Veränderungen in der Nachbarschaft informiert war als seine Eltern (er findet dieses Informationsgefälle hier „janz lustig"; 163), was auf deren wenig ausgeprägte Einbindung in den nachbarschaftlichen Zusammenhang verweist. Daß *Berthold* die Außenkontakte der Familie als problematisch einschätzt, wird in einer späteren Passage explizit. Nach einer Schilderung des Inhalts, daß ein befreundetes Ehepaar seine Eltern zum Hüten ihres Kindes ausgenutzt hätte um dann, als es größer war, unter der fadenscheinigen Begründung, daß *Bertholds* Vater in der SED sei (was sie die ganze Zeit gewußt hätten) den Kontakt abzubrechen, fügt er evaluierend hinzu (Verwandtschaft, 433-461):

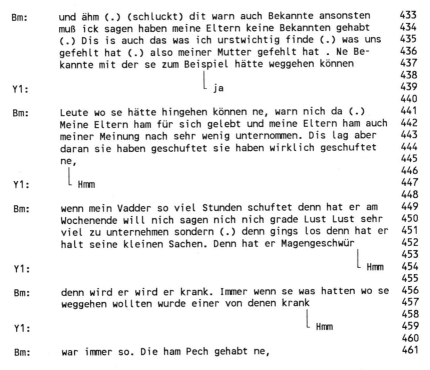

```
Bm:    und ähm (.) (schluckt) dit warn auch Bekannte ansonsten    433
       muß ick sagen haben meine Eltern keine Bekannten gehabt     434
       (.) Dis is auch das was ich urstwichtig finde (.) was uns   435
       gefehlt hat (.) also meiner Mutter gefehlt hat . Ne Be-     436
       kannte mit der se zum Beispiel hätte weggehen können        437
                                                                   438
Y1:                      └ ja                                      439
                                                                   440
Bm:    Leute wo se hätte hingehen können ne, warn nich da (.)      441
       Meine Eltern ham für sich gelebt und meine Eltern ham auch  442
       meiner Meinung nach sehr wenig unternommen. Dis lag aber    443
       daran sie haben geschuftet sie haben wirklich geschuftet    444
       ne,                                                         445
                                                                   446
Y1:         └ Hmm                                                  447
                                                                   448
Bm:    wenn mein Vadder so viel Stunden schuftet denn hat er am    449
       Wochenende will nich sagen nich nich grade Lust Lust sehr   450
       viel zu unternehmen sondern (.) denn gings los denn hat er  451
       halt seine kleinen Sachen. Denn hat er Magengeschwür        452
                                                                   453
Y1:                                                 └ Hmm          454
                                                                   455
Bm:    denn wird er wird er krank. Immer wenn se was hatten wo se  456
       weggehen wollten wurde einer von denen krank                457
                                                                   458
Y1:                                                 └ Hmm          459
                                                                   460
Bm:    war immer so. Die ham Pech gehabt ne,                       461
```

In dieser Sequenz wird die fehlende Eingebundenheit der Familie in ein sozialräumlich-nachbarschaftliches Milieu innerhalb der sich gerade im Aufbau befindlichen Oststadt explizit. Das hier von *Berthold* besonders hervorgehobene „Weggehen mit Bekannten", welches er als „urswichtig" bezeichnet, verweist bereits auf seinen eigenen Vergleichshorizont des Umgangs mit Kontakten: über möglichst viele „Bekannte" in der „HipHop-

Family" zu verfügen (siehe weiter unten). Während für seine Mutter das Herkunftsdorf noch eine reale Kontaktressource war - sie fuhr ja öfters nach NW-Dorf und sprach mit den Verwandten - gab es für seinen Vater hingegen „kein Zurück" mehr: seine Eltern in ZP-Dorf waren tot, und das mütterliche Verwandtschaftsmilieu lehnte ihn ja - wie oben herausgearbeitet - aus bisher noch nicht genau geklärten Gründen ab.

Der Lebensentwurf des Vaters zeichnete sich durch eine einseitige Konzentration auf die Arbeitssphäre aus. Die fehlenden Kontakte der Eltern erklärt *Berthold* ja auch mit der hohen Arbeitsbelastung („schuften"; 444) und den daraus resultierenden Krankheiten des Vaters. Die euphemistische Formulierung „kleine Sachen", mit der unter anderem ein Magengeschwür des Vaters bezeichnet wird, verweist auf eine spezifische Art des Umgangs mit dem eigenen Körper, nämlich eine, die an der Unterordnung körperlicher Versehrtheit unter die Anforderungen der Arbeitssphäre orientiert ist. Hierin dokumentiert sich eine extreme Arbeitsethik, die im Falle des Vaters buchstäblich zum „Umfallen", also zum Tod geführt hat, wie dies in einer anderen Sequenz (2662-2672) noch einmal hervorgehoben wird.

Berthold macht jedoch seinen Vater nicht dafür verantwortlich, sondern stellt dies als schicksalshafte Fügung dar: „die haben Pech gehabt ne," (461).

Die familiale Situation verdichtet sich in geradezu dramatischer Weise in den Schilderungen *Bertholds* zum Krebsleiden seines Vaters. Dieser erhielt Anfang 1991 die Diagnose „Krebs" und wurde sehr schnell bis zu seinem Tode im April 1992 zum Pflegefall. Selbst als der Vater schon vom Tode gekennzeichnet war, überließ er sich nicht einer „Leck-Arsch-Stimmung" (2736), wie *Berthold* berichtet, sondern lehnte „Morphium" ab, um geistig fit zu bleiben und der Familie noch letzte Anweisungen bezüglich der Einzahlung der Rentenversicherung zu geben (2954-2966):

```
Bm:    die Ärztin hat gesagt: „Der Mann kann doch die Schmerzen   2954
       überhaupt nich aushalten", hat Morphium abgelehnt damit-    2955
       weil er wußte, wenn er Morphium nimmt is er geistig nich    2956
       mehr da,                                                    2957
                                                                   2958
Y1:          Hm.                                                   2959
                                                                   2960
Bm:    aber er konnte nich mehr sprechen, er hat- er hat aufge-    2961
       schrieben für uns, er hat- er war geistig noch so fit, er   2962
       hat gesagt: „Ihr müßt meine Rentenversicherung noch ein-   2963
       zahlen" (.) am soundsoviel haben wir soviel Quartal (.) er  2964
       hat- er hat es aufgeschrieben was wir noch einzahlen müs-   2965
       sen, wann, er wußte es noch alles ja,                       2966
```

Wenn wir jetzt zur Anfangserzählung zurückkehren, so wechselt *Berthold* von der Schilderung der Kommunikation mit der Mutter („Robby fährt zu die Negers") zur gemeinsamen Musikaktivität mit dem Vater (167-198):

```
Bm:   Nee wir haben sowieso och ust viel gesungen, mein Vater    167
      war früher selber inner Band (.)                           168
                                                                 169
Y1:                           ⌊Hm.                               170
                                                                 171
Bm:   hier ähhm (.) in ZP-dorf. Der hat also dit wat wir jetz    172
      immer Disco machen, wenn wir jetz immer Disco machen und   173
      Platten ufflegen, die hatten früher sowat nich ne,         174
                                                                 175
Y1:                                     ⌊Hm.                      176
                                                                 177
Bm:   da ham se halt Gruppen jehabt, die selber jespielt haben   178
      den janzen Abend und halt Bands- also die haben die janzen 179
      Hits nachjespielt                                          180
                                                                 181
Y1:                    ⌊Hm.                                       182
                                                                 183
Bm:   und so, und denn manchmal och ihre eigenen Sachen. Mein    184
      Vater hat da jesungen und war Gitarrist, der Schlagzeuger  185
      von denen der is dann später zu der SP-Gruppe gegangen ne. 186
                                                                 187
Y1:                                            ⌊Ach!              188
                                                                 189
Bm:                                           ⌊                  190
      Hmmm.                                                      191
                                                                 192
Y1:                ⌊Hm.                                           193
                                                                 194
Bm:   Unnnd darum hat er halt noch Gitarre jehabt und dann haben 195
      wa och öfters im Flur jesessen und haben denn halt- er hat 196
      jespielt und ick hab dazu jetrillert oder er hat jesungen  197
      und ick hab verzückt zujehört wa.                          198
```

Um zu plausibilisieren, daß sie „sowieso ooch ust viel gesungen" hätten, schildert *Berthold* in einer Hintergrundkonstruktion, daß sein Vater „selber in einer Band" in ZP-Dorf gewesen sei. Dabei wird der hohe Stellenwert, den *Berthold* der damaligen Aktivität seines Vaters zumißt: das „selber spielen" den „janzen Abend" setzt er analog mit dem eigenen „Disco-machen", was in seiner Wertschätzung sehr hoch eingestuft ist. Beeindruckend für *Berthold* ist auch, daß die Gruppe des Vaters „manchmal ooch ihre eigenen Sachen" gespielt hat, wie schließlich auch die Tatsache, daß der Schlagzeuger der Gruppe später bei einer über die DDR hinaus bekannten Rockgruppe gespielt hat.

Durch die Gitarre des Vaters (195) wird zugleich das repräsentiert, was dieser noch aus seiner Jugendzeit in seinem Herkunftsmilieu in ZP-Dorf, zu dem auch die von *Berthold* geliebten Großeltern gehörten, zu bewahren vermochte.

In der gemeinsamen Musikaktivität mit seinem Vater, die durch ausgeprägte Perspektivenreziprozität gekennzeichnet ist (entweder „spielt" er und *Berthold* „trillert" oder *Berthold* hört „verzückt" zu, wenn der Vater singt) zeigt sich ein Handlungsmuster, das damals für *Berthold* starke Orientierungskraft gewann und heute noch hat: der *Modus des Aktualisierens habitueller Übereinstimmung über das gemeinsame „Machen" von Musik*. Allerdings ist dies für den Vater nicht mehr - wie früher - Medium sozialer Kontakte außerhalb der Familie, d.h. innerhalb der Dorfnachbarschaft und darüberhinaus. Situationen der „Verzückung" bleiben innerhalb der Familie, vermögen das weiter oben geschilderte Fehlen der Kontakte zu „Bekannten" nicht zu verändern, binden *Berthold* vielmehr noch intensiver innerhalb der Grenzen familialer Kommunikation.

Spätere Aktivitäten *Bertholds* lassen sich dann als Suchprozesse dahingehend interpretieren, daß er diesen Zustand der „Verzückung" wiederherzustellen versucht, bzw. versucht, ein Äquivalent unter Verwendung der ihm zu Gebote stehenden Habituselemente zu kreieren. *Bertholds* Engagement in der HipHop Bewegung der DDR füllt dann diese Leerstelle für eine gewisse Zeit. Er betont den familiären Charakter der in der DDR existierenden Musikszene („die ham da ne Riesenfamilie gehabt"; 655) und beschreibt die Enttäuschung darüber, daß die „HipHop-Family" nicht die erhoffte integrative Kraft nach der Wende gehabt habe (1491-1507):

```
Bm:   Und denn ham se ja auch so inner message gehabt peace uni-    1491
      ty love und fun und sowas ne,                                  1492
                                                                     1493
Y1:                  L Hmm                                           1494
                                                                     1495
Bm:   und ick dachte so jaa HipHop Family ham se janz groß je-       1496
      bracht ooch D- ooch DDR HipHop Family und so ick dachte        1497
      „toll die ham alle dis gleiche Ziel" war ja im Osten ooch      1498
      so                                                             1499
                                                                     1500
Y1:                  L Hmm                                           1501
                                                                     1502
Bm:   gewesen. Denn dacht ick so „ja im Westen da hörn se ja         1503
      auch alle Hip Hop" die Türken und so wußt ick ja, daß die      1504
      janzen Türken die hörn ooch alle Rap. Dacht ick „na toll".     1505
      Wenn wir jetze den Mauerfall haben wenn (.) denn wird die      1506
      family ja riesig groß                                          1507
```

Berthold schildert daran anschließend seine Schulzeit und beginnt (wie üblich) mit einer Globalevaluation: „Schulzeit eigentlich (.) relativ langweilig also" (198). Bis zur siebten Klasse war er ein „normaler Schüler" (200), was er „komisch" fand. Ab der fünften Klasse hätte er drei oder vier „Dreien" auf dem Zeugnis gehabt, was er aus damaliger Perspektive negativ bewertet: „Dit fand ick schon böse, fand ick schon schlimm". Ab der siebten Klasse habe sich das geändert. *Berthold* erzählt dann, wie der Vater auf das offensichtlich unerwartet gute Zeugnis reagiert hat (206-256):

```
Bm:   und denn bin ick aber ähm ab der siebten Klasse, komm ick    206
      nach Hause, also meiner Mutter mußt ick's sagen wa, mein      207
      Vadder hab ick's nicht gesagt, ick hab- ick hab ungefähr-     208
      wat hat ick denn? Vier oder fünf Zweien hat ick, den Rest     209
      allet Einsen ne.                                              210
                  ⌈                                                 211
Y1:               ⌊(lacht)                                          212
                                                                    213
Bm:   Mein Vadder- mein Vadder hat dit Zeugnis uffjemacht, ick      214
      hab freudestrahlend- immer wenn't Zeugnis gab sowieso,        215
      immer wenn't Zeugnis gab jedes Jahr, dit war für mich im-     216
      mer so- (.) allet sauber machen zu Hause, ick hab Staub       217
      jesaugt und sonstwat, (lacht)                                 218
                  ⌈                                                 219
Y1:               ⌊Hm.                                              220
                                                                    221
Bm:   nee nich damit se ähh über mein Zeugnis- weil't so            222
      schlecht is oder so, sondern für mich jehört dit dazu, ick    223
      weeß nich warum.                                              224
                  ⌈                                                 225
Y1:               ⌊Hm.                                              226
                                                                    227
Bm:   Ick hab irgendwie abjewaschen, allet sauber jemacht, schön   228
      jemacht weil (.) waren Ferien, ick hab mich jefreut ne (.)    229
      unnnd da halt och, und dann saß er da und kiekt sich dit      230
      so an (.) und denkt so (2) ey ick weeß nich, ick hab jese-    231
      hen, er blättert, uff eenmal kiekt er wieder vorne ob da      232
      wirklich mein Name steht wa,                                  233
                  ⌈                                                 234
Y1:               ⌊(lacht)                                          235
                                                                    236
Bm:   dann sagt er so: 'Ey bist du verrückt' wa, dann hat er so     237
      richtig als ob- ob er- ob ick verrückt bin, hab ähh (.) ob    238
      ick hier- wegen seinem Herz oder so ne,                       239
                  ⌈                                                 240
Y1:               ⌊Hm.               ·                              241
                                                                    242
Bm:   also er hatte nüscht am Herzen, aber erst so bum, hat         243
      echt'n Schreck jekricht. Aber dann kurz danach fing er        244
      schon wieder an: (.) „Aber die vier Zweien müssen och noch    245
      weg" wa (lacht). Hat er gleich so (lacht) hat er sich ja      246
```

```
        voll gefangen und hat- na okay, er hat's nich so gemeint   247
        mit den vier Zweien, er hat's vielleicht och'n bißchen      248
        anders gesagt, er meinte so ähmm (.) sag'n wa ma so, Ab-    249
        itur konnte man damals mit'm Durchschnitt von 1,2 wohl nur  250
        machen,(.)                                                  251
        |                                                           252
Y1:     └Hm                                                         253
                                                                    254
Bm:     dit heißt, wenn man 'nen  guten Durchschnitt hatte ist man 255
        nur auf die EOS gekommen,                                   256
```

Die Präsentation des Zeugnisses wird von *Berthold* geradezu rituell inszeniert. Er säubert die Wohnung und macht „alles schön", weil, wie er in einer
Erklärungstheorie hinzufügt, es „für ihn dazugehöre", bei Ferienanfang dies
zu tun. Er sei eben freudig gestimmt gewesen. Es dokumentiert sich hier
sowohl die Verantwortung, die *Berthold* für den Haushalt übernimmt als auch
eine Freude über seine schulischen Leistungen, die aber wesentlich dadurch
bestimmt ist, daß er damit seinen Eltern, vor allem seinem Vater, eine Freude
bereiten konnte. - Diese intensive Perspektivenübernahme geht aber zugleich
einher mit einer Relativierung der Perspektive des Vaters: In den Ansprüchen
des Vaters an *Berthold*, die EOS zu besuchen und das Abitur zu machen,
dokumentiert sich eine stellvertretende Aufstiegsorientierung des Vaters, von
der er sich distanziert, für die er aber zugleich Verständnis hat. Der Vater
hätte in dieser Situation „gleich weitergedacht" (285), in der er selbst dachte,
„Wat will er jetze, ick hab doch son Zeugnis, kann er froh sein (290). Eine
Erklärung für die an ihn gestellten hohen Erwartungen des Vaters findet er in
dessen eigenen berufsbiographischen Vorstellungen, die vom Vater nicht
verwirklicht wurden (295-308):

```
Bm:     und weil er wollte damals selber- selber studieren ne, (.)  295
        er wollte (.) ähh irgendwie Kunstwis- Kunstwissenschaften    296
        irgendwie da is er- da is er- er konnte super zeichnen,      297
        |                                                            298
Y1:     └Hm.                                                         299
                                                                     300
Bm:     also Restaurator wollt er werden hier in Kuppeln von Kir-    301
        chen und so, er hat super Bilder jezeichnet. Mein Vater      302
        sowieso, der konnte alles. Der konnte nähen, zeichnen,       303
        kochen, irgendwie                                            304
        |                                                            305
Y1:     └Hm.                                                         306
                                                                     307
Bm:     handwerklich, der war super,                                 308
```

Berthold entwickelt ein Verständnis für die stellvertretenden Aufstiegsorien-
tierungen des Vaters, indem er sich mit diesen künstlerisch-handwerklichen

Ambitionen auch identifiziert, diese bewundert. Es bietet sich die Möglichkeit, hier - wie auch im Bereich der musikalischen Aktivitäten des Vaters - Anschlüsse an dessen Biographie zu finden, zugleich aber auch die Ansprüche des Vaters vor dem Hintergrund dessen eigener Biographie zu relativieren.

Eine derartige Bewältigung der väterlichen Leistungsansprüche auf dem Wege einer Perspektivenübernahme und dichten Kommunikation unterscheidet sich nachhaltig von den Erfahrungen des „totalen Drucks" bei den Hooligans.

In einer darauf folgenden Sequenz (322-336) thematisiert er den Wunsch seiner Eltern, daß er sich in der Schule zum Schulchor anmeldet („unser Sohn geht in Chor"; 324), da er so gerne gesungen habe. Homolog zur Leistungsorientierung der Eltern soll *Berthold* hier die in seiner Kernaktivität erworbenen Kenntnisse für einen „prestigeträchtigen" Platz im Schulchor einsetzen. Er meldet sich jedoch in der Fußballgruppe an. Diese kollektive sportliche Aktivität wurde von den Eltern dann unterbunden und der Vater prozessiert ihn in eine Freizeitkarriere als Tischtennisspieler (vgl. 338-363). In dieser Form der sportlichen Betätigung findet sich dann wieder eine Form der Objektivierung seiner Einzigartigkeit: „für sein Alter" ist er „super" gewesen (434-460):

```
Bm:   Naja und dann hab ick halt Tischtennis gespielt, meine      434
      Punktspiele,(.) war ick sehr froh drüber (.) weil et gab     435
      mir die Chance damals och wegzugehen, abends, also alle      436
      vierzehn Tage waren Auswärtsspiele und da war ick mit den    437
      (.) Großen,                                                  438
                                                                   439
Y1:            └Hm.                                                440
                                                                   441
Bm:   damals waren's für mich die Großen, mit denen war ich ja     442
      denn unterwegs jewesen, so abends um zehn, um elf, manch-    443
      mal halb zwölf zu Hause und naja, für'n Dreizehnjährigen     444
      oder so is dit                                               445
                                                                   446
Y1:            └Hm.                                                447
                                                                   448
Bm:   ja schon wat ne, damals zumindest, heutzutage vielleicht     449
      och schon nischt mehr. Aber ähmm (.) war schon- war 'ne      450
      lustje Zeit eigentlich, war ick och sehr stolz druff. Also   451
      inner Klasse schon alleene immer zu sagen, ja, zu der Ver-   452
      anstaltung kann ick nich weil da hab ick Punktspiel,         453
      klingt schon mal sehr gut (lacht) fand ick,                  454
                                                                   455
Y1:            └Hm.                                                456
                                                                   457
```

```
Bm:   klang schon mal professionell irgendwie, die wußten ja      458
      ooch, daß ick halt spiele und daß ick- (.) für die hab ick  459
      ja och gut gespielt                                         460
```

Aufgrund seines nicht dem Altersdurchschnitt entsprechenden Tischtennistalents hebt er sich aus der Klasse hervor, verschafft sich die Reputation des „Professionellen" (458), schließt sich aber zugleich auch aus der Klassengemeinschaft in gewisser Weise aus („zu der Veranstaltung kann ick nich"; 452-453).

Ab der fünften Klasse saß *Berthold* viel zu Hause, hatte keine Cliquenbindung und las „fachwissenschaftliche Literatur" über „römische Geschichte". Auch hierin bestätigt er sich selbst wieder eine gewisse Besonderheit seiner Person (570-585). Das Gebiet, auf das er sich hier bezieht - die Geschichte - hat auch etwas mit den ursprünglichen Berufswünschen seines Vaters zu tun: Dieser wollte ja Kunstgeschichte studieren.

Parallel dazu entwickelt er eine Vorliebe für HipHop Musik. Ab der zehnten Klasse beginnt dann für ihn die Zeit, wo er „zu Konzerten geht" (606). Die Fixierung auf das Elternhaus wird zunehmend durch das Eintauchen in die HipHop Szene ersetzt. An Hand des intendieren Ausdrucksstils erkennt er andere HipHop-Fans und bekommt Kontakt (617-626):

```
Bm:   war auch damals ne ganz andere Zeit, man is gekommen, hat  617
      jemanden gesehen, der so rumjerannt ist, also mit Jogging-  618
      hose oder mit Basecap oder so, (   ) hat gleich gewußt,     619
      der Typ der hört HipHop. Is hingegangen und hat gesagt,     620
      wat'n du hörst auch HipHop, sachter ja.                     621
                                                                  622
Y1:                             └Hm.                              623
                                                                  624
Bm:   Naja und dann hat man sich mit dem unterhalten als ob man   625
      den Jahre kennt,                                            626
```

Diese Art, über die gesamte DDR Kontakte zu halten, vergleicht er mit einer „Riesenfamilie" (655). Er beginnt, „Parties" zu organisieren und in einer „Gruppe" zu spielen („Hiptext"). Auch begehrt er in vorsichtiger und indirekter Weise stilistisch gegen seinen Vater auf. Er läßt sich einen Faconschnitt schneiden, ohne dem Friseur direkt den Auftrag dazu zu erteilen (721-727):

```
Bm:   Mein Vadder hatte was gegen Faconschnitte (.) ich weiß      721
      nich warum, ick durfte nie Facon tragen, ick wollte aber    722
      immer.(.) Unnnd icke beim Friseur (.) und sage: 'Rund-      723
      schnitt, so wie immer', und denn fragt er: 'So oder so?',   724
      und ick hab jesagt: (.) „Heute mal anders!" (.) Ja und      725
      denn hat er't anders jemacht und dit war denn Facon, (la-   726
      chend): dit hab ick denn damals nich jeschnallt jehabt ne,  727
```

Diese Form der „indirekten Obstruktion" folgt eine weitere Loslösung vom familialen Milieu im „letzten Urlaub mit den Eltern" im Jahre 1989 (844-859):

```
Bm:   Meine Eltern ham gesagt damals zehnte Klasse (.) ja is dit   844
      letzte mal wo de mit uns mitfährst in'n Urlaub ne,           845
                                                                   846
Y1:                          └ Hmm                                 847
                                                                   848
Bm:   ähm mußt ick ja denn mitfahrn. Ick fahr denn mit nach NT-    849
      Land und danach sollt ick ja denn Abitur machen nach der     850
      zehnten.                                                     851
                                                                   852
Y1:                   └ Hmm                                        853
                                                                   854
Bm:   Na ja ick bin denn mitgefahren aber hab mich dort eigent-    855
      lich mehr mit andern Leuten rumgetrieben dort also zum       856
      ersten mal eigentlich im Urlaub, daß ick mich mehr um an-    857
      dere gekümmert hab- eigentlich fast gar nicht um meine       858
      Eltern.                                                      859
```

Die intensive Eltern-Kind-Kommunikation kommt hier in der Formulierung *Bertholds* zum Ausdruck, daß er sich nicht mehr um seine Eltern „gekümmert" habe. Er läßt sich sehr weitgehend auf deren Perspektive ein, so daß - wie bereits dargelegt - sogar bisweilen davon die Rede sein kann, daß er Verantwortung für sie übernimmt. Dies zeigt sich vor allem darin, daß *Berthold* sich, wie in einer Passage dargestellt wird, nach dem Tode seines Vaters um die Probleme seiner Mutter hinsichtlich einer neuen Partnerschaft kümmert.

Auf der anderen Seite sind seine Eltern aber auch - im Sinne einer Perspektivenreziprozität - in einer für *Berthold* bemerkenswerten Weise in der Lage, sich auf seine Lebenswelt bzw. seine Generation, also die der „Jugendlichen", einzulassen (1074-1086):

```
Bm:   meine Eltern warn auch coole Eltern davon mal janz abjese-   1074
      hen                                                          1075
                                                                   1076
Y1:           └ Hmm                                                1077
                                                                   1078
Bm:   also die ham (.) sämtliche Leute ham mich um meine Eltern    1079
      beneidet weil (.) die konnten mit Jugendlichen normal        1080
      quatschen und die ham dann Witze gemacht (.) sind alle       1081
      ausgeflippt wa,                                              1082
                                                                   1083
Y1:                      └ Hmm                                     1084
                                                                   1085
Bm:   wat ick für Eltern habe (.)                                  1086
```

Bertholds Eltern konnten „mit Jugendlichen normal quatschen" (1080-1081)
- eine für die Freunde von *Berthold* offensichtlich überraschende Erfahrung,
denn die „sind alle ausgeflippt" (1081-1082).

In jenem Urlaub, in dem *Berthold* beginnt, sich aus der Familie zu lösen,
tanzt er auch das erste Mal „Breakdance vor anderen Leuten" (927-928). Er
hat die Theorie, daß in dieser Urlaubszeit „irgendwas mit ihm passiert"
(1170-1171) sei. Die Folge war, daß er „null Bock" hatte, weiterhin die
Schule (EOS) zu besuchen. Auch das Tischtennistraining „verlief im Sande"
(1190) da er mehr „Bock" hatte, Breakdance zu üben. In diese Entwicklung
traf „die Wende", die für ihn zunehmend zum „Problem" wurde: sein Berufs-
wunsch Rechtsanwalt ließ sich auf Grund der schlechten Aussichten mit dem
DDR-Abitur nicht mehr verwirklichen (1718 ff). Er „schmiß" die Schule im
Halbjahr 90 „hin" (1807) und begann, sich zu bewerben. Nach einer fast
einjährigen Bewerbungszeit bekam er September 1990 schließlich eine Lehrstelle beim Finanzamt im Westteil Berlins.

Der Tod seines Vaters fällt mit dem Abschluß der Lehre wie auch mit
seinem Geburtstag zusammen. Bereits der Umzug nach Oststadt wie auch der
Beginn der Krankheit seines Vaters waren mit seinem Geburtstag zusammen-
gefallen (Verwandtschaft, 339-347):

```
Bm:    war mein Geburtstag irgendwie passiert alles an meinem    339
       Geburtstag                                                 340
                                                                  341
Y1:         ⌐ Hmm                                                 342
                                                                  343
Bm:    mein Vadder hat erfahren daß er Krebs hat an meinem Ge-    344
       burtstag (.) er is aus m Krankenhaus wiedergekommen an     345
       meinem Geburtstag unnnd wir sind ooch an meinem Geburtstag 346
       umgezogen nach Berlin                                      347
```

Indem *Berthold* selbst diese Koinzidenz herausstreicht, bringt er noch einmal
die Einbindung seiner Lebensgeschichte in die Geschichte seiner Familie mit
all deren Kontinuitäten und Brüchen zum Ausdruck.

Teilnehmende Beobachtung

Das Konzert

Nachdem ich bei einem Telefongespräch mit *Berthold*, bei dem ich
mich nach seiner Bereitschaft für ein Biographisches Interview
erkundigen wollte, von ihm zu einem Konzert in den Jugendclub die

„Bohne" eingeladen worden war, fuhr ich zum genannten Termin gegen 20 Uhr dorthin. Der Club liegt in der Nähe einer großen Ausfallstraße, inmitten von Hochhäusern im direkt an den Bezirk Oststadt angrenzenden Bezirk FE und gleicht von Plazierung und Bauart („Würfel") den Clubs SL und FE in Oststadt

Als ich dort ankam, war rings um den Club und auf der Brüstung reger Betrieb: Überall saßen oder standen Jugendliche unterschiedlichen Alters und Outfits. Die Ballustrade war voll mit Jugendlichen, so daß ich mich durchdrängeln mußte, um an den Eingang in das Innere des Clubs zu gelangen. Dort saßen eine etwa 25-jährige Frau und ein paar Jugendliche. Auf meine Nachfrage, was es denn koste hieß es „5 Mark". Ich bezahlte, erhielt einen Stempel und ging hinein. Zur linken Hand war der Auftrittsraum; rechts ein großer Cafebereich, in dem viele Jugendliche saßen und standen. An der Theke traf ich die Band und unterhielt mich mit den Jugendlichen.

Während unseres Gesprächs kam ein mit einer Sprayflasche „bewaffneter" Jugendlicher aus dem Eingangsbereich auf unsere Gruppe zu. Er zielte kurz und drückte ab. Aus der Düse kam ein langer Strahl auf uns zugeflogen, bestehend aus einer sich in der Luft zu einer Art Schnur verfestigenden, grünen styroporartigen Masse. Alles lachte. *Berthold* rannte daraufhin mit den Worten „dit ham wa ja ooch" nach hinten in ein separates, von der Band als Vorbereitungsraum genutztes Zimmer, holte auch so eine Flasche und „sprühte zurück". Dann gesellte er sich wieder zu unserer Gruppe und sie erzählten, daß sie dieses „Zeug" ganz toll fänden, vor allen Dingen bei Auftritten sei es sehr witzig, das Publikum damit zu beschießen.

So gegen 21:30 begaben sie sich dann in Richtung Aufführungsraum, um sich auf den Auftritt vorzubereiten. Ich ging mit den jetzt langsam hereinströmenden Jugendlichen in den Raum und suchte mir eine Position am Eingang, so daß ich alles im Blick hatte: zu meiner Linken das Mischpult mit Installationen für drahtlose Mikrophone und diverse Scheinwerfertürme, die von dahinter umherrennenden, eine hektische Atmosphäre verbreitenden „Technikern" ein letztes mal getestet wurden; zu meiner Rechten in ca. 7 m Entfernung die Bühne, die durch ein weißes Leinentuch abgehängt war.

In der Mitte bildete das Publikum einen Kreis, um einigen (vermutlich) türkischen Jugendlichen beim „Breakdance" zuzuschauen. Diese waren mit „Adidas-Hemden" bekleidet, trugen Trainingshosen und hatten alle irgendeine Art von Mütze auf dem Kopf, die sie meist tief ins Gesicht zogen, so daß sie einen „verwegenen" Ausdruck bekamen, wie er bei den vorwiegend schwarzen HipHop - Gruppen auf dem Cover von CDs zu sehen ist (z. B. „Public Enemy"). Zu der jetzt einsetzenden, sehr lauten Hardcorerapmusik gaben einzelne dieser Jugendlichen Tanzeinlagen zum besten. Sie führten im Stil einer Kurzeinlage eine einzelne Tanzfigur oder auch eine Abfolge von Tanzschritten vor. Die Einlagen überschritten nicht die Dauer einer Minute. Jeder aus dieser Gruppe hatte eine andere „Spezialität": die Figuren des einen endeten immer „auf dem Kopf", d. h., er begab sich nach einigen Anfangstanzschritten in den Kopfstand, versetzte sich mit den Händen in eine drehende Bewegung und führte dabei mit den Beinen Modulationen der Stellung durch. Dies fand dann schließlich seinen Abschluß in einem Abrollen über die Rückenpartie in den gesprungenen Stand. Ein anderer wieder ging nach ein paar blitzschnellen Mustern nach Art eines Steptanzes auch „zu Boden", nur daß er die drehenden Bewegungen auf den Händen ausführte. Er verstand es, die Balance dergestalt zu halten, daß er gleich einer „Liegestütze ohne Beinunterstützung" seinen Körper auf Brust und Händen balancierend in einem Winkel von ca. 30° über dem Boden drehte. Begonnen hatte er mit einem Flic-Flac, einem gesprungenen Salto in der Luft. Für diese Nummer gab es viel Applaus. Ein anderer hatte eine „Schlangennummer" drauf: vom Beckenbereich ausgehend, gelang es ihm, tanzend wellenartige Bewegungen über den Bauch, die Brust, die Schultern und die Arme fließen zu lassen, die schließlich in den Händen endeten.

Insgesamt gesehen machten diese Tänzer einen sehr virtuosen Eindruck. Bei jedem Rhythmuswechsel kam ein anderer Tänzer aus der Gruppe, die im Kern nur aus 4 oder 5 ca. 16 Jahre alten Jugendlichen bestand, so daß sich die Darbietungen nach einer Weile wiederholten.

Aus der Menge der ansonsten recht heterogenen, z.T. wenig auffälligen Zuschauenden stach noch eine andere, etwas ältere (17-18 Jahre) Gruppe von ca. 5-8 Jugendlichen heraus, die hauptsächlich asiatischer Herkunft - wahrscheinlich Vietnamesen - waren. Ihnen hatte sich ein schwarzer Jugendlicher und zwei, drei „Europäer" hinzugesellt. Vor allem die asiatischen Jugendlichen waren recht bunt gekleidet und fielen vor allem durch ihre diversen Kopfbedeckungen auf: einer hatte ein Kopftuch im Piratenlook umgebunden;

ein anderer ein beiges Bohème-Käppi aus der 68 er Zeit der Pariser Studentenunruhen; wieder ein anderer war mit einem rotem Barrett und rotem T-Shirt angetan. so daß man ihn beinahe zu den Guardian Angels zählen konnte, (einer Gruppe von selbsternannten jugendlichen Beschützern in U-Bahnen etc., wie sie in letzter Zeit vermehrt auftreten). Der Gang der asiatischen Jugendlichen läßt sich als Versuch beschreiben, „schwarzen Habitus" zu inkorporieren, d.h. sie machten beim Laufen weit ausholende, dabei aber bedächtige und gleichzeitig auf- und abwippende Bewegungen, schauten unter ihren Kopfbedeckungen betont locker und lässig hervor, so, als ob ihnen nichts etwas anhaben könne. Mit einem Wort: „voll cool".

Die musikalisch-textliche Stilentfaltung der Gruppe „Hiptext", die als solche sich nach Art eines situativen Aktionismus probehaft entfaltet (vgl. die Gruppendiskussion), ist also ihrerseits eingebettet in bzw. wird eingeleitet durch situative Aktionismen, an denen auch das Publikum derart beteiligt ist, daß dies in aktiver Weise eigene Stilelemente im Medium des Tanzes bzw. der Körperlichkeit zu demonstrieren vermag. Damit löst sich auch die klare Trennung von Darstellern und Publikum auf.

Es dauerte noch eine geraume Zeit bis der Auftritt begann. Als sich der Vorhang endlich öffnete, füllte sich der Raum mit den letzten noch draußen im Cafe wartenden Jugendlichen. Zunächst erschien nur *Berthold* alleine auf der leeren Bühne. Er hatte sich nicht umgezogen und hielt eines jener drahtlosen Mikrophone in der Hand, die am unteren Ende eine grüne Leuchtdiode eingebaut haben, so daß man in dem Halbdunkel zuerst nur die Bewegungen des Mikrophons erkennen konnte. Er fragte zur Begrüßung die Menge, ob sie „gut drauf" sei und ob sie eine „Party machen" wollte. Die Menge rief „ja" und johlte, woraufhin *Cm* neben *Berthold* erschien. Sie begannen, zu einem von *Cm* auf einem Schellenring geschlagenen Rhythmus gemeinsam in deutscher Sprache ein erstes Stück ohne weitere Begleitung zu intonieren. Der Text lautete in etwa: „ich hoff ihr seid gut drauf heut nacht, daß ihr euch um Gottes willen heut nicht verkracht", und zwar in gerapter Form, d.h. einer Art Sprechgesang, der u.a. durch unerwartete rhythmische Phrasierungen Spannung erzeugt. Diese Intro währte vielleicht 30 Sekunden und wurde von der Menge mit freundlichem Applaus aufgenommen. *Berthold* ging dann zum hinteren Teil der Bühne und setzte ein Tonbandgerät in Betrieb, was zur Folge hatte, daß ein ziemlich brachialer Rap-rhythmus aus den Boxen schallte (und mir fast die Trommelfelle zerriß). Das Publikum reagierte augenblicklich mit rhythmischen Bewegungen. Auch *Berthold* und *Cm* veränderten ihren Bewegungs-modus: sie tanzten und sprangen zu der nun einsetzenden HipHop-musik auf der leeren Bühne von einer Seite zur anderen und rochier-ten dabei laufend ihre Positionen. Sie hatten dabei ein ähnlich gravi-tätisches Bewegungsrepertoire wie die Gruppe der asiatischen Jugendlichen zur Verfügung.

Nach dem zweiten Stück kündigte *Berthold* an, daß *Aw* nun auf die Bühne komme. Im Gegensatz zu dem Springen und Hopsen von *Berthold* und *Cm* schritt sie ruhigen und gemessenen Schrittes auf die Bühne, blieb in der Mitte bei dem für sie vorgesehenen Standmi-krophon stehen und begann sogleich zu singen. Der Kontrast - hier das damenhafte Hereinschreiten, dort das energetische Springen und Hopsen - hätte nicht größer sein können.

Mit ihrem Auftreten änderte sich auch der Musikstil: War es bei dem ersten Stück noch ziemlich hartes, schnelles Material gewesen, erinnerte die Musik jetzt eher an Marvin Gaye: sie kam langsamer und entspannter daher. Die Funktion von *Aw* war es, melodische Refrains in der Mitte zu singen und teilweise Saxophonlinien vom Band zu doppeln. keine leichte Aufgabe, die sie jedoch recht ein-drucksvoll meisterte. Wenn sie nicht sang, kamen *Cm* und *Berthold* mit wechselnden, eher solistisch angelegten Rap-parts zum Einsatz.

Durch die Beteiligung von *Aw* am Auftritt wird - ebenso wie durch ihre Beteiligung an der Textproduktion (vgl. die Gruppendiskussion) - eine strikte Geschlechtertrennung, wie wir sie bei den Hooligans beobachten, aufgehoben. Aber gleichwohl bleibt eine geschlechtsspezifische Arbeitsteilung bzw. Stili-stik insofern erhalten, als der eigentliche Aktionismus - wie auch bei den Rap-Tänzern im Publikum zu beobachten - den Männern vorbehalten bleibt.

Während des gesamten Konzerts forderte *Berthold* die Menge im-mer wieder auf, zu „tanzen", eine „Party zu feiern" und „Spaß zu haben". Diese Aufforderung zog sich stereotyp durch die gesamte Show. Es hatte manchmal schon beinahe etwas Verzweifeltes, wie er immer wieder an diese Herstellung von Gemeinsamkeit in der „Party", das „Gemeinsam-Spaß-Haben" appellierte. Obwohl viele im Publikum sich leicht bewegten und wohl auch Gefallen an der Aufführung fanden, signalisierte er mehrmals, daß es ihm „nicht genug Party" sei.

Bei einem der letzten Stücke holten beide die oben beschriebenen Sprühflaschen hervor und begannen, das Publikum zu besprühen. Die aus den Flaschen herausschießenden „Schnüre" flogen über die Köpfe der Menge, senkten sich und verbanden für Sekundenbruchteile einzelne Personen, bevor sie zerrissen. Die Betroffenen lachten und griffen nach den Schnüren. *Berthold* und *Cm* rannten immer hin und her, den Finger auf dem „Abzug" der Flaschen, so daß sich große Mengen der Substanz über die Menge ergossen. Teilweise blieben die Schnüre auch an den Verkabelungen der Scheinwerfer hängen.

Nach ca. einer halben Stunde verkündete *Berthold*, daß dies jetzt das letzte Stück sei. Während dieses wieder eine „etwas härtere Gangart" einschlagenden Stückes teilten *Aw* und *Berthold* gemeinsam die Menge in rechts und links ein und forderten sie auf, nicht nur ein „huh", wie schon manchmal zuvor mitzusingen, sondern animierten das Publikum dazu, einen etwas längeren Refrain im aufeinanderbezogenen Wechselspiel mitzusingen. Dies wurde von der Menge recht begeistert aufgenommen, so daß rechts und links abwechselnd der Gesang der Menge, die Anlage übertönte (was einiges heißen will). Das Stück brach recht abrupt ab, derweil die Menge noch weitersang. Sofort gab es es „Zugaberufe". *Cm* bemerkte daraufhin ins Mikrophon: „was, habe ich richtig gehört ihr wollt tatsächlich eine Zugabe?", was von einzelnen ironisch mit „nein" beantwortet wurde. *Cm* dann wieder: „wie, habe ich nein gehört?" und einzelne aus der Menge: „Doch Zugabe!!!"

Die interaktive Beziehung zwischen der Kerngruppe der Band, welche die Verantwortung übernimmt für einen gelungenen situativen Aktionismus und dessen kollektive Steigerung zu euphorischen Höhepunkten[2], und dem Publi-

---

2 In derartigen kollektiven Steigerungen sind Kollektivvorstellungen im Sinne von Mannheim fundiert. Denn eine Kollektivvorstellung ist „zunächst nicht etwas zu Denkendes, sondern ein sich durch verschiedene Individuen in ihrem Zusammenspiel zu Vollziehendes" (Mannheim 1980, S. 232). Es würde sich lohnen, den Begriff der kollektiven „Efferveszenz" bei Durkheim (1981, S. 290), in der deutschen Fassung und von René König (1976, S. 362) mit „Gärung" bzw. „schöpferischer Gärung" übersetzt, einer genaueren Analyse zu unterziehen.

kum, von dessen aktiver Beteiligung dies abhängig ist, erinnert - wenn auch unter anderen Vorzeichen - an die Beziehung zwischen dem „Mob" und der Kerngruppe der Hooligans mit ihrer Führungsfunktion. Hier bei den Musikgruppen allerdings ohne eine autoritär-hierarchische Struktur und ohne strikte Geschlechtertrennung. Die Verantwortung, die die Band hier übernimmt für die Inszenierung des situativen Aktionismus der Stilentfaltung, wird vor allem in den „verzweifelten" Bemühungen von *Berthold* um eine gelungene „Party" erkennbar. Dabei geht es hier darum, zwar den ethnischen und persönlichen stilistischen Eigenheiten der unterschiedlichen Publikumsgruppen Entfaltungsmöglichkeiten zu eröffnen, diese unterschiedlichen Stile aber zugleich in einem übergreifenden Rahmen habitueller Übereinstimmung zu integrieren. Auch das im Unterschied zu den Hooligans, bei denen persönliche Identität und individuelle Stilelemente hinter den kollektiven Aktionismus zurückzutreten haben.

Nach der dann eingelösten Forderung nach Zugabe gab es eine Art fliegenden Wechsel: ein Sozialarbeiter sprang auf die Bühne, mit ihm ein Jugendlicher mit Kotteletten und Hochfrisur und ein, zwei Jugendliche aus der Asiatengruppe. Das Publikum hatte kaum Gelegenheit zu klatschen, da nahm der Sozialarbeiter ein Mikrophon in die Hand und begann, einen hochaufgeschossenen Jungen aus dem Publikum mit halblangen Haaren, Mütze, Jeans und weißem T-Shirt aufzufordern, auf die Bühne zu kommen. Wie sich herausstellte, hatte dieser Geburtstag. Der Sozialarbeiter gratulierte ihm mit den Worten: „Jetzt bist du endlich so alt, daß Du auch eine bißchen länger aufbleiben darfst" und überreichte ihm eine Platte. *Berthold*, der sich die Szene aus dem Hintergrund betrachtet hatte, nahm sich ein Mikrophon und forderte den Jungen auf, „Happy Birthday to *me*" zu singen, was dieser auch tat, allerdings in 4-facher Geschwindigkeit, was zu allgemeiner Heiterkeit Anlaß gab. Dann intonierte *Berthold* zusammen mit dem Publikum „Happy Birthday to you". Nach dieser Aktion setzte dann sehr schnell wieder laute Rapmusik ohne Gesang ein, woraufhin der Junge selbst zu rappen begann.

In dem Raum begann jetzt wieder die Gruppe um die türkischen Jugendlichen, ihre Breakdance-Artisktik vorzuführen. Ich begab mich ebenfalls nach draußen und traf auf *Berthold*, dem ich ein positives „Feedback" gab. Er war noch ganz verschwitzt und meinte, „ja es sei ganz gut gelaufen", er und *Cm* seien heute „toll aus sich heraus gekommen", das „sei nicht immer so". Auf meine Frage nach der Länge bzw. Kürze des Programms meinte er, daß ihr heutiger Auftritt (ca. 30-40 Minuten) der normalen Programmlänge entspräche. Nur die wirklich bekannten „acts" könnten es sich leisten, länger zu spielen. Bei ihnen werde das ansonsten „langweilig".

Später gesellte ich mich dann zu dem im Bandraum weilenden *Berthold*. Das Gespräch kreiste um den Auftritt. *Berthold* wiederholte sich immer wieder dahingehend, daß die Leute noch nicht richtig Party gemacht hätten und daß es „jetzt aber erst richtig losgehen" werde, da man jetzt zum „Freestyle" komme. Die selbstironischen Witze über die englische Sprache und über den extremen Hardcorestil, wie sie während des Auftritts von *Aw* und *Berthold* gemacht worden waren, könne man nicht immer machen, das hinge vom Publikum ab. Vor türkischem Hardcore-Publikum im Westberliner Bezirk KG könne es „gefährlich" werden. Die verständen das nicht, es sei nicht „cool" in ihren Augen.

Nach einer Weile kam der Sozialarbeiter rein und bat *Berthold*, zu kommen, die Leute begännen zu gehen, sie sollten jetzt mit der „Freestyle-Session" beginnen. *Berthold* fragte ihn noch, ob es möglich sei, ein Interview am Montag im Club zu machen, was dieser bejahte. Wir verließen daraufhin den Raum und begaben uns in Richtung Aufführungsraum. Es war so, wie der Sozialarbeiter gesagt hatte: das Publikum machte anstalten, den Club zu verlassen. *Berthold* rannte gleich zum Discjockey und sprach auf dem Weg viele Personen dahingehend an, daß es jetzt „noch eine Party" gäbe, daß man „bleiben" solle. Auf diese Aktivitäten *Bertholds* hin änderte der Strom des Publikums tatsächlich seine Richtung: sie kamen wieder zurück, und wiederum begann, sich eine erwartungsvolle Atmosphäre im Raum zu verbreiten. Das Licht wurde abgedunkelt, nur auf der Bühne blieb es hell. *Berthold* war inzwischen auf die Bühne gelaufen, hatte sich ein Mikrophon genommen und testete das Mikrophon. Es kamen jetzt ca. sechs Jungen auf die Bühne: u.a. das Geburtstagskind, derjenige mit den Kotteletten, derjenige mit dem roten T-Shirt und der „Guardian Angels" Mütze und der Schwarze aus der „Asiatengruppe". Während das Geburtstagskind sein Mikrophon testete, begann *Berthold* schon zu der jetzt einsetzenden HipHop-Musik zu rappen und forderte das Publikum auf, jetzt eine „Party zu machen". Die Gruppe auf der Bühne versuchte dann gemeinsam, kurze, sich wiederholende Passagen zu finden (Riffs), die als Hintergrund für jeden, jetzt einzeln hervortretenden Rapper, benutzt wurden. Einer nach dem anderen trat hervor und

zeigte sein Können. Sie rapten in einem onomatopoetischen Eng-
lisch, also einem, was lediglich die Klänge der englischen Sprache
lautmalerisch nachahmt. Jeweils nach ungefähr drei Minuten wech-
selten sie sich ab, einer gab dem anderen das Mikrophon in die
Hand. Auch jetzt wurde das rhythmische Hopsen praktiziert.

Das abwechselnde Rappen ging noch eine Weile weiter, versande-
te dann jedoch zusehends, das Publikum orientierte sich wieder
nach draußen. Auch *Berthold* kam von der Bühne herab. Ich traf ihn
im Eingangsbereich. Er meinte, daß „die Leute" es irgendwie nicht
begriffen hätten, „wie man eine Party macht", die wollten sich alle
nur produzieren, es sei schade, die Party sei irgendwie nicht „richtig
in Gang gekommen".

Die Integration der persönlichen und gruppenspezifischen stilistischen Selbst-
darstellungen in einen übergreifenden Rahmen der kollektiven Efferveszenz
bzw. habituellen Übereinstimmung ist also nach Ansicht von *Berthold* diesmal nicht so recht gelungen. Es zeigt sich hier, mit welch hohen Ansprüchen
hinsichtlich der Inszenierung habitueller Übereinstimmungen die Verantwortung, die *Berthold* und mit ihm die Band hier übernehmen, verbunden ist.

Berthold war immer noch ziemlich aufgedreht und wollte dann bald
noch mal auf die Bühne. Ich verabschiedete mich mit der Bemerkung, daß wir uns ja am Montag zum vereinbarten Biographischen
Interview sehen würden.

4.2. Die Gruppe Konkurrenz

Der Zugang zur Gruppe

Auf die Band *Konkurrenz* wurden wir durch die Sozialarbeiter/innen aus dem
Jugendclub SL aufmerksam. Es handelt sich um jenen Club, der dann später
von der Gruppe *Kunde* überfallen wurde (vg. 3.1. sowie 3.3.: „Fußball-Pokal-
spiel") und der auch Treffpunkt der „linken" Gruppe *Basis* war. Bei einem
Besuch dieses Jugendclubs verwies mich der Sozialarbeiter an einen der
Jugendlichen: der würde in einer Band im Club FE spielen. Ich stellte mich
vor und fragte ihn, ob er bereit sei, zusammen mit seiner Band an einer
Gruppendiskussion teilzunehmen. Er meinte, daß wir nach draußen auf die

Ballustrade gehen sollten, dort könnten wir uns besser unterhalten. Draußen fragte er intensiv nach: Was wir mit dem Material vor hätten und ob es vielleicht eine Möglichkeit gäbe, über das Interview Kontakte zu Auftrittsmöglichkeiten bzw. zu anderen Bands im Westen zu bekommen? Ich mußte das verneinen und erzählte ihm von unseren strikten Anonymisierungsregeln, die es uns verbieten würden, etwaige Namen oder Begebenheiten an unbeteiligte Dritte weiterzureichen. Bei Bands sei das besonders schade, da gerade deren Namen häufig sehr witzig und aussagekräftig seien, so z. B. auch der ihre. Er bedauerte diese Regel, willigte dann jedoch ein, einen Interviewtermin mit den anderen abzusprechen und gab mir seine Telefonummer, um „in ner Woche oder so" Rücksprache zu halten.

Zur Situation der Gruppendiskussion

Als ich eine Woche später anrief, hatte er einen Termin im Club FE ausgemacht, zu dem ich mich zusammen mit einem Kollegen auf den Weg machte. Der Club FE (siehe auch in Kap. 3: *Kunde*) ist genau wie der Club SL in der typischen Würfelbauweise gehalten. Er befindet sich in der Mitte einer Wohnsiedlung, liegt im ersten Stock eines Dienstleistungskomplexes und ist tagsüber über eine Außentreppe, die auf einer Ballustrade mündet, zugänglich. Die dortigen Sozialarbeiter begrüßten uns nicht so interessiert wie wir es vom Club SL gewohnt waren. Auch war die Atmosphäre dort anders: während im Club SL ein reges Kommen und Gehen herrschte und es dadurch als Forscher leicht war, mit jemandem ins Gespräch zu kommen, hatten wir hier eher den Eindruck zu stören. Einige Jugendliche saßen in dem abgedunkelten Hauptraum vor dem Fernseher. Im Kraftraum fanden wir Mitglieder der Band, die sich für ihre jeweiligen Probetermine Platz für den Aufbau von Instrumenten und Verstärkern schaffen mußten. Wir wurden freundlich begrüßt und halfen gleich beim Wegräumen der Hanteln und Kraftmaschinen, woraufhin Mitglieder der Band uns beim Aufbau der Interviewsettings behilflich waren: Auf einen Verstärker in der Mitte des Raumes wurden die Mikrophone plaziert, und wir setzten uns im Kreis herum auf den Boden.

Das Interview dauerte ca eineinhalb Stunden und verlief nach einigen Anfangsschwierigkeiten recht selbstläufig. Nach einer Weile entstand eine intime Atmosphäre, die jedoch auch einen bedrückenden Charakter annahm. Einerseits ging die Gruppe gegen Ende des Interviews intensiv auf die elterlichen Erfahrungen mit Arbeitslosigkeit und deren innerfamiliale Folgen ein, und andererseits artikulierten die Jugendlichen mehrmals ihre Angst, in der hereinbrechenden winterlichen Jahreszeit „von Rechten was auf die Schnauze zu bekommen". Nach dem Interview kamen wir auf die Bedeutung des Ausrasierens der Haare im Kotelettenbereich zu sprechen (siehe unten die stilistischen Merkmale): Wenn sie die langen Haare unter dem Käppi verschwinden ließen, seien sie in Oststadt nicht mehr als „Linke" erkennbar. Dies sei notwendig, da es des öfteren Übergriffe seitens „Rechter" auf „Langhaarige" gegeben habe. Für die Rechten sei Langhaarigkeit ein Anzeichen dafür, daß man ein „Linker" bzw. eine „Zecke" sei, was in der Regel ausreiche, „angemacht" zu werden.

Ca. eine halbe Stunde, nachdem wir den Recorder ausgeschaltet hatten, verließen wir die Band, da sie noch vorhatte, zu proben. Wir vereinbarten jedoch, daß einer der Feldforscher zu ihrem nächsten Konzert im Club SL kommen würde.

Daten aus dem Fragebogen und stilistische Merkmale:

Die drei Mitglieder der Band sehen sich - mit Ausnahme von *Dm* - „täglich" bzw. „mehrmals in der Woche" und sind schon sechs Jahre in dieser Formation zusammen. Darüberhinaus sind sie in dem Bezirk Oststadt aufgewachsen, wo sie sich in der Schule kennengelernt haben. Alle wohnen bei den Eltern. Die Gruppe ist für alle „wichtig". Darüberhinaus sind sie auch noch in anderen Cliquen. *Bm* charakterisiert diese als „Musiker, wahre Freunde".

Am   der Bassist und zeitweilige Hintergrundsänger, ist 17 Jahre alt, trägt halblange, knapp auf die Schultern reichende und an den Koteletten ausrasierte Haare und führt ein Baseballkäppi mit sich herum. Seine Kleidung besteht aus einem weißen T-Shirt, künstlich eingerissenen, verwaschenen Jeans und Turnschuhen. Er besucht die gymnasiale Oberstufe. Die Berufe seiner Eltern hat er nicht angegeben (als es um die Erfahrungen mit der Arbeitslosigkeit der Eltern ging, erzählte er recht detailliert, so daß anzunehmen ist, daß beide arbeitslos sind).

Bm   der Sänger, Gitarrist und „Kopf" der Gruppe ist ebenfalls 17 Jahre alt, hat lange, auf die Schultern fallende Haare, die an den Koteletten ebenfalls ausrasiert sind und trägt eine Base-

316

ballmütze „verkehrtherum". Unter einer abgenutzten, schwarz-
rot karierten, kanadischen Winterjacke ist ein schwarzes T-
Shirt zu erkennen. Sein outfit wird vervollständigt durch „ab-
gerissene" Jeans und schwarze Schnürstiefel. Er besucht die
gymnasiale Oberstufe. Den Beruf beider Elternteile gibt er mit
„Koch" an.

Cm der Schlagzeuger und Hintergrundsänger ist der „unauffällig-
ste". Er ist 16 Jahre alt, trägt Jeans, Sweatshirt sowie
schwarze Halbschuhe und hat einen moderaten Kurzhaar-
schnitt. Die Realschule hat er abgeschlossen und absolviert
eine Lehre als Industriemechaniker. Der Beruf des Vaters ist
mit Maler angegeben, bei der Mutter fehlt die Eintragung im
Fragebogen.

Kollektive Orientierungen

Musik als Beruf

Die Gruppe *Konkurrenz* fällt in ihrer Zusammensetzung aus dem bildungsmilieuspezifischen Rahmen der Gesamtuntersuchung heraus: zwei Gymnasiasten haben sich mit einem Lehrling zusammengeschlossen, der die Realschule
abgeschlossen hat. Es entfaltet sich dann auch im Anschluß an die Eingangsfrage nach den Erfahrungen beim Übergang von der Schule in den Beruf kein
diesbezüglich erfahrungshaltiger Diskurs in der Gruppe, da nur *Cm* über
solche verfügt. (Übergang Schule Beruf 1-17):

```
Y2:     Wie warn dis so dieser Übergang von der Schule zum Beruf    1
        oder Lehre                                                   2
                                                                     3
Cm:     Na ja da steck ick noch eigentlich mittendrin weil, (.) is  4
        ne riesengroße Umstellung, weil man kommt erst na um fünfe   5
        bin ick zu Hause wenn ick arbeiten gehe                      6
                                 ⌊                                    7
Y1:                              ⌊ Hmm                               8
                                                                     9
Cm:                               ⌊ wenn ick Praxis                 10
        habe und denn muß man irgendwie sehen, daß man noch üben     11
        kann und daß die Zeit denn reicht und denn vergeht son       12
        Tach ziemlich schnell. Dit is zum Anfang sehr schlimm ei-    13
        gentlich. Aber mit der Zeit jewöhnt man sich irgendwie       14
        dran und ick kenn dit ooch von andern also die ham sich      15
```

317

```
ooch dran jewöhnt. Wenn se denn später int Bett komm oder      16
so denn jeht dit ooch (.) ja (3)                              17
```

Cm zeigt an, daß er in der nachgefragten Übergangsphase noch „mittendrin steckt" und stellt die „riesengroße Umstellung" (5) heraus, die er vor allem als eine zeitliche thematisiert: er kommt erst um fünf Uhr abends nach Hause, wenn er „Praxis" hat. Die Zeit nach fünf Uhr abends reiche kaum zum „Üben". Der Tag „vergehe" dadurch „ziemlich schnell". „Zum Anfang" sei das „schlimm", aber „mit der Zeit" setze ein Gewöhnungsprozeß ein, den er auch von anderen kenne. „Später ins Bett" zu kommen ist dann kein Hinderungsgrund, seine Aktivitäten zu verfolgen („denn jeht dit ooch").

Die Arbeitssphäre wird hier also auschließlich unter dem Aspekt thematisiert, daß sie sich störend auf das Trainieren der für die Kernaktivität der Gruppe notwendigen Fähigkeiten auswirkt („üben"). Ansonsten wird der Arbeitsalltag aus der Darstellung ausgeklammert.

Sowohl hierin als auch in der Thematisierung der berufsbedingten Begrenzung der Freizeitressourcen zeigt sich eine Parallele zu den Orientierungen der Lehrlings-Gruppe *Hiptext*, deren focussiertes Problem es ist, abends wegen Müdigkeit nichts mehr „unternehmen" zu können.

Daß im Vergleich zu anderen Gruppen das „Üben" und damit die technische Beherrschung des Instruments so in den Vordergrund gestellt wird, soll später unter bildungsmilieuspezifischen Gesichtspunkten nochmals aufgegriffen werden (vgl. Focussierungsmetapher).

Die anschließende Nachfrage nach berufsbiographischen Vorstellungen wird von der gesamten Gruppe - also auch den Gymnasiasten - überwiegend mit Bezug auf die Kernaktivität beantwortet (Übergang Schule-Beruf, 19-39):

```
Y1:    Ja habt ihr denn so bestimmte Vorstellungen eigentlich was    19
       ihr äh was ihr so beruflich mal machen woll?                  20
                                                                     21
Bm:                        └ Ick will                                22
       unbedingt wat mit Musik machen Musiktechnik (.) und dann      23
       vielleicht im Verkauf oder (.) im Studio oder so wat ir-      24
       gendwie mal                                                   25
                                                                     26
Cm:             └Na so hat ick dit eigentlich ooch anjepeilt         27
       jehabt, daß ick irgendwo im M- mit der Musik wat machen       28
       will (.) daß denn dit Ar- dit Arbeiten ooch noch is klar,     29
       aber vielleicht ooch studieren, aber dit weeß man ja nich     30
       wie sich dit so entwickelt, ob man Zeit hat und so weiter     31
       wa?                                                           32
                                                                     33
Am:    └ Ick persönlich hab noch keene Vorstellungen wat ick         34
       (.)                                                           35
                                                                     36
```

Cm und *Bm* stimmen darin überein, ihre Berufsbiographie an der Sphäre der Musik („Musiktechnik") auszurichten. *Ams* Perspektive erstreckt sich lediglich bis zum Endpunkt der schulischen Bildungskarriere. Für die Zeit danach hat er „keene Vorstellungen".

Auffallend ist, daß vor allem *Bm* nicht von „Musik machen", sondern von „wat mit Musik" machen spricht. Es geht also darum, die musikalische Sphäre in einen Beruf zu integrieren, z. B. in der Form von Dienstleistungen, die Musikproduktion anderer ermöglichen („Studio", „Verkauf").

Hinsichtlich der unterschiedlichen Einschätzungen, die auf Musik bezogenen berufsbiographischen Vorstellungen verwirklichen (enaktieren) zu können, werden bildungsmilieuspezifische Differenzen innerhalb der Gruppe deutlich. *Cm* als Lehrling will *neben* der Arbeit „mit Musik wat machen" und dann eventuell (Musik?) studieren. Er relativiert das vom Gymnasiasten *Bm* formulierte Ziel, „wat mit Musik" (23) zu machen mit der Formulierung, es „eigentlich ooch anjepeilt" zu haben. Er hat sich wahrscheinlich ähnlich wie es *Bm* jetzt noch tut, in der Schulzeit an dieser Sphäre orientiert, wird sich aber nun auf dem Wege der Erfahrung mit dem zeitraubenden beruflichen Alltag über das Illusionäre seiner Vorstellungen klar und thematisiert seine Situation als eine offene bzw. versucht, sie sich offen zu halten („vielleicht ooch studieren aber dit weeß man ja nich wie sich dis so entwickelt, 30-31). An der unterschiedlichen Bearbeitung derselben Thematik (Musik als Beruf) dokumentieren sich die mit den verschiedenen Bildungskarrieren zusammenhängenden entwicklungstypischen Verarbeitungsmuster: Bei *Cm* handelt es sich um eine besondere Form der Bearbeitung der lehrlingstypischen Enttäuschungsphase. Sie ist vom Bemühen gekennzeichnet, sich angesichts der ernüchternden Erfahrung des Arbeitsalltages andere biographische Horizonte virtuell offen zu halten („studieren"), wobei deren Realisierung (Enaktierungspotentiale) als nicht einschätzbar gekennzeichnet wird („aber dit weeß man ja nich wie sich dit so entwickelt ob man Zeit hat und so weiter", 30-31). Dem gegenüber entfaltet *Bm* konkrete berufsbiographische Entwürfe (Musiktechnik im Verkauf oder im Studio) in der für Gymnasiasten typischen gedankenexperimentellen Weise (vgl. dazu die genauere Analyse der berufsbiographischen Zeithorizonte bei Gymnasiasten im Unterschied zu Lehrlingen in: Bohnsack 1989).

Musik als situativer Aktionismus der Stilentfaltung

Trotz der unterschiedlichen Zukunftsentwürfe vermögen sich die Jugendlichen aber innerhalb eines gesicherten gemeinsamen Rahmens der Band als einer peer-group zu verorten (Übergang Schule-Beruf 32-46):

```
Bm:                              └ aber mit der Musik mit der    32
         Band, dit soll möglichst lange weiterlaufen (.)         33
                    |                                            34
Am:                 └ Hmm                                        35
                    |                                            36
Bm:                 └ also wie wat et irgendwie uff die Reihe    37
         kriegen (Räuspern) (.) bis denn vielleicht mal eener aus- 38
         steigt oder so wir spielen sechs Jahre zusammen und (.) 39
         die zwee andern ham da noch in keener anderen Band je-  40
         spielt und dit wird denn bestimmt n Problem sein sich um- 41
         zustellen, weil wir sind auf einander einjespielt sechs 42
         Jahren und dit war halt unsere Entwicklungsphase und allet 43
         mögliche (.) und bei uns is ja nich nur Musik, uns verbin- 44
         det ooch so (.) wir sind also die besten Freunde wie man  45
         so sagt (2)                                              46
```

Die Zukunft der Band, die in einem „möglichst langen" (33), aber unbestimmten Zeithorizont hinein projiziert wird, ist in der bisher entfalteten umfassenden habituellen Übereinstimmung fundiert. Das „Auf-einander-Eingespielt-Sein" (42) umfaßt „nicht nur Musik" (44), sondern eine fundamentalere Beziehung („die besten Freunde"; 45) im Sinne einer peer-group, die seit sechs Jahren besteht und auch jenseits unterschiedlicher beruflicher Erfahrungen tragfähig ist. Dies alles ist darin fundiert, daß sie sich über Schule und Nachbarschaft „schon seit 10 Jahren" (Übergang Schule-Beruf, 56) kennen.

Auch hier hat - wie in der Gruppe *Hiptext* - die Band ihren Anfang in probehaften dilettantischen Aktionismen des Zusammenspiels genommen (Übergang Schule-Beruf 80-140):

```
Am:      und dit hat anjefangen mit uns, da hat Bm er hier äh (.) 80
         er hat schon früher Gitarre jemacht also Gitarrenunter-  81
         richt jenommen klassischen Gitarrenunterricht (.) und denn 82
         hat er uns denn immer einjeladen oder so ick weeß nich,   83
         irgendwie denn kam wa da zusammen. Da hat er sich denn an 84
         son paar Küchenhocker jesetzt und ick an de Akkustikgitar- 85
         re denn so als Bass so jezupft und und mehr so aus Spaß   86
         jewesen denn allet hat dit allet anjefangen (.) und dit is 87
         denn ziemlich hat sich ziemlich weit entwickelt, daß wir  88
         jetzt ooch Unterricht nehmen                             89
                    |                                            90
```

Cm: ⌐ Ja dit kam bei uns ziemlich spät ei- 91
gentlich außer bei Gitarre ebend. 92
93
Am: ⌐ Hmm ja 94
95
Cm: ⌐ dit war eben der trei- 96
bende Punkt Gitarre 97
98
Am: ⌐ ja 99
100
Cm: ⌐ weil wir uns ooch weiterentwik- 101
keln wollten, damit wa wat zusammen spielen können 102
103
Am: ⌐ Hmm 104
105
Cm: ⌐ ordent- 106
lich und denn (.) 107
108
Bm: ⌐ Na ja is ja ooch selbstständig denn wat machen 109
110
Cm: ⌐ na 111
ja fro fr früher hab ick jedacht zum Schlagzeugspielen da 112
brauch man jar keen Unterricht weil wenn man 113
114
me: ⌐ Hmm hmm 115
116
Cm: ⌐ dit so sieht so denn denkt man dit (.) jeht 117
irgendwie. Aber wo ick den anjefangen habe, hab ick je- 118
merkt na ho (.) da wat denn allet für Sachen jibt da da 119
brauch man Jahre zu 120
121
Am: ⌐ Na anfangs hat man dit ooch jar nich so ernst 122
jenommen die janze Sache 123
124
Bm: ⌐ Na denn hat man son Ehrgeiz ent- 125
wickelt. Man hat andre jesehen und man hat ooch andre ken- 126
nenjelernt persönlich und denn wurde man immer ehrgeizi- 127
ger. Da hat man sich denn so dit erste Instrument da so 128
jeholt dit erste bessere 129
130
Am: ⌐ Wie heute ne? (lacht) 131
132
Bm: ⌐ jaa und denn 133
versucht jeder irgendwie ooch selbstständig zu sein. Immer 134
im Blickwinkel irgendwann kann et ja sein, daß dit denn 135
mal uffjelöst wird oder, daß denn jeder selbstständig wei- 136
termachen kann (.) wat nich heißt, daß unsre Freundschaft 137
denn zu Ende is sondern nur mit der Musik ebend, daß wir 138
dafür nich mehr Zeit finden oder eener n jutet Anjebot hat 139
oder so 140

Was das musikalische Know-how und damit das die Gruppe konstituierende „gemeinsame Dritte" anbelangte, so war *Bm* die Person, an der sich *Am* und *Cm* in dieser Anfangsphase orientiert haben (wahrscheinlich im Alter von zwölf oder dreizehn Jahren). Das durch den klassischen Gitarrenunterricht erworbene Wissen begann er mit den beiden anderen zu teilen. Dazu hat er sie zu sich nach Hause eingeladen, woraufhin sie „zusammen kamen" und gemeinsam „mehr so aus Spaß" anfingen, probeweise etwas zu machen. Dabei imitierte *Cm* auf „son paar Küchenhocker(n)" (85) das Schlagzeug und *Am* funktionalisierte eine Akkustikgitarre in einen Bass um, indem er diese „als Bass so gezupft" (86) hat, also nur die tiefen Seiten benutzt hat. Daß hier in der Anfangsphase der Spaß am noch dilettantischen Machen im Vordergrund stand, also keine zweckrationale Orientierung z. B. in Richtung des Beherrschens des Instruments, verbindet die Jugendlichen der Gruppe *Konkurrenz* mit denen aus *Hiptext*, die zwar nicht mit Instrumenten begannen, Musik zu machen, aber über den Breakdance gemeinsame Aktionismen entfalteten. Einer aus der Gruppe kann schon etwas, was die anderen dann animiert, es nach- bzw. dabei mitzumachen (*Berthold* von *Hiptext* tanzte Breakdance, *Cm* schaute fasziniert zu und machte es dann nach). Der Einstieg in den gemeinsamen Aktionismus wird in diesen beiden und auch in anderen Gruppen (die wir hier nicht darstellen können) durch *Gleichaltrige* mit einem Vorsprung an Kompetenzen bzw. Fertigkeiten initiiert.

Zunächst stand die Weiterentwicklung im Dienst der Konstitution der peergroup, der Entfaltung habitueller Übereinstimmungen.

Eine weitere Entwicklung fand dann in zwei Richtungen statt: zum einen ging es darum, „ordentlich" (106-107) zu spielen. Diese „ordentliche" Dimension ohne Unterricht erreichen zu können, war die Illusion, der sie sich „früher" hingegeben hatten, wie *Cm* ausführt. Sie hätten angenommen, „es jeht irgendwie" (117-118), was sich aber als Irrtum herausstellte, als Unterricht genommen wurde („hab ick jemerkt na ho", 118-119).

Dieses anfängliche Stadium der *Überschätzung der eigenen Fähigkeiten* ging einher mit einem „nicht so ernst nehmen" (122-123) der gesamten Aktivität, also einem nicht zweckrationalen, eben mehr den Spaß betonenden Charakter. Es ging um das (Zusammen-)*Spiel* im ursprünglichen Sinne des Wortes: um das zunächst zweckfreie, spielerische Erleben der eigenen Praxis. Mit einem Wort: es ging um das Erleben des Prozesses. In diese Praxis lagerte sich dann jedoch „Ehrgeiz" (125) ein, der durch den direkten und indirekten Kontakt zu „anderen" befördert wurde was schließlich zum Erwerb eines „ersten besseren Instruments" geführt habe („Man hat andere jesehen und man hat andere kennenjelernt persönlich und denn wurde man immer ehrgeiziger", 126 ff). Die Gruppe schildert hier also einen Prozeß der Entwicklung von zweckrationalen Motiven ("Um-zu-Motiven").

Schon bei dieser ersten Richtung hin zum "ordentlichen" Spielen, das letztendlich sich an spieltechnischen und nicht an stilistischen Kriterien festmacht, zeichnen sich Unterschiede ab zur gleichaltrigen Gruppe *Hiptext*, für die - schon bedingt durch das Medium des "Rappens" - die systematisch betriebene Weiterentwicklung der eigenen Fähigkeiten an einem Instrument nicht Voraussetzung für den kollektiven Aktionismus, das Zusammenspiel ist.

Die Band als peer-group oder als Organisation: situativer Aktionismus und Zweckrationalität

Die Unterschiede zwischen *Hiptext* und *Konkurrenz* zeichnen sich deutlicher auch in einer zweiten Entwicklungsrichtung ab. Es geht in der Gruppe *Konkurrenz* um das "selbständig denn wat machen" (Überg. Schule-Beruf, 109) bzw. "selbständig zu sein" (134). Angesichts der Möglichkeit des Auseinanderbrechens der Band sei es ein Ziel, "daß denn jeder selbständig weitermachen" (136) könne. *Bm* entwirft das Szenario, daß sie keine Zeit mehr für die Musik haben (siehe oben die verschiedenen Berufsvorstellungen) bzw., daß "eener n jutet Anjebot hat" (139). Derjenige, der es durch "Ehrgeiz" in den Status eines "ordentlichen" Musikers gebracht hat, bringt die Voraussetzungen mit, in einen Markt einzutreten und dort "n jutes Anjebot" zu bekommen. Daß dies prekäre Folgen für die peer-group ("unsere Freundschaft" 137) hat, ist bewußt. Bewältigt werden soll dieses Problem dann auf dem Wege der Trennung der Sphäre der *peer-group*, der Freundschaft von der Sphäre der Band als *Organisation*.

Diese Weiterentwicklung entfaltet also ingesamt eine Selbstläufigkeit, mit der die Orientierung an der *peer-group* unter der Hand zu einer Orientierung an der Band als *Organisation* mutiert. Was sich damit zusammenhängend am Möglichkeitshorizont abzeichnet, ist die Konzipierung der Musikaktivität als Beruf und damit einhergehend die Anforderung, Privates von Beruflichem zu trennen. Es geht dann auf der einen Seite nur noch um die objektivierbare ("ordentliche") Leistung als Musiker in einer professionellen Band (Organisation) und auf der anderen Seite darum, weiterhin "die besten Freunde" (Überg. Schule-Beruf, 52) zu bleiben, d. h. die Band in ihrer Funktion als peer-group zu erhalten, ohne die Kernaktivität aufrechtzuerhalten.

Diese Problematik dokumentiert sich an den sehr unterschiedlichen Stellen des Diskurses. Am Beispiel des Umganges mit "Fremden" in der Band wird

einerseits deutlich, wie stark ihre bisherige peer-group-Orientierung ausgeprägt war, andererseits aber auch das ambivalente Spannungsverhältnis zu
Aspekten des „Gefördertwerdens", hier durch einen „Manager". (Focussierungsmetapher, 108-160):

```
Cm:     Na wir ham jetzt ooch inne Zeitung jelesen, daß ne Band    108
        mit der (.) wa wann warn ditte vor zwee Monaten oder so,   109
        oder ooch                                                  110
                                                                   111
(Bm):              └ Hmm                                           112
                                                                   113
Cm:     schon länger?                                              114
                                                                   115
Bm:     - n halbet Jahr is et unjefähr her                         116
                                                                   117
Am:                                    └ ja unjefähr zusammen uff- 118
        jetreten sind die also eigentlich jenauso weit warn wie    119
        wir (.) noch nich mal                                      120
                                                                   121
?m:                └ (Husten)                                      122
                                                                   123
Am:                          └ Noch nich mal                       124
                                                                   125
Cm:                          └ ham zwar ne andere Musikrichtung je-126
        macht, aber die ham jetzt n Plattenvertrag also            127
                                                                   128
Am:                                           └aber ooch           129
        nur durch n juten Managar                                  130
                                                                   131
Bm:                              └Ja die hatten n Manager und so   132
        wat wolln wir eigentlich ja nich. Wir wolln unser Ding     133
        alleene machen ( 3 ) (.) uns zwar schon mehrere angeboten  134
        irgendwie daß se dis son bißchen machen wolln und so aber  135
        (.) bs wir sind eben n einje-spieltet Team und wird schwer 136
        sein für irgend jemanden (neu) irgendwie rinzukommen dit   137
        ham wa mehrmals probiert. Wir hatten zwee oder drei Sänger 138
        ausprobiert, die hatten wa ooch über mehrere Wochen oder   139
        Monate, denn ham  wa se immer wieder rausjeschmissen, ooch 140
        wenn se vielleicht jut warn oder so aber (.)               141
                                                                   142
Cm:                                    └ Denn hatten wa            143
        eenen, der hat dit zwar janz jut jepackt, aber der hat     144
        irgendwie keene Zeit jehabt, weil er ooch arbeiten mußte   145
        und allet                                                  146
                                                                   147
Bm:                └ Da ham wa denn immer wieder wat jefunden wat bei 148
        uns eigentlich jenauso is. Weeß ick keene Ausstrahlung     149
        oder weeß ick irgendwat ham wa da immer jefunden irgend-   150
        welche Gründe oder konnt nich richtich singen (.) bring    151
        ick ooch nich, aber wir ham dann (.) keenen andern irgend- 152
        wie mit rinjelassen.                                       153
```

(6)   154
                                             155
Am: Wir kannten uns alle und wenn dann n Neuer kam (.) war wie   156
       n Fremdkörper inne Band (.) obwohl wa den sicherlich ooch   157
       schon kannten, aber wenn er dann mitsp-macht (denn) in der   158
       Band denn is dit schon wat anderet (2)   159

Die Qualität, das „Gut-Sein" ist offensichtlich schwer zu bestimmen. Daß
z. B. die Band über die sie hier reden einen „Plattenvertrag" bekommen habe,
habe sie „nur" einem „juten Manager" zu verdanken und nicht ihren (musikalischen oder anderen) Fähigkeiten. Erfolg in der Form eines „Plattenver-
trages" ist dem Rahmen der Gruppe zufolge also nur zu erreichen, wenn
entsprechende Voraussetzungen in der Form irgendeiner Art der „Unterstützung" (Eltern), „Förderung" (Staat) oder wie hier des Management als einer
westlichen, kommerzialisierten Variante des Gefördertwerdens, vorliegen.
Letztere lehnen sie ab, da sie „ihr Ding alleene" machen wollen.
   Den auf die peer-group bezogenen Autonomieanspruch, der im „Ding
alleene machen" metaphorisch gefaßt ist, exemplifizieren sie dann weitergehend: mehrere hätten sich schon als Manager „angeboten", es sei aber
schwer, in ihr „eingespieltes Team" „neu" hereinzukommen. Die Ablehnung
des Managers resultiert also weniger aus einer angenommenen Gefahr der
kommerziellen Vereinnahmung, sondern daraus, daß diese Person dann in
ihre Gruppe integriert werden müßte. Auch andere Musiker („Sänger") hätten
sie, teilweise über längere Zeit („Wochen und Monate") „ausprobiert", sie
dann aber auch „immer wieder rausjeschmissen ooch wenn se vielleicht jut
waren" (140-141). Als Anlaß hätten Kritikpunkte herhalten müssen, die auch
auf sie selbst zuträfen („keene Ausstrahlung", „nich richtig singen können",
149 u. 151), d. h., sie nehmen *Qualitätskriterien als Vorwand, um „Fremde"
draußen zu halten.* Diese (nicht stichhaltigen) Kriterien liegen auf der Ebene
von Anforderungen auf der organisatorischen Ebene und betreffen die öffentliche Präsentation. Eigentliches Kriterium ist jedoch, daß die Eingespieltheit
(„einjespieltes Team", 136), also die *habituelle Übereinstimmung* nicht
gefährdet werden sollte. Dies wird in der organismische Züge tragenden
Metapher des „Fremdkörpers inne Band" (158) zum Ausdruck gebracht.
   An der Passage dokumentiert sich die grundlegende Ambivalenz, die sich
aus diesem Spannungsverhältnis zwischen peer-group und Organisation
ergibt. Die eher zum Organisationspol neigende Erfolgsorientierung („Plattenvertrag") läßt sich letztendlich nur über fremde Hilfe erreichen: staatliche
Förderung (an anderer Stelle berichten sie von ihren Hoffnungen, vom Be-
zirksamt gefördert zu werden) oder Management. Dem steht die Orientierung
an kreativer Selbstentfaltung gegenüber, die sich von selbstgebauten In-

strumenten („Malertopp als Trommel", siehe weiter unten) bis hin zu „unser Ding alleene machen" erstreckt, was mit einer Verfestigung bzw. Konsolidierung habitueller Übereinstimmung in der peer-group einhergeht.

Dabei ist die peer-group selbst noch einmal eingelagert in einen übergreifenden Zusammenhang der Beziehung zu Gleichaltrigen, der peer-group-ähnliche Züge trägt: in dem „Fanclub" (Focussierungsmetapher, 190-219):

```
Bm:              So n kleenen Fanclub ham wa schon (.) die ooch bei   190
         jedem Konzert dabei sind sind vielleicht so vierzig fünf-    191
         zig Mann                                                     192
                                                                      193
Cm:              └ und die machen immer ordentlich Stimmung so. Wo    194
         wa im Pionierpalast uffjetreten sind, da ham vorher ooch     195
         andere Bands jespielt (hat n) ne Blues Band war da und da    196
         war n ne Menge kleene Kinder jewesen und wo wir uns denn     197
         da an de Instrumente jemacht hatten da kamen denn die El-    198
         tern erst mal rin und ham ihre kleenen Kinder rausjezogen    199
         da wo wa dit erste Lied jespielt hatten                      200
                                                                      201
Am:                      └ (wo) unserer Fanclub n bißchen Radau       202
         jemacht (haben)                                              203
                                                                      204
Bm:                      └ Hmm unser Ballett (.) die hüpfen immer so schön  205
         hin und her, aber so wat brauchen wa, wat wa uns immer       206
         nich jetraut ham, is vorm völlig fremden Publikum zu spie-   207
         len                                                          208
                                                                      209
Cm:              └ ja dit stimmt                                      210
                                                                      211
Bm:                      └ wir ham immer unseren Leuten Bescheid jesagt  212
         kommt mal alle und kommt mal (.) doch eenmal hatten wa dit   213
         in der Bohne (JFzH) dit is ooch relativ jut jeworden da      214
         warn                                                         215
                                                                      216
Am:              └ Hmm                                                217
                                                                      218
Bm:              └ wa' ooch relativ betrunken (2)                    219
```

Die Zuhörerschaft ist nicht allein Publikum, sondern „Fanclub", d. h. nicht mehr eine zufällige, nur aus Anlaß eines Konzertes versammelte Gruppe, sondern eine, die sich auch über den unmittelbaren Rahmen des Konzerts hinausgehend kennt bzw. zumindest „bei jedem Konzert dabei" ist und „Stimmung macht".

Am Beispiel eines Auftrittes in einem „Pionierpalast", bei dem die Eltern die Kinder zu Beginn ihres Konzertes herausholten, weil der Fanclub „n'bißchen Radau" gemacht habe, dokumentiert sich eine provokative, und damit auch eine *Sphärengrenzen generierende Funktion des Fanclubs*. Er sorgt durch sein Verhalten (siehe auch die Teilnehmende Beobachtung vom Konzert) dafür, daß ihr Auftritt nicht zu einem Nachmittagsklatsch mit kleinen Kindern umfunktionalisiert wird, was anderen Bands an dem Tage („Bluesband") wohl so ergangen ist. Dadurch wird sichergestellt, daß die eigene Stilentfaltung in einem vertrauten Rahmen präsentiert und somit habituelle Übereinstimmung hergestellt werden kann. *Sie nehmen also ihr Milieu bzw. eine erweiterte peer-group mit zu den Auftritten.* Im übrigen handelt es sich bei der Umschreibung der Aktionen des Publikums als „Ballett" um eine euphemistische: wie die Teilnehmende Beobachtung des Konzerts zeigt, besteht die Tätigkeit des Fanclubs, der sich im Kern aus Mitgliedern der Gruppe *Basis* rekrutiert (vgl. Kap.5), aus Pogotanzen. Der Fanclub sorgt dafür, daß Fremdheitserfahrungen weitestgehend vermieden werden (vgl. 207).

Bei alledem ist das Verhältnis der Band zu ihrem „Fanclub" jedoch auch ambivalent. Die Bindung an die erweiterte peer-group behindert zugleich die technisch-organisatorische Weiterentwicklung der Band, wie im folgenden dargelegt wird (Musikrichtung, 1-23):

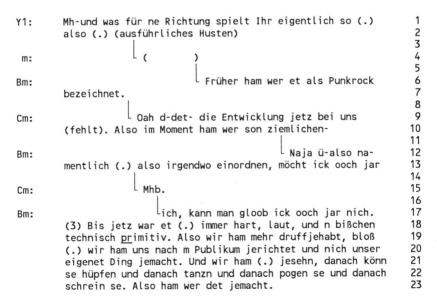

```
Y1:    Mh-und was für ne Richtung spielt Ihr eigentlich so (.)    1
       also (.) (ausführliches Husten)                            2
                    |                                              3
m:                 └ (          )                                  4
                                 |                                 5
Bm:                             └ Früher ham wer et als Punkrock   6
       bezeichnet.                                                 7
                  |                                                8
Cm:              └ Oah d-det- die Entwicklung jetzt bei uns        9
       (fehlt). Also im Moment ham wer son ziemlichen-            10
                                 |                               11
Bm:                             └ Naja ü-also na-                 12
       mentlich (.) also irgendwo einordnen, möcht ick ooch jar  13
                |                                                 14
Cm:            └ Mhb.                                             15
                 |                                                16
Bm:             └ich, kann man gloob ick ooch jar nich.          17
       (3) Bis jetz war et (.) immer hart, laut, und n bißchen   18
       technisch primitiv. Also wir ham mehr druffjehabt, bloß   19
       (.) wir ham uns nach m Publikum jerichtet und nich unser  20
       eigenet Ding jemacht. Und wir ham (.) jesehn, danach könn 21
       se hüpfen und danach tanzn und danach pogen se und danach 22
       schrein se. Also ham wer det jemacht.                     23
```

Die früher als „Punkrock" bezeichnete Musik wäre jetzt stilistisch nicht mehr einzuordnen bzw. sei dies auch gar nicht gewollt: „also irgendwo einordnen möcht ick ooch jar nicht" (13). Rückblickend thematisieren sie, daß sie schon etwas anderes spielen wollten (und auch könnten), aber sich nach dem Geschmack ihres Publikums gerichtet hätten und dadurch *nicht* „unser eigenet Ding gemacht" (20-21) hätten. Unter ihren technischen Möglichkeiten bleibend hätten sie bisher „hart, laut und n'bißchen technisch primitiv" (18 u. 19) gespielt, was dem Bedürfnis des Publikums nach „Hüpfen", „Tanzen", „Pogen" und „Schreien" entgegengekommen sei.

Ihre stilistische Präsentation auf der Bühne richtete sich also nach den Wünschen ihrer erweiterten peer-group und deren Bedürfnissen nach Herstellung von habitueller Übereinstimmung auf dem Wege des gemeinsamen Eintauchens in ekstaseförmige Zustände.

Dies widerspricht in gewisser Weise jenen Aspirationen, die sie u. a. aus dem Vergleich mit anderen, größeren Bands beziehen (Musikrichtung 48-56):

```
Am:   Jedenfalls man vergleicht sich dann immer mit den andern,   48
      größeren (.) Bands. Also die weiter sind, älteren, und       49
      weeß ick, die besser sind, (   ).                            50
                                                                   51
Bm:           └ Gibt so die Lebensläufe an und allet Mögli-        52
      che. (.) Der hat so anjefangn und der hat so anjefangn.      53
                                                                   54
                                                                   55
Am:           └ Mhm. (.) Naja, eben.                               56
```

Der sich in der Wertung ihres bisher gespielten Stils als „technisch n bißchen primitiv" nur ex negativo zeigende Orientierung entspricht also ein positiver Horizont, der im folgenden entfaltet wird und die Richtung der eigenen Weiterentwicklung bestimmen soll (Musikrichtung, 70-105):

```
Am:   Abjesehn, des wer uns noch mächtig entwickeln müssn.          70
      Spieltechnisch und (.) un-und-und die verschiedenen          71
                                                                   72
Bm:           └ Naja, ausjelernt haste so-                          73
      wieso nie.                                                    74
                                                                   75
Am:           └ Musikrichtungn. (.) Ja und die verschiednen        76
      Musit-sik-eh-richtungn sich erstmal alle anhörn. Und dar-    77
      aus denn det beste (.) eben selber aus(   ) (.) oder         78
      wat janz Neuet machn- naja.                                  79
                                                                   80
Cm:           └ Na, zur Zeit ham wer son (.) Rock(                  81
      )fimmel, also so (.) Jimi Hendrix-mäßig und so, und det      82
      ham wer ooch schon probiert aber, det is jar nich so ein-    83
      fach. Dann merkn wer det ja allet eh feeling Musik is, wa.   84
      Blues überhaupt. (.)                                         85
                                                                   86
Bm:           └ Von wat wer uns ooch viel ham einschüchter         87
      lassen is (.) eh-t Selbstbewußtsein von andern Leutn, von    88
```

328

```
         andern Bands und so. Die jehn mit m janz andern Jesicht      89
         uff die Bühne, (.) wir immer so hähähä zitter zitter, son     90
         bißchen grins, son bißchen unnatürlich. (.) Und (.) die       91
         uff- vor alln Dingn wieder die ausm Westn, die ham janz       92
         anderet- (.) Ja, die jehn da uff de Bühne und (.) man         93
         sieht den det überhaupt nich an irgendwie.                    94
                                                                        95
Am:              ⌐ (   ) ham ooch irgendwie n janz anderet Tempe-      96
         rament irgendwie. (.) Die-                                    97
                                                                        98
Bm:                          ⌐ Ick weeß nich, für mich wirkt          99
         det natürlicher, ick weeß nich ob et natürlich is. (.) Auf  100
         alle Fälle wirkt det uff- (.) mächtig natürlich so. Als ob  101
         se ihr Lebn lang nie wat anderet jemacht ham, (.) als uff   102
         de Bühne zu stehn. (.)                                       103
                                                                      104
Am:                          ⌐ Viel lockrer, cooler.                 105
```

Es geht darum, auch eine spieltechnisch ausgefeilte Musik mit dem richtigen „Feeling" zu versehen, sie zu habitualisieren. Aber gerade hier liegt die entscheidende Schwierigkeit: die Metapher, „Jimi-Hendrix-mäßig" zu spielen verweist auf Qualitäten, die eben nicht wie Spieltechniken angeeignet werden können. Es geht um authentische Darstellungsformen - hier die des glaubhaft verkörperten „Blues", wie ihn Jimi Hendrix aus der Sicht der Gruppe spielte. Dies „probieren" sie in der Gruppe, d. h., es handelt sich um die probehafte Entfaltung von Stilelementen im Sinne intendierter Ausdrucksstile mit dem Ziel ihrer Inkorporierung, ihrer Integration in einen adäquaten Habitus, der damit sozusagen auf ein höheres Niveau gehoben wird.

Dies ist bisher nicht gelungen. Sie haben sich vom „Selbstbewußtsein" anderer Bands eher „einschüchtern" lassen (87). Ihren eigenen Habitus auf der Bühne beschreiben sie mit den Worten „wir immer so hähähä zitter zitter n bißchen grins, son bißchen unnatürlich" (90-91)". Die „Wirkung" von „Westbands" hingegen wird als „mächtig natürlich" (101) eingeschätzt. Diese seien „viel lockerer, cooler" (105), hätten also schon den Habitus, den sie u. a. durch viel Üben glauben erlangen zu können.

Die Orientierung am Habitus westlicher Bands ist - stellt man ihre ansonsten kritische Haltung gegenüber westlicher Kultur in Rechnung (vgl. dazu weiter unten) - ein äußerst ambivalentes Unterfangen. Insofern ist es für die Band im Sinne einer Herausforderung auch interessant, ohne ihren „Fanclub" „vielleicht mal vorm Westpublikum zu spielen" (Focussierungspassage 221). Die Frage, ob die Westbands „wirklich" „natürlicher" sind oder nur so „wirken" (Musikrichtung 99 u. 100) verweist aber wiederum auf eine Diskrepanz zwischen der schlichten Aneignung von intendierten Ausdrucksstilen und deren Habitualisierung, die erst allmählich sich vollzieht. Diese Erfahrung ist aber eine grundsätzliche, reicht bis in die Anfangsgründe der Band hinein (Focussierungsmetapher, 297-315):

```
Bm:   Kam denn ooch dazu erstmal die Show dit hat man woanders      297
      jesehn die Show muß erstmal stimmen ham wa dit Musikali-      298
      sche                                                         299
                                                                   300
Cm:                              └ ja dit                          301
                                                                   302
Bm:                                 └ vielleicht erstmal            303
      hinten anjestellt (.)                                        304
                                                                   305
Cm:      └ dit war wohl bei uns am Anfang also die Show stand naa  306
      weeß ick nich also die war nich besonders also wir ham       307
      alle so dajestanden jeder also n-nich miteinander jespielt   308
      sondern mehr oder weniger er- am Anfang gegeneinander wa      309
      (lacht)                                                      310
                                                                   311
Am:            └ oder jeder so wie er wollte (lacht) (is doch wahr) 312
                                                                   313
Cm:                              └ Keener uff keenen               314
      jehört so aber irgendwie (lacht) ging et (3)                 315
```

In der Orientierung daran, daß „die Show erstmal stimmen" mußte, wurde „das Musikalische hintenan gestellt".

Das Gelingen einer guten Show wurde in der Anfangszeit durch die mangelhafte kommunikative Abstimmung erschwert. Sie hätten nicht „miteinander", sondern „gegeneinander" bzw. „jeder so wie er wollte" (312) gespielt. Es hat sich anfangs also z. T. nur um ein Nebeneinander, nicht um eine, auf gemeinsame Abstimmung bezogene Aktivität gehandelt: „keener uff keenen gehört" (314-315). Trotzdem (bzw. gerade deshalb) führte diese Praxis zum Erfolg („irgendwie ... ging et" 315). Einerseits dokumentieren sich in dem hier angesprochenen Modus der Selbstsozialisation Gemeinsamkeiten zwischen den Gruppen *Konkurrenz* und *Hiptext*, in denen Grundzüge der Adoleszenzentwicklung erkennbar werden: In der Anfangszeit der Band gibt es eine Phase, in der jeder der Band das machte, „was er wollte". Es gibt in dieser Phase noch *keine gemeinsam geteilten Regeln* des Zuhörens und Miteinanderspielens. Diese müssen erst auf dem Wege des weiteren probeweisen Handelns erschlossen werden. Insofern ist der belustigte Rückblick der Gruppe ein Dokument für einen Sozialisationsprozeß, an dessen Ende ein auch auf kommunikativem Wege thematisierbares Ergebnis steht: heute stimmen sie darin überein, daß über gewisse Standards musikalischer Reziprozität verfügt werden muß, um überhaupt miteinander spielen zu können. Der Clou bei der Sache ist, daß diese Erkenntnis wohl nur gemeinsam erarbeitet werden konnte: *wesentliche Lernprozesse des Zusammenspiels, mit denen auch Orientie-rungen an Reziprozität verbunden sind, werden offensichtlich nur über das gemeinsame (eben nicht zweckrational organisierte) „Machen" möglich.* Sie haben sich eben, wie alle anderen Gruppen auch, „hingestellt und ge-macht". Das Primordiale, das Initiale ist das „Machen" am Anfang.

In der strikten Priorität, die hier in der Gruppe *Konkurrenz* der „Show" eingeräumt wird, dokumentieren sich aber andererseits auch Unterschiede zur Lehrlingsgruppe *Hiptext*. Eine derartige mit zweckrationalen und strategi-schen Elementen versehene Selbstinszenierung gegenüber dem Publikum ist dort nicht zu beobachten. Dort geht es darum, gemeinsam mit dem Publikum eine „gelungene Party" zu veranstalten (vgl. den Beobachtungsbericht: „Das Konzert", 4.1.). In der Gruppe *Konkurrenz* korrespondiert diese Betonung der Selbstinszenierung mit ihrer Orientierung an der Band als Organisation und dem ehrgeizigen Bestreben einer fortschreitenden Aneignung und Perfektio-nierung massenmedial vermittelter Stilelemente. Es werden hier bildungs-milieutypische Unterschiede zwischen der Lehrlingsgruppe *Hiptext* und der durch Gymnasiasten bestimmten Gruppe *Konkurrenz* erkennbar.

Während in der Gruppe *Hiptext* die technische Perfektionierung eigener Fähigkeiten überhaupt kein Thema ist, wird dies in der Gruppe *Konkurrenz* in focussierter Weise herausgearbeitet. Im Zusammenhang der Darstellung der in einem Tonstudio gemachten Erfahrung mit den eigenen spieltech-nischen Unzulänglichkeiten, entwickelt sich folgender Diskurs (Focussie-rungsmetapher, 241-267):

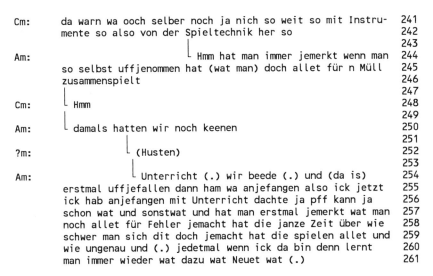

```
Cm:     da warn wa ooch selber noch ja nich so weit so mit Instru-    241
        mente so also von der Spieltechnik her so                     242
                                                                      243
Am:                    └ Hmm hat man immer jemerkt wenn man           244
        so selbst uffjenommen hat (wat man) doch allet für n Müll     245
        zusammenspielt                                                246
                                                                      247
Cm:     └ Hmm                                                         248
                                                                      249
Am:     └ damals hatten wir noch keenen                               250
                                                                      251
?m:                └ (Husten)                                         252
                                                                      253
Am:                    └ Unterricht (.) wir beede (.) und (da is)     254
        erstmal uffjefallen dann ham wa anjefangen also ick jetzt     255
        ick hab anjefangen mit Unterricht dachte ja pff kann ja       256
        schon wat und sonstwat und hat man erstmal jemerkt wat man    257
        noch allet für Fehler jemacht hat die janze Zeit über wie     258
        schwer man sich dit doch jemacht hat die spielen allet und    259
        wie ungenau und (.) jedetmal wenn ick da bin denn lernt       260
        man immer wieder wat dazu wat Neuet wat (.)                   261
```

```
                                            ⌐
Cm:                              └ Na is bei mir ooch    262
         so                                             263
                                                        264
                                            ⌐            265
Am:                                         └ wat man   266
         nun die Jahre über falsch jemacht hat (.) und so   267
```

Durch die Selbstkontrolle mit Hilfe von Aufnahmetechniken haben sie gemerkt, „was man doch allet fürn Müll zusammenspielt" (245-246). Es dokumentiert sich hier eine auf ihre heutige Aktivität bezogene *ausgeprägte Produktorientierung*, deren Maßstäbe für Qualität sich an „Spieltechnik" am Beherrschen von Instrumentaltechnik festmachen und nicht etwa an Stilelementen. Sie nehmen Unterricht (256), um ihre fehlerhafte („Fehler machen", 258), unökonomische (es sich „schwer machen", 259) und „ungenaue" (260) Spielweise zu erkennen: man lernt das dazu, „wat man nun die Jahre über falsch jemacht hat" (266-267).

In der Differenzierung ihrer Musikaktivität von der Sphäre des intendierten stilistischen Ausdrucks - sie abstrahieren vom Stilistischen und heben die technische Seite der Musikausführung hervor - dokumentiert sich ein die technisch erlernbaren Fertigkeiten betonender Zugang zum Musikmachen - der wohl typisch für Gruppen ihres Bildungsmilieus ist: sie wollen mit und in der Musik sich kontinuierlich verbessern und konzentrieren sich dabei auf die technische Machbarkeit, die in schulischen Routinen am effektivsten trainiert werden kann.

Diese Weiterentwicklung des ursprünglichen Musikmachens in solchen produktorientierten Formen verweist - im Kontrast zur Gruppe *Hiptext* - auch auf einen bildungsmilieuspezifischen Habitus. Er umfaßt auch selbstorganisierte Formen des Lernens („autodidaktisches Anlernen"), wie in der Weiterführung des Diskurses deutlich wird (Focussierungsmetapher, 268-296):

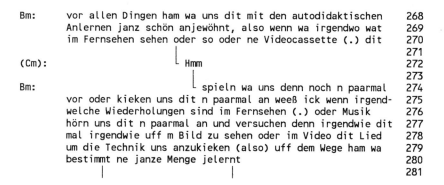

```
Bm:      vor allen Dingen ham wa uns dit mit den autodidaktischen   268
         Anlernen janz schön anjewöhnt, also wenn wa irgendwo wat    269
         im Fernsehen sehen oder so oder ne Videocassette (.) dit    270
                                            ⌐                         271
(Cm):                                       └ Hmm                     272
                                            ⌐                         273
Bm:                                         └ spieln wa uns denn noch n paarmal   274
         vor oder kieken uns dit n paarmal an weeß ick wenn irgend-   275
         welche Wiederholungen sind im Fernsehen (.) oder Musik       276
         hörn uns dit n paarmal an und versuchen denn irgendwie dit   277
         mal irgendwie uff m Bild zu sehen oder im Video dit Lied     278
         um die Technik uns anzukieken (also) uff dem Wege ham wa     279
         bestimmt ne janze Menge jelernt                              280
         |                          |                                 281
```

```
Am:          └ ja              └ dit hat ick ooch am Anfang    282
        immer jemacht mir im Fernsehen irgendwat anjeguckt wie man   283
        denn (.) gegriffen hat oder gezupft hat (.)                  284
                                    |                                285
Cm:                              └ na denn kam da noch die          286
        Unterstützung vom Lehrer dazu also bei                       287
                                    |                                288
(Am):                            └ Ja                                289
                                    |                                290
Cm:                              └ mir zumindest wenn die ihm irgend- 291
        wat vorjesp- also von der Kassette vorjespielt hab von ner   292
        andern Band wat ick jut fand denn hat er mir dit unjefähr    293
        jezeigt und denn hat man dit irgendwie ooch selber ooch      294
        jebracht (.) und dit konnt man denn ooch einbringen janz     295
        jut                                                          296
```

Die Form des Wissens, die durch Unterricht erlangt wurde, wird hier ergänzt durch diejenige, die durch „autodidaktisches Anlernen" (268-269) erworben wurde. Die Autodidaktik bestand darin, daß sie im Fernsehen oder auf Videokassetten sich die „Technik angesehen" bzw. angehört und durch Wiederholungen dieses Vorganges „ne ganze Menge jelernt" hätten. Dieses Spannungsverhältnis zwischen „Auto-" und „Fremddidaktik" ist gleichsam der innere Motor dieser Gruppe. In der auf diesem Wege erreichten Selbstkontrolle über „schlechte Gewohnheiten" dokumentiert sich ein Habitus der (technisch-organisatorischen) Selbstperfektionierung und der *konkurrierenden Leistungssteigerung*, der der Gruppe *Hiptext* fremd ist.

Familiale Kommunikation und Perspektivenübernahme

Das Verhältnis der Jugendlichen zu ihren Eltern ist kein focussiertes Thema, sondern wird vereinzelt, eingelagert in die Darstellungen ihrer Musikaktivitäten, behandelt.

Derzeit werden die Jugendlichen von ihren Eltern in ihren Musikaktivitäten „mächtig unterstützt" (Focussierungsmetapher, 314 u. 315), indem sie z. B. Musikunterricht bezahlt haben, der Band beim Transport der Anlage geholfen oder ihnen Informationen zugänglich gemacht haben. Weiter heißt es (Focussierungsmetapher, 329-343):

```
Bm:     also die ham uns die fanden die Sache ooch für jut also    329
        hört man auch so aus Jesprächen, daß wir uns beschäftigen   330
        und nicht irgendwo rumhängen und irgendwelche Scheiße ma-   331
        chen (.) daß wir echt ausjefüllt sind in unserer Freizeit   332
        und manchmal ooch n bißchen viel (.) meckern se ja ooch     333
        wenn man zuviel mit Musik zu tun hat                        334
```

```
                    └                                       335
Am:                  └ die Schule vernachlässigt            336
                    └                                       337
Bm                   └ wenn man nur eingleisig fährt da (und 338
     die) Schule denn hinten ansteht (Räuspern) (2) aber so an  339
     sich freun se sich bestimmt                           340
                                 └                         341
Am:                              └(aber) klar (2) is ja nich jeder  342
     jedet Kind das dis sowas macht                        343
```

Die Eltern haben den Prozeß der Formation der Gruppe zu einer Band offensichtlich mit einer gewissen *Ambivalenz* betrachtet, die sich aus der Sorge um eine eventuelle Vernachlässigung schulischer Leistungen auf der einen Seite und einem Stolz auf die sich in den Produkten „ihrer Kinder" dokumentierende andersgeartete Leistung und daraus resultierende Besonderheit andererseits speiste. Es wird hier also eine Leistungsbezogenheit der Eltern und eine damit zusammenhängende Orientierung an Distinktion erkennbar: „nicht jedes Kind" mache so etwas.

Durch die Fortschritte der Gruppe wurden die Eltern schließlich überzeugt (Focussierungsmetapher, 361-381):

```
Cm:   Na ja dit hätten meine Eltern bei mir oo nich so jedacht  361
      oder überhaupt von uns dreien, daß wa soweit überhaupt    362
      packen die ham dit                                        363
                     └                                          364
Bm:                  └ Hn Hn dachten immer wir sind so einsame Spinner  365
                                                     └         366
Cm:                                                  └ ja      367
      ja                                             └         368
Bm:                                                  └ so      369
      die irgendwo sitzen und Faxen machen und (Ess      )     370
                                        └                      371
Cm:                                     └ Eiern da ir-          372
      gendwie vor uns rum da und ham sich jedacht ach dis (.)   373
      aber denn irgendwie kam dit doch, daß se dit m-mitjekriegt  374
      ham daß dit sich irgendwie janz jut entwickelt und denn   375
      kam mehr Unterstützung                                   376
                                  └                            377
Bm:                               └ Hm und daß                 378
      wir da ooch hinterhängen                                379
      └                                                        380
Cm:   └ (.) von den Eltern selber (4)                          381
```

Die „Unterstützung" der Eltern war von der obengenannten Ambivalenz geprägt. Als sie sahen, „daß es sich janz jut entwickelt" (375) - sie hatten, das geht aus ausführlicheren Schilderungen der Gruppe hervor, Konzerte der Gruppe und Reaktionen des Publikums gesehen - überwanden sie die Skepsis in bezug auf die Vernachlässigung der schulischen Pflichten. In gewisser Weise kann hier auch von einer Erfolgsorientiertheit der Eltern gesprochen werden. Als sie erste Ergebnisse sahen, „meckerten" sie weniger (vgl. 332-334).

Die Jugendlichen verständigen sich hier in differenzierter Art und Weise über die Motive ihrer Eltern. Hierin dokumentiert sich zum einen eine ausgeprägte Perspektivenübernahme und zum anderen - als deren Voraussetzung - eine vergleichsweise intensive Kommunikation innerhalb der Familie.

Dabei ist die Familiensituation der Jugendlichen keineswegs unproblematisch. Gerade aber in der Verständigung über innerfamiliale Probleme wird noch einmal die ausgeprägte Perspektivenübernahme deutlich: Die Eltern von *Am* sind geschieden. Dies wird in einer anderen Passage („Kinder") deutlich, in der die Frage nach einem eigenen Kinderwunsch u. a. unter Hinweis auf die eigenen Erfahrungen mit der Scheidung der Eltern verneint wird (Kinder, 72-90). Zum anderen wird an mehreren Stellen die Arbeitslosigkeit der Eltern thematisiert. (Eltern, 1-31):

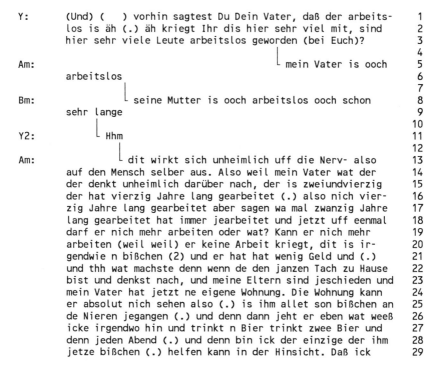

```
Y:     (Und) (    ) vorhin sagtest Du Dein Vater, daß der arbeits-    1
       los is äh (.) äh kriegt Ihr dis hier sehr viel mit, sind       2
       hier sehr viele Leute arbeitslos geworden (bei Euch)?          3
                                                                      4
Am:                         └ mein Vater is ooch                      5
       arbeitslos                                                     6
                                                                      7
Bm:              └ seine Mutter is ooch arbeitslos ooch schon         8
       sehr lange                                                     9
                                                                     10
Y2:        └ Hhm                                                      11
                                                                     12
Am:              └ dit wirkt sich unheimlich uff die Nerv- also      13
       auf den Mensch selber aus. Also weil mein Vater wat der       14
       der denkt unheimlich darüber nach, der is zweiundvierzig      15
       der hat vierzig Jahre lang gearbeitet (.) also nich vier-     16
       zig Jahre lang gearbeitet aber sagen wa mal zwanzig Jahre     17
       lang gearbeitet hat immer jearbeitet und jetzt uff eenmal     18
       darf er nich mehr arbeiten oder wat? Kann er nich mehr        19
       arbeiten (weil weil) er keine Arbeit kriegt, dit is ir-       20
       gendwie n bißchen (2) und er hat hat wenig Geld und (.)       21
       und thh wat machste denn wenn de den janzen Tach zu Hause     22
       bist und denkst nach, und meine Eltern sind jeschieden und    23
       mein Vater hat jetzt ne eigene Wohnung. Die Wohnung kann      24
       er absolut nich sehen also (.) is ihm allet son bißchen an    25
       de Nieren jegangen (.) und denn dann jeht er eben wat weeß    26
       icke irgendwo hin und trinkt n Bier trinkt zwee Bier und      27
       denn jeden Abend (.) und denn bin ick der einzige der ihm     28
       jetze bißchen (.) helfen kann in der Hinsicht. Daß ick        29
```

```
eben ihm sage wat wat er (.) na ja daß er ebend wie soll    30
ick dit sagen?                                               31
```

Der Sohn versetzt sich in die Lage des Vaters indem er sich dessen Alltags-
situation vorstellt („wat machste denn, wenn de den janzen Tag zu Hause bist
und denkst nach?", 22 u. 23). Arbeitslosigkeit und Scheidung seien dem
Vater „an de Nieren „ (26) gegangen, weshalb er jeden Abend „irgendwohin"
(27) gehe und Bier trinke („trinkt n Bier trinkt zwee Bier und denn jeden
Abend", 27 u. 28). Bei dieser Auseinandersetzung mit den Folgen der Arbeitslosigkeit für den Vater von *Am* dokumentiert sich eine *Form intensiver
Perspektivenübernahme* bis hin zur Übernahme von Verantwortung seitens
Am, die so weit geht, daß er sich selbst als den „einzigen" wähnt, der „ihm
jetze n bißchen helfen kann in der Hinsicht" (28 u. 29). Die genaue Art der
Hilfe kann er nicht ausdrücken, was auf das Prekäre dieser Situation hinweist. Die wechselseitige Übernahme von Verantwortung verweist auf eine
tendenziell egalitäre familiale Kommunikation, die uns auch bei *Berthold* aus
der Gruppe *Hiptext* begegnet (vgl. Biographisches Portrait *Berthold*; 4.1.), der
in ausgeprägter Weise für seine Eltern im Urlaub bzw. für seine Mutter nach
dem Tod des Vaters Verantwortung übernahm. Wie sich im Fortgang von
Ams Erzählung zeigt, ist dieser in vielerlei Hinsicht vertraut mit den Problemen des Vaters (Eltern, 31-56):

```
Am:     Hat er jetzt ne Freundin außerhalb von Berlin und die will    31
        jetz wat irgendwie uffmachen also so selbstständig machen      32
        Sauna und Fitness und sowat. Die hat son Grundstück und da      33
        wolln se dit allet machen. Auf jeden Fall gibts da jetzt        34
        Sachen da kriegen se den Kredit nicht bewilligt weils sich      35
        angeblich nich rechnet. Dit is wieder son Spiel der Ban-        36
        ken. Die Banken wollen dit Grundstück nämlich kaufen und        37
        äh deswegen kriegen se den Kredit nich (.) und allet so         38
        wat (         )                                                 39
                                                                        40
Bm:            └ Und damit kenn wir uns überhaupt nich aus             41
                                                                        42
Am:                                           └ wenn er                43
        wenn die den Kredit nich kriegen und wenn die janze Sache       44
        nich funktioniert denn (.) jetzt hat er vorläufig Arbeit        45
        aber dit für ewig kann er da auch nich bleiben. Da is er        46
        jetzt als Koch anje- äh anjestellt. Hilfsarbeiter mehr so       47
        mehr oder weniger (.) und verdient jetzt so einigermaßen        48
        aber auf ewig kann er da nich arbeiten und der der Laden        49
        is ooch bloß uff Pacht                                          50
                                                                        51
(Kassettenwechsel)                                                      52
                                                                        53
```

```
Am:    köperlich (.) is zwar nich janz so schlimm wie zehn Jahre    54
       älter also n Fuffzigjähriger aber muß schon doch n bißchen   55
       zurückstecken mit der Arbeit (.) is schwierig (2)            56
```

Aus den Schilderungen von *Am* ist deutlich zu entnehmen, daß der Vater dem Sohn seine beruflichen Probleme bis in finanzierungstechnische Einzelheiten hinein erläutert und der Sohn Chancen und Möglichkeiten des Vaters gedankenexperimentell in vielerlei Varianten durchgespielt hat. Wir haben hier also den Fall, daß die Familie als habitueller Zusammenhang „zerbrochen" ist, dies aber in enger Kommunikation zwischen dem Sohn und den Eltern bewältigt wird.

An dieser Stelle verlagert *Bm* die Thematik vom individuellen Schicksal des Vaters von *Am* hin zum kollektiven Schicksal der Ostler und damit auf die Ebene globaler Theorie. Die Ostler sind in eine ganz andere Welt „rinjesetzt" worden (Eltern 58-80):

```
Bm:    Wir wurden ja nun in ne janz andere Welt rinjesetzt wir    58
       müssen uns damit nun (.)                                    59
       |                                                           60
Am:    (is) für die Erwachsnenen viel schlimmer                    61
                                  |                                62
Bm:                               └ wir wern jenauso jefordert vor 63
       dieselben Probleme jestellt oder vor noch viel größere,     64
       weil wir eben damit nicht zurecht kommen (.) und wir ham    65
       noch nebenbei die andern also die Westler die ham die ham   66
       damt ihr janzet Leben die ham die janze Entwicklung lang-   67
       sam die ham dit nich so abrupt vor de Nase jestellt je-     68
       kriegt (janz langsam)                                       69
              |                                                    70
Am:           └ (die ham sich allet janz langsam)                  71
              |                                                    72
Bm:           └ und allmählich ham sich dit selber uffjebaut. Für  73
       die is dit n janz anderet Jefühl. Sicherlich die komm da-   74
       mit zurecht und finden dit als die beste Sache der Welt     75
       sicherlich (.) Bloß wir sind da erstmal viel kritischer     76
       weil wir sehn die Sachen die da Scheiße sind und die bei    77
       uns jut warn (.) dit is erstmal n erster (       )          78
Am:    |                                                           79
       └ und die sehen bloß ihre Sachen (7)                        80
```

Sie wurden in eine Welt „rinjesetzt", auf die sie - aber vor allem ihre Eltern - sozialisatorisch nicht eigentlich vorbereitet waren. Dies im Unterschied zu den Westlern, die allmählich dort hineingewachsen sind (66-68), sich diese Welt selbst aufgebaut haben und sich mit ihr identifizieren (73-75). Die Kritik der Jugendlichen an dieser Welt (vgl. 76) haben diese bereits an früherer Stelle entfaltet.

Erfahrungen der Wende: die Gefahr der „Verwöhnung" und der Ansporn durch die „Konkurrenz"

Auch in der früheren Passage erfolgte der Sprung in die *Globalisierung* ihrer eigenen Problemlage als Reaktion auf die nur schwer zu bearbeitende konkrete alltagspraktische Problemerfahrung der Arbeitslosigkeit des Vaters - dort des Vaters von *Bm*. *Bm* thematisiert diese zunächst in ihren prekären Konsequenzen für die häusliche Situation („Denn haste zu Hause Streß. Der Vadder macht Streß, der is unausgeglichen, der is jetzt über n Jahr arbeitslos (.) der zankt nur rum, der sieht dich nur rumtrallern"; 5-8). *Bm* erläutert dann warum man „mittlerweise" (trotz alledem) wieder „stolz" ist, ein „Ossi" zu sein (Diktatur, 8-32):

```
Bm:    Mittlerweile is man ooch wieder stolz irgendwie n Ossi zu    8
       sein (.) früher in der DDR war et verpönt DDR-Musik zu        9
       hören                                                        10
       |                                                            11
Am:    └ Ja                                                         12
         |                                                          13
Bm:      └ also DDR Gruppen. Da war man der eene hat sich           14
       für achtzig Mark ausm Westen ne Depeche Mode Schallplatte    15
       jeholt (all) so wat. Da war dit in (.)                       16
                                     |                              17
Cm:                                  └ und jetz is wieder n         18
       Kult jeworden                                                19
       |                                                            20
Bm:    └ und heute hat man die Nase voll von den janzen Dreck       21
       Lalala und nischt ohne Aussage. Jetzt hört man wieder DDR-   22
       Musik und DDR-Fahne und weiß ick wat allet. Weeß nich ob     23
       dit bloß ne Modesache is, (.)                                24
                                 |                                  25
Am:                              └Die wird eher Protest sein (.)    26
                                                       |            27
Cm:                                                    └ ja         28
       gloob ick ooch                                               29
       |                                                            30
Am:    └ gegen gegen den Westen. Daß man eben zeigen will,          31
       daß man ooch selber wat is (oder war)                        32
```

Die *Wiederbesinnung auf DDR-Werte* richtet sich explizit „gegen den Westen" (31). Von der durch „Depeche Mode" Platten symbolisierten Westkultur, an deren „janzen Dreck Lalala und nischt ohne Aussage" (21 u. 22) sie sich zu DDR Zeiten orientiert haben (es war „in"), wenden sie sich ab. Es geht um den „Protest" (26) gegen den Westen, mit dem gezeigt werden soll,

338

„daß man selber wat is (oder war)" (32) (siehe hierzu auch das in der Teilnehmenden Beobachtung beschriebene Absingen von offiziellem DDR-Liedgut).

Was sie früher am Westen angezogen hat, war die Konsumwelt (Diktatur, 55-66):

```
Cm:                                    L wenn man      55
        dit im Fernsehen jesehen hat ne, (.)           56
                         |                              57
Am:                      L dit                          58
                           |                            59
Bm:                        L Werbung                    60
                                  |                     61
Am:                               L dit schöne (.)      62
        Konsumwelt ebend (.) dit hat ooch mächtig anjezogen  63
                                    |                   64
Cm:                                 L hat               65
        man allet jegloobt eigentlich                   66
```

Heute wird diese medial erzeugte Attraktivität distanziert und kritisch in Bezug auf ihre Authentizität betrachtet, was damals nicht der Fall gewesen sei. Vor diesem Hintergrund erscheint ihnen das zu DDR-Zeiten übliche „Herziehen" ihrer Lehrer über den Westen zwar immer noch „übertrieben", sie attestieren ihm jedoch rückblickend einen gewissen Wahrheitsgehalt. (Diktatur,76-88):

```
Am:          L damals hab ick (.) Damals hab ick äh immer jelacht    76
        wenn se wenn se übern bösen Westen herjezogen sind im         77
        Osten hier also die Lehrer oder so „ja im Westen da Konsum   78
        und und da verhungerst de weil de keene Arbeit hast" war     79
        zwar ooch übertrieben und so aber                            80
                              |                                      81
Cm:                           L Irgendwo is et wahr wa?              82
                            |                                        83
Am:                         L hab ick jelacht und jetzt hab          84
        ick dit jesehen, daß eben Konsum und haste wirklich nich     85
        so viel Geld kannste dir wirklich nich allet leisten. Man    86
        kann zwar jetzt reisen, aber wer verreist bitte schön        87
        hier?                                                        88
```

Der Kontrast zwischen der Westwerbung und der „übertriebenen" Kritik der Lehrer hatte zu DDR-Zeiten zur Folge, daß sie den Lehrern nicht glaubten bzw. über sie lachten. Die heutige Erfahrung daß, wenn kein Geld vorhanden ist, man sich „wirklich nicht allet" (86) leisten kann, hatten sie nicht antizipiert. Diese Enttäuschung bündelt sich in der Metaphorik der Reisefreiheit: „man kann zwar jetzt reisen, aber wer verreist bitte schön hier?" (86-88).

Auf der Basis der Berufschulerfahrungen von *Cm*, der über seine Mitschüler aus dem Westen erzählt, daß sie sich vorurteilsbeladen und despektierlich über den Osten äußerten, kommen sie schließlich zu einer Charakterisierung der „Westler" als „verwöhnt" (Diktatur, 124-147):

```
Cm:   Ick hab da erst jar nich jegloobt, daß die sone Vorurteile   124
      ham da im Westen. Ham vielleicht ooch einige nich. Aber      125
      wenn ick da so jetzt in der Berufsschule bin, da merkt man   126
      dit wirklich so wie die Lehrer so sprechen so (.) und die    127
      Schüler selber ooch (.) im Osten hier. Wobei wa jetzt ee-    128
      nen Tach immer im Osten an der Berufsschule sind dit is      129
      eben son runterjekommener Bau wa, und denn (.) lassen die    130
      denn da sone Bemerkungen ab „wat isn dit für ne Tafel" und   131
      sowat allet wa?                                              132
                  ⌊                                                133
Bm:               ⌊ sind verwöhnt                                  134
                            ⌊                                      135
Cm:                         ⌊ ja dit isset                         136
                                      ⌊                            137
Bm:                                   ⌊ zu viel Luxus (und         138
      immer) ja is unjesund                                        139
                        ⌊                                          140
Cm:                     ⌊ und die ham natürlich keenen Bock        141
      denn auf ihren Luxus zu verzichten wa is klar                142
                                             ⌊                     143
Bm:                                          ⌊und immer mehr        144
      und immer mehr (.)                                           145
                ⌊                                                  146
Am:             ⌊ ja eben immer mehr und mehr                      147
```

Im „Verwöhntsein" der „Westler" dokumentiert sich einer der zentralen negativen Gegenhorizonte der Gruppe in focussierter Form. In ihm findet sich eine Kritik an der westlichen auf Wachstum ausgerichteten Lebensweise („immer mehr" 144-147) ebenso, wie deren Hang, Bedürfnisse zu entwickeln, die über ein, in ihren Augen „normales" Maß hinausgehen („zu viel Luxus", 138). In der Gewöhnung an den westlichen Lebensstil sieht die Gruppe eine Gefahr, vor der sie Angst hat (Diktatur, 149-173):

```
Bm:                           ⌊ Und ick hab Angst davor,           149
      daß wir uns dit ooch alle anjewöhnen                         150
                          ⌊                                        151
Am:                       ⌊Ja dit möcht ick echt                   152
      nich, daß wir uns dit ooch anjewöhnen                        153
                        ⌊                                          154
Cm:                     ⌊ Und dit ham sich schon vie-              155
      le anjewöhnt                                                 156
              ⌊                                                    157
Bm:           ⌊ ja teilweise is dit schon so bei uns               158
```

```
Am:                                               └ und dann       160
        vergißt man wirklich die wichtigsten Dinge               161
                                                                 162
Bm:                                          └ bin nich mehr      163
        bereit irgendwie nen Fernseher oder ne Mikrowelle oder nen  164
        Radio oder so abzugeben (.) oder mein Bette oder wat weeß  165
        ick wat (.) Obwohl ick weeß daß ick dit nur haben kann    166
        weil andere überhaupt nischt haben da von der dritten Welt 167
        (Räuspern)                                               168
                 |                                               169
Am:              └ eben                                          170
                                                                 171
Bm:                   └ aber dazu bin ick überhaupt nich mehr    172
        bereit (.)                                               173
```

Die Jugendlichen sind - ihrer eigenen Diagnose zufolge - der Gefahr schon zum Teil erlegen. Es besteht auch angesichts des Bewußtseins, nur auf Kosten der „dritten Welt" (167) seinen Lebensstandard halten zu können, keine Bereitschaft auf Dinge des Konsums („Fernseher", „Mikrowelle" etc.) zu verzichten bzw. diese „abzugeben". Eine Lösung des Problems wird in der Einführung einer „einigermaßen gewaltfreien Diktatur" gesehen (Diktatur, 190-210):

```
Bm:     Na irgendwie, wenn dit allet so weiterjeht denn kommt denn  190
        irgendwann der dicke Knall (.) ham wa halt immer noch ir-  191
        gendwie die Hoffnung die Menschheit hat dit doch immer     192
        wieder allet zum Juten gewendet (.) wat weeß icke, in Um-  193
        weltsachen daß se irgendwelche Bakterien entwickeln die    194
        den Dreck ufffressen und wat anderet draus machen (.) und  195
        allem anderen vielleicht daß se irgend ne Diktatur (2) wär  196
        mir vielleicht doch lieber                                 197
                                  |                                198
Am:                               └Diktatur?                       199
                                                        .          200
Bm:                      └ wenn ne gewaltfr- ne eini-              201
        germaßen gewaltfreie Diktatur wieder is oder eben voll-    202
        kommene Anarchie (.) aber so (.) Kapitalismus, dit jeht    203
        nich mehr lange                                            204
                    |                                              205
Cm:                 └ na dit is Konkurrenzkampf und allet          206
                                        |                          207
Bm:                                     └ wenn der                 208
        Sozialismus und Kommunismus so wie er im Buche steht ver-  209
        wirklicht wird denn is dit die einzige Möglichkeit         210
```

Dem mit „Konkurrenzkampf" verbundenen „Kapitalismus" wird kein Lösungspotential zugesprochen. Nur in einer Verwirklichung des „Sozialismus und Kommunismus so wie er im Buche steht" (209) auf dem Wege „einer

341

einigermaßen gewaltfreien Diktatur" wird ein Ausweg gesehen. Nur auf diesem Wege kann das „Gute im Menschen verwirklicht werden" (Diktatur, 212-242):

```
Am:                              └ wie du eben        212
      sagtest mit Sozialismus und Kommunismus. Da gloob ick an   213
      das Gute im Menschen nich, daß der das verwirklichen kann   214
                                              |                    215
Bm:                                           └ na                216
      unter ner Diktatur würde dit jehen                         217
                          |                                       218
Am:                       └ unter ner Diktatur aber              219
      denn müßte et ja irgendwie ne Diktatur sein wat (.) wat    220
      unheimlich Einfluß auf die Menschen hat also dit is ir-    221
      gendwie na wie soll ick dit sagen ? Echt                   222
                                        |                         223
Bm:                                     └ na wie in China        224
      zum Beispiel (2)                                            225
                    |                                             226
Am:                 └ ja (.) die Diktatur gabs immer wieder      227
      Gruppen die sich dagegen gesträubt haben                   228
                    |                                             229
Bm:                 └ aber wir sind jetzt verwöhnt wir           230
      ham unsere Freiheit unsere Demokratie                      231
                                      |                           232
Cm:                                   └ in Anführungsstrichen    233
                                    |                             234
Bm:                                 └ da wolln wa alle           235
      nich mehr zurückstecken (.) jetzt uff eenmal wieder wär ja  236
      für uns n Schritt zurück. So würden wir die Sache sehen    237
      wobei dit denn eigentlich sicherlich n Schritt vorwärts    238
      wär                                                         239
          |                                                       240
Am:       └ für die Zukunft aber so weit denken (wir ja) nich (5)  241
      man denkt immer nur bloß von zwölf bis Mittag (18)         242
```

Die Verwöhnung durch „unsere Freiheit unsere Demokratie", Begriffe, die in „Anführungsstriche" zu setzen sind (233), verhindert die Bereitschaft zu einer Diktatur, durch die allein das „Gute im Menschen" verwirklicht werden kann. Die Verwöhnung durch den kapitalistischen und westlichen Lebensstil, wie sie zu Beginn mit Bezug vor allem auf die Konsumsphäre entfaltet wurde, wird mit „Freiheit" und „Demokratie" gleichgesetzt. In dieser Perspektive erscheint Freiheit und Demokratie lediglich als Bedrohung authentischer Lebensstile, nicht als Chance zu deren Realisierung. Die Verwirklichung authentischer Lebensform erscheint den Jugendlichen auf der Ebene globaler Theorie dann letztlich nur in jenem eher repressiven Rahmen („Diktatur") möglich, durch den ihre Sozialisation in den DDR-Institutionen geprägt war.

Der Diskurs bewegt sich hier auf der Ebene von globaler Theorie, von Gesellschaftstheorie, mit der sie sich - wie wir uns erinnern - gleichsam aus kaum lösbaren Problemen der Alltagspraxis (hier: die Arbeitslosigkeit der Väter) herauskatapultiert haben. Wobei dies zugleich die Funktion einer Solidarisierung der Ostler untereinander gewinnt.

Auch dort, wo ihre Auseinandersetzung mit der DDR-Vergangenheit zwar in eigener Alltagserfahrungen in der DDR anknüpft, aber auf der Ebene abstrahierender Beschreibungen verbleibt („jeder"), wird eine gewisse Sehnsucht nach zentralstaatlicher Planung erkennbar (Förderpraxis, 26-51):

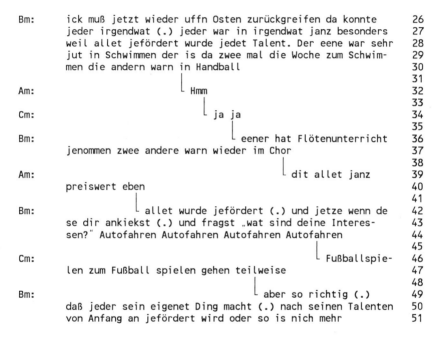

```
Bm:     ick muß jetzt wieder uffn Osten zurückgreifen da konnte    26
        jeder irgendwat (.) jeder war in irgendwat janz besonders  27
        weil allet jefördert wurde jedet Talent. Der eene war sehr 28
        jut in Schwimmen der is da zwee mal die Woche zum Schwim-  29
        men die andern warn in Handball                           30
                                    ⌐                             31
Am:                                 └ Hmm                         32
                                    ⌐                             33
Cm:                                 └ ja ja                       34
                                        ⌐                         35
Bm:                                     └ eener hat Flötenunterricht 36
        jenommen zwee andere warn wieder im Chor                  37
                                    ⌐                             38
Am:                                 └ dit allet janz              39
        preiswert eben                                            40
                    ⌐                                             41
Bm:                 └ allet wurde jefördert (.) und jetze wenn de 42
        se dir ankiekst (.) und fragst „wat sind deine Interes-   43
        sen?" Autofahren Autofahren Autofahren Autofahren         44
                                            ⌐                     45
Cm:                                         └ Fußballspie-        46
        len zum Fußball spielen gehen teilweise                  47
                    ⌐                                             48
Bm:                 └ aber so richtig (.)                         49
        daß jeder sein eigenet Ding macht (.) nach seinen Talenten 50
        von Anfang an jefördert wird oder so is nich mehr         51
```

Während auf der Ebene der von der eigenen Biographie abstrahierenden Beschreibungen und globaler Theorien die zentralstaatliche Talentförderung zu DDR-Zeiten optimal gelöst erscheint, werden dann auf der Ebene der Erzählung positive Erfahrungen der Wende sichtbar (Focussierungsmetapher, 18-59):

```
Y1:     Ihr kennt Euch schon vor der Wende und habt da auch Musik 18
        gemacht?                                                  19
            ⌐                                                     20
me:         └ Hmm Hmm (bejahend)                                  21
```

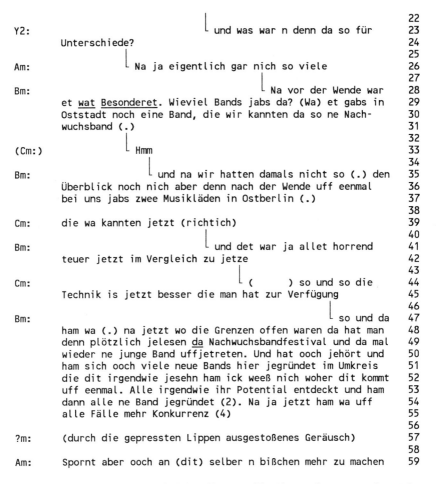

```
Y2:                        └ und was war n denn da so für      22
                                                               23
       Unterschiede?                                           24
                                                               25
Am:          └ Na ja eigentlich gar nich so viele              26
                                                               27
Bm:                            └ Na vor der Wende war          28
       et wat Besonderet. Wieviel Bands jabs da? (Wa) et gabs in 29
       Oststadt noch eine Band, die wir kannten da so ne Nach-   30
       wuchsband (.)                                             31
                                                               32
(Cm:)          └ Hmm                                           33
                                                               34
Bm:                  └ und na wir hatten damals nicht so (.) den 35
       Überblick noch nich aber denn nach der Wende uff eenmal   36
       bei uns jabs zwee Musikläden in Ostberlin (.)            37
                                                               38
Cm:    die wa kannten jetzt (richtich)                          39
                                                               40
Bm:                    └ und det war ja allet horrend          41
       teuer jetzt im Vergleich zu jetze                        42
                                                               43
Cm:                      └ (      ) so und so die              44
       Technik is jetzt besser die man hat zur Verfügung        45
                                                               46
Bm:                            └ so und da                     47
       ham wa (.) na jetzt wo die Grenzen offen waren da hat man 48
       denn plötzlich jelesen da Nachwuchsbandfestival und da mal 49
       wieder ne junge Band uffjetreten. Und hat ooch jehört und 50
       ham sich ooch viele neue Bands hier jegründet im Umkreis  51
       die dit irgendwie jesehn ham ick weeß nich woher dit kommt 52
       uff eenmal. Alle irgendwie ihr Potential entdeckt und ham 53
       dann alle ne Band jegründet (2). Na ja jetzt ham wa uff  54
       alle Fälle mehr Konkurrenz (4)                           55
                                                               56
?m:    (durch die gepressten Lippen ausgestoßenes Geräusch)     57
                                                               58
Am:    Spornt aber ooch an (dit) selber n bißchen mehr zu machen 59
```

Durch die Wende sei plötzlich („uff eenmal") alles anders geworden. Dies wird zunächst rückblickend in einem exemplifizierenden Einschub verdeutlicht: Vor der Wende gab es nur zwei ihnen bekannte „Musikläden" (37) in Ostberlin, die „im Vergleich zu jetze" „horrend teuer", dafür aber technisch schlechter gewesen seien. Nachdem die „Grenzen offen waren" gab es nicht mehr nur *eine* „Nachwuchsband", sondern sie erfuhren aus der Presse von regelrechten „Nachwuchsbandfestivals" (49) und erhielten Informationen über Auftritte „junger Bands" (50). Darüberhinaus gründeten sich auch „viele neue Bands" „im Umkreis" (51).

Während sie auf der theoretischen Ebene noch ihrer Ostsozialisation verbunden bleiben, zeichnen sich auf der Ebene der Alltagspraxis neue Orientierungen ab. Jene - milieutypische - Orientierung an der Selbstperfektionierung und *konkurrierenden Leistungssteigerung*, wie sie bereits - im Unterschied zur Gruppe *Hiptext* - in der Orientierung an der Band als einer Organisation deutlich wurde, bleibt jedoch als übergreifender Rahmen auf beiden Ebenen erkennbar: die Entfaltung des eigenen Talents. Diese bedarf aber - möglicherweise entwicklungstypisch bedingt - eines *äußeren Ansporns*. Dies kann einerseits durch zentralstaatliche Lenkung geschehen („gewaltfreie Diktatur": dazu gehört der erzwungene Verzicht auf die „Verwöhnung" und den Konsum ebenso wie die zentralstaatlich geförderte Talentsuche). Auf der anderen Seite - nämlich derjenigen der gegenwärtigen Handlungspraxis - steht der ganz anders geartete - wenn auch gleichermaßen äußerliche bzw. erzwungene - Ansporn durch die Konkurrenz.

Einer eher globalen *theoretischen* Orientierung an jenem Orientierungsrahmen, durch den die Sozialisation in den DDR-Institutionen geprägt war, steht hier also jene in die eigene Handlungspraxis eingelassene Orientierung relativ unvermittelt gegenüber.

Teilnehmende Beobachtung

Das Konzert

An dem von *Bm* genannten Tag traf ich schon gegen 18 Uhr in dem Club SL im Bezirk Oststadt ein, um „etwas Atmosphäre zu schnuppern". Es war noch nicht viel los. Ein paar Jugendliche schauten sich im Cafébereich einen Videofilm an. In einem abgetrennten Raum waren die Geräusche eines beginnenden Soundchecks zu hören. Die Mitglieder der Band spielten einzeln ihre Instrumente an, und wurden von einem Mitglied einer am selben Abend spielenden Gruppe (Codename: *Ratio*) an einem Mischpult an der Seite der kleinen Bühne ausgepegelt. Dann folgte ein kurzes Zusammenspiel, in dessen Verlauf die Lautstärke des Gesanges eingestellt wurde. *Bm* handhabte diese Tätigkeit mit einer gewissen Routine und Souveränität, die ihn von den anderen Mitgliedern seiner Gruppe abhob. Z. B. erzählte er am Mikrofon ganz ungezwungen kleine Geschichten und Anekdoten, machte Witzchen etc., was auf mich einen authentischen Eindruck machte. Die Tätigkeit der Band wurde kommentierend beobachtet von einer Gruppe von vielleicht 10 Jugendlichen, die an der der Bühne gegenüberliegenden Wand lehnten bzw. saßen. Unter ihnen befanden sich drei Mitglieder der Gruppe *Basis* (vgl. Kap. 5). Während des Soundchecks skandierte die Zuschauergruppe dabei lachend und johlend wiederholt folgende Zeile: „Siegreich Frankreich, wir werden sie schlagen".

Eine Sozialarbeiterin lief während des Absingens dieser Zeile an mir vorbei. Wir schauten uns an und sie signalisierte mittels Gesten (Achselzucken, Augenbrauen hochziehen, Lächeln), ihr Unverständnis. Nach ca. einer halben Stunde verließ die Zuschauergruppe den Raum, so daß ich mit der Band alleine blieb, da die Tür jetzt von außen von einem kräftigen Jugendlichen bewacht wurde. Ich verließ den Raum dann ebenfalls und stellte mich an einen runden Stehtisch an der Frontseite des Cafes des Clubs. Die Szenerie hatte sich jetzt stark verändert: Der vordere Eingang, der über die Balustrade zu erreichen ist, war geschlossen. Dafür war jetzt ein „Inneneingang" geöffnet, der sich zwischen der Getränketheke und dem Eingang zum Konzertraum befindet. Er ist mit einer Garderobe versehen, an deren einer Seite eine Kasse aufgestellt war, die von zwei Jugendlichen bedient wurde (Eintritt: DM 3,-). Es führt eine Treppe durch das Innere des Würfels nach unten. *Dm* von der Gruppe *Basis* stand draußen vor der Kasse und „filzte" einige der Ankömmlinge. Einige ließ er passieren, andere hieß er warten, um sie dann einer gründlichen Leibesvisitation zu unterziehen. Irgendwann kam er triumphierend angerannt und zeigte den Umstehenden eine kleine Tränengassprayflasche, die er bei einem der Neuankömmlinge gefunden hatte.

Ich fragte die Sozialarbeiterin, die an einem Tisch neben mir stand, wie sie an die Bands gekommen sei. Sie berichtete, daß die Mitglieder der Band *Konkurrenz* ja eh hier wohnten und regelmäßige Besucher des Clubs seien und daß diese die Gruppe *Ratio* über den Club AL im Ostberliner Bezirk KK kennengelernt hätten. Auf die Frage, ob „die Leute hier im Raum" von hier seien oder ob die Band aus dem anderen Club Publikum mitgebracht habe, meinte sie, die seien alle aus Oststadt. Es sei im übrigen erstaunlich, wie viele das seien, das würde man in der täglichen Arbeit „so gar nicht mitbekommen".

Es war jetzt etwa 20.00 Uhr, so daß ich mit einem baldigen Beginn des Konzerts rechnete. Die Menge im Cafe war auf etwa 70-100 Personen angewachsen, die an den Tischen saßen oder auch zunehmend den Raum um die runden Stehtische und vor der Eingangstür zum Konzertraum füllten.

Stilistisch war die Menge der jetzt Anwesenden sehr heterogen zusammengesetzt:

- „Skin- Punks" mit Glatze oder Irokesenschnitt, angetan mit Tarn-kampfhosen, schwarzen Fliegerstiefeln, Hundehalsband um den Hals, T-Shirts, oft mit Anti-Naziparolen;
- „Stinos", d. h.: Jeans, Turnschuhe, T-Shirt/Sweatshirt, kurzer, nicht auffälliger Haarschnitt;
- „Heavy-Metals", d. h. lange Haare, ausgefranste Hosen, T-Shirts mit Phantasyzeichnungen, abgeschabte Lederjacken;
- „schickere" Jugendliche, d. h. welche, die mit Seidenhemd, De-signerjeans („Joop"), Pomade im kurzen Haar und Brillantohrringen ausgestattet waren. Insgesamt waren männlichen Jugendliche in der Überzahl. Die Mädchen waren eher im "Stino-Stil" gekleidet, d.h. Jeans und T-Shirt etc.

Die Gruppe *Basis* tat sich in der gesamten Szenerie durch lautstarkes Begrüßen von Neuankömmlingen und verschiedene Aktionismen (wie z. B. „verrücktes Umherspringen") etc. hervor. Insgesamt hatte ich den Eindruck, daß viele Jugendliche sich untereinander kannten, so sehr sie sich auch vom Kleidungsstil her unterschieden. Gegen 20.15 wurden die Doppeltüren zum Aufführungsraum geöffnet, so daß nun eine großzügige Verbindung zwischen Aufführungsraum und Cafe entstand. Die Menge strömte eher zögernd herein.
   Das nun beginnende Konzert der Gruppe *Ratio* dauerte ca. eine Stunde. Das Publikum reagierte eher gelangweilt auf die Titel, nur die Gruppe *Basis* machte bei schnelleren Stücken Ansätze, auf die Tanzfläche zu gehen und „Pogo" zu tanzen (siehe weiter unten), was jedoch nie von langer Dauer war. Irgendwann kündigte der Sänger dann an, daß das nächste Stück das letzte sei, was offen-sichtlich mit allgemeiner Erleichterung aufgenommen und - nachdem sie auch mit diesem geendet hatten - mit verhaltenem Applaus ohne Forderung nach Zugaben bedacht wurde. Die Band verließ die Büh-ne, die Fenster wurden geöffnet, und das Publikum strömte heraus in das Café, um Getränke zu kaufen oder Luft zu schnappen. Ich ließ die Menge zunächst an mir vorbeiströmen, folgte dann aber ihrem Beispiel und stellte mich wieder an einen der runden Tische.
   Viel Zeit zum Erholen blieb nicht. Nach 5 Minuten wurden die Fen-ster wieder geschlossen, und die Band *Konkurrenz* erklomm die Bühne. *Bm* machte gleich zu Beginn mit einem langanhaltenden

Feedbackton auf seiner Gitarre und mit der Aufforderung, daß man erst spielen würde, wenn 300 Leute im Saal seien, auf sich und die Band aufmerksam. Anders als bei der Gruppe *Ratio* ging es wie ein Ruck durch die noch im Cafe verbliebenen Jugendlichen: sie sprangen auf und eilten förmlich in den Aufführungsraum. Mit den ersten Takten der Band war die Tanzfläche „gerammelt" voll: Waren es bei der Gruppe *Ratio* maximal 6-8 Personen gewesen, die überhaupt tanzten, so stießen, schubsten und sprangen jetzt mindestens 40-50 Jugendliche auf der Tanzfläche umher.

Es wurde auch Pogo getanzt, mit dem Unterschied, daß es jetzt für den Beobachter nicht mehr - wie beim Auftritt der Gruppe Ratio - möglich war einzelne Aktionen und Reaktionen der Tanzenden zu differenzieren: Die Menge sprang in sich geradezu ineinander verwikkelnden Körperknäuels aufeinander, in Richtung eines imaginären Zentrums. Dabei geschah es öfter, daß ein wankendes Menschenknäuel kollektiv die Balance verlor und in Richtung der - die Tanzenden immer noch zahlreich umringenden - Zuschauer taumelte. Diese wichem dem entweder aus oder - wenn der Knäuel nicht so groß war - schubsten dieses wieder in Richtung Mitte der Tanzfläche. Neben diesen Körperknäuels wurden auch immer wieder einzelne aus der Menge heraus entweder durch eigene Aktion oder durch die Einwirkung eines unerwarteten Stoßes in Richtung der Zuschauenden geschubst. Diese nahmen es zum Anlass, die Taumelnden wieder in die Menge zurückzustoßen. Nicht selten wurden die Zuschauenden selbst dabei von den Tanzenden mit einbezogen und verwandelten sich dann bereitwillig in Tanzende. Teilweise nutzten die „Herausgeschleuderten" aber auch die Gelegenheit und gesellten sich zu den Umstehenden: offensichtlich, um ein wenig zu verschnaufen und sich lautstark auszutauschen. Auf diese Weise gab es eine gewisse Fluktuation des Tanzpublikums. Die jeweils hereinkommenden „frischen Kräfte" hatten den Effekt, daß die Intensität im jeweils sich bildenden Zentrum auf der Tanzfläche nicht nachließ. Im Gegenteil: Jedesmal, wenn ich dachte, es gäbe keine Steigerung mehr, wurde ich schnell eines Besseren belehrt.

Teilweise vermittelten die einzelnen Tänzer einen recht aggressiven Eindruck. Sie gingen aufeinander los und stießen einander gegenseitig vor die Brust, wie es bei „Eröffnungsritualen" zu Schlägereien üblich ist. Aber nichts dergleichen geschah den gesamten Abend.

„Über allem" stand *Bm* auf der leicht erhöhten Bühne gleich einem Magier, der die einzelnen Stücke intonierte. *Am* und *Cm* blieben eher im Hintergrund, d. h., sie gaben die klassischen „Sidemen" des Musikgeschäfts ab. *Am* hatte „sorgfältig zerrissene", ausgewaschene Jeans und ein dunkles T-Shirt angelegt, *Bm* sein Baseballkäppi, weißes T-Shirt und dunkle Jeans, und *Cm* war ebenfalls in Jeans und T-Shirt gekleidet. *Bm* machte beim Konzert ebenso wie schon beim Soundcheck einen souveränen Eindruck. Er verstand es z. B. bei Pausen zwischen den Stücken mit dem Publikum zu reden, kleine Geschichten zu erzählen etc. Nach dem dritten oder vierten Stück zog er sein T-Shirt aus; sein Käppi hatte er schon gleich zu Anfang abgelegt, was zu lautstarken Beifallskundgebungen Anlaß gab. Später forderte ihn das Publikum vergeblich auf, die Hose auszuziehen.

Auch hier in der Gruppe *Konkurrenz* ist - ähnlich der Gruppe *Hiptext* der situative Aktionismus der musikalischen Stilentfaltung eingebettet in die situativen Aktionismen der Zuhörerschaft, durch die eine klare Trennung von Darstellern und Publikum ansatzweise aufgelöst wird. - Allerdings bleibt die Distanz zwischen Publikum und Darstellern hier wesentlich größer als in der Gruppe *Hiptext*: Der Auftritt von *Bm* (und auch von *Am* und *Cm)* entspricht eher dem Muster professioneller Bands. Entsprechend sind dann auch die Tanzaktionismen des Publikums weniger artistisch - artifiziell - als beim Konzert der Gruppe *Hiptext*.

Dennoch ist die Band hier nicht nur in der Funktion der *Organisation* einer musikalischen Darbietung, sondern sie ist zugleich Focus oder Kristallisationspunkt einer übergreifenden peer-group (-Szene). Wie die Interpretation der Gruppendiskussion zeigt, steht die Gruppe dieser letzteren Funktion recht ambivalent gegenüber.

Die Texte waren fast ausschließlich in deutscher Sprache, handelten von Alkoholismus, Wegrennen vor „Glatzen", Haschischkonsum etc. und waren im Stil von Momentaufnahmen gehalten. So z. B.: „da vorn stehn zwei Glatzen/ich überlege was zu tun/bin doch nur alleine/in meinen schweren Schuhn/ da gibts nur eins: Ich renn, renn, renn so schnell die Füße tragen/ ich kann doch nicht ich kann doch nicht den Kampf mit zweien wagen". Sie spielten drei Stücke anderer populärer Bands, darunter eines von einer schon zu Vorwendezeiten bekannten „Szeneband". Vom musikalischen Stil her handelte es sich um ziemlich „reinen Punk", was bedeutet, daß sie über einem relativ unaufwendigen Dreiakkordeschema und hektischen, sich überstürzenden, schnellen Rythmen viele recht kurze

Stücke darboten. Darüber wurde wurde der Text von *Bm* mehr gegrölt als gesungen - gelegentlich im Hintergrund unterstützt durch *Am*. Bei besonders beliebten Stücken wurde der Text von Teilen des Publikums insgesamt - und nicht nur im Refrain - mitgesungen.

Nach dem dritten oder vierten Stück bildete sich eine haupsächlich aus der Gruppe *Basis* bestehende „Ordnerkette" vor der Bühne. Sie sperrten diese gegen einzelne ab, die versuchten, auf die Bühne zu gelangen, um mitzumachen, und schützten die Band vor den unkontrolliert u. a. auch in Richtung der Bühne taumelnden Menschentrauben. Sie bildeten ab und zu eine regelrechte „Angriffskette", d. h., sie hakten sich gegenseitig unter und stürmten auf die Tanzenden los, um diese zurückzudrängen. Auch griffen sie sich einzelne, die gar nicht Gefahr liefen, der Bühne und damit ihnen zu nahe zu kommen, heraus und schubsten diese - sozusagen in einer „Extrabehandlung" - ganz besonders in die Menge zurück. Dieses Verhalten korrespondierte später dann mit gezielten „Gegenoffensiven" der Tanzenden, die versuchten, die Bühne zu stürmen, was ihnen aber während des Konzertes nicht recht gelang.

Im Verhalten zur Gruppe *Basis* zeigt sich eine merkwürdige Mischung aus „Ordner"- bzw. „Bodyguard"-Haltung auf der einen und peer-group-spezifischem Aktionismus auf der anderen Seite, durch welchen der Tumult, vor dem sie die Band auf der einen zu schützen suchen, auf der anderen Seite erst richtig angeheizt wird. Auch hierin dokumentiert sich die ambivalente Funktion der Band als einerseits Organisation und andererseits Zentrum einer peer-group (-Szene).

Irgendwann im dritten Drittel des Konzerts hatte *Bm* dann während eines Stückes eine Whiskyflasche der Marke „Jack Daniels" (die Lieblingsmarke der Rolling Stones!) in der Hand, trank kurz daraus, forderte die „Leute, die nicht naß werden wollen", auf, sich zu entfernen und begann dann, den Inhalt auf die sich ihm entgegenstreckende Menge zu verspritzen. Nach ein „paar Duschen" gab er die Flasche an die Menge ab. Diese bildete nun wieder eine Traube, diesmal mit der von vielen Händen gleichzeitig gehaltenden und nach ihr greifenden Flasche als Zentrum. Jeder versuchte, einen „Schluck aus der Pulle" zu erhaschen. *Bm*, der das Ganze beim Spielen beobachtete, kommentierte dann in das Mikrofon etwas in der Art: „da ist doch nur Kamillentee drin". Dies tat der Begeisterung der Menge aber keinen Abbruch. Nach einem 10-minütigen

"Gebalge" um die Flasche forderte er sie dann mit der Begründung zurück, daß sie noch für andere Konzerte gebraucht werde.

Mit der Bemerkung, daß „jetzt das letzte Stück" komme, begann *Bm* nach ca. einer Stunde, das Publikum auf den Schluß des Konzertes vorzubereiten. Als die letzte Rückkoppelung verklungen war, gab es jedoch gleich lautstarke Zugaberufe, der die Band, ohne die Bühne zu verlassen, durch Intonieren eines für sie eher untypischen „Jimi Hendrix"- Stückes Folge leistete. Dann die Ankündigung des Sängers: „Wir machen jetzt aber wirklich Schluß". Dies hatte zuerst weitere Zugaberufe zur Folge und wurde dann durch: „Aufhören, aufhören" seitens derjenigen begleitet, die vorher Zugabe gerufen hatten. Die Band ließ sich dann doch noch zu zwei Zugaben bewegen, was vom Publikum mit Beifallskundgebungen und wildem Pogotanz beantwortet wurde. Danach machte die Band anstalten, die Bühne zu verlassen - der Bassist war schon im Begriff, sein Instrument abzuhängen. Da meinte *Bm*: „Halt wir haben ja eins vergessen. Wir müssen ja noch ein paar alte Lieder singen", was von den Zuschauern begeistert aufgenommen wurde: es wurde gejohlt und geklatscht. *Bm* stellte den Klang seiner Gitarre um auf „Wandergitarre", d. h., einen gänzlich unverzerrten, „natürlichen" Klang und begann mit der Intonation des Liedes: „Brüder zur Sonne zur Freiheit", fuhr fort mit der „Internationalen" und sang schließlich „Baut auf, baut auf" und weitere Lieder, die zu dem in DDR-Institutionen obligatorischen Repertoire gehörten und die ich teilweise nicht mal vom Hörensagen kannte. Die Band begleitete ihn stilgerecht, d. h., wenn ein „Humtata"-Rhythmus oder ein Walzer zu spielen war, dann spielte man diesen auch recht naturgetreu.

Spätestens mit dem zweiten Stück begann das Publikum mitzusingen und steigerte sich von mal zu mal in eine regelrechte Ekstase. Der gesamte Saal sang die Lieder aus vollem Halse mit - auch die Jugendlichen, die während der Tanzerei an den Wänden und den Fenstern gestanden hatten. Beim zweiten oder dritten Stück erklommen einige der martialisch aussehenden Skin-Punks die Bühne, gruppierten sich zu viert oder zu fünft um das Mikrophon und sangen lauthals Strophe für Strophe. Nach einer Weile war nicht mehr festzustellen, ob *Bm* die Stücke vorgab oder ob die Impulse für das Singen immer wieder neuer Stücke aus dieser Gruppe oder aus dem Publikum kamen.

Das Ganze dauerte ca. 20 Minuten. Die Menge wollte nicht mehr aufhören. Nach jedem Schlußakkord kam ein neuer Vorschlag von einzelnen aus dem Publikum, der von der Menge begeistert aufgenommen und dann auch sofort auf der Bühne umgesetzt wurde. Es herrschte eine allgemeine Euphorie.

Schließlich versuchte *Bm*, durch mehrmalige Ansagen („Jetzt ist aber wirklich Schluß" etc.) dem Treiben ein Ende zu setzen, was ihm aber erst gelang, als er die „Leute an der Technik" aufforderte, die große Saalbeleuchtung anzuschalten. Daraufhin war wirklich Schluß, d. h. das Publikum strömte aus dem Saal in den Vorraum. Aus Bemerkungen unterschiedlicher Teilnehmer entnahm ich, daß auf die Band *Konkurrenz* hinsichtlich „action immer Verlaß" sei.

Bm markiert hier, indem das „eigentliche", professionelle Programm zunächst abgeschlossen wird und er sein Instrument auf den vollkommen unprofessionellen Klang der Wandergitarre umstellt, in prägnanter und ritueller Weise ein Umschalten von der organisierten Show auf die peer-group-Aktionismen, in deren Steigerung sich die Distanz von Band und Publikum dann nachhaltig auflöst.

Die peer-group-Aktionismen werden hier in ihrer zentralen Funktion der kollektiven Verarbeitung einer gemeinsamen Erlebnisschichtung besonders schön erkennbar: Gemeinsamkeiten der DDR-Sozialisationsgeschichte und der Wendeerfahrung werden hier in kollektiver Efferveszenz bearbeitet. Dabei handelt es sich im wirklichen Sinne des Wortes um eine Efferveszenz, d. h. um ein „Gärungsprozeß, dessen Resultat noch nicht erkennbar ist": Allgemeinverbindliche kulturelle Stilelemente der DDR-Vergangenheit werden zunächst schlicht reproduziert, nicht z. B. verfremdet, sondern lediglich erinnert und rekapituliert. Sie werden hier gleichsam als „Protest" (vgl. die Gruppendiskussion der westlich beeinflußten Popkultur) gegenübergestellt. Die weitere Verarbeitung steht noch aus.

Als ich mich von den Musikern verabschiedete, frage *Bm* mich gleich: „Na wie fandste denn das Konzert?" Ich sagte ihm wahrheitsgemäß, daß ich sehr beeindruckt sei und daß ich nicht verstünde, daß sie in der Gruppendiskussion über mangelndes „Selbstbewußtsein" geklagt hätten (vgl. *Konkurrenz*, Musikrichtung, 88), das sei doch im Überfluß vorhanden. Ich gab auch noch *Am* und *Cm* die Hand, ohne mich länger mit ihnen zu unterhalten. Sie waren ziemlich aufgekratzt und begannen, die Instrumente einzupacken.

Der weitere Verlauf des Kontakts

Ein paar Wochen später überbrachte ich - wie versprochen - die fertiggestellten Transkripte, was von der Gruppe mit großem Interesse aufgenommen wurde. Sie setzten sich sogleich und lasen gemeinsam. Zu der Band bestand kein weiterer, intensiver Kontakt, da sich die Jugendlichen hinsichtlich Biographischer Interviews sehr skeptisch geäußert hatten.

5. Eine linke Gruppe: Basis

Zugang zur Gruppe

Kennengelernt haben wir die Gruppe *Basis* im Jugendclub SL. Dieser Jugendclub ist in einem der für Oststadt typischen „Versorgungswürfel" im ersten Stockwerk untergebracht - in direkter Nähe zum Club ZD und der Gaststätte Pinienhöhle, den Treffpunkten der Gruppe *Kunde*. Ebenfalls in direkter Nähe befand sich der Jugendclub FE, in dem die Band *Konkurrenz* ihre Übungsräume hat.

Dieser Club galt als Treffpunkt der als „links" bezeichneten Jugendlichen und war Zielscheibe mehrerer Überfälle, bei denen Mobiliar und Fensterscheiben zerstört wurden. Mehrfach wurden wir bei unseren Besuchen mit einem scheinbar geschlossenen Jugendclub konfrontiert: alle Vorhänge waren zugezogen, die Türen verschlossen. Erst nach Klopfzeichen wurden wir eingelassen.

Abgesehen von der Gruppe *Basis* hielten sich im Jugendclub SL vorwiegend jüngere Jugendliche im Alter von 12-15 auf, die meisten kamen direkt nach der Schule. Die Mitglieder der Gruppe *Basis* trafen meist nach Arbeitsende noch in Arbeitskleidung ein, um dann zunächst wieder nach Hause zu gehen und später umgekleidet zurück zu kehren. Stilistisch auffällig erschien vor allem der mitgeführte Rucksack, aus welchem immer wieder Musikcassetten, Kalender und Handzettel hervorgeholt und wieder verpackt wurden. Während die Mehrzahl der Jugendlichen und hier ganz besonders *Bm* und *Cm* - stilistisch eher unauffällig waren, d. h. sie trugen Blue-Jeans, Sweatshirt und Turnschuhe unbestimmter Marken, verkörperte *Am* eine Variante des Punk-Stils.

Während ihrer Anwesenheit im Jugendclub waren die Mitglieder der Gruppe *Basis* vor allem damit beschäftigt, gemeinsame Aktivitäten zu verabreden und zu diskutieren und mitgebrachte Musikcassetten, z. B. von den „Toten Hosen" und den „Böhsen Onkelz" anzuhören.

Später sind uns die Mitglieder der Gruppe *Basis* bei einem Konzert der Gruppe *Konkurrenz* begegnet (siehe 4.2.: Das Konzert). Außerdem trafen wir einzelne von ihnen bei einer Diskoveranstaltung im Jugendclub FE.

Vermittelt wurde uns der Kontakt zu der Gruppe *Basis* durch den Leiter des Jugendclubs, und wir konnten direkt nach der ersten Kontaktaufnahme die Gruppendiskussion im Nebenzimmer des Jugendclubs durchführen.

Zur Situation der Gruppendiskussion

Die sechs Jugendlichen, die an der Gruppendiskussion teilgenommen haben, kennen sich mit Ausnahme von *Bm* und *Cm* bereits seit mehreren Jahren, hauptsächlich durch die Schule. *Dm* gehörte wie auch sein Verlassen der Gruppendiskussion zeigt, nicht zur Kerngruppe. Die Jugendlichen wohnen alle noch bei ihren Eltern und trafen sich fast täglich.

Am zum damaligen Zeitpunkt 17 Jahre alt, Realschulabschluß, Lehre als Konditor im Westteil Berlins. Seine Mutter arbeitete im Rahmen einer Arbeitsbeschaffungsmaßnahme als Bibliothekarin. Sein Vater war 1983 verstorben.
Am trug Springerstiefel, eine schwarze abgeschnitte Röhrenjeans, ein eingeriessenes Sweatshirt mit einem T-Shirt darunter. Seine Frisur war an den Schläfen ausrasiert, endete im Nacken in einer langen Strähne, wohingegen ihm ein Zopf in die Stirn fiel. In seinen Ohrläppchen waren mehrere kleine Ringe.

Bm (Bastian) 17 Jahre alt, Hauptschulabschluß, Lehre als Maurer. Berufsangaben zu seinen Eltern machte Bastian nicht, allerdings wissen wir aus dem Biographischen Interview, daß die Eltern von *Bastian* im Diplomatischen Dienst der DDR standen. *Bastian* ist erst seit einigen Monaten bei der Gruppe. Bei einem späteren Treffen teilte er seine Absicht mit, am Wohnort seiner Großeltern sich selbständig zu machen.

Cm 17 Jahre alt, Hauptschulabschluß, in einem berufsvorbereitenden Unterricht. Er will später Tischler werden. Sein Vater arbeitete als Schlosser und die Mutter als Verkäuferin.

Dm	15 Jahre alt, besuchte die Realschule. Sein Vater war als Selbständiger tätig, seine Mutter arbeitete als Krankenschwester. *Dm* betätigt sich als „Tagger", d. h. er sprüht Graffitis in Form von Namenszügen.
Em	17 Jahre alt, Realschulabschluß, Lehre als Zerspanungsmechaniker im Westteil von Berlin. Sein Vater war Elektriker und seine Mutter Schneider.
Fm	17 Jahre alt, Hauptschulabschluß, Lehre als Gerüstbauer. Die Mutter arbeitete bei Telekom, der Beruf des Vaters ist ihm unbekannt.

Kollektive Orientierungen

Arbeitsalltag: Perspektivenlosigkeit als politisches Problem

Auf die Frage nach der derzeitigen Arbeitssituation der Jugendlichen entfaltet sich schließlich folgender Diskurs (Beruf, 48-66):

```
Am:                            └ Also ich lern Kondi-     48
        tor (.) in Westberlin ( 1 ) weil im ersten Moment hab ich   49
        gedacht geil machste (.) Im Moment merk ich daß ich ( 1)    50
        daß ich andere Sachen vielleicht (.) zu anderen Sachen      51
        mehr befähigt bin. Weil alle möglichen Leute sagen warum    52
        bist du so blöd machst Konditor kannst andere Sachen ville  53
        besser machen. Aber ich hab's erstmal gemacht um ne Aus-    54
        bildung zu haben. Hab sowieso nich vor also in dem Beruf    55
        weiterzuarbeiten irgendwann mal                             56
        |                                                           57
Bm:     └ (Räuspern) Na det hat ja kaum einer (    )               58
                                              |                     59
Am:                                           └ Hab gar kein        60
        Bock zu arbeiten                                            61
        |                                                           62
Em:                    └ Ey Bm is voll blöd zu arbeiten. Also echt  63
        wenn ich mir überlege könnten ganzen Tag irgendwelche an-   64
        dern Sachen machen ey weeß nit irgendwie anders Geld ver-   65
        dienen mit weiß icke,                                       66
```

Wie dies für die berufliche Sozialisation von Lehrlingen der Tendenz nach allgemein als typisch angesehen werden kann, beruht auch hier die „Entscheidung" für den Beruf nicht auf Planung, geschweige denn auf einer kontinuierlichen Entwicklung: die „Entscheidung" für den Beruf des Konditors war eine „momentane" (49), die ebenso momentan wieder in Frage gestellt wird - und zwar nicht aufgrund eigener Einsichten, sondern „weil alle möglichen Leute" (52) dies für „blöd" halten. *Am* hat nicht die Absicht, in diesem Beruf weiter zu arbeiten. Es geht lediglich darum, die Ausbildung zu absolvieren. „Kaum einer" hat vor, in seinem Beruf weiter zu machen (58). Zugleich wird aber deutlich, daß auch der Ausstieg nicht Gegenstand konkreter Überlegungen und Planungen ist („irgendwann mal"), geschweige denn Alternativentwürfe beruflicher Zukunft präzisiert würden („irgendwelche anderen Sachen machen ey weiß nit irgendwie anders Geldverdienen mit weiß icke" (64-66). Schließlich erhält der Diskurs dann jene Wendung, mit der die Bewältigung der Thematik des Arbeitsalltages in den übergreifenden Rahmen der Gruppe integriert wird: Die Auseinandersetzung am Arbeitsplatz wird als eine *politische* verstanden. Dies ist wiederum vor dem Hintergrund zu sehen, daß die Jugendlichen - mit Ausnahme von *Bm* und von *Cm*, der aufgrund seines fehlenden Hauptschulabschlusses zum Zeitpunkt der Gruppendiskussion an einem berufsschulvorbereitenden Kurs teilnimmt - ihre Ausbildung im Westteil der Stadt absolvieren (Beruf, 71-105):

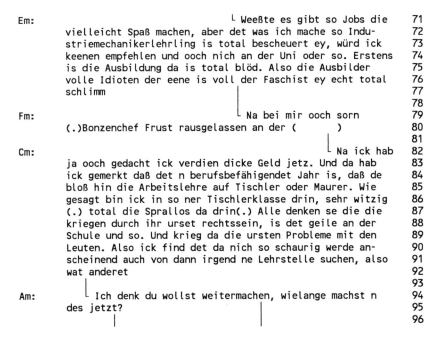

```
Em:                      └ Weeßte es gibt so Jobs die          71
         vielleicht Spaß machen, aber det was ich mache so Indu- 72
         striemechanikerlehrling is total bescheuert ey, würd ick 73
         keenen empfehlen und ooch nich an der Uni oder so. Erstens 74
         is die Ausbildung da is total blöd. Also die Ausbilder   75
         volle Idioten der eene is voll│der Faschist ey echt total 76
         schlimm                       │                          77
                                       │                          78
Fm:                      └ Na bei mir ooch sorn                   79
         (.)Bonzenchef Frust rausgelassen an der (      )         80
                                       │                          81
Cm:                                    └ Na ick hab               82
         ja ooch gedacht ick verdien dicke Geld jetz. Und da hab  83
         ick gemerkt daß det n berufsbefähigendet Jahr is, daß de 84
         bloß hin die Arbeitslehre auf Tischler oder Maurer. Wie  85
         gesagt bin ick in so ner Tischlerklasse drin, sehr witzig 86
         (.) total die Sprallos da drin(.) Alle denken se die die 87
         kriegen durch ihr urset rechtssein, is det geile an der  88
         Schule und so. Und krieg da die ursten Probleme mit den  89
         Leuten. Also ick find det da nich so schaurig werde an-  90
         scheinend auch von dann irgend ne Lehrstelle suchen, also 91
         wat anderet                                              92
                          │                                       93
Am:                      └ Ich denk du wollst weitermachen, wielange machst n 94
         des jetzt?                    │                          95
                 │                     │                          96
```

```
Cm:                              └ Wa?                        97
                └ Na ick muß det jetzt ein Jahr machen dann krieg  98
        ich mein Abschluß und dann is det in Ordnung          99
                                    |                          100
Am:                              └ (    )  det               101
        eine Jahr wirst de schon durchhalten                 102
                                    |                         103
Cm:                              └ Aber ein Jahr mit         104
        so'n Sprallos in einer Klasse na schönen Dank        105
```

Einer der Ausbilder von *Em* ist „Faschist", die anderen sind „volle Idioten"
(76). Auch *Fm* hat Probleme mit dem „Bonzenchef", der den „Frust" raus-
läßt, und *Cm* hat Probleme mit den „rechten" Mitschülern, den „Sprallos",
wie diese von den linken Jugendlichen genannt werden. Dies ist auch das
Problem von *Am* (Beruf, 106-160):

```
Am:                        └ Na und du mußt dir mal die      106
        Sprallos in meiner Klasse angucken                   107
                                                             108
me:     ( Lachen )                                           109
            |                                                110
Em:         └ Ey die Probleme hat doch jeder eigentlich      111
                                                    |        112
Bm:                                              └ Ja        113
                                                  |          114
Am:                                               └         115
        Vorallem die Bäckerklassen sag nur Bäcker            116
                                              |              117
Bm:                                           └ Ha Wohlfahrt 118
        (Lachen)                                             119
        |                                                    120
Cm:     └ Steh ich schon eigentlich (.) total dumm da mit den 121
        ganzen Leuten. Also ick würd ooch lieber wat anderet ma-  122
        chen (.) als irgendwo zu lernen oder so             123
                                                             124
Bm:     Mein'des'der erste Eindruck jetze oder wat, mein'mit der 125
        Zeit                                       |         126
Em:                                                └ Echt ey 127
                                                             128
Bm:     kriegste kriegste fett was de überhaupt zu machen hast. 129
        Und ja ick seh det jetze an mir langsam macht mir det  130
        n'bisl Spaß was ich da mache                         131
                                    |                        132
Em:                                 └ Ja ick hätt mir, ick sag mir 133
        zum Beispiel, ick hätt mir mal früher dafür interessiern  134
        müssen. Also zum Beispiel den                        135
            |                                                136
Bm:         └ Ja                                             137
                                                             138
Em:     Job da den hab ick nur gekriegt weil mein Vater da irgend- 139
        welche Anzeigen in ne (.) an ne Zeitung gelesen hat halt 140
```

```
                und da hingeschrieben hat aber mich hat det garnicht in-    141
                teressiert. Also ick hat ooch gar keene Perspektive (.)      142
                echt meine Perspektive,                                 ⌐    143
Am:                                                          ⌐ Ambi-         144
                tionen meinst du                                             145
                                                                             146
Em:             also wußte nicht wat ich machen sollte oder (.) hab kein     147
                ⌐                                                            148
Bm:             ⌐ Na ich-ich hab ja gleich gehabt                           149
                                                                             150
Em:             Bock da überhaupt zu arbeiten                                151
                ⌐                                                            152
Bm:                        ⌐ Ich bin da immer hingegangen und dann ( 1 ) hat 153
                ich mein Job dann gleich hatte Glück gehabt                  154
                                                                      ⌐      155
Am:                                                      ⌐ Sahst aus         156
                wie'n Maurer (.) ja du wirst Maurer                          157
                                                  ⌐                          158
me:                                               ⌐ ( Lachen )               159
                                                                             160
```

„Jeder" (111) hat die Probleme mit den „Sprallos". Damit wird das Problem der Bewältigung des Arbeitsalltages und der berufsbiographischen Zukunftsperspektive zunächst zu demjenigen der Auseinandersetzung mit den „Rechten", den erklärten Gegnern der Jugendlichen. *Bm* lenkt dann noch einmal zum Ausgangsproblem zurück und artikuliert sogar ansatzweise eine sich bei ihm allmählich einstellende Berufszufriedenheit: „langsam macht mir det n bissel Spaß was ich da mache" (130-131). - Es deutet sich hier eine Rahmeninkongruenz an zwischen *Bm* und den anderen Teilnehmern der Gruppendiskussion, wie sie im weiteren Diskursverlauf dann noch deutlicher wird. Während *Em* von seinem Vater prozessiert werden mußte, ihn hat „det jar nich interessiert" (141 u. 142), hatte keinen „Bock, da überhaupt zu arbeiten" (151), ist *Bm* immerhin selbst „hingegangen", um sich für die unter dem Niveau seines Schulabschlusses (Realschule) angesiedelten Position des Ausbaumaurers zu bewerben (für die auch der Hauptschulabschluß ausgereicht hätte).

Die aus dem Rahmen der Gruppe herausfallende, relativ hohe berufliche Identifikation von *Bm* wird dann auch von *Am* ironisierend kommentiert: *Bm* sieht ja auch schon „aus wie en Maurer" (157).

Insgesamt gesehen treffen wir die Jugendlichen, die sich überwiegend am Ende des ersten bzw. am Anfang des zweiten Lehrjahres befinden, in jener Phase ihrer berufsbiographischen Entwicklung an, die wir als *Negationsphase* bezeichnet haben; wobei allerdings *Bm* hier offensichtlich nicht so tief eingetaucht ist wie die anderen der Gruppe und *Cm* noch nicht eigentlich über Erfahrungen des Arbeitsalltags verfügt.

Nachdem die spezifische Situation von *Cm* Gegenstand der diskursiven Auseinandersetzung war, wird die bewußtseinsmäßige Bewältigung der berufsbiographischen Krise schließlich erneut - und nun endgültig - in den für die Gruppe konstitutiven primären Rahmen des *Politischen* übergeleitet - hier nun in einen gesellschaftspolitischen. Auf diese Weise gelingt es den Jugendlichen dann, trotz erheblicher Orientierungsunterschiede (Rahmenkongruenzen) einen gemeinsamen Rahmen zu finden (Beruf, 331-368):

```
Bm:        └ Mein aber trotzdem hättest, sofern jetzt deine Lehre   331
        angefangen hättest, wenn dich früher gekümmert hättest,     332
        vielleicht (.) hättst jetzt deine neunhundert Mark als      333
        Maurer                                    |                 334
        |                                                           335
Cm:        └ Hm                                   └ Schön           336
                                                                    337
Bm:     zum Beispiel                                                338
                     |                                              339
Em:                  └ Nn aber ick weiß nich                        340
                                           |                        341
Am:                                        └ Aber als Maurer        342
        stirbst de sowieso zwanzig Jahre früher                    343
                                          |                         344
Bm:                                       └ Is doch egal des steht garnich zur  345
        Debatte                                                     346
               |                                                    347
Em:            └ Hey du am besten du-                               348
        arbeitest überhaupt nich ey. Weil für wen arbeitest du      349
        denn ey,                                                    350
                |                                                   351
Bm:     └ Na?                                                       352
             |                                                      353
Em:          └ Für dich für dein bißchen K-Kohle wat du kriegst ey ?  354
        ( 1 ) Naja logisch                                          355
              |    |                                                 356
Am:           └ Fürn Staat (   ) fürn Staat fürn Staat              357
                    |                                               358
Cm:                 └ Ach du is eigentlich Schwachsinn             359
                                         |                          360
Am:                                      └ Für un-                  361
        sern Theo Waigel                                            362
                        |                                           363
Em:                     └ Wa-Wieso                                  364
        is det Schwachsinn ey?                                      365
                        |                                           366
Am:                     └ Damit se sich die Diäten erhöhen         367
        können                                                      368
```

Das von den Jugendlichen antizipierte Problem, daß die harte körperliche Arbeit als Maurer schließlich dazu führen wird, „zwanzig Jahre früher" zu sterben (342-343) wird von *Bm*, der eine Ausbildung als Maurer absolviert, der weiteren Diskussion entzogen: Dies „steht gar nicht zur Debatte" (345-346). Indem *Bm* sich dagegen wehrt, diese Zukunftsperspektive zu problematisieren, wird hier eine Rahmeninkongruenz sichtbar, wie sie sich kurze Zeit nach der Gruppendiskussion schließlich auch in einer Spaltung der Gruppe dokumentiert. Die Gruppe entzieht sich hier der direkten Konfrontation, indem auf jenen Rahmen umgeschwenkt wird, innerhalb dessen eine allgemeine Kongruenz hergestellt werden kann: auf den gesellschaftspolitischen Rahmen der Ausbeutung durch den Staat bzw. die politische Klasse als negativem Gegenhorizont. Bei dem „bißchen Kohle wat du kriegst (354) arbeitest du nicht für dich, sondern für den Staat", hier personifiziert in den Regierungs- und Parteipolikern, dem Finanzminister und den Parlamentariern, die sich mit dem Geld ihre „Diäten erhöhen" (367).

Der politische Opportunismus der Elterngeneration und die Weigerung, erwachsen zu werden

Die Ausbeutung durch den Staat, genauer: die politische Klasse, wird an anderer Stelle - auf Nachfragen nach den Erfahrungen mit der Polizei - genauer ausgeführt: die Polizisten sind die „Knechte des Staates" sind. Die Politiker korrumpieren sich im Verlauf ihrer Karriere zunehmend (Focussierungsmetapher, 153-183):

```
Cm:                      ˪ Hör doch mal zu, hör        153
        doch mal: naja logisch du fängst an mit-mit 20 Jahren oder   154
        weeß icke wann du anfängst deine Politiklaufbahn anzufan-    155
        gen, du kämpfst dich hoch, irgendwann biste 50 und bist     156
        |                                                           157
Em:                      ˪ Kämpfst dich hoch (.) du schmuggelst     158
        dich hoch, du schleimst dich hoch. Du kämpfst dich nich     159
        hoch ey                                                     160
                                                                    161
Cm:     Politiker. Du hast doch alles erreicht, naja hast doch      162
        dann als Politiker in dem Alter alles erreicht wat du       163
        wolltest. Du kriegst dein Geld da würd ick doch als Poli-   164
        tiker nichts mehr für't Volk machen. Ick hab doch allet     165
        wat ick will, krieg doch allet wat ick brauch sind mir      166
        doch die Leute da unten doch total egal                     167
                        |        |                                   168
Bm:                      ˪ Willst bloß noch mehr                     169
                        |                                           170
Am:                              ˪ Kriegst sogar die                171
        Eier umsonst                                                172
```

```
                    |                                              173
Cm:                 └ Na (.) der Kohl zumindest                    174
                    |                                              175
                    |                                              176
Em:                 |   └ Naja die paß mal uff den (.) ey die meißten   177
         Politiker die mal an der Macht, die unten angefangen ha-  178
         ben, denen war det vonvornehrein schon egal, oder die et  179
         jetzt machen wollen also (.) bin ick der Meinung          180
                                   |                               181
Am:                                └ Weil die Leute die was machen 182
         wollen die werden einfach erschossen                      183
```

Mit fortschreitender Karriere und zunehmendem Alter werden den Politikern
die Leute da „unten total egal" (167). Die Auseinandersetzung bewegt sich
damit auf einer derart generalisierenden Ebene, daß die Politiker an sich
- unabhängig von ihrer parteipolitischen Ausrichtung - zur Zielscheibe werden. Dabei ist die Argumentation zumindest z. T. vom Erfahrungshintergrund
mit der politischen Klasse der DDR geprägt. Dies deutet sich insbesondere in
der Referenz auf die Privilegien der Politiker im Bereich der Versorgung mit
Gütern des alltäglichen Bedarfs an, die im Rahmen der BRD unpassend
wirkt[1], sowie in der eher auf ein totalitäres Regime passenden Äußerung
(182-183). - Von zentraler Bedeutung ist vor allem das *Alter* der Politiker. Es
sind Vertreter der *älteren Generation*, die hier primär zur Zielscheibe werden. Der hier zu beobachtende *diskursive Aktionismus* findet einen seiner
Eskalationspunkte dann in folgender Passage (Focussierungsmetapher, 203-
235):

```
Em:      Am besten du legst se alle um ey                  203
                                        |                  204
Bm:                                     └ Doch nich glei so kraß   205
                                                    |      206
Em:                                                 └       207
         Wieso?                                            208
         |                                                 209
Bm:      └ Ich will doch au (mit hin ) (Lachen)           210
                                       |                  211
Em:                                    └ Ganzen Bundestag an die   212
         Wand stellen                                     213
                                                          214
Am:      Wieso an die Wand stellen ? Ich ma einebnen (.) wenn alle  215
         drinne sind                                      216
```

---

1   Daß „der Kohl" die „Eier umsonst" bekommt (172 u. 174) ist hier aber wohl auch
    so zu verstehen, daß er vor allem bei Auftritten in den neuen Bundesländern damit
    beworfen wurde.

```
Fm:     ⌐ Najo logisch                                          217
                                                                218
Am:          ⌐ Sonst verschwendeste Munition                   219
                                                                220
Em:                                    ⌐ Gehst du              221
        rein mit ner Kalaschnikow: Gysi duck dich ! brrr (imitiert   223
        Geräusch einer MP)                                      224
                                                                225
Bm:     ⌐ ( Lachen )                                            226
                                                                227
Am:     Was lachst du denn ?                                    228
                                                                229
me:          ⌐ ( Lachen )                                       230
                                                                231
Y2:            ⌐ Äh des                                         232
                                                                233
Am:               ⌐ Gibt ja noch wenige-                        234
        Politiker die Courage haben                             235
```

Der ganze Bundestag müßte an die „Wand gestellt" bzw. „eingeebnet" werden (212-215) - einzig „Gysi" sollte eine Chance erhalten, womit sich hier
zugleich die politischen Präferenzen der Jugendlichen andeuten.

Wenn wir zu jenem Diskurs zurückkehren, der im Anschluß an die Passage
zum Übergang von der Schule zum Beruf entfaltet wird, so wird dort die
Auseinandersetzung mit der Ausbeutung seitens der politischen Klasse
schließlich übergeleitet bzw. wieder zurückgeführt zu einer Auseinandersetzung mit der Unterdrückung durch die „Meister", die betrieblichen Vorgesetzten, die damit zugleich in den politischen Rahmen eingespannt wird
(Beruf, 399-451):

```
Em:                              Na Mann, ick ick will         399
        aber nicht, (.) will aber nicht Sklave sein checkst du't   400
        nich Alter ?                                           401
                                                                402
Cm:                                          ⌐                 403
        Nein du bist ja damit nich Sklave. Bloß du verkaufst deine  404
        Arbeit an an                                           405
                                                                406
Em:                      ⌐ Na logisch bin ich dann Sklave      407
        Alter                                                   408
                                                                409
Bm:          ⌐ Ey R-Em machste absolut nich                    410
                                                                411
Am:          ⌐ Wenn de nicht mehr nach seiner Pfeife tanzt dann   412
        kriegst n Tritt in Arsch oder (      )                 413
                                                                414
Cm:          ⌐ Det macht doch jeder (.) Du mußt dich einmal so jut   415
        wie möglich also irgendwo hin                          416
```

```
                    ⌐                                        417
Em:                 └ Äh du bist-                            418
                                                             419
Cm:     wo de et meiste Geld kriegst, so is doch jeder       420
                        ⌐                                    421
Em:                     └ Ey Mann, du mußt so jut wie mög-   422
        lich, du mußt so jut wie möglich schleimen Alter, kratzen.  423
        Ey wenn de et Maul aufmachst bist de draußen, so is die     424
        Realität Alter                                       425
                    ⌐                        ⌐               426
Fm:                 │                        └ Des is        427
        richtig      │                                        428
                    │                                        429
Am:                 └ Ey ich hab zu mein Meister, mein Meister hat  430
        mich am Freitag angehauen ja (.) N und ich hatte um zwölf   431
                            ⌐                                432
Em:                         └ Und da hilft dir ooch          433
        keene Gewerkschaft mehr ey                           434
                                                             435
Am:     Feierabend, hätt ich eigentlich. Haut der mich an, zehn     436
                ⌐                                            437
Cm:             └ Hm                                         438
                                                             439
Am:     nach halbzwölf oder so (.) Ja du bist um dreiviertel zwölf  440
        oben. Da sag ich zu ihm kann ich auch bißchen früher kom-   441
        men? Schreit der dann gleich rum: ey du bist um dreivier-   442
        tel zwölf oben. Bin ick hochgegangn (.) Überleg dir mal     443
        was wie de dich im Ton vergreifst und so, des kann Konse-   444
        quenzen für dich habn, ich bin hier im Betriebsrat und so   445
                                    ⌐                        446
Bm:                                 └ Scheiße                447
                                                             448
Am:     du kannst auch rausfliegen. (.) Ich wußt garnicht wat ick   449
        gesagt habe. Ick mein wär et nich mein Meister hätt ick n   450
        vielleicht schon erschossen                          451
```

Gegen den Vorgesetzten, der zugleich betriebspolitisch einflußreich ist („im Betriebsrat"; 445) hilft auch „keine Gewerkschaft". Dadurch wird man dazu gebracht, so „gut wie möglich" zu „schleimen" und zu „kratzen". D. h., das, was an den Politikern kritisiert wurde, bleibt einem selbst letztlich auch nicht erspart. Somit zeichnet sich ab, daß das, was an den „älteren Politikern" in besonders prägnanter Weise festgemacht wird, letztlich als ein Problem des (berufsbiographischen) Erwachsenendaseins allgemein gesehen wird. Auch hier werden extreme Gewaltphantasien entfaltet (vgl. 451). - Im übrigen deutet sich hier wiederum jene bereits erwähnte Rahmeninkongruenz an: *Cm*, der erst vor kurzem zur Gruppe gestoßen ist und vorher mit den „Rechten" sympathisiert hatte, ist sich zwar mit den anderen einig hinsichtlich der Korruptheit der Vertreter der politischen Klasse, fällt aber aus der Argumentation bzw. der Rhetorik der Ausbeutung der Arbeitskraft heraus. Es kommt schließlich zu Andeutungen von Seiten Ams hinsichtlich der Vergangenheit von *Cm* (571-572), wobei *Em*, der ihn in Schutz nimmt, auch die besondere schulische Problematik von *Cm* als Grund für Ausgrenzungstendenzen ihm gegenüber andeutet (587-588). Schließlich werden derartige Rahmeninkongruenzen dann aber wiederum innerhalb des übergreifenden Rahmens der Abgrenzung gegenüber dem Erwachsenendasein aufgehoben (Beruf, 571-650):

```
Am:                                        └ Ich mein nur is      571
          noch nich lange her, daß de anders denkst als die meisten  572
                                                                     573
Bm:                                              └ ( lei-           574
          ses Lachen )                                              575
                                                                     576
Cm:       └ Ja klar (.) trotzdem haste nich andern ( um-        )   577
                                                                     578
Am:                    └ Aber                                       579
                                                                     580
Em:                                        └ Ooch hört doch         581
          mal damit uff ihn laufend hier schlecht zu machen        582
                                                                     583
Am:                                        └ Machen ihn            584
          ja nicht schlecht, is doch ein Zeichen der Besserung. Wir  585
                                                                     586
Em:                              └ Cm hat die Klasse dreimal gemacht  587
          jaja                                                      588
                                                                     589
Am:       sind alle auf dem Wege des erwachsen werdens            590
                                                                     591
Cm:                                        └ Scheiße ick           592
          will garnicht erwachsen werden                           593
                                                                     594
Am:                          └ Ja des sowieso Scheiße (.)         595
                                                                     596
Em:                                        └ Echt ey              597
                                                                     598
Am:       Geld Steuern zahln wie die Alten Klappergreise da        599
                                                                     600
Fm:                       └ Wer will hier schon erwachsen werden ? Na  601
          willst du erwachsen werden ?                             602
                                                                     603
Em:                       └ Nee Alter, ick will ne Villa Kunter-   604
          bunt haben Alter                                         605
                                                                     606
Bm:                  └ ( Lachen )                                  607
                                                                     608
Cm:                            └ Nee doch erwachsen werden is sowat  609
          von beschissen überhaupt, det verst-. Wat wat ick mir frü-  610
          her mal überlegt hab, du bist siebzehn Jahre und du gehst  611
```

```
        mit siebzehn Jahren irgendwo rinn in die Disco und sagst:    612
        ey kann ick rinn ? Nee du wirst erst in ner Stunde sieb-      613
        zehn. So ungefähr is det. Du bist von eenem Schlag uff'n      614
        andern bist du erwachsen, du mußt für allet was du machst     615
        irgendwie verantwortlich gemacht werdn. Du mußt allet( 1 )    616
                                                                       617
?m:                  └ (          ) einundzwanzig                     618
                                                                       619
Cm:     allet äh also selber machen und so. Is total kraß, du bist    620
        für allet selber verantwortlich dann und det v-von eenem      621
        Schlag auf'n andern. Son sor'n bekloppten deswegen will       622
        ich garnich erwachsen werden                                  623
                                                                       624
Fm:                      └ Woher weeßt'n dette ?                      625
                                                                       626
Em:                                    └ ( Lachen )                   627
                                                                       628
Cm:                                          └ Weil et so is          629
        einfach mal                                                   630
                                                                       631
Am:        └ Läßt sich ändern Cm, wir können dir helfen daß du        632
        nicht erwachsen wirst                                         633
                                                                       634
Em:                      └ Ach so                                     635
                  └ Echt ey                                           636
                                                                       637
Fm:                      └ Ja                                         638
                                                                       639
Cm:                            └ Wa det schaff ich schon              640
        alleene du                                                    641
                                                                       642
Em:              └ Nur die besten sterben jung                        643
                                                                       644
Fm:                          └ ( Lachen )                             645
                                                                       646
Am:                                └ Ey komm gleich                   647
        wieder is jemand für mich ( Am wird aus dem Raum gerufen )    648
                                                                       649
?m:                            └ Die Politik ruft                     650
```

Darin, daß die Jugendlichen nicht erwachsen werden wollen, dokumentiert sich eine Negation biographisch relevanter Zukunft überhaupt, die über den berufsbiographischen Bereich hinausgeht. Wobei ihnen die „Klappergreise" (599), die „Geld Steuern zahlen" und damit ihre Autonomie dem Staat gegenüber verlieren (zu „Sklaven" werden) ebenso als negativer Gegenhorizont erscheinen wie die „Politiker in dem Alter" (163), die sich an deren Geld bereichern. Da hier das Bild der „Klappergreise" verwendet wird, geht es aber nicht nur um den Verlust gesellschaftlich-politischer, sondern auch *körperlicher* Autonomie. Erwachsenwerden bzw. Älterwerden wird also nicht als Zuwachs an Autonomie erfahren, sondern als deren Verlust. Verantwortlichkeit wird zum Zwang (609-623). Dies wird auch durch den Zuwachs an Privilegien (Zugangsmöglichkeiten zur Disko) nicht aufgehoben. Zugleich gibt es aber letztlich keine ernsthafte Alternative zum Erwachsenwerden: „Wir sind alle auf dem Weg des Erwachsenwerdens" (585-590). Die - ironisierend - angeführte Alternative ist einerseits diejenige der Regression in die Kindheit: zurück in die „Villa Kunterbunt" also die Idylle des kindlichen Spiels bzw. einer kindlichen Autonomie[2], die für die Jugendlichen zusammenfällt mit der Idylle der DDR-Zeit. Die andere Möglichkeit ist diejenige, „jung zu sterben" (643). Dabei gilt einerseits: Die „Besten", also diejenigen, die für ihre Autonomie und Unschuld (gegen Korruption) zu kämpfen bereit sind, laufen Gefahr, jung zu sterben. Andererseits gilt: jung zu sterben allein schon bewahrt - unabhängig von der Ursache des Todes - vor der Korruption und dem Autonomieverlust des Erwachsenendaseins. Indem die Jugendlichen hier den Titel eines Stückes der der rechten Szene nahestehenden Gruppe „Böhse Onkelz" zitieren, ist dies aber auch eine Anspielung auf die Vergangenheit von *Cm*. Darüberhinaus erhält diese Metapher aber ihre gruppenspezifische Bedeutung im Kontext des vorangegangenen Diskurses wie auch der (gewaltbereiten) Aktivitäten der Jugendlichen und schließlich auch vor dem Hintergrund des Biographischen Interviews mit *Bm* (*Bastian*), der mit Bezug auf die Auseinandersetzungen mit „Skinheads" und „Faschos" äußert: „Manchmal hab ich mir in nen Kopf gesetzt, daß ich dafür sterben würde" (vgl. Biographisches Portrait *Bastian, 857-858*). Somit erhält diese in der rechten Szene verwendete Metapher also auch hier ihre Bedeutung. Damit ist auf das verwiesen, was den beiden einander bekämpfenden Lagern gemeinsam ist: die *Adoleszenzkrise*, deren Stellenwert sich hierin nachdrücklich dokumentiert. Wobei es auch die in der Bereitschaft „jung zu sterben" sich dokumentierende Geringschätzung körperlicher Unversehrtheit ist, die in Form von Gewaltbereitschaft beide Lager verbindet und somit die körperliche Gewalt überhaupt erst eskalieren läßt.

Die mit dem Eintritt in den Arbeitsalltag verbundene Adoleszenzkrise wird dabei in der Gruppe *Basis* überlagert durch jene durch den Zusammenbruch des DDR-Staates bedingte krisenhafte Auseinandersetzung mit der politischen Kultur der Erwachsenengeneration, zu der auch ihre Eltern gehören, die in

---

2 Die Welt der „Villa Kunterbunt" bzw. der „Pipi Langstrumpf" ist die Welt der kindlichen Autonomie: „3 x 2 ist Neune, du verstehst schon, was ich meine. Wir machen uns die Welt, so wie sie uns gefällt" lautet der Titelsong von Pipi Langstrumpf.

ausgeprägter Weise in das staatliche System verstrickt waren. Die Verschärfung der *entwicklungstypischen* Adoleszenzproblematik durch die *zeitgeschichtliche* Erfahrung des Zusammenbruchs läßt die Jugendlichen in eine tiefe Sinnkrise geraten.

Dabei sind die Jugendlichen zwar nicht bruchlos mit den sozialistischen Idealen der DDR identifiziert, arbeiten sich aber immer noch in einer Weise an ihnen ab, die uns in den anderen Gruppen nicht begegnet. Eine Identifikation mit den sozialistischen Idealen deutete sich bereits dort an, wo der „ganze Bundestag an die Wand" gestellt, Gregor Gysi aber verschont bzw. ihm eine Chance gegeben werden sollte (Focussierungsmetapher, 212-224), und wird in einer Passage weiter ausgearbeitet, in der es zunächst um die Ausländerfeindlichkeit der „Sprallos" geht und dann die Frage nach der Bewältigung von Arbeitslosigkeit diskutiert wird (Sprallos, 197-234):

```
Cm:        └ Oder du-du nimmst-paß uff, du nimmst denen die      197
           Betriebe weg, Alter enteignest nen Teil, (Räuspern)   198
                                                                 199
Bm:                               └ Pffh (.) pfh                 200
                                                                 201
Cm:        stellst die unter Arbeiterverwaltung, dann kannst det ma-  202
           chen mit der 20-Stunden-Woche. (.)                    203
                                                                 204
Am:                          └ Und wem bringt det wat?           205
                                                                 206
Cm:        hat doch jeder Arbeit, ey.                            207
                                                                 208
Bm:        Hat ne- (.)                                           209
                                                                 210
Cm:          └ Denn kannste nämlich auch Wohnungen bauen.        211
                                                                 212
Bm:        (.) Und dann kommt det wieder so weit, wies früher in der  213
           DDR war.                                              214
                                                                 215
(2)                                                              216
                                                                 217
Cm:        Nee. Gabs noch nie, Alter. (.) In der DDR waren auf keenen  218
                                                                 219
Am:          └ (Na) und-                                         220
                                                                 221
Cm:        Fall (.) Betriebe in-in Arbeiterverwaltung, gabs nich.  222
           (.)Wa-                                                223
                                                                 224
Bm:                                              └ Zum           225
           Anfang warn se schon.                                226
                                                                 227
Am:                   └ (Husten) Die ersten drei Tage.          228
                                                                 229
Cm:        Die warn in staatlicher Verwaltung, Alter            230
```

```
Bm:     Ach so (lacht)                                    232
        |                                                 233
Em:     L Hff, die ersten Stunden.                        234
```

Die Enteignung der Betriebe und die Überführung ihrer Organisation in eine Arbeiterverwaltung ermöglicht die Einführung der 20-Stunden-Woche und auf diesem Wege die Bewältigung von Arbeitslosigkeit. Dies wird kontrovers und ironisierend diskutiert. Wobei aber nicht die Idee der Arbeiterverwaltung an sich in Frage gestellt wird, sondern deren Realisierung bzw. Nicht-Realisierung zu Zeiten der DDR, in der die Betriebe in staatlicher Verwaltung waren (Sprallos, 276-314):

```
Am:                    L Ick mein ja nur, wenn de jetz- (.)    276
                                                              277
Cm:     nischt anfangen, ey.                                  278
                                                              279
Am:     (.) wenn de für dich selbst arbeitest jetze in ner    280
                                        |                     281
Cm:                                     L Nur verplempern,     282
        ey.                                                   283
                                                              284
Am:     Arbeiterverwaltung. (.) Meinst de ja-kuck mal- (.)    285
                            |                                 286
Cm:                         L Naja, de-de-dit würde da eben-lo- 287
        gisch, aber, so wie wir nich.                         288
                                                              289
Am:     (.) dann arbeiteste ja-dann bauste-bauen irgendwelche Woh- 290
        nungen, (.) aber du weißt ja-äh bauen ja denn nie Wohnunge 291
        für alle. (.) Die bauen ja für sich dann praktisch auch ne 292
        Wohnung mit.                                         293
                    |                                        294
Cm:                 L Naja klar, also-                       295
                              |                              296
Am:                           L Denn is alles da. (.)        297
                                        |                    298
Cm:                                     L So                 299
        würd et schon gehen.                                 300
                                                              301
Am:     (.) Denn brauchste nich mal Kohle, weil alles da is. (.) 302
        Ick meine, is zwar Quatsch, aber- (.)                303
        |                                                    304
Cm:     L Ja aber nun, ja klar. Wenn man denn so weit is', kann 305
        man auch des Geld abschaffen.                        306
                                                              307
Am:     (.) dann zahlste mit Briefmarken oder so. Bezahlste mit 308
        Briefmarken.                                         309
        |                                                    310
Em:     L (Lachen)                                           311
        |                                                    312
```

```
Cm:                        L Ne wieso, überhaupt nich mehr mit      313
        Geld, Geld is doch eh Müll, also-                          314
```

Die kommunistischen Ideale der Arbeiterverwaltung und der geldfreien
Tauschwirtschaft sind letztlich „Quatsch" und werden immer wieder ins
Lächerliche gezogen, um dann aber in einem längeren Diskurs wieder aufge-
griffen zu werden.

Mit Ausnahme der Gruppe *Konkurrenz* (vgl. 4.2.), die mit der Gruppe *Basis*
gut bekannt ist vermag die Auseinandersetzung mit sozialistischen Idealen in
anderen Gruppen kaum Aktualität zu gewinnen. Derartige Diskurse finden
allenfalls historische Erwähnung, vor allem als Elemente einer Auseinandersetzung mit den Lehrern während der Schulzeit, und finden sich dementsprechend vor allem in den Biographischen Interviews und dort unter dem
Gesichtspunkt der Doppelmoral der DDR-Gesellschaft. Die Erfahrung dieser
Doppelmoral war entscheidender Auslöser für das provokative Verhalten der
Hooligans.

Vor diesem Hintergrund war für die anderen Gruppen die Wende mit mehr
oder weniger ausgeprägten Erfahrungselementen von Befreiung verbunden;
für die Hooligans standen hierbei allerdings die alltagspraktischen Enaktierungspotentiale im Bereich der Randaleaktivitäten im Vordergrund, die sich
aus der neuen rechtlichen Situation ergeben haben - zunächst aber auch aus
der vorübergehenden Lähmung der Kontrollinstanzen.

Demgegenüber haben für die Gruppe *Basis* derartige Erfahrungen der Befreiung keine Relevanz. Im Vordergrund steht die Erfahrung der Degradierung seitens der Westler in der Zeit nach der Maueröffnung. Obwohl am
Anfang die „dicke Freude" (Wende, 28) über die Wende da war, war die
bleibende Erfahrung diejenige der „Diskriminierung" (52), das Gefühl von
den Westlern „ausgelacht" worden zu sein (69) als die „armen Ostler" (54)
(Wende, 26-69):

```
Bm:                      L Tja zum Anfang hat man sich ussge-       26
                         |                                          27
Cm:                      L Am Anfang war die dicke Freude           28
        eyh.                                                        29
                                                                   30
Bm:     freut he (.) Ick meine ick bin (2) erst nach zwei Wochen   31
        |                                                          32
Em:     L Ja ( )                                                   33
                                                                   34
Bm:     bin ich erstmal rüber drüben gewesen ne. (1) (   ) Dürf-   35
                         |                                          36
Cm:                      L Nja ick war einer von                   37
        der Spesten von den Spesten                                38
                                                                   39
```

```
Bm:    test dich erstmal hundert Meter anstellen hier damit de      40
       deine hundert Mark kriegen solltest da (   )                  41
                     |                                                42
Em:                  └ Nja betteln (.) kamst dir echt so             43
       verarscht vor.                                                44
                     |                                                45
Am:                  └ Hundert Meter dat war                         45
       zweehundert Meter mindestens.                                 46
                           |                                          47
Bm:                        └ Und dann nja dat war eyh pf             48
       war irgendwie fand ich das peinlich. Wenn de da standest:    49
                                   |                                  50
Cm:                                └ Und det war uuch                51
       diskriminierend für mich.                                     52
                                                                     53
Bm:    Na guck mal das sin die armen Ostler. Und (.) nja die ham    54
       ja kein Geld gehabt. Ich fand manchmal gings uns ja besser   55
                     |                                                56
Cm:                  └ Au ja, wie die Westler am Anfang.             57
                                                                     58
Bm:    als den Westlern unn-                                         59
             |                                                       60
Cm:          └ Mensch hier hast de zehn Mark koof dir irgend-        61
       watt                            |                             62
                                                                     63
Bm:                                    └ Ich mein nich               64
       hier vom Sozialen so aber                                     65
                     |                                                66
Em:                  └ Hey echt hier du kamst dir so ver-            67
       arscht vor, wie wie der letzte (Elli) weißt de, so die ham   68
       dich auch ausgelacht hintenrum ey                            69
```

Diese Erfahrung führt zu einer Einschätzung der Westler als „überheblich"
(Wende, 92-102):

```
Cm:              └ is total ekel finde icke (.) deswegen kann ick    92
       die Idioten dadrüben auch nich so doll ab.                    93
                                   |                                  94
Dm:                                └ Ja die sind über-               95
       heblich.                                                      96
             |                                                       97
Em:          └ nich alle                                             98
                   |                                                 99
Dm:                └ Nja nich alle aber die meisten die so          100
       zum Beispiel immer Jeld geschenkt haben und so (.) wie dir   101
       ebent.                                                        102
```

Die in der „Freude" über die „Maueröffnung" dennoch zum Ausdruck ge-
brachten Erfahrungen des Zuwachses an Freiraum sind hier nicht verbunden
mit einer ausgeprägten Distanz den moralisch-ideologischen Zwängen der
DDR gegenüber (wie bei den Hooligans). An die Stelle eines Unbehagens an

der für dieses System konstitutiven Doppelmoral tritt hier eine Kritik an der Moral der politischen Klasse im allgemeinen unter generationstypischen Aspekten: die Kritik an den „Klappergreisen". Dies gewinnt Plausibilität, wenn man die in der Gruppendiskussion und dem Biographischen Interview sich abzeichnende politische Haltung der Eltern und deren starke Verflechtung und Verstrickung mit der politischen Klasse des DDR-Systems berücksichtigt. Die Jugendlichen der Gruppe *Basis* sind innerhalb der ideologisch abgeschirmten Gesellschaft der DDR offensichtlich noch einmal in gesonderten ideologischen Nischen aufgewachsen. Letzteres läßt sich allerdings lediglich auf der Grundlage des Biographischen Interviews mit *Bm (Bastian)* - dort jedoch sehr deutlich - belegen, der seine Kindheit und frühe Jugend mit seinen Eltern zum großen Teil in diplomatischen Vertretungen in Polen verbracht hat innerhalb einer Art Ghetto (mit eigenen Schulen für die Kinder der DDR-Diplomaten) ohne wirkliche Kontakte zur weiteren Bevölkerung. *Bastians* Vater war als Handelsvertreter und die Mutter als Schreibkraft im Diplomatischen Dienst tätig. Durch die Verstrickung seiner Eltern in das staatliche System und ihre Mitverantwortlichkeit für dieses bei gleichzeitiger Abschirmung von *Bastian* wird die Wende für ihn ausgesprochen problematisch. Diese Problematik dokumentiert und verdichtet sich vor allem in folgendem Ereignis: *Bastians* Mutter eröffnet ihm nach der Wende, daß sie für die Stasi gearbeitet habe. *Bastian* reagiert mit Kommunikationsverweigerung (vgl. Biographisches Interview *Bastian*).

In der Gruppendiskussion stellt sich das „Verhältnis" zu den Eltern auf Nachfragen als ausgeprägt problematisch dar (Eltern, 1-40):

```
Y1:     Ja vielleicht noch so die Frage, äh wies, ja oder wies des   1
        Verhältnis so zu euren Eltern ?                              2
                                      |                              3
?m:                                   └ Paah                         4
                                                                     5
( 2 )                                                                6
                                                                     7
Dm:     Gar nix                                                      8
              |                                                      9
Bm:           └ Na ick zum Beispiel seh urs selten. Eigentlich      10
        jetzt noch vielleicht in der Woche drei-viermal mehr nich.  11
        Weil ick komm von Arbeit, meine Eltern sind meistens erst   12
        gegen halb acht achte da und denn bin ick meistens unten    13
        irgendwo. Hock hier im Klub rumm und so und denn komm ick   14
        meist zw-zwischen (.) na gestern war ich zum Beispiel frü-  15
        hestens um eins irgendwann zuhause und                      16
                                           |                        17
Am:                                        └ Und heute Arbeit ?      18
                                           |                        19
```

372

```
Bm:                                                    ⌐ Ja        20
     ich hab dreieinhalb Stunden geschlafen (Lachen)              21
                         |                                        22
Am:                      └ Ja bei mir is meistens auch            23
     nich mehr                                                    24
                |                                                 25
Bm:             └ Ja man man sieht man sieht sich kaum noch.  Und 26
     weil des Verständnis so is vielleicht besser geworden,       27
     weil du arbeitest selber, weeßt wie deine Eltern so denken   28
     und konntest det früher nich akzeptiern was sie gemacht      29
     habn und jetzte kriegst et langsam mit hier, wat wie se      30
     sich wirklich abrackern hier zum Beispiel auf Arbeit und     31
     so und man versteht sich auch viel besser. Trotzdem find     32
     ich                                                          33
        |                                                         34
?m:     └ Hm (zweifelnd)                                          35
        |                                                         36
Am:     └ Ja ich versteh mich mit meinen Eltern überhaupt         37
     nich mehr (.) insbesondere meine Mutter                      38
     |                                                            39
Bm:  └ Na außer daß ick hundertfünfzig Mark abdrücken muß         40
```

Nach einem indexikalen „paah", womit die Problematik dieses Themas markiert wird, einer zweisekündigen Pause und dem anschließenden Hinweis darauf, daß hierzu „gar nix zu sagen" sei, folgt zunächst eine Schilderung von *Bm*, die darauf hindeutet, daß er die elterliche Wohnung und die Kommunikation mit den Eltern meidet - ebenso wie offensichtlich auch *Am*. Obschon *Bm* dann herausstreicht, daß er seine Eltern, nachdem er eigene Arbeitserfahrungen gemacht hat, nun besser versteht, schließt er sich dann doch der Proposition von *Am* an, der sich mit seinen Eltern bzw. seiner Mutter (sein Vater ist 1983 verstorben) „überhaupt nicht mehr versteht". Die einzige Basis der Verständigung von *Bm* ist die, daß er zu Hause Geld „abdrücken" muß.

Im weiteren Diskursverlauf geht es dann darum, die Möglichkeit auszuloten, von zu Hause „abzuhauen" (93-111).

Demgegenüber versucht die Mutter, zunehmend die Kontrolle darüber zu gewinnen, mit „welchen Leuten" er zusammen ist (Eltern, 174-200):

```
Am:            Erst sagt sie: ich weiß nich mit was für Leu-     174
     ten du rummhängst. Wenn ichs ihr erzähle, ja was mit son    175
     Leuten hängst du rumm des paßt mir nich. Ach is voll eklig  176
                                       |                         177
m:                                     └ Meene                   178
     Mutter hat bei dir n Schreck bekommen (    )(Lachen)        179
        |                                                        180
Am:     └ Dann sagt se: ja ich soll mich endlich                181
     für was interessiern. Jetzt mach ich da irgendwelche ir-    182
```

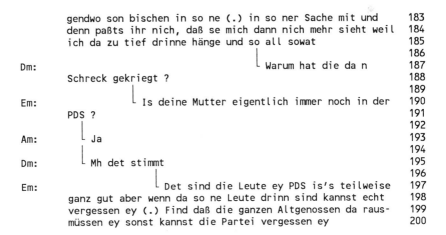

```
                 gendwo son bischen in so ne (.) in so ner Sache mit und    183
                 denn paßts ihr nich, daß se mich dann nich mehr sieht weil  184
                 ich da zu tief drinne hänge und so all sowat                185
                                                                             186
Dm:                            └ Warum hat die da n                          187
                 Schreck gekriegt ?                                          188
                            │                                                189
Em:                         └ Is deine Mutter eigentlich immer noch in der   190
                 PDS ?                                                       191
                    │                                                        192
Am:                 └ Ja                                                     193
                 │                                                           194
Dm:              └ Mh det stimmt                                             195
                            │                                                196
Em:                         └ Det sind die Leute ey PDS is's teilweise       197
                 ganz gut aber wenn da so ne Leute drinn sind kannst echt    198
                 vergessen ey (.) Find daß die ganzen Altgenossen da raus-   199
                 müssen ey sonst kannst die Partei vergessen ey              200
```

Auch hier wird das Problem schließlich wieder im politischen Rahmen abgehandelt bzw. in demjenigen der Verschränkung von generationellen und politischen Verhältnissen: die älteren Mitglieder der PDS, wie die Mutter von *Am*, sind dafür verantwortlich, daß man die PDS, der die Jugendlichen zumindest z. T. zuneigen, „vergessen" kann. Auch hier wird wieder deutlich, daß das Problem die „Altgenossen" sind, d. h. die Genossen aus der *Generation der Eltern* der Jugendlichen.

Mit der starken Einbindung der Eltern in das politische System hat für sie und ihre Kinder die politische Haltung ihre Lebensweise insgesamt, also ihren Habitus, soweit geprägt, daß ihr primärer milieuspezifischer Lebenszusammenhang hier nicht ein verwandtschaftlicher oder nachbarschaftlicher oder ein ästhetisch-stilistischer ist, sondern der durch die politische Alltagspraxis geprägte. Dieses politische Milieu ist nun zerbrochen, an der politisierenden Selbstverortung wird aber festgehalten. Der dadurch rein theoretisierend bzw. ideologisierend konstituierte Gruppenzusammenhang bleibt entsprechend prekär (die Gruppe bricht - wie erwähnt - kurz nach der Diskussion auseinander;). Gemeinsamkeit wird vor allem durch übersteigerte Konstruktion der Abgrenzung gegenüber negativen Gegenhorizonten aufrechterhalten: einerseits gegenüber den „Rechten", andererseits gegenüber der älteren Generation bzw. vor allem: der Elterngeneration, deren Opportunismus und Korruptheit sie für das Versagen ihrer politischen Ideale verantwortlich machen, deren Ideengehalt selbst aber nicht so ohne weiteres ersetzt werden kann.

Die Schlägereien mit Hooligans und Polizei als politischer Kampf

Während in der linken Gruppe *Basis* die theoretisch-reflexive bzw. diskursive Selbstverortung im Rahmen von Ideen und Utopien im Zentrum steht, ist es in den Gruppen der Hooligans die in direkter Aktion erfahrbare und sich dort bewährende Solidarität der Kumpels mit ihrer Suche nach der episodalen Schicksalsgemeinschaft und in den Musikgruppen die expressiv-stilistisch induzierte Suche nach habitueller Übereinstimmung. Die die Adoleszenzkrise in ihrer Richtung bestimmenden und sie verschärfenden Bedingungen sind in der linken Gruppe *Basis* nicht in den milieuspezifischen Desintegrationserfahrungen der Vorwendezeit (zu denen bei den Hooligans noch die innerfamilialen Desintegrationserfahrungen hinzukommen), also nicht in der DDR-Sozialisation verankert, vielmehr sind sie Produkt des mit der *Wende selbst* verbundenen Zusammenbruchs der Ideen und Utopien politischer Selbstverortung.

Den „Linken" erscheinen die Hooligans als „Sprallos", also als diejenigen, die sich durch ihre „*Sprachlosigkeit*" auszeichnen, also der Kommunikation (bzw. Meta-Kommunikation) nicht fähig oder nicht zugänglich sind. Wohingegen die „Linken" für die Hooligans als Vertreter jener Doppelmoral erscheinen, die für sie die „totale Institution" der DDR-Gesellschaft mitbestimmte.

Wie bei den Hooligans deutlich geworden ist, steht bei ihnen zwar der „fight", die körperliche Auseinandersetzung im Zentrum, aber nicht der „fight" mit den „Linken". Dies ist - wie sich gerade auf der Grundlage Teilnehmender Beobachtung sehr deutlich zeigen läßt - ein *Nebenaspekt*, bei dem es um die Behauptung des sozialräumlichen Terrains, die Dominanz innerhalb des Viertels und die Verfügungsgewalt über Jugendzentren und Szene-Kneipen geht. Die derart eskalierende Verstrickung der beiden Lager in ihrer Auseinandersetzung läßt eine simple Kategorisierung nach „Opfern" und „Tätern" nicht zu. Da aber bei den Hooligans - im Unterschied zur primär theoretisch-reflexiven und kommunikativen Selbstverortung der „Linken" - der situative Aktionismus auf der Basis körperlicher Gewalt im Focus der Schaffung von Solidarität nach innen, also der Konstitution einer episodalen Schicksalsgemeinschaft, wie auch der Abgrenzung nach außen steht, sind es - soweit es um körperliche Gewalt geht - die Hooligans, von denen die Initiative ausgeht. Dies wird auch durch ihre Beschreibungen und Erzählungen dort bestätigt, wo diese *detailliert* entfaltet werden, sowie durch die

Teilnehmende Beobachtung. Entsprechend erfahren die Angehörigen der Gruppe *Basis* sich in dieser Hinsicht als reaktiv.
Der Ablauf und die Eskalation der körperlichen Auseinandersetzung mit den „Faschos" und den „Hools", bei der u. a. die im selben Viertel wohnenden Mitglieder der Gruppe *Kunde*, die „Rechtsradikalen", wie sie sagen, die Gegner sind, wird detailliert entfaltet (Andere Gruppen, 34-54):

```
Cm:                         └ Ja und wir haben auch urs geile      34
                                                                   35
Fm:      is wohl verständlich                                      36
                                                                   37
Cm:      Beziehungen zu anderen zu Rechtsradikalen. Die kommen im- 38
         mer her und fragen warst du det gewesen? Dann kriegen wir 39
         erst wat vorn Schädel (.) ursgeile Leute die kommen dann  40
                        |                                          41
Em:                     └ Ja die kommen                            42
                        |                                          43
Bm:                     └ ( Lachen )                               44
                                                                   45
Cm:      ab und zu mal öfter                                       46
                |                                                  47
Bm:             └ Wie ( Karl ) oder so                             48
                |                                                  49
Em:             └ Die reiten hier öfter mal ein so und schla-      50
         gen schlagen hier rumm und so                             51
                                  |                                52
Cm:                               └ Jetzt haben wer zum Beispiel mal 53
         wieder paar Drohungen gekriegt                            54
```

Die „Rechtsradikalen" „reiten öfter mal in den Jugendclub ein und schlagen hier rum". Dabei wird erst zugeschlagen und dann „gefragt", also kommuniziert (Andere Gruppen, 105-183):

```
Bm:                            └ Meistens haun die                 105
         uns erst auf die Fresse und dann fragen se warn wir dette. 106
                 |                                                 107
?m:              └ Mario Meier                                     108
                       |                                           109
Fm:                    └ Is der noch gesund ?                      110
                                        |                          111
Em:                                     └                          112
             Mn                                                    113
                                                                   114
Bm:      U-und äh wir vor zwei Wochen jemand zusammen geschlagen   115
         haben und so und wir wissen meist nischt von (        )   116
         |                                                         117
Cm:      └ Ey wir hamms mal                                        118
                    |                                              119
Am:                 └ Ey ey der kleine oder der große ?            120
```

```
Em:                                              └ Der      121
      große                                                 122
            └                                               124
Am:          └ Der Penner ?                                 125
              └                                             126
Cm:              └ Ja wir haben immer übelt jelacht.  Da    127
                  └                                         128
Fm:                └ Oh                                     129
      weia is der Scheiße                                   130
                                                            131
Cm:   kamen uns Leute an, da kam einer dickigst breiter Hool  132
      aus'n Spielcasino: ick hab jehört ihr wollt Spielcasino 133
      stürmen. Ick sag na da: Hä ? wat wolln wir machen ? Wir  134
      wußten davon nischt und da kamen urs viele Leute an, haben 135
            └                                               136
?m:          └ Äah                                          137
                                                            138
Cm:   gesagt: ey wollt ihr det machen ? (.) Und wir immer hä ?  139
      wat wolln wir machen ? Und und dann kamen manchmal un-   140
        └                                                   141
Em:      └ Dazu sind wir überhaupt nich in der Lage        142
                                                            143
Cm:   freundliche Leute und kamen rinn, puff-puff-puff. Na det  144
      macht er bitte nich; wat wollen wir machen ? Totale Idio-  145
      ten, die kommen rinn hauen auf die Fresse. Oder manche  146
      sind noch human und fragen halt ob wer't machen wollen  147
      aber es nützt dann auch nich viel ( 1 ) Die behaupten.  148
                └                                           149
Fm:              └ Äh wo is det denn mit human             150
      und so Sachen ?                                       151
                                                            152
Cm:   Urs viele Sachen passiert, hier wurde mal sorn Club sorn  153
      rechter Club von-von Türken überfallen (.) dann kamen die  154
      zu uns und haben uns auf die Torte gehauen, weil wir haben  155
      die Türken geholt äh                                  156
              └                                             157
Bm:            └ Wir sollten die Türken geholt haben?      158
                └                                           159
Am:              └ Wir                                      160
      wußten nich mal daß se den Club überfallen haben, det ha-  161
      ben wer grade mal erfahren als die Leute rausgingen  162
              └                                             163
Em:            └ Ich sage d-des immmer so die Minder-      164
      heit is immer der Prügelknabe. Ick meine (.) so w-wir in  165
      Oststadt sind halt hier und uff Gr- uff Deutschland sind  166
      halt die Ausländer. Also wenn (.) so nimmst die Dummen  167
      suchen sich halt immer den (.) schwächsten und setzen halt  168
      immer da an wo-wo se rankommen und wo se denken daß se  169
      recht haben. Aber die haben ja keene Rechte           170
                                                            171
Am:             └ Nee wo se wo se denken sie kön-          172
      nen gewinnen (          )                             173
```

```
Em:         Ja genau (.) an den schwächsten                           174
                                                                      175
Cm:              Ey doch det war urs unfair gewesen da                176
            kamen ein paar Hirsche rinngeritten, die waren mindestens 177
            aah der älteste, nee der jüngste war ungefähr siebzehn    178
            Jahre oder so siebzehn und dann hier jetobt. Ungefähr so  179
            na der älteste den ick kenne aah ungefähr fünfundzwanzig  180
            und die ritten dann hier ein und die saßen alle da hä? (.) 181
            puff aua                                                   182
                                                                      183
```

Selbst dann, wenn vor dem Zuschlagen gefragt wird, „nutzt dies auch nicht viel" (148), da in jedem Fall zugeschlagen, dies dann mit irgendwelchen Behauptungen legitimiert wird (vgl. dazu auch den Beobachtungsbericht in 3.3.: „Fußball-Pokalspiel"). Die Jugendlichen der Gruppe *Basis* fühlen sich als die „Minderheit" (164 u. 165) in Oststadt - vergleichbar der gesellschaftlichen Stellung der Ausländer in Deutschland im allgemeinen. Wobei sie den Hooligans unterstellen, sich die Minderheiten, die „Schwächsten" (168 u. 175) auszusuchen. Daß es die Mitglieder der Gruppe *Kunde* sind, mit denen hier die Auseinandersetzung geführt wird, wird hier dadurch plausibilisiert, daß die Personenbeschreibung der „Hirsche", die sich „urs unfair" verhalten hatten, auf Kerncharaktere dieser Gruppe zutrifft.

Während bei den Hooligans die Worte erst, wenn überhaupt, nach den Taten folgen, ist es bei den Jugendlichen der Gruppe *Basis* umgekehrt (Gewalt, 1-59):

```
Y2:   Du hast eben von radikalen Aktionen, was is ne radikale      1
      Aktion ?                                                     2
                                                                   3
Em:   Radikal halt. Also nich nich nich mit Worten sondern ooch    4
      (.) mal richtig mit Schlägen mit mit                         5
                                                                   6
Dm:        Lasset den Worten die Taten folgen                      7
                                                                   8
Em:                              Ja richtig auf die               9
      Fresse hauen (.) den Leuten                                 10
                                                                  11
Y2:             Hm                                                12
                                                                  13
Bm:                 Abends mal losziehn weil (        )           14
                                                                  15
Am:                            Ich sag immer                      16
      Telefonterror                                               17
                                                                  18
Em:                            Weil du, weil                      19
      man kann nich immer nur einstecken, man muß ooch mal ver-   20
      teilen find ick also doch. (.) Ich hab kein Bock immer      21
                                                                  22
```

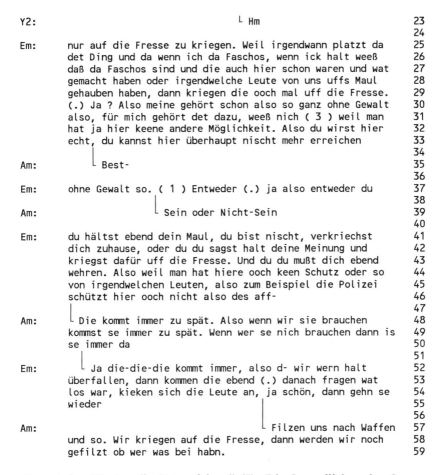

```
Y2:                        └ Hm                              23
                                                            24
Em:   nur auf die Fresse zu kriegen. Weil irgendwann platzt da  25
      det Ding und da wenn ich da Faschos, wenn ick halt weeß   26
      daß da Faschos sind und die auch hier schon waren und wat 27
      gemacht haben oder irgendwelche Leute von uns uffs Maul   28
      gehauben haben, dann kriegen die ooch mal uff die Fresse. 29
      (.) Ja ? Also meine gehört schon also so ganz ohne Gewalt 30
      also, für mich gehört det dazu, weeß nich ( 3 ) weil man  31
      hat ja hier keene andere Möglichkeit. Also du wirst hier  32
      echt, du kannst hier überhaupt nischt mehr erreichen      33
      ┌                                                          34
Am:   └ Best-                                                    35
                                                                36
Em:   ohne Gewalt so. ( 1 ) Entweder (.) ja also entweder du    37
      ┌                                                          38
Am:   └ Sein oder Nicht-Sein                                     39
                                                                40
Em:   du hältst ebend dein Maul, du bist nischt, verkriechst    41
      dich zuhause, oder du du sagst halt deine Meinung und     42
      kriegst dafür uff die Fresse. Und du du mußt dich ebend   43
      wehren. Also weil man hat hiere ooch keen Schutz oder so  44
      von irgendwelchen Leuten, also zum Beispiel die Polizei   45
      schützt hier ooch nicht also des aff-                      46
      ┌                                                          47
Am:   └ Die kommt immer zu spät. Also wenn wir sie brauchen     48
      kommst se immer zu spät. Wenn wer se nich brauchen dann is 49
      se immer da                                               50
             ┌                                                   51
Em:          └ Ja die-die-die kommt immer, also d- wir wern halt 52
      überfallen, dann kommen die ebend (.) danach fragen wat   53
      los war, kieken sich die Leute an, ja schön, dann gehn se 54
      wieder                           ┌                         55
                                                                56
Am:                                    └ Filzen uns nach Waffen 57
      und so. Wir kriegen auf die Fresse, dann werden wir noch  58
      gefilzt ob wer was bei habn.                              59
```

„Lasset den Worten die Taten folgen" (7). Die Jugendlichen der Gruppe *Basis* wollen nicht immer nur „einstecken"(20). Die Alternativen, vor die sie sich gestellt sehen, sind: entweder zu Hause zu bleiben und sich zu „verkriechen" oder ihre Meinung zu sagen und „dafür uff die Fresse" zu kriegen (41-43). Primär ist also - im Unterschied zu den Hooligans - die kommunikative Auseinandersetzung; erst in deren Folge sehen sie sich in die körperliche Auseinandersetzung verstrickt, bei der sie dann den Schutz der Polizei, also der „Knechte des Staates", wie es an anderer Stelle heißt, in Anspruch nehmen wollen, dabei jedoch häufig von den „Bullen" verprügelt werden. Daß ihr Beitrag zur Auseinandersetzung mit den Hooligans allerdings nicht immer nur einer Notwehrreaktion entspricht und ihre Rolle in der Auseinandersetzung mit der Polizei nicht allein als die der Opfer anzusehen ist, wird im anschließenden Diskursverlauf erkennbar (Gewalt, 61-113):

```
Em:                           ⌐ Wenn wir uns hier zum Bei-   61
       spiel                                                 62
          |                                                  63
Dm:          ⌐ Weeß auch noch wie die Bullen dich verprügelt haben.   64
       Ey an dem eenen Tag                                   65
                          |                                  66
Am:                          ⌐ Ja ?                          67
                             |                               68
Dm:                             ⌐ Ja mich als als (      )   69
                                |                            70
Am:                                ⌐ Als die Hools hier warn 71
                                   |                         72
Em:                                   ⌐ Ja                   73
       zum Beispiel eenmal war bei uns sorn Faschoüberfall. Also   74
       die Faschos sind gekommen, da wollten wer ebend uff die   75
       Faschos ruffhauen. Haben uns unsere Keulen genommen und so   76
       sind runter und da kamen uff eenmal pff ne Ahnung weeß ich   77
       so 20 Bullen so in Kampfuniform hier. Haben hier hinten   78
       irgendwo gestanden, weil die schon mal da warn die Nazis   79
       oder so. naja dann haben wir wollten wollten halt die Fa-   80
       schos verjagen hier und wir haben dann von den   81
                                  |                          82
Am:                                  ⌐ Einfangen             83
                                                             84
Em:    Bullen aufs Maul gekriegt                             85
                               |                             86
Am:                               ⌐ Hier er hatte n Stein in der   87
       Hand und als die Bullen gesehen hat, hat er den einfach so   88
       fallen lassen. Hat n Bulle gesehen, haben ihn zwei genom-   89
       men gegen son LKW gegengeknallt und ihm auf Maul gehauen.   90
       ( 1 ) Na haben se gesagt ach tut uns aber leid, aber das   91
       war schon so ungefähr mußte noch mitkommen   92
                                    |                        93
Dm:                                    ⌐ (         )          94
                                       |                     95
Em:                                       ⌐ Ja du bist doch bestimmt   96
       hingefallen. Der eine Bulle der meinte dann gleich (.) is   97
       aber normal.                                          98
          |                                                  99
Am:          ⌐ Und zwei von ( 1 ) ja                         100
                                                             101
Em:    Is keene Einzelerscheinung, is immer so. Also die Bullen   102
       decken sich untereinander und ( 2 ) meine von die Gewalt,   103
       die Gewalt die vom Staat ausgeht ey, da kanns, also da   104
       mußte eigentlich ooch gewalttätig sein und ( 2 ) zum Bei-   105
       spiel wenn ick auf ne Demo gehe und da knüppeln die   106
          |                                                  107
Am:          ⌐ Muß ja wenigstens was tun da                  108
                                                             109
```

```
Em:    Bullen rinn, da nehm ick mir ooch n Stein und da werf ick    110
       den solange Alter bis ick da n Bullen treffe. Der muß ja     111
       auch umkippen ey, (.) weil unsern Leuten gehts ja ooch       112
       nich anders                                                  113
```

Die Jugendlichen waren auf den „Faschoüberfall" mit „Keulen", also Baseballschlägern vorbereitet. Und in der anderen Arena der Auseinandersetzung mit der Polizei, derjenigen der „Demo" (106), versucht *Em* im Zuge der Eskalation der Auseinandersetzung gezielt Polizisten mit Steinwürfen zu verletzen.

Entsprechend haben die Jugendlichen Verfahren und auch Vorstrafen - z. B. wegen unerlaubten Waffenbesitzes - hinter sich, wie auch im folgenden deutlich wird (Focussierungsmetapher, 1-78):

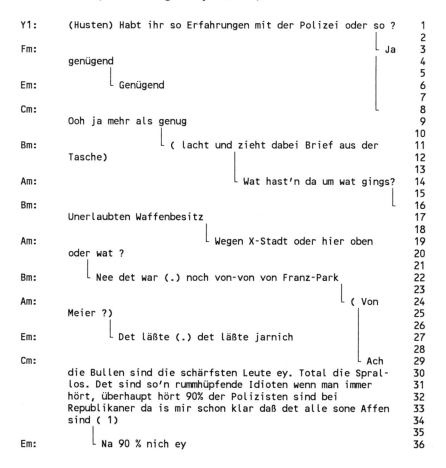

```
Y1:    (Husten) Habt ihr so Erfahrungen mit der Polizei oder so ?    1
                                                      |              2
Fm:                                                   └ Ja          3
       genügend                                       |             4
              |                                       |             5
Em:           └ Genügend                              |             6
                                                      |             7
Cm:                                                   └             8
       Ooh ja mehr als genug                                        9
                       |                                            10
Bm:                    └ ( lacht und zieht dabei Brief aus der      11
       Tasche)              |                                       12
                           |                                        13
Am:                         └ Wat hast'n da um wat gings?           14
                                                      |             15
Bm:                                                   └             16
       Unerlaubten Waffenbesitz                                     17
                            |                                       18
Am:                          └ Wegen X-Stadt oder hier oben         19
       oder wat ?                                                   20
              |                                                     21
Bm:            └ Nee det war (.) noch von-von von Franz-Park        22
                                                    |              23
Am:                                                  └ ( Von        24
       Meier ?)                                        |            25
              |                                        |            26
Em:            └ Det läßte (.) det läßte jarnich       |            27
                                                      |             28
Cm:                                                   └ Ach         29
       die Bullen sind die schärfsten Leute ey. Total die Spral-   30
       los. Det sind so'n rummhüpfende Idioten wenn man immer      31
       hört, überhaupt hört 90% der Polizisten sind bei            32
       Republikaner da is mir schon klar daß det alle sone Affen   33
       sind ( 1)                                                   34
              |                                                     35
Em:            └ Na 90 % nich ey                                    36
```

Fm:	$\llcorner$ Na würd ich nu nich sagen, aber	37 38
Em:	$\llcorner$ 90	39 40
	% des's	41 42
Cm:	Aber 90 % zumindest haben ne ursrechte Einstellung von	43 44
Bm:	$\llcorner$ Ah des doch Blödsinn	45 46
Cm:	der Polizei	47 48
Fm:	$\llcorner$ Na etzt det schon aber nich bei den Republikanern	49 50 51
Em:	$\llcorner$ Ah ja det is normal. Du kannst auch sagen ne, daß se, daß daß et überhaupt so is bei den bei den Beamten	52 53 54 55
Am:	$\llcorner$ Die Polizei stützt sich immer (.) Rechten. (.) Polizei is'n Staats-Staatsmittel ey von da	56 57 58
Cm:	$\llcorner$ Na Polizei stützt unsern Staat	59 60
Bm:	$\llcorner$ Und dieser Staat is nu mal rechts	61 62 63
Am:	steht, wenn die nich wollen, dann dann da fliegen die raus aus'n Bullendienst. (.) Dieser Staat is nu mal so (.)	64 65 66
Em:	$\llcorner$ ( )	67 68
Am:	rechts, kannst du nichts ändern, da kannste nur ne Bombe	69 70
Em:	$\llcorner$ Des sind die Knechte des Staates	71 72
Am:	reinschmeißen und dich dann freuen wenn's knallt. (.) Meine damit änderst de nischt, dann kommen die SPD-Spinner an die Macht und die sind genauso schlimm	73 74 75 76
Em:	$\llcorner$ Nja am besten du wählst garnicht.	77 78

Die Jugendlichen haben „mehr als genug" Erfahrungen mit der Polizei, und *Bm* zieht zur Demonstration eine Vorladung zur Beschuldigtenvernehmung in einem Verfahren wegen unerlaubten Waffenbesitzes aus der Tasche. Die Auseinandersetzung mit der Polizei wird wiederum im politischen Rahmen abgehandelt. Auch die Polizisten gehören zu den „Sprallos", den „Rechten". In dieser Haltung gegenüber der Polizei unterscheiden sich die Jugendlichen

von den Hooligans, für die die politische Haltung der Polizeibeamten keine
- bzw. allenfalls bezogen auf die DDR-Zeit - Relevanz gewinnt.

Die Jugendlichen der Gruppe *Basis* waren mit vielen der „Hool-Faschos",
wie sie sagen, zu „Ost-Zeiten" durch persönliche Bekanntschaft verbunden
(Alte Zeiten, 1-25):

```
Y2:   Irgendwie hab ich det vorhin so mitbekommen, daß äh ihr      1
      ihr kennt auch n paar von denen die jetzt Skinheads sind     2
      oder (    ) seh ich des richtig ?                            3
         ⌐                                 |                        4
Dm:      ⌐ Ja Faschos                                              5
                                                                   6
Fm:                            ⌐ Ja Skins gibts in Oststadt        7
      weniger                                                      8
         ⌐                                                         9
Y2:      ⌐ Oder oder Faschos oder                                 10
            ⌐                                                      11
Fm:         ⌐ Ja so Hoolfascho                                    12
               ⌐                                                  13
Em:            ⌐ Ey wir kennen die Leute                          14
      von früher aus der Schule, irgend von irgendwo her. Wir     15
      wohnen ja hier nun alle ⌐                                   16
                              ⌐                                   17
Fm:                           ⌐ Ja                                18
                                 ⌐                                19
Bm:                              ⌐ Wir warn früher vielleicht     20
      mal alle zusammen in einer Disco und sowas.                21
                                    ⌐                            22
Em:                                 ⌐ Genau, so so               23
      zu Ostzeiten gabs ja nich so (   ) wie: ick bin jetzt n    24
      Linker und du bist n Skinhead oder Nazi oder sowat da      25
```

Mit der Wende hat die Polarisierung in der Beziehung untereinander eingesetzt: „Also total so des immer det erste so wat se een fragen so überhaupt so
wenn man een trifft, bist du links oder bist du rechts", wie *Em* bemerkt (48-
53). Im Unterschied zu den Hooligans blicken die Jugendlichen der Gruppe
Basis fast wehmütig auf die Zeit vor der Wende zurück (Alte Zeiten, 83-
111):

```
Bm:      · ⌐ Na ick sag mir immer, daß (.) weil et janze is doch  83
      bloß gekommen weil durch die Wende eigentlich. Und ( 2)    84
            ⌐                                                     85
Fm:         ⌐ Ick muß jetzt gleich gehen                         86
                                      ⌐                          87
Y2:                                   ⌐ Hm                       88
                                                                 89
Bm:   weeß nich, wenn die Wende nich gewesen wär, dann wär das   90
      vielleicht jetzt genau wie früher: könntst der mit         91
```

```
                                      └ Ja genau              92
Dm:                                                           93
                                                             94
Bm:    den Leuten u-urs super verstehen ne, könnste mit denen   95
       irgendwo ne Scheiße machen sowat. Aber durch die Wende is 96
       det allet extrem geworden                            97
                                                             98
Em:                        └ Echt ey (leise)                99
                                                            100
Bm:    Weil da, weil da kann sich ei- du verstehst dich einfach  101
       nichmehr mit den Leuten. Früher bist mit denen in die   102
       Kneipe gegangen, hast da Bierchen, hast andauernd ge-   103
       quascht und sowat. Jetzt guckste den Typen ganz schief an  104
       da: wat bist du denn für einer? Und wenn de mal überlegst  105
       die alten Zeiten warn völlig                        106
                                                           107
Fm:                        └ Tschüss                       108
                                                           109
Bm:                            └ Tschüssi warn einfach mal   110
       (2 ) geil oder schön oder (.) weeß nich             111
```

Es wird hier erneut evident, daß das Problem, welches für die Jugendlichen der Gruppe *Basis* zur Verschärfung und Eskalation ihrer Adoleszenzkrise führt, die Erfahrung der Wende selbst ist. Während sich *Fm* verabschiedet, wird dies von *Bm* noch einmal herausgearbeitet. Die Reminiszenz an die „Alten Zeiten" (106) betrifft sowohl die als harmonisch wahrgenommene Jugendszene, die Beziehung zu den Gleichaltrigen und auch zu den „Rechten" (was aber von diesen, also den Hooligans, anders gesehen wird) wie auch die Erfahrung der Zeit vor dem Zusammenbruch der politischen Ideen und Utopien, wie sie in dieser Gruppe im Focus der Selbstverortung stehen (106-111): „Die alten Zeiten waren völlig ... waren einfach mal (2) geil oder schön oder (.) weeß nich".

Lebensgeschichte:

Bastian

Zur Interviewsituation

Von den Mitgliedern der Gruppe *Basis* kam lediglich mit *Bastian* (*Bm*) ein Biographisches Interview zustande. Auch *Cm* hatte sich dazu bereit erklärt, erschien aber beim ersten vereinbarten Termin nicht. Beim zweiten Termin traf er zwar in einem Arbeitsoverall gekleidet ein, meinte aber er müsse sofort infolge offenstehender Geldforderungen wieder gehen, weitere Kontakte kamen nicht zustande.

Das Interview mit *Bastian* verlief in mehrfacher Hinsicht unglücklich. Zum einen war dies eines der ersten Biographischen Interviews die durchgeführt wurden, so daß sich bei dem Interviewer noch kein Erfahrungswissen über die Durchführung aufgebaut hatte. Zum anderen weigerte sich *Bastian* auch explizit detailliertere Schilderungen seiner Kindheit in Polen oder seiner Familie zu geben.

Das Interview fand im Jugendclub SL in Oststadt statt. Die räumlichen Bedingungen waren für eine intimere Atmosphäre äußerst ungeeignet: In dem viel zu großen Nebenzimmer kam es zu häufigen Störungen durch eintretende andere Jugendliche bzw. Mitarbeiter des Jugendclubs.

Das Interview gestaltet sich vor allem in der Anfangsphase ausgesprochen schwierig. Es zeigt hier zum einen das Problem, Biographische Interviews in der frühen Jugendphase durchzuführen (*Bastian* ist der jüngste unserer Interviewten), zum anderen ist dies aber wohl auch auf die Krisensituation zurückzuführen in der, wie dann deutlich wird, *Bastian* sich zur Zeit des Interviews befindet.

Biographisches Portrait

Nach ersten Erläuterungen zur Durchführung des Biographischen Interviews reagiert *Bastian* zuerst sehr nervös (21-53):

```
Bm:        ⌐ Uh, das ist schwer. (lacht) (.) Ja, kann ick ma      21
    versuchen, mal sehen ob ick s so jut hinkriege. Soll ick      22
    anfangen gleich, oder-? Okay, also, mit Name oder (3) Mein    23
    wollt ihr so-so n Kennzeichen?                                24
        |                                                          25
Y1:         ⌐ Mh ph äh ach so, nee de-de-das das das jetzt        26
    nich, sondern halt äh soo- ja, einfach der Reihe nach, ne.    27
    Und Namen, Adressen, dis nich, dis brauchen wa nich.          28
                                 |                                 29
Bm:                               ⌐ Hm. Okay, naja ick bin am     30
    acht- achtzehnten ersten, bin ick in (.), achtzehn ersten     31
    fünfundziebzig, bin ich geboren in Berlin, FN-Bezirk, ja      32
    (lacht). Danach bin ick dann- (.) Au Scheiße, (laß doch)      33
    (3)                                                            34
    |                                                              35
Y1:  ⌐Das kommt dann schon.                                       36
    |                    |                                         37
```

```
Bm:          └ Ja.              └ Naja, is klar, ja (.) na dann (2)      38
             Also bin ick jeboren, bin ick in Kinderjarten jekommen äh    39
             Kinderkrippe, früheren DDR-Zeiten, dann in  Kindergarten     40
             und danach war ich für- also war ich nur ein Jahr im Kin-    41
             dergarten, dann war ich in Polen. (.) War ich uff ner-,      42
             meine Eltern haben in der Botschaft da gearbeitet und da     43
             war ich ein Jahr noch im Kindergarten in Polen.              44
                                                    |                     45
Y1:                                                 └ Hm.                  46
                                                                          47
Bm:          Und dann (.) hab ich noch zwei Jahre in ner so ner Bot-     48
             schaftsschule (.) in Polen für- extra für DDR-Bürger,        49
                                                                          50
Y1:                        └ Hmhm.                                        51
                                                                          52
Bm:          ehemalige DDR-Bürger (lacht leicht),                        53
```

Da die gesamte Anfangserzählung, wie bereits hier ersichtlich, immer wieder durch Rückfragen an den Interviewer (23-24) sowie Versuche der Beruhigung des Interviewers (vgl. 36) unterbrochen wird und sehr knapp ausfällt (lediglich die institutionalisierten Ablaufetappen der schulischen und beruflichen Ausbildung werden in ca. drei Minuten dargelegt), eignet sich die Anfangserzählung nicht - wie sonst üblich - als Rahmengerüst für die Erstellung des Biographischen Portraits. Dieses mußte in der Interpretation insgesamt neu komponiert werden.

Nachdem *Bastian* in der DDR ein Jahr die Kinderkrippe besucht hat, geht er 1980, also mit fünf Jahren, mit seinen Eltern nach Polen, da diese dort in Warschau in der DDR-Botschaft gearbeitet haben. Nachdem er kurze Zeit in einem Botschaftskindergarten verbracht hat, besucht er die Botschaftsschule bis zum Ende der zweiten Klasse (532-556):

```
Y1:          └ Un- und was haste da gemacht äh, wenn deine Eltern        532
             gearbeitet haben so?                                         533
                        |                                                 534
Bm:                     └ Nee, ich bin in 'ne Schule gegangen            535
             oder in' Kindergarten, war extra 'ne (.) deutsche Schule    536
             da, so 'ne Botschaftsschule und och so 'ne so'n Bot-        537
             schaftskindergarten (       ) bin ich da                    538
                        |                                                 539
Y1:                     └ Hm. Hm.                                         540
                                                                          541
Bm:          zur Schule gegangen. Tagsüber bis- bis ne eig- dit war      542
             außerhalb von Warschau, war 's glaub ich, bist denn mit 'm  543
             B- hat dich der Bus am Parkplatz immer abgeholt, dann wur-  544
             den die ganzen Kinder immer hingefahren und dann haben se    545
             uns zur Schule gebracht und war irgendwie außerhalb von     546
             'ner Stadt schon. Und dann hab'n- dann kam                   547
                        |                                                 548
```

```
Y1:                    └ Hm.                                        549
                                                                   550
Bm:   der Bus, irgendwann zwischen 16.00 und 17.00 Uhr, kam der     551
      Bus wieder an und hat uns dann wieder in 'ne Stadt gefah-     552
      ren, zu uns nach Hause dann. Und, war, der ganze Ablauf im    553
      br- immer so, ging Tag, Tag für Tag ging dit immer so los     554
      da, frühs biste uffgestanden, bist zum Bus gelaufen und       555
      nachmittags biste wieder zurückgekommen so. (.)               556
```

Bastian pendelt zwischen Botschaftsgelände und Botschaftsschule bzw. -kindergarten, in denen er die meiste Zeit des Tages verbringt, hin und her. Seine Welt ist diejenige der Botschaftsangehörigen, Diplomaten und ihrer Kinder. Da er auf diesem Wege in einer Art Ghetto aufwächst, ist er zwar einerseits behütet und abgeschirmt. Er erhält aber im Kontrast dazu - sozusagen aus einer Zuschauerperspektive - Einblick in die bedrohliche Umwelt der gewalttätigen politischen Ereignisse der Straßenschlachten im Zusammenhang mit der Solidarnosz-Bewegung (488-510):

```
Bm:   na und dann hat man dann, hast noch nich so viel mitbe-       488
      kommen, du warst ja vielleicht (.) zehn Jahre knapp, a-       489
      zwischen neun und zehn Jahre und (.) man kriegt ja nich so    490
      viel mit da (.), oder was da rund rum                         491
                            |                                       492
Y1:                         └ Hmhm.                                 493
                                                                   494
Bm:   passiert is, so mit dem Solidarnosz und so wat, weil dit      495
      war'n ja große Straßenschlachten, was die sich geliefert      496
      haben, dit war ja genau (.) vor unserer Botschaft, war zum    497
      Beispiel Polizei, uff der anderen Seite war die Demo und      498
      die sind immer näher gekommen, uff eenmal (.) s- haben die    499
      da                                                            500
             |                                                      501
Y1:          └ Hm.                                                  502
                                                                   503
Bm:   rumgeschossen und so wat und-, nachdem als sich allet         504
                        |                                           505
Y1:                     └ Hm.                                       506
                                                                   507
Bm:   uffgelöst hatte, da lagen n Haufen Tote uff de Erde und       508
      so wat und wir haben da rausgeguckt als kleene Kinder.        509
      Naja, (fanden wa so) so lustig oder nich so.                  510
```

Die Evaluation: „fanden wer so lustig oder nich so" (510) markiert die unverarbeitete Ambivalenz diesen Ereignissen gegenüber, die er zwar einerseits wie auf einer Bühne erlebt, die ihn aber andererseits direkt mit der Bedrohlichkeit des politischen Geschehens konfrontieren. Daß die Bedrohung seitens einer ihm damals unerklärlichen politischen Gewalt ihn dennoch offensichtlich beschäftigt und sensibilisiert hat, kommt in einer Erzählung zum Ausdruck, die aufgrund ihres ungewöhnlichen Detaillierungsgrades den Charakter einer Focussierungsmetapher gewinnt. *Bastian* besucht im Alter von acht oder neun Jahren mit seinen Eltern ein russisches Mahnmal des Zweiten Weltkriegs in der UdSSR an der Grenze zu Polen (565-595):

```
Bm:                        Und wenn de da durchjejan-    565
     gen bist, da hast du- von überall her hast dit gehört, so   566
     wie da Flieger gekommen sind, wie da Bomben runtergefallen   567
     sind. Dit haben die so mit lauter Boxen haben die dort   568
     oben irgendwo befestigt, haste aber nirgendswo   569
                                                          570
Y1:                             └ Hm. Hm.                  571
                                                          572
Bm:  gesehen, aber du hast immer die Flieger jehört und wie die   573
     Bomben zerschlagen sind und so wat. Und da haste echt   574
     Angst bekommen, wenn de da durchgelaufen bist. Warn knapp   575
                                                          576
Y1:                             └ Hm. Hm.                  577
                                                          578
Bm:  fuffzig Meter, war dit (.) lang. Einfach nur son Tunnel   579
     und ei- war ein riesen Stein, war- nur Beton war dit. So   580
     und da mußteste durchlaufen. (3) Und da haste ganz schön   581
     gezittert da drin da, wenn de wirklich ma stehen geblieben   582
     bist dann (.) konnst dich dit irgendwie richtig vorstel-   583
     len, wie dit vielleicht gewesen sein könnte. Da war ja   584
     richtig dunkel, du hast höchstens Ausgang von hinten und   585
     von vorne                                            586
                                                          587
Y1:  └ Hm.                                                 588
                                                          589
Bm:  gesehen. Wenn de wirklich drin gestanden hast dann (.)   590
     dann haste (    ) Augen zu gemacht, wenn de so n Knall   591
     gehört hast von so- oder so'n Uffschlag von 'ner Bombe   592
     hättst dich- hättst- wärst zusammengezuckt, hättst dich   593
     uff die Erde geschmissen so. Da war irgendwie (.) hat ee-   594
     nen urst beeindruckt, hat eenen dit.               595
```

Wiederum ist es die Verbindung zwischen der Zuschauerhaltung, hier des Mahnmalbesuchers, einerseits und der emotionalen Beteiligung andererseits, der er sich hier ausgeliefert fühlt: Er hat „ganz schön gezittert" (581-582) und ist nahe daran, sich auf die Erde zu werfen (593-594).

Die gewalttätigen Ereignisse im Zusammenhang mit der Solidarnosz-Bewegung greifen dann auch insofern direkt in seinen Alltag und seine Biographie ein als er aufgrund dieser Ereignisse für zwei Monate in die DDR zurückkehren muß - nun in das Dorf seiner Großmutter, um dort die Schule zu besuchen (300-346):

Bm:	da hab ich (2) na meine Mutter, die hat früher im Ministe-	300
	rium für Staatssicherheit jearbeitet und mein Vater im	301
	Außenhandel und dadurch (.) mein Vater dis Angebot bekom-	302
	men in der Botschaft, in- in Warschau zu arbeiten und dann	303
	sind wa für drei Jahre da hingekommen. (.) War eigentlich	304
	ganz lusti- außer dit war denn die Zeit, da wurden (.)	305
	Solidarnosz und so was gab's dann, war (.)	306
		307
Y1:	Hm, hm.	308
		309
Bm:	weeß gar nich, '85 oder so, weiß nich. (.) Und, naja und	310
	war's, dann mußten wa och erstma nach Hause, weil dit	311
	war'n bißchen heiß, da hab'n se sich gegenseitig erschos-	312
	sen und so was. Da hab ick (.) bei meiner Oma gewohnt	313
	erstma, für zwee Monate und nach den zwee Mon-. Da bin ick	314
	dort in ne Schule jejangen, dis war so'n kleenet Dorf in	315
	(.) TE-stadt, ehemals Kreis TE-stadt oder Bezirk TE-stadt.	316
	Naja und nach den zwee Monaten da bin ick dann wieder na-	317
	nach Warschau, für 'n Jahr dann noch, ungefähr und dann	318
	bin ick wieder hierhergekommen, bin ick in die Schule rin-	319
	jekommen. Die janzen Leute da (2) so kennengelernt oder	320
	mehr oder weniger kennengelernt. Der eene hat dis gesagt,	321
	ja, dann bin ich urst die Treppen runterjejangen und da	322
	hat der eene- der eene hat zu mir gesagt: Na, wärst ma	323
	nich beim- bei uns in ne Klasse reingekommen, wa. Die	324
	konnten mich zum Anfang nich leiden und- als- und der Typ,	325
	der dit jesagt hat, is zur Zeit mein bester Kumpel eigent-	326
	lich auch und mit dem versteh ick mich am Besten. Naja is	327
	ja egal, und (.) ja, dann bin ick hierherjekommen, wieder	328
	in 'ne Schule (3) Das hatten wa schon, bis zur zehnten	329
	Klasse (lacht leicht), ja und dann- dann hat man- geht och	330
	s-so Jugendweihe erzählen och oder so?	331
		332
Y1:	Alles.	333
		334
Bm:	Alles. Okay, jut na in	335
	'ner achten Kla-	336
		337
Y1:	Alles. Und äh, daß	338
	du dich wiederholst 's 's kein Problem.	339
		340
Bm:	Ja, in 'ner achten Klas-	341
	se, da hatten wa (.) hatten wa dann Jugendweihe jehabt.	342
	War eigentlich urst lustig, ja, weil (.) man wurde in 'n	343
	Kreis der Erwachsenen aufgenommen und war große Feier im	344
	Kino „Spinne", in Oststadt hier, und na mit „Freundschaft,	345
	FDJ" und so, war ganz lustig gewesen und, na, (2)	346

Es wird hier zum ersten und (abgesehen von einer direkt darauf bezogenen späteren Nachfrage des Interviewers) zum einzigen Mal eine etwas genauere Charakterisierung der beruflichen Funktion der Eltern gegeben.

Nachdem *Bastian* wiederum ein Jahr in Warschau verbracht hat, muß er sich dann im Alter von zehn Jahren, also im Jahre 1985, wiederum in einer anderen Welt zurechtfinden, da er nun die Schule in Berlin besucht. Die Integration in die peer-group gelingt aufgrund der Ablehnung der Klassenkameraden nur schwer (vgl. vor allem 323-324). Derjenige der dann später doch als „mein bester Kumpel eigentlich auch" erscheint, gehört allerdings nicht zur derzeitigen Clique von *Bastian*, also der Gruppe *Basis*, besucht auch - wie später deutlich wird - das Gymnasium.

Während die Integration in die peer-group offensichtlich nur schwer gelingt, bereitet ihm das mit FDJ-Aktivitäten verbundene Ritual der Jugendweihe eher Vergnügen („war eigentlich urs-urst lustig"; 341-343). von dem damit verbundenen Anspruch, „in nen Kreis der Erwachsenen aufgenommen zu werden" (344) distanziert er sich damals in keiner Weise - im Unterschied zu jener Distanz der Welt der Erwachsenen gegenüber, wie sie in der Gruppendiskussion zum Ausdruck gebracht wird. Im Unterschied aber auch zur Distanz der Hooligans derartigen Ritualen gegenüber (vgl. z. B. die Biographischen Interviews mit *Arno, Benno* und *Bernd).*

Bastian genießt zu dieser Zeit die mit der beruflichen Position des Vaters verbundenen Privilegien des Reisens. Die Familie wurde vom ägyptischen Staat eingeladen (673-709):

```
Bm:                     Außer ich war ma (.) für'n Wochen-    673
     ende war ich ma in Ägypten gewesen, och in DDR-Zeiten.  674
     ⌐                                                        675
Y1:  └ Hm.                                                    676
                                                             677
Bm:  Was verwunderlich ist, da hat meen Vadder für zwee Wochen  678
     äh für zwei Monate Ägypten gearbeitet, hat der Staat uns   679
     sogar ma eingeladen, für'n Wochenende nach Ägypten zu fah- 680
     ren. War mit groß Einladung da, eine Woche Ägypten und so  681
     was, ja war ich für'ne Woche Ägypten in Kairo und (.) war  682
     och urst lustig. (2) An 'ne Swings oder Sphinx, wie die    683
     heißen, oder die Sphin (lacht leicht), Pyramiden (.) schö- 684
     ne Fotos haben wa da davon. (lacht leicht).               685
                                  ⌐                             686
Y1:                               └ Hm. Bist ja schon ganz schön rumgekom-  687
     men.                                                       688
           ⌐                                                    689
Bm:        └ Ja, ahm, ah siehste, können wa glei weitermachen,  690
     so, weil ick vom- ick hab früher Fußball gespielt, da warn 691
     wa (.) vom Verein aus, dit war genau Wend- zwischen der    692
     Wende so. Da hatten wa 'n Angebot bekommen vom italieni-   693
     schen Verein, nach Italien zu fahren und dort n Fußball-   694
     turnier mitzumachen und war n total prominente Mannschaf-  695
     ten, da war zum Beispiel AS Rom war da, dann war Bayern    696
     München da, war'n allet bekannte Mannschaften, wir warn    697
```

```
              die einzige unbekannte da. Und (.) sind wa für zwei        698
              Wochen- warn wa Italien gewesen, dis war am- in 'ner Nähe   699
              von Florenz, ja und da habn wa (.) n                        700
                     ⎡                                                    701
Y1:                  ⌞ Hm.                                                702
                                                                         703
Bm:           fünften Platz haben wa jemacht, von achten Mannschaften    704
              so. Und, war urst- war och urst lustig da, die Leute sind  705
              och total freundlich und- brauchste ja nich mehr- brauch-  706
              ste ja nich irgendwat sagen, die kommen hier schon an,     707
              immer so: Ja, wollen sie das, wollen sie das und so ne.    708
              Ja, ja. (4)                                                 709
```

Bastian ist hier selbst verwundert über das Ausmaß der Privilegien, die ihm zuteil werden (vgl. 678). Das Reisen bzw. der Kontakt mit den Ausländern und die dort erfahrene „Freundlichkeit" (706-709) sind es auch, die für *Bastian* jene andere Aktivität besonders attraktiv macht, die seine Jugendphase bestimmt: das Fußballspielen. Er hat in einem Berliner Verein „richtig hart mitjespielt" (738-755):

```
Bm:                        ⎡ Ich hab mitgespielt, ja. Ich hab richtig hart   738
              mitgespielt. Früher hab ick ma angefangen bei (.) m BFC-      739
              Dynamo, hab ich früher angefangen. (.) Und aber da war ick    740
              scheinbar zu schlecht, da (.) hab'n die immer so Probe-       741
              training gemacht so, da kamen immer andere Trainer so, und    742
              da kam mein- dann kam der Trainer, bei dem ich dann früher    743
              bei Lichtenberg gespielt hab und (.) der hat mich dann        744
              gleich genommen, hat gesagt: Okay, du bist jut für uns,       745
              kannst bei uns mitspielen und dann sind wa ja sogar Vize-     746
              Berliner-Meister geworden danach. Ja. (.) Wo war ick- wo      747
              war ick- Österreich war ick, vor- voriges Jahr im Sommer,     748
              in LK-stadt, (.) ja, ick bin ziemlich weit rumgekommen.       749
              (lacht)                                                       750
                     ⎡                                                       751
Y1:                  ⌞ (lacht)                                              752
                                                                           753
Bm:           Mir hat schon mal n Wessi gesagt. Ja, du bist ja schon       754
              mehr rumgekommen als ich, als ich selber. (2) Ja.            755
```

Bastian hat beim „BFC Dynamo" angefangen (739-740), also jenem Verein, der den Ost-Hooligans als „Stasi-Verein" gilt und dessen Spiele sie für ihre provokativen Auftritte nutzten (vgl. das Biographische Interview mit *Arno*).

Bastian ist stolz auf seine vor allem zu DDR-Zeiten ungewöhnlichen Auslandserfahrungen, die selbst einen „Wessi" zu beeindrucken vermögen (754-755). Und er versteht sich auch - wie an anderer Stelle deutlich wird - als derjenige, der das in der DDR und allgemein in Deutschland ungünstige Bild der Ausländer, zurechtzurücken sucht (457-483):

```
Bm:          Also, besonders war Polen eigentlich nich,        457
                                                                458
Y1:              └ Hm.                                          459
                                                                460
Bm:      außer daß (.) die Leute sind urst okay da.            461
                                                                462
Y1:                                       └ Ich hab- ich        463
         hab's äh                                               464
                                                                465
Bm:              └ Ja, die Leute- die Leute, die da sind, die da  466
         leben in Polen, die sind so eigentlich urst okay, sind   467
         nich so die                                            468
                                                                469
Y1:                                         └ Hm                470
                                                                471
Bm:      Leute, die hier uff der Straße sind und so irgendwelches  472
         Z- Zigaretten und so wat verkaufen und so, dis total an-  473
         ders                                                   474
                                                                475
Y1:                      └ Hm.                                  476
                                                                477
Bm:      (      ) genauso wenn man sieht hier die (.) Türken, die  478
         in 'ne Türkei leben und die Türken, die hier sind. Türken  479
         da sind total anders, die sind total freundlich irgendw-,  480
         wirst von denen ak- akzeptiert und was hier leider ma nich  481
         is, so, im Prinzip. Is genauso in Polen (.) s gibt immer  482
         Ausnahmen, ja (.), aber die waren echt freundlich. (5)  483
```

Die Hoffnung, seine Auslandserfahrungen in umfassender Weise fortzuführen und zu erweitern, zerbricht für *Bastian* mit den ersten Vorzeichen der Wende (600-625):

```
Bm:      (6) Ja. (10) Und sonst wär ick jetze (.) wenn die Wende  600
         nich gewesen wär, dann wär ick jetze noch, (.) wär ick vor  601
         zwei Jahren aus de USA zurückgekommen (dann). Ick wär ein  602
         Jahr,                                                  603
                                                                604
Y1:                            └ Hm.                            605
                                                                606
Bm:      also wenn der Westen- sind ja drei Jahre jetzt schon, (.)  607
                                                                608
Y1:                                          └ Hm.              609
                                                                610
Bm:      BRD (lacht etwas) kann ick nich so sagen, und (.) wär  611
                                                                612
Y1:          └ (lacht etwas)                                    613
                                                                614
Bm:      ein Jahr in der Zeit, wär ich jetzt noch (dageblieben).  615
         Aber mein Vadder hat sich dit überlegt, wollt erst ma ab-  616
         warten, was passiert so allet. Weil man hat dit ja früher  617
         schon gemerkt, was los war in der DDR (.) und da hat er  618
```

392

```
erstma gesagt: Na wir warten erstma ab, falls hier irgend-      619
was passiert dann (.) daß wir erstma hier sind und daß wir      620
nich irgendwie drüben in nen USA sind und daß wa da fest-       621
sitzen oder so, weil wir wollten gern zurück (irgendwo).        622
Es gibt zum Beispiel Bekannte von uns, die- die warn och       623
in (.) Polen gewesen, die sind einfach ma jetzt immer noch     624
in nen USA, weil die nich rauskönnen.                          625
```

In Antizipation der Wendeereignisse verzichtet der Vater auf das Angebot, in die USA zu gehen - ein Privileg, welches offensichtlich darauf verweist, wie hoch die politische Zuverlässigkeit der Eltern von *Bastian* eingeschätzt wurde. Für *Bastian* wäre dies „det schönste jewesen", wie an anderer Stelle deutlich wird (395-408):

```
Bm:     (12) Ja, dann wär ick zum Beisp-, als ich nach den drei    395
        Jahren in Polen war, als ich zurückgekommen wär, war dann- 396
        hat mein Vater och zum Beispiel wieder das Angebot bekom-  397
        men für fünf Jahre in de USA zu fahren, uff die- in die    398
        Botschaft da. War uns- aber dit war dann och ungefähr      399
                                                                   400
Y1:                          └ Hm.                                 401
                                                                   402
Bm:     die Zeit, wo dann 89 mit Wende und so wat. Da is dit lei-  403
        der zerfallen und dit wär dit Schönste für mich jewesen    404
        eigentlich, so in de USA zu fahren mal (.) für 'n paar     405
        Jahre um dann-. (.) Aber naja, die Zeiten ändern sich. (2) 406
        Ja. (lacht leicht) (13) (lacht) (6) Ja. Wat soll ick noch  407
        erzählen? (13)                                             408
```

Es wird hier eine massive Enttäuschung deutlich, wie sie für *Bastian* mit der Wende verbunden war und die seine Erzählung nachhaltig ins Stocken bringt (es entsteht zweimal eine 13-sekündige Pause). Sind es doch die Auslandserfahrungen die seiner Biographie gerade unter DDR-Bedingungen eine Einzigartigkeit verleihen und deren Erfahrungshintergrund zugleich eine gewisse familiale Gemeinsamkeit herzustellen vermag.

Demgegenüber vermag ihm seine schulische und berufliche Entwicklung ein derartiges Selbstwertgefühl nicht zu vermitteln. Zum Abitur ist er „zu blöd" (997-1012):

```
Bm:                     └ (lacht leicht) Ach Abitur kö-            997
        hätt ick nie jeschafft, dazu hab ick mich immer zu blöde  998
        angestellt. Als se gefragt haben, wer auf Gymnasium gehen 999
        wollte denn oder würde, da (2) da hab ick jesagt: Nee, is 1000
        nich. Ick stand mit „drei", gerad ma so auf „drei" stand  1001
        ick und da hab ick gesagt: „Nee, kann ick nich machen.    1002
        Aber der Typ, von dem ich erzählt hab, der ma jesagt hat  1003
        hier: Ja, du wärst ma nich in unsere Klasse gekommen, der 1004
```

```
        stand genau- is- hat genau so- den selben Zensurenstand    1005
        gehabt wie ich und der is jetzt uff Gymnasium, der hat-    1006
        bis jetzt is er uff „zwei", der hat                       1007
       |                                                          1008
Y1:    └ Hm.                                                       1009
                                                                  1010
Bm:    sich ganz schön gemausert. (2) Och, naja (lacht leicht)    1011
       Ick ma- ick kann so was nich. (2) Bin zu blöde dazu.       1012
```

Im Vergleich zu jenem Klassenkameraden, den er an anderer Stelle als seinen „besten Kumpel" bezeichnet (326), hat er sich „immer zu blöde angestellt" (998-999). Er schreibt damit seinen schlechten „Zensurenstand" nicht etwa dem Schulsystem (der DDR) zu, sondern dem eigenen Versagen. Es wird hier ein Aspirationsniveau erkennbar, welches ihn von anderen Angehörigen der Gruppe *Basis* unterscheidet und in der Gruppendiskussion zu entsprechenden Rahmeninkongruenzen geführt hat. Der „beste Kumpel" gehört nicht zu dieser Gruppe. *Bastian* hat sich in ungewöhnlich zielstrebiger Weise um eine Lehrstelle bemüht und legt dies an mehreren Stellen im Interview relativ ausführlich dar (873-905):

```
Y1:    Und so mit der- mit der Lehre, w-w-wie kam das so?       873
                                                                874
Bm:                                        └ Daß ich            875
       die so bekomm  hab dann oder-? Na ick hab (.) a-an (.)   876
       Oktober, als ick noch zehnte Klasse war, im Oktober, da  877
       hab ick erstma 'n paar Bewerbungsbriefe abgeschrieben.   878
       War'n zwischen zehn und fuffzehn Bewerbungsbriefe und die 879
       Hälfte davon, die is wieder zurückgekommen so und: Ja, tut 880
       uns leid, s- werden nich- sie wurden nich angenommen und  881
       die andere Hälfte, die is einfach ma nich- die anderen   882
       Briefe sind einfach ma nich wiedergekommen. Die hab ick  883
       nie wiedergesehen. Und dann bin ick einfach ma-, hab ick 884
       Anoncen gesehen in ner Zeitung, na AWW sucht Lehrlinge ähm 885
       Maurer, Ausbaumaurer und Z-Zimmermänner und so was alles  886
       und, bin ick einfach hingegangen, hab gefragt: wie s aus- 887
       sieht mit m Job und so. Hat se gesagt: Na, wenn sie ihren 888
       Realschulabschluß haben, dann können sie bei uns anfangen. 889
       Na, zwee Monate später, haben se mich angerufen: Ja, sie  890
       können, bitte mal, kommen, wegen Vorstellungsgespräch. Da  891
       haben se mich irgendwie was gefragt: Ja, und warum wollen  892
       sie Maurer werden und so, hab ick erzählt: Na, ich hab    893
       früher mal PA, dit is Produktive Arbeit gewesen in DDR-    894
       Zeiten, son Unterrichtsfach, hat man in Betrieben gearbei- 895
       tet und da ha-haben paar Leute- paar Leute habn da n Haus  896
       gebaut, gemauert und dit hat mir einfach ma Spaß gemacht,  897
       da erstma zuzusehen und (.) wot-woll- ick, interessier    898
       mich einfach ma für den Job, hab ick jesagt und würds gern 899
       ma versuchen. So und da haben se jesagt: Na okay, Vertrag  900
       haben se in ne Tasche, jetzt brau-bräuchten se bloß noch n 901
```

```
Realschulabschluß und dann n Monat später hab ick dann        902
bloß noch n Vertrag unterschrieben und dann kam die Prü-       903
fungszeit. Hab ick mein Realschulabschluß geschafft, dann      904
war ick, seit dem- bin ick Maurer (3)                          905
```

Bastian schreibt nicht nur zahlreiche Bewerbungen und läßt sich auch durch Mißerfolge nicht entmutigen, sondern ist schließlich „einfach hingegangen", da er aufgrund eigener Vorerfahrungen im Rahmen des Schulunterrichts ein festes Berufsziel hat (892-900). Von seinen Eltern - deren Haltung oder Mitwirkung in dieser für ihn schwierigen Situation - ist auch hier überhaupt nicht die Rede.

Was *Bastian* mit den Angehörigen der Gruppe *Basis*, die er erst nach der Schulzeit beim Fußballspiel kennengelernt hat, trotz aller Unterschiede verbindet, ist (wie auch die Gruppendiskussion klar gezeigt hat) deren politische Haltung (788-871):

```
Bm:    Und danach dann, sind n paar Leute-, dann hatten wa ne      788
       Turnhalle haben wa gemietet von dem Jugendclub aus, dann    789
       sind n paar Leute hier aus dem Club och ab und zu zu der    790
       Turnhalle gekommen, haben mit Fußball gespielt. Und so hab  791
       ick die Leute hier och son bißl kennengelernt. Und da hab   792
       ick gemerkt, daß die links sind und so ne, oder daß die     793
       vielleicht die Einstellung haben wie ich so. Da hab ick     794
       mich da mehr zu den Leuten hier gesellt. Weil die Leute,    795
       die in ner Klause warn, dit warn so allet- so Hilfshools    796
       und so kleene Kinder, die nur rumgesponnen haben: Ja, wir   797
       gehen jetzt zum Fußball, wollen die anderen Hools uffhauen  798
       oder irgendwelche anderen Leute. Oder die wollen z- von     799
       mir aus irgend ne Straße platt-prattma- plattmachen, Ge-    800
       schäfte ausräumen und sowas. Und dit hat mir einfach nich   801
       zugesagt die Leute, war mir zu primitiv, dann bin ich lie-  802
       ber hierher gekommen, (.) weil hier weeß ick wenigstens     803
       für was ick anf- was ick hier will oder für was ick kämpfe  804
       (.) oder angebe zu kämpfen. (lacht leicht)                  805
                                                                   806
Y1:                               └ Ja, und f-f-für               807
       was kämpfst du?                                             808
                                                                   809
Bm:                        └ Ja, ick will einfach mal dafür sorgen, daß  810
       (.) der Größenwahnsinn in Deutschland, daß der endlich      811
       uffhört, nich in Westdeutschland, sondern in Ostdeutsch-    812
       land, zwischen den Ostdeutschen. Weil die Leute, die (.)    813
       oder ick hab Angst, sag ick's so, ich hab Angst, daß dit    814
       irgendwann mal wieder so geht, wie's früher war.            815
       Hier, Großdeutschland hier mit Schlesien und bis runter     816
       bis Mailand oder wo dit ging irgendwie, ging ja urst-       817
       Deutschland war ja früher urst groß und ick hab einfach     818
       davor Angst, daß dit wieder so kommt dit is- dit is (.)     819
                                                                   820
```

| Y1: | ⌐ Hm. | 821 |

Y1:   ⌐ Hm.   821
                                                                         822
Bm: einfach (.) weeß nich (.) Wenn man die Leute sieht, die   823
        Ostdeutschen, d-die vielen jungen Leute hier in Ost-   824
        deutschland, die stehen ja schon mit „Sieg Heil-Zeichen"   825
        da rum oder rufen irgendwelche Parolen „Ausländer raus"   826
        und dit kann ich nich verstehen. N paar, ick meine die   827
        Scheinasylanten gegen die hab ick-, d-die sollten norma-   828
        lerweise raus, aber gegen die normalen Asylanten, die   829
        wirk- die vielleicht politisch Verfolgten oder so, wieso   830
        können die nich hierbleiben. Und- die werden dann- und   831
        meistens werden die Leute dann wieder zurückgewiesen, nich   832
        die Scheinasylanten. Dis is dis große Problem, und der   833
        Staat och. (4) Na ick hab bloß Angst, daß dit irgendwann   834
        so kommt, wies früher ma war. (2) Und zum Beispiel   835
        gestern, da war och hier, vorne Republikaner-Demo. Da warn   836
                                                                         837
Y1:   ⌐ Hm.   838
                                                                         839
Bm: einfachma, anstatt normale Bürger, wies eigentlich sein   840
        sollte bei de Republikaner, warn da einfach nur, zwischen   841
        siebzehn- und fünfundzwanzigjährige Faschos und Skinheads.   842
        Und die haben hier ihre Demo gemacht mit Parolen und s-   843
        allet mögliche, und da hab ick- ich krieg da A- bei so wat   844
        kriegt man Angst. Weil, wenn man sich vorstellt wie dis   845
        vielleicht früher war und ich kann mir auch vorstellen,   846
        daß dit genauso wird. Wenn die Leute dastehn ja mit „Sieg   847
        Heil" und „Ausländer raus", „Deutschland den Deutschen"   848
        und so was, krieg ick Angst bei so wat. Un- gegen so- ge-   849
        gen die Leute will ick wat tun, egal ob dit (.) mit Gewalt   850
        is oder ohne Gewalt. (2) Weil, manchmal hab ich mir in n   851
        Kopf gesetzt, daß ick dafür sterben würde, jetze, (nach)   852
        (2) und deswegen kann ick die Westdeutschen, deswegen kann   853
        ick die irgendwie n bissel verstehen, weil die habn jahre-   854
        lang, habn die schon mit den Ausländern gelebt so siehe   855
        Türken und so was, weil- die sind dit gewohnt, die leben   856
        mit den Leuten, die sind mit denen zur Schule gegangen und   857
        so was. Aber (.) zum Beispiel da gibs, haben se mal im   858
        Fernsehen gebracht, da is son kleenet Dorf, da war son,   859
        irgend son Mann, der hat gesagt: Ja, alle Ausländer raus   860
        und so wat, wa. Und da hat der Reporter gefragt: Ja, wie-   861
        so? Ja, ick hab ma gehört, daß n Türke irgend nen   862
        Deutschen abgestochen haben sol', ne. Und s- war pfh- we-   863
        wer so wat sagt, der hat- der hat nie wat- der hat nie so   864
        wat erlebt, selber, er wohnt im letzten Dorf und erzählt   865
        irgendwat mit „Ausländer raus", der weeß doch ja nich, wo   866
        er lebt, zur Zeit, der kriegt doch garnüscht mit, wat   867
        wirklich passiert so. Und weeß nich (5) Ick will vor den   868
        Deutschen meene Ruhe haben, irgendwie, (4) von den (.)   869
        „Andersdenkenden" Deutschen (lacht etwas) (räuspert sich)   870
        von den Größenwahnsinnigen.   871

396

Bastian und die „Leute" aus seiner Gruppe grenzen sich hier nach zwei Seiten ab: Einerseits gegen die blinden Randaleaktivitäten der „Hilfshools" (796), die ihm zu „primitiv" sind (802) und die - im Unterschied zu *Bastian* - selbst nicht wissen, wofür sie „kämpfen" (804-805). An den Hooligans, genauer: den „Hilfshools" wird hier also nicht eigentlich eine politische Haltung kritisiert und auch nicht die Haltung des Kampfes, sondern dessen Ungerichtetheit, Ziellosigkeit.

Die wirklichen Feinde sind die „Größenwahnsinnigen" (871). *Bastian* will gegen den „Größenwahnsinn in Deutschland" kämpfen (811). Den „Größenwahn" sieht er vor allem in „Ostdeutschland" (812 u. 813) verbreitet. Es sind die „Republikaner" und die „zwischen 17- und 25-jährigen Faschos und Skinheads" (842). Hintergrund der Ausländerfeindlichkeit ist die (im Unterschied zu den Westdeutschen) fehlende Erfahrung des Zusammenlebens mit Ausländern, eine aus Unkenntnis resultierende Stereotypisierung (862-866).

Dieser Kampf gegen den Größenwahn, den Chauvinismus der Deutschen und deren Ausländerfeindlichkeit ist unmittelbar verbunden mit jener Haltung der Internationalität und internationalen Verständigung, wie sie als wesentliches - Kontinuität stiftendes Element - seiner Biographie erscheint. Nachdem *Bastian* (in 849-850) betont hat: „un- gegen so- gegen die Leute will ick wat tun, egal ob dit (.) mit Gewalt is oder ohne Gewalt", bricht er dann jedoch (nach einer zweisekündigen Pause) unvermittelt aus dieser Argumentation aus (um mit dieser erst später - in 851 - kontinuierlich fortzufahren) und bringt eine andere oder zusätzliche Begründung ein, die auch formal als Begründung („weil") eingeführt wird: „(2) Weil, manchmal hab' ich mir in nen Kopf gesetzt, daß ick dafür sterben würde, jetze, noch (2)". Hiermit bricht er nicht nur aus der Kontinuität seiner Argumentation, sondern auch aus der biographischen Kontinutät aus, vielmehr markiert dies, also der Tod, den Abbruch biographischer Kontinuität, der Kontinuität der Alltagsexistenz schlechthin. Der Tod ist Ausdruck und zugleich Metapher dafür, daß eine biographische Kontinuität nicht hergestellt werden kann oder soll. In der Gruppendiskussion heißt es „nur die Besten sterben jung" - angesichts der politischen Korruptheit und Inauthentizität der Erwachsenen- bzw. der Elterngeneration (vgl. Basis, Beruf, 571-650). Demgegenüber wird hier im Biographischen Interview eine Auseinandersetzung mit den Eltern oder deren Generation überhaupt nicht geführt. Evident ist hier im Interview mit *Bastian* jedoch eben gerade die strikte Eliminierung der Eltern. Diese werden lediglich mit Bezug auf ihre berufliche Funktion dort erwähnt, wo dies unumgänglich ist, nämlich dann, wenn ein Ortswechsel aufgrund der beruflichen Mobilität der Eltern notwendig geworden ist. Aber auch dort bleibt die Beziehung, das Verhältnis zu den Eltern unerwähnt.

Bastian geht auch dann erst auf zweimaliges Nachfragen des Interviewers darauf ein, was es für ihn bedeutet hat, daß seine Mutter ihm nach der Wende eröffnete, für das Ministerium für Staatssicherheit gearbeitet zu haben (1086-1129):

```
Y1:   Hmmm. Vielleicht noch (räuspert sich) (lacht etwas) jetzt   1086
      frag ich halt doch ne, äh (räuspert sich) na so, weil de    1087
      erzählt hast (           ) deine (Mutter) äh MFS wars ne     1088
      oder?                                                        1089
          ⌐                                                        1090
Bm:       L Ja, MFS, Ministerium für Staatssicherheit.            1091
                                                       ⌐           1092
Y1:                                                    L Ach so ah- 1093
                                                          ⌐        1094
Bm:                                                       L        1095
      Oder früher wurds ja Ministerium des Innern geschimpft, a-   1096
      war ehemalige Stasi.                                         1097
                         ⌐                                         1098
Y1:                      L Hm. Hm. (.) Und dein Vater war so in so m 1099
      Außenhandel tätig.                                           1100
                       ⌐                                           1101
Bm:                    L S war im Ministerium für Außen-           1102
      handel war dit.                                              1103
                    ⌐                                              1104
Y1:                 L Hm. Weil (du hast) so Schwierigkeiten        1105
      dann jetzt durch die Wende oder so.                          1106
                              ⌐                                    1107
Bm:                           L Na ich hab bloß- ich               1108
      hab (.) als ich dit- ich mein' ich wußte, mein Vadder, wo    1109
      er arbeitet, wußt ick ja, weil is ja keen Geheimnis gewe-    1110
      sen, wenn du so rumkommst, aber bei meener Mutter wußt ick   1111
      dit nich. Und da hab ick erstma zwee Wochen lang nich mit    1112
      ihr jesprochen, total Moralischen jehabt und so danach hab   1113
      ick s einfach akzeptiert, weil s war eene von vielen Leu-    1114
      ten, die da gearbeitet haben und sie hat nüscht verbrochen   1115
      dabei. Al- sie saß einfach ma in einem riesen Büro, wo       1116
      zwanzig Frauen drinne saßen, nur (.) Schreibmaschinen (je-   1117
      macht hab'n) und dit kann ick- kann ick ihr jetzt nich       1118
      mehr übel nehmen. (.) Außerdem gloob ick, daß die Leute,     1119
      die da gearbeitet haben, die haben wirklich (.) die haben    1120
      wat für den Staat getan, obwohl s wirklich schlecht war,     1121
      was gemacht wurde oder nich-. S gab Sachen, die schlecht     1122
      war n, s gab auch welche, die gut waren und-                 1123
                                                                   1124
((Abbruch, da Kassettenseite zu Ende war))                         1125
                                                                   1126
Bm:   so, würde sagen ja, Osten is alles oder DDR war alles        1127
      scheiße jewesen hm uff alle Fälle, find ich, haben wir,      1128
      (.) so (.) n-nich Lebensstandard,                            1129
```

398

Bastian reagiert nach der Eröffnung ihrer Stasi-Tätigkeit durch die Mutter, die ja auch ein Eingeständnis ihrer mangelnden Offenheit ihm gegenüber, also eines Bruches des familialen Vertrauensverhältnisses, darstellt, mit dem Abbruch der Kommunikation. Er hat den „total Moralischen" (1113). Danach akzeptiert er es „einfach". Er entscheidet sich also für die Aufrechterhaltung der familialen Solidarität. Im Zuge der Begründung sucht er zunächst die Mutter moralisch-persönlich zu entlasten („sie hat nischt verbrochen dabei"; 1115-1116), um dann auf die Vorzüge der DDR-Kultur hinsichtlich ihrer kollektiven Moral hinzuweisen. Dies wird im folgenden weiter ausgearbeitet (1168-1180):

```
Bm:                              Ich-ich gloob    1168
     och, daß die Westdeutschen, die (.) die sind janz anders.  1169
     Weil jeder kümmert sich um sich selber, muß für sich sel-  1170
     na Leistungsprinzip im Prinzip und (.) dit müssen wir zwar 1171
     och lernen, aber damit wollen wir uns nich abfinden, glaub 1172
     ich (lacht leicht) oder einige Leute. Na ich hab och keene 1173
     Lust dazu, weil ick würd lieber mit irgendwelchen Leuten   1174
     (.) hab lieber mein Spaß mit irgendwelchen Bekannten und   1175
     (.) irgendwo wegfahren, mal raus aufs Dorf oder irgendwie  1176
     mal in Wald fahren und da einfach mal n schönen Tag machen 1177
     und so wat. Soll ja einf- so wie ick s gehört hab soll dit 1178
     einfach mal nich so sein in Westdeutschland. (.) Ick weeß  1179
     it nich (janz jenau). (4) Ja. (8)                          1180
```

Indem *Bastian* zunächst die persönlich-moralische Haltung der Mutter und schließlich die kollektive Moral der DDR-Kultur in ihrer Abgrenzung gegenüber den Egoismen der „Westdeutschen" zu rehabilitieren sucht (vgl. vor allem 1170-1171), gerät er dann jedoch in eine Argumentation der radikalen Normalisierung der Stasi-Mitarbeit zu DDR-Zeiten (1196-1206):

```
Bm:                      Im Prinzip                1196
                              ⌐                    1197
Y1:                           └                    1198
     (lacht)                                       1199
                                                   1200
Bm:  hat ja jeder für die Stasi in de DDR jearbeitet, och wenn 1201
     er it nich zujibt. Irgendwie hat er immer für die Leute   1202
     jearbeitet (.), da konnt er och selber nüscht machen. (.) 1203
     Na ich mein meene Mutter war fest angestellt da drinne,   1204
     aber (.) die hat doch bloß den Schreibkram gemacht, mehr  1205
     nich, (2) was viele Leute jemacht habn. (2)               1206
```

Diese radikale Normalisierung der Stasi-Mitarbeit: „jeder hat für die Stasi gearbeitet und konnte selber nischt machen" (1201 u. 1203) führt zu einer Abspaltung der persönlichen und kollektiven moralischen Alltagsexistenz

(„daß die Leute zusammengehalten haben"; 1132) von der Verstrickung ins politische System. All dies läuft dann jedoch schließlich auf einen radikalen Relativismus des Demokratiebegriffes hinaus (1224-1248):

```
Bm:                                         Und ich    1224
        gloob och, daß dit- daß im Prinzip dit selbe wie in ne DDR   1225
        fast, außer daß d- daß se demokratischer is, vielleicht. A   1226
        sonst kommt dit überall uffs selbe raus. Wenn zum            1227
        Beispiel- (.) wärn Beispiel jetze, wenn (.) wenn zum Bei-    1228
        spiel in Deutschland jetze mit (.) Frankreich sich zusam-    1229
        menschließt so, ein Land, und Frankreich, wir werden von     1230
        Frankreich übernommen so und da würde, m- bin mir sicher,    1231
        daß die Leute dann sagen so, weil w- wenn die Leute zum      1232
        Beispiel uff die Straßen jehen. Ja, also d-dit war keine     1233
        Demokratie, dit war ne Diktatur, so wies in ne DDR jesagt    1234
        hat, in ne DDR hat man nämlich och gesagt, daß dit einfach   1235
        ma ne Demokratie is und dann hat sich rausgestellt, daß it   1236
        einfach ne Diktatur is so, kann ick ma vorstellen, daß dit   1237
        genauso is dann, wenn so wat v-viellei- is einfach mal       1238
        Theo- is einfach nur so rausgesagt, aber dit würd man je-    1239
        nauso als                                                    1240
        ⌐                                                            1241
Y1:     ⌐ Hm.                                                        1242
                                                                     1243
Bm:     Diktatur hier abstempeln wie (.) früher die DDR hier oder    1244
        jetze die DDR abgestempelt wird. Obwohl dit im gewissen      1245
        Sinne och ne Demokratie war, (.) oder is, s gibt aber        1246
        überall Diktatur, die jibs och in Deutschland jetze. (.)     1247
        Meist nennt se sich aber Demokratie.                         1248
```

Ob etwas als Demokratie zu gelten hat oder nicht, ist nun nicht mehr eine Angelegenheit der moralischen Haltung der einzelnen, sondern lediglich eine Frage der Macht des Staates, der dies so zu definieren vermag: Wenn die Bundesrepublik Deutschland von „Frankreich übernommen" würde (1230-1231), würde auch die Bundesrepublik als Diktatur definiert werden können, da es „überall Diktatur" gibt (1247).

Der Versuch einer Bewältigung der Verstrickung der Eltern in das politische System der DDR und deren diktatorische Elemente führt also schließlich dazu, allen demokratischen Gebilden gleichermaßen auch diktatorische Elemente zuzuschreiben, denen die alltagsmoralische Haltung des Normalbürgers quasi ohnmächtig gegenübersteht. Dies korrespondiert mit der bereits in der Gruppendiskussion herausgearbeiteten Unterstellung der Korruptheit der politischen Klasse im allgemeinen. Dort allerdings war dies mit einem fundamentalen Mißtrauen und einer Abgrenzung gegenüber der Generation der *Erwachsenen* bzw. der *Eltern* als Träger des politischen Systems verbunden.

Es zeigt sich hier, daß die Gruppendiskussion, da sie auf kollektive Gemeinsamkeiten abhebt, eine Anonymisierung oder Ent-Individualisierung (hier: der Elterngeneration sowie der Beziehung zu ihr) ermöglicht, bei der die Gefahr individueller Stigmatisierung nicht in dem Maße gegeben ist wie im Biographischen Interview mit seinen Bezügen zur je individuellen Familiensituation (vgl. dazu auch die in dieser Hinsicht übereinstimmenden Beobachtungen bei den Hooligans).

Indem in der Gruppendiskussion auf die Elterngeneration Bezug genommen wurde, ist bereits auf wesentliche Elemente der Genese dieses fundamentalen Vertrauensverlusts verwiesen worden, die nun auf der Grundlage dieses Biographischen Interviews deutlicher herausgearbeitet werden konnte. Durch die Verstrickung seiner Eltern in das staatliche System, von der auch *Bastian* profitiert hat, führt - auch aufgrund der bisherigen Abschirmung von *Bastian* gegenüber dieser Verstrickung und gegenüber Bereichen des DDR-Alltages - die Wende zu einer enormen Verschärfung der Adoleszenzkrise, mit der sie zusammenfällt. Dies vor allem auch hinsichtlich des Verlusts politischer Ideale. Diese verliert er umso mehr, je mehr er sich mit den Eltern zu solidarisieren sucht. *Bastian* sucht nach neuen Idealen, für die es sich zu „kämpfen" lohnt und die er in denjenigen der internationalen Verständigung und der Überwindung von Ausländerfeindlichkeit findet, indem er hier an eine gewisse biographische Kontinuität anknüpfen kann. Hierbei kommt es aber - eben aufgrund der biographischen Krise in der *Bastian* sich befindet - zu einer Verwirrung hinsichtlich Ziel und Weg: bisweilen („manchmal"; vgl. 851) erscheinen diese Ideale nicht mehr als das Ziel, welches auf dem Wege des todesmutigen Kampfes zu erreichen wäre, sondern als das, wodurch der Tod (vgl. 852), der endgültige Ausstieg aus der Biographie, durch den man sich dann auch den Verstrickungen des Erwachsenendaseins entziehen kann, lediglich gerechtfertigt, legitimiert und idealisiert werden kann.

Im Unterschied zu dieser krisenhaften Verstrickung zeichnet sich bei *Bastian* eine relativ klare berufsbiographische Orientierung ab, die ihn, wie die Gruppendiskussion zeigt, auch von anderen der Gruppe *Basis* unterscheidet. Diese relative Sicherheit im berufsbiographischen Bereich ist es offensichtlich, die *Bastian*, obschon bereits mit den Kontrollinstanzen in Konflikt geraten ist (vgl. die Gruppendiskussion), schließlich dazu bringt, sich von dem stärker in Gewaltaktivitäten verstrickten Teil der Gruppe zu trennen.

6. Eine familienbezogene Gruppe: Schau

Zugang zur Gruppe

Zur Gruppe *Schau* gehören vier männliche Jugendliche (*Am*, *Bm*, *Cm* und *Dm*) und eine junge Frau (*Ew*), die Schwester von *Bm*. Das Alter der Jugendlichen variiert zwischen 18 Jahren (*Dm*) und 25 Jahren (*Am*). Mit Ausnahme von *Ew*, die eine eigene Wohnung in Nordstadt hat, wohnen alle Jugendlichen wie auch deren Eltern in A-Dorf. *Bm* wohnt dabei als einziger noch bei den Eltern, *Am* hat eine Wohnung zusammen mit seiner Freundin, die anderen wohnen alleine. A-Dorf gehört zum Bezirk und grenzt direkt an Oststadt an, unterscheidet sich jedoch von diesem dadurch, daß es nicht nur mit Wohnblocks in Plattenbauweise, sondern auch mit kleineren Einfamilienhäusern bebaut ist. In einem dieser Einfamilienhäuser befindet sich auch die Gaststätte „Hieronymus", der regelmäßige Treffpunkt der Jugendlichen. Die Gaststätte selbst wird von unterschiedlichen Jugendlichen besucht (z. B. auch von einer Rock-a-Billy Musikband, sowie von Jugendlichen der Gruppe *Kunde*). Auch ältere Anwohner aus der Nachbarschaft sind dort anzutreffen. Geführt wird diese Gaststätte mit einer ausgeprägt familiären Atmosphäre von einer Frau mittleren Alters. Insgesamt, u. a. auch vom reichlich alten Inventar her, vermittelt die Gaststätte den Eindruck als befände sie sich irgendwo in einem touristisch unerschlossenen Dorf und nicht in einem Viertel am Rande der Großstadt.

Kennengelernt haben wir die Gruppe anläßlich eines Besuches der Gaststätte gemeinsam mit *Carlo* aus der Gruppe *Kunde*. Ähnlich wie bei *Kunde* wurde auch bei *Schau* der erste Kontakt über mehrere Runden gemeinsamen Billard-Spielens hergestellt. Insbesondere *Am* wirkte hierbei sehr ehrgeizig, so daß immer neue Herausforderungen entstanden und wir bis in den frühen Morgen zusammen mit ihm spielten. Auch bei späteren Treffen war das Billardspiel - dann auch gemeinsam mit *Am* gegen andere Jugendliche - eine der zentralen Aktivitäten in der Gaststätte. Bei dem zweiten Kontakt mit der Gruppe, bei dem *Am* und *Cm* jedesmal zugegen waren, vereinbarten wir eine Gruppendiskussion im Klub ZD, der in der näheren Umgebung der Gaststätte Hieronymus liegt. Räume für Gruppendiskussionen standen uns dort dank der Unterstützung der dortigen Sozialarbeiter jederzeit zur Verfügung.

Zur Situation der Gruppendiskussion

Zum vereinbarten Termin erschienen *Am* und *Bm* und der uns damals noch unbekannte *Dm*: *Cm* würde noch kommen, wurde uns mitgeteilt. Nachdem wir ca. 30 Minuten gewartet hatten, begannen wir mit der Diskussion. Kurz nach Beginn erschien dann aber *Cm* doch noch, in Begleitung von *Ew*, die uns damals ebenfalls noch unbekannt war. Alle männlichen Jugendlichen waren unauffällig gekleidet, d. h. keiner der Jugendlichen trug einem speziellen Stil zuordenbare Kleidungsstücke; auch ihre Frisuren ließen keinen derartigen Stil erkennen. Davon abweichend war *Ew* ganz in schwarzen Lack gekleidet, trug bis an die Knie reichende schwarze Stiefel und auch eine gleichfarbige Ballonmütze aus Lackleder. *Ew* und *Cm* beteiligten sich nach unserer kurzen Einführung umstandslos an der weiteren Gruppendiskussion, und speziell *Ew* nahm dabei in Konkurrenz zu *Am* eine dominierende Stellung ein, so daß *Cm* und *Dm* Probleme hatten, zu Wort zu kommen. Die Gruppendiskussion selbst war aber ausgesprochen selbstläufig, so daß wir uns weitgehend auf immanente Nachfragen beschränken konnten. Beendet wurde die Gruppendiskussion nach neunzig Minuten durch die drohende Schließung des Klubs ZD um 22.00. Gemeinsam mit der Gruppe begaben wir uns dann noch in die Gaststätte *Hieronymus*. *Am* wurde dort bereits von seiner Freundin erwartet, mit der er dann zu vorgerückter Stunde auch in seinem neuen „BMW" in die gemeinsame Wohnung fuhr. Die anderen hatten bereits früher die Gaststätte verlassen, wobei *Ew* beschlossen hatte, bei ihren Eltern zu übernachten.

Dem Fragebogen zur Gruppendiskussion ließen sich folgende Angaben entnehmen:

Am 25 Jahre, gelernter Zerspanungstechniker, war damals arbeitslos, sein Vater Dreher, seine Mutter technische Zeichnerin

Bm 19 Jahre, der Bruder von *Ew*, lernte Anlagentechniker bei einer öffentlichen Nahverkehrsgesellschaft. Sein Vater, diplomierter Staatswissenschaftler, arbeitete zu DDR-Zeiten wie auch zum Zeitpunkt der Gruppendiskussion als Polizist. Die Mutter, früher ebenfalls bei der Polizei, arbeitete als Krankenschwester.

Cm 22 Jahre, abgeschlossene Ausbildung als Anlagemonteur, arbeitete als Fußbodenbeschichter. Der Vater war Agrotechniker, die Mutter arbeitete in der Gastronomie

Dm 18 Jahre, absolvierte eine Lehre als Fernmeldehandwerker. Sein Vater, ein gelernter Stahlwerker, war „Beamter", seine Mutter arbeitete in der Gastronomie

Ew 22 Jahre, arbeitete als gelernte Sekretärin im öffentlichen Dienst. Bei der Frage nach den Berufen der Eltern fand sich der Eintrag: „geheim" (vgl. aber *Bm*, dessen Schwester *Ew* ist).

Kollektive Orientierungen

Arbeitsalltag: Berufliche Laufbahn und „Gewöhnung"

Auf die Eingangsfrage nach den ersten beruflichen Erfahrungen bzw. nach den Erfahrungen im Übergang von der Schule in den Beruf beginnt *Bm* mit einem sehr langen Redebeitrag (Übergang Schule-Beruf, 14-41 u. 56-74)

```
Bm:            L Ja et war schon (.) war schon bischen      14
     eigenartig. Ich war damals zehnte Klasse gewesen und naja  15
     als dann die Mauer halt uffgemacht wurde, kurz danach mh   16
     war ick beim ESP, also ESP hieß Einführung in die äh so-   17
     zialistische Produktion hieß det damals, ESP und det war   18
     sorn Theorie-Unterricht und dazu gabs denn halt den PR-    19
     Unterricht, det war dann die produktive Arbeit im Prinzip. 20
     Da haben wer dann, so wie Praktikum im Prinzip so, n bi-   21
     schen im Betrieb gearbeitet. Und wir hatten denn halt ESP  22
     und (.) kamen an dem Tag an wo die Mauer uffjemacht wurde   23
     und (.) naja denn war großer Trubel gewesen. Haben wer     24
     denn ooch nicht mehr gemacht gehabt an dem Tag und haben   25
     nur noch darüber geredet. Naja und denn war ja im Prinzip, 26
     die Vereinigung war ja noch nicht gewesen. Und dann im     27
     selben Jahr hab ich noch angefangen mit der Lehre und hab  28
     äh ebend unter zu Ostzeiten angefangen. Und habe ooch n    29
     Vertrag gehabt über zwei Jahre als als Elektromonteur hab  30
     ick abgeschlossen (.) bei der Reichsbahn. So und dann war  31
     eigentlich der erste Schlag war gewesen, daß dann kam (    32
     1 ) naja jetzt haben wer ja die Vereinigung und die Wende  33
     kommt ja jetzt demnächst, die is ja nun schon fast abge-   34
     schlossen die Wende und die Vereinigung kommt so rumm      35
     wollt ick sagen, na kommt ooch die Währungsunion, also     36
```

müssen wer ooch eure Lehrverträge ändern. So na haben se   37
uns gesagt, na dann ändern wer eurn Lehrvertrag auf drei-   38
einhalb Jahre. War dann der erste Schlag gewesen, weil et   39
erste Jahr hat ick ja nu schon angefangen gehabt und ich   40
dachte nach zwee Jahren wirst de fertig sein und kannst   41

.

.

.

kann ick n erst ab einundzwanzig machen. Müßt ick also   56
erst arbeiten gehn und wenn ick jetzt arbeiten gehe kriegt   57
mich gleich die Armee. Und det is natürlich, det find ick   58
nun grade nich wieder so jut, daß ick meine berufliche   59
Laufbahn nich vollenden kann. Aber (.) im Prinzip naja,   60
man hat sich mittlerweile daran gewöhnt wa, würd ick sa-   61
gen. Also von der Warte her is et garnichmal so, ick komm   62
zurecht würd ick sagen, echt. Und ick seh ooch garnich so   63
schwarz für die Zukunft. Wenn manche sagen heutzutage äah   64
und Wende und so, ick seh überhaupt nich durch und komm   65
nich weiter und so. Kann ick nich klagen, also ick, meine   66
Eltern haben Arbeit, ick habe Arbeit und ick seh nich so   67
schwarz eigentlich für die Zukunft. (Räuspern) Möcht nich   68
sagen, daß ich grundsätzlich gegen bin, echt nich. In ge-   69
wisser Weise schon irgendwie, weil man doch n bischen wat,   70
n bischen wat vermißt man halt, wa. Soziale Absicherung   71
und sowat. Is halt nich so okay aber (.) . Man muß sich   72
halt Mühe geben, würd ick sagen, dann kommt man doch über   73
die Runden. (Räuspern)   74

Für *Bm* sind es also nicht erste Erfahrungen mit der Härte oder der Monotonie des Arbeitsalltages (wie in den Gruppen der Hooligans und den Musikgruppen), die ihm zum Problem werden, sondern die Erfahrung der Wende, die in die für die DDR typischen berufsbiographischen Planungssicherheiten bzw. die Sicherheiten des Arbeitsplatzes eingreifen. Die bis dahin gültigen institutionalisierten Ablaufmuster der Berufsausbildung verlieren ihre Gültigkeit, was für *Bm* vor allem hinsichtlich der Dauer seines Lehrvertrages zum Problem wird („na dann ändern wer euern Lehrvertrag auf dreieinhalb Jahre"; 38-39). - Außerdem verschiebt sich auch die von ihm in direktem Anschluß an die Lehre geplante Ausbildung als „Triebfahrzeugführer" mit dem Folgeproblem, daß er zwischenzeitlich zur Armee eingezogen wird und eine „berufliche Laufbahn nicht vollenden kann" (60). Aber dennoch hat *Bm* sich mit den neuen Bedingungen arrangiert - auf dem Wege der „Gewöhnung" (61). Allerdings vermißt er die „soziale Absicherung und sowat" (71 u. 72).

Demgegenüber hat der ältere *Am* seine Lehrzeit problemlos beenden können (Übergang Schule-Beruf, 76-128):

Am:	⌐ Ah na bei	76
	mir war det allet bischen anders. Bin nu schon bischen	77
	älter. Und hab det allet noch so im (.) Schoße des	78
		79
?m:	⌐ Ja.	80
		81
Am:	Sozialismus allet so mitgekriegt, meine Schule gemacht.	82
	Hab denn danach ne sichere Lehrstelle gehabt. Meine Lehre	83
	gemacht. Grad so die Umbruchzeit, wenn er det so (.) wis-	84
	sen wollt, Schule, Lehre. Im Prinzip wenn man inner Schule	85
	is denkt man, ja okay jetzt mach ich meine Lehre, det is	86
	dann so der, der erste Weg zum erwachsen werden. (2) Und	87
	da haste denn schon mehr Freiheiten und naja gut da hab	88
	ick dann bischen daneben gehauen. Also (.) wie det nu da-	89
	mals ooch im Osten so war, wenn ick gehört hab aha da	90
	gibts n paar gute Schuhe (.) morgen zu koofen. Oh Mann	91
		92
Bm:	⌐ (verhaltenes Lachen)	93
		94
Am:	Mist, da hab ick grade wieder Theorie. Naja denn, weeß ick	95
	nich, dann bin ick ebend halt nach der zwoten Stunde erst-	96
	mal in die Stadt gefahren und denn geguckt, ob ick doch	97
	noch n paar Schuhe abkriege, so nach dem Motto (lachend).	98
	(Lachen). Also man hat det janze Thema Lehre	99
		100
Bm:	⌐ (Lachen)	101
		102
Am:	eigentlich garnich so ernst jenommen, weil mußt' janz ehr-	103
	lich sagen, man war so ziemlich sicher gewesen. Irgendwo	104
	hat man denn den Abschluß, wenn man nich janz dumm gewesen	105
	is, hat man den schon gekriegt. (1) Wo	106
		107
Bm:	⌐ Ja	108
		109
Am:	det heute, wenn ick det grade von (.) ihm hier so höre	110
	allet n bischen schwieriger is. Also man kann ja nun ooch	111
	äh rausgeschmissen werden und w-wat weeß ich Lehrplatz	112
	gekündigt und wat weeß ick nich allet. (1) Und denn	113
		114
Bm:	⌐ Hm kann janz schnell gehn.	115
		116
Am:	gabs früher bei uns ooch nich det Problem hier äh keene	117
	Lehrstelle oder wat, ick meine okay, man hat vielleicht	118
	nicht det gekriegt wat man nu grade unbedingt werden woll-	119
	te, es sei denn man hat hier in der Schule äh 1,0 gehabt	120
	oder so, da hätt man sich überall bewerben können und wäre	121
	wahrscheinlich äh ooch anjenommen worden, aber man hat	122
	eens gekriegt und man hat n Betrieb gehabt, der eben der	123
	ebend halt ooch äh praktische ermittelt hat und mei-	124
	stens is man denn ooch im Betrieb da gelandet. Is ja nu	125
	heute wieder anders, man hat zwar n Lehrplatz, macht viel-	126
	leicht seine Lehre zuende und dann steht man wieder da und	127
	muß sich denn erstmal wieder um n Arbeitsplatz kümmern,	128

Auch für *Am* ist der Arbeitsalltag selbst nicht mit negativen Erfahrungen verbunden. Im Anschluß an die Ausführungen von *Bm* stellt *Am* den Unsicherheiten berufsbiographischer Planung derjenigen die, wie *Bm*, ihre Lehre unter bundesrepublikanischen Bedingungen bzw. den Bedingungen der Wende beenden und einen Arbeitsplatz suchen mußten, die „Freiheiten" und entspannten Sicherheiten derjenigen gegenüber, die ihre Berufsausbildung unter DDR-Bedingungen absolviert haben. Einerseits bestand eine Sicherheit bzw. Gewißheit, daß nicht gekündigt wurde. Jene Unkündbarkeit hat dann „Freiheiten" (88) geschaffen, die auch dazu führten, daß die berufliche Ausbildung eigentlich „gar nich so ernst jenommen" (103) wurde. Andererseits konnte man aber innerhalb der DDR (abgesehen von Ausnahmen) den Lehrbetrieb und damit letztendlich den Ausbildungsberuf nicht frei wählen. Hier eröffnete nun aber die Wende die Möglichkeit, diesen mit dem Berufssystem der DDR verbundenen Zwängen zu entgehen - also denjenigen der Fixierung auf den einmal eingeschlagenen Berufsweg, wie *Am* im weiteren deutlich macht. Er selbst hatte sich nach abgeschlossener Berufsausbildung für die „Armee" verpflichtet (Übergang Schule-Beruf, 143-166):

```
Am:    gehabt. ( 2 ) Und da kam mir dann eigentlich die Wende      143
                                                                    144
Bm:          └ ( Räuspern )                                         145
                                                                    146
Am:    janz jut zupaß, weil ick hab denn irgendwann mitgekriegt,    147
       daß die Armee doch nich so mein Fall is. Und früher so,      148
       ick hab det beruflich gemacht, so aus der NVA auszutreten,   149
       det war sehr sehr schwierig gewesen. Det war so wie'n Ver-   150
       trag für't Leben, also man mußte denn im Prinzip so (.)      151
       die Zeit die man ( Räuspern ) äh sich verpflichtet hatte     152
                                                                    153
Bm:          └ Da kommt er ja schon.                                154
                                                                    155
((6.36 - 7.26: Unterbrechung durch hinzukommen von Cm und Ew))      156
                                                                    157
Am:    ... Also ick nehm jetzt mein Faden wieder auf. Also det war  158
       im Prinzip so gewesen, man hatte sich für ne bestimmte       159
       Zeit verpflichtet gehabt und äh die sollte man denn ooch     160
       nach Möglichkeit abreißen. Und da rauszukommen war denn      161
       schon sehr schwierig, manchmal is man denn ooch schon kri-   162
       minell geworden, gabs ooch Leute. Damit se denn endlich      163
       von ihrer Verpflichtung entbunden worden sind. ( 1 ) Und     164
       da kam mir denn ebend halt die Wende so richtig jut zupaß.   165
       Hab mich denn verabschiedet. Jetzt darfst du.                166
```

In ähnlicher Weise wie *Am* hat auch *Ew* die Wende nach abgeschlossener Berufsausbildung für eine höhere Flexibilität im Sinne beruflicher Veränderung genutzt (188-205):

```
Ew:                        └ Ich muß sagen, wenn, wenn die Wende    188
     nich gekommen wäre, dann wär ick auf mein'beruflichen    189
     Stand schon lange nich. Ja, weil die Qualifizierungs-    190
     möglichkeiten hätt ick schon jarnicht gekriegt, ick arbei-    191
     te, ick hab vorher im XY-Rathaus gearbeitet, im Schreib-    192
     zimmer. Und äh da rauszukommen wäre schon schwierig gewor-    193
     den. Und nach der Wende war denn ooch bei uns det Finanz-    194
     amt drinne und da hab ich mich denn hinbeworben, ooch    195
     gleich vom letzten Tag an, ersten Tag angefangen, also    196
     nahtlos, ja. Und die ganzen Computerlehrgänge oder die    197
     ganzen Steuerrechtslehrgänge, die hätt ich nicht gekriegt,    198
     wenn ich noch äh zu Ostzeiten im XY-Rathaus gearbeitet    199
     hätte. Denn wär ich vielleicht immer noch Tippse gewesen    200
     oder so, ja. Jetze hab ich schon bischen    201
    ⌈                                                              202
?m:  └ Hm                                                         203
                                                                  204
Ew:  andere Stellung und det is schon janz gut.                  205
```

Auch bei *Ew* ist also nicht die Rede von Problemen bei der Bewältigung ihrer Erfahrungen mit dem Arbeitsalltag. Ihr geht es um „Qualifizierungsmöglichkeiten" (190-191). In diesem Sinne weiß sie dann die Wende in flexibler Weise zu nutzen. Sie hat die mit der Wende bzw. der politischen Vereinigung beider deutschen Staaten verbundene Veränderung rechtlicher und administrativer Bedingungen für eine berufliche Weiterentwicklung zielstrebig genutzt. Sie verbesserte ihre Stellung innerhalb des öffentlichen Dienstes mittels Lehrgängen von der „Tippse" (200) im Schreibzimmer zur Angestellten beim Finanzamt.

Jenseits der bei den Jugendlichen zu beobachtenden Gemeinsamkeiten der Bewältigung des Berufsalltages im Sinne einer Flexibilität und der „Gewöhnung" zeichnet sich eine unterschiedliche Bewertung der zeitgeschichtlichen Ereignisse „Wende" bzw. „Vereinigung" zwischen *Bm* einerseits und *Am* und *Ew* andererseits ab. Diese sind darauf zurückzuführen, daß der zeitgeschichtliche Umbruch die Jugendlichen in unterschiedlichen Phasen ihrer berufsbiographischen Entwicklung angetroffen hat.

Was hält diese Gruppe trotz ihrer unterschiedlichen entwicklungstypischen Phasen zusammen und woher rührt die allen gemeinsame Haltung, daß - im Unterschied vor allem zu den Hooligans, den Musikgruppen und der Gruppe *Basis* - die Erfahrungen des Arbeitsalltages wie auch der Arbeitslosigkeit (im Falle von *Am*) kaum Probleme der Selbstverortung und Sinnfindung mit sich bringen, sondern in flexiblen Arrangements bzw. auf dem Wege der „Gewöhnung" bewältigt werden? Die Beantwortung dieser Frage führt uns zu den Gemeinsamkeiten des milieuspezifischen Hintergrundes dieser Gruppe.

Die Einbindung in die „große Familie" und das Problem der „Wende"

Auf die Frage nach dem Verhältnis der Jugendlichen zu ihrem Wohn- bzw. Herkunftsviertel reagieren sie vehement mit einer Korrektur des Diskussionsleiters, der ihnen unterstellt, aus Oststadt zu stammen (Focussierungsmetapher, 1-32):

```
Y2:     (Räuspern) Ihr habt vorhin gesagt also Ihr kommt ja      1
        alle aus Oststadt ne                                     2
                                                                 3
Cm:                  └ Jo                                        4
                                                                 5
Ew:                     └ Hmmh                                   6
                                                                 7
Bm:                          └ A-Dorf                            8
                                                                 9
Am:                              └ Neee aus A-Dorf kommn wer    10
                                                                11
?m:                                  └ Aus A-Dorf ja            12
                                                                13
me:                                      └ (Lachen)             14
                                                                15
Bm:     aus A-Dorf und da grenzn wer schon aus aus A-Dorf       16
                                                                17
Ew:                          └ (Lachen)                         18
                                                                19
Am:     nich aus Oststadt, wir kommn aus A-Dorf                 20
                                                                21
?m:     ja aus A-Dorf                                           22
                                                                23
Ew:     (Lachen)                                                24
                                                                25
Bm:     liegt zwar gleich hierneben aber is im Prinzip eh       26
                                                                27
Am:                                      └ jehört och mit       28
        zu Oststadt aber wir kommn trotzdem aus A-Dorf          29
                                                                30
Bm:                              └ wir kommn trotzdem aus       31
        A-Dorf ja                                               32
```

Sie kommen aus A-Dorf, nicht aus Oststadt, wie sie in wechselseitiger, kollektiver Steigerung achtmal betonen, obschon dieses Viertel zum Bezirk Oststadt gehört, von dem allerdings das *Viertel* Oststadt als Teil dieses Bezirks noch einmal zu unterscheiden ist. Sie sind nicht nur im selben Viertel, sondern auch im „selben Block" (55 u. 57) aufgewachsen und haben dieselbe Schule besucht. Die „Schönheit" dieser Nachbarschaft wird detailliert beschrieben, so daß diese Passage den Charakter einer Focussierungsmetapher gewinnt (Focussierungsmetapher, 81-133):

```
Bm:   weil et is et is eh is ne schöne Umgebung wir ham uns det      81
      damals muß ick dazu sagn also zu Ostzeitn gabs dann immer      82
      diesen Herbstputz und Frühjahrsputz und so weiter              83
                                                                     84
Cm:                              └ hmh                               85
                                                                     86
Bm:   der wurde vom Haus organisiert und da wurde och jesammelt      87
      also pro Monat wurde immer abjegebn, wurde von Mieter zu       88
      Mieter jegangn für die Hauskass- sammelt für die Hauskasse     89
      zusammnjesammlt Geld, daß wir Hausputz machen könnten und      90
      ham wir och Kinderfeste jemacht in dem  Wohnjebiet weil et     91
      war im Prinzip einmalig in ganz MN hier ick mein da wurde      92
      richtich Kinderfest uffjezogn mit allem drum und dran mit      93
      Kino                                                           94
                                                                     95
Ew:        │                            └ mit Fanfarnzug            96
                                                                     97
Bm:        └ n großet Kinozelt, n Fanfarnzug da hab ich noch        98
                                    │                                99
Ew:                                 └ n großet Kinoz-               100
                                                                    101
Bm:   Fanfare jeblasn der hat Hochtrommcl jeschlagn (einatmen)      102
      richtig mit Fackelumzug ham wer jemacht und ich bin (   )     103
                             │                                      104
Am:                          └ ick hab die Fackel jetragn          105
                                                                    106
Ew:                                         └ (Lachen)              107
                                                                    108
Bm:   richtig mit Spiele ham wer orjanisiert jehabt                 109
                                    │                               110
me:   (Lachen)                      │                               111
                                    │                               112
Am:                                 └ ich durfte schon             113
                                                                    114
Bm:   war im Prinzip einmalig in Oststadt so und se ham och die-    115
      se Bäume jepflanzt die im Wohnjebiet stehn allet un durch     116
      die                                                           117
            │                                                       118
Ew:         └ (bist ooch mit              in Oststadt )            119
                                                                    120
Bm:   Frühjahrsputze Herbstputze und so weiter (.) so und ick      121
      ick würde janz jerne im Frinzip im Prinzip würd ick janz     122
      gern hier wohn bleibn in dem Wohngebiet weil, is n schö-     123
                                                                    124
Cm:                              └ hm                              125
                                                                    126
Bm:   nes Wohnjebiet man hat seine Ruhe man hat sein (grünen?)     127
      Platz                                                         128
            │                                                       129
```

410

```
Dm:                    L (s gibts da drüben nich?)              130
                    ⌐                                           131
Ew:                 L              L man hat sichs och so       132
     einjerichtet wie mans will, ja                            133
```

Die „Schönheit" der Umgebung ist nicht eine architektonische bzw. städtebauliche oder landschaftliche, sondern basiert auf der Solidarität der Nachbarschaft, die ihre Höhepunkte in jahreszyklischen Gemeinschaftsveranstaltunen
gefunden hat: „Herbstputz", „Frühjahrsputz" (83) und vor allem „Kinderfeste" (91). Hier hatte man „seine Ruhe, man hat seinen (.) Platz" gehabt
(127-128). D. h. eine vertraute soziale Umgebung ermöglichte die gesicherte
soziale Plazierung oder Selbstverortung. Dies „war im Prinzip einmalig in
Oststadt so" (115).

Die hier herausgestrichene Solidarität kontrastiert deutlich mit der in der
Gruppendiskussion der Hooligans (*Kunde*, Beruf, 121-133) dargestellten
Konkurrenzsituation innerhalb der Hausnachbarschaft. Die dort dargestellte
Art der sozialen Kontrolle wird zu einem wesentlichen Faktor jenes „totalen
Drucks", wie er aus dem Zusammenspiel von schulischer und elterlicher
Leistungs- und Disziplinarkontrolle resultiert (vgl. 3.1.).

Die von der Gruppe *Schau* erfahrene Solidarität kontrastiert aber auch mit
jener Isolation der Familie innerhalb der Nachbarschaft, wie sie im Biographischen Interview mit *Berthold* aus der Musikgruppe *Hiptext* erkennbar ist
(vgl. 4.1.).

Die Bindung der Gruppe *Schau* an die nachbarschaftliche Gemeinschaft,
deren Solidarität in jahreszyklischen kollektiven Aktivitäten bestätigt wird,
erinnert an diejenige dörflicher Gruppen aus einer früheren Untersuchung
(Bohnsack 1991, S. 117). So zum Beispiel auch hinsichtlich der Focussierung
auf die dörflichen Feste, wie in der Gruppe *Bänkla*:

```
Y1:     Is das son Höhepunkt (.) im Jahr, die Kirchweih?         1
                                ⌐                                 2
Am:                             L Ja, des                         3
        is so ziemlich des Höchste                               4
                           ⌐                                      5
Cm:                        L und des Johannisfeuer da, da         6
        gibts son Stammtisch, son alten, ne                      7
                           ⌐                                      8
                           L dein Vadder sein den                9
        „Halten mer zsamm"?                                      10
                                                                11
Cm:     mhm (bestätigend) (.) da gibts son Stammtisch in Schloß- 12
        dorf, die sin schon ewig (.) fünfundzwanzig Jahr sin die 13
        schon zsamm (.) und die machn jedes Jahr a Johannisfeuer- 14
        le, da, ne (.) und des is immer recht gut, da sin auch   15
        immer an Haufn Leut dortn                                16
```

```
Am:                          └ Ja, aber die K (.) Kärwa, des    17
                                                                18
      is schon der Höhepunkt so im Jahr                         19
                                                                20
Dm:   machens dieses jahr auch wieder eins (aufs Johannisfeuer  21
      bz.)                          |                           22
                                                                23
Cm:                                └ mhm?                        24
                                     |                           25
Dm:                                └ des Jahr?                   26
                                     |                           27
                                                                28
Cm:                                       └ da drunten           29
      im Schloßgarten is des widder                             30
```

Was in Übereinstimmung mit dieser dörflichen Gruppe der Gruppe *Schau* ihre Nachbarschaft bedeutet hat, kann erst zur vollen Explikation gebracht werden, nachdem dies in seiner Selbstverständlichkeit bereits weitgehend verlorengegangen ist - durch die Wende (Focussierungsmetapher 137-200):

```
Bm:   aber was sich wat sich jetz verändert hat durch die Wende   137
      desha- des is wieder der Gegensatz s hat sich nämlich        138
      jetz tierisch geändert in dem; det janze t janze der janze  139
      Aufgang damals wo ick jezt wohne, det war im Prinzip ja      140
      wie n große Familie man hat sich verstandn man hat sich      141
      jeholfen und so weiter, man man kam runter un un haste       142
      nich mal dette und kanste nich mal da gucken und so wei-     143
      ter, det war im Prinzip janz jut, aber jetz durch die Wen-   144
      de sind se mittlerweile alle Arschlöcher jeworden im Prin-   145
      zip man kann nur so sagn s sind alle Arschlöcher jeworden,   146
      damals zu Ostzeiten war t Gang und Gäbe Wochenende putzt     147
      der Vadder draußen sein Auto und da is det ejal wiev- Sei-   148
      fenschaum er verwendet hat det war vollkommn ejal, er hat    149
      sein Auto jeputzt und alle hams jemacht un de- s sein Vad-   150
      der hat da mitjebaut an dem Auto und mein Vadder hat da      151
      mitjebaut und der Vadder hat da an dem Auto jebaut, war      152
      völlig ejal, bloß heute wenn de heute n Auto unten wäschst   153
      denn kiekn se schon                                          154
                         |                                         155
?m:                     └ (Lachen)                                 156
                                                                  157
Bm:   runter (imitierend:) „ah wieviel Seifnschem verwendet er    158
      denn" wa und ma schnell die Bulln rufen, wa wat wat sagn    159
      die dazu; Umweltbehörde und so                               160
                         |                                         161
Ew:                     └ oder oder jeder kooft sich n größeret Auto  162
                         |                                         163
Cm:                     └ det hab ick det hab ick an mein eigenen Leib  164
      erfahrn; denn ging det los ick habe jetz an mein War- (.)   165
       |                                                          166
```

```
Bm:        └ wenn er am wenn er am Auto baut und et son bißchen n    167
           bißchen qualmt n bißchen qualmt laß mich ma zu Ende       168
           redn                                                      169
                                                                     170
Cm:        Wartburg nee ick will bloß jetz dieset Beispiel eben      171
                                                                     172
Bm:        kannst ja gleich erzähln, ick meine beim ihm sein Auto    173
           tritt                                                     174
                                                                     175
Cm:        ausbauen (.) eben nich                                    176
                        └                                            177
Ew:                     └ ( Lachen)                                  178
                                                                     179
Bm:        n bißchen Qualm aus und dick trara da kommt glei einer    180
           runter noch nich noch ni ma sagn stell doch ma ab und so  181
           det stört mich nee nee da wird erst gekiekt, Nummernschild 182
           schnell uffjeschriebn weeste schnell die Bulln jerufn; so 183
           nach dem Motte det s det s s alle Arschlöcher jewordn in  184
           dem Wohnjebiet wes- det jefällt mer schon wieder überhaupt 185
           nich mehr, und det janze Zusammn j o.k. man hat noch seene 186
           kleene Grillrunde wo meine Eltern son bißchen grilln wo ma 187
           mal wo ick mich ma son bi- drunter setzen wo et ganz lu-  188
           stig is, aber det hat det hat sich tierisch verändert ja  189
           und, da sind                                              190
                      └                                              191
Ew:                   └ auch die                                     192
                                                                     193
Bm:        se im Prinzip alle abje- deshalb sa- deshalb sag ick auch 194
                                    └                                195
Dm:                                 └ is abgegangen is allet         196
           abgebaut det is                                           197
                                                                     198
Bm:        sind se alle Anscheißer jewordn im Prinzip will ich da och 199
           nich mehr wohn bleibn,                                    200
```

Die Solidarität war im Prinzip „ja wie ne große Familie", so daß man sich fraglos „verstanden" und sich „jeholfen" hat (141-142). So haben alle am Wochende ihre Autos gesäubert und repariert und sich dabei gegenseitig unterstützt. Die Solidarität und wechselseitige Toleranz war also mit dem geringen Standard technischer Versorgung (Autos, Autoersatzteile, Waschanlagen, Reparaturmöglichkeiten) verbunden. Die Veränderung dieser Standards schafft eine Unsicherheit der Maßstäbe (auch hinsichtlich des Umweltschutzes), nimmt der nachbarschaftlichen Kommunikation aber auch zugleich ihre sachbezogene (funktional-technische) Grundlage. Es bleibt lediglich die „kleene Grillrunde" (187).

Aus den Mitgliedern der „großen Familie" (141) sind die „Anscheißer" geworden (199), die bei jedweder Gelegenheit nach den Kontrollinstanzen rufen.

Eine noch tiefergreifende Unsicherheit hinsichtlich der Maßstäbe und Normen ist in anderer Hinsicht zu beobachten. Die dramatischen Veränderungen erhalten hierdurch eine noch weitergehende Plausibilität (Focussierungsmetapher 233-274 u. 311-345):

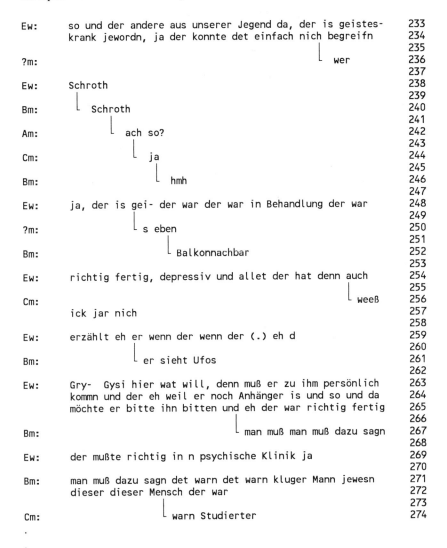

```
Ew:    so und der andere aus unserer Jegend da, der is geistes-    233
       krank jewordn, ja der konnte det einfach nich begreifn       234
                                                                     235
?m:                                            └ wer                 236
                                                                     237
Ew:    Schroth                                                       238
                                                                     239
Bm:      └ Schroth                                                   240
                                                                     241
Am:         └ ach so?                                                242
                                                                     243
Cm:            └ ja                                                  244
                                                                     245
Bm:               └ hmh                                              246
                                                                     247
Ew:    ja, der is gei- der war der war in Behandlung der war        248
                                                                     249
?m:            └ s eben                                              250
                                                                     251
Bm:               └ Balkonnachbar                                    252
                                                                     253
Ew:    richtig fertig, depressiv und allet der hat denn auch        254
                                                                     255
Cm:                                              └ weeß              256
       ick jar nich                                                  257
                                                                     258
Ew:    erzählt eh er wenn der wenn der (.) eh d                      259
                                                                     260
Bm:        └ er sieht Ufos                                           261
                                                                     262
Ew:    Gry- Gysi hier wat will, denn muß er zu ihm persönlich        263
       kommn und der eh weil er noch Anhänger is und so und da       264
       möchte er bitte ihn bitten und eh der war richtig fertig      265
                                                                     266
Bm:                       └ man muß man muß dazu sagn                267
                                                                     268
Ew:    der mußte richtig in n psychische Klinik ja                   269
                                                                     270
Bm:    man muß dazu sagn det warn det warn kluger Mann jewesn        271
       dieser dieser Mensch der war                                  272
                                                                     273
Cm:                   └ warn Studierter                              274
.
.
.
```

```
Bm:                 └ des is so wat so wat is traurig ja doch       311
            ick hab ick ha et persönlich von ihm jehört er hat Ufos   312
            jesehn ja │                                                313
                      │                                                314
Cm:            └ er hat │                                              315
                        │                                              316
Ew:                     └ doch det is so (.) s is wirklich so (.) Du   317
            kannst Dich mit ihm nich mehr unterhalten Du denkst Du     318
            unterhälst Dich mit nem kleinen Kind                       319
                              │                                        320
Bm:                           └ man kann sich nich mehr (.) ja         321
                                                          │            322
?m:                                                       └hmh          323
                                                                       324
Ew:         det is janz- und det kenn ick aber viele ja wenn De jetz   325
            meinetwegen Werner nimmst ja Werner unser Onkel der is     326
                       │                                               327
Dm:                    └ja det stimmt ja                               328
                                                                       329
Ew:         jenauso ja, der is jenauso runterjesackt der hat vorher    330
            bei der Seezeitung jearbeitet ja, und eh der is jenauso    331
            runterjesack und det s                                     332
                                │                                      333
Bm:                             └ och n cleverer Mann im Prinzip       334
                                                                       335
Ew:         s wurde so viel zerrüttet und och Familien kaputt jemacht  336
            ja durch die Wende weil denn uff eenmal jeder dachte der-  337
            jenige hat ihn bei der Stasi da anjepfiffen und jeder      338
            wollt seine Akte habn ick zum Beispiel hab meine nich je-  339
            holt weil mich det überhaupt nich intressiert wer mir da   340
            anjepfiffen hat oder so, det is für mich scheißegal, ja,   341
            det intressiert mich nich det is Verjangheit und wat Ver-  342
            jangheit is det soll man nich wieder uffwühln ja (.)       343
                          │                                            344
Bm:                       └ ja                                         345
```

Die Bandbreite der Reaktionen auf die mit der Wende verbundene Krisensituation des gegenseitigen Mißtrauens (somatische Symptome, Psychopathologien, intergenerationelle Konflikte, Fluchttendenzen) verdeutlicht die vorherige habituelle Übereinstimmung der Bewohner wie auch die fundamentale Erschütterung, die diese erfahren hat. Entscheidend war hier also nicht allein der Umstand, daß ein oder mehrere Familienmitglieder ihre Arbeit verloren haben, sondern vielmehr, daß an die Stelle einer Solidarität generelles Mißtrauen getreten ist und die mit diesem Vertrauen verbundenen habituellen Sicherheiten verlorengegangen sind. Von daher erhalten auch die eingangs erwähnten Verluste berufsbiographischer Sicherheiten einen anderen Stellenwert. Nicht der im konkreten Fall befürchtete Verlust der Arbeitsplatzgarantie, sondern der Verlust habitueller Sicherheiten wurde zum eigentlichen Problem bzw. zur Krise.

Nicht zuletzt ist diese Erschütterung und das wechselseitige Mißtrauen wohl auch - wie vor allem die Schilderung in 233-274 nahelegt - in einer gewissen Nähe zumindest einiger Bewohner zum politischen System der DDR zu suchen. Wie später deutlich wird, ging es auch darum, daß „uff eenmal jeder dachte, derjenige hat ihn bei der Stasi angepfiffen" (337-338).

Eine Auseinandersetzung mit den politischen Wirkungen und Hintergründen der Wende wird hier jedoch strikt innerhalb der engen Grenzen abgehandelt, die diese für die Mitglieder der „großen Familie" haben - dies auf dem Hintergrund einer Identifikation mit deren persönlichen Schicksalen und einer Solidarität mit ihnen, den Nachbarn und Verwandten. Dies im Unterschied zur nachbarschaftlich nicht integrierten Gruppe *Basis*, die die Wendeerfahrung im Rahmen des Mißtrauens gegenüber der politischen Klasse und der älteren Generation überhaupt abhandelt (vgl. Kap. 5).

Wie nun im folgenden deutlich wird, waren beide Elternteile von *Bm* und *Ew* zu DDR-Zeiten im Polizeidienst tätig (der Vater als „diplomierter Staatswissenschaftlicher" offensichtlich im höheren Dienst; vgl. Fragebogenangaben). So war diese Familie aufgrund der bedrohten Arbeitsplätze der Eltern zumindest phasenweise selbst von der Krise betroffen (Focussierungsmetapher 454-486):

```
Bm:   also mein mein Vadder war damals eh im Osten Polizist je-    454
      wesn und meine Mutter hat in der Datenverarbeitung jear-     455
      beitet, och in ner, in ner in ner Polizei. Und ick möcht    456
      sagn, die ham jetzt wieder richtig jut reinjefundn mein      457
      Vadder is fast Beamter, der is verbeamtet, hat bis- noch n   458
      bißchen Probezeit hinter sich. N meine Mutter hat wieder     459
      als Krankenschwester anjefangn ja. Über meine Eltern laß     460
      ich nüscht kommn, ick hab n sehr jutes Verhältnis zu mein    461
      Eltern, und det war im Prinzip eingtlich, naja det war so    462
      ne kleine Zwischenphase jewesn, wo sie dann ausjezogn is,    463
                                                                   464
Ew:                              └ Da hattn wer uns janz           465
      schön jekappelt                                              466
                                                                   467
Bm:   da hatten wer uns damals janz schön jekappelt. Det war      468
      also die Wendezeit jewesen, wo det nich so richtig klar is  469
      ob nu Arbeitsplatz behalten wird oder ob er nich behalten   470
                                                                   471
Ew:                              └ Da war det och janz schön ge-  472
      (.) ja                                                       473
                                                                   474
Bm:   wird. Da war die Spannung inner Familie relativ groß je-    475
      wesn. So und dann is sie ausjezogn in ihre Wohnung, dann    476
      hat mein Vadder ihr die Wohnung richtig jemacht und so      477
```

```
                weiter. Mit Hochbett einjebaut und so weiter, hat er sich      478
                wieder engagiert. Wenn er si- wenn er baut, denn is er ja       479
                sowieso vom Feinsten, dann is er ja sowieso der Mann wa.        480
                Da kann er sich ja richtig rein                                481
                                 |                                             482
        Ew:                      └ N janz tollet Hochbett                      483
                                                                              484
        Bm:     reinsteigern. Und dann im Prinzip als sie dann raus war so     485
                jetze, eh, ick mer nach und nach mein Zeug                      486
```

Ew reagiert mit ihrem Auszug aus der elterlichen Wohnung auf die durch die „Wende" hervorgerufene „Spannung inner Familie" (475). Erst dadurch, daß der Vater sich dann „richtig reinsteigert" (481-485), indem er durch seine Aktivitäten im Zuge der Wohnungseinrichtung für die Tochter die familiale Solidarität betont und die familiale Bindung verstärkt, hat sich im weiteren Verlauf das Verhältnis zu den Eltern „wieder normalisiert" (489). Bearbeitet bzw. „normalisiert" wurde diese innerfamiliale Krise also nicht eigentlich auf kommunikativem Wege, sondern auf demjenigen gemeinsamer Aktionismen zur Reaktivierung habitueller Übereinstimmungen.

Es handelt sich hier - wie später deutlich wird - um eine Lösungskrise, wie sie durch die Wende verschärft wurde. Der Lösungskonflikt ist im wesentlichen zwischen *Ew* und ihrer Mutter eskaliert (Focussierungsmetapher, 587-597):

```
        Bm:          └ Tja zwee Ziegenböcke uff der Brücke wa, eener           587
                schubst sie runter                                            588
                           |                                                  589
        me:                └ (Lachen)                                         590
                                |                                             591
        Ew:                     └ Jenau so unjefähr. Und derjenije            592
                der runterjeschubst worden eh is, war icke mit der neuen      593
                                      |                                       594
        Bm:                           └ der Schwächere                        595
                                                                             596
        Ew:     Wohnung ja. Det-det det war, n det war die beste Lösung        597
```

Eine derartige Lösungskrise (im doppelten Sinne des Wortes, vgl. 597) ist - wie der Vergleich mit den bereits erwähnten dörflichen Gruppen zeigt - immer dort zu erwarten, wo der familiale Orientierungsrahmen den primären Rahmen der Selbstverortung darstellt.

Diese ausgeprägte Orientierung an der Herkunftsfamilie ist auch bei den männlichen Jugendlichen zu beobachten. So ist *Am*, der gemeinsam mit seiner Freundin eine Wohnung hat, erst auf deren Drängen hin aus der elterlichen Wohnung ausgezogen. Eine Wohnung alleine zu bewohnen, kann er sich nicht vorstellen: „Ick wär da überhaupt nich mehr rausjekommen aus der Wohnung" (Focussierungsmetapher, 880).

Schließlich findet die familiale Basierung dieser Gruppe ja auch darin ihren Ausdruck, daß *Ew* sich als Mädchen der Jungenclique anschließt. Dies ist einerseits in der für die Gruppe konstitutiven Erfahrung der Nachbarschaft als „großer Familie" begründet, andererseits folgt *Ew* hier der Bindung an ihren jüngeren Bruder *Bm*. Die familiale Bindung wird auch auf diesem Wege in die Gruppe hineingetragen.

Zu den Gefährdungen, die die Wende für die Solidarität der Herkunftsfamilie und vor allem - damit zusammenhängend - für deren Integration in den nachbarschaftlichen Zusammenhang als einer „großen Familie" mit sich bringt, kommen nun jene hinzu, die die Gründung einer eigenen Familie betreffen. Auch der mit der Wende verbundene Verlust berufsbiographischer Absicherung wird nicht als solcher zum Problem (wie wir ja bereits gesehen haben), sondern erst im Hinblick auf die negativen Konsequenzen für die Familiengründung (Wende, 490-544):

```
Am:     Ja doch, weeß ick nich sone, sone sone marktbezogene Je-   490
        sellschaftsordnung oder total marktbezogene; die is grund-  491
        falsch; weil die wirklich keene sozialn Bindungen            492
        zuläßt,man grade vielleicht noch eh eh näheren Freund-       493
        schaftskreis und da läuft och schon vielet falsch, weil      494
        man och selbst da schon nich mehr ehrlich zu'nander is (2)   495
                                                              ⌐       496
Bm:                                                                  497
        Naja det is                                                  498
                                                                     499
Am:     oder nich richtig ehrlich is. Wat (.) wat aber och weeß     500
        ick nich is ne Erziehungsfrage muß ick janz ehrlich sagn    501
                                                                     502
Bm:     |Naja                                                        503
                                                                     504
Ew:     └Also allein wenn ick von meinm Persönlichen ausjehe ja,   505
        denn hat die Wende vielet durcheinander jeschmissn wat ick  506
        mir eigntlich eh vorjestellt habe ja. Zum Beispiel hier     507
        mit bei uns war det so also n ja mit 21, 22 hat man n Kind  508
        jehabt. Det is im Westen ja jar nich mehr möglich; weil     509
        erstens mußte Dir wat uffbaun, zweetens mußte sozial abje-  510
        sichert                                                      511
        |                                                            512
?m:     └ Hm                                                         513
                                                                     514
Ew:     sein ja. Wie zum Beispiel ick strebe an Beamte zu werdn     515
        und et kann sein, wenn ick och n Mann hab der 30 Jahre is   516
        un denn is der 35 und stirbt mir weg, denn bin ick nich     517
        mehr sozial jesichert. Det jeht nirgendswo (in ne Welt?)    518
        mehr ja, ick bin also kündbar wenn ick nich Beamte bin ja?  519
```

418

```
Und det jeht nich, mit zwee Kindern ebend am Arsch ja. So      520
und da muß man schon uffpassn, ja. Und anderstrum eh muß        521
ick och sagn ick hatte n Freund jehabt, der war janz toll      522
von der Art und Weise her. Aber die Wende hat den total        523
verändert, der is spielsüchtig jewordn und kneipensüchtig      524
und sowat. Und sone Spielautomaten jab es früher bei uns       525
nich ja, und och eh is mit Leuten zusammnjekommn die och       526
spielsüchtig warn, rein jezt och Wessis, det warn keene        527
Ossis ja. Und somit wurde der von den' erzogen und so          528
falsch erzogn, daß det unsre Beziehung auseinander je-         529
bracht hat. Und det wäre nich der Fall jewesn wenn jetz        530
meinetwegen keene Spielautomaten irgendwo jehangn hättn        531
bei uns oder sonstiget ja. Det is also det bringt              532
                                                               533
Bm:                          └ Hätt ick jetz schon ne          534
        Nichte weeßte (Lachen)                                 535
                                                               536
Ew:     vielet durcheinander ja, muß ick ehrlich sagn ja, rein vom  537
                │                                              538
Am:             └ Hm?                                          539
                    │                                          540
Bm:                 └ Hätt ick jetz schon ne Nichte           541
                                                               542
Ew:     Persönlichen, vom Beruflichen her find ick det schön des    543
        se jekommn is, weil da konnteste Dich weiterqualifiziern,   544
```

Es bestätigt sich hier, daß die „Wende" (als Sammelbegriff für die zeitgeschichtlichen Veränderungen durch Maueröffnung, Neukonstitution der
DDR als Rechtsstaat und Vereinigung der deutschen Staaten) für die Jugendlichen in erster Linie nicht in ihren politischen Veränderungen Auswirkungen
gezeigt hat, sondern vor allem im Bereich des „Persönlichen" (505), also der
Sphäre des Privaten. Einerseits ändern sich „Personen total" (523 u. 524),
wenn sie in engeren Kontakt mit „Wessis" (527) geraten, sie werden durch
diese „falsch erzogen" (528-529). Sie verbringen ihre Freizeit nicht mehr im
Rahmen einer partnerschaftlichen Beziehung, sondern werden „kneipensüch-
tig" (524), wie *Ew* am Beispiel ihres ehemaligen Freundes ausführt. Andererseits hat die „Wende" auch die biographischen Entwürfe, das, was man sich
„eigentlich vorgestellt" hat, „durcheinanderjeschmisssen" (506-507). An die
Stelle einer Orientierung an der DDR-spezifischen „Normalbiographie" der
Frauen („mit 21, 22 hat man en Kind jehabt"; 508-509), tritt nun eine Karrie-
reorientierung bzw. genauer der Versuch der beruflichen Konsolidierung, um
auf diesem Wege die in der DDR garantierte soziale Absicherung zu sub-
stituieren.

Die oben zitierte Diskurssequenz findet sich am Ende jener Passage, in der
es um die „Wende" geht, markiert deren Abschluß. Am Anfang dieser Passage steht - nach einer Artikulation der Enttäuschungen über das städtebauliche

Erscheinungsbild Westberlins - die Enttäuschung über die West-Diskotheken (Wende, 55-102):

```
Ew:   und denn war ick och in de Diskotheken drübn, det hat mir      55
      och nich so jefalln. Die                                       56
                         |                           |               57
Y1:                      └ Hm                        |               58
                                                     |               59
Y2:                                                  └ So am Ku'damm  60
      oder                                                           61
                                                                     62
Ew:   sind alle so unpersönlich. So richtig unpersönlich, die        63
                               |                          |          64
Cm:                            └ Die sind denn alle so    |          65
                                                          |          66
Bm:                                                       └ Jaja     67
                                                                     68
Ew:   machen keene Stimmung; Du kommst da rin und denkst Du bist      69
      bescheuert ja. Und also (.) (Lachen) echt, det is so da        70
                    |                                                 71
me:                 └ (kräftiges Lachen)                              72
                    |                                                 73
Bm:                 └ (lachend) Grübel grübel, wer                    74
      bin ich, bin ich ?                                             75
                                                                     76
Ew:   reden die dich an total verklemmt ja und hab ick jesagt         77
      nöö det intressiert Dich nich, da gehste lieber in' Osten      78
      in ne Disko ja. Det is da irgendwie lockrer, ja det (.)        79
      geht ooch niemand                           |                  80
      |                                           |                  81
?m:   └(leises Lachen)                            |                  82
      |                                           |                  83
?m:   |                                           └ hmh              84
      |                                                              85
Bm:   └ Vom Prinzip her                                             86
      |                                                              87
Am:   └ War eenmal im Big Eden, nie wieder ja. Erstma die Prei-      88
      se und denn wenn ick die Disko seh, weeß ick nich, muß        89
      doch erstma een Umsatz fahrn ja, der Besitzer da. Uund (.)    90
      weeß ick nich, wenn de da rinkommst in den Laden, also der    91
      is total keimisch verdreckt, verschlammt, ehrlich, det is     92
      unansehnlich wat da drinne los is ja. Und denn kommt da,      93
      denn tanzte da auf der Tanzfläche, denn kommt da von oben     94
      dieset stinkije Rauch runter jerieselt, denn jehste raus      95
      denn stinkn Deine                                             96
                      |                                             97
Cm:                   └ Oh ja                                       98
                                                                   99
Am:   janzn Klamotten danach, weeß ick nich. Denn müßteste je-     100
      detmal gleich uff verklagen hier uff Reinigung oder ir-      101
      gendwat ja, also so wat von eklig da drinne.                 102
```

Den Jugendlichen wird vor allem die „unpersönliche" Atmosphäre bzw. „Stimmung" (63 u. 69) der Diskotheken zum Problem, der Arenen der Anbahnung partnerschaftlicher Beziehungen, in denen man „total verklemmt" angeredet wird - in einer Atmosphäre allgemeiner Ungewißheit oder Unsicherheit der Ich-Identität („grübel, grübel, wer bin ich, bin ich"; 74-75). Die Enttäuschung führt zu vollkommener Ablehnung, zum „Ekel" (102). Der „Laden" ist trotz saftiger Preise, mit denen der Umsatz gesteigert werden muß, „total keimisch verdreckt, verschlammt" (92). Demgegenüber hatte die von den Jugendlichen präferierte Ost-Diskothek neben dem „Essen" (109) und einem technisch hohen Standard auch „ne Kuschelecke und 'n Sexberater" (121), war also auf alle Eventualitäten der Partnerschaftsanbahnung gut vorbereitet, diese waren sozusagen institutionalisiert (Wende, 106-121 u. 158-162):

```
Ew:                                       L Weißt de wo      106
       ick enttäuscht war ?(.) Wir hattn hier ne janz schaue Dis-   107
       kothek, die hieß Cuba. Da konnteste rinjehn, da haste Dein   108
       Essen                                                        109
     |                                                              110
Bm:    L Ja                                                         111
                                                                    112
Ew:    jekriegt, det war mit Kamera und ne janz große Videowand     113
       und dann sind die durchjegangn mit Kamera und ham Dich       114
       selber jefilmt. Und da hatteste och acht Stände da konn-     115
       teste och so Markenjeans Wrangler und so wat allet koofen.   116
       Und denn                                                     117
     |                                                              118
?m:    L Hm                                                         119
                                                                    120
Ew:    hatteste ne Kuschelecke und n Sexberater. Naja det is        121
.
.
.
Ew:    ick jesagt, man die Diskothek die hält sich bestimmt. Aber   158
       nee jetz is det sone olle Acidbu- eh Exitbude jewordn ja.    159
       Hier mit soner ollen (Faden?) runter, denn so nur Techno,    160
       ick war richtig (          ) nee det kann nich sein ey,      161
       sone Diskothek hätt sich voll jehaltn ja                     162
```

Abgesehen von ihren Wirkungen im Bereich persönlicher und vor allem partnerschaftlicher Beziehungen hatte die Wende jedoch durchaus auch positive Seiten: So hat *Cm* sich zu „Ostzeiten" nie träumen lassen, daß er heute schon sein „fünftes Auto" fährt (233). Aber vor allem auch die Möglichkeiten, über die schulische und berufliche Weiterentwicklung selbstbestimmend zu verfügen (Wende, 342-377):

```
Am:    Weeß ick nich, aber mir privat hat mir die Wende eingtlich    342
       ne janze Menge jegebn, muß ick janz ehrlich sagn. Weil,      343
       eh, na jut ick war jetz gleich nach der Wende war ick denn   344
       erstma arbeitslos jewesn en en n knappet n knappet halbet    345
                                                                     346
Bm:                         └ Det warn n Knaller wa                 347
                                                                     348
Cm:                                                    └ Hmh        349
                                                                     350
Am:    Jahr. Det hab ick denn überbrückt mit n Weiterbildungs-      351
       lehrgang hier n Computer und so war och recht intressant.    352
       Find ick heut noch intressant Computer und so (.) eeh (.)    353
       aber weeß ick nich. Denn hab ick (.) von der Bezahlung her   354
       n juten Job jekriegt (2) und na weeß ick nich, det sah       355
       auch so ziemlich sicher                                      356
                                                                     357
Ew:            └ ( Räuspern)                                        358
                                                                     359
Bm:                 └ Jung Jung                                     360
                                                                     361
Am:    allet aus. Det ick jetz nu wieder arbeitslos bin, det is     362
       nu wieder ne eh wat weeß ick eh Rezessionsfrage oder wat     363
       weeß ick hier allgemeine Wirtschaftsfrage; oder weil die     364
       die Leute da in der Firma n bißchen bescheurt sind, oder     365
       wat weeß ick. Is ejal jeb ick da keenm die Schuld, aber      366
       (Räuspern) mir jehts trotzdem immer noch jut. (.) Obwohl     367
       ick och wie jesagt einijet vermisse (.) Und det              368
                                                                     369
Ew:                     └ Wat ick aber schau finde, jetz kann       370
       jeder jetz hat jeder die Möglichkeit Abitur und Studium zu   371
       machen, wat damals wurdeste in der Schule bestimmt (.) ja    372
                                                                     373
Am:                     └ Haste doch die Möglichkeit               374
       och jehabt, mußtest bloß ebend die Zensurn haben dafür       375
                                                                     376
Ew:    aber da mußteste (.) jenau;                                  377
```

Im beruflichen Bereich gelingt es, sich zu arrangieren und sogar die neu gewonnenen Freiheiten flexibel zu nutzen. *Am* verweist auf einen „Weiterbildungslehrgang" am Computer (351 u. 352). Obschon *Am* arbeitslos geworden ist, sieht er diese Möglichkeiten in einem positiven Licht. Dem wird jedoch der Verlust der „sozialen Bindungen" innerhalb des westlichen Systems gegenübergestellt. Auf der Grundlage seiner DDR-Sozialisation fühlt *Am* sich den „Wessis" überlegen (Wende, 455-478):

```
Am:    Und ick muß janz ehrlich sagn, ick fühle mich eigntlich      455
       och überlegn. Weil ick eh zwar ne andere eh Ausbildung       456
       habe, aber ick fand die sozialer als det wat jetz            457
       passiert. Und ick hab mehr jelernt dabei. Weil eh weeß ick   458
       nich; man wird heute so richtig in dieset Marktdenken rin-   459
```

```
                je- rinjeführt schon, und det is absolut falsch. Weil det    460
                überhaupt keene sozialen Bindungen zuläßt (2) Weil det ist    461
                total egoistisch bezogn det dieset                           462
                       ⌐                                                     463
Ew:                    └ Hmh                                                 464
                                                                             465
Am:             janze Marktdenkn. Und weeß ick nich det is für ne Jesell-   466
                schaftsordnung nich, det is überhaupt nich eh eh            467
                ⌐                                                            468
Bm:             └ Wer verliert verliert ja s                                469
                                                                             470
Am:             fördernd für ne Gesellschafts-. (3) Det is och det was uns  471
                                    ⌐                                        472
Dm:                                 └ Jaja                                   473
                                                                             474
Am:             groß- größtenteils kaputt macht. Und det sehn wer ja och    475
                an unsere Politiker ((Pfeifen))                             476
                         ⌐                                                   477
me:                      └ ( Lachen )                                        478
```

Der Verlust der „sozialen Bindungen" (461) reicht bis in den „näheren Freundschaftskreis" hinein: „da läuft och schon vielet falsch, weil man och selbst da schon nich mehr ehrlich zu'nander is" (Wende 494-495).

Mit diesem Verlust, der dann im Anschluß - wie bereits dargestellt - von *Ew* mit Bezug auf die Planung einer eigenen Familie problematisiert wird, ist noch einmal das Problem der Gruppe markiert: die Desintegration des nachbarschaftlichen Milieus, wie sie mit der Wende verbunden ist. Diese vermag aber die in diesem Zusammenhang gewachsene innerfamiliale Integration und die hierin entwickelte Orientierungssicherheit an einer noch zu gründenden eigenen Familie nicht nachhaltig zu beeinträchtigen. Denn die Desintegrationserfahrungen treffen die Jugendlichen in einer Altersphase, in der sich ihre Selbstverortung auf der Grundlage familialer habitueller Sicherheiten bereits weitgehend abgesichert entfaltet hat.

Dies im Unterschied zu jenen Desintegrationserfahrungen der Hooligans, mit denen diese bereits lange vor der Wende in ihrer Kindheit konfrontiert worden sind und die - und dies ist entscheidend - bis in die innerfamiliale kommunikative Solidarität hineinreichen und aufgrund dessen dort nicht kommunikativ bewältigt oder aufgefangen werden können, so daß auch die Bewältigung erster beruflicher Erfahrungen sowohl unter Bedingungen habitueller Verunsicherung als auch fehlender (familialer) kommunikativer Bearbeitung geleistet werden mußte. Da milieuspezifisch habituelle Sicherheiten lange vorher nicht mehr gegeben waren, ist die Wende in dieser Hinsicht von marginaler Bedeutung.

Aber auch die Unterschiede zur Gruppe *Basis* werden hier deutlich: der gemeinsame Rahmen der Gruppe *Basis* ist nicht nachbarschaftlich-sozialräumlich konstituiert. Es ist ein primär gesellschaftlich-politischer, wie er als solcher von den in hohem Maße mit dem politischen System der DDR identifizierten Eltern übernommen wurde, von denen sich die Jugendlichen nun aber gerade deshalb im Zuge der Wendeerfahrungen betrogen fühlen. Sie werfen ihnen und schließlich der gesamten politischen Klasse bzw. der älteren Generation einen Opportunismus vor, der ihnen das Erwachsenendasein insgesamt zum Problem und die Wendeerfahrung zu einer tiefergreifenden Krise werden läßt. Verschärft wird dies noch dadurch, daß die Wende diese jüngere Gruppe (fünf Jugendliche sind 17 und einer 15 Jahre alt) in einer früheren Phase, nämlich zu Beginn oder kurz vor der kritischen Phase des Übergangs von der Schule zum Beruf trifft.

7. Methodologie und Methoden

Die unserer wissenssoziologischen Analyse zugrundeliegende Methodologie, die sich nach Mannheim (1964a) schlagwortartig als „dokumentarische Methode" bezeichnen läßt, ist an anderer Stelle ausführlich erläutert worden (Bohnsack 1993, 1992a sowie 1995b). Hier soll deshalb vor allem auf die komparative Analyse, und auf den für die vorliegende Studie charakteristischen Methodenvergleich oder - wie es auch genannt wird - *Methodentriangulation* von Gruppendiskussionsverfahren, Biographischem Interview und Teilnehmender Beobachtung eingegangen werden. Schließlich wird die Forschungspraxis aller drei Methoden erläutert.

7.1. Komparative Analyse und Typenbildung

Eines der Grundprinzipien der dokumentarischen Methode ist die komparative Analyse. Das bedeutet, daß der zu analysierende Fall vor dem Vergleichshorizont anderer Fälle interpretiert wird und nicht vor demjenigen eines „Allgemeinen", über welches zu verfügen der Interpret bzw. die Interpretin dann immer schon in Anspruch nehmen müßte. Zwar müssen wir uns immer schon auf allgemeine *formale* Regeln der Sprachkompetenz (im Sinne einer generativen Grammatik und Universalpragmatik) und auch auf die „Basisregeln" der Kommunikation im Sinne der ethnomethodologischen Konversationsanalyse stützen und deren Gültigkeit - zumindest zunächst - weitgehend unhinterfragt voraussetzen. Dies gilt aber im Sinne der Wissenssoziologie nicht in gleicher Weise für Normen und Wertvorstellungen und die in die handlungsleitenden Wissensbestände und die Handlungspraxis eingelassenen Orientierungsmuster.

Die dokumentarische Methode der Interpretation geht hier von der Prämisse der milieu- und kulturspezifischen Fremdheit des Interpreten bzw. der Interpretin aus. Während diese z. B. im Sinne der „objektiven Hermeneutik" den zu analysierenden Fall vor dem Vergleichshorizont des „Allgemeinen", in seiner Besonderheit zu interpretieren suchen, stellen für die Wissenssoziologie und auch die Forschungstradition der Chicagoer Schule (expliziert bei: Glaser/Strauss 1969) andere Fälle die Vergleichshorizonte dar. Die Vergleichshorizonte stehen prinzipiell unter dem Anspruch empirischer Überprüfbarkeit und damit ebenso das erst im Zuge der empirischen Forschung in komparativer Analyse herausgearbeitete Verallgemeinerbare. Dies ist der Weg der "konjunktiven Abstraktion"[1].

Das Verallgemeinerbare ist hier das Typische - im Sinne des Weberschen Idealtypus, welcher „aus seinen einzelnen der … Wirklichkeit zu entnehmenden Bestandteilen allmählich komponiert werden" muß (Weber 1920, S. 30).

Die Dimensionengebundenheit der Erkenntnis

Der Fall repräsentiert den Typus - dies aber jeweils immer in bezug auf spezifische *Dimensionen* des jeweiligen Falles. Wir möchten dies als die *Dimensionen- oder Typengebundenheit der Erkenntnis* bezeichnen. Welche Dimension, welcher Typus in den Blick gerät, hängt von der Wahl der Vergleichshorizonte ab. Wie bereits einleitend skizziert (vgl. Kap. 1), dokumentiert sich Milieutypisches z. B. dort, wo wir mehrere Gruppen mit Bezug auf die Art und Weise der Bewältigung eines vergleichbaren entwicklungstypischen Problems (z. B. Bewältigung erster Arbeitserfahrungen) wechselseitig kontrastieren. Umgekehrt werden *entwicklungstypische* Phasierungen erst in dem Maße sichtbar, wie wir Gruppen ähnlicher Milieuzugehörigkeit, aber unterschiedlichen Alters, in den Vergleich einbeziehen. Eine derartige typen- oder theoriegeleitete Fallauswahl („theoretisches Sampling") steuert sich nach dem Prinzip des *Kontrasts in der Gemeinsamkeit.* Auf der Grundlage einer derartigen Verschränkung unterschiedlicher Dimensionen oder Typen im Sinne eines „Ineinandersein-Verschiedener" (Mannheim 1964a) wird eine Typologie konstruiert.

In unserer Analyse interessiert der Fall, also die Gruppe, nicht primär in ihrer fallspezifischen Besonderheit mit der dazugehörigen unverwechselbaren Gruppengeschichte des Kennenlernens und der immer wiederkehrenden Begegnung der beteiligten Individuen. Vielmehr stellt hier die Gruppe ein *Epiphänomen* dar, an dem sich - in unterschiedlichen Dimensionen dieses Falles - die eigentlich interessierenden Phänomene, die Typiken lediglich *dokumentieren*, hier z. B. die Milieutypik und die Entwicklungstypik (der Phasen des Adoleszenzverlaufs). Die peer-group ist der soziale Ort der Artikulation und - mehr oder weniger ausgeprägt - auch der Bewältigung ent-

---

1 Zum Begriff der "konjunktiven Abstraktion" siehe Bohnsack 1995b. Dem entspricht weitgehend der Begriff der "Analytischen Abstraktion" bei Schütze (u.a. 1983).

wicklungs- und milieutypischer Erfahrungen bzw. auch der Bewältigung gemeinsam erfahrener milieuspezifischer Brüche und habitueller Verunsicherungen. Die milieu- und entwicklungstypischen Dimensionen kollektiver Erfahrungen stellen (neben denjenigen der generations- und geschlechtstypischen Erfahrungen) zugleich *Konstitutionsbedingungen* der Gruppe als peergroup dar. Ob und inwieweit dies aber jeweils „der Fall" ist, d. h. ob wir es überhaupt mit einem Kollektiv im Sinne einer peer-group zu tun haben, erweist sich erst in der Analyse der Gruppendiskurse selbst. So werden beispielsweise im Diskurs der Gruppe *Pulle* die individuellen, an die jeweilige einzigartige Lebensgeschichte gebundenen beruflichen Erfahrungen (z. B. als „Zimmermann") kollektiv verdichtet und abstrahiert zu dem (jenseits ihrer spezifischen Berufsausbildung als „Koch", „Zimmermann" oder „Elektromonteur") gemeinsam erfahrenen Problem des Eingespurtwerdens in monotone lebens- und tageszyklische Ablaufmuster des Berufsalltages. In kollektiv geteilter Erfahrung erscheint dieser Alltag z. B. als „sinnlos".

Die Kategoriengebundenheit der Erkenntnis

Im Diskurs selbst (nicht erst in dessen Analyse) wird also bereits von der Kategorie der jeweiligen *einzigartigen Lebensgeschichte*, d. h. von der *„persönlichen Identität"*[2] bzw. *vom persönlichen Habitus* der Beteiligten abstrahiert. Auch dies ist Ausdruck der Dimensionengebundenheit der Erkenntnis - allerdings auf einer höheren, d. h. abstrakteren Ebene. Wir möchten sie deshalb die *Kategoriengebundenheit der Erkenntnis* nennen. Das Gruppendiskussionsverfahren ist prädestiniert für die Rekonstruktion der Kategorie des Kollektiven (siehe dazu auch: Bohnsack 1996, Mangold 1960). Dies im Unterschied zu den erzählten Lebensgeschichten im Sinne des narrativen Interviews, in denen der einzelne abstrahiert von der Zugehörigkeit zu je spezifischen Bezugsgruppen und den durch diese repräsentierten Kollektivitäten und Milieus. Hierbei geht es um die Analyse „einer Gesamtgestalt, die zwischen Lebensanfang und Lebensende einen durchgeformten Sinnzusammenhang konstituiert" (Fischer/Kohli 1987, S. 9). Es ist dies in dem hier verstandenen Sinne die „biographische Gesamtformung" nach Fritz Schütze

---

2 Der Begriff der „persönlichen Identität" bei Goffman (1973) ist auf der Ebene der intendierten Ausdrucksstile, d. h. des kommunikativen Handelns angesiedelt. Auf der Ebene der habitualisierten Stilelemente, also des habituellen Handelns ist angemessener von „persönlichem Habitus" die Rede (vgl. auch 7.2.).

(1981). Auf dieser Grundlage konstituiert sich eine persönliche Identität, oder genauer: der persönliche *Habitus*, da die Analyse von Fritz Schütze wie auch unsere eigene auf die habitualisierte Handlungspraxis abhebt. Hiervon ist wiederum der kollektive, milieuspezifische Habitus zu unterscheiden[3].

7.2. „Methodentriangulation": Wechselseitige Ergänzung der Methoden und Reflexion ihrer Grenzen

Gruppendiskussionsverfahren und Biographisches Interview

Gruppendiskussionsverfahren und Biographisches (narratives) Interview zielen also auf klar unterscheidbare *Kategorien* von Fällen. Der Methodenvergleich oder die „Methodentriangulation" stellt sich somit die Aufgabe, unterschiedliche Kategorien von Gegenstandsbereichen miteinander zu verknüpfen bzw. aufeinander zu beziehen. Insofern können wir uns jenem Verständnis von Triangulation anschließen, welches davon ausgeht, daß die jeweilige Methode ihren Gegenstand konstituiert[4]. Dies trifft allerdings auch bereits für die Dimensionengebundenheit der Analyse zu. In beiderlei Hinsicht - Dimensionen wie Kategoriengebundenheit - werden allerdings, wie gesagt, jene unterschiedlichen Gegenstandsbereiche nicht vom Forscher selbst konstruiert, sondern lediglich *re*-konstruiert[5] - aufbauend auf den Alltagskonstruktionen „ersten Grades". Das Gruppendiskussionsverfahren und das narrative Interview als rekonstruktive Verfahren sind auf dem Wege der Rekonstruktion und Systematisierung jener intuitiven „Alltagsmethoden" oder „Alltagskom-

---

3   Sowohl der kollektive als auch der persönliche Habitus konstituiert sich in Auseinandersetzung mit den „institutionalisierten Ablaufmustern" (z. B. der Berufsausbildung) als objektiv erfahrener gesellschaftlicher Vorgabe, die individuell und kollektiv - im Durkheimschen Sinne - als heteronom und mit Zwang ausgestattet erfahren werden. Für die Erfahrung dieser ganz anders gearteten „Kollektivvorstellungen", wie sie in der Durkheim-Rezeption in den Vordergrund getreten sind, sind aber individuelle und - in dem anderen Sinne des Wortes - kollektive oder konjunktive Erfahrungsräume immer schon Voraussetzung.

4   So z. B. Flick (1992, S. 17), der betont, daß „jede Methode den Gegenstand, der mit ihr erforscht werden soll, auf spezifische Weise konstituiert".

5   Zur Abgrenzung einer „rekonstruktiven" Methodologie von einer schlicht „konstruktivistischen" siehe auch: Soeffner 1992a.

petenzen" entstanden, mit denen auch in der alltäglichen Handlungspraxis unterschiedliche „Gegenstandsbereiche" bzw. Erfahrungsräume immer schon konstruiert bzw. artikuliert werden. „Die nicht-standardisierten Verfahren ... beziehen sich auf *natürliche Standards und Routinen der Kommunikation*, die zunächst einmal gewußt und in ihrer Funktionsweise bekannt sein müssen, bevor die auf ihnen basierenden Daten kontrolliert interpretiert werden können" (Soeffner u. Hitzler 1994). Die Konstruktion dieser Methoden oder Verfahren entspricht somit dem Schützschen Postulat, nach dem die Konstruktionen oder Kategorien des Sozialwissenschaftlers solche „zweiten Grades" zu sein haben. Das für die Darstellung des persönlichen Habitus und die Konstitution persönlicher Identität bereits in der Alltagspraxis kommunikativer Verständigung prädestinierte sprachliche Medium bzw. die hierfür prädestinierte „kommunikative Gattung"[6] ist die (autobiographische) Erzählung. Das für die Konstitution kollektiver Orientierungen bzw. des kollektiven Habitus prädestinierte Medium ist die *interaktiv entfaltete* metaphorische szenische Darstellung. Deren dichteste und ausdrucksstärkste Variante haben wir als *Focussierungsmetapher* bezeichnet. Während die Validität der Darstellung des persönlichen Habitus davon abhängt, inwieweit es gelingt, einzelne Erzählungen in eine übergreifende Erzählgestalt (letztendlich eine „Großerzählung") zu integrieren, vollzieht sich die Validierung der kollektiven Orientierungen primordial durch die Integration der einzelnen Redebeiträge in einen arbeitsteilig, d. h. interaktiv und prozeßhaft im Diskurs entfalteten, übergreifenden Orientierungsrahmen, den es im Zuge der Interpretation von Gruppendiskussionen herauszuarbeiten gilt.

Daß die hier vorrangig relevanten Methoden des Gruppendiskussionsverfahrens und des narrativen Interviews auf dem Wege der Rekonstruktion und Systematisierung von intuitiven „Alltagsmethoden" oder „Alltags*kompetenzen*" entwickelt worden sind, heißt allerdings nicht, daß es sich bei den Erhebungssituationen, den Situationen der Anwendung dieser Methoden, um „natürliche" Situationen handelt. Denn diese Methoden sind darauf gerichtet, die intuitiven *Kompetenzen* in einer Weise zur *performatorischen* Entfaltung zu bringen, die hinsichtlich ihrer Konsistenz gegenüber den „natürlichen" Alltagssituationen der Performanz erhöht ist. Es handelt sich um dieselben (grundlegenden) Kompetenzen, aber um unterschiedliche Performanzniveaus. Die *Konsistenzverpflichtung*, d. h. die Verpflichtung zu einer ausgeprägt

---

6 Zum Begriff der „kommunikativen Gattungen" s. Luckmann 1986 sowie Bergmann 1987. Zur Diskussion der Frage, inwieweit hierfür nicht auch andere kommunikative Gattungen geeignet erscheinen, siehe auch: Bude 1985.

konsistenten Performanz resultiert aus der Anwesenheit der Forscher und Forscherinnen, der elektronischen Aufzeichnung und der Verpflichtung auf bestimmte Themen bzw. eine (das gesamte bisherige Leben übergreifende) Zeitspanne.

Die Aspektstruktur der Erkenntnis

Da Gruppendiskussionsverfahren und narratives Interview auf unterschiedliche Gegenstandsbereiche, Wirklichkeiten oder Erfahrungsräume gerichtet sind, können sie nicht unmittelbar miteinander verglichen, d. h. in eine komparative Analyse und wechselseitige Validierung einbezogen werden. Voraussetzung hierfür ist eine die unterschiedlichen Methoden (in unserem Sinne: *Kategorien* der Erkenntnis) umgreifende, sie integrierende Methodologie und damit verbundene Metatheorie. Diese sind an ein spezifisches Paradigma oder eine spezifische *Aspektstruktur der Erkenntnis* gebunden, wie dies bei Mannheim (1952) genannt wird. Die *Handlungspraxis* sozialwissenschaftlicher Forschung vollzieht sich - wenn sie logisch konsistent bleiben will - innerhalb *einer* Aspektstruktur der Erkenntnis und innerhalb der damit verbundenen Methodologie und Metatheorie[7].

Für eine die unterschiedlichen Methoden bzw. Kategorien umgreifende, sie integrierende Metatheorie können wir uns auf die Unterscheidung von „persönlichem Subjekt" auf der einen und „Kollektivsubjekt" bzw. „konjunktivem Erfahrungsraum" auf der anderen Seite bei Mannheim (1980) stützen. Zwar findet sich parallel dazu in der Tradition der Chicagoer Schule bei Mead (1934) die Unterscheidung von „me" und „self", bei Burgess (1930) die Unterscheidung von „social type" und „personal type" und in Fortführung dieser Tradition bei Goffman die sehr elaborierte Unterscheidung von „sozia-

---

7   Zwar können die Unterschiede der Aspektstrukturen zum Gegenstand erkenntnistheoretischer Erörterungen genommen werden, aber die *Forschungspraxis* bleibt an eine spezifische Aspektstruktur gebunden. - Derartige mit einer „Methodentriangulation" verbundenen Anforderungen an eine methodologische und metatheoretische Fundierung sind in der einschlägigen Literatur zu diesem Thema selten klar herausgearbeitet (vgl. aber: Flick 1992 und Marotzki 1995).
     Zu einem Versuch, derartige unterschiedliche Aspektstrukturen im Bereich der Entwicklung qualitativer Sozialforschungen herauszuarbeiten siehe den Aufsatz von Christian Lüders und Jo Reichertz (1986), der allerdings, wie die Verfasser selbst eingestehen, „noch ziemlich grob" bleibt (S. 92).

ler" und „persönlicher Identität". Allerdings ist diese Konzeption bei Goffman auf der Ebene des kommunikativen Handelns angesiedelt. Der Begriff der „persönlichen Identität" bei Goffmann (1967) ist, da er unter dem Gesichtspunkt der „Informationskontrolle" (S. 56 ff.), d. h. der (intendierten) Selbstpräsentation konzeptualisiert wurde, dem Bereich der *intendierten Ausdrucksstile* zuzuordnen[8].

Demgegenüber gehen die Methodologie und die biographietheoretischen Grundlagen des narrativen Interviews bei Fritz Schütze über das kommunikative Handeln hinaus, erfassen nicht nur intentionales und theoretisch-reflexives Handeln, sondern auch deren Spannungsverhältnis zur erlebten und in dieser Weise erzählten *Handlungspraxis*. In der aus diesem Spannungsverhältnis sich konstituierenden „biographischen Gesamtformung" im Sinne von Fritz Schütze (1981 u. 1983) dokumentiert sich der „persönliche Habitus". Die Methodologie und Metatheorie bei Schütze ist im übrigen auch - teilweise auf dem Weg über die Ethnomethodologie - durchaus von der Mannheimschen Wissenssoziologie beeinflußt[9].

Der Vergleich von Gruppendiskussionen und Biographischen Interviews

Eine Verknüpfung von kollektivem und persönlichen Habitus wird in unserer Untersuchung in der konkreten Forschungspraxis dadurch geleistet, daß uns die Analyse kollektiver Orientierungen auf der Grundlage der Gruppendiskussionen (und teilweise der Teilnehmenden Beobachtung) Aufschlüsse über den Stellenwert vermittelt, welcher dem persönlichen Habitus bzw. der persönlichen Identität dort zukommt: So tritt zum Beispiel bei den Hooligans im Unterschied zu den Musikgruppen, d. h. vor deren Vergleichshorizont, die persönliche Identität der einzelnen vollständig hinter die Focussierung des situativen Aktionismus zurück. Sie wird gruppenspezifisch im kollektiven Aktionismus gleichsam neu konstituiert. Dies verweist auf den prekären Charakter der bisherigen Biographie und persönlichen Identität. Parallel dazu

---

8   In der Rezeption der Arbeiten Goffmans durch Krappmann (1971) und Habermas (1973) wurde dieser noch deutlicher auf der Ebene des kommunikativen Handelns verankert und vom Subjekt, d. h. von der Konstitution individueller Ich-Identität her gedacht.

9   Zur expliziten Bezugnahme von Fritz Schütze auf die "dokumentarische Methode" bei Mannheim siehe: Schütze 1993

wurden auf dem Wege einer komparativen Analyse der Biographischen Interviews der Hooligans untereinander sowie mit denen der Angehörigen von Musikgruppen typische Strukturmerkmale persönlicher Identität bei den Hooligans evident: Das Fehlen einer (meta-)kommunikativen Verständigung innerhalb der Herkunftsfamilie, welches wiederum Voraussetzung ist für eine kommunikative, genauer: erzählerische Vergewisserung der eigenen Kindheitsgeschichte in ihrer Besonderheit und Einzigartigkeit. Da jene Vergewisserung prekär bleibt, führt dies zu der in der Erzählpraxis der Biographischen Interviews der Hooligans zu beobachtenden „Eliminierung der familienbezogenen Kindheitsgeschichte". Im übrigen dokumentiert sich in diesen Ergebnissen unserer Analyse, daß die Erzählungen nicht nur das Medium der *Darstellung*, sondern auch dasjenige der *Konstitution* persönlicher Identität sind[10]. Die Biographieanalyse stellt uns hier vor das schwierige Problem, daß aus dem Fehlen der für die Konstruktion persönlicher Identität relevanten (kindheitsbezogenen) Erzählungen auf die Konstitutionsbedingungen persönlicher Identität und des persönlichen Habitus geschlossen werden muß. Hier erhält dann die „Methodentriangulation" ein besonderes Gewicht.

Nachdem im Zuge der Analyse der Gruppendiskussion einerseits und der Biographischen Interviews andererseits zunächst je für sich Theorie- oder Typenelemente generiert worden sind, können diese im Sinne eines übergreifenden theoretischen Sampling in eine komparative Analyse und wechselseitige Ergänzung im Verständnis einer Methodentriangulation einbezogen werden.

Zugleich läßt eine derartige Methodentriangulation aber auch die Grenzen der jeweiligen Einzelmethoden sichtbar werden. Im Gruppendiskussionsverfahren, bei dem die gruppen- und milieuspezifischen signifikanten Anderen wechselseitig füreinander Adressaten der Kommunikation darstellen (vgl. dazu Bohnsack 1993, Kap. 7) werden Ereignisse der alltäglichen Handlungspraxis, die den Beteiligten bekannt sind, in der Regel eben nicht detailliert erzählt, sondern eher in szenischen Darstellungen, d. h. auf dem Wege von Beschreibungen, nur insoweit dargestellt oder erwähnt als sie für die Aktualisierung oder Vergewisserung der kollektiven Orientierungen der Beteiligten untereinander erforderlich sind. Im Unterschied dazu kommt es im narrativen Interview den Interviewern als gruppen- und milieuspezifisch *Fremden* gegenüber

---

10 Das bedeutet allerdings nicht, daß auch die „biographische Gesamtformung", d. h. der persönliche Habitus in der Erzählung konstituiert wird. Er gelangt dort lediglich zur Darstellung.

(idealerweise) zu detaillierten Erzählungen der Handlungspraxis. Der „kontrafaktische" Charakter von Regeln (der allerdings allen Regelorientierungen in mehr oder weniger ausgeprägter Weise eigen und geradezu konstitutiv für ihren *normativen* Charakter ist) wird sichtbar, so z. B. hinsichtlich der Regeln des „fairen fight" (hier liegt auch eine zentrale Bedeutung der Teilnehmenden Beobachtung, auf die wir später eingehen).

Umgekehrt läßt der Methodenvergleich auch die Grenzen des Biographischen Interviews sichtbar werden. Das Biographische Interview als *individualisierendes* Instrument birgt die Gefahr der individuellen Stigmatisierung und Selbstdegradierung gerade in dem Maße in sich, in dem es - wie das narrative Interview - auf die detailliertere Konstruktion der Alltagspraxis gerichtet ist. Die bereits erwähnte Eliminierung der familienbezogenen Kindheitsgeschichte bei den Hooligans ist zugleich Dokument für den Vertrauensverlust gegenüber den Eltern wie auch - damit zusammenhängend - Ausdruck für den Versuch, Risiken individueller Stigmatisierung und Selbstdegradierung zu vermeiden. Während in den Biographischen Interviews vor allem mit Angehörigen der Gruppe *Kunde* (vgl. *Benno* u. *Falko*) nicht nur die familienbezogene Kindheitsgeschichte, sondern auch die aktuelle Beziehung der Eltern aus der Erzählung ausgeklammert bleiben und lediglich auf einer sehr globalen (teilweise klischeehaft beschönigenden) Ebene Erwähnung findet, erfahren wir in den Gruppendiskussionen durchaus Kritisches über die Beziehung zu den Eltern: Der „totale Druck" im Elternhaus wird auf der Ebene einer abstrahierenden Beschreibung kollektiver Erfahrungen eingeführt. Die Jugendlichen abstrahieren also immer schon von der je individuellen familialen Situation. Durch eine derartige Anonymisierung oder Ent-Individualisierung wird es möglich, die Beziehung zu den Eltern und die innerfamiliale Kommunikation kritisch zu beleuchten, ohne sich der Gefahr individueller Stigmatisierung oder Selbstdegradierung auszusetzen. Dies trifft auch auf die Erfahrungen im Strafvollzug zu: Die das individuelle Selbst degradierenden Erfahrungen (der sexuellen Nötigung und Erniedrigung) werden in den Biographischen Interviews überhaupt nicht erwähnt, erhalten aber in der Gruppendiskussion auf der Ebene abstrahierender Beschreibungen einen focussierten Stellenwert.

Teilnehmende Beobachtung

Wie bereits erwähnt, ermöglicht erst die detaillierte Kenntnis der Handlungspraxis eine kritische Auseinandersetzung mit den in den Diskursen entfalteten

Orientierungen und Regeln. Insofern bietet die Teilnehmende Beobachtung eine Ergänzung zum Gruppendiskussionsverfahren und eine Kontrolle seiner Grenzen, da dort, wie gesagt, Ereignisse oder Erlebnisse der alltäglichen Handlungspraxis, die den Beteiligten untereinander bekannt und selbstverständlich sind, in der Regel nicht detailliert erzählt werden. Dabei ist die Teilnehmende Beobachtung der Gruppenaktivitäten zugleich auf die Dimension der kollektiven Handlungspraxis und damit des *kollektiven Habitus* gerichtet. Im Unterschied zu den beiden anderen Methoden werden hier aber auch sprachlich nicht repräsentierte und nicht repräsentierbare Elemente der Handlungspraxis (z. B. körpergebundene Ausdrucksformen) unmittelbar zugänglich. Diese Vorzüge der Teilnehmenden Beobachtung haben wir bei unserer Untersuchung zu nutzen gesucht.

Um dies in fruchtbarer, methodisch kontrollierter Weise zu gewährleisten, müssen jedoch zugleich die *Grenzen* der Teilnehmenden Beobachtung deutlich gesehen werden. Daß eine Biographieanalyse und ein darauf basierender valider Zugang zur persönlichen Identität auf dem Wege der Teilnehmenden Beobachtung nicht möglich ist, liegt auf der Hand. Andererseits sind jedoch auch Möglichkeiten einer Analyse der (die episodalen Orientierungsschemata der situativen Handlungspraxis transzendierenden) kollektiven *biographisch relevanten Orientierungsmuster* und der auf dieser Ebene angesiedelten Orientierungs- und Sinnprobleme (z. B. die Sinnlosigkeit des Arbeitsalltages) in systematischer Weise nicht gegeben. Stützt man sich ausschließlich auf die Methode der Teilnehmenden Beobachtung, besteht die Gefahr, an der Gruppe als einem Phänomen haften zu bleiben und ihren *epi*phänomenalen Charakter als Träger kollektiver, milieuspezifischer Erfahrungsverarbeitung und Orientierungssuche methodologisch zu verkennen.

Vom Standpunkt der hochentwickelten und in den letzten Jahren zunehmend reflektierten Verfahren der Textinterpretation steht die Teilnehmende Beobachtung jedoch noch unter einem grundlegenden methodologischen Vorbehalt, der sich auf den Charakter der mit dieser Methode produzierten (Grund-)Daten bezieht. Die beobachtete Handlungspraxis ist der Analyse nur durch die Filter der Beobachtungs*protokolle* (als den Grunddaten) zugänglich und damit der in den Protokollen eingelassenen und nicht mehr hintergehbaren und kontrollierbaren Selektivität der Feldforscher bzw. Feldforscherinnen sowohl in ihrer Tätigkeit des Beobachtens als auch des Protokollierens unterworfen[11]. Zwar ist es möglich, durch eine kontrollierte Technik des Protokollierens höherreflexive Interpretamente und Theorieelemente zu identifizieren und als solche kenntlich zu machen bzw. aus dem Beobachtungsprotokoll zu eliminieren (vgl. dazu auch 7.3.), aber die in die grundlegende Sachverhaltsdarstellung eingelagerten Selektionen und Interpretamente sind einer immanenten (d. h. auf der Grundlage von Beobachtungsprotokollen selbst leistbaren) Kontrolle nur bedingt zugänglich[12]. Auch in dieser Hinsicht kommt der exmanenten Kontrolle durch andere Methoden, also der Methodentriangulation, eine unverzichtbare Bedeutung zu.

7.3. Erhebung und Auswertung: Forschungspraktische Arbeitsschritte

Zur Erhebungssituation

Beim Gruppendiskussionsverfahren ebenso wie beim narrativen Interview folgen wir dem methodologischen Grundprinzip, daß der Forscher bzw. die Forscherin Bedingungen der Möglichkeit dafür zu schaffen hat, daß der Fall (die Gruppe oder das Individuum) sich in seiner *Eigenstrukturiertheit* prozeßhaft zu entfalten vermag. Dies setzt allerdings ein methodologisches und metatheoretisches Vorwissen darüber voraus, was der eigentliche Gegenstand der Analyse ist. Den biographie- und erzähltheoretischen Grundlagen des narrativen Interviews zufolge ist dies die biographische Gesamtformung, d. h. der persönliche Habitus der Einzelnen. Der Darstellungsmodus, in dem diese primordial zur Entfaltung gelangen kann, ist die autobiographische und - idealerweise - auf die gesamte Lebensspanne gerichtete Erzählung, mit Hilfe derer die „Lebenslinie" durch die Bindung an unterschiedliche Bezugsgruppen hindurch zur Darstellung gelangen kann. Inwieweit eine autobiographische „Großerzählung" gelingt, ist aber eben dann auch davon abhängig,

---

11 Zur Diskussion dieses Problems siehe auch Reichertz (1991 sowie 1989), der sich auf eigene Erfahrungen mit Teilnehmender Beobachtung stützt.

12 Im Falle einer Erstellung von Beobachtungsprotokollen auf dem Niveau *detaillierter* erzählerischer Darstellung (vgl. dazu auch weiter unten) ist eine gewisse Kontrolle insofern möglich, als in diesem Falle ähnliche „Zugzwänge" in Kraft treten wie beim narrativen Interview (vgl. Schütze 1977) und „Darstellungsbrüche" insofern identifizierbar sind.

inwieweit eine biographische Gesamtformung sich bereits zumindest ansatzweise konstituiert hat. Jugendliche in der Adoleszenzphase stehen aber erwartungsgemäß erst am Anfang eines derartigen Prozesses. Biographische Interviews mit Jugendlichen werden vergleichsweise selten durchgeführt, vor allem mit jenen Jugendlichen, deren soziale Lagerung vom akademischen Milieu der Forscher weit entfernt ist[13]. Hier kommt die Schwierigkeit hinzu, das Anliegen einer auf die gesamte Lebensspanne bezogenen Stegreiferzählung den Jugendlichen in einer ihnen adäquaten Sprache zu vermitteln. In unserer Untersuchung haben die Interviewer deshalb zum Teil mit Erfolg den Weg des „exemplarischen Vormachens" gewählt, indem sie zunächst aus ihrer eigenen Lebensgeschichte erzählt haben. Auf diesem Wege konnte dann zugleich auf der Grundlage einer gemeinsamen Reziprozität auch eine Vertrauensbasis geschaffen werden[14]. Im Vergleich zum Gruppendiskussionsverfahren haben sich die Barrieren bei der Durchführung der individualisierenden Biographischen Interviews dennoch durchgängig, d. h. unabhängig von spezifischen Milieus, als ausgesprochen hoch erwiesen und waren, bedingt durch viele Fehlschläge, entsprechend arbeitsaufwendig.

Da das *Gruppendiskussionsverfahren* auf kollektive Orientierungen bzw. den kollektiven Habitus zielt, der hier Gegenstand der Analyse ist, geht es darum, Bedingungen der Möglichkeit dafür zu schaffen, daß der Diskurs sich jenen Erlebniszentren zuwendet, welche jeweils die focussierte Erfahrungsbasis des kollektiven Orientierungsrahmens der Gruppe darstellen. Die Gruppe bestimmt somit ihre Themen selbst. Dies kollidiert bisweilen mit dem Anspruch an eine (thematische) Vergleichbarkeit der Diskurse, wie sie Voraussetzung für eine komparative Analyse ist und die eine gewisse Standardisierung zumindest der Ausgangsfragestellung bedingt. Seitens der Diskussionsleitung wurde in der Ausgangsfragestellung generell der Übergang von der Schule zur beruflichen Ausbildung angesprochen[15]. Nachfragen sind zunächst nur zugelassen, wenn der Diskurs ins Stocken gerät und zielen primär darauf, die Selbstläufigkeit wieder herzustellen. Erst in einer späteren Phase werden gegebenenfalls bisher nicht behandelte Themen (Geschlechtsrollenbeziehun-

---

13 Siehe zu diesem Problem: Fuchs 1984 (S. 148 f.) sowie Helsper u. a., 1991.
14 Hiermit handelt man sich aber zugleich Probleme insofern ein, als die Interviewten sich möglicherweise an den von den Interviewern in ihren (exemplarischen) Erzählungen gesetzten Focussierungen orientieren.
15 Die Ausgangsfragestellung lautet: „Wie war das so für euch, dieser Übergang von der Schule zum Beruf, als ihr angefangen habt zu arbeiten?"

gen, Beziehungen zu den Eltern, Wohnsituation, Ausgrenzungs- und Kriminalisierungserfahrungen) fremdinitiiert. Dabei ist es für die Analyse dann auch aufschlußreich, was nicht zu den focussierten Erlebniszentren gehört, welche Themen bzw. Erfahrungsbereiche warum fremd sind oder gemieden werden.

Zum Auswertungsverfahren

Die methodologische Leitdifferenz, durch welche alle drei Methoden hinsichtlich ihrer Auswertungsverfahren in Arbeitsschritte strukturiert sind, ist diejenige der Unterscheidung des *immanenten* vom *dokumentarischen* Sinngehalts, welcher als Leitdifferenz der Mannheimschen „Theorie der Weltanschauungsinterpretation" (1964b) zugrundeliegt (vgl. dazu genauer auch: Bohnsack 1993a und 1995). Knapp skizziert geht es darum, das, *was* gesagt, berichtet, diskutiert wird, also das, was *thematisch* wird, von dem zu trennen, was sich in dem Gesagten über den Sprecher bzw. die Gruppe *dokumentiert* - über deren Orientierungen oder Habitus. Dies ist die Frage danach, *wie* ein Thema behandelt wird, die Frage nach dem Herstellungsprozeß bzw. nach der Form, der Prozeßstruktur der Herstellung - oder anders ausgedrückt: die Frage nach dem *Rahmen*, innerhalb dessen ein *Thema* behandelt wird. Die Unterscheidung markiert die erkenntnislogische Differenz zwischen der Analyseeinstellung des Beobachters bzw. der Beobachterin und derjenigen der Beobachteten[16], welcher allerdings nicht mit dem Anspruch auf eine höhere, sondern lediglich eine andere Rationalität verbunden ist. Denn diese Differenz begegnet uns auch im Alltag, und es geht lediglich darum, diese zu systematisieren und zu explizieren.

Forschungspraktisch hat diese Differenz die Konsequenz zweier voneinander klar abgrenzbarer Arbeitsschritte, mit denen die Interpretationen und Konstruktionen der Erforschten von denjenigen der Forscher(innen) unterschieden werden können. Es geht darum, zu klären, wo und inwieweit diese die Inter-

---

16 Siehe dazu die entsprechende Bestimmung der „phänomenologischen Methode" bei Heidegger (1927, S. 27): „Der Ausdruck 'Phänomenologie' bedeutet primär einen Methodenbegriff. Er charakterisiert nicht das sachhaltige Was der Gegenstände der philosophischen Forschung, sondern das *Wie* dieser. Je echter ein Methodenbegriff sich auswirkt und je umfassender er den grundsätzlichen Duktus einer Wissenschaft bestimmt, um so ursprünglicher ist er in der Auseinandersetzung mit den Sachen selbst verwurzelt". Vgl. hierzu auch die Kategorie der „Beobachtung zweiter bzw. dritter Ordnung" bei Luhmann 1992.

pretationen und Konstruktionen der Erforschten lediglich begrifflich explizieren, d. h. in eigenen Worten formulieren (*„Formulierende Interpretation"*) als eine Leistung der *Reflexivität,* und ab welchem Punkt eigene Interpretationen in Reflexion auf diejenigen der Erforschten erbracht werden, also eine Leistung der Reflexion (*„Reflektierende Interpretation"*).

Die Grundstruktur der *Formulierenden Interpretation* ist die thematische Gliederung, d. h. die Thematisierung von Themen, die Entschlüsselung der (zumeist impliziten) thematischen Struktur der Texte.

Grundgerüst der *Reflektierenden Interpretation* ist die Rekonstruktion der Formalstruktur der Texte jenseits ihrer thematischen Struktur. Im Falle der Gruppendiskussion ist dies die Rekonstruktion der *Diskursorganisation,* d. h. die Charakterisierung der Art und Weise der interaktiven Bezugnahme der Beteiligten aufeinander. Die Ausdifferenzierung von „Textsorten" (grundlegend: Erzählung, Beschreibung, Theoriebildung), mit der wir hier vor allem an die konversationsanalytisch beeinflußte Systematisierung von Fritz Schütze (1989) anschließen, ist bei der Auswertung von Gruppendiskussionen von geringerer Bedeutung als bei derjenigen der narrativen Interviews. Dort ist sie das zentrale Gerüst der formalen Analyse und wird in der Methodologie des narrativen Interviews bei Fritz Schütze (1983) als „formale Textanalyse" bezeichnet.

Zur Auswertung von Gruppendiskussionen

Die *Formulierende Interpretation* ist in sich in einzelne Etappen gegliedert:
- Zunächst haben wir uns beim Abhören der Bänder einen Überblick über den *thematischen Verlauf der Gesamtdiskussion* verschafft, indem wir nach Ober- und Unterthemen gliedern und jeweils vermerken, ob dieses Thema von der Gruppe selbst oder von den Diskussionsleitern initiiert wurde.
- In einem zweiten Schritt versuchen wir unserem ersten und später dann zu überprüfenden Eindruck nach die *Focussierungsmetapher* zu identifizieren (mehr dazu: weiter unten).
- Wir wählen dann die Passagen von *thematischer* Relevanz aus („Übergang von der Schule zur beruflichen Ausbildung"; „Beziehungen zu den Eltern"; „Erfahrungen der Wende" etc.).
- Die ausgewählten Passagen werden dann einer *detaillierten* Formulierenden Interpretation unterzogen.

Die *Reflektierende Interpretation* zielt auf die Rekonstruktion des Orientierungsrahmens der Gruppe, innerhalb dessen das jeweilige Thema abgehandelt wird. Der Orientierungsrahmen und die ihn bzw. dem Erfahrungsraum der Gruppe konstituierenden negativen und positiven Vergleichs- oder Gegenhorizonte werden im Diskursverlauf prozeßhaft in ihren einzelnen Komponenten entfaltet.

Da nicht einzelne Äußerungen, einzelne Redebeiträge zu analysierende Elemente des Diskurses sind, sondern interaktive und kommunikative Sequenzen, wird die Diskursorganisation, also die Art der interaktiven Bezugnahme der Beteiligten aufeinander minutiös rekonstruiert und formal charakterisiert (s. dazu die anschließende exemplarische Darstellung der Auswertungsschritte im Anhang). Die Explizierung der Formalstruktur der Diskursorganisation ist gleichsam das Gerüst, das den Interpreten immer wieder dazu anhält, die Prozeßstruktur des Diskursverlaufs im Auge zu behalten, welche die einzelnen Redebeiträge übergreift und die somit die *Einstellung auf das Kollektive* formal stützt und absichert.

Der Diskursprozeß hat seine eigene *Dramaturgie* und weist Eskalationen und Höhepunkte auf hinsichtlich der Dichte der Kommunikation, d. h. der *interaktiven Dichte* und der *metaphorischen Dichte*. Hierdurch sind sowohl innerhalb einer Passage als auch innerhalb des Gesamtdiskurses Erlebniszentren, also erlebnis- und orientierungsbezogene Focussierungen der Gruppe markiert. In den als *Focussierungsmetaphern* bezeichneten Passagen und (passageninternen) Sequenzen kommt der Orientierungsrahmen interaktiv und metaphorisch verdichtet zum Ausdruck.

Im Unterschied zu früheren Arbeiten (Bohnsack 1987 u. 1993), in denen jene Arbeitsschritte, die auf den bisher genannten aufbauen - die Fallanalyse und die Typenbildung - in der Darstellung der Ergebnisse umfassend dargelegt haben, haben wir hier einen anderen Weg gewählt: Die Ergebnisse der Typenbildung haben wir zunächst (Kap. 2) zusammenfassend dargestellt - ohne Bezug auf die Transkripte und die Reflektierende Interpretation von Einzelpassagen. Die Fälle werden dann nicht (wie bei einer „Fallbeschreibung") im Kontext des dramaturgischen Ablaufs der Gruppendiskussion dargestellt, sondern mit Bezug auf focussierte Orientierungsprobleme und Aktivitäten der jeweiligen Gruppen bzw. Milieus (z. B.: „Kampf und episodale Schicksalsgemeinschaft"). Damit sind zugleich zentrale Elemente der Typenbildung angesprochen. Dabei wird eine generelle - wenn auch nicht schematisch durchgehaltene - *typologische* Gliederung insofern eingehalten als jeweils am Anfang der Darstellung die *entwicklungstypische* Auseinandersetzung mit dem Arbeitsalltag präsentiert wird, um dann genauer auf die *milieutypischen* Besonderheiten der Gruppe einzugehen.

Zur Auswertung der Biographischen Interviews

Die *Formulierende Interpretation* umfaßt hier die thematische Gliederung des gesamten Interviews, die Identifizierung der Haupt- bzw. Eingangserzählung sowie die thematische Feingliederung der Eigangserzählung.

Die im Rahmen der *Reflektierenden Interpretation* geleistete Identifizierung nicht-narrativer Textsorten zielt zunächst darauf, die Erzählpassagen des Interviews von den „eigentheoretischen, argumentativen Einlassungen des Informanten" (Schütze 1983, S. 286) zu trennen, wobei letztere noch einmal differenziert werden in: Theorien über das eigene Selbst, Erklärungstheorien und evaluative Stellungnahmen zur biographischen Entwicklung, biographische Entwürfe und Orientierungstheorien, abstrahierende Beschreibungen, Kommentartheorien und Globalevaluationen (s. dazu die ausführlichen Ausführungen von Schütze 1989). In der Darstellung der „Biographischen Portraits" (in: 3.2., 4.1. u. 5.) haben wir diese Begriffe verwendet, so daß sie dort in beispielhafter Anwendung nachgelesen werden können[17].

Die Auswertung gliedert sich insgesamt in folgende Arbeitsschritte:

Formulierende Interpretation
- Thematische Gliederung des gesamten Interviews
- Identifizierung der Haupt- bzw. Eingangserzählung
- Thematische Feingliederung der Eingangserzählung

Reflektierende Interpretation
- Identifizierung und genauere Bezeichnung nicht-narrativer Textsorten
- Analyse der biographischen Gesamtformung

---

17 Die Reflektierende Interpretation umfaßt neben der „formalen Textanalyse" im Sinne von Fritz Schütze auch Elemente der dortigen „strukturellen inhaltlichen Beschreibung" (andere Elemente sind bereits durch die Formulierende Interpretation abgedeckt) sowie der „Analytischen Abstraktion", in der die „biographische Gesamtformung" herausgearbeitet wird und der „Wissensanalyse", in der die eigentheoretischen, argumentativen Elemente zu den narrativen in Beziehung gesetzt werden.

- Biographisches Portrait
- Typenbildung

Ein wesentlicher Unterschied der hier gewählten Vorgehensweise zu der von Fritz Schütze besteht darin, daß hier die biographische Gesamtformung soweit möglich in komparativer Analyse, d. h. vor dem Vergleichshorizont der anderen Biographischen Interviews sowie vor demjenigen der Gruppendiskussionen (Methodentriangulation) durchgeführt wird. Dies führt dazu, daß nicht die Frage nach der je individuellen Ausprägung der biographischen Gesamtformung oder persönlichen Identität im Zentrum steht, sondern allgemeine, d. h. *milieuspezifische* Merkmale der Struktur und Konstitutionsbedingungen von persönlicher Identität: so z. B. ihre Beziehung zur spezifischen Art der Kommunikation und Perspektivenreziprozität in der Herkunftsfamilie der Jugendlichen und zur Auseinandersetzung mit Institutionen und Kontrollinstanzen. D. h., die biographische Gesamtformung als voraussetzungsvolle Rekonstruktion persönlicher Identität wird soweit wie möglich funktional mit Bezug auf die kollektiven Orientierungen erfaßt. Dies bewahrt zugleich vor einer individualisierenden - und in diesem Sinne potentiell stigmatisierenden - Rekonstruktion.

Um diese sehr stark dimensionengebundene Analyse nicht dem Verdacht einer selektiven (verdachtsgeleiteten) Interpretation auszusetzen, haben wir die Darstellung der *Biographischen Portraits* relativ ausführlich gehalten. Das Rahmengerüst der Gesamtauswertung sowie der Darstellung der Biographischen Portraits bildet die vom Erzähler bzw. Informanten mehr oder weniger elaboriert entfaltete Eingangs- oder Haupterzählung in ihrer chronologisch-sequenzierten Darstellungsweise. Die im Nachfrageteil entfalteten Erzählpassagen und theoretisch-reflexiven Einlassungen der Informanten werden der Eingangserzählung dort zugeordnet, wo sie der chronologischen Sequenzierung folgend hingehören. Die Biographischen Portraits enthalten neben der auf die biographische Gesamtformung zielenden Reflektierenden Interpretationen immer auch noch Elemente einer Formulierenden Interpretation und ansatzweise bereits der Typenbildung (bei Schütze 1983: „Konstitution eines theoretischen Modells" genannt). Die *Typenbildung*, die dann strikt von der komparativen Analyse der Biographischen Interviews untereinander und der Methodentriangulation her entfaltet wird, ist in bezug auf die Hooligans in 3.2. („Gemeinsamkeiten der biographischen Entwicklung") zusammenfassend und in Kap. 2. noch einmal verdichtet dargelegt.

Zur Teilnehmenden Beobachtung

Neben einer die Kontaktaufnahme mit den Gruppen begleitenden und diese kontrollierenden Funktion kommt der Teilnehmenden Beobachtung - wie dargelegt - unter dem Gesichtspunkt der Methodentriangulation die Aufgabe zu, einen direkten Zugang zur Handlungspraxis zu ermöglichen - dies vor allem in bezug auf die Kernaktivitäten der kollektiven Handlungspraxis der Gruppen (im Falle der Hooligans sind dies vor allem deren Randaleaktivitäten: Besuch von Fußballereignissen, Kneipenbesuchen, „Herrentag" etc.; im Falle der Musikgruppen sind es die von den Gruppen ausgerichteten Konzerte).

Wie bereits dargestellt, beruhen die Beobachtungsprotokolle, welche die nicht mehr hintergehbaren Grunddaten der Teilnehmenden Beobachtung darstellen, bereits auf Interpretationsleistungen der Beobachter. Der methodologischen Leitdifferenz von „Formulierender" und „Reflektierender" Interpretation kommt hier bereits bei der Erstellung von Beobachtungsberichten eine zentrale Bedeutung im Sinne einer kontrollierten Technik des Protokollierens zu. Für die auf der Grundlage von Textinterpretationen in der routinemäßigen Anwendung dieser Leitdifferenz geschulten Beobachter(innen) bzw. Protokollant(innen) stellt die Formulierende Interpretation die fundamentale Ebene des Protokollierens dar. Bereits bei der Erstellung der Protokolle werden Elemente einer (mehr oder weniger spontanen) Reflektierenden Interpretation selbstreflexiv identifiziert, nun aber nicht eliminiert, sondern - durch unterschiedliche Schrifttypen bei der Erstellung der Protokolle - markiert und in sich noch einmal differenziert[18]. Dabei lassen sich folgende Elemente Reflek-tierender Interpretation unterscheiden:

Kontextinformationen: In Reflexion auf die beobachteten Ereignisse assoziiert der Feldforscher bzw. die Feldforscherin in ihren beiden Funktionen des Beobachtens und des Protokollierens Ereignisse, Personen und gruppenbezogene Informationen, die nicht während der Beobachtung selbst erhoben wurden, sondern aus anderen Quellen stammen (andere Beobachtungen,

---

18 Dabei knüpfen wir an Erfahrungen und Systematisierungen bei Hildenbrand (1987) an, die wir mit Bezug auf unseren methodologischen Hintergrund differenziert haben. Hildenbrand unterscheidet bei der Erstellung von Beobachtungsprotokollen „drei Rubriken": „Beobachtungsnotizen", „theoretische Notizen" und „methodische Notizen".

Gruppendiskussionen, Interviews, Informationen von seiten Dritter, Medien, Berichterstattungen etc.).

Theoretische Reflexionen: Theoretische Überlegungen und „Hypothesen", wie sie dem Feldforscher bzw. der Feldforscherin während der Beobachtung oder der Erstellung der Protokolle spontan einfallen. Diese können mehr oder weniger valide, d. h. durch Erhebungen fundiert sein.

Selbstreflexionen: Der Feldforscher bzw. die Feldforscherin reflektieren auf ihre Rolle als unverdeckt teilnehmender Beobachter und ihren Einfluß auf die Gruppe und die anwesenden Individuen.

Die „eigentlichen" *Beobachtungen*, die auf der Ebene einer Formulierenden Interpretation protokolliert werden, bewegen sich - konversationsanalytisch betrachtet (vgl. grundlegend Sacks 1972) - auf der Ebene von Erzählungen („stories"), also von chronologisch sequenzierten Darstellungen. Der Detaillierungsgrad der Berichte stellt das - zumeist zuwenig beachtete - zentrale methodologische Problem des Protokollierens dar: je höher der Detaillierungsgrad, desto weniger muß der Beobachter bzw. die Beobachterin auf die in Abstraktionen bzw. Generalisierungen implizierte Interpretamente zurückgreifen. Andererseits ist es aus forschungsökonomischen Gründen selbstverständlich nicht möglich, durchgängig einen hohen Detaillierungsgrad zu halten, (dies gilt auch für die Darstellung der Beobachtungen in einer Veröffentlichung). Die Feldforscher(innen) sind somit gehalten, die (methodologisch schwerwiegende) Entscheidung über den Detaillierungsgrad ad-hoc bzw. auf der Grundlage unreflektierter theoretischer Vorannahmen immer aufs neue zu treffen, d. h. unreflektiert Focussierungen zu setzen. Auf der Grundlage erster Auswertungen und Typenbildungen kann dann reflektierter und kontrollierter über Detaillierungen und Focussierungen entschieden werden.

In der vorliegenden Veröffentlichung haben wir bei der Darstellung der Beobachtungen direkt auf Beobachtungsprotokolle zurückgegriffen, die allerdings - auf Kosten spezifischer Detaillierungen und Focussierungen - stark gekürzt wurden. Die Reflektierenden Interpretationen und die Ansätze zur Typenbildung sind (durch ein andere Schrift hervorgehoben) in die Protokolle eingelagert wiedergegeben.

7. 4. Analyseeinstellung und Moral

Insbesondere im Falle teilnehmender Beobachtung ergeben sich potentielle Konflikte zwischen unserer Analyseeinstellung und der alltäglich-existentiellen moralischen Haltung des Forschers bzw. der Forscherin.

Die Analyseeinstellung, wie sie mit der dokumentarischen oder auch soziogenetischen Interpretation im Sinne von Mannheim verbunden ist, fragt nach dem *Wie* der interaktiven und erlebnismäßigen Herstellung von handlungsleitenden Orientierungsmustern. Dies meint einerseits die *situative* Herstellung und Reproduktion von Orientierungsmustern, z. B. die Konstitution einer „episodalen Schicksalsgemeinschaft" auf dem Wege situativer Aktionismen. Andererseits aber auch die Frage nach den sozialisationsgeschichtlichen (biographischen) Hintergründen: so z. B. die Frage nach der Entstehungsgeschichte von Problemen im Bereich der Perspektivenreziprozität und der Konstitution persönlicher Identität bei den Hooligans (wodurch dann ihrerseits die Bildung episodaler, d. h. aktionistisch fundierter Schicksalsgemeinschaften plausibilisiert wird). Voraussetzung für die Frage nach dem *Wie* der erlebnismäßigen und interaktiven Herstellung von Orientierungen ist die Suspendierung der mit der Frage nach dem *immanenten Sinngehalt*, dem *Was* verbundenen Geltungsansprüche der Wahrheit und normativen Richtigkeit. Diese Suspendierung, die „Einklammerung des Geltungscharakters" wie es bei Mannheim (1980, S. 88) heißt, ist nicht etwas, was zu dieser Analyseeinstellung hinzutritt, sondern ist untrennbar mit dieser verbunden. D. h. die Suspendierung einer moralischen Haltung ist methodologisch, nicht moralisch begründet. Nur so ist es möglich, die Frage zu stellen nach den Prozessen der Herstellung, der Genese und der Konstruktion moralischer Orientierungen.

In der Tradition der Chicagoer Schule ist dies am deutlichsten von Goffman in seiner Rekonstruktion der „moralischen Karriere des Geisteskranken" herausgearbeitet worden. Goffman (1961) ging es dabei um den Unterschied zwischen der Frage *was* Geisteskrankheit ist und derjenigen, *wie* der „Geisteskranke" (als Produkt von Interaktionen) hergestellt wird. Dies gilt auch für die in der Tradition der Chicagoer Schule verankerten und durch die ethnomethodologische Variante der phänomenologischen Soziologie beeinflußte Analyseeinstellung des „labeling-approach": Erst auf der Grundlage einer Einklammerung der mit einer gesellschaftlichen Tatsache (hier: „Kriminalität") verbundenen Geltungsansprüche und der Hinwendung zu gesellschaftlichen Prozessen der Herstellung dieser Tatsache, wie sie in der Alltagsroutine verankert sind, vermochte der labeling-approach ein Kritikpotential zu entfalten, welches die Alltagsroutine in Frage stellte und damit auch direkt „praktisch" wurde.

Damit ist die Frage nach dem methodologischen Standort des Forschers bzw. der Forscherin herausgearbeitet, der sich von dem alltäglich-existentiellen Standort grundlegend unterscheidet. Eine derartige distanziert-analytische Einstellung ist Voraussetzung dafür, überhaupt einen verstehenden Zugang zu diesen uns fremden Milieus zu gewinnen. Ein derartiger verstehender Zugang meint eben nicht eine naive Perspektivenübernahme nach Art des immanenten Sinngehalts mit den darin implizierten Geltungsansprüchen der Erforschten selbst, sondern hiermit ist ein *erklärendes Verstehen* gemeint, welches die Intentionen und expliziten Motive der Erforschten transzendiert und sie im Rahmen der interaktiven und biographischen Prozeßabläufe erklärt. Dies ist zugleich Voraussetzung für erfolgreiche Interventionen, z. B. im Rahmen von Jugendarbeit[19].

In der Möglichkeit, die methodologische Analyseeinstellung, den methodologischen Standort von der alltäglich-existentiellen Standortgebundenheit des Interpreten bzw. der Interpretin (aber z. B. auch eines Sozialarbeiters) zu trennen, sind auch wiederum spezifische Vorteile der Verfahren der Textinterpretation gegenüber der Teilnehmenden Beobachtung begründet. Die Textinterpretation erfordert eine lediglich *virtuelle*, nicht faktische Teilnahme.

Jenseits der methodologischen Begründung einer distanziert-analytischen Einstellung stellt sich jedoch bereits in Situationen der Kontaktaufnahme und der Erhebung jenes Problem, welches im Interaktionszusammenhang Teilnehmender Beobachtung dann unausweichlich wird: die Frage danach, wie die mit der distanzierten Haltung des Beobachters verbundene Suspendierung moralischer Stellungnahmen von den Erforschten interpretiert wird. Gerade im Zusammenhang der Teilnehmenden Beobachtung Jugendlicher interessiert dies z. B. dort, wo die Suspendierung moralischer Stellungnahmen möglicherweise als Einverständnis mit gewalttätigen Aktionismen fehlinterpretiert werden kann. Zudem wird der teilnehmende Beobachter eventuell mit Situationen konfrontiert, die für ihn moralisch unerträglich sind. Die in derartigen Fällen geforderte Stellungnahme bzw. Intervention seitens der Feldforscher bzw. der Feldforscherin setzen idealerweise - auch aus Gründen ihrer eigenen Sicherheit - eine gewisse Kenntnis der Prozeßabläufe und Orientierungen

---

19 Vgl. zur Bedeutung der Fallanalyse und der dokumentarischen Methode für die Soziale Arbeit: Schütze 1993.

allerdings bereits voraus. In unserer Untersuchung konnte z. B. an die aufgrund erster Analysen (von Gruppendiskussionen) bereits offensichtlich gewordene Diskrepanz zwischen den Regelansprüchen der Hooligans und spezifischen Situationen des Aktionismus angeknüpft werden.

Aber auch hinsichtlich einer derartigen Begründung für Interventionen und Stellungnahmen des Feldforschers bzw. der Feldforscherin sind forschungsethische und methodische Aspekte nicht eigentlich zu trennen. Wie bereits Whyte (1943) in seiner klassischen Studie gezeigt hat, ist im Falle unverdeckter Teilnehmender Beobachtung bei längerfristiger Anwesenheit im Feld die Glaubwürdigkeit des Forschers und der Forscherin daran gebunden, daß diese sich authentisch einbringen. Ist erst einmal eine gewisse Vertrauensbasis geschaffen, so ist es ihnen nicht nur *möglich*, ihren eigenen alltäglich-existentiellen Standort dort deutlich zu machen, wo ihre moralische Haltung mit den Orientierungen und Aktionismen der Erforschten nachhaltig in Konflikt gerät. Dies ist sogar methodisch geboten. Denn eine strategische Selbstpräsentation untergräbt letztlich die Glaubwürdigkeit der Forscherinnen bzw. Forscher, ist in ihren Auswirkungen auch undurchschaubarer und somit methodisch weniger kontrollierbar als eine offene Stellungnahme, bis hin zur gut begründeten Intervention.

Die Qualität einer, in der Kommunikation mit den Erforschten fundierten, qualitativen oder rekonstruktiven Sozialforschung zeigt sich u. a. auch darin, daß forschungsethische und methodische Gesichtspunkte nicht voneinander abgespalten werden.

8. Anhang

Exemplarische Auswertung einer Gruppendiskussionspassage

Transkript

Text: Nordstadt Pulle	Seite B ca. 1/16
Passage: Fanblöcke	Länge: ca. 4 min.

```
Dm:   Ne, aber wat ick daran intressant finde ooch jrade, daß sich      1
      je-ey die-die-die jeweiligen Hooligan-Fanblocks von den je-       2
      weiligen Mannschaften ooch miteinander quatschen, weeßte.         3
      Zum Beispiel stand ooch oft jenuch dran-äh (.) Sagn wer jetz      4
                                                                        5
      Nebengespräch Ende                                                6
                                                                        7
Dm:   einfach mal vom-vom-vom-vom Kölner Hooligan Fanblock, äh, ja      8
      Duisburger oder Schalker, wir haben einjesehen daß ihr ein-       9
      deutich die besseren wart oder so wat,                          10
                                                   |                   11
Bm:                                                └ Find ick gut      12
                                                                       13
Dm:   und äh wir sehn uns wieder beim nächsten Spiel, diesmal war-     14
      mit-mit-mit-mit-mit freundlicheren Absichten und so wat         15
      weeßte, find ick eigentlich immer janz jut sowat weeßte, vor    16
      allen Dingen nich immer (.) (        )                          17
                                    |                                  18
Y1:                                 └ Ja-jetz aufgrund des Spielaus-   19
      gangs odder-odder aufgrund der körperlichen (    )              20
                                                 |                     21
Bm:                                              └ Nee (    )          22
                                                 |                     23
Am:                                              └ Nee auch so die     24
      haben sich eben besser verstanden                 |             25
                                                        |             26
Cm:                                                     └             27
      Mit-mit-mit den Waffen und so weiter.                           28
                         |                      |                      29
Y1:                      └ Hm, hm               |                     30
                                                |                     31
Dm:                                             └ Jaa.                32
```

447

```
Cm:   Oder wenn da auch drinne steht, ähm- hier von Berlin ähm-        34
      daß da nächstes Mal bitte ohne Waffen und so weiter. So wat      35
      steht da in dem Fantreff mit drinne.                             36
                         ⌐                                             37
Dm:                      └ Ick meine-                                  38
                                                                       39
Cm:   Und det find ick eigentlich relativ fair, daß-weil die in       40
      der Zeitung wirklich davon ausgehen, daß äh Hooligans nen        41
      fairen Fight sich liefern-und-ähm eben wirklich nur mit den      42
      Fäusten arbeiten und ohne Waffen. (.)                            43
                      ⌐                                                 44
Dm:                   └ Ja.                                            45
                                                                       46
Am:   Ja und vor allen Dingen, die Freundschaftsbereitschaft is ja    47
      dann ooch mehr da, denn du hörst ja so oft schon schon ge-      48
                         ⌐                                             49
Cm:                      └ Ja.                                         50
                                                                       51
Am:   hört äh- zum Beispiel Schalke und Nürnberg- wat weeß ick-is     52
      jetzt nun keen großer Vergleich, aber et gibt soviele äh-       53
      Mannschaften, die so gerne nach Schalke kommen, weeßte die      54
      Fans untereinander-da saufen die Schalker vorher mit den        55
      Leuten weil (dann da) die Freundschaft einfach da ist. Und      56
      da war vor vielen Jahren ooch mal en- Feind-schaft irgendwo     57
      weeßte ham se ooch jedacht, die Idioten, bloß die sind da-      58
                              ⌐                                        59
Bm:                           └ Hm.                                    60
                                                                       61
Am:   durch näher gekommen find ick ooh-ganz geil irgendwie           62
                                              ⌐                        63
Cm:                                           └ Und                    64
      daß die-daß die-wenn die miteiannder kämpfen, und einer auf     65
         ⌐                                                             66
Dm:      └ Wir warn (und)                                             67
                                                                       68
Cm:   dem Boden liecht, daß dem ooch nich mehr weiter getreten        69
      wird.                                                           70
                                                                       71
Nebengespräch Anfang                                                  72
                                                                       73
Dm:   Aber wir warn nun jrade damals drauf stolz, ick weeß jrad      74
      von derjenigen Zeitung, die er mir mal gegeben hat-äh (.)      75
                                                                       76
Nebengespräch Ende                                                   77
                                                                       78
Dm:   (.) Da stand nun jrade zu dem Zeitpunkt drinne, in der-äh-in   79
      der Rangliste von den-von den ostdeutschen Vereinen, daß die   80
                                                      ⌐               81
                                                      └ (Flasche      82
      wird geöffnet)                                                 83
                                                                       84
Dm:   BFC-Hooligans die absolute Nummer 1 sind.                      85
```

		86
Bm:	⌐ Da hab ich mich-	87

Bm: └ Da hab ich mich- 87
ham wer uns jefreut wie Schneekönige. 88
  89
Dm: Und da fand-und da-da war-darauf warn wir im Grunde stolz 90
jewesen, weeßte. Und daß wir mit den-mit den-Nummern 1 bis 5 91
in der-in der-in der Bundesliga mithalten können weeßte, und 92
da-das is schon wat 93
     |￼ 94
Bm: └ (   ) 95
     | 96
Am: └ Ja bloß der Unterschied war zwischen denen und denen, 97
daß die-äh Nürnberger und die Bochumer und die dicken-harten 98
Klatscher, die hams-Schalker ja, Braunschweiger die ham sich 99
      | 100
Dm: └ Schalker, Schalker 101
  102
Am: geklatscht. Und wat hat der BFC jemacht im Jrunde, jetz 103
nischt gegen über uns selber, die haben Scheibenfenster zer- 104
     | 105
Dm: └ Du det-äh 106
  107
Am: knallt. Und deswegen sind se Nummer 1 jeworden. 108
  109
Dm: bloß Am, darum-det war ja jrad der-der entscheidende Punkt, 110
wir sind damals niemals mit den Fan-ss von der jeweiligen 111
Mannschaft in-in Kontakt gekommen, vorher haben immer die 112
        | 113
Bm: └ Ja wie solltn wer denn 114
ooch, vorher (   ) 115
  116
Dm: Bullen abjegrenzt oder wat, oder-oder die andern Fans sind 117
    | 118
Bm: └ Ja-ja. 119
  120
Dm: si-haben abge-Abmarsch gemacht, weeßte, et kam niemals dazu. 121
  122
Bm: └ Ja. (.) Wir konnten uns ja nur mit den Ost- 123
deutschen rumprügeln, weil damals warn die Spiele ja noch 124
gar nich dajewesen meiner Ansicht nach; 125
 | 126
Dm: └ Und det sowieso, ick meine, äh-jabs damals irgendwie-di- 127
rekte Hooligan-Fanblöcke von anderen Mannschaften, die ein- 128
zigen die man-die wer damals hatten, waren Magdeburg und 129
Dresden. Die beeden Mannschaften. Vielleicht noch Leipzig, 130
aber mehr war da gar ooch nich jewesen. 131
  132
Bm: └ (Aber was ick jrad 133
sagen wollte) 134
  | 135
Cm: └ Und Rostock (   ) 136
  | 137

Am:	└ <u>Rostock</u>. Ick wollt jrad sagen Rostock,	138
	det Stadion war voll	139
		140
Cm:	Die hatten-die hatten sehr juuten Fanblock	141
		142
Bm:	└ Ja komm (gegen Rostock	143
	ham wers noch jedes Mal jeschafft)	144
		145
Dm:	└ Ja aber die	146
	absolute Nummer 1 neben dem BFC war immer Magdeburg gewesen,	147
	det müßn wer einfach mal lassen, weil det absolute Hauer	148
	waren,	149
		150
Cm:	└ Ja und die (Dresdner) aber	151
		152
Bm:	└ Wißt ihr noch fuffzig Magdeburger und wo	153
	Bauer gerannt is	154
		155
Cm:	└ Die Dresdner waren die waren ooch wirklich	156
		157
Dm:	└ Neunundachzig war det damals, det wissen	158
	wir selber noch neunundachzig im November, damals haben wir	159
	so eine geklatscht gekriecht von den Magdeburgern	160
		161
Bm:	└ Det warn	162
	bloß fuffzig Leute von denen-die sind	163
		164
Dm:	└ Die sind- <u>alle</u> hinterherge-	165
	rannt. und wir damals alle weg, alle die SR-Straße runter,	166
	immer weiter weg.	167
		168
Bm:	└ (Naja)	169
		170
Dm:	Und det warn aber wirklich so ne Hünen und so ne ( ) hier.	171
		172
Cm:	└ Det dürfn wer hier	173
	aber nicht erwähnen, bitte ja (Lachen)	174
		175
Dm:	└ Brauchn wer nich erwäh-	176
	nen, aber ick mein bloß mal-wir wolln jetz nich so hinstel-	177
	len, als wenn wir nun die absolute Nummer 1 von Anfang an	178
	waren	179
		180
Bm:	└ Bloß Respekt ham se alle vor uns jehabt kannste sagen	181
	was de willst- und darauf bin ick besonders-ganz besonders	182
	stolz	183
		184
Dm:	└ Aber erst seit unjefähr	185
	Mitte 90 kannste sagen, een Jahr lang warn wer die absolute	186
	Nummer 1	187
		188
Bm:	└ Ja klar, weil wir uns durch-wir	189
	haben uns durchgekämpft gegen die Bullen, komm wie wer die	190

450

```
          Bullen immer rumgespielt haben, wenn wer mal (Fans) ge-    191
          kriecht haben (übern Schenkel) naja mhm-mhm und so          192
          äh naja,                                                    193
                                                                      194
?m:                                            └ (Lachen)             195
                                                                      196
Bm:       aber ick weeß nich, ick hab den Fimmel jehabt, daß ick die 197
          janzen über äh gut dabeigewesen bin äh die janzen Zeitungs- 198
          artikel aufgehoben habe, und jetz abends äh wenn ick da im 199
          Bett liege, (.)                                             200
                    |                                                 201
Cm:                 └ Hm ja, hab ick ja neulich mal durchjelesen     202
                                                                      203
Bm:       (.) ja hol ick die janzen Zei- die janzen Zeitungsartikel  204
          raus und überlege, ach da warste mit dabei, det hat Spaß   205
          jemacht und dann fällt mir immer so ein (     ) det is lu- 206
          stig. Ah-irjendwie hats Spaß jemacht, ick weeß nich (.) Ick 207
          meine die Zeit möcht ick gar nich missen, muß ick janz ehr- 208
          lich sagen.                                                 209
```

Formulierende Interpretation

Text: *Pulle*, Passage: *Fanblöcke*

Thema der Passage: Regeln der Kommunikation und der Bewertung ihrer Aktivitäten bei Hooligans

01-70 *Oberthema: Die Kommunikation zwischen verschiedenen Fanblöcken*

01-36 Unterthema: Das „Miteinander-Quatschen" der Hooligan-Fanblöcke in der Zeitung „Fantreff"
An der Zeitung „Fantreff" ist interessant, daß hier die verschiedenen Mannschaften zugeordneten Hooligan-Fanblöcken in Kommunikation treten. Es werden über dieses Medium Boschaften eines Fanblocks an die Adresse eines anderen vermittelt:

04-12 in Form von positiven Beurteilungen der anderen
14-36 in Form von Vorschlägen oder Absprachen hinsichtlich der Atmosphäre („freundlichere Absichten"; 15) und der Regeln der Auseinandersetzung („ohne Waffen"; 35),

40-70 Unterthema: „Fairer fight" und „Freundschaftsbereit-schaft"

451

40-45 Begrüßt wird auch, daß in der Zeitung davon ausgegangen wird, daß sich Hooligans einen „fairen fight" liefern, d. h. daß im Kampf nur „mit den Fäusten", nicht mit Waffen, „gearbeitet" wird.

47-70 Diese Absprachen und diejenige, daß ein am Boden liegender Gegner nicht mehr getreten wird, führen zu verstärkter Besuchs- und Freundschaftsbereitschaft, dazu, daß man vor dem Kampf „untereinander säuft", alte Feindschaften abbaut und sich „näher kommt".

74-192 *Oberthema: Der Ranglistenplatz und der Status der BFC-Hooligans*

74-93 **Unterthema: Der Stolz und die Freude, in der Hooligans-Rangliste die Nummer 1 gewesen zu sein**
Man war stolz darauf und hat sich gefreut „wie Schneekönige", als man in einer Rangliste dieser Zeitung zur „absoluten Nummer 1" unter den ostdeutschen „Vereinen" erklärt worden war. Es gilt als etwas besonderes, mit den ersten Fünf der (westdeutschen) Bundesliga-Rangliste „mithalten" zu können.

97-108 **Unterthema: Der Unterschied zwischen den westdeutschen Fanblöcken und dem BFC-Fanblock**
Der Unterschied zwischen den westdeutschen Fanblöcken und dem BFC-Fanblock lag darin, daß die ersteren „dicke, harte Klatscher" waren, sie selbst aber nur „Scheibenfenster zerknallt" haben. Dies habe ihnen den Status der „Nummer 1" eingebracht.

110-125 **Unterthema: Die Gründe für die geringe Qualität der BFC-Hooligans**
„Der entscheidende Punkt" war, daß es bei ihnen niemals dazu kam, mit Fans anderer Mannschaften in Kontakt zu treten, da dies die Polizei durch „Abgrenzung" und die anderen Fans durch ihren „Abmarsch" verhinderten.

127-171 **Unterthema: Die Qualitäten ehemaliger ostdeutscher Fanblöcke**
127-144 Da Spiele mit Beteiligung westdeutscher Mannschaften damals noch nicht stattfanden, konnte man sich nur mit Ostdeutschen „rumprügeln". Zudem gab es zu dieser Zeit keine „direkten" ostdeutschen Fanblöcke, mit Ausnahme der Mannschaften von Magdeburg, Dresden, Rostock („sehr guter Fanblock") und eingeschränkt auch Leipzig.

146-171 Magdeburg war neben dem BFC „die absolute Nummer 1", weil sie „absolute Hauer" waren. Dies zeigte sich im November 1989, als sie von lediglich 50 Magdeburgern „so eine geklatscht bekamen". Als die Magdeburger hinter ihnen herrannten, sind sie aufgrund der körperlichen Überlegenheit der Magdeburger („so ne Hünen") davongelaufen, „immer weiter weg".

173-195 **Unterthema: Die Gründe für die Vorrangstellung des BFC: der Kampf gegen die Polizei**
Die Jugendlichen wollen es angesichts dieses Erlebnisses nicht so hinstellen, als seien sie „von Anfang an" „die Nummer 1" gewesen; zulässig sei diese Einstufung erst ab etwa Mitte 1990. „Ganz besonders stolz" kann man jedoch darauf sein, daß aufgrund des „Durchkämpfens" und „Herumspielens" mit der Polizei „alle vor ihnen Respekt hatten".

197-209 *Oberthema: Die Hooligan-Aktivitäten als unverzichtbare Erinnerung*

Bm hat alle Zeitungsartikel über die Ereignisse, bei denen er „dabeigewesen" war, aufgehoben. Abends, wenn er im Bett liegt, holt er diese heraus, worauf ihm dann konkrete Erinnerungen kommen an den „Spaß", den er damals hatte.

Reflektierende Interpretation

Text: *Pulle*, **Passage:** *Fanblöcke*

01-17 **Proposition durch Dm**
Dm, der bereits früher zu einer Proposition angesetzt hatte, betont sein Interesse daran, daß die Zeitschrift „Fantreff" als Forum für eine Kommunikation („miteinander quatschen"; 3) der unterschiedlichen „Fanblöcke" der Hooligans untereinander dient. Nach der Begegnung im Zusammenhang mit einem Spiel können wechselseitige Beurteilungen bzw. Komplimente ausgetauscht werden. Auch die Überlegenheit des Gegners kann anerkannt werden, und es

werden Verabredungen für die nächste Begegnung getroffen - auch hinsichtlich der Atmosphäre, in der diese stattfinden soll.

12   Validierung der Proposition durch Bm
Bm findet das Eingeständnis der Überlegenheit anderer bzw. überhaupt das Austauschen von Komplimenten nicht nur interessant, sondern „gut".

19-20   Immanente Nachfrage durch Y1
Y1 unterbricht Dm durch eine Nachfrage (und verstößt damit gegen die Regeln der Diskussionsleitung): resultierte die Einsicht, daß der andere Fanblock der „bessere" war aus dem Ergebnis des Fußballspiels oder aus der Art der körperlichen Auseinandersetzung der Hooligans untereinander?

22-25   Proposition in Interaktion von Bm und Am
Die Proposition von Bm fortführend klärt Am den Y1 darüber auf, daß sich die Hooligans auch unabhängig vom Spielausgang „besser" verstanden haben.
Dieses Verstehen resultiert aber offensichtlich nicht aus der Kommunikation, denn diese findet ja erst nach der Spielbegegnung statt. Sie ist aber auch nicht selbstverständlicher Bestandteil der Beziehungen der Hooligans unterschiedlicher sozialräumlicher Herkunft untereinander. Verständnis, Anerkennung und wechselseitiger Respekt sind offensichtlich nicht auf dem Wege der Kommunikation und des Meinungsaustausches zu erreichen, sondern das „Miteinander-Quatschen" ist lediglich das Medium, um die auf anderem Wege erworbene Anerkennung zum Ausdruck bringen.

27-45   Proposition durch Cm, Validierung durch Dm
Der Fantreff dient auch als Forum für das Aushandeln bzw. für die Bekräftigungen der Regeln des „fight" („ohne Waffen"; 35 und: „nur mit den Fäusten"; 42-43).
Da dies ausgehandelt bzw. bekräftigt werden muß, scheinen nicht nur das Handeln selbst, sondern auch der normative Anspruch nicht selbstverständlich zu sein. Dies gilt auch für die Kommunikation (das „Miteinander-Quatschen") der Hooligans untereinander.

30   Hörersignal durch Y1
Y1 gibt zu erkennen, daß er diese Erläuterung verstanden hat.

38 + 45 **Versuch einer Proposition durch Dm**

47-62 **Proposition und Exemplifizierung der Proposition durch Am, Validierung durch Cm und Dm**
Die Kommunikation zwischen den Fanblöcken fördert die „Freundschaftsbereitschaft" und - exemplifiziert an „Schalke" und „Nürnberg" - die Motivation, „gerne" das Territorium einer anderen „Mannschaft", in diesem Falle: „Schalke", zu besuchen. Die dann „einfach vorhandene" Freundschaft führt dazu, vor dem gemeinsamen Kampf „miteinander" Alkohol zu konsumieren und dazu, daß man sich „näherkommt".

64-70 **Proposition durch Cm**
Eine weitere Regel des „fairen fight" ist es, im „Miteinander" des Kampfes einen am Boden liegenden Gegner nicht noch weiter zu treten. Cm schließt damit an seine Proposition in 27-43 an, also an ein Unterthema, welches durch den Redebeitrag durch Am schon abgeschlossen wurde.

67-93 **Proposition durch Dm in Interaktion mit Bm**
Dm betont den Stolz der BFC-Hooligans darüber, zu einem gewissen Zeitpunkt von der obengenannten Fan-Zeitschrift zur „absoluten Nummer 1" (85) in der Rangliste der ostdeutschen Vereine erklärt worden zu sein. Analog zu Tabellen im Spielbetrieb von Vereinsmannschaften wird also auch der Status der Fanblöcke in einer Rangskala dokumentiert, innerhalb derer die Jugendlichen sich kollektiv verorten. Die im Kampf erbrachten „Leistungen" gewinnen durch diese mediale Widerspiegelung eine besondere Bedeutung.
Die Jugendlichen identifizieren sich in hohem Maße mit dieser Rangskala. Einerseits rechnen sie sich dies wie eine eigene Leistung zu („stolz"), andererseits führt dies zu einer naiven, kindlichen, unkomplizierten Freude („Schneekönige").

97-108 **Antithese durch Dm (antithetische Differenzierung der Proposition)**
Am stellt die Berechtigung des Stolzes in Frage bzw. relativiert („bloß") diese. Nur deshalb, weil innerhalb der ostdeutschen Rangskala die westdeutschen „dicken-harten" Klatscher nicht als Konkurrenten auftreten, konnte der BFC die Position als „Nummer 1" erringen.

(Die auf der propositionalen Ebene geforderten Regeln der Fairness und der Bereitschaft zur Anerkennung und zum Respekt gegenüber dem Gegner und die dafür nötige Selbstdistanz wird hier auf der performativen Ebene des Diskurses enaktiert d. h. realisiert: Die Überlegenheit des Gegners wird - obschon sie dem Stolz widerspricht - anerkannt, die eigene Unterlegenheit wird zugestanden.)

110-125 Synthese durch Dm in Interaktion mit Bm und Validierung sowie Elaboration der Synthese durch Dm in Interaktion mit Cm, Am und Bm
Zwar wird die von Am vorgenommene Relativierung zugestanden, aber dies war nicht eine Frage der mangelnden Bereitschaft bzw. des mangelnden Mutes, sondern der mangelnden Gelegenheit: sie - die Anhänger des BFC - hatten keine Gelegenheit, die Fans anderer Mannschaften zu kontaktieren, weil die Polizei dazwischen getreten ist oder weil die anderen Fans sich der Auseinandersetzung entzogen haben.
Es waren zudem lediglich Auseinandersetzungen unter Ostdeutschen, nicht aber mit Westdeutschen möglich: lediglich mit Magdeburg, Dresden, Leipzig und Rostock.

146-149 Proposition durch Dm (Fortsetzung seiner Proposition in 79-93)
Nachdem die Synthese gelungen, die Antithese von Am somit integriert ist, knüpft Dm an seine Proposition in 79-93 (Rangskala der ostdeutschen Vereine) wieder an und setzt Magdeburg als „absoluten Hauer" auf den Platz 2.

151 (u.156) Versuch einer Proposition durch Dm

153-179 Exemplifizierung der Proposition von Dm durch Bm in Interaktion mit Dm und Cm
Am Fall der „Magdeburger" wird wiederum die (auf der propositionalen Ebene) geforderte Bereitschaft, den Gegner anzuerkennen, im Diskurs selbst (auf der performatorischen Ebene) enaktiert: Die Überlegenheit des Gegners wird anerkannt, die eigene Unterlegenheit freimütig und selbstironisierend zugestanden.

181-193 Anschlußproposition durch Bm in Interaktion mit Dm
Nicht der Sieg über den Gegner und die Stellung innerhalb der Rangskala sind entscheidend. Und es geht auch nicht darum, den

Gegner klein und den eigenen „Fanblock" groß erscheinen zu lassen. Entscheidend ist vielmehr der „Respekt" (181), den ihnen „alle" (181) entgegengebrachthaben. Womit offensichtlich nicht nur die „Fanblöcke" der gegnerischen Mannschaften, sondern auch die Öffentlichkeit gemeint ist (wie in der folgenden Anschlußproposition von Dm dann deutlich wird).

197-209 Anschlußproposition durch Bm in Interaktion mit Cm und Konklusion durch Bm

Auch die Resonanz in den Medien ist Teil des Respekts, der ihnen entgegengebracht wird und an dem Bm persönlich partizipiert („da warste mit dabei"; 205) und der ihm - abgesehen von dem „Spaß" (205 u. 207), den es gemacht hat - besonders dann wichtig ist, wenn er „im Bett liegt" (199/200), also existentiell auf sich selbst zurückgeworfen ist. Indem er auf diese Zeit konkludierend zurückblickt (207-209) und sie als wesentlichen Teil seiner Biographie qualifiziert, markiert er diese Phase als eine bereits abgeschlossene.

Richtlinien der Transkription

Transkriptionssystem

L	Beginn einer Überlappung, d. h. gleichzeitiges Sprechen von zwei Diskussionsteilnehmern; ebenso wird hierdurch ein direkter Anschluß beim Sprecherwechsel markiert
ja-ja	schneller Anschluß; Zusammenziehung
(3)	Pause; Dauer in Sekunden
(.)	kurzes Absetzen; kurze Pause (ca. 1 Sek.)
jaaa	Dehnung, je mehr Vokale aneinandergereiht werden, desto länger ist die Dehnung
<u>nein</u>	Betonung
Nein	Lautstärke

Satzzeichen indizieren nur Intonationsveränderungen:

. ;	stark bzw. schwach sinkende Intonation
? ,	stark bzw. schwach steigende Intonation

viellei- Abbruch

(doch) Unsicherheit bei der Transkription, z. B. aufgrund schwer verständlicher Äußerungen

( ) Äußerung ist unverständlich; die Länge der Klammer entspricht etwa der Dauer der unverständlichen Äußerung

(lacht) Kommentar bzw. Anmerkungen zu parasprachlichen, nicht-verbalen oder gesprächsexternen Ereignissen; die Länge der Klammer entspricht im Falle parasprachlicher Äußerungen (z. B. Lachen) etwa der Dauer der Äußerung

... Auslassung im Transkript; bei Auslassungen von mehreren Zeilen auch:
.
.
.

Maskierungen

Die beteiligten Sprecher werden durch die ersten Buchstaben des Alphabets (große Buchstaben) maskiert. - Die Diskussionsleiter und Interviewer erhalten den Buchstaben Y (Y1, Y2 etc.). Die im Text genannten Vornamen (außer denen der Sprecher) werden durch Phantasienamen ersetzt, die Nachnamen durch große Buchstaben aus der zweiten Hälfte des Alphabets (N bis X). Auch andere Eigennamen (Ortsnamen, Namen der Organisationen etc.) werden durch Phantasienamen oder durch Buchstabenkombinationen (WG-Bezirk, MZ-Schule) ersetzt.

Bei Unsicherheit über die Identität des Sprechers wird dessen Buchstaben-maskierung in Klammern gesetzt. Ist der Sprecher nicht zu identifizieren, tritt an die Stelle des Buchstabens ein Fragezeichen. Handelt es sich (wie z. B. im Falle gleichzeitigen Lachens) um mehrere unidentifizierbare Personen, verwenden wir die Kennzeichnung „mehrere", abgekürzt zu „me"; sind alle beteiligt, heißt es: „alle", abgekürzt zu „al".

Form des Transkripts

Die Äußerungen desselben Sprechers werden 1-zeilig geschrieben. Im Falle des Sprecherwechsels beträgt der Abstand 2 Zeilen. Alle Zeilen werden durchnummeriert.
Der Codename der Diskussionsgruppe (z. B. *Kunde*), die Seite der Cassette (A oder B oder C etc.) und der Index, der sich auf den zu Beginn der Passage bereits abgespielten Teil der Cassettenseite bezieht (z. B. ca. 2/3), sowie die Gesamtdauer der transkribierten Diskussionspassage (in Minuten) werden zu Beginn der Transkription angegeben.

Literatur

Allerbeck K. u. Wendy J. Hoag, 1985, Jugend ohne Zukunft? - Einstellungen, Umwelt, Lebensperspektiven, München/Zürich

Becker, Howard S., 1971, Außenseiter, Frankfurt a.M. (Original, 1963: Outsiders, New York/London)

Berger, Peter H. u. Stefan Hradil, 1990, Die Modernisierung sozialer Ungleichheit und die neuen Konturen ihrer Erforschung, in: Dies., Hg., Lebenslagen, Lebensläufe, Lebensstile (Sonderband 7 der Sozialen Welt), Göttingen

Berger, Peter L. u. Stanley Pulberg, 1965, Verdinglichung und die soziologische Kritik des Bewußtseins; in: Soziale Welt, Jg. 16, Heft 2

Bergmann, Jörg, 1987, Klatsch - Zur Sozialform der diskreten Indiskretion, Berlin/New York

Bohnsack, Ralf, 1989, Generation, Milieu und Geschlecht, Ergebnisse aus Gruppendiskussionen mit Jugendlichen, Opladen

Ders., 1992a, Dokumentarische Interpretation von Orientierungsmustern, Verstehen - Interpretieren - Typenbildung in wissenssoziologischer Analyse; in: Michael Meuser u. Reinhard Sackmann, Hg., Analyse sozialer Deutungsmuster, Pfaffenweiler

Ders., 1992b, Interaktion und Kommunikation; in: Hermann Korte u. Bernhard Schäfers, Hg., Einführungskurs Soziologie, Band I, Einführung in Hauptbegriffe der Soziologie, Opladen

Ders., 1993, Rekonstruktive Sozialforschung, Einführung in Methodologie und Praxis, Opladen, 2. Auflage

Ders., 1994, Konjunktive Erfahrung und Kollektivität, MS, Berlin

Ders., 1995a, Auf der Suche nach habitueller Übereinstimmung - Peer-groups: Cliquen, Hooligans und Rockgruppen als Gegenstand rekonstruktiver Sozialforschung; in: Heinz-Hermann Krüger u. Winfried Marotzki, Hg., Erziehungswissenschaftliche Biographieforschung, Opladen

Ders., 1995b, Dokumentarische Methode; in: Ronald Hitzler u. Anne Honer, Hg., Sozialwissenschaftliche Hermeneutik, Opladen

Ders., 1995c, Episodale Schicksalsgemeinschaft und Jugendgewalt: Hooligangruppen in intensiver Fallanalyse; in: Heinz Sahner/Stefan Schwendtner, Hg., 27. Kongress der Deutschen Gesellschaft für Soziologie 1995: Gesellschaften im Umbruch

Ders., 1996, Gruppendiskussionsverfahren und Milieuanalyse, in: Barbara Friebertshäuser/Annedore Prenge, Handbuch qualitativer Forschungsmethoden der Erziehungswissenschaft, Weinheim/München (erscheint)

Bude, Heinz, 1985, Der Sozialforscher als Narrationsanimateur; Kritische Anmerkungen zu einer erzähltheoretischen Fundierung der interpretativen Soziologie; in: Kölner Zeitschrift für Soziologie und Sozialpsychologie, Jg. 37

Buford, Bill, 1992, Geil auf Gewalt - Unter Hooligans, London (im Original: Among The Thugs, 1991)

Bundesministerium für Jugend, Familie, Frauen und Gesundheit, Hg., 1984, Sechster Jugendbericht: Verbesserungen der Chancengleichheit von Mädchen in der Bundesrepublik Deutschland, Bonn

Dass., 1990, Achter Jugendbericht: Bericht über Bestrebungen und Leistungen der Jugendhilfe, Bonn

Burgess, Ernest W., 1930, Discussion, in: Shaw 1930, S. 185-197

Clark, John, 1979, Stil; in: Ders. u.a., Hg., Jugendkultur als Widerstand - Milieus, Rituale, Provokationen, Frankfurt a.m.

Damon, William, 1984, Die soziale Welt des Kindes, Frankfurt a.M.

Douglas, Mary, 1974, Ritual, Tabu und Körpersymbolik. Sozialanthropologische Studien in Industriegesellschaft und Stammeskultur, Frankfurt a.M.

Durkheim, Emile, 1981, Die elementaren Formen des religiösen Lebens, Frankfurt a.m.

Engel, U. u. K. Hurrelmann, 1989, Psychosoziale Belastung im Jugendalter, Berlin/New York

Fischer, Wolfgang u. Martin Kohli, 1987, Biographieforschung; in: Wolfgang Voges, Hg., Methoden der Biographie- und Lebenslaufforschung, Opladen

Flick, Uwe, 1992, Entzauberung der Intuition - Systematische Perspektiventriangulation als Strategie der Geltungsbegründung qualitativer Daten und Interpretationen; in: Jürgen H. P. Hoffmeyer-Zlotnik, Hg., Analyse verbaler Daten - Über den Umgang mit qualitativen Daten, Opladen

Fuchs, Werner, 1984, Biographische Forschung - Eine Einführung in Praxis und Methoden, Opladen

Giddens, Anthony, 1988, Die Konstitution der Gesellschaft, Frankfurt a.M./New York

Glaser, Barney G. u. Anselm Strauss, 1969, The Discovery of Grounded Theory, Chicago

Goffman, Erving, 1967, Stigma - Über Techniken der Bewältigung beschädigten Identität, Frankfurt a.M.

Ders., 1971, Interaktionsrituale. Über Verhalten in direkter Kommunikation, Frankfurt a.M. (Original 1967: Interaction Ritual)

Ders., 1972, Asyle - Über die soziale Situation psychiatrischer Patienten und anderer Insassen, Frankfurt a. M. (Original 1961: Asylums, Harmondsworth)

Ders., 1973, Interaktion: Spaß am Spiel, Rollendistanz, München (Original 1961: Encounters: Two Studies in the Sociology of Interaction, Indianapolis)

Ders., 1980, Rahmen-Analyse, Frankfurt a.M. (Original 1974: Frame Analysis. An Essay on the Organization of Experience, New York)

Gurwitsch, Aron, 1976, Die mitmenschlichen Begegnungen in der Milieuwelt, Berlin/New York

461

Habermas, Jürgen, 1973, Notizen zum Begriff der Rollenkompetenz; in: Ders., Kultur und Kritik - Verstreute Aufsätze, Frankfurt a.M.

Ders., 1976, Moralentwicklung und Ich-Identität; in: Ders., Zur Rekonstruktion des Historischen Materialismus, Frankfurt a.M.

Ders., 1981, Theorie des Kommunikativen Handelns, Frankfurt a.M.

Hahn, Alois, 1986, Soziologische Relevanzen des Stilbegriffs, in; Hans U. Gumbrecht u. K. Ludwig Pfeiffer, Hg., Stil. Geschichte und Funktionen eines kulturwissenschaftlichen Diskurselements, Frankfurt a.M.

Heidegger, Martin, 1986 (urspr. 1927), Sein und Zeit, Tübingen

Heitmeyer, Wilhelm, 1992, Soziale Desintegration und Gewalt - Lebenswelten und Perspektiven von Jugendlichen; in: DVJI-Journal, Heft 1-2, S. 76-84

Ders., u. a., 1992, Die Bielefelder Rechtsextremismus-Studie, Weinheim/München

Ders., u. a., 1995, Gewalt - Schattenseiten der Individualisierung bei Jugendlichen aus unterschiedlichen Milieus, Weinheim/München

Helsper, Werner u. a., 1991, Jugendliche Außenseiter, Opladen

Hildenbrand, Bruno, 1984, Methodik der Einzelfallstudie - Theoretische Grundlagen, Erhebungs- und Auswertungsverfahren, vorgeführt an Fallbeispielen, Kurseinheit 3, (Studienbrief der Fernuniversität Hagen), Hagen

Hradil, Stefan, 1987, Sozialstrukturanalyse in einer fortgeschrittenen Gesellschaft - Von Klassen und Schichten zu Lagen und Milieus, Opladen

Ders., 1992, Einleitung, in: ders., Zwischen Bewußtsein und Sein, Opladen

Hunger, B. u. a., 1990, Städtebauprognose DDR, Berlin

Joas, Hans, 1986, Die unglückliche Ehe von Hermeneutik und Funktionalismus - Über Jürgen Habermas' Theorie des kommunikativen Handelns; in: Axel Honneth/Hans Joas, Hg., Kommunikatives Handeln, Frankfurt a. M.

Ders., 1988, Eine soziologische Transformation der Praxisphilosophie - Giddens' Theorie der Strukturierung; Einführung in: Anthony Giddens, Die Konstitution der Gesellschaft, Frankfurt a.M.

Keim, K.-D., 1993, Urbanisierung, Wohnen und Anomie, Institut für Regionalentwicklung und Strukturplanung, Berlin

Kerner, H. J., 1984, Jugendgerichtsverfahren und Kriminalprävention, in: DVJJ, Hg., Jugendgerichtsverfahren und Kriminalprävention

Kersten, Joachim, 1993, Männlichkeitsdarstellungen in Jugendgangs. Kulturvergleichende Betrachtungen zum Thema "Jugend und Gewalt", in: Hans Uwe Otto/Roland Mertens, Hg., Rechtsradikale Gewalt in Deutschland - Jugend im gesellschaftlichen Umbruch, Bonn

König, René, 1976, Emile Durkheim, in: Dirk Käsler, Hg., Klassiker des soziologischen Denkens, Bd. 1, München

Ders., 1984, Über das vermeintliche Ende der deutschen Soziologie vor der Machtergreifung des Nationalsozialismus, in: Kölner Zeitschrift für Soziologie und Sozialpsychologie, 36. Jg., H. 1

Kohli, Martin, 1985, Die Institutionalisierung des Lebenslaufs. Historische Befunde und theoretische Argumente; in: Kölner Zeitschrift für Soziologie und Sozialpsychologie, Jg. 37, Heft 2, S. 1-29

Ders., 1992, Lebenslauf und Lebensalter als gesellschaftliche Konstruktionen: Elemente zu einem Vergleich; in: Joachim Matthes, Hg., Zwischen den Kulturen? - Die Sozialwissenschaften vor dem Problem des Kulturvergleichs (Sonderband 8 der Sozialen Welt), Göttingen

Korfes, Gunhild, 1992, Zur Entwicklung des Rechtsextremismus in der DDR; in: Kriminologisches Journal 1992, Heft 1, S. 50-64

Krappmann, Lothar, 1971, Soziologische Dimensionen der Identität, Stuttgart

Ders., 1993, Entwicklungsfördernde Aspekte in den Freundschaften von Kindern und Jugendlichen; in: Gruppendynamik, 24. Hg. Heft 2, S. 199-229

Kühnel, Wolfgang u. Ingo Matuschek, 1996, Gruppenprozeß und Devianz - Eine Untersuchung über Beziehungsnetzwerke und Risikolagen im Jugendalter, Weinheim u. München (erscheint)

Lamnek, Siegfried, 1982, Sozialisation und kriminelle Karriere - Befunde aus zwei Erhebungen, in: Horst Schüler-Springorum, Hg., Mehrfach auffällig - Untersuchungen zur Jugendkriminalität, München

Lekschas, J. u. a., 1983, Kriminologie. Theoretische Grundlagen und Analysen, Berlin

Lipp, Wolfgang, 1985, Stigma und Charisma. Über soziales Grenzverhalten, Berlin

Loos, Peter, 1991, Lebensweltliche Hintergründe politischer Präferenzen - eine empirische Studie unter Mitgliedern der Republikaner, unveröff. Magisterarbeit, Erlangen

Luckmann, Thomas, 1986, Grundformen der gesellschaftlichen Vermittlung des Wissens: Kommunikative Gattungen, in: F. Neidhardt/M. R. Lepsius/J. Weiß, Hg., Kultur und Gesellschaft (Sonderheft 27 der Kölner Zeitschrift für Soziologie und Sozialpsychologie), Opladen

Lüders, Christian u. Jo Reichertz, 1986, Wissenschaftliche Praxis ist, wenn alles funktioniert und keiner weiß warum - Bemerkungen zur Entwicklung qualitativer Sozialforschung; in: Sozialwissenschaftliche Literatur-Rundschau, Heft 12

Ludwig, Wolfgang, 1983, Strukturmerkmale institutioneller Rekrutierung - Eine Analyse von Gefangenenpersonalakten, in: Peter-Alexis Albrecht u. Horst Schüler-Springorum, Hg., Jugendstrafen an Vierzehn- und Fünfzehnjährigen, München

Luhmann, Niklas, 1992, Die Wissenschaft der Gesellschaft, Frankfurt a.M.

Mangold, Werner, 1960: Gegenstand und Methode des Gruppendiskussionsverfahrens, Frankfurt a. M.

Mannheim, Karl, 1952, Wissenssoziologie; in: Ders., Ideologie und Utopie, Frankfurt a.M. (ursprünglich: 1931; in: A. Vierkandt, Hg., Handwörterbuch der Soziologie, Stuttgart)

Ders., 1964a, Beiträge zur Theorie der Weltanschauungsinterpretation; in: Ders., Wissenssoziologie, Neuwied S. 91-154 (ursprünglich: 1921-1922 in: Jahrbuch für Kunstgeschichte I (XV), 4)

Ders., 1964b, Das Problem der Generationen; in: Ders., Wissenssoziologie, Neuwied, S. 509-565 ursprünglich: 1928; in: Kölner Vierteljahreshefte für Soziologie, 7. Jg. Heft 2

Ders., 1980, Strukturen des Denkens, Frankfurt a.M. (ursprünglich 1922-1925; unveröff. Manuskript)

Mariak, Volker u. Karl F. Schumann, 1992, Zur Episodenhaftigkeit von Kriminalität im Jugendalter; in: Ewald/Woweries, Hg., Entwicklungsperspektiven von Kriminalität und Strafrecht - Festschrift für John Lekschas, Bonn

Marotzki, Winfried, 1995, Forschungsmethoden der erziehungswissenschaftlichen Biographieforschung; in: Heinz-Hermann Krüger/Winfried Marotzki, Hg., Erziehungswissenschaftliche Biographieforschung, Opladen

Matthes, Joachim, 1992, The Operation Called "Vergleichen"; in: Ders., Hg., Zwischen den Kulturen? - Die Sozialwissenschaften vor dem Problem des Kulturvergleichs (Sonderband 8 der Sozialen Welt), Göttingen

Matza, David, 1964, Delinquency and Drift, New York/Sydney

Mead, Georg H., 1968, Geist, Identität und Gesellschaft, Frankfurt a.M. (Original: Mind, Self an Society, Chicago, 1934)

Neidhardt, Friedhelm, 1981, Über Zufall, Eigendynamik und Institutionalisierbarkeit absurder Prozesse; in: v. Akmann u. Thurn, Hg., Soziologie in weltbürgerlicher Absicht - Festschrift für René König, Opladen

Nohl, Arnd-Michael, 1995, Banden und Freundeskreise türkischer Jugendlicher. Kollektive Erfahrungen Jugendlicher im Kontext von Migration und Generation, unveröff. Magisterarbeit, Berlin

Ohder, Claudius, 1992, Gewalt durch Gruppen Jugendlicher - Eine empirische Untersuchung am Beispiel Berlins, Berlin

Oswald, Hans, 1992, Beziehungen zu Gleichaltrigen, in: Jugendwerk der Deutschen Shell, Hg., Jugend '92. Lebenslagen, Orientierungen und Entwicklungsperspektiven im vereinigten Deutschland, Bd. 2, Im Spiegel der Wissenschaften, Opladen

Peters, Helge, 1985, Jugendkriminalität; in: Gegenwartskunde, Heft 3

Pfeiffer, Christian u. Peter Wetzels, 1994, "Die Explosion des Verbrechens?" - Zum Mißbrauch und Fehlinterpretation der polizeilichen Kriminalstatistik, in: Neue Kriminalpolitik, Heft 2

Polizeipräsident in Berlin, Der, 1991, Polizeiliche Kriminalstatistik 1990, Berlin

Reichertz, Jo, 1989, Hermeneutische Auslegung von Feldprotokollen?; in: R. Aster/H. Merkens/M. Repp, Hg., Teilnehmende Beobachtung, S. 84-102, Frankfurt a.M.

Ders., 1991, Aufklärungsarbeit - Kriminalpolizisten und Feldforscher bei der Arbeit, Stuttgart

Sacks, Harvey, 1972, On the Analyzability of Stories by Children; in: John J. Gumperz u. Dell H. Hymes, Hg., Directions in Sociolinguistics - The Ethnography of Communication

Schäffer, Burkhard, 1995, Die Suche nach kollektiven Stilelementen im Rahmen von Popmusikpraxis während der Adoleszenzphase: ein Milieu- und Kulturvergleich, unveröff. Dissertation, Berlin

Schumann, Karl-F., 1993, Schutz der Ausländer vor rechtsradikaler Gewalt durch die Instrumente des Strafrechts?; in: Strafverteidiger, Heft 6, S. 324-330

Ders., 1994, Gewalttaten als Gefahr für die wissenschaftliche Integrität von Kriminologie; in: Kriminologisches Journal, 26. Jg., Heft 4

Schütz, Alfred, 1971, Gesammelte Aufsätze, Bd. 1, Das Problem der sozialen Wirklichkeit, Den Haag (Original, 1962: Collected papers, Bd. 1, The Problem of Social Reality, Den Haag)

Schütze, Fritz, 1977, Die Technik des narrativen Interviews in Interaktionsfeldstudien - Dargestellt an einem Projekt zur Erforschung von kommunaler Machtstruktur, Universität Bielefeld, Fakultät für Soziologie, Arbeitsberichte und Forschungsmaterialen Nr. 1

Ders., 1981, Prozeßstrukturen des Lebensablaufs; in: Joachim Matthes u.a., Hg., Biographie in handlungswissenschaftlicher Perspektive, Erlangen/Nürnberg

Ders., 1983, Biographieforschung und narratives Interview, in: Neue Praxis, Heft 3

Ders., 1987, Das narrative Interview in Interaktionsfeldstudien: erzähltheoretische Grundlagen, Teil I, Merkmale von Alltagserzählungen und was wir mit ihrer Hilfe erkennen können, (Studienbrief der Fernuniversität Hagen), Hagen

Ders., 1989, Kollektive Verlaufskurve oder kollektiver Wandlungsprozeß - Dimensionen eines Vergleichs von Kriegserfahrungen amerikanischer und deutscher Soldaten im zweiten Weltkrieg; in: BIOS, Heft 1

Ders., 1993, Die Fallanalyse - Zur wissenschaftlichen Fundierung einer klassischen Methode der Sozialen Arbeit; in: Thomas Rauschenbach, Friedrich Ortmann, Maria E. Karsten, Hg., Der sozialpädagogische Blick - Lebensweltorientierte Methoden der Sozialen Arbeit, Weinheim u. München

Shaw, Clifford R., 1930, The Jack - Roller. A Deliquent Boy's Own Story, Chicago (Neuauflage 1966, Chicago/London)

Soeffner, Hans-Georg, 1992a, Rekonstruktion statt Konstruktivismus; Soziale Welt, Jg. 43, Heft 4, S. 476-781

Ders., 1992b, Stil und Stilisierung - Punk oder die Überhöhung des Alltags; in: Ders., Die Ordnung der Rituale, S. 76-101 Frankfurt a. M.

Ders. u. Ronald Hitzler, 1994, Hermeneutik als Haltung und Handlung - Über methodisch kontrolliertes Verstehen; in: Norbert Schröer, Hg., Interpretative Sozialforschung, Opladen

Städtler, Klaus, 1995, Phasen der Adoleszenzentwicklung bei arbeitenden männlichen Jugendlichen, unveröff. Dissertation, Berlin

Strauss, Anselm u. Juliet Corbin, 1990, Basics of Qualitative Research - Grounded Theory, Procedures and Techniques, Newbury Park/London/New Delhi

Thrasher, Frederic M., 1927, The Gang, Chicago

Weber, Max, 1920, Gesammelte Aufsätze zur Religionssoziologie I, Tübingen; darin: Die protestantische Ethik und der Geist des Kapitalismus

Whyte, William F., 1943, Street Corner Society - The Social Structure of an Italian Slum, Chicago

Wild, Bodo, 1995, Auf der Suche nach Zugehörigkeit und Zusammengehörigkeit - Konflikterfahrungen jugendlicher Fußballfans und Hooligans in Ost- und Westberlin, unveröff. Dissertation, Berlin

Willems, Helmut u.a., 1993, Fremdenfeindliche Gewalt - Einstellungen, Täter, Konflikteskalationen, Opladen

Willis, Paul, 1979, Spaß am Widerstand - Gegenkultur in der Arbeiterschule, Frankfurt a.M.

Youniss, James, 1984, Moral, kommunikative Beziehungen und die Entwicklung der Reziprozität; in: Wolfgang Edelstein u. Jürgen Habermas, Hg., Soziale Interaktion und soziales Verstehen, Frankfurt

Ders., 1994, Soziale Konstruktion und Psychische Entwicklung, Frankfurt a.M.

Zinnecker, Jürgen, 1987, Jugendkultur 1940 - 1985, Opladen

Inhaltsverzeichnis

471